天津通史编译丛书　万新平　主编

主编　刘海岩

副主编　任吉东

近代外国人记述的天津

Modern Tianjin in Narratives of Foreign Witnesses

天津出版传媒集团

天津人民出版社

图书在版编目（CIP）数据

近代外国人记述的天津 ＝ Modern Tianjin in Narratives of Foreign Witnesses / 刘海岩主编. -- 天津：天津人民出版社，2018.4
（天津通史编译丛书 / 万新平主编）
ISBN 978-7-201-12443-8

Ⅰ.①近… Ⅱ.①刘… Ⅲ.①天津－地方史－史料 Ⅳ.①K292.1

中国版本图书馆 CIP 数据核字(2017)第 232103 号

近代外国人记述的天津
JINDAI WAIGUOREN JISHU DE TIANJIN

出　　版	天津人民出版社	
出 版 人	黄　沛	
地　　址	天津市和平区西康路 35 号康岳大厦	
邮政编码	300051	
邮购电话	(022)23332469	
网　　址	http://www.tjrmcbs.com	
电子信箱	tjrmcbs@126.com	
责任编辑	韩玉霞	
	杨　轶	
封面设计	陈栋玲	
	徐　洁	
印　　刷	高教社(天津)印务有限公司	
经　　销	新华书店	
开　　本	787×1092　1/16	
印　　张	36.5	
插　　页	3	
字　　数	750 千字	
版次印次	2018 年 4 月第 1 版　2018 年 4 月第 1 次印刷	
定　　价	200.00 元	

总　序

万新平

　　盛世修史是我国的文化传统。编纂《天津通史》是我市广大干部群众和专家学者期盼已久的文化盛事。2004年12月,在纪念天津设卫建城600周年之际,《天津通史》编纂工作正式启动,这是跨入21世纪后天津历史学界的一件大事,是一项具有重要现实意义和学术价值的划时代的文化建设工程。

　　《天津通史》作为天津市哲学社会科学重大研究项目,将以马克思列宁主义、毛泽东思想、邓小平理论和"三个代表"重要思想为指导,以唯物史观为主导,完整把握天津历史发展的脉络,全面分析天津历史变迁的特征,深入总结天津发展的规律,深刻论述天津在中国历史发展中的地位和作用。这项工程对进一步推进天津改革开放和现代化建设,挖掘地方历史文化资源,推动文化建设和学术研究的发展,进而提高天津城市文化品位,都具有十分重要的作用。

　　编纂地方通史历来是一个地区文化建设的重要标志性工程。近年来,地方通史编纂工作方兴未艾,北京、上海、重庆、河北、山东、山西、湖北、贵州等省市都相继编辑出版了大型地方通史。天津是我国历史文化名城,有许多独特的历史发展轨迹和特点。在古代,天津从军事重镇逐步成为畿辅名城,具有中国封建城市发展的重要典型意义。在近代,天津是近代中国的缩影,所谓"近代中国看天津"就是对天津近代重要历史地位的一种通俗的概括。比如,天津是帝国主义列强侵略中国的战略要地,是中国人民反抗外来侵略的重要战场,是近代中国政治势力角逐的主要舞台,是近代中国海陆军建设的重要基地,是中国北方城市近代化的发源地,是中国共产党领导北方白区革命斗争的重要中心,是中国北方最大的进出口贸易口岸和工商业经济中心。中西社会思潮在此交汇,新式文化教育由此兴起,一批思想家、教育家和文人巨匠聚集津门,从而形成海纳百川、包容中外的社会人文环境和历史文化积淀。新中国成立后,在社会主义建设历程中,天津克服了发展中的种种艰难曲折,取得了令人振奋的显著成就。改革开放以来,天津进入了社会主义现代化建设快速发展的新时期。在党的领导下,全市广大干部群众,在中国特色社会主义伟大旗帜指引下,解放思想,开拓创新,真抓实干,团结奋进,努力建设国际港口城市、北方经济中心和生态宜居城市,不断开创改革开放和社会主义现代化建设的新局面。天津正在迅速崛起,成为推动环渤海经济圈发展的强大引擎。

回顾历史,在中国社会由一个建基于古老农业文明之上的传统社会,逐步向以高度发达的工业文明为标志的现代社会转变的历史进程中,天津占有突出的地位,起了很重要的作用,拥有极为丰厚的历史文化底蕴。中国城市发展进程中的成就与局限、经验与教训、发展与曲折、突破与障碍,都集中反映到天津这一历史文化名城身上,致使天津的演变成为中国城市变迁的重要代表。通过编纂《天津通史》,对天津历史进行深入的研究,可以更深刻地认识中国城市发展的复杂性和多样性,不仅可以深入地研究天津、认识天津、展示天津,而且可以更深入地研究中国、认识中国、展示中国。

编纂《天津通史》,是一项汇聚集体智慧和力量的系统工程,是在前人基础上的升华和提高,是在新的起点上的开拓和创新。因此,必须牢固树立精品意识,力求在理论构架、学术观点、研究方法和史实资料上有所创新,有所突破;必须组织一批素质优良、功力深厚、作风扎实的专家学者集体攻关。因此,从专题研究着手,从基础资料起步,是做好该工程的基本路径。要坚持对天津历史发展进程进行全方位、综合性的研究,把各个时期、各个阶段天津地区变迁的历史全貌,真实地加以展现和记述,深入地总结天津城乡地区的政治、军事、经济、社会、文化诸方面的发展进程。不仅要研究和叙述天津的规模、形制、建筑和环境,更需要研究和分析其经济特征、文化渊源、社会结构、人口变化、居民素质等发展和演变的内涵；不仅要注重天津与周边地区，乃至与华北、西北、环渤海地区的关系和互动，还要关注天津与国内其他区域中心城市、东北亚地区乃至世界各国的相互关系；不仅要着重叙述天津本身在政治、军事、经济、文化和社会诸方面的演变史实，并从中得出符合客观实际的带有规律性的认识，还要反映出不同时期天津在全国的地位和影响。要高度重视天津历史资料的搜集和积累。史料是史学研究的基础。应该看到，前人已经收集整理了大量的天津历史资料，但从编写大型多卷本通史的需要来看，还有相当大的差距。如历代实录、通鉴、类书、文集、方志中有关天津地区的史料，开埠以来各个时期的大量档案文献，特别是散失在国外档案馆、图书馆收藏的有关天津的外国租界、领事馆、教会活动的文件、报告、调查和私人日记、信件等，近现代中外文报刊中关于天津的记述，以及反映天津历史的考古和现存文物资料等，都需要进行全面系统的征集整理工作，以使《天津通史》编纂工作建立在坚实完备的史料基础之上。

为此，我们根据《天津通史》编纂工作的需要，将国内外专家学者对天津历史研究的重要成果汇编为"天津通史专题研究丛书"；将经过专家整理的较为珍贵的中文历史档案和文献资料选编为"天津通史资料丛书"；将征集到的有重要价值的外文历史档案和书刊资料编译为"天津通史编译丛书"。这三种丛书的编辑出版，不仅有利于提高《天津通史》的研究和编纂工作水平，同时可以把一些重要的研究成果和珍贵的历史资料及时介绍给学术界和广大读者，对深入地了解天津、认识天津、研究天津，将发挥积极的不可或缺的作用。

主　编　刘海岩

副主编　任吉东

译　者　成淑君　周　鑫　李小娟

　　　　庞玉洁　任吉东

校　订　刘海岩　任吉东

译者前言

阅读历史,弥足珍贵的莫过于亲历者的记述,如日记、书信、回忆录等等,细节丰富、真实生动,让你有穿越历史的感觉。亲历者或者以某种历史身份参与其中,或者恰好生活在那个时代那个地方,他们以种种方式把所见所闻记录下来,流传于世。尽管亲历者的视角、观点都会影响到他们记录的内容,有的甚至或多或少地加以文学的渲染,但是这种记述贴近历史现场,是旁人所无法看到和感知的。

从清末到民国,天津历经数次中外战争,也曾被外国军队占领,被迫开为商埠,先后九个国家在此划分租界,外国人纷至沓来,或军人或传教士,或短住或长居,出自外国人笔下或口中的纪实性资料有大量的留存。这些亲历者留下的各种记述文字,有的作为书籍出版,有的发表在报刊上,也有不少作为独家档案藏在世界各地的档案馆或图书馆里。

本书五位作者的身份各有不同,有公务员、医生、传教士、租界居民、军人。他们有的在某个特殊历史时段到过天津,有的曾长期在天津生活。他们通过日记、回忆录、传记等形式,记录下了他们在天津的生活和他们亲眼看到的这个城市。其内容之鲜活、笔触之生动,读起来让人颇有身临其境的感觉。

《跟随额尔金出使中国》选自《额尔金伯爵 1857—1859 年出使中国和日本纪实》(*Narrative of the Earl of Elgin's Mission to China and Japan, 1857-1859*)一书。作者劳伦斯·奥利芬(Laurence Oliphant,1829—1888)是苏格兰人,他本人出生在南非开普敦,当时他的父亲安东尼·奥利芬爵士在那里担任律师。不久,他的父亲又前往锡兰(现斯里兰卡)担任首席大法官,劳伦斯·奥利芬又在锡兰首都科伦坡度过了他的童年,可以说他是一个在殖民地长大的英国人。从 19 岁跟随父母游历欧洲开始,劳伦斯·奥利芬不断前往世界各地旅行,也开始了他的写作生涯。年轻时的奥利芬被称作"从不停歇、富有洞察力的旅行者",不断有旅行纪实作品发表,显示了杰出的写作才能。20 岁时,他就出版了自己的第一本书《加德满都旅行记》(1851年),讲述自己的尼泊尔之旅。他 30 岁的时候,已经游历过印度、俄国、美国、土耳其、中国和日本,并有多部游记出版。

1853 年,当时担任加拿大总督的英国贵族额尔金勋爵聘请这位年轻人担任他的秘书。1854 年,奥利芬参与了额尔金作为加拿大总督和美国之间订立"互惠条约"的谈判。这是奥利芬第一次参与英国外交活动。1857 年,额尔金被任命为英国全权代表出使远东,奥利芬得以跟随来中国,由此开始了他的远东之旅。

1858 年 5 月,为逼迫清政府履行"修约",额尔金率领英军与法军一起北上。20 日,英法联军攻陷大沽口并随之占领天津,额尔金代表英国政府与清政府钦差大臣谈判并签订了《天津条约》。1859 年,英法公使在两国联军护卫下再次兵临天津海口,要求与清政府互换《天津条约》批准书。主持大沽防务并做了充分军事准备的僧格林沁,指挥清军击退了英法联军。1860 年,英国政府再次派遣额尔金作为全权公使重返中国。8 月,英法联军攻陷大沽口并占领天津城。10 月,攻占北京并焚烧了皇家园林圆明园。无奈的清政府,只得与英法两国又签订了《北京条约》。本书第一、二两部分反映的,正是 1858 年和 1860 年西方列强两次攻占天津的历史过程。

1858 年额尔金率军北来占领天津时,作为秘书的奥利芬一直跟在他的身边,亲历了这一历史事件。此后,他又跟随额尔金访问了日本。

1859 年 3 月,奥利芬随额尔金一起离开远东回国。这年年底,他撰写的《额尔金伯爵 1857—1859 年出使中国和日本纪实》一书,便由英国威廉·布莱克伍德出版公司(William Blackword & Sons)出版。这本纪实性游记分上下两卷,长达千页,但是它显然很受欢迎,因为仅仅几个月后,1860 年 3月,出版公司又印行了第二版。

欧洲人有撰写旅行游记的悠久传统。在交通、资讯相对不很发达的年代,人们通过阅读旅行者的游记来了解他们很难到达的国家或地区,了解异域文化。19 世纪中叶,远东、中国、日本,成了英国和欧洲人最感兴趣的地方。劳伦斯·奥利芬撰写的这部游记显然很受欢迎,仅仅几个月后,1860 年 3 月,出版公司又印行了第二版。

本篇选译的这四章,作者记述了从 1858 年 5 月英法联军攻克大沽炮台后,乘炮舰沿海河上溯占领天津,直至同年 6 月 18 日签订《天津条约》的整个过程。

作为初次踏上东方的土地,进入一个中国城市的英国人,作者在前言中谈道:"对这些国家知之甚少的陌生人所做的描述,更多的是依靠他们的观察,也要依靠他们的才能和对世界的了解。"

作者身为额尔金的秘书,参与了中英交涉的全过程,使他得以记述以额尔金为首的英国使团,如何利用军事威胁和谈判手段,逼迫清廷钦差大臣接受条件直至签约。作者以旁观者的角度描述了他所见到的清廷大臣:"平和而慈祥""脸上充满智慧"的桂良,"方正的脸盘不苟言笑,长着一个大鼻子"的花沙纳,以及"一副年迈昏聩状"的耆英。同时,作者也具体描述了《天津条约》签署的整个过程。这些细节的记录,是非常珍贵的史料。

作者在天津生活了一个多月,他将所观察到的不同社会阶层的形象与日常生活,直观地记述了下来:城里受人尊重的中产阶级、衣不蔽体的贫民、濒临死亡的乞丐、城外乡间忙于麦收的农民。按照作者的观察,对他们这些入侵的"夷人",城里与城外的居民表现出完全不同的态度。城里民众受政府态度所左右,或怀敌意或显谦卑;城外的乡民却从来是温和、驯顺,对"入侵者"毫无仇视。作者也描述了所见到的景象:城里的街道、庙宇、店铺,城外的墓地,乡里田间的麦浪,远方的帆船以及忙于收割的农人,还有修整精美的菜园、果园。

《一个英国军医的天津日记》节选自大卫·伦尼(David Field Rennie,？—1868)所著《英军在华北和日本:北京 1860,鹿儿岛 1862》(*The British Arms in North China and Japan：Peking 1860；Kagoshima 1862*)一书。作者伦尼是一名苏格兰医生,来中国之前在澳大利亚西部一处关押罪犯的机构担任医生。当 1859 年英法联军在大沽口遭遇失败,准备调集大量军队再次北侵时,伦尼志愿加入英军来到中国。1860 年英法联军从北塘登陆,攻陷大沽炮台,占领天津直至进军北京,这段时期伦尼一直在驻津英军中担任主任军医,直至英军准备从天津撤离,伦尼才离开天津前往北京,转任英国驻华使馆的医生,同时兼法国驻华使馆医生。

英军占领天津期间,部队中天花流行,伦尼积极寻找治疗天花的方法并获得英国最高军事当局的重视。他在为英军官兵治病的同时,也为天津本地百姓治病,有一种看法认为,伦尼是通过行医将西医观念传入中国北方地区的先行者之一。①

《英军在华北和日本》一书,是伦尼跟随额尔金和英军在中国和日本期间的日记,其中有数章是他在天津的日记。与担任额尔金秘书的奥利芬不同,伦尼是一名军医,主要工作是为英军官兵治病。但是,作为事件的旁观者,他善于观察和了解,勤于动笔,把所见所闻一一记录在日记中。"许多进军北京的相关事件我都亲眼目睹。即使不在现场,我也会很方便地从直接参与其事的人那里获得当时的相关信息,并立即记在我的日记里。我与英国和法国使馆人员的交往,使得我可以更多地获得有意思的信息,让我能够记录下有关中国的更多事实,以及中国人鲜为人知的性格特征。"②

在日记中,勤于记录的伦尼将每天的所见所闻,包括从英军军官或外交官员口中听到的各种信息都一一记录下来。日记的内容远远超出了一名普通军医的职权范围所能获取的信息,成为英法联军军事和外交行动,以及当时天津即时境况的全景式记述。

伦尼逐日记述了联军从北塘登陆到攻占大沽炮台的全过程。由于作者是军医,要跟随部队抢治伤员,在每一场战斗中都能够身临战场,战斗结束后又能亲眼目睹战场的状况,因此得以描述每次战斗的过程以及战斗的结果、伤亡情况等。

值得一提的是,这次从北塘登陆到攻占大沽炮台之战,英军首次在实战中使用阿姆斯特朗炮。阿姆斯特朗炮是英国最早的大型后膛装填线膛炮,1855 年由英国著名火炮专家威廉·阿姆斯特朗爵士设计发明。1858 年,英

---

① 〔美〕罗芙芸:《卫生的现代性:中国通商口岸卫生与疾病的含义》,江苏人民出版社,2007 年,第 96 页。

② 伦尼:《英军在华北和日本》,英文版"序言",第 5 页。

国战争部决定购买并装备英国军队,两年后的大沽之战得以首次使用。伦尼在日记中也记载了英军首次使用阿姆斯特朗炮的情形。

日记随后记载了英法联军占领天津的具体过程。清廷官员及天津地方士绅用种种方法劝阻联军停止继续进军北京,村中耆老递送请愿书以求保护,而温和、毫无敌意的村民又热心为联军提供帮助。

在天津期间,伦尼在军务之余四处观察中国城市的生活。日记中描述了当铺、药铺、饭馆、赌摊、戏园、公共澡堂以及古董店等等,还记述了城内外的百姓生活,独具特色的鹰猎活动、水会救火,以及春节年俗、婚丧礼俗等等。

在联军占领期间,英军占用盐商张锦文的房子成立了军医院。日记中不仅描述了房子的样子,还记述了他们与张锦文的交往,去张家做客的情形。在作者笔下,种种形象栩栩如生,一副高官做派的盐商,穿着讲究、彬彬有礼的知县,被清军抛弃在英军医院得到救治的清军伤兵,街上成群的乞丐,等等。

日记中也记载了占领期间有关外国军队的种种情形,既有军队士兵殴打、侮辱、戏弄当地百姓,也有英军控制酗酒、对违纪者执行鞭刑,等等,还有圣诞节时驻军牧师在英军中发起救助中国穷人的捐款活动。10月英法联军洗劫圆明园,11月日记中便有记载,天津"街道上到处都挤满了成群结队满载着掠夺的财物和行李的马匹、骡子和京城马车",甚至马车上还带着从圆明园抢来的"长着狮鼻的小狗"。街上的古董店悄悄售卖来自圆明园的古玩玉器,联军官兵甚至外交官员也在交易和收藏来自圆明园的宝物。

《殷森德华北传教记》记述的主角是英国传教士,这是一部个人传记。关于殷森德,近些年来在一些著述中成了热门人物。有的说他一边传教,一边接受当地盐商的资助投资建饭店,有的说他参与英租界的市政工作,并被选作工部局董事。这篇《殷森德华北传教记》可以让读者看到这位英国传教士的另一形象。

殷森德(John Innocent,1829—1904)是英国基督教圣道堂(Methodist New Connexion Mission)传教士,出生于谢菲尔德圣道堂的一个牧师家庭。

圣道堂是英国基督教的一个差会,属于监理宗,创建于 1797 年。1859 年,英国政府再次派遣特使率军队前来东亚,圣道堂也派遣传教士郝韪廉(William Nelthorpe Hall)来中国开拓传教,殷森德是作为助手一同前来的。

1860 年他们到达上海时,正值英法联军先后占领了天津和北京。对于传教士而言,这是一个拓展传教区域的好机会。于是,1861 年 3 月 15 日,殷森德从上海登上英国军舰"马里兰号"沿海北上,经过 20 天的旅程,于 4 月 4 日抵达天津。他在海河边上岸后乘坐当地人的马车,直到晚上 10 点钟才到了天津城。他没有钱租房,只能暂时住在先期到达的美国公理会传教士柏亨利(Henry Blodget)租住的房子里。

柏亨利是 1860 年 9 月紧随英法军队第一个来到天津的基督教传教士,殷森德则是第二个。殷森德到达天津一个多月后,他的妻子与另一个基督教差会伦敦会的艾约瑟(Edkins)夫妇一起,乘坐美国三桅船"丹尼尔·威伯斯特号"到了天津。

殷森德一到天津,就成为最活跃的传教士。他操着刚刚学会的一点汉语站在街头传道,在老城中心鼓楼附近的"北仓"租了一处住宅开设教堂,在城外又设立了两处礼拜堂。1866 年,殷森德在最繁华的宫北大街租房建立了"宫北教堂",这被他视为自己早期传教最大的成功。

与其他传教士一样,殷森德把深入华北内地作为传教的重要目标。他一到天津,几乎每年都要去华北内地巡游传教。他与妻子及其他传教士先后去北京、保定、太原、张家口、任丘、蒙古、济南等地进行传教旅行。

传教士能否成功,很大程度上取决于对当地语言掌握的程度。殷森德一来到中国,就投入很大精力学习汉语。尽管他的语言天赋并不突出,但他的执着和持之以恒,很快就使他能用汉语做传教演讲,能与当地人直接交流。

1866 年,自认为受到上帝的"召唤",殷森德与圣道堂其他传教士到了山东乐陵,在该县朱家寨开展传教。他们在乐陵及附近地区开拓传教,先后建立了教堂、医院、学校等等,乐陵朱家寨成为圣道堂的第二个传教中心。乐陵传教的成功,一时被视为殷森德与圣道堂在中国发展的传奇。1869 年,殷森德回英国休假,他在英国几乎成了远东传教的先驱英雄,应邀前往三十多个城市发表演讲,有关乐陵传教的成功经验甚至促成了爱尔兰长老会的建立。

如今我们很难想象殷森德这样的福音派传教士,为了传教事业不惜牺牲一切,甚至包括家庭与孩子。殷森德夫妇的三个儿子和一个女儿都在中国传教期间死去,其中两个儿子死时年仅一岁。

殷森德夫妇原本计划定居山东乐陵朱家寨,专心在山东传教。但是,孩子的相继亡故使得他们不得不返回天津,不再在乐陵常驻。圣道堂的传教方式也从此做出改变,采取传教士轮流前往巡回传教的方式。

1897 年,已近古稀之年的殷森德偕夫人和唯一的一个女儿离开天津返回英国,他在中国从事传教事业长达 37 年。1904 年 11 月,殷森德在英国伦敦东南部的路易舍姆(Lewisham)逝世。

一位对天津做过研究的英国记者谈道:"殷森德这四十年的工作都与天津有关系,所以他是整个时期最重要的传教士。"①

由于殷森德在天津与华北开拓传教的成功,圣道堂成为在天津发展最快的基督教差会之一。到 1901 年,圣道堂在天津和华北地区先后建立了217 所礼拜堂,大约 40 所学校,有 2398 名教徒、1276 名慕教友。圣道堂在天津创建了最早的教会学校:殷森德到天津不久就创建了一所男童学校,他的妻子也创办了一所女童学校。1871 年,圣道堂在租界建立了第一所神学院。

19 世纪 80 年代,随着开平煤矿的兴建,圣道堂向天津以北扩展到永平与唐山地区,殷森德与其他教士定期前往巡视传教。应开平煤矿创建者唐廷枢的请求,圣道堂在唐山建立了一所教会医院,有差会的传教士医生常驻,为煤矿矿工治病。

《殷森德华北传教记》一书的作者甘霖(George Thomas Candlin),也是圣道堂传教士。他 1878 年来到天津后,除了在天津、山东乐陵,也定期去唐山等地传教。民国时期,甘霖于 1914 年在北京担任汇文大学堂神学教授,1918 年燕京大学成立后又成为该校神学院教授。他精通汉文,1924 年死于北戴河。

---

① 〔英〕雷穆森:《天津租界史(插图本)》,天津人民出版社,2009 年,第 215 页。

这本书是有关殷森德的最主要的一本传记。书中大量引用了殷森德写给他妻子的信以及他的日记。全书记载了这位对19世纪天津乃至华北地区基督教文化传播起了重要作用的传教士的一生，也涉及圣道堂这个基督教差会在中国北方发展壮大的过程。本书选译部分，起自殷森德1861年来到天津开展传教事业，建立教堂，后去山东乐陵开拓传教，止于在天津建立神学院。从时间上看，这是殷森德在中国传教的前半部分；从内容上看，这十一章记述了殷森德及圣道堂的其他传教士在天津与华北开拓传教的艰难历程。

《马克里希的两篇演讲词》是在天津居住将近三十年的英国人威廉·马克里希（William McLeish，1851—1921）的回忆。

马克里希1886年9月从英国海军学校毕业后，应北洋水师学堂的聘请来到天津，主要在该学堂担任驾驶、航海及天文学教习。1900年爆发了义和团运动和八国联军之役，水师学堂遭毁，马克里希也结束了这段职业生涯。在担任教习期间，马克里希在1895年与美国人田夏礼（Charles Denby Jr.）合股购买了天津主要的英文报纸《京津泰晤士报》（*Peking and Tientsin Times*）。当水师学堂不复存在，他不能再担任教习之职时，便于1901年开始担任《京津泰晤士报》的主编。

《京津泰晤士报》创刊于1894年3月，开始时是周报，1902年10月改为日报。该报是英国建筑师裴令汉（William Bellingham）在英租界工部局支持下创办的。不幸的是，报纸创刊的第二年，主编兼经理裴令汉去世。马克里希与美国商人田夏礼便以每股一两，总值约八千两的低廉价格购买了报纸的所有权。田夏礼主要经商，并不直接参与报社事务，报纸的编辑大权完全由马克里希掌控。

《京津泰晤士报》一直得到英国租界工部局的资助，与租界官方关系密切。马克里希在报社干了不到两年，便于1903年受聘担任英租界工部局的专职秘书。英租界实行市民自治制度，市政大权掌握在由选举人会议选举产生的工部局董事会手里。对于租界日常市政事务，董事会有最高决策权，在具体执行中，工部局秘书是关键的角色。马克里希由此成为租界工部局最高权力圈中的一员,直至 1914 年退休离开天津回到英国。

马克里希在天津英租界生活数十年,先后担任过租界报纸的主编和工部局秘书。他是租界社会活动的积极参与者,在租界公共图书馆担任干事,在游泳俱乐部被选任主席,参加赛马俱乐部,喜欢游泳和打网球,经常参加比赛还获得过冠军,因此他堪称是清末民初租界生活的亲历者。

《一名老居民的天津记忆》是马克里希退休离开天津前发表的演讲,听众主要是租界的居民。作为在租界生活了将近三十年的资深居民,马克里希自命为"天津通",演讲的主要内容就是回忆"老天津",尤其是 19 世纪八九十年代的租界。

马克里希以亲眼所见,描述了他初到天津时所看到的租界以及十数年间的迅速发展。他谈到了租界生活中的社交、媒体、音乐、戏剧以及名人轶事等等。演讲轻松随意,通篇充满了真实感和现场感。

《中国商埠居留记》是马克里希退休返回英国后,在伦敦中国协会的聚会上发表的演讲,时间大约是在 1917 年。此时正值第一次世界大战后期,战争中的伦敦人聚会听这位"老中国通"讲述他在中国的生活与经历,可见当时的英国人对东方对中国浓厚的兴趣。

在这篇演讲中,马克里希利用他在天津拍摄的照片制成幻灯片,向英国人生动地讲述了他曾经生活过三十年的中国城市。他从英法军队攻打大沽炮台迫使天津开放这一背景说起,先后谈到了海河的治理、码头、租界的概貌;谈到天津从一个屡遭非议的传统城市变成中国发展最快的城市,最能展示城市发展的贸易与城市建设;谈到最具特色的赛马,以及外国人最热衷的娱乐和体育运动,也谈到了他亲眼所见天津当地华人居民的生活。

这两篇演讲内容互补,没有过多的引证资料,大多都是演讲者亲见亲闻亲历,可以说是从 19 世纪 80 年代到 20 世纪最初十年天津租界——主要是英租界——生活情景的再现。

《中国通:美军第十五步兵团在天津》,译自查尔斯·芬尼(Charles Grandison Finney,1905—1984)的《中国通》(*The Old China Hands*)一书。作者芬尼出生在美国密苏里州的锡达利亚(Sedalia),1927 年至 1929 年在天津美军第十五步兵团服役。从军队退役回到美国后,他与妻子和两个孩子住在亚利桑那州的塔克森(Tucson),在《亚利桑那每日星报》担任新闻编辑。

在报社任职期间,芬尼曾为多种杂志撰稿,也开始了他的文学创作。1935 年,芬尼的第一本小说《劳博士的马戏团》(*The Circus of Dr. Lao*)出版。他在天津三年的军队生活,对他的文学创作有很大的影响。据芬尼自己讲,还在第十五步兵团服役时,就开始酝酿构思小说《劳博士的马戏团》,该作品充满了奇思妙想和许多中国元素。《劳博士的马戏团》一出版就大受好评,获得了美国国家创新图书奖并多次重版。该小说后来改编成电影《劳博士的七张面孔》于 1964 年上映,1965 年获得奥斯卡提名奖。

芬尼也因为这部小说一举成名。他后来又出版的多部作品如《诡异的城市》《穿过人行道的尽头》《来自满洲的魔术师》等等,也曾多次获奖。芬尼成为美国一代奇幻小说作家的代表,他的作品,尤其是《劳博士的马戏团》,对美国奇幻小说创作的兴起具有很大的影响。

芬尼一直对早年天津第十五步兵团的生活经历念念不忘,曾先后撰写过有关第十五步兵团的回忆文章发表在美国著名期刊《纽约客》上。1960 年,55 岁的芬尼完成了他的回忆录《中国通》的创作,并于第二年出版。此时,距离他在天津第十五步兵团服役已经过去了三十年。谈到这本回忆录的创作动机,作者坦言:"三十年过去了,至于为什么我也说不清楚……有关天津和昔日中国第十五步兵团的美好回忆便不期而至,回到我的心中。"①

作者宣称,书中的人物大都是虚拟的,所描述的细节也多有文学的创作。但是,书中谈到的事件、背景、故事,以及不同类型的人物,大都各有依据,有的是作者亲身经历,有的是老兵们给他讲述的。同时,作者也参考了曾在第十五步兵团服役的军人们发表的各种著述,如威廉姆斯(L. L. Williams)主编的《第十五步兵团年鉴》,詹姆斯·泰勒(James D. Taylor)组织编写的《美国第十五步兵团常规守则》等;埃德温·哈丁(Edwin F. Harding)撰写的诗集《美国营盘叙事诗》(*Lays of the Mei Kuo Y'ing Pan*),也是作者创作灵感的来源。上述这几位著者二战后都成为美军的将官。

---

① 查尔斯·芬尼:《中国通》,英文版前言,道布尔戴出版公司,1961 年,第 20 页。

美军第十五步兵团始建于 1861 年 5 月 4 日。当时,美国南北战争刚刚爆发,美国总统亚伯拉罕·林肯把这支志愿军改编成联邦军队的一支正规部队。1862 年,第十五步兵团参加了著名的夏伊洛(Shiloh)战役。

后来,第十五步兵团不断调往海外执行任务或驻防。1900 年中国爆发义和团运动,第十五步兵团第一营被调到天津,参加八国联军之役。第二次世界大战期间,第十五步兵团先后在北非、意大利、法国以及中欧地区作战。1951 年朝鲜战争爆发,第十五步兵团又调往朝鲜参加过多次战役。战后,第十五步兵团曾长期驻防德国。

1911 年 10 月,武昌起义爆发。西方列强决定加强在中国的军事力量,将华北沿海驻军人数增加到万人以上。1911 年 12 月,驻在美国犹他州道格拉斯堡的第十五步兵团奉命经菲律宾调防中国。该团第一营于第二年 1 月抵达天津,其他各营陆续抵达,由此开始成为驻扎时间最长的外国驻华军队。

根据 1901 年签订的《辛丑条约》,西方列强取得了从北京到山海关沿线 12 处地方驻扎军队的特权。按照条约的规定,驻军的目的是"以保京师至海通道无断绝之虞"。当时,八国联军各国军队司令官自行商定了各国驻兵人数,在天津的各国驻兵是人数最多的,最初规定为 2000 人,但每遇政局动荡,各国驻兵人数就任意增加,民国初年已增至万人。

各国的驻兵地点,凡是有租界的国家,都在本国租界建立兵营,当地人称之为"营盘"。美国在天津没有租界,美军兵营就建在别国租界内。最初,美国兵营建在英租界。① 可是那个地方是租界的中心区,作为兵营显得过于逼仄。第一次世界大战德国战败,德租界被中国政府收回,美国便在已经改为特别区的原德租界扩展界租赁了一片土地盖起了规模宏大的美军驻军营房。1917 年,第十五步兵团迁移到原德租界二十三号路的美国兵营新址。到 1921 年,该团一共大约有 1000 名官兵,分属 3 个营,每个营下辖 4 个连,连的编号从 A 到 M,只是没有 J 连。此外还有一个团部值班连、一个机枪连、一个后勤连以及军需处、医务处和通讯处。不久,机枪连被撤销,H 连和

---

① 位于博罗斯道(Bruce Road,今烟台道)和海大道(今大沽路)交口。

M 连的主要武器改换为手枪和机枪,以加强整个团的火力配置。

第十五步兵团从 1912 年来到天津直到 1938 年撤离,一共驻扎了 26 年之久。按照美国政府的指令,第十五步兵团的主要任务是保护美国在华利益以及美国侨民和传教士,履行"美国政府与其他列强共同承担维持中国稳定的义务和承诺"。

然而,进入民国以后,中国内战频频,各派政治军事力量斗争激烈,但直到 1937 年日本发动全面侵华战争之前,再没有发生过大的中外政治或军事冲突。在这种形势下,驻防天津的第十五步兵团,虽然也曾设卡布防,设置路障等等,但没有参加过任何真正的作战行动,他们的存在更像是美国军事力量的一种象征。

尽管美军在天津驻防数十年,但是如今提起美国驻军,提起第十五步兵团,人们知道的却很笼统,要么说美国兵在天津花天酒地,酗酒、逛妓院,要么说第十五步兵团出了马歇尔、史迪威、魏德迈、包瑞德、李奇微等等赫赫有名的将军。至于这支美国军队在天津驻防期间做过什么,这些美国大兵当年在兵营内外如何生活,则很少有人知道。

奇怪的是,就连在美国,这支驻扎在东方的美军也很少有人知道。没来天津之前,芬尼也是一样:"当 1927 年我参军时,甚至不知道还有这样一个步兵团在中国驻扎……对天津也一无所知。"

他报名当兵本来想去夏威夷、巴拿马或菲律宾,负责征兵的下士对他说:"为什么不去中国,小伙子? 他们现在正在征招有高中文凭的去那里。在那里,你什么都不用干,不用干杂役什么的。裁缝订做军装,吃的好。也不禁酒,你可以喝得烂醉。"①至于驻防地天津,没有人知道在中国的什么地方,生活怎么样。

天津三年,不仅使作者对这个东方城市有了全新的认识,而且也亲身经历了长期驻防中国的美国军队的军营生活,使他萌发了为这些美国大兵作传的冲动。《中国通》一书不是名人所撰写的那种记录个人历史的回忆录,而更像是第十五步兵团普通官兵的集体生活记忆。

---

① 查尔斯·芬尼:《中国通》,英文版前言,第 16 页。

全书内容包括"天津""秦皇岛"和"熄灯号"三个部分。美国军队的兵营,每天晚上都要吹响熄灯号,而在士兵的葬礼上,也要吹响同样的号声。所以,这一部分寓意士兵们的归宿。全书共计 16 个章节,表面上是内容不相关联的 16 个故事,却是记述了美国士兵从应征来到中国,到军营的训练、生活,以及他们在中国城市经历的种种事情,直至他们的归宿。种族、经历、性格各异的美国大兵,栩栩如生的往事,在作者诙谐幽默的笔下,使当年的军营生活得以再现,给我们留下了珍贵的历史资料。

本书收录的五篇资料,作者的身份、经历各异,以各自的方式记述了不同的历史时期、不同的历史事件和人物,记下了他们所经历的那段历史,也描述了他们所看到的天津——这座中国北方的城市。

近代中国屡遭西方列强侵略,天津多次首当其冲。从第二次鸦片战争到八国联军侵华战争,天津都是被西方列强军队首先占领的城市。这些都给这个城市留下了深深的历史烙印。

本书的五位作者,从各自的视角,在记述其所见所闻的同时,也发表了他们的看法。作者所处的环境、他们的立场和观点,都会使得这些史料带有种种局限,相信读者在阅读和使用时,自会加以分析、辨别和批判。

本书的内容选自不同的书籍或报刊,我们或部分选译,或全部译出,呈现在读者面前,显现出历史的多面性。在翻译过程中,我们尽量保持资料原来的面貌,包括书中原有注释均予保留。同时,我们也加了一些注释,以便给读者提供更多的信息。这些注释后面均标注"译者",以便区分。书中引用的中文文献资料,我们均查找到原文并照录。

本书涉及大量译名,包括人名、地名以及其他专用名词。我们仍然按照这套"天津通史编译丛书"的原则,在这些译名首次出现时,在其后面用括号加注原文。凡无法查到的已经通用的中文译名,我们在其后面括号内注明"音译",以为说明。书后附有译名表,以供读者参考。

目　录

跟随额尔金出使中国// 　1－63

一个英国军医的天津日记// 　65－209

殷森德华北传教记// 　211－303

　一、天津城 // 　213

　二、一个传教士的家庭生活掠影 // 　217

　三、开端：1861—1866 年的早期岁月 // 　226

　四、语言的学习 // 　242

　五、英国教堂的建设 // 　252

　六、传播福音的开拓之旅 // 　258

　七、乐陵的召唤 // 　264

　八、占领新传教领域：宗教迫害、丧亲之痛与冒险 // 　273

　九、休假 // 　280

　十、教案前后天津教会的苦难历程 // 　284

　十一、神学院的创办 // 　297

马克里希的两篇演讲词 // 305—360

　　一、一名老居民的天津记忆 // 307

　　　1.初到天津 // 307

　　　2.社交生活 // 313

　　　3.租界轶闻与城市进步 // 321

　　　4.灾难与租界文化 // 330

　　二、中国商埠居留记 // 333

　　　1.中国与天津 // 333

　　　2.租界概貌 // 341

　　　3.发展最快的城市 // 345

　　　4.天津城与华人生活 // 351

　　　5.外侨的娱乐与运动 // 355

中国通:美军第十五步兵团在天津 // 361—534

　　一、天津 // 363

　　　1.新记录 // 363

　　　2.天津的街市 // 370

　　　3.布鲁斯·弗格森 // 378

　　　4.夏伊洛 // 383

　　　5.徒步骑兵 // 387

　　　6.传令兵 // 402

　　　7.便装 // 408

　　　8.牌坊 // 417

　　　9.装甲列车 // 439

　　　10.海军登陆 // 454

二、秦皇岛 // 467

  1.昔日的营地生活 // 467

  2.午夜爬行者 // 476

  3.长城 // 487

  4.猎獾 // 501

三、熄灯号 // 512

  1.列兵普林斯 // 512

  2.老家伙 // 520

  附:美军第十五步兵团任职军官花名册(1927 年 3 月) // 530

附录:译名表 // 535

  人名 // 535

  地名 // 548

  其他译名 // 553

后记 // 557

跟随额尔金出使中国

劳伦斯·奥利芬（Laurence Oliphant）

本篇选自劳伦斯·奥利芬所著《额尔金伯爵 1857—1859 年出使中国和日本纪实》（*Narrative of the Earl of Elgin's Mission to China and Japan，1857—1859*）一书，由英国威廉·布莱克伍德出版社（William Blackwood & Sons）1860 年出版。

劳伦斯·奥利芬作为额尔金的秘书，跟随他出使远东。1858 年 5 月，英法联军攻陷大沽炮台并占领天津，迫使清政府签订了《天津条约》。一直跟在额尔金身边的奥利芬是这一历史事件的亲历者。

奥利芬一回到英国，就撰写了这部长达千页的纪实性游记《额尔金伯爵 1857—1859 年出使中国和日本纪实》，出版后颇受读者欢迎，几个月后又印行了第二版。

原书分作两卷，第一卷为中国部分，第二卷为日本部分。第一卷一共 20 章，本书选译了第 16—19 章，共 4 章，分别标为一至四。每章开头的一段，均照录原书的内容标题。

（译者：成淑君）

作者劳伦斯·奥利芬,摄于1854年

一

溯河而上—拥挤的帆船—当地居民的惊奇—居民恭顺的行为—耀眼的营火—大草原地带—村落的出现—航行的障碍—第一次看到天津——个商人代表团—钦差大臣的任命—溯白河而上的全权代表—通往天津的道路—密集的围观者—至乐寺(即望海楼)—河流的自然风景—自我娱乐—寺院里的卧房—对白河的进一步探索—俄国和美国外交使节的到来—他们的住所—赞歌—钦差大臣的到达—全权便宜行事—我们的官员队伍—海光寺—与钦差大臣会晤—全权交换—会谈的突然中断—接到关防—桂良—花沙纳—额尔金勋爵政策的成功—与广州事务的关系—光明的前景

占领炮台之后,我们投入战后休整以缓解连日来的疲乏。然而,22日,当我回到离得很远的舰队锚地时,看到了一份送达那里的联合舰队指挥官们的报告,他们决定继续溯河而上。最初的安排是,首先他们应由全权代表陪同,不过,现在看来,所有四个国家的代表一同前往——包括两个中立国的代表,这种做法更有可能于事有害而无益。额尔金勋爵表示在这个问题上他乐于遵照舰队指挥官们的意愿,非常希望避免任何可能会令海军当局尴尬的事情,即由于激烈的反对意见而导致他们由主张和平解决转而主张用战争解决,即使这种事情不大可能会发生。无论如何,这次行动我仍被允许与军队一同前往,我与老朋友科林·坎贝尔(Colin Campbell)中校一同在"负鼠号"(Opossum)船上找到了为我们安排的地方。

途中,我下船登上了大沽北炮台,目的是想看看"鸬鹚号"(Cormorant)炮舰缴获的巨大铜炮,同时也想看看该炮舰的炮击究竟给那里造成了怎样的凄惨景象。这些炮台比南面的那些炮台建造得要更加坚固,但是,却不是按照人所共知的规范构筑的。结果,由于炮台守军营房暴露在外,导致官兵伤亡惨重。在一处炮位,我数了一下,有29名士兵的尸体躺在大炮的周围。炮台指挥官的尸体还没有被掩埋,他躺在自己房间的门口,好像他刚刚迈出房门的那一刻，一发圆形炮弹恰好击中了他。每座建筑物都弹痕累累，炮弹从建筑物毫无遮挡的后面穿入，在防弹的房间内爆炸。所以，炮台的守军几乎没有什么可指责的，因为他们只是在这么危险的地方呆了一刻钟。"鸬鹚号"继续向前航行，次日上午靠近了河障，从一个只允许中国帆船出入的开口驶过，这些帆船被海军将领们指挥下的高级炮舰逐出了河道。

此时，大沽(Taku)的村民大胆地来到河边与我们打招呼；我们则骑着毛驴排成一队穿过狭窄的街道，以此来自我消遣，这也使百姓欢笑不已。

大沽海神庙，直隶总督谭廷襄曾在此设帐督军

大约中午时分，"负鼠号"准备出发向前，但是，要通过拥挤的帆船所形成的障碍看来是不可能的。对于急欲要赶上舰队司令官的我们来说，横亘在面前的帆船障碍，看上去比阴雨天一个乘坐两轮轻马车急着去赶火车的

绅士途经拥挤的圣殿闩（Temple Bar）①时更加令人无望。最后，绝望之下，我们直接冲向了帆船队，这立即在帆船上的水手中造成了混乱，他们互相撞在一起，拥挤、阻塞和尖叫声一时并作。在这种情况下，我们的船奇迹般地前进了，安全顺利地挤出一条航路穿了过去。这一段河道的宽度与流经里士满（Richmond）的泰晤士河②差不多。河的两岸长满了长长的芦苇，非常茂密，从波浪般起伏的芦苇上面望去，广阔的盐田一望无际，盐田中间到处是大小不一的圆锥形坟丘。我们的船被强劲的潮水推着向前驶去，掠过一个个急转弯——一直到天津的整段弯弯曲曲的河道中，这样的急转弯很多——很快我们又发现置身于更令人愉悦的河岸之间。荒芜的芦苇丛被更有用途的绒毛草或高粱取代。田地之间以柳树作为分界线，相邻的村落用栅栏整齐地分割开来，这一切都显现出乡村相当开化的样子。

两个小时后，我们到达了舰队指挥官五艘炮舰停泊的地方，随后同他们一道缓缓地向前行驶，沿着第一次被外国船舰划过的水面探寻航道行进，没有发生什么有趣或奇异的事情。临近傍晚，用泥土建造的村庄变得更多了；当我们前面的炮舰经过时，村里所有的人们都跑出来观看，以虔诚恭敬的鞠躬向炮舰致意，之后都蹲在河岸上排成长长的一排，用充满敬畏的惊奇目光，注视着我们破浪前进的小炮艇。炮艇迎风顶潮，喷着蒸汽平稳地向前行进，只有操控它的技术能手才能从表面的迹象觉察出炮艇尾部的下方有微微的震动。我们的行进速度在某种程度上减慢了，因为我们必须一边前进，一边要将河上所有现存的帆船清出河道。我们担心，在这么狭窄的河道中，中国当局有可能会命令他们把船在我们身后弄沉，目的是使我们陷入绝境。毫无疑问，尽管这是一个颇为有效的预防措施，但是，从我们的出现所造成的恐慌来看，很明显，在这方面我们还不曾感到有真正的危险，他们非但不希望我们陷入绝境，而且还由于我们没有被除掉而非常高兴。村民们显然

① 圣殿闩地处伦敦，是建于 17 世纪的一座石制门坊，位于弗利特街和河岸街交口，1878 年因成为道路交通障碍被拆除。——译者
② 里士满是位于伦敦西部的小镇，现属于大伦敦的一个自治市。泰晤士河流经里士满后，流向伦敦。——译者

非常清楚,我们正前往推翻他们的朝廷。我随海军上校霍尔(Hall)和李泰国(Lay)①先生到了岸上。李先生同岸上的人们打招呼交谈,然而,谈话总是以请求我们来统治他们作为开头。"万岁,君主!"当我们靠近时,他们大声喊道,"欢迎,伟大的君主! 请做我们的皇帝,来统治我们吧!"然后,他们非常真诚地声明打算立即服从命令清理帆船,并且无偿提供各类食品;他们后面表示的一句礼貌之语是出自于对自己政府的畏惧,其余的礼节性语言则是由于对我们的到来感到恐慌,明智地希望赢得继位王朝的好感。当我们要求设法搞到牛肉或其他不易弄到的给养时,他们马上会提出难以搞到,但最后还是会恭顺地说:"无论如何,既然是您大君王需要,我们一定照办。"与此同时,每当有帆船不能迅速离开时,我们就会砍断它们的缆绳,使它们整排漂向河流下游,这不时也会出现混乱不堪的状况。

不过,我们并不满足于用这些漂流的帆船来证明我们所取得的进展;我们点燃了一大堆庄稼秸秆形成巨大的篝火,预示着我们将要取得进展。篝火堆放在上游的河岸边,使其成了火筏,正好漂离我们,在这第一个黑夜,沿着涨潮的河水向上游漂去。黑夜降临,熊熊大火发出的耀眼火光照亮了夜空,这毫无疑问会使中国官员和农民心生恐惧,同时我们自己则产生了庄严和令人难忘之感。一条宽宽的光带将炽热的火光洒向高大的树丛,照亮了阴暗的树林深处,映衬之下,那些幽暗之处则显得更加黑暗。在灼热的高温下,茂密的树叶顷刻间变红,然后发出轻微的噼啪声并随之焦枯,只剩下布满疤痕的光秃秃的树枝,如同身受重伤的肢体,伸向熊熊火焰。河水打着漩涡,在红红的火光下泛起浪花,炮舰仿佛停泊在一片火海之中,每根帆桅与绳索都清晰可见。

一天的工作结束了。我们已经到达距离河口大约二十英里的地方,不仅没有受到侵扰,而且当地居民在许多方面都表现出友善之意。我躺下休息时,因满怀希望而兴奋不已,看来这种毫无敌意的状况很可能还将继续下

---

① 李泰国(Horatia Nelson Lay,1832—1898),英国人,先后担任过英国驻广州、香港和上海等领事机构的翻译、秘书、副领事等。1858 年随额尔金北上,担任汉文副使,在天津参与和清廷钦差大臣的议和谈判,是中英《天津条约》的主要拟订者。1859 年,被清廷任命为海关首任总税务司。——译者

去，我们凭借九艘联军炮舰的军力，仍有可能顺利到达天津，将炮舰停泊在那里或附近。

第二天上午，我们又得到了敌人（在这种情况下，我们不妨可以这样称呼他们）急于避开我们的另一个最具有说服力和令人满意的证据。登上"负鼠号"的前桅楼，我就发现一大队中国骑兵在距离大约一英里半的平原上扎营，据奥斯本(Osborn)上尉估计，人数在一千人左右。上尉当时正在前面的"鸨号"(Bustard)与"忠诚号"(Staunch)炮舰上，和弗雷德里克·尼科尔森(Fredrick Nicolson)先生一起。他们向其营地发射了一两发炮弹，那些中国骑兵便迅速落荒而逃。他们很有可能就是在炮台被占领时撤退的那支部队。这个上午我们因为法国舰队司令耽搁了几个小时，他的炮舰在离我们的船不远的地方搁浅了。这个时间，我通过望远镜观察了一下周围地区。在许多方面，它让我想起了俄国南部。树木稀少，能看到的唯一的树木就是那些种在白河两岸用来标明河道的树木。确实，因为不管转向哪一个方向，白河总是在视线之内，所以河流两岸的树木同样也必然成为整个景观的装饰。直至天津的整段河道，我自始至终没有看到任何值得引起注意的河流或运河流入白河。一望无际的田野是一片干旱的褐色草原，白河穿过草原，形成迷宫般曲曲折折和光怪陆离的河湾，找到了自己的入海之路，河道流经的田野至少是笔直的河道流经的两倍。河流的两岸由黏土和沙子构成，无论是在天津或是在通往天津的路上，我几乎不记得看到过石头。

离我们停泊处不远有一个大的村庄。在通往那个村庄的主要道路上，尘土飞扬，人来车往，车辆多数是带篷顶的双轮车，用两头驴子一前一后拉拽。一辆由六匹或八匹马拉拽的大型四轮马车疾驰而过，车上挤满了乘客，似乎应该是公共马车。我也看到来往的独轮车，一个人驾着车辕，一头毛驴在前面拉着。这种车有的也拉载乘客，他们背靠背坐在车的中间，车的两侧是向前滚动的大车轮，就像敞篷的爱尔兰马车。我尤其喜欢村子里整齐排列的坚固的泥土房。房屋的四角轮廓鲜明，山墙上有装饰性的线条，做工精良的茅草屋顶悬出的房檐，修整得整整齐齐，房顶上矗立着两个相当坚固的烟囱。由于庙宇和大户人家的住宅有的是用砖做建筑材料，因此，形如瞭望塔的圆形砖窑广为分布，随处可见。

　　河岸附近的田地被树木、篱笆和土墙分割开来,但能灌溉的可能性很小,土地显得贫瘠又缺乏耕作。用土坝圈围起来的简陋船坞里停放着正在修理或正在建造中的帆船。因为它们停泊在河道不同的河湾,所以从各个方向都能看到这些船上那顶端逐渐变细的桅杆。现在,我们可以看到我们为首的炮舰冒出的烟是在我们的右边,但又时而在左,时而在前边,时而又几乎到了我们的身后,由此可见河流弯弯曲曲似乎是无尽无休,错综复杂,幸而我们唯一的困难只是使那些较大的船只如何绕过急转的河湾。河道中间的水深一直是足够的,经过测量,水的深度从来没有少于二英寻,有些地方甚至深达七英寻。尤其是法国的战舰,经常被卡在河道的急转弯处,狭窄的河道潮水汹涌,法国舰船的长度和动力不足,使它们很难驾驶。"科罗曼德尔号"(Coromandel)偶尔也遭遇同样的命运,不过通过村民在岸上用缆绳拉,又被拖拽回河中。前来救援的村民体格健壮,他们很高兴地用力拉拽绳子,使这项工作变得容易了许多。不过,今天我们没有昨天走得多,昨天我们前进了可能有十至十二英里。

联军攻占大沽炮台

有好几次,我们发现有官方使者,一些头戴顶戴的低级中国官员在岸上招手,示意他们希望同我们联系。然而,只有一次我们注意听他在说什么,原来使者是地方长官派来的,表达地方长官愿意与我们交往的意愿。不过,我们的舰队司令非常明确地表示,在到达天津之前,他拒绝作任何导致拖延的停留,也不打算同任何人发生联系。

转天,我们前进的速度也没有变得更快,因为我们与笨重的法国舰船"火箭号"(Fusée)在一起,我们的确落在了舰队司令及其先进炮舰的后面,"火箭号"在河道急转弯处需要颇费力气的大力拉拽。值得注意的是,我们所有的八十和六十马力的炮舰丝毫没有出现任何困难就穿过了河流,结果它们用了八个小时走完了全程。甚至快速炮艇"鸬鹚号",从大沽到天津,也仅用了大约十二个小时。

这一天,我们又穿过了一道帆船组成的障碍,不过,很快我们就让这些帆船顺河流漂流而下,因此它们也没有给我们的行进造成重大阻碍。26日,我们到达了距离天津约1.5英里的地方,从那以后,随着我们的前进,沿途居住的人口越来越稠密,两岸种植的作物越来越丰富,河道里的帆船也越来越多。从"负鼠号"桅顶远远望去,天津城的城门和宝塔清晰可见。据报告,"鸨号"与"忠诚号"实际上已经到达城外,这一目标如此顺利地实现了,"负鼠号"受命返回渤海湾报告这一消息。当天午夜,我欣喜地把远征军顺利抵达的好消息报告给了额尔金勋爵。

实际上,几个小时之后,舰队指挥官们就到达了天津,由绅商首领组成的代表团立即拜访了海军司令西摩尔(Seymour)。他们的想法相当荒唐可笑:他们认为我们的真正目的是要在中国实施强有力的政策,以扩展我们同中国的贸易联系。他们当即提出与我们停泊在天津的炮舰进行贸易,尽管他们自己也断言他们的政府会反对,他们请求海军司令提供一份商品清单,并附上商品的价格。而且,鉴于海军司令已经得到了一个已经准备好的市场,作为回报,他们希望海军司令不要让天津城遭到伤害。李泰国先生告诉这些绅商,我们并不是想要做买卖,而是想要见到钦差大臣,如果他们不能很快出现,恐怕城市将会遭到毁灭。听到这些话后,这些绅商代表表示,他们将亲自前往北京,不停地上奏皇上。他们保证,在他们的再三恳求下,朝廷一定会派来钦差大臣,而他们希望在这同时,炮舰上令人敬畏的诸位阁下会对充足的牛肉及其他供给感到满意,很快还会有许多牛被赶到岸边送给联军以表示和解。

当我不在时,"参孙号"(Sampson)、"丘鹬号"(Woodcock)与"红隼号"(Kestrel)从香港到达天津,它们都是四十马力的炮舰,随船运来了一个皇家工兵连,一共105人。

第二天上午,卜鲁斯(Frederick Bruce)先生继续沿河而上,为迎接大使的到来作安排。29日,从他那儿传来的消息说,准备工作已经就绪,因此现在已不存在阻碍联军各国全权代表前往天津的直接障碍了。

同一天,我们收到了另一条更为重要的信息,这也是我们的老朋友谭(廷襄)、崇(纶)和乌(尔棍泰)最后为我们提供的信息。它是大清皇帝一道手谕的抄本,被随信寄来,没加任何评论,内容如下:"著派大学士桂良与吏部尚书花沙纳,驰驿前往天津海口,查办事件。钦此。"

其实,我们的炮舰到达天津的消息刚一上报到北京,上述文件就从清廷发出了。这不仅完全印证了全权代表的看法,即清廷对它迄今施行的政策可能造成的结果已有一定的判断,而且也是对这一政策的一次最彻底的调整。由于帝国政府一起更换了谭廷襄和他的同伴,这就不言而喻地表示承认他们对事情处置失当,同时又新任命了两名钦差大臣,这又是一个新的证据,表明他们希望友好地解决问题。我们可以想象,在其他任何国家,当一支敌对军队占领了其位于一条河流河口的炮台,而且随后又溯河而上,此举引发的结果必然是战争示威而不是任命文官代表。

不过,中国人不同于其他民族,各国全权代表很幸运,他们要感谢这种差别的存在。当然,这一消息会使大臣们即刻离开北京十万火急赶往天津。为此,当天晚上,额尔金勋爵和葛罗(Gros)男爵准备连夜出发,溯河而上。临行前,由于发现供葛罗男爵乘用的炮舰机器出现了故障,无法溯河行驶,于是男爵和他的随员与英国使团一起乘坐"斯莱尼号"(Slaney)前往。皎洁的月光照亮了我们经过的河湾,也深深吸引着我们,待在甲板上直到深夜。当我们的船很快驶过岸边的树丛和村落时,我们惊奇地注意到,在午夜清淡明亮的夜光下,人们还处在宁静之中,没有料到会有危险,仿佛外国枪炮的轰隆声从没有传到他们的耳朵里，好像在外国人的刺刀面前仓惶奔逃的同胞，只是完全没有任何意义的一道风景。

那些可怜的农民眼看着坚不可摧的炮台被摧毁，在他们看来不可战胜的军队被打得鸟兽散，这令他们惊诧不已，而这些过去还不到一个星期。现在，炮舰蒸汽机的喷气声已经进入他们的梦里，但是这还不足以使他们保持警觉。而且，彼此之间是如此的信任，以致一艘炮舰可以独自在寂静的夜晚大胆地沿着狭窄弯曲的河道穿越敌人的国家，而这条河道恰恰是通往他们京城的主要通道——就在一周前，外国人对这条神秘的河道还是一无所知的。现在，乘坐在这艘孤零零的三桅船上，几乎是第一次穿越这条河流的，是世界上两个最强大国家的特使，他们无视清政府的意愿，强行进入这个拥有300万人口的国家中心地区，就在几天前，清政府已经通过公开的敌对行动表达了他们的意愿。可能还没有一个英国使节，像额尔金勋爵此刻正在做的这样，在如此不同寻常的情况下，在他奉命前往的国家，完成这样一次旅行。这甚至也不同于马戛尔尼和阿美士德，他们当时以同样的身份乘坐中国的帆船，沿着同一条河流溯流而上，桅杆顶端飘扬的旗子上写着他们是"贡使"。

黎明时分，我们到达了天津城外。我们从东面驶往天津城时，首先映入眼帘的景象非常奇异，巨大的盐坨从二到三百逐一编号，沿着天津城下游河岸排列，足有数百码远。这些盐坨长度不一，从200到600英尺不等，平均宽度大约为100英尺，高度为20到30英尺，形状如同一辆四轮马车圆形的顶部，有的上面用席子苫着，有的用谷草覆盖着，盐是装袋码放着。穿过这些盐坨后，我们来到一道由船连接而成的浮桥，这道桥将一面城郊与天津城连接起来，他们打开浮桥让我们通过。现在，河岸距离河面有10到12英尺高，岸上挤满了人。泥土房一间挨一间，而居民们更是密密匝匝地挤在一起，不仅涌到了河边，有的甚至站到水深齐腰的河里，就是为了能随心所欲地瞧瞧眼前这些奇怪的人们。这样，几乎是从水面直至岸上房子的屋檐之间，形成了一个由仰着的脸和光头组成的一个斜面。而且，直至我们驻留的最后一天，河岸上每天总是几乎挤满了旁观者，关注着我们这些外国人的一举一动。从浮桥到该河与大运河的汇合处，是一段很长的笔直河道，大运河由南而来,在一个直角交汇点注入白河,在这里结束了它绵延大约600英里的行程。

当我们沿着这段河道向上游行驶时,经过停泊在那里的我们的一排炮舰,直接面对我们的是一排美丽的建筑,联合舰队指挥官们的船舶就并排停泊在那里。这座纤巧美丽多少有些怪异的建筑,让我们想到它可能是一座避暑宫殿。我们被告知,事实上乾隆皇帝曾驻跸于此,为了纪念这一盛事,这座建筑被赐名"至乐寺"①以表示皇家专用,这一有着吉祥名称的建筑,现在将要成为我们的住处。

英法使团住进三岔河口的至乐寺

爬上陡峭的河岸后,我们发现,要想从拥挤在堤岸上的人们过分殷勤地硬要为我们提供帮助的困境中解脱出来还真有些困难,他们争先恐后伸出援手,似乎急于用各种方式表示他们懂礼貌。当我们站在即将成为我们住处的建筑围墙以内,发现这座建筑的外观并没有掩盖其真实的特征。如同中国通常的情况一样,这座建筑承担着庙宇和宫殿的双重功能,尽管自从乾

---

① 即望海楼。——译者

隆皇帝曾把它作为临时行宫之后,这里就不曾再有幸接待过任何一位皇帝。

靠墙处,与河岸边仅以一条狭窄的小路相隔,是这座轻巧而优美的建筑的两间大型的殿堂,四周游廊环绕,建筑雕刻精美,殿堂内悬挂着巨大的角质灯笼,灯笼上的绘画华丽而俗气,透明如磨砂玻璃,上面还装饰着许多流苏和丝质悬挂物。中国人已经将这些灯笼的制作技术发展到极致的境界。他们首先用温度很高的湿热使动物的角软化,然后把它们拉伸成任意形状的薄片,或是扁平的或是球状的。这些房间的墙壁是由木制栅格上面粘贴墙纸构成的;彼此分隔开的滑板,被用来当做窗户。然而,当滑板全部关闭时,由于墙纸是透明的,房间内仍然会有充足的光线,晴天时房间内光线强烈,使人感到很不舒服。这两座建筑物相距有 30 到 40 码远,由一道沿墙头修成的游廊相连,游廊的两端是两座古色古香的小凉亭,亭子那朝上翘起的亭顶有精雕细刻的柱子支撑着。这两处殿堂专供葛罗男爵和额尔金勋爵居住;额尔金勋爵居住的房间建在一座假山上,是按照地道的中国风格设计的,沿着装饰性的石砌台阶向上攀爬才能进到房间。由于建筑悬在河流的上方,从那儿可以俯瞰广阔而又趣味无穷的景色:在建筑的下方,就是一排英法炮舰,其中几艘炮舰就停泊在彼此可以愉快地聊天的距离,从而使这一住处有一种良好的安全感。

除了偶尔经过的渡船外,没有一艘中国船只在水面上航行或者停泊在河上。几小时之内,我们这些来自西方的带有魔力的魔鬼之船使这条河发生了多么大的变化!我们不能感觉到这一点,但对于中国人而言,变化肯定是惊人的和显著的。我们从马戛尔尼与阿美士德使团的叙述中得知,在他们出使的那个年代,天津的河面是多么充满活力。"我们从河上的一座桥下经过,"阿美士德使团的历史学家谈道,"从帆船上几乎看不到河面。"然后,他接着说:"我数了一下,一艘帆船上有 200 名旁观者,而这样的帆船数不胜数。"现在的旁观者仍然是不计其数,不过,他们围观的地方不再是从帆船上。从我们的窗户望出去,人和房子一览无余,一段城墙、一座城门以及几座宝塔,看起来都在右边不远的地方。

英法两国使团都住在寺院里,其他建筑物则由一道外墙环绕。不过,一堵墙将我们与联军人员分隔开来,他们住在一座花园内的一些各自独立的别墅内。我们则把自己安置在寺院最里边的壁龛中,我们的卧室放置着祭祀用的铸铁和青铜祭器,里面点着长明灯(直到我们来了以后才把它们熄灭)。我们的睡眠被面目狰狞的大肚子神灵或者头顶环绕着一圈金色或更准确说是铜色光环的千臂女神所左右。焚香的香味仍然弥漫在这些神圣的地方,这应该是我们的鼻子唯一能闻到的气味了。现在,通常被认为是"整理内务"的工作开始在我们的宿营地展开:供桌变成了盥洗台,镜子靠在了小神像上,地方当局委派来照顾我们的一些可敬的百姓,征用来了桌子、椅子和床。无疑,他们对我们的许多需求一定感到非常好奇,因为我们的有些要求,比如浴盆,他们就一直没能满足我们。

睡在寺院的供桌上

衣服上别着象征停战的白色标识的侍从们,殷勤地服侍着我们,不断地把一小杯茶水端给我们。实际上,在最初几天里,总有一个人拎着茶壶在不停地走来走去,随时准备给口渴者添茶送水。供我们使用的桌子制作得非常结实,雕刻颇为精美,形状是方形的,中国人使用的桌子都是这样。一块刺绣精美的红布,被当作桌布铺在桌子上,前面一直垂到地上,遮住了桌腿。那些坐上去很不舒服的高背椅子,也用同样的方法装饰,虽然看起来十分华丽,但却很不实用。我们有些人在方形的木制长凳上面架起了蚊帐。其他人则睡在砖炕上,这种炕在中国相当普遍,天气寒冷时,可以通过下面一个类似炉灶的地方烧火加热。这似乎在任何时候都是一种不利健康的睡觉的地方,因为夏季湿气易于透过炕砖侵入人体,而冬季,砖炕不仅干燥而且很热,这种半烘烤式的做法肯定或多或少会对人体造成伤害。

寺院的前面是一个方形的庭园,院子的一部分被一棵长势旺盛的古树伸展开来的树冠遮挡住了。不过,我们想大自然也需要一点帮助,所以整个院子都搭起了席棚,这不仅使我们的住所更加别致,让我们一些人以丰富的想象力幻想他们是在意大利,而且这也是最实用的降温办法,当时整个身心都处在要被完全晒化了的危险之中。一条用石板垫起的小道横穿庭园,小道两旁各有一座古朴的小凉亭,凉亭的顶子分别由四根雕有花纹的柱子支撑,凉亭同样也有精美的雕刻,色彩绚丽,亭顶上有龙头、跃起的鱼及其他图案的雕塑。其中一座凉亭中,高起的石头平台上直立着一块大理石石碑,上面写满了汉字,据说是由乾隆皇帝亲笔题写的,其内容是体现一种崇高的道德情操。

庭园对面的建筑被设为卫兵室,卫兵通常由工兵和海军陆战队士兵担任,人数超过了一百人。紧挨着它的是仆人的工作间,再往后就是马厩。这样,我们的机构设施就非常完善了。而当我看着它被拆除,准备恢复为异教宗教活动场所时,不免感到有些遗憾,当时,我们在这里已经居住了一个多月不由得记起在那里生活的日子。

由于大家普遍认为,过段时间或许有可能必须要向京城附近地区推进,这导致舰队司令敦促两艘炮舰继续沿白河上溯进行探察。其中一艘是"红隼号",它是所有炮舰中最小的一种型号,吃水深度只有 5 英尺,非常适合执行这种任务。尽管如此,它航行至天津上游大约 10 英里,还是证明这一吃水深度太大了,不得不返航回来。这说明了一个问题,即除非炮舰大量减轻重量——即使是那样也不能确定——在这个季节,我们的炮舰要沿白河上溯航行到通州是办不到的。不过,从河岸边的最高水位标记来看,在一年中的某个时期,我们各种吨位的炮舰都可以在白河里通航,这一点是无需置疑的。它也告诉我们,位于天津上游的河堤的特点没有什么变化。

我们到达的当天下午,普提雅廷(Poutiatine)伯爵与列卫廉(Reed)先生一起乘坐俄国轮船"亚美利加号"(Amerika)同时到达,并立即发表了一项声明,称他们此次访问天津完全是和平性的。这样一来,他们就会发觉自己不得不采取的这种态度,与我们相比较,给他们带来了不必要的麻烦。因为,尽管是我们强迫中国人支付合法的赔款,但是我们坚持要求的所有合理的需要,他们都及时和令人满意地提供了,这样一来,我们很快就征用了所能找到的最便利和相当不错的住处。而我们中立的盟友在租用河边一所房子时却遇到了一些困难:房主(从他对事物状态的一般看法,无疑对公理与强权之间的关系还相当迷惑不解)提出了一个异乎寻常的提议,如果他们不再租用那所房子,要支付 6000 元。不过,这个提议被拒绝了,困难无论如何还是得到了解决,最后,迫使不情愿的房主以一笔相当可观的租金租用了短短的一个月。从这座住宅的外观来判断,房主是一个富人。列卫廉先生的住处幽静而迷人,颇似黎凡特(Levantine)的风格;庭园里开满了鲜花,还有喷泉和游动着很多金鱼的水池,四周是凉爽通风的房间,房间墙壁贴着壁纸,有外廊和悬在河上的露台。普提雅廷伯爵住在隔壁,是单独居住,与他的同僚也是分开的。这是一所狭长的连接在两座建筑之间的建筑,从外面很难进入,是专供女人居住的。

这座住宅坐落于河的右岸,虽然距离我们的衙门大约有半英里远,但从我们这里仍可以看到。不久,我们各个国家的国旗就堂而皇之地迎风飘扬在天津的上空,向天津的所有中国人表明,来自四个野蛮国家的头领就这样大胆地自行在他们的城市选定了独具特色的住处。

在一个到处是马匹和道路的国家,不能想象一个喜欢探险的人会满足于徒步旅行,因此我们向中国人提出要求,为我们提供一定数量的骑乘马匹。拖了一段时间后,他们为我们提供了几匹看上去是天津马厩里最糟糕的马匹。对此我们非常气愤地拒绝了,最终,我们得到了六匹非常棒的蒙古马,还有六副令人很不舒适的马鞍,它们非常硬而且棱角很多,装饰着很多布料,前面还有一个很难看的枕状凸起。尽管如此,对这些粗糙的装备,我们最终还是适应了。在我们离开天津之前,我对天津周围半径约六英里以内的地区做了仔细的考察。

现在,我们得到了情报,钦差大臣很快就要到来。李泰国先生也收到了他的朋友们送来的信函,他们在我们的舰队司令到达的当天就已经组成了代表团,他们提醒李泰国注意清政府已经迅速任命了钦差大臣这一事实,从而证明其承诺已经得到了履行。这个消息于次日(6月2日)从天津知府卞(Pean)那里得到了证实。他来拜访我们,表面上说是来看看我们所需要的东西供应的情况如何,并通知我们钦差大臣即将来临的消息,而实际上,他是来考察我们这些蛮夷的品性,做出他与我们有过个人接触的样子,以此得到钦差大臣的看重。他肯定会大谈特谈这一过程遇到的危险,还有他在"抚慰"我们"难以抑制的残暴"时所表现出的出色才干。

或许是由于他自己表现出有资格承担官职,后来他被任命为负责谈判的主管官员的部属,事实证明他是一个非常自负又野心勃勃的"阴谋家"。然而,他的欺诈是如此的明显,他平常的行为举止又是那样的无礼,因此很快就引起他的上司们的讨厌,就像我们讨厌他一样。他第一次来访的时候,其举止如同一个奉承讨好的奴才,神态和姿势一副女人气,以至我们中有人非常恰当地称他为"吊膀子老手"。尽管他竭尽所能地讨好我们,但想见到额尔金勋爵的主要目的还是落了空,他回去时也并没有比来时变得明智一点。

同一天下午,我和费士来(Fitz-Roy)骑了一会儿马,第一次试着骑上我们的马匹跑上通往北京的道路。这时,前面腾起一阵尘土,一队人马走过,表明某些大人物来到了。一会儿,一些手持官杖的人跑了过来,样子活像是投标枪的运动员。他们在前面开道,迫使人们退到路的左右两旁,随后来了两顶富丽华贵的轿子,每顶轿子都由八个强壮的轿夫抬着,轿里坐着这个地区最尊贵的两名高官。百姓们立刻摆出"立正"的姿态,两手紧贴大腿两侧,身体保持直立不动。轿子上的小窗子遮着精美的薄纱,我们几乎无法看清里面坐着的人的容貌。不过,尽管我们很可能是他们初次看到的外国人,他们还是用带着中国式的尊贵的眼神非常冷静地注视着我们，表情中丝毫没有显露出好奇、慌张、惊讶或者是其他任何情绪。紧随在轿子后面是一大群挤在一起、浑身沾满灰尘的随从和骑手，他们明显刚刚经过一次旅行，虽然其中不少人穿着漂亮，而且肯定是有品级的官员，不过看上去还是很疲惫，风尘仆仆。许多辆建造精良、带有车篷的行李车，由四匹或六匹高大肥壮的骡子拉着，走在队伍的最后面。很明显这不单纯是一次展示，而且是一个重大的征兆。

我们推测所看到的场面是钦差大臣到来，在第二天这一推测得到了证实，因为他们致函额尔金勋爵，函中自称是大清皇帝派来的钦差大臣，声称此次到来被赋予全权，并确定后天会面。大使在答复这封信函时，通知钦差大臣说，虽然他们所拥有的权力的性质在来函中没有具体说明，但按照他们自己宣称的头衔，看来他们已经被授予了与他的君王授予他的全权大使相对等的权力，为此，大使对在他们指定的时间前往会晤钦差大臣没有异议："最终，通过权力的对话，有关双方的意图是否真诚的所有疑虑都会消除，我们将通过和平谈判结束现存的分歧。"

看来，这确实预示着将会使用"全权大臣"这一称呼，因为以前还不曾有任何一个中国官员被授予这个头衔——以前所有任命钦差大臣的要求都会遭到坚决地拒绝。结果，会晤被安排在名为"海光寺"的一座寺庙内举行。这座寺庙坐落于距离天津城有一段距离的一片旷野之中，离我们的衙门有三英里多远。其时，中午的阳光非常强烈，考虑到士兵要组成卫队，为了便利起见，仪式被推迟到下午晚些时候举行。

次日下午 3 点，我们从衙门出发，当时温度计显示在阳光下温度为 133℉(56.1℃)①。我们一行人包括大使和随员，分乘十二顶轿子，由一支 150 名海军陆战队士兵组成的仪仗队陪同，一支加尔各答乐队做前导。额尔金勋爵乘坐的轿子是通常只有最高级的中国官员才能使用的那种，比普通的轿子要大很多，轿顶装有一个圆铜球，由八名轿夫抬着。为了避免绕远路，我们乘船过了河，轿夫则抬着轿子绕过去接我们。同往常一样，河岸上

---

① 原文为华氏温度(℉)，括号内是折合摄氏温度(℃)，为译者所加。下同。——译者

挤满了满怀兴趣和好奇的人。仪仗队举枪致敬,乐队奏起《神佑女王》的曲子,队伍排列好开始出发,此时人们变得情绪激昂。的确,这样一次完全史无前例的事件,如此引人注目又是这样的新奇,应当引起某种轰动,这颇不足为怪。一支由200名中国人组成的队伍正沿着河边行进,他们手持长矛,身上背着弓箭或者是很长的火绳枪(Gingal),脑后的辫子一直垂到脚跟,圆锥形的帽子上装饰着一根状似松鼠尾巴的东西,衣服的胸部绘有龙形图案,裤子和袖子的尺寸同样宽大。旁边的轿子里坐着肥胖的高官,头上佩有孔雀羽毛和红顶珠,这些可能会吸引很多人。这些围观者是否会产生很强烈的印象,相信他们正在观看的这个怪异的队伍中,那些外族的家伙们将要接管他们国家的政府,因为他们的表情透露出一种异乎寻常的好奇。不过,即使是在这种情况下,在一群英国人中,也不会产生我们出现在这里所能产生的这样大的反响,因为偶尔也会有中国人从伦敦街头走过,同样的表情和古怪的服饰对任何一个喜欢图画书的英国孩子来说都不陌生。然而,在一个甚至连一本《北京新闻画刊》都没有的国家,中国的服装被广泛地认为应该是整个世界所知道的独一无二的服装,因此,我们身穿红色上衣的海军士兵和头戴三角帽的外交官的出现,必然会引起极大的震惊。

外国使节坐上了轿子

我们穿过环绕天津城的广阔城郊,路程大约有两英里。弯曲的街道上挤满了人,只留有一条狭窄的通道让队伍通过,当轿子先后通过的时候,他们就会突然将脑袋伸进轿子的窗户,以便仔细看看坐在轿里的人。

整个过程都保持着极好的秩序和安静,人们的行为举止表现出他们表面的尊重,他们都光着头,辫子垂落在脑后,而后者是中国人通常表示尊敬的标志。店铺都关着门,而我们的轿子里因为空间有限更加闷热不堪,这使得观察的任务变得令人烦恼,而且拥挤的人群限制了观察的范围,使我们无法借此机会观察到更多的东西,而只能对周围的情景有一个粗略的印象。最终,我们穿过了迷宫般的街道,发现已经置身于一片广阔的旷野上,远处看到一群建筑物,坐落在一片略微高起的土地上,孤零零的,那就是我们的目的地。沿途到处是稠密的人群,这种状况令人想起"埃普索姆当斯"(Epsom Downs)①的赛马日。

当我们走近那座寺庙时,唢呐和鼓乐之声直冲耳畔,同我们乐队演奏的军乐混在了一起。负责指挥海军仪仗队的博伊尔(Boyle)少校得到一个低声的暗示,示意他不能带着卫队进入院门。然而,他丝毫没有理会这一暗示。一会儿,刺耳的音乐声从站在院门口的六个盲人演奏者那里传了过来,这很可能是当初马戛尔尼伯爵荣幸听到的,需要"很好地克制"的同样的旋律,但这些刺耳的乐声完全淹没在我们响亮的告别曲《属于自己的玛莉安妮》中了。这片有外墙环绕的建筑物——我们刚刚由外墙院门进入——由寺庙、议事厅和僧人的住房组成,彼此间被大小不同的院子分割开,院子里种着成排的树木和花草,整片建筑面积相当大。钦差大臣们正在议事厅里等候我们,这个大厅外观非常像一个外廊凉台,一侧完全与院落相连,通过一段台阶就可走到院子里。海军陆战队的士兵在台阶对面停了下来。额尔金勋爵钻出轿子,钦差大臣走下台阶来迎接。卫队举枪致敬,乐队奏起了国歌。这种欧洲和中国礼仪混合的效果,给我们留下了非常深刻的印象,我们对这两种礼仪都很熟悉。不过,对欧洲人一无所知的钦差大臣,看到150个身体强壮又留着胡须的士兵突然出现,涌入寺院内的院子里,这一定令他们大为惊慌。而且,军官就在离他们几码远的地方声音粗哑地下达着命令,再伴随着毛瑟枪撞在院子里石板地面上发出的清脆的当当声,还有咚咚的大鼓声,因

---

① 英国萨里埃普索姆镇附近的一片高地,每年在那里举行赛马。——译者

此,如果此时他们的心头忽然闪过一丝疑虑,担心叶(名琛)①的命运可能在等着他们,那应该是可以理解的。

额尔金勋爵随即被邀请到一张长桌子前就座,桌子上摆满了各种各样的中国美食,钦差大臣则分坐在他的两侧。当所有的人都围着这张桌子就座,按惯例首先互致问候之语过后,大使阐述说,这次会晤的目的,同往常的情况一样,是双方相互交换全权证书,他已经带来了自己的证书,并当即出示和宣读。

接着,钦差大臣的全权证书被放在盖着一块御黄色织物托盘上递给了桂良。这个可敬的官员毕恭毕敬地接过后,将托盘虔诚地高举过头顶停了片刻,然后递给威妥玛(Wade)先生,由他来翻译文件。虽然由这份敕令的措词来看,授予钦差大臣的权限相当大,但是经过询问,额尔金勋爵确定他们并不拥有一种称作关防的官印。当他把这一疏漏向他们提出时,他被告知,只有担任常任官职的官员才会拥有关防。由于担心这种解释可能包含着一些迷惑人的内容,所以他认为这种情况下他应当表现出有些不悦。由于他知道中国人的表情和举止非常重要,所以他不失时机地表露出他明显感到不满。在中国人中,个人的相貌和仪态会受到审慎的关注,以此作为情绪的标志,以判断他在办理事务时有可能采取哪种方式。从他们的政府公文对夷人的各种表情所做的描述中,我们再次得到证据,尤其是在他们与外国人的交往中,中国委派的官员完全被外国人说话的语气所左右,即被他们认为能够从夷人脸上看出的情绪所左右。

额尔金勋爵以一个尊严受到冒犯的国家的代表身份到达天津。他必须诉诸武力,强行进入这个国家,要求为所受的冒犯获得赔偿,任何拒绝支付赔偿的表示都必须予以坚决地、毫不妥协地加倍回击。他因此谢绝了竭力要他享用的茶点,突然终止了会晤。他宣布说,他之所以这样做,是因为他准备递交一份书面信函,他可能要对全权问题提出一些看法。当他走下台阶乘轿时,钦差大臣和他们随从的脸上都毫无掩饰地写满了沮丧,钦差大臣

---

① 这里是指两广总督叶名琛。1858年1月,英国人攻占广州城后,叶被俘,英国人将其掳至印度的加尔各答,最终客死他乡。——译者

紧随大使之后急急忙忙上了自己的轿子,嘴里不断地提出抗议和抱怨。

这次会晤出现了额尔金勋爵希望看到的结果。很快,就从钦差大臣那里传来信息,请求准许李泰国先生前去拜访他们,并提出建议,以帮助他们应对目前的困难处境。李泰国在上海被中国政府任命为海关总税务司一职,与中国官员建立了密切的个人关系,并赢得了他们的信任,这种信任的程度可能还从没有其他欧洲人有幸得到过。由于额尔金勋爵对李泰国的才能和判断力有很高的评价,因此,如果中国人能如额尔金勋爵所愿将李泰国看作是自己人,那将是再好不过了。这段时间,李泰国先生每天同中国钦差大臣进行接触,这样一来,事情被提早纳入轨道,使其能够迅速达成令人满意的结果。

尽管如此,李泰国先生的使命还是有些秘密的和非官方的,所以额尔金勋爵仍与钦差大臣保持着官方的交往,坚持要求他们要立即取得关防。他这一要求得到满足,关防从北京送到了天津,争论不休的全权证书问题最终得到了解决。

这就是额尔金勋爵首次同钦差大臣会晤的经过和结果。前后持续了不到一刻钟;此后大使再没有去过海光寺,也没有再会见过钦差大臣,直至最后前往海光寺签署《天津条约》。在签约仪式上,钦差大臣身穿朴素而气派的中国官员的官服,唯一能表明他们高级官阶的只有不透明的红顶珠和孔雀羽毛。一条深栗色的丝织披肩搭在他们的肩膀和胳膊上,除了手上戴着一两个戒指外,他们没有佩带任何装饰物。和通常所有正式会谈一样,许多职位较低的官员挤满了大厅,他们急于想听到会谈时的谈话,同时,四五名看上去很聪明的秘书将会谈的全部过程都记录了下来。

首席钦差大臣桂良是一个可敬的人,表情平和而慈祥,脸上充满了智慧,尽管眼神有些差,手也因为年迈而微微发抖。他的举止既优雅又威严,举手投足间显示出是一个典型的绅士。他是一个满族人,做官多年才晋升到现在的高位。他的兄弟怡良现任两江总督(上海就位于这一地区),本书前面已经提到他对麦莲(MacLane)先生访问苏州附近地区的记述。1854年包令爵士(Sir John Bowring)前来北直隶湾时,桂良担任直隶总督。随后,他成为帝国满人中的二号人物,首席大学士裕诚名列第一。裕诚在谈判期间

钦差大臣桂良

去世。签订条约时,桂良全部头衔如下:大清帝国特简东阁大学士正白旗满洲都统总理刑部事务桂良。他的同僚花沙纳,与他的级别相同,比他年轻许多,方正的脸盘不苟言笑,长着一个大鼻子。他的整个外貌很容易让人想起奥利弗·克伦威尔(Oliver Cromwell)①的画像。他的嘴和下巴,明显表露出刚毅和果断的性格。他自称是"经筵讲官吏部尚书镶蓝旗汉军都统稽查会同四译馆"。下面他的画像是根据乔斯林先生(Hon N. Jocelyn)拍摄的照片临摹下来的。

在我们与钦差大臣会晤之后的两三天内,葛罗男爵、普提雅廷伯爵与列卫廉先生也与他们进行了会谈,并各自表示对他们提供的全权证书相当满意。

从上述发生的事件来看,盟国的全权大使们应该有充分理由对他们迄

---

① 英国 17 世纪资产阶级革命领袖、政治家和军事家。——译者

钦差大臣花沙纳

今坚持的政策所取得的成果感到满意,虽然这期间有许多阻碍干扰。很明显,大清帝国内阁被完全吓慌了,因此受命前来交涉的全权大臣准备彻底放弃民族偏见,以便将清朝政府从持续受到的威胁中解救出来,这种威胁是由我们在天津的出现以及海军对白河的占领造成的。

额尔金勋爵刚抵达中国时就主张,按照当时的情况,解决问题的唯一办法,就是向北京附近地区施加诸如此类的心理压力,他的主张现在被证明是合理的。只要利用他想出的这些手段,而无论如何不要干扰繁荣的贸易——尽管我们同南方的帝国当局有一些争执,贸易仍在各通商口岸进行——任何对贸易的阻碍都会对我们的商业利益造成极大的破坏,他前来中国所承担使命的主要目的就可以实现,一个持久性的、令人满意的条约就可以达成。可是,在他来到中国的最初时期,由于可供使用的军事力量很有限,因此任何这样的措施几乎都没有希望能够顺利实施。葛罗男爵还没有到达,法国的支持只能算是一个假设。从英国出发前来支援的一支不足2500人的军队,仍在来中国的路上,当时驻防中国海域的海军成为大使依靠的全部军事力量。他忙于企图从清政府那里获得满意的结果,迫使他们签署一个比璞鼎查爵士(Sir Henry Pottinger)签订的范围更为广泛的条约,那项条约仅仅是在三分之二的沿海地区被洗劫后签订的,当时清朝的军队屡战屡败,帝国的主要城市遭到攻击和占领。那时,由于疾病和其他原因,仅花费在人身上的费用就和我们现在整支军队的开销一样大,而我们正是依靠这支军队取得了更大的战果。不过,即使额尔金勋爵可能一直坚持他最初的打算,即一旦季节允许和增援军队到达就向北方推进,可是由于广州事务处理不当,造成如此异常又错综复杂的困难局面,以至9月份他一到达香港,就发现不得不放弃北上远征的想法,而将他原本计划用于进军北京的兵力用来进攻和占领广州。

尽管如此,他仍旧抱有期待,希望一部分兵力仍能证明可以用于上述目的,而他访问加尔各答的目的也在一定程度上达到了,他成功得到了印度军队的宝贵支援。他还认为,在广州可以建立起一个政府,这将减轻军事占领任务的困难,可以使海军上将能抽出一部分兵力用于北上远征。他的这一期待没有落空,在运送工兵的“参孙号”上,他收到了斯特劳本齐(Straubenzee)将军的一个通知,告诉他如果需要更多的军队,他将会抽调兵力前往。6月4号,恰好是上述同钦差大臣首次会晤的那一天,“复仇女神号”(Fury)从北直隶湾出发,运送第59团士兵前往谈判地点。这个团的及时到达,毋庸置疑会消除皇帝对是否必须签订条约心存的最后一丝疑虑。那么,总而言之,盟国全权代表们的政策,发展到目前,实际上已经将大清帝国皇帝置于他们的掌控之下,清王朝也任由他们摆布,而这一切,并没有危及到通商口岸欧洲侨民的安全,甚至连他们的商业贸易也没有受到影响。这确实是一件值得庆贺的事,他们只凭着兵力有限又受到重重障碍的军队,又是在种种不利的情况下,最终使自己成功地处于这种有利的地位。可以很容易想像到,我们在天津度过的五周,与之前在北直隶湾度过的日子形成了令人非常愉快的对照。在那里,我们不止一次对最后的成功彻底丧失信

25

心。现在，我们觉得，虽然进军北京的希望落空了，但我们所经受的怀疑和焦虑，都将可能通过外交的胜利而得到更多的补偿。

二

一个中国人政治生涯的转变—耆英的到来—与耆英的会晤—耆英的敌对政策—耆英与钦差大臣不睦—耆英狡诈的证据—威妥玛与李泰国的第二次会谈—耆英的奏折—耆英对待夷人的方式—乖戾的亲供—冒犯的后果——个仁慈的判决—上谕—耆英自杀

上一章讲述的事情之后过了几天，发生了一个插曲，充分说明了中国官员生活的兴衰无常，以及在天朝帝国面临的种种危险，他们要么是"天生就是大人，要么是被强加于身的大人"。对谭的命运已经做出的描述，显示出当帝国政府以最严厉的惩罚为条件，强迫高官接受那些他们在道义上不可能避免不失败的职位时，就明显地将他们置于进退两难的窘境。可以无需置疑的是，帝国政府经常为了特别的目的委派某人担任一个官职，这名官员便成了替罪羊，为帝国政府自身的愚蠢和无能做出牺牲。这种毫无道德原则地牺牲无辜属下以庇护有罪的上司官员的方法，贯穿于整个中国官场生活之中。这一原则在中国官员中得到一致的确认，在我们同中国人发生的许多争执中，他们总是试图把责任归咎于某个级别较低的官员身上，以便使其上司能体面地从错误的处境中解脱出来，假如他希望这样做的话。不过，如果英国官员如同一贯所做的那样坚持他的观点，中国人就会用类似的方法摆脱自身的困境。

因此，当一个高级官员遇到这些麻烦时，你很容易理解帝国官员经常会采用施展阴谋诡计的方式，而这与欧洲通常采用的方式完全相反。他企图毁掉他最大的政敌时，非但不会反对其晋升，在一些情况下，一个中国政客通过举荐他的政敌担任一个重要而又有危险性的职位，这样一定会使他的复仇心得到极大的满足，因为拒绝这一职务会使他面临同样的极刑，失败将是他不可避免的结局。在中国,不管是在现实生活中,还是在虚构的世界里,都经常用这种习惯做法来说明道德操守,或构造故事情节。在很多传奇文学中,都会通过危机的出现来制造有趣的故事情节,在危机中,品行高尚的英雄往往成为无法避免的升迁的牺牲品。

对于我们而言,能够做的仅仅是猜测帝国政府任命耆英以一种独立的身份协同办理夷人事务的不为人知的动机。这一任命很有可能是他的政敌高超的阴谋,而不是其朋友鲁莽努力的结果。这一点从下列事实就不难推断出来,最先向皇帝提议将他从失宠中晋升并派往天津的高级官员,正是第一个指责他在天津的所作所为罪当诛死的人。虽然有一点必须记住,在中国,举荐过不称职官员的人,拯救自己的唯一机会就是第一个站出来揭发被举荐者,证明他已经失职。

尽管如此,当额尔金勋爵收到璞鼎查爵士的老朋友即将到达的通知时,丝毫也不感到惊奇,作为上一个条约的签署者,他的名字对英国人而言是再熟悉不过了,在他与欧洲人的短期交往中,他设法使自己的才能和真诚在欧洲人的心目中得到相当高的评价。不过,在通知耆英即将到达时,没有说明他的官衔,同时要求与公使会面。

额尔金勋爵开始多少有些倾向于不计较这种要求的不合礼仪,他更愿意认为,这个人出现在谈判现场,可能表明帝国皇帝非常希望友善地结束目前所处的困境。耆英在处理夷务方面所赢得的声誉,是基于他对外国人所采取的和解立场。我们也掌握着一些文件,证明他的真诚是虚伪的,而我们也知道,正是他的和解政策导致他失宠。因而,威妥玛与李泰国两位先生被派去与他见面,传达额尔金勋爵的歉意,表示勋爵不能接受他的请求与他会晤,同时注意观察他的语气和态度所流露出来的一些意向。

他们看到的是一位年老体衰的中国官员,眼睛已经半盲,从面目表情可以看得出来,他已经是一副年迈昏聩状。一上来,他就声称他认识李泰国先生,而李泰国却颇有些费劲地让他明白,他把李错当成了他的父亲。接着,他为天朝帝国的可悲局面而涕泪交流,更为自己所处的艰难处境而伤心不已,称结果肯定会给他带来灾难性的后果。威妥玛怀疑他这只不过是逢场作戏,而李泰国却相信他说的是实话,为了证明这一点,威妥玛向他保证他会摆脱困境,因为额尔金勋爵肯定会写信给他,完全拒绝与他接触,这样他就可以向朝廷做出解释为自己开脱了。不过,对狡猾奸诈的耆英来说,这种解释并不符合他的需要,他那衰老的大脑仍然是诡计多端,他抱怨说,我们正把刀放在中国的脖子上,还用枪指着中国的头。他对这个问题的看法逐渐显露出来,最终使我们的公使确信,他的观点明显带有敌意,因此当天晚上就书面致函给他,要他推迟几天再来访晤。尽管如此,次日(10 日)耆英还是坚持来到衙门门口,并递上他的名刺,不过他的拜访要求理所当然被拒绝了。我后悔没能及时赶到见他一面,当他乘轿离开时,我只看到了轿子的背影。作为一个历史人物,后来他的悲惨性结局引起了人们更浓的兴趣,使耆英成为一个值得关注的人。

不难想象,钦差大臣桂良与花沙纳对这位中途介入者颇为反感。最初,他的唯一明确的官职,似乎只是监督官,而随后他获得的钦差大臣的身份,只是赋予他实际解决问题的更大的权力,而他就立刻显示出来,要推翻先任钦差大臣们提出的所有建议。据我们从中国方面比较可靠的消息来源得到的信息,他对先任钦差大臣采取的所有和平政策都表示异议,并用最具挑衅性的语言谈外国人。他这样做,可能来自两方面的动机。首先,从单独任命他这一点,就几乎可以肯定,这意味着希望他能持有独立的主张。既然他的同僚们坚持"不惜一切代价寻求和平"的观点,他就一定要主张需要战争解决问题,而且他很愿意采取这种态度,因为他自己以前同我们打交道时,就是采取"不惜一切代价寻求和平"的方针,结果从那以后他一直处于失宠之中。第二种动机实际是伴随第一种而产出的,即他将当下的局势视作可能使他官复原职的唯一机会,为此,他成了主战政策的积极倡导者,尽管这与先前导致他失势的主和政策截然对立:他只要能表明,桂良与花沙纳所遵循的是软弱、拖延的方针——而在帝国政府看来,这也正是耆英自己办理外交时的做法——他可能仍有希望从同僚的背上撕下些少得可怜的荣誉袍服碎片,来遮掩他现在赤裸的耻辱之身。

先任钦差大臣看到耆英的这些做法,意识到他们千方百计为摆脱目前的困境所付出的坚持不懈的努力,很可能会因为耆英对和解政策的执意阻挠而落空,所以他们强烈要求将他解职。尽管如此,皇帝随后为此颁发了一份上谕,其中谈到他晓得耆英一定意识到这一点,为了不使他知晓而感到难堪,故仍令他留津办事。可是,耆英并没有领会这种暗示,继续执行他最初奉旨而行的独立策略,而是突然出人意料而又不可原谅地弃职而去,这让他的政敌很是高兴,也使皇上主子对他极为恼怒。为了理解他这种反常又后果严重之举的真正动机,就必须对我们不得已而施加干预的情况做一解释。

公使很快意识到,耆英一直在竭力施加影响,一旦成功的话,会使先任钦差大臣已经很妥当的解决方案被削弱,使已经开始的有关具有决定性和最终令人满意的谈判陷入危机,于是公使决定离开这个他预感到有他在场会显得非常尴尬的谈判地点,尤其是当他有了确定无疑的证据,证明耆英蓄意阻挠的意向并没有被夸大,这更坚定了他当即离开的决心。我们幸亏在叶的总督衙门的档案文件中,发现了耆英就夷务写给皇帝的一份奏章;这份文件中的语气是可以想见的,从而给额尔金勋爵提供了一个手段,如果利用得当,肯定会使他解除现在的职务。我们认为,要想达到这一预期结果,最有效、最有把握的办法,就是威妥玛先生和李泰国先生二人,当耆英在场的时候,出其不意地拿出他的这份奏折,并当着他和同僚们的面大声朗读。于是,11日,即耆英前来衙门的第二天,威妥玛和李泰国两位先生前去拜访钦差大臣。他们拜访的首要目的是呈递一封信函,对钦差大臣对公使写给他们的一份密函所作的回复表示不满,公使在密函中,提出了一些建议,以作为谈判的基础。

一走进钦差大臣的房间,威妥玛和李泰国就发现耆英在场,从表面上看他们是作为同僚在进行交谈。威妥玛和李泰国提到额尔金勋爵已经收到的信函,表示由于不论是基调还是实质内容都与公使预期要达成的文件有不小的出入,因此,以此作为将要举行的谈判的基础,勋爵是完全不可能接受的。当着耆英的面,钦差大臣尽可能清楚地暗示说,所谈到的信函及信中所表述的口吻,均是耆英所为。威妥玛和李泰国指出,虽然额尔金勋爵自认为他没有权利在任命钦差大臣的问题上对皇帝指手画脚,但很明显的是,对于有可能将要参加谈判的成员来说,真诚是最重要的条件。显然,无论从哪一方考虑,都不应当让一个在这方面没有信誉的人担任谈判代表。这时,钦差大臣请求出示该文件,他们表示将会根据文件的内容坚持这一原则,文件的作者没有必要列举出来,因为在文件中已经提到。

这份奏折是在广州叶的总督衙门私人档案中被发现的,这种情况本身,无疑就会让钦差大臣,对这份由耆英撰写的奇特又有趣的文件,产生很大的兴趣。接下来,文件被递给先任钦差大臣,花沙纳用一种和缓的语调大声诵读。耆英也在场,但躲在后面不动声色,他意识到文件所披露的内情,会使他的面部表情显现出来,他是在注意其中的内容:

> 又奏,详细说明接待各国夷使之独特处,上有皇帝陛下表示同意的御批(朱红色的)。

(这份奏章的日期约在 1850 年年末①)

> 奴才耆英又跪奏,再办理各国夷务及奴才接见②夷使,相机驾驭③情形,均经随时缮折奏报。
>
> 其通商善后各事宜,亦俱议定条款,奏蒙圣鉴敕部核覆在案。惟念英夷自二十二年七月(1842 年 8 月)就抚,美、法二夷又于本年夏秋接踵而至,先后三年之间,夷情变幻多端,非出一致,其所以扶绥羁縻④之法,亦不得不移步换形。
>
> 固在格之以诚,尤需驭之以术,有可使由不可使知者,有示以不疑方可消其反侧者,有加以款接方可生其欣感者,并有付之包荒⑤不必深与计较方能于事有济者。
>
> 缘夷人生长外番,其于天朝制度多不谙悉,而又往往强作解事,难以理晓。即如纶音(字面意义,柔和的声音)下逮,均由军机大臣承行,而夷人则尊为朱批,若必晓以并非御笔(非但不尊重他们),转无以坚其

---

① 实际上奏时间应为 1844 年。——译者
② 以下级官员之规格接待。
③ 字面的意义,是骑乘、驾驭之意。
④ 扶绥:字面的意义是,当一个人或是动物处于疯狂时,使其平静下来并安抚之。羁縻:字面的意义是,用绳系住牲畜。
⑤ 包容。

信,此则不宜明示者也。

夷人会食,名曰大餐。① 率以广筵聚集多人,相与宴饮为乐。奴才在虎门、澳门等处犒赏诸夷,其酋长头目来者,自十余人至二三十人不等,迨奴才偶至夷楼②夷船,渠等亦环列侍座,争进饮食,不得不与共杯勺以结其心。

且夷俗重女,每有尊客,必以妇女出见,如美夷伯驾、法夷拉萼尼,均携有番妇随行,奴才于赴夷楼议事之际,该番妇忽出拜见,奴才踟蹰③不安,而彼乃深为荣幸。此实西洋各国风俗,不能律以中国之礼,倘骤加诃斥,无从破其愚蒙(字面的意义,是破除他们的愚钝),适以启其猜嫌。

又诸夷均为和好而来,不能不略为款接,往来亲热,尤应防闲。是以奴才于各国条约将次议定之时,均饬藩司黄恩彤晓谕各该夷使,以中国大臣办理诸国公事,并非越境私交,如致送礼物,惟有坚却弗受,若含混收受,天朝功令森严,不独有乖体制(违犯法律),实亦难逃宪典。该夷使等尚知听从。但于接晤时,或小有所赠,如洋酒花露之类,所值甚微,其意颇诚,未便概行当面掷还,惟给予随身所带烟壶荷包等物,以示薄来厚往之意。④ 又意大里亚、英吉利、米利坚、法兰西四国,请领奴才小照,均经绘与。

至各国虽有君长⑤,而男女不齐,久暂不一,迥出法度之外。如英夷属女主,美、法二夷系属男主,英、法之主皆世及,而美夷之主则由国人拥立,四年一换,退位后即等齐民(百姓阶层)。

其称号亦有不同,大都剽窃中国文字,妄示夸张,夜郎自大,彼为自

---

① 这种叫法仅在我们广州的仆人中使用,称大餐。

② "楼"字,不用于称呼中国人的住宅。中国官员在对他们自己的人谈到我们的房屋时专用此字。

③ 踟蹰:近乎敬畏之意,如同孔子面见君王时一样。

④ 按照儒家的第二本书(指《中庸》——译者),这种做法应该存在于统治者与依附于他的贵族之间。

⑤ 字面含义是指他们最高的统治者。

尊其主,于我无与。若绳以藩属之礼,则彼又以不奉正朔①,不受册封,断不肯退居越南、琉球之列。此等化外之人,于称谓体裁,昧然莫觉,若执公文之格式,与之权衡高下,即使舌敝唇焦(字面的意义是,提高声调和严厉责骂),仍未免裹如充耳(字面的意义是,如同耳朵失灵了),不惟无从领悟,亦且立见龃龉,实于扶绥要务甚无裨益,与其争虚名而无实效(历来如此),不若略小节而就大谋。

以上数端,均系体察夷情,揆度时势,熟审乎轻重缓急之间,不得不济以权宜通变之法,或事本琐屑,或事当急迫②,奴才未敢专折,一一烦渎圣听,现值夷务粗已完竣,理合附片一并陈明。

朱批。

只可如此处之,朕已俱悉。

花沙纳读这份奏章时,尤其注意了耆英对那些以"驭夷"为目的而惯于使用的各种"计谋",所做的种种详细论述的段落。

很明显,只要这名主管夷务的官员还是钦差大臣,我们就必须密切观察他处理问题所采取的方式,看是否是"可使由不可使知之者",或者是"示以不疑方可消其反侧者",又或者是否是那些"加以款接方可生其欣感者"事件中的一件,还是形势如此危急,因此我们的"(狡诈和事情之虚实)付之包荒不必深与计较",不论是哪种对待方式,对其最终目的我们始终心存疑虑。"往来亲热(在平等之基础上),尤应防闲。"他为我们轻信皇帝朱批而暗自窃笑,我们其实也已心知肚明。

当桂良和花沙纳听完这篇有关"昧然莫觉"的夷人的论文后,显得有些尴尬,因为这些夷人此时正在与他们谈判。耆英请求允许他看一下那份文件,他接过后只默默地看了一眼,便退到了一个角落。与此同时,我们的使者告诉钦差大臣,在额尔金勋爵看来,展示他们的真诚以建立相互信任的最好办法,是立即递交一封以最初同意的那些建议为内容的信函,并以此作为

---

① 按中国的纪年方法,一年的开始和最后两月,中国朝廷会发送月历给朝鲜,即使不发送给其他附属国。中国皇帝会派遣使者对朝鲜、琉球和越南的统治者进行册封,封他们为附属国的国王。

② 必须立即处置。

谈判的基础。他们又表示，要在衙门这样一直等着，直到信函签字画押。他们最后告辞离开的时候，已经是晚上 10 点钟，并如愿拿到了由桂良、花沙纳和耆英共同签署的宝贵文件。耆英在为这次会谈上奏皇帝时，无疑会为他自己辩解。他与桂良和花沙纳商量后，一致同意在呈送朝廷的加急奏折中，应当写上"相对泣于窗下，朝不知夕死"一句。

两天之后，耆英发现自己被我们搞得在他十分讨厌的同僚面前大丢脸面，而他的同僚们很乐于利用我们放在他们手中的武器，这样耆英觉察到他再执行他期望采用的阻挠性的、独立的策略是不可能了。因此，他突然决定返回北京，临行前向皇帝上了一份奏折，奏折中只说他有"机宜面陈"。然而，他还没到北京就接到命令，要他返回天津。他没有遵从，用皇帝的话说，他"抽身唯恐不速"。这是耆英所犯的头等大罪。于是，愧疚之心让他变成了懦夫。假如皇帝读过莎士比亚的作品，在他的宣判书中也许就不会这样问："耆英苟有天良，能无汗流浃背乎？"不过，事情还是这样发生了，这个不幸的官员不是忍受磨难，而是选择了逃离。

很快，天津谣言四起，先是说耆英被贬黜，又说他被处死了。不过，我们得知有关耆英受到严厉处罚的第一个可靠信息，来自于 7 月 3 日收到的北京邸抄，大约在我们离开天津的三天前。

此前，我们并不知道耆英是在何种情况下受命与我们会晤的，也无法使前文所描述的一系列事件之间建立关联，因此，对这个不久前还与我们坐在一起的人的悲惨结局深感震惊，他的行为举止，虽然软弱和犹豫不决，但却不至于自杀。的确，就我们所了解的他的所有罪责来看，他罪不当罚。我们几乎无法想象，那些反对他出任钦差大臣的意见会间接导致皇上发出判他死刑的旨令，判决书的最后一句话，是对公正和仁慈令人难堪的讽刺，那些奉命通知耆英的官员要他阅读旨令："令伊自尽。以示朕饬纪加恩之至意。"这可以证明这是一个神权至上的国家，不用很极端地推测就可以料想得到，耆英的命运在他最初奉命前往天津的时候就已经决定了，而且无论他怎么做，都将成为他的政敌请求将他公开处死的口实。皇帝在宣判谕旨的最后一段，拙劣地显示他的仁慈，假惺惺地将公开处决改为赐其自尽。

朱谕

前据惠亲王①等奏，请将耆英照军法从事，因命解京严讯。嗣讯具供词，复令恭亲王②等秉公定拟。兹据奏称：耆英不候谕旨，糊涂冒昧，酌拟为绞监候，朝审③时入于情实。所拟尚无不协，惟其声叙获咎之由，殊非诛心之论④，不得不明白宣示。

耆英以负罪之员，复加擢用，原冀其收效桑榆，于事有济。况该员陛辞时面奏："力任其难，看奴才造化若何"似非昧良⑤昏聩者。且于四月二十七日（6月8日）抵津后，即有寄谕⑥，令其不必与桂良等附和，稍涉拘泥⑦；俾其自展谟谋，作为第二步办法。朕用耆英，不可谓不专，保全之恩，不可谓不厚。及桂良等奏，请令该员回京，朕料耆英断无不知之理，尚恐⑧，寄谕仍留津自酌办法。耆英苟有天良，能无汗流浃背乎？⑨讵该员拜⑩折后，即擅自回京，藉称面陈机要。试问果有面陈，曷不单衔密奏？又云难于形诸笔墨。何以接奉留津之旨，又匆匆具折？试问折供之外，尚有何机要乎？屡次琐渎，不过为一首领（安全）计。况该员折供内，非尽无可采之语，未深悉底蕴者，尚觉情轻法重。不知所说办法，朕与诸臣早经议及，况出诸他人则可，出诸耆英之口则不可。

---

① 已故道光皇帝旻宁的兄弟绵愉。

② 奕䜣，当今皇帝的兄弟，他让人联想到在这次审讯中皇帝的另一个兄弟奕誴，是皇帝叔父的养子。

③ 每年，刑事案件会被集中交给皇帝复核，皇帝没有在其名字上勾决者，罪犯免除死罪，相反则被处死。此处提到的朝审是对在京城里审理的案件的复审，京城以外各地审理的案件则在秋审时进行复查。

④ 这里语意是指，决非剖析其内心的描述；在其他地方严谨地表达意译为"欺骗君主，损害国家利益"的犯罪，一言以蔽之，就是叛逆。中国人理解为："他们的判决不能说明他犯了叛逆罪。"

⑤ 字面的意义是迟钝。

⑥ 即所谓的上谕。他们根据皇帝的授意起草，由军机处传达给相关人员。

⑦ 不必拘泥于礼节。作为级别较低的钦差大臣，他不得不听从首席钦差大臣的建议，不过他被授权，"可以自主决定政策，采取第二步行动"，即其他钦差大臣已经实施了第一步。

⑧ 此处至少遗漏了两个字。（实遗漏四字：稍掣其肘。——译者）

⑨ 这是一个正统的表达语。意在说明，当我们小小的功绩受到褒奖时，我们不要以为是尽心竭力，而是感到羞愧。

⑩ 语意指，在奏折送出前要跪倒礼拜。

何则？盖耆英乃局中人①，既有所见，自可施为，岂有同办一事，不能补救于事前，徒有成说于事后。

若如其所求惩办，正堕诡谋，盖耆英藉兹自白乃心，不徒尽涤前愆，且欲委过于人，居心尤不可问②。自料擅离差次，议止罢斥，正遂其身谋，优游于家。久蒙知遇(意思是说，尽管他很愚钝还是任命了他)，忍出此耶？且迹其心③，匪特此也，同桂良、花沙纳商允照会④，'相对泣于窗下⑤，朝不知夕死'。不闻其恪遵前旨，另设良图⑥。迨去津时，与花沙纳云：恐此去人心惶惑，作为因差暂离津郡。抵通接奉寄谕，又不闻赶紧折回，抽身惟恐不速，等朕旨于弁髦⑦，处处巧诈，有意欺罔。即立与骈诛，百喙奚辞⑧。

惟惠亲王等原参，未免过重，即肃顺所奏，仍拟正法，亦未为是。朕之交议，正因其罪重，欲廷臣⑨衡情酌断，暴白于众。若仍予正法，何必解京？又何必定拟？且谓'其苟延岁月，倘以病亡，获保首领'，比拟更属不伦⑩。此乃盗案内断语，难妄加诸耆英。

朕数日详酌，欲贷其一死，实不可得。即照奕䜣等所拟，朝审时必予句决，尤不忍弃之于市⑪。不得已，思尽情法两全之道，若派左宗正仁

---

① 意思是在一局游戏、一场戏剧或一个委员会之中。他借口有建议面陈，难于诉诸笔墨，逃离了天津；然而其建议即使书面写下来，也证明不具有任何价值；况且他自己也深知它们都是老调重弹。即使如所有中国人的注释所说，他的建议是主张开战，那也肯定猜测说，他完全有权力这样做。

② 语意指，更不用说问其居心何在。为人应当如此："每扪心自问，心怀坦荡。"

③ 语意指，循着他心灵的轨迹。

④ 可能是耆英离开天津前两天送交额尔金勋爵的照会。

⑤ 这个常用的短语是指人们聚在一起商讨或学习。不知道皇帝是从耆英的奏折还是其他地方看到这句话的。

⑥ 语意指，另外的或与他的同僚们有区别的。

⑦ 语意指，布帽和童子前额的垂发。以前男子成年加冠要剃掉前额的短发，喻指理当被摈弃的东西。

⑧ 这种表达势必殃及其家人。

⑨ 即指朝廷首要大臣。

⑩ 比拟，意思是说耆英一案与当前案件的判决很少相似之处，不能肆意或随便加诸于耆英身上。用俗语讲，就是绝对不行等等。

⑪ 像普通犯人那样。

寿、左宗人绵勋、刑部尚书麟魁,迅疾前往宗人府①空室,令耆英看朕朱谕,传言令伊自尽。以示朕饬纪加恩之至意。钦此。

离津之前,我们得到可靠的消息,判决已经被实际执行,耆英当着奉命办理此事官员的面饮下了一杯毒药。这位著名的官员就这样亲手结束了自己的生命。而就在 15 年前,他在《南京条约》上的签字,为他在欧洲赢得了此前任何一名中国人都难以企及的政治知名度。其政治生涯的悲惨结局,必将使他的名字引起人们更大的关注和同情。

三

暴民的侮辱—强行闯入天津城—实施报复—心怀敌意的人群—主张和平的公告—天津城市的规划—城市外观—道路交通—天津贸易下降—有关漕运的消息—大运河现状—官方的粮食耗费—漕粮的征集—黄河的状况—漕运的障碍—海运漕粮—有关大运河的报告—天津米价—粮赋征收数量—天津的贸易—穷苦的居民—墓地—在天津的联军总兵力—对周边地区的勘察—天津农作物的收获—私家菜园—盐田—野豌豆地—捕蝗虫

上一章提到,我们怀疑耆英的介入具有敌对性,这一点通过他来天津后的两三天居民行为举止多少有些异常的变化得到了证实。此前,我们不论是骑马还是步行穿过城里或城外时,遇到的各阶层民众都还恭敬有礼。然而,就在刚刚谈到的威妥玛和李泰国先生造访钦差大臣衙门的那一天,两三名海军军官陪同海军上将在城外散步时,有民众向他们投掷东西,并大声喊叫。事情的过程完全出乎他们的意料。次日下午,迪尤(Dew)和索马里兹(Saumarez)上尉突然出现在我们的衙门,使我们愈加惊讶不已,二者都有些

---

① 宗人府,即皇室法庭,是专门管理皇室宗族的谱牒、爵禄以及审判事务的政府部门。下文所说的空室是指这一机构的监狱。

激动,前者没戴帽子,手里抓着一根大棒,狼狈不堪的样子说明刚刚遭遇到暴力攻击。事情的经过好像是,当他们在城里平静地散步时,经过一个大门旁,有人向他们扔东西起哄,后来遭到暴民的围攻。不过,由于暴民对夷人的勇猛很是敬畏,没有人敢靠近他们,从而使他们得以安全脱身,只是勇敢的迪尤上尉丢了爱犬和帽子。一得到这个消息,我们就立即送信给指挥海军陆战队的博伊尔少校,其时他就驻扎在离衙门仅一百码的地方。由于当时天色已晚,时间紧迫,他立刻率领一队身体强壮的海军陆战队士兵,加上六名"愤怒号"(Furious)炮舰上的水兵,还有我们这些人充当临时角色,一行人在迪尤上尉的引导下,冲向城里暴行发生地点。

然而,由于从城外到距离最近的城门也有半英里之遥,因此,在我们到达之前,中国的探子有足够的时间跑去预先通知守城门的人。尽管我们尽了最大的努力想赶在城门关闭之前到达,但还是迟了半步。我们赶到时,发现已经被阻挡在坚固的城门外面,透过厚厚的城门之间的缝隙,能够看到一大群人聚集在深深的城门洞里,从这一地点穿过城墙的城门洞,宽度大约有十五到二十码左右。我们逼着一个中国人要他们把城门打开,他服从我们的命令,却是这样做:"小心!"他喊道,"这儿所有的夷人都想进城!他们逼我,可不是我要这样做的。开门!开门!开门!"他前面的话是特意对城里的中国人讲的,被李泰国先生听到了,后面的话则是喊给我们听的,用了最大的嗓门。

看来那些人决意不让我们进城,企图强行打开城门也毫无希望。于是,我跟随奥斯本和迪尤上尉一起去寻找可以攀援而上的城墙。一些低矮的房屋背靠坍塌的城墙角而建,这是有可能攀上去的地方,我们登上伸出的屋檐,又手脚并用顺着城墙的缺口很快爬上了城墙,城墙是用未经烧制的砖砌成的,由于砖的毁坏而形成了缺口。这时,三四名持有毛瑟枪的水兵也参加了进来。我们沿着城墙跑,然后跳到城墙下的街道上,当我们突然出现在聚在城门洞里的中国人背后大声喝叫时,这群毫无防备的人们都大吃一惊。他们肯定以为我们身后跟随着所有英国的军队,于是跌跌撞撞仓惶而逃,当他们惊惶奔逃时各色人等还很明智地挤在一起相互协助。迪尤上尉从其中一个人手中夺过一把斧头,当即将城门上的门闩砍断。过了一会儿,全体海

本书作者在"愤怒号"炮舰上(左二)

军陆战队士兵不事声张地进了城,这座城池就这样在五分钟之内被我们攻占,既没有人受到伤害也没有伤害别人,除了靴中的脚趾可能磨疼了。

我们沿着城里的主要街道悄悄地行进,到了南门,迪尤上尉开始认为他就是在那个地方受到了污辱。不过,我们发现错了,于是我们又在城墙上,一直走到西门,走过了整整一面城墙,大约有一英里远。我们这支行进的队伍,引来了那些心怀钦佩的围观中国民众的极大关注。他们惊奇地看着我们无偿使用他们作为防御屏障的城墙,这被视为是中国城市最不可侵犯的一部分。我们刚一到达西门,迪尤上尉的帽子就被送了回来。我们告诉那些民众,由于他们在那个特别地点的无礼举动,我们需要关押六名有名望的房产主,因为我们不可能认出具体的冒犯者。这样中国的上层阶级才会认识到,对待外国人必须要有礼貌。就这样,我们带走了在城门口的满族卫队的队长和几名显然很富裕的店主,把他们夹在两列海军陆战队士兵中间,很隆重地行进离开。李泰国先生强调,这是宣传道德的游行,他让中国人在行进中重复说:"污辱英国人是非常错误的,我永远不会再污辱英国人。"任何显出不愿重复这套话的人都立刻被带到队伍前面,迫使他们用清晰严肃的声调,以各种方式表达他们的态度,要尊重和敬佩英国人。这些被抓起来的人仅仅被关押了一夜,第二天早晨即被释放,他们对所受到的对待都很满意,满口应承将会用他们最大的影响力去阻止此类事件的再次发生。迪尤上尉的爱犬,一只漂亮的猎犬,夜里游回到它的主人所在的"鸬鹚号"炮舰上。

我们从不同的方面得到确切的消息,民众的行为是由于他们从官员那里得到了指示,而这些指示是在耆英来到天津后才发出的。由于已向钦差大臣提出了抗议,我们有更充分的理由相信这一保证,即不会再有这种骚扰之类的事发生。唯一的例外是,第二天,可能有关此事下达的指示还没有广泛传播,当我和卡梅伦(Cameron)正独自走在城外较远的地方时,一些年轻的居民向我们扔东西,面带敌意的人群围在我们四周,开始大声叫骂。我们转身面对着他们,用恳请的眼光看着人群当中最受尊重的几个人,这几个人制止住了更狂热的情绪。当我们走开时,还能听到他们为了同意还是反对对我们的侮辱行为而大声争吵。从这以后,我们便可以步行或骑马到很远的地方而完全不会受到任何伤害,虽然从我们刚到这里时就认为,不携带武器四处乱走是愚蠢的。

几天以后,120名海军陆战队士兵及两门大炮由舰队运抵这里,他们行进在通向驻防地的路上,尽可能地炫耀我们的军事装备,大大加强了我们抗议的效果,提高了人们对我们的礼貌程度。在这队海军陆战队和工兵到来之前,我们的兵力一直很弱,因为我们在天津的宿营地刚一安置妥当,绝大部分水兵就立即被送回舰队。不过,现在城内外到处张贴着布告,申明外国人始终受到中国军队的保护,凡辱骂他们的人将受到严厉的惩处。我们在城里发现了一间新闻室,那里张贴着有关夷人最新信息的告示。还有新闻告诉民众,前些天恰逢吉日,导致我们进城列队游行。我们当然已经证明,在那天,虽然我们的兵力比现在还要少,但我们可以在任何被认为是吉祥的日子攻占这座城市,它的防御是如此薄弱,守卫军队又是如此软弱和胆怯。

此外,中国官方也很希望通过尽快处罚被指控的中国人来表示他们的诚意。一个看上去显得很愉快的男人每天出现在衙门门口,他竟自坐在那儿,戴着枷,就是脖子上夹着一块三英尺见方的木板。中国犯人的枷是戴在脖子上而不是腿上,在规定的几周内,罪犯被强制戴着这种笨重的枷,有时甚至长达数月。一次,一个给海军陆战队士兵偷带中国烧酒的人被带到衙门,那个负责安排我们生活供给的小官,为显示他的热心,当即用手掌猛烈击打那人的后背,仿佛是好心要帮他咳出一根鱼刺。

天津城坐落在大运河与白河交汇地带。城市被尽可能建成方形,根据粗略估算,城的每一面有一英里长。四座高大的城门连有四条通向城内的道路,这四条道路分别连接着城外各重要地方。这四条道路通入城里后,构成主干街道,形成十字交叉。在道路交叉处是城市的中心,一座形如宝塔的建筑物,跨街而建,下有四座拱门。从此处向四面观望,四座城门均遥遥可见。这些街道完全不同于南方城镇的街道。在南方,两顶轿子若迎面相遇,几乎不可能有空隙使两轿交错而过,然而在天津,在用大石板铺筑的街道上,车辆来往穿行,行人则在人行道上行走。

天津不止在街道宽度方面优于南方城镇。在这里,游客在进行探索考察时,鼻子可以免遭南方城镇那种无处不在、难以形容的污浊气味的折磨,虽然这里无论城里还是城外都没能完全消除臭味,不过,由于进行了一些处理,情形要好得多。尽管如此,天津了无生气的城外还是无法吸引人经常光顾,因为很少有令外国人感兴趣的店铺。城里的店铺和房屋中摆设着中国人日常生活的必需品,其外观同室内的陈设同样简陋,供应品缺乏。这些建筑一般用未烧制的砖建造而成,有的也用泥土,通常为低矮的两层结构,底层朝街道开门。

这座城市唯一可以炫耀的点缀物是横跨在一条街道上的一些雕刻精美的木制牌坊。从建筑学的观点来看,城里的庙宇建筑都乏善可陈,缺少特色,里面供奉的神像雕塑普遍制作低劣,最好的庙宇建筑是在城外。两三座衙门标明城里显贵们居住的地方。街道缺乏中国城市通常所特有的生气和喧闹,造成这一状况的部分原因,可能是由于我们的到来所导致的恐慌。事实上,人们的确也正在逃离这座城市,许多店铺因此而关门停业。在城外,能够证明居民对我们的意图心存疑虑的证据,更是普遍存在。他们明显不愿显露他们的财富,以免诱发我们的贪心。虽然,这种财富是否真的存在还是很难推断的事。我们的总体印象是,对于一个包括城厢在内人口多达50万的城市而言,天津是我们曾经到过的最肮脏、看起来也最穷困的地方。

天津街道上通常买卖的主要物品好像是燃料和水。燃料多是麦秸和秸秆,皆由人肩扛交易;水则是由前文描述过的那种制造巧妙的独轮车运送,偶尔也会看到车的一侧坐着一人,另一侧放着两桶水,以起到平衡的作用。通往河边的运水小道由石板铺砌而成,小道穿过陡峭的河堤,为了方便人们在河边行走,还在豁口处架了一座桥。从河面上望去,成群结队的运水者,推着独轮车,载着形状各异的水桶,从穿过河堤的运水小道冒出头来,或聚集在出口,呈现出一道少有的生动景象,映入旅行者的眼底。当然,这是假设他还没有因为对周围单调乏味的景色过于憎恶而失去欣赏的兴致。

这些就是天津城里的情景。上文提到的由破败不堪的城墙构成的防御工事,许多地方都已经坍塌,只保留着外壳。据说四周城墙上共安放了八十门大炮,平均每面城墙有二十门。不过,即使这些数字没有夸大,它们也是徒有其名。这些大炮不是被安置在炮架上,而是大部分被埋入成筐的沙子里,就这样被锈蚀和毁坏,待炮手使用时将会面临远比其敌人要大得多的危险。城门上面都建有兵营,为两层建筑,塔形屋顶。

我们到达天津两三天以后才第一次游览了这座城市,守门人显得有些不情愿放我们进城,不过,在我们第一次强行进城后,我们的游览就成了理所当然的事了。

天津一位年老的商人告诉我,自从黄河泛滥冲毁了运河堤岸,原本准备用来修堤的资金都用于镇压叛乱后,天津日渐衰退,人口减少,天津当前的境况证明他的说法是有道理的。以前,来自几乎中国各个省的各类产品,通过运河支流进入大运河的干流,帝国的大量财富就这样经由天津运往京城,而现在,则改由内地的其他渠道运输,抑或已完全停止运输了。不过,大运河的主要用途是运送每年的漕粮。据斯当东爵士(Sir. George Staunton)所述,在马戛尔尼使团沿运河从天津前往通州时,就先后超越了成千艘漕船。从下列由威妥玛先生通过中国各种可靠渠道收集到的有趣的消息可以看

到,大运河的现状如何,以及结果会在什么样的条件下进行漕粮运输:

自有关黄河从旧有河床消失而在黄河下游相邻地区造成恐慌的流言传来,已过数月。① 看来可以肯定的是,这股强大的水流从与开封府地势相若的地方一泻而下,强行打通了一条新的,或者按中国历史学者的说法,是恢复了一条流向东北方向的旧有河道,现在又注入大清河及山东其他河流的河水,最后流入渤海湾。根据最近一名旅行者的描述,介于其间的地区,大部分更像是湖泊而不是陆地。作为中国北方交通大动脉的大运河,有些地方被淤塞,而另一些地方却溃决泛滥,已完全失去了原本设计作为贸易或漕粮供给运输航道的效用。据来自扬州的一条帆船上的船员讲,他们于1857年初驾驶船只艰难到达天津,当时,黄河的河床灌满了来自淮安府附近运河的水,足有三英尺深,船只能够通过。他们的帆船吃水只有两英尺。航行途中,他们发现运河不少河段水深仅有四英寸,最深的地方也不超过四英尺。由此我们认识到,黄河河床若如前所述在那些河段暂时有水补充,那么现在无论如何也完全干涸了。

就急需的紧迫性而言,很难说中国的经济不能恢复元气。不过,就目前状况而言,其最大规模的大运河暂时已经难以再继续运行,因此帝国北方有责任促进其商业的繁荣,这很大程度上是为了其自身的生存,同时促进沿海贸易,这涉及中国民生最重要的物品,沿海贸易曾因清政府施行鼓励内地交通的政策而遭到禁止。当中国北方的港口在一定程度上对我们开放通商后,这一区域的需求自然会吸引我们的关注,下面就是我们通常称之为中国漕运的具体情况,以及过去和现在的转运方法,内容颇为有趣。

1831年的户部规章——我们相信应是已刊印的最新版本——表明,去除13,340吨作为固定折耗者外,每年从征漕五省各以不同税率征收而来的

---

① 参见《北华捷报》1857年1月3日,336期;1857年6月13日,359期;1858年5月15日,407期;1858年6月12日,411期。

漕粮折银总计达到了 246,570 两,每年以实物送达的漕粮总数中各类粮食的数量通常如下所示:

稻米	210,000 吨
贡米	44,000 吨
小麦	4,000 吨
豆类	17,000 吨

小麦和豆类产自直隶、山东和河南,黑豆产自满洲。小麦据说是唯一仅限于人类食用的作物,不过并不绝对。

同样是由户部制作的附加表格表明,在通常情况下,各产区要按比例上缴各种粮食。运河航运和叛乱所造成的不幸状况,不仅迫使漕粮的征收和运送都暂时中断,而且若干年来还耗光了原本用于浚治运河和黄河的资金,这在很大程度上是影响户部最初财政状况的根本原因。我们先要谈到最初的状况。

1811 年,不包括宫廷的需用,官方的粮食耗费为 113,000 吨;而且,根据上文引用的 1831 年户部各项收入的统计资料来看,北京库存的漕米应当常年维持在 354,000 吨,离京城 12 英里之遥的通州,则为 82,000 吨。这些漕米在三年之内都应被售卖或是用光。

漕粮在(直隶、广西、山东、浙江、江苏、湖南、安徽、湖北)8 个省的 44 个主要的和 19 个次要的漕运码头装载上船。

有关这些漕粮的运输和防送等所有具体事务,都由一名总督掌管,其衙署设在淮安府。他指挥着一支半军事化的武装,总共大约有 64,000 人。漕船通常成队离开漕粮征缴地,为防止发生混乱,船队在不同的日期出发,每艘船装载正项漕粮 300 担。被称作缉艇的护漕船,装有一定数量的私人物品,若超出为政府运送的货物 100 到 200 担,甚至还会受到奖赏。每艘漕船都允许花费一定数额的日常开支,数目在 160 到 200 两白银不等。

据推测,漕粮应在中历十月一日开始征收,即西历 11 月,所有的漕粮,不论来自哪里,两个月后都要被交兑装船开运。从邻近运河的扬子江以北地区出发的漕船,按照规章应在中历十二月,也就是西历 1—2 月间从淮安府穿过黄河;来自江苏和安徽其他地方的漕粮,则在一个月后过黄河;江西、浙江、湖北和湖南的漕粮,则还要推迟一个月。穿过黄河后,规章仍允许他们用三个月的时间,沿运河北上到天津。到达天津后,再将漕粮换用另外的船只运到通州,在那里大部分漕粮改用马车运至北京。

扬子江与黄河之间的运河航道,只有两条路线被官方承认可以用于漕粮运输,一条是在镇江府对面的瓜州运河河口,另一条在上游数英里远的仪征。在漕粮的征集运输中,迟误拖延与中国其他税收一样司空见惯,不过,根据各方面的推测,漕运过程中所发生的重大混乱,都是由于黄河的反复无常造成的。中国一年当中的第二十个节气称霜降①,人们总是担心那段时间,如若没有发生洪水泛滥,就要举行特别的仪式祭奠河神以表皇帝感恩之心。看一下地图就可以发现,运河自与黄河交汇处起,就开始变为西北走向,与它这个水流汹涌的邻居——黄河近乎平行地延伸了很远一段距离。运河离开江苏后,主要依靠各种水域供水,其中部分来自湖泊,部分来自水库,如果不是我们对北京邸报的理解有误,这些水库工程都极其简陋,很不可靠。巨大的泥土块垒被匆匆夯成,围成水库,邻近河流的河水随即被冒着极大的危险引入其中,正如邸报所承认的,完全被冲毁的泥土围堤,全部被淹没在水中。为了减轻上述危险,同时保证运河保持所需的水位,这些巨大的人工水库有四分之三已经用泥土填充。

① "霜降"是一年中第十八个节气。——译者

44

　　1851年,黄河在江苏北部一隅发生了罕见的凶猛大溃决,在被称作丰北的地方冲毁了所有的土石堤防。1852年8月,北上的漕船被迫将漕粮卸在山东,位于济宁以南还有80多英里的地方,从那里,所有的粮食不得不重新装运,通过陆路转运至北京。不久,皇帝接到大臣们的各种建议,考虑用一些新的方法为京城供应粮食,他们强调运河因管理不善已难以通航运送漕粮了。

　　1853年初,一名御史建议实行海运漕粮。他估计京城每年消耗的优质漕米总量为400万担,次等者也有250万担,合计430,000吨。此前所依赖的输漕省份皆为叛乱所困扰,不过,福建与浙江太平无事,粮食销售正常,当地政府可以用税收购买粮食。同时他还提到台湾市场。截至该年底,有333艘运粮船只从南方到达渤海湾。

　　1854年春,京城陷入极大的危险之中,叛乱者聚集到天津的边界一带。而浙江是唯一没有发生骚乱的漕粮供给省份,可是在那里,也遭受到洪水的侵害。因此,皇帝按照大臣们的吁请,发布谕旨号召商人从各地向北京输送粮食。京津之间的航道同样受到洪水的破坏。虽然如此,年终之时,通州收到的粮食总数仍然高达1,424,946担,将近100,000吨。这就是1853年漕粮的状况。它们被分作八类,很引人注目地雇用了3892艘驳船,从6月7日到8月3日,由天津北运到通州。

　　1855年1月发布的一项旨令表明,来自江苏或浙江的漕船在浏河港汇合,该港是地处扬子江上的一个小税关,离上海较近。皇帝由于急需稻米,因此下令严禁从辽东湾直至宁波之间整个沿海各地的平底船入海。这一年,来自浙江的稻米多达60,000吨,不过这好像也是北京收到的全部稻米了。

　　1856年5月,浙江巡抚在一份有些沾沾自喜的奏章里报告说,721艘帆船载米共约60,000吨,分作六帮。他写道:"自从采用其前任之建议实行海运已过四年,漕粮逐年增加。"截至7月5日,已有1200艘漕船在天津卸下了100,000吨稻米,然后返回南方。还有大约6000吨是应当运到的。现在看来,叛乱显然是局限在南方各省了,因此通过勘察运河希望使其重新可供漕船往来航行。奏章很长,其中使用了一些专门术语,所以翻译起来有些费力。然而,事实是,由于1851至1855年之间频频发生洪水灾害,这条人工河道几乎已经无法修复。微山湖是运河一个重要的蓄水湖,水深本应在14英尺左右,但现在仅有2到8英尺。在很多地方,泥滩如同岛屿一样露出水面,沿着整个西边是一片宽窄不一的干旱之地。有人建议向湖中输入更多的水和沉积物,不过被否决了,估计这项建议无异是使本已脆弱的湖泊周围地区毁于一旦。该年末,又有灾难性的消息传来。在北京,稻米每担价格达9至10元。江苏和浙江由于遭受蝗灾,也出现了粮食短缺的状况。直隶同样也蝗蝻遍地。

1857年,朝廷要求两广当局向其提供稻米。江苏定额中的一部分则被留下用于战争给养。从户部有关对以往用于运河漕运的帆船的一份处置建议中,我们可以推测,帝国政府正在考虑放弃运河运输。就我们所知,在杭州和其他一些地方,大量的此类帆船正在腐烂。该建议还顺便提到,在湖北、湖南、江西以及安徽各地,以前征收的税粮现在将改征等值的货币,这是朝廷准备长久实行海运的另一个迹象。满洲当局报告说,6月份已装船运送了大约3000吨粮食。他们说是稻米,不过很可能是小麦。

假如那位御史在1853年所作的估测基本正确,那么,在过去六年中,上等漕米的供应仅有两年达到了北京需求的三分之一,去年还不足十分之一。今年的供应情况还不清楚,不过,使团在天津时,稻米每担价格为5到6元,而该地农作物正不断地遭受铺天盖地而来的蝗虫的威胁。蝗虫如此之多,以至于晾干后被当作食物出卖,每斤40个铜钱。虽然对其需求好像不大,不过还是引起投机商人对今后"谷物"买卖的极大担忧。

天津米价如此之高,无疑与我们占领白河和我们的舰队进入渤海湾有很大关系。额尔金勋爵本年初迅速北上,一直有一个主要目的,就是及时赶到白河口拦截过往的漕船。假如没有其他情况干扰的话,我们本应可以顺利实现这一意图,这可以从下列事实说明这一点,仅驶入白河的"愤怒号"沿途所见,估计至少有900多艘漕船从旁边经过,这还不包括为了避开我们的舰队而设法从北边的河口进入白河者。因此,虽然天津在某些方面已经失去了在商业上的重要地位,不过,从政治观点来看,它仍然是向京城施加巨大精神压力的最佳地点。每天都有新的证据证明这一点,结果也表明确实如此。

让我们再回到天津统计资料这个话题上,在这方面要获取相关信息极其困难。就这一问题,我曾有机会反复询问过一位唯一值得尊敬的中国商人,可他或者是很不愿意告诉我他所知道的情况,或者就是没有什么情况可讲。他感触最深的话题,是他居住的这座城市的极端贫困。他肯定地说,这座城市完全没有任何物品可以输出。盐是这里唯一的出产品,产自城市附近及濒海的盐田,虽然这里也种植各类粮食作物,不过通常仅够自家食用。这里从南方输入干果、糖、玻璃制品、羽纱、毛制品、鸦片等,但数量很少;从牛庄和满洲沿海运来大量的大豆和豆饼。几乎可以确定的是,我们可以在中国北方为我们的棉织品和毛制品找到一个巨大的市场。我注意到,在天津的街市上,有来自曼彻斯特的白棉布,还有来自英国和德国的玻璃器皿、餐具及安全火柴等。

用商业的现实眼光来观察天津民众,问题不是他们是否需要衣服,而是他们是否有足够的钱购买衣服。从表面上就可以完全证明那位中国商人所言,这个城市极为贫困。我还不曾见到世界上有哪一个地方的居民,像蜗居在天津城外的居民这般普遍的贫苦污秽和多病。他们几乎个个肮脏不堪、衣不蔽体、疥癣满身。河的两岸挤满了仅靠从船上扔出来或者是被河水从城里冲出来的垃圾和动物内脏为生的人。我们衙门前的河面上恰好有一个漩涡,经常有死猫等物在漩涡里打漩,不时会有脱得赤条条的人跳到水里去打捞那一点点美味。他们的衣服一般是一片席子或是破烂不堪的麻袋片,不是围在腰间,而是随意搭在肩膀上,很难猜测他们是出于什么目的,完全不顾体面,而6月的天气也不需要保暖。走不了多远,就能看到令人作呕的皮肤病患者,他们的模样是如此可怕,其生命力似乎是对生存的嘲弄,情感再冷酷的人也会为之震惊。

我多次看到可怜的乞丐死在行乞的地方。我特别注意到一个老妇人,她经常一动不动躺在路中央的一块席子上，瘦骨嶙峋，疾病缠身。她费尽全身力气才能抓住扔到她面前的钱币。一天，看来似乎连这点力气都没有了，我走近前看，发现她已经死了。几小时后，当我再次经过时，发现她已不在那里，被拖走扔到了粪堆上。一天，我骑马经过城郊，看到一个人正背负着另一个人前行。开始我以为他背的是一具尸体，不过，待我靠近他们身边时，注意到背上那人的腿还在微微地动，好像他们被当做尸体拖走，我恍然大悟。这是一个城市的清道夫，整日在街道上溜达，寻找濒临死亡的乞丐，一旦他们发现某个乞丐已经生命垂危，就将他背到城外的流血之地（Acelda-ma）①，扔到那里任由乌鸦和兀鹰当作美食。中国人将这个城市称作天津——天堂之地，如果在他们的想像中，再没有比天津更理想的极乐之地了，那就很难想象在他们的眼中，完全相反的极端贫困会是什么样子了。

好像是在用讽刺的方式暗喻，生者看来就要忍受苦难，墓地是天津城周边唯一堪称优美的地方。它们一般为正方形，面积大约四分之一英亩，几乎只有在这些地方才栽种有树木，一道土堤和壕沟将墓地围在其中，因此能明显地显现出用少量土石或三合土圈成。安息在这片墓地的每个家庭成员，都被安葬在一座形状和大小如同钟形帐篷的圆锥形土丘下面。墓地周围环绕着茂密的树林，主要是柳树和柏树，使那里显得凉爽宜人。其中一座墓地占地面积很大，墓地的坟墓很多。由于我们的无知，好多天来我们一直避开它，认为它一定是一个周围有壕沟的兵营，如同我们听说的位于附近的那个兵营一样。其周围没有通常墓地都有的树木，这一点更证实我们的疑心是对的，直到有一天我们鼓足了勇气前去游览，结果发现那里只有一个老迈的看墓人，看样子他很快也将加入到他现在正守护的亡灵行列中去了。数日后，当我们爬上一座圆形石造炮台的顶端检查时，从那儿发现了真正的兵营。

不过，不要以为天津及其附近地区的所有居民都是病残者或乞丐。天津也有数量相当可观的令人尊重的中产阶级，还有农民，他们虽然贫穷，但当他们一大群人在田里劳作时，看上去欢乐愉快，勤劳能干。我们极少能看

① 圣经中所说，用犹大出卖耶稣所得的30块银钱购置的一块田地，在耶路撒冷附近。——译者

到女人,只是由于一次非常偶然的事件,我们看到了一个并不属于最下层的女人。这些女人都缠着脚,而在南方同等阶层中女人缠足并不如北方普遍。我们看到过一些漂亮的小姑娘,她们头插艳丽的花朵,绚丽的裙子随风飘动,看上去活泼而动人。不过,多数情况下,所看到的成年女子一般都面目丑陋。

不久前,我们考察了天津城外周边的地区。我们住宿的衙门坐落在一个半岛上,这个半岛由河流的一处纵深很大的河湾构成,河水在这里两次反向回流几乎形成了一座岛屿。在衙门的一侧,有背靠衙门的院墙而建的纸的土坯房,而左边和后边是花园以及零星分布的房屋和空地。工兵占据了一座庙宇,在里面练习射击。他们隔壁的门上用大大的白色字母写着"法国兵营"的字样,表明这是法国海军陆战队的宿营地。在我们离开前夕,还有将近 600 名联军士兵驻扎在这个不大半岛上的不同建筑中。如果需要的话,借助一座横跨狭窄地峡的土筑工事,可以进行防御,因此,无论是住宿的条件还是占据的地点,对我们来说都是很幸运的。

穿过地峡,我们骑着马顺着大运河前行,很快就来到了一座由船只连接而成的浮桥,这座浮桥连接着由天津通往北京的道路。我们向右急转弯,踏上了通向北京的道路,当我们想到以后可能不得不通过这条道路前往北京时,就产生了极大的兴趣。很快,这条路就出现在城外,我们走过横跨在两条白河支流上的坚固的桥梁,其中一座装有用大理石雕刻而成的精美的桥栏杆,然后一直到达文河(Wenho)①,或称盐河,距离该河与白河交汇处不远的地方。我们从一座浮桥上跨过这条重要的河流,又穿过两条河流形成的半岛,一直沿着白河的右河岸前行,我们的考察一共走了数英里之远。

我骑马到过的最远的地方是北仓,一个沿陆路距天津大约 7 英里的大村庄。后来,由于威妥玛先生及其随员在前往北京途中在该处转入白河,而使其变成一个令人感兴趣的地方。根据报告,由此地到北京的直线距离不超过 45 英里。我们所走过的郊外地区,种种迹象表明每年都要遭受洪涝灾害,深深的沟渠纵横交错以便于排水,通往北京的道路高出地面 15 到 20 英尺,

---

① 此处为译音,或为今所称之金钟河。——译者

穿过该道路的乡间小路都建有小桥。大路很多地方都经过了铺筑,宽度大约 20 英尺。四周坐落的村落,也都建在凸起的高地上,这一切颇似埃及的土城(mud towns)。

我们在天津的初期,大运河与白河之间的平坦田野是一大片成熟的麦地,一望无垠,中间没有篱笆或是围栏相隔,金黄色的麦穗随风起伏好似轻轻翻滚的波浪;点缀在麦浪之上的,是隐约可见的那数不清的帆船桅杆和船帆,看上去就好像穿行在金黄色的大海中。这些帆船正航行在小的运河中。只有在异常晴朗的天气,我才能依稀分辨出远方一些山脉不规则的轮廓。大运河与白河蜿蜒迂回穿过这片富饶的平原,河岸两旁装点着茂密的树林,树林围绕着中国人的祖坟。一些村落也与树林连在了一起,不过,总的来看,它们更像是粘在绿色大地上的褐色补丁。

我们离开天津之前,由于收割已经结束,乡间的景观完全变了样。绝大多数庄稼是用镰刀收割,不过,我注意到有些种类的谷物是被连根拔起。随后,收获的庄稼被集中到打谷场上,用牛踩踏,再在有风的日子里通过扬场除去谷壳。与此同时,装满麦秸的马车,用马、骡子或牛混合一起拉着,沉沉地压在松软的土地上发出嘎吱嘎吱的响声。然后,田地里就到处是拾麦穗的人们,在阳光灿烂的日子,全体村民一起出动,涌向田野去捡拾他们辛勤劳作的神圣果实,他们看上去是那么快活和幸福。傍晚美好的时光,晚霞映红了西边的天空,一切都沐浴在一片红彤彤的绚丽光芒之中。此刻,骑马穿行于在田间收割的农人中间,不禁令人心情舒畅,展现在面前的满足充裕的画面,让我们忘记了刚刚目睹过的穷困和饥饿的场景。

虽然天津周边的乡下很单调,不过也并不缺乏变化。假如前往北京的路上经过的只有麦田,那么沿着南去的大运河两岸,直到很远的地方你都能看到私家菜园。这些菜园修整得如此精美,以致无论怎么说,天津的周边地区在这一方面都是伦敦城郊学习的榜样。非常整齐的篱笆和雅致的建筑中间围着一小片土地,土地被分成很多畦畦,没有一点杂草和卵石,并通过纵横交错的小水渠加以灌溉。菜园中栽种着各种各样的作物,南瓜、茄子、韭菜、洋葱、甘薯、豆角以及豌豆。根据看到的情况可以推断,菜园经过了精心的移栽、施肥和整枝。菜园周围是葡萄园和果园,果园中种植有杏树、苹果树和一种粗糙的梨，葡萄像意大利北部的一样爬在棚架上生长。这是最令人愉悦的骑马路线之一，因为大部分路程都在树荫遮盖之下，蜿蜒的运河以及河中过往的船只，都为它平添了生动别致的情趣。每次乡下漫游对我们而言都是一种极大的放松，而不像在南方，每次都因为人为的污秽肮脏使人感到窒息。在这方面，北方的园艺和农业的发展要令人满意得多。我们对西面的考察毫无兴趣可言，那片区域是一个巨大的坟场，不是如我所描述的在白河和大运河两岸的那种聚集一处的私人墓地，而是一片挤满了圆锥形坟冢的平原，草木稀少，其面积之广阔，足以为天津这个"天堂之地"自建城以来的所有亡灵提供一片安息之地。

假如读者同我们一样还没有对天津周边地区完全失去兴趣，那么还有一处地方我邀您同去一游。位于白河对岸的郊区范围非常之大，通过一座浮桥与天津城相连。穿过这片地区，我们会看到一副奇异的风景。

这里到处都是盐田，出产的盐堆放成巨大的盐坨，状如巨型的坟墓。盐坨之间有一些小的坟冢，这才是真的坟墓。其间还分布着一些深坑和彼此以狭窄的土垄相隔的水池，大多数盐装袋堆放，顶上用秫秸苦盖。用作燃料的麦秸被堆放成巨大的柴垛。样子很像爱尔兰小屋的泥坯房，四周围着用秫秸编成的篱笆。那些秫秸粗大结实，足以做篱笆用。还有看上去像圆形炮台的砖窑，以及一座看上去像砖窑的圆形炮台。总而言之，这是我所见到过的最奇特的组合，大土岗和小土丘，一堆堆和一垛垛，水坑和污浊的水池，还有茅草屋、炮台、砖窑、篱笆和空地等。一条大路从中穿过，通向一个人口稠密、拥挤的村庄，越过村庄后又通向一望无际的草原。那里没有波浪起伏的麦浪，弱小的野豌豆和看上去发育不良的玉米苗在艰难地维持着可怜的生命。土壤是如此贫瘠和松散，以致两个人加一两头驴，就足可以拉犁耕地。这里与白河的右岸，似乎是完全不同的两种境况。这片草原除了野豌豆外，仅出产一种短短的草。在这片草原上，我们可以随意策马四处奔跑，也偶尔会惊起一只野兔，我们会策马尾随它穿过原野。这里让我想起了俄国南部草原的一些地方。时而，四周单调乏味没有一丝生气；时而，忽然腾起一阵烟尘，一辆辆装载着用作燃料的柴草的农用马车滚滚而过，发出很大的嘎吱嘎吱的响声。这些车辆是由多种不同的牲畜拉拽着。我数了数，一辆车竟然有一匹大马、一匹矮马、一匹骡子、一头驴还有两头牛一起拉拽。其中一头牛和马驾辕,前面牵拉的是另一头牛、骡子和矮马,而驴独自神气地跑在最前面。

6月末,成群的蝗虫袭击了这一地区,值得庆幸得是,此时庄稼刚刚收获完毕。当你骑马在草原上飞奔时,会掠过不计其数的蝗虫,它们在马腿中间穿过,拍动着翅膀,发出嗡嗡的声响。当你渡过河流的时候,同样会在大量的蝗虫中间穿过。街上有孩子挎着篮子沿街叫卖油炸蝗虫,如果你愿意,尽可以大吃一通。对于当地的青少年而言,捕捉蝗虫是他们既喜爱又有利可图的一件事。我出于好奇也吃了一只,感觉有点像海螺的味道。

四

俄美两国获得的利益——个重大的"障碍"—两项重要要求—派遣常驻公使的权利—中国政府的体制和影响它的方式—直接联络原则—所获之特权—最后的队伍—条约签署—灯火通明—回顾—新开通商口岸—子口税—天津的气候—缺乏调查—区域地理—充裕的冰块—滚球戏球道—猎奇

帝国政府同时与俄美两个中立国的谈判进展得比我们要快,当然,他们的谈判任务所面临的困难比准交战国要少。

6月14日,普提雅廷伯爵与帝国政府签订了条约,该条约获得的主要特权是俄国外交大臣与帝国政府军机大臣或首席大学士,有在平等的基础上往来照会的权利;遇到特殊时机,允许向北京派遣使臣;传教士凭执照可在清帝国全国各地传教;有权在现行通商口岸贸易,此外,又新增三处通商口岸,一处是汕头,另在台湾开设一处口岸,还有一处在海南。

四天以后,列卫廉先生与清政府签署了中美条约,美国获得了同样可以向北京派遣特别使臣以及增添同样通商口岸的权利。

绝不要小看这些特权,它们大大增强了俄国和美国此前在中国所享有的特权,而且通过"最惠国条款"还可以弥补其不足。不过,若认为中国政府心甘情愿做出让步那就错了。去年,俄美两国公使曾分别提出过一些更合理的要求,却遭到了断然拒绝。事实是,条约签署后,普提雅廷伯爵和列卫廉先生都无比真诚和坦率地表示,他们深信之所以能够获得这些让步,皆因在此关头,英法两国政府对帝国政府内阁施加压力所致。

周末,经过几次异常激烈的争论后,钦差大臣与卜鲁斯先生、威妥玛先生以及代表额尔金勋爵的李泰国先生,对中英条约的条件达成了共识。当时决定,应立即用英文和中文起草各项条款,并确定 26 日晚举行签约仪式。

然而,25 日晚发生的一件事,预示着条约签订要陷入极大的困境。在英国条约的条款中,包含着一些其他国家条约所没有的内容,其中有两条遭到中国钦差大臣非常坚决的抵制。其中一条提出,英国公使应准许在北京常驻,或是按照英国政府的指示随时前往;另外一条是,英国公民有权在中华帝国各地游历通商。由于劝说额尔金勋爵撤销上述要求失败,桂良和花沙纳转而求助于在天津的其他国家的全权代表代为转圜,向额尔金勋爵传递一条重要的信息,即前一天他们收到来自北京的上谕,大意是,如果他们同意上述两条要求,那么等待他们的将不仅仅是贬黜,而是杀头。

钦差大臣是否确实收到过此类上谕虽不能确定,不过,其要求同情的恳求却很难予以拒绝,尤其是此时我们刚刚第一次听到耆英已被处死的传闻。由于法国全权代表在法国条约中没有写进目前遭到帝国政府反对的特别要求,那么认为他会赞同通过使用敌对手段来迫使帝国政府同意是不合乎情理的。情势明显处于万分紧要之关头。假如我们让步,就可能会危及到拟议条约中提出的所有极具价值的要求,因为,钦差大臣受到成功的鼓舞,会希望能将谈判无限期地拖延下去,很有可能会进一步对其他条款提出异议,例如英国条约中所特有的子口税的支付问题。如若不顾对方已经提出的要求继续坚持己见,会有被孤立的危险,或许会导致在没有盟国军队支持的情况下,孤军向北京推进。尽管如此,在经过深思熟虑后,额尔金勋爵仍决定坚持最初的要求。26 日上午,他授权卜鲁斯先生以不容置疑的措词致函钦差大臣传达其决定,相信函中口气坚决的语言将会是钦差大臣防备皇帝动怒的最好的保护手段,因为据称如若他们同意其要求,就会惹怒皇帝。

关于钦差大臣提出的第二条要求,几乎没有必要详细叙述促使使节如此坚持的缘由。随着清帝国商人对国内的"开拓"而导致的进出口贸易的急剧扩大,英国必将会从中获取商业利益,这一点是显而易见无需解释的。不过,关于另一条,即英国有权指派公使常驻北京,这一特权是否有利,英国方面存在分歧,清政府要做出让步更是感到痛心疾首。对于这项特权,有必要做一些解释,以说明在额尔金勋爵看来,其价值所在。

中国的体制是反常的,也是独一无二的,庞大的中华帝国均在这一体制的统治之下。任何曾专心观察过这种体制如何运行的人都会觉察到,尽管在完全不同条件下实施的统治,他们所依靠的并非物质力量而是无论权势大小还是实施范围都无可匹敌的道德威望,而中国皇帝同拿破仑一样可以当之无愧地说:"我就是皇帝。"既没有名副其实的常备军的支持,也并非凭借他的军事天赋和管理能力来维护政权的稳定,可是中国皇帝比欧洲任何一个专制君主都更加独裁专断,其威力远及最边远的省份,之所以能做到这一点,是他内敛的天性和对仪礼的钟爱使然,而这也正是他的臣民最突出的特征。

然而,正是中国人这种令人惊奇的忍耐力,使他们能够忍受来自于政府的许多不公平,而这些不公平足以使一个西方国家发生变革,当民众运动接踵而至,有时甚至几乎要达到要求立宪的程度时,这一界限还是真的会被打破。当此类直接反对地方官员的骚乱发生时,帝国政府总是会支持民众一方,而被认为对引发骚乱负有罪责的官员,会立刻遭到贬黜。如此来看,在皇帝与其臣民之间,对君权使用的限度似乎存在着某种一致的或心照不宣的理解。因此,只要双方都不越限,用他们自己的话说,"帝国政府的车轮就会平稳地滚滚向前"。结果,不断有大大小小的骚乱在全国各地此起彼伏地爆发。有时,它们已达到非常难以对付的地步,如燎原之火般在帝国各地迅速蔓延。不过如果民众发现骚乱者并没有真正的冤屈和不满,他们就得不到民众的同情,骚乱会渐渐地消亡,其未灭的余烬,借助更为非法的团体活动,或许还会继续存在一段时间。但是,骚乱的最后一点火星终会熄灭,几年之后,甚至连其痕迹也消失殆尽。

近年发生的叛乱就处于这种衰亡的阶段。帝国政府既没有过分依赖其军队,也没有相信还没有决定支持哪一方的愚钝民众的舆论。只要京城还没有受到威胁,"当权者"的生命还没有处于极度危险之中,他们就会相当冷静地关注遥远的城市和省份经历的变化,静观坐等骚乱平息,然后恢复以前的专制统治,如同什么也不曾发生过一样。不论是叛乱者还是外国人,即使占领了距京城较远的城市,也只会稍稍影响到京城的安宁。上谕激发了忠君民众的爱国心,不论人们是顺从地群起响应,还是取得成功抑或遭到失败,或者拒不服从,似乎对北京那些泰然自若的人们影响都不大。其结果,要么是帝国政权依然威风八面继续存在,要么就是整个不复存在。若是后一种情况,因为没有足够的物质手段恢复政权,皇帝只能采取听天由命的态度。

再没有比广州事件作为上述重要原则现实性的更好例证了。皇帝下达给叶的指示提供了显而易见的证据,说明在相隔较远的情况下,拖延外交对于影响帝国政府对待外国人的政策方面是无效的。广州的失守——这正是叶遵照皇帝指示的结果——非但没有如同在香港所预言的那样挫败北京朝廷的锐气,反而使帝国政府因为这一事件变得更加傲慢和顽固了。军机大臣谢绝根据协定与额尔金勋爵直接联系,并拒绝派钦差大臣与他在上海会晤。后来一段时间,当我们在渤海湾消磨时日的时候,北京向广州发出了紧急召集壮勇的命令,他们立即群起响应,并袭击了那座城市。条约签署后不久,北京又发出相反的命令要他们解散,并要求他们同外国人和平相处,他们最终也遵从了。迄今为止,英国人得到的普遍印象是,广州问题纯属地方事务,而广州地方当局和壮勇同样各自按照北京的指令行事。

不过,如果这些事件表明,通过在帝国遥远地区施加高压来影响北京朝廷纯属徒劳的话,那么试图在与中央政府相隔不远的地方运用外交手段来达到这一目的也是更加无望。叶的顽固和耆英的狡诈同样证明,一个负责处理外国事务的总督,只要他能表明他是在阻挠夷人,不论是采用顽固的还是狡诈的策略,都会得到朝廷的赞同。要想说服处在此种地位的官员总是收效甚微,因为这只会使其成为他的皇帝主子猜疑的对象。因此,额尔金勋爵通过观察得出了结论,必须对帝国中枢采取极端的手段,而借助极端手段又不可能达到影响帝国中枢的目的。由于他相信这是事态的症结所在,于是便决定确立由英国公使和军机大臣在京城直接联系的原则,并且无论如何要获得公使常驻北京的权利。是否行使这种权利将要取决于帝国政府,而这无疑会随之出现很多现实的反对理由,比如进入京城的困难、气候的恶劣、由于首例而缺乏住所,以及几乎是完全的孤立无援。不过,无论最后公使驻地确定在哪里,他有权驻留北京这一事实本身将成为他所掌握的影响力的来源,其作用之强大几乎不亚于他实际驻在北京所可能产生的影响力,对他运用这一权力的恐惧所产生的阻碍作用,其效用不亚于它似乎已经存在。对帝国中枢采取极端手段仍是必需的,虽然并非绝对要如此。从额尔金勋爵11月5日发自上海的一份急件可以看出,最终是何种原因又导致他建议公使不驻在北京的。

卜鲁斯先生果断的态度使钦差大臣确信,继续抵制我们所提出的要求是徒劳无益的,于是双方商定于最初确定的时间签订条约。我们认为如此重大的事件,最好尽可能地彰显我们取得的卓越成功,于是决定由整支部队组成仪仗卫队护卫额尔金勋爵前往签约地点。舰队司令以及舰队的大部分军官也同时前往出席,他们中的不少人是为了参加签约仪式专门从停泊在渤海湾的舰队赶来的。

我们列队前往,意在得到天津居民的尊重。首先是四百人组成的武装卫队,并有乐队前导;随后是排成一长列的轿子以及一群身着正式军服的徒步观礼者①,前后将近有半英里长。停泊在河中的舰只都装点一新,当我们一行人沿河岸行进时,中国水手站在船桁上观望,岸上也站满了好奇的中国人。

由于天气炎热,签约仪式的时间稍稍做了些推迟,等我们穿过城外弯弯曲曲的街道,越过海光寺坐落其间的平原时,天色已快要黑了下来。我们依然被迎入上次会谈的那个大厅里,不同的是,这次大厅布置得更加像谈判的场所。摆放在大厅中央的不再是摆满点心的长桌,而是三张小方桌。额尔金勋爵在中间那张桌旁就座,两侧各坐有一名钦差大臣。舰队司令和一些海军军官以及使团成员坐在另外几张桌旁,其他地方则挤满了欧洲和中国的观礼者。三盏大纸灯笼照亮了谈判桌,很快桌上就摆开了条约的不同文本,开始了签字盖印程序。这一仪式的重要性令在场所有来自各方的人们都不出一语,静静地看着仪式进行。

---

① 这里指那些前往观看签约仪式的舰队军官等。——译者

在海光寺签订《天津条约》

　　就这样,此时正好是璞鼎查先生1843年签署的《南京条约》15周年到期之日,令人惊奇的巧合是,《天津条约》签订的那一天也正是《南京条约》正式生效的日子。①

　　条约签署完毕后,开始给出席者分送茶点,尽管钦差大臣几乎不可能招待如此众多的来访者。钦差大臣的随员紧紧围绕在他们的身旁,而那些喜欢探险的英国海军军官,尤其是年轻的军官们,以不顾一切的冒险精神,狼吞虎咽地吞食着摆在他们面前的每一道有害健康的菜肴。他们这样做完全是为了自己高兴,而不是要将仪式不必要地拖延下去。尽管如此,当我们一行人起身返回衙门时,天已经很晚了。我们经过河边时,英法两国舰船上的船员们发出长久热烈的欢呼声,舰队司令里高尔特(Rigult)的乐队奏响"国歌",欢迎我们的归来。

　　次日傍晚,葛罗男爵签署了中法条约。他们把活动程序的安排做了改进,当长长的一排身着蓝色上衣和白色长筒胶靴的法国海军陆战队士兵沿

────────────

　　① 这里是指1843年6月26日,中英两国在香港交换《南京条约》批准书。——译者

河岸列队行进时,蓝焰信号的光芒突然照亮了黑色的夜空,围观的中国人发现自己出乎意料地完全显露在耀眼的强光之下,耳边响起了数百名夷人发出的震耳欲聋的喊叫声,眼睛被划破夜色的神秘光辉照得有些睁不开。他们惊奇地彼此注视着,又看着他们那条浑浊的河流,或许他们想弄明白,仅这个签订仪式就给他们留下如此鲜明印象的条约,是否会使整个帝国发生很大的变化,就像他们的城市发生的改变一样。

一走进我们的衙门,额尔金勋爵就收到了葛罗男爵的祝贺。确实,在过去一年里我们所经历的忧虑和焦急,最终以这种最成功的方式结束,这令我们感到非常满足,几乎无法形容。再过几日,距我们第一次来到这个"天朝大国"就已经满一年了。虽然,在我们有希望返回家乡之前,肯定还会有许多事情要做,不过今后的任务肯定会比刚刚完成的要愉快得多。迄今为止,我们经历了一连串的挫折,如今我们满怀希望地期待,胜利的时代即将开始。

我们可以平静地回顾一下过去一年所发生的事情。我们可以回想起第一次听到加勒印度人叛乱的消息时所感到的震惊,随后在新加坡我们将全部的关注点和精力从中国转向孟加拉。我们还记得我们是如何在那里待了三周时间,毁掉了我们所有的希望和计划,而额尔金勋爵则独自忙于千方百计解脱出来以便完成其使命。我们记得那个时候,一切看来根本没有希望得到任何慰藉——我们就要完全绝望地前往印度,虽然英国军队已解救了孟加拉,可是当特使面对这一地区发生的骇人听闻的事件时,就不再提出有关公共利益的任何要求。我们回忆起那可怕的日子,在香港湾度过的令人沮丧的几个月,一年中最炎热、暴风雨最多的季节,我们生活在"大英轮船公司"(Peninsular and Oriental Steam Co.)的轮船上,不能肯定是否会有一支军队前来将我们从无所作为中解救出来。

另外还有更晚近的时期,回忆起来很少有令我们满意的事情。当时我们感到更加焦急万分,因为原本会手到擒来的战利品,却有可能从我们手中溜走了。不过,现在我们回忆起这些来令人感到欣喜,而不利的影响似乎从一开始就阻碍着我们的道路,而这只能增加成功的喜悦。同中华帝国的战争已经结束,英国军队损失了大约二十名士兵(从我们最早到达帝国之日起算），他们在战斗中丧生。在经过了一场长达两年耗资巨大的血腥战争后，我们签订了一项条约，该条约比15年前缔结的条约内容涉及的范围更加广泛，对帝国政府的偏见更具颠覆性。我们也曾想过放弃进入北京而返回南方，这种想法的确使我们痛苦万分。不过，为了使令人满意的那一刻长久驻留，我们努力驱除悲观绝望的想法。

接着，经过与帝国政府的一番周旋，最终我们先是获得了两点权利，即公使驻跸北京和允许在指定帝国各地游历通商。随后，除了山东登州外，还通过其他条约，在海南和台湾两岛开放通商口岸，我们又要求将满洲的牛庄开放为通商口岸。从地图上可以明显看出，最后一个口岸在政治上非常重要，它是距离黑龙江的支流松花江最近的港口，轮船由此可以一直航行到波屯（Petuné，音译）。牛庄也是满洲首府奉天的口岸。除了这些口岸之外，我们还增加了镇江为通商口岸，以保证镇江与位于帝国中心的著名商贸中心汉口之间扬子江沿线通商口岸的安全。这一特许权有一个前提条件，即必须将叛乱者赶出扬子江沿线后才能生效。

最后，非常棘手的子口税问题终于得到了解决，用商业的眼光来看，这也许是条约中最重要的条款。对这一条款需要略做一番解释。关于这项税收的性质，在英国国内普遍存在着一些误解，有一段时间人们认为它们仅用于运往内地的外国产品以及准备出口的中国产品。然而，按照在中国被认可的普遍看法，子口税是一种货物入市税，对所有运往帝国内地省份或是由一个省份运往另一个省份的产品征收，没有任何区别。那么，由于子口税是中国政府财政收入的稳定来源之一，因此，要求将这项税收全部废除将是一种严厉的和不合理的手段，帝国政府也不可能会赞同这样一个导致财政收入大量损失的国内变革。另一方面，《南京条约》使这个问题处于很不令人满意的状态，以致从那时起直至今天，这个问题一直是英国商人抱怨的原因所在。该条约只简单地规定，子口税的增加不应超过当时的税率。然而那些税率从来就不曾确定过，这一规定事实上形同虚设，并由于事情导致的状况造成两个有害的后果。首先，很多商品，尤其是茶叶这一重要商品，有些时候会在茶叶税的名目下被科以重税，由此，有关关税税率的规定实际上很大程度已经是无效的了。其次，这也使中国政府拥有了任意征税的权利，给进出口商品交易带来了一种非常不确定的因素。

应额尔金勋爵的邀请,在华各商业团体为他提供了各种建议和信息,其中反复提到了这一难题,不过没有人提出如何消除这一障碍的办法。在天津谈判达成的中英条约解决了这一难题,其中一条款规定,英国商人买卖交易按从价值百抽二点五的税率征税,如进口货物在入境口岸缴纳,如出口货物则在货物经过的第一个内地税卡缴纳,交税之后给予凭照,商人执此凭照运送货物一律免税,出口货物一直运送至装船口岸,进口货物则运至指定的中国内地任何地方。

在另一条款中,我们要求赔偿我们在广州遭受的损失,赔偿金额为200万两白银(约合650,000英镑),此外还要求赔偿战争费用200万两。

上述条款就是中英《天津条约》与同一时间和同一地点签署的其他条约最重要的几点不同。这样,我们就朝着把我们与中华天朝的关系建立在一个新的、比以往更加牢固的方向迈出了一大步。对额尔金勋爵来说,在他最后向天津告别之前,唯一需要做的就是等待帝国政府批准刚刚签署的条约。我们迄今在这个"天堂之地"已经驻留了一月有余,而对很快就将结束在这里的生活并不感到遗憾。在最后的几天中,气温急剧升高。开始,只是白天炎热,夜晚变得凉爽,24小时温差有时达到20°。不过,现在夜晚也开始变得闷热,衙门里最凉快的地方温度也在90°F(32.2°C)到96°F(35.5°C)之间。我很感激我们的随团医生桑德斯(Saunders)大夫,他将我们在天津期间的温度随时做了记录。虽然温度显得很高,不过,这里并没有像热带地区那样让人变得身体虚弱。这里的空气干燥而纯净,舰队官兵们的健康状况普遍保持良好。6月,我们本来预感到会进入雨季,然而除了一两次大的阵雨之外,整整一个月天气始终都很晴朗。

的确,也有很多令人遗憾的地方。比如,在我们占领白河和渤海湾的开始那段时间,气候如此宜人,而我们对于勘查白河未知河口以及考察它的一些支流,却一事无成。在长达三个月的时间里,二十艘军舰无所事事地停泊在渤海湾,而我们的炮舰在若干周的时间里一直航行在白河中,然而当我们最终乘船离开时,有关这里的地理知识还同我们初来乍到时一样贫乏。除了沿大运河上溯大约两英里外,我们对有关这条水运航道的航线和水深等等情况，只有以前使团提供的记载，除此之外几乎一无所知。就我们所去过的地方而言，我们发现河水的深度足以让炮舰通过，一些地方的河岸是用麦秸和席子修筑而成。那个地方河道曲折迂回，恰当地说是一条河流而不是运河，在大运河与白河交汇处以上数英里的地方流入白河。中国人称之为"运粮河"。大约在白河上游一英里的地方，有一条更小的运河，与大运河在同一侧汇入白河，该运河穿过处处麦田的平原向南，据说通往河间和白湖（Peh—hu，音译），一直达到山西南部。

在距此运河约半英里处，又有一条河流入白河，其宽度和水量都明显超过了那条运河，人们一般称之为盐河。在两河交汇处有一座浮桥跨河而过。根据河中拥挤的帆船数量和大小判断，这条河一定是内陆交通的一条重要水道。弗雷德里克·尼科尔森先生曾划船逆流而上数百码远，回来后对水深情况还是语焉不详。不过，我也骑马沿着河岸走了数英里，看到河里航行的帆船，它们的吃水深度，即使没有超过，也肯定与我们最小等级的炮舰吃水深度相同。该河的走向使我们意识到，了解其通航能力非常重要，因为它流经北京西部的一处地方，这个地方距离北京与从东边靠近北京的白河一样近。

我们也观察到从左岸流入白河的唯一一条水运河道，这条小型运河从我们衙门所在的半岛对面流出。就我对这条运河的考察，它一直向北延伸，穿过我已描述过的看上去非常荒凉的草原。河道两旁不像通常那样到处树木成行，而是分布着规模大而又彼此隔离的泥泞的村落，无疑这条运河为这些村落提供了彼此相互联络的手段。许多条小帆船常常用一根长绳彼此连在一起，用篙撑着沿河划行，一旦遇到一处急转弯或是其他障碍物，它们会像木筏一样彼此散开。我很有自信地推测，这条运河将白河与通常被称作北河口的河流连接了起来，那条河流在大沽以北大约10英里处流入渤海湾。不过，这仅仅是一种猜测，因为我无法获得任何相关的可靠信息。有关地理情况的询问往往得到不同的回答，很明显，当地的人们很不情愿将有关他们国家的情况告诉给外国人。

尽管天津的天气近来有些闷热，可我们在任何情况下都可以尽情享用对减缓炎热所带来的不适最为有效的物品——冰块。如果愿意的话，全天津的居民都可以尽情享用它。装载着冰块的船只在河中穿行,苦力们背负着这些凉爽的重物,脚步蹒跚地走在炙热的街道上,穷人们站在街上的角落,以极低廉的价格出售冰块,另一些穷人则前来购买。各种各样的食品非常充裕,对我们所需的食品也能及时提供。虽然必须承认,对于牛肉,他们有时要的价格有点过高,因为在这些地区,所有的牛唯一的用途就是拉车,它们的蹄子都被整个钉上了蹄铁,这一事实无可争议地证实了这一点。低劣但味道还不坏的杏子,更加低劣的桃子,还有产自湿地的甜瓜以及苹果和梨,供我们作为餐后甜点,船上的水手们在暑热的天气胡乱地食用水果有时也会导致患病。

在衙门的院子里,用席子篷顶搭起的棚子,总能使我们有一个凉爽宜人的休憩处。在舒适荫凉的棚子里,我们玩掷环游戏,还建了一个九柱戏的球道。这个游戏在中国人看来同其他一些游戏一样,都是只有贵族才玩的。它的好处在于,不管怎样,在我们不能面对太阳光,甚至太阳落山后也无法出门时,能有办法锻炼身体。这里的太阳不像热带,在傍晚快要落山前会变得柔和,而在天津,夏季漫长的一天里,阳光自始至终都是火辣辣的。

每逢周日,这个有顶篷遮蔽的院子就变成了一个做礼拜的场所。讲道坛设在一个有皇帝御笔题字的高台上,顶子上装饰着龙和儒教神秘的符号。陆军、海军和外交官们坐在掷环游戏场和九柱戏球道上,围聚在院子中央那棵雄伟挺拔的古树四周,或是在男女众神像的下面占据一个位置,那些神像平静地注视着这一场面,就如同另一旁站立的一群中国人一样。这是一个奇特同时又令人难忘的仪式,虽然简单却让人浮想联翩,因为,它在一边与晦涩难解的抽象体系的混杂象征,在另一边与低俗的迷信,都形成了如此近距离的而又显著的对照。

在我们签署了条约之后,钦差大臣发布了一项公告,告知中国公众,目前逗留在河中的外国人预计很快就会撤离,人们开始恢复他们的自信心。城外每天都有新的店铺开张,民众的猎奇心理也开始活跃了起来,在游览"中心花园"(Central Flowery Land)时,他们似乎是在区分不同"外国"的"夷人"。在天津,随着这种娱乐活动的出现,带给我们的最大不便是钱币使用问题。我们随身带有一些银锭,不过,每次购物都要从一堆碎银中挑选称重是件令人厌烦而又不可靠的事。我们也带了墨西哥银元，但不能很随意地使用，因为会比其实际价值低很多。唯一通用的小额可兑换硬币是铜钱，一元价值的铜钱按重量计应是 10 到 15 磅。将一元分开的最简单的办法是用斧头将其一砍两半，如果你要购买价值一先令的东西，可以照此继续砍下去。不过，在钱包里放一把斧头同带 10 英镑价值的铜钱或一台天平一样不方便。况且，很少有值得购买的东西，我没有看到好的古瓷器、珐琅器、铜器或是任何中国人制作的正宗的"古玩"。

一个英国军医的天津日记

大卫·伦尼(David Field Rennie)

在 1860 年英法联军占领天津期间,担任英军医官的大卫·伦尼一直坚持记日记。1864 年,他的日记由伦敦约翰·穆瑞出版公司(London, John Murray)出版,书名《英军在华北和日本:北京 1860,鹿儿岛 1862》(*The British Arms in North China and Japan：Peking 1860；Kagoshima 1862*)。原书共 408 页,分为中国部分和日本部分;中国部分共 21 章,日本部分共 10 章增补 1 章。

本篇选自原书第 8 至 21 章,共计 14 章,时间是从 1860 年 7 月 26 日,作者随英军乘军舰从大连湾向大沽口进发,直至 1861 年 3 月 22 日,作者被聘任为英国使馆医生兼法国使馆医生,跟随首任英国驻华公使卜鲁斯和法国公使布尔布隆一起离开天津前往北京。其间,伦尼一度奉命经由上海去香港,接管英军香港暂编营的医疗工作,两个月后返回天津。伦尼在天津生活的时间,前后长达半年。日记如实记录了他这段时间的生活经历及其所见所闻。

同样,本篇分章标作一至十四;每一章开头一段均照录原书的内容标题。

(译者:周鑫、李小娟)

一

远征白河—泊地所见—法国舰队抵达—大沽炮台初瞥—准备北塘登陆—登陆成功—泥泞中行军—炮台失守—战役第一枪—占领城镇—运送牲畜的"轻骑兵号"（Zouave）—船上牲畜的死亡率—战斗开始—前往大沽的侦察

7月26日

今天早上3点，"毛里求斯号"（Mauritius）起锚，白天的时候横渡了汉斯（Hands）海湾，拖着"浦那城号"（City of Poonah）入海，在近岸5英里的地方抛锚停泊了下来。

当我们进入汉斯海湾港口时，经过几艘正等着被拖入海中的舰船。而正当我们在拥挤的港口中的一群群船只中努力寻找"浦那城号"的时候，港口的情形发生了改变，"迦太基号"（Carthage）（凭借轮船烟筒上的红环而被识别，因其船上装有储钱箱而被看作总部的后勤船）和"达尔豪西号"（Dalhousie）、"东方皇后号"（Queen of the East）正被拖入海中。短短几分钟之内，港口变得热闹起来，也令人振奋了许多。放眼向海湾中各个锚地望过去，冉冉升起的烟柱就像是一座座小型的火山。正在这时候，由日本驶来，满载牲畜的"盎格鲁－撒克逊号"（Anglo-Saxon）趁着顺风，满帆驶入了海港。

"毛里求斯号"和紧随其后的"浦那城号"现在驶出了大连湾，停泊在那里飘扬着海军少将旗的"安佩里厄斯号"（Imperieuse）看着它们离去。海港外的景象比海港内更令人兴奋，那里的轮船纷纷解开拖带的船只，又返回港内拖带其他船只去了。

"毛里求斯号"将"浦那城号"拖到港外的深海后，又返回港内拖着"威尼弗雷德号"（Winifred）救护艇驶向北塘河（Peh-tang Ho）外新的锚地。

在港口外面，一条小路绕过码头的西端，沿小路前行，在两处小小的海湾,我发现那里的村庄与大连湾内的村庄很相似,周围种着本地特有的谷物,山坡背面到处是放牧的羊群。一小群村民坐在自家房舍的前面,目送着舰队离去;小船上几名渔人在平静地专心撒网捕鱼,对眼前海面上出现的繁忙景象显然视而不见。

7月27日

大约下午 3 点钟,我们看见了锚地。大约同一时间,突然从我们的背后冒出一团浓烟,这表明是法国的舰队来了。而在远处白河的方向,可以望见六艘船舰的桅杆,据说那是一支俄国和美国的侦察分舰队。

自从我们离开大连湾以后,天气一直不错,但现在变得非常的热。当我们靠近海岸时,气温可能还会升高,我们现在离海岸大约还有 20 英里。

7月28日

拂晓时分,法国舰队在不远的地方抛了锚,在天黑以前它们没能到达预定位置。大约上午 8 点钟,法国舰队开始启动,向集合地点驶去。当舰队经过时,显现出一派壮观景象,从大型兵舰到其他所有轮船,我数了一下,有超过 30 艘兵舰飘扬着三色旗。它们分为三个分舰队,每个分舰队都以一名舰队司令指挥的旗舰为首。

中午时分,刮起了强劲的顺风,我数了数,有 90 艘舰船鼓满了帆向锚地驶去。景象如此壮观,很可能不容易再看到了。大约就在这个时候,许多中国帆船在附近驶过,并与我们保持着一定的距离,向白河的方向驶去,他们很有可能是去报告我们的到来。

一切相安无事,一直刮着的强劲南风使所有帆、舰船几近全速前进。不过,不论是炮舰还是帆船,都没有到达目的地。

7月29日

早上 9 点钟,英国测量船"亚克托安号"(Actaeon)和"巡游者号"(Cruiser)驶向白河。上午,我们得到确切的消息,清军已经完全弃守北塘(Peh-tang),军队撤回保卫大沽。

7月30日

上午 10 点钟,我站在舰桥上朝陆地望去,看见远处的薄雾中有三团黑乎乎的东西,彼此距离明显相等,形状也相似,隐隐约约地显露在地平线上。我用望远镜看了看,断定那是大沽炮台。很快,船上所有的望远镜都举了起来,朝那里望了过去,至于那是什么,却有许多不同看法。不过,过了没多久,所有的疑问都解开了。此时,薄雾稍稍散去,我们也离得更近了,炮台的轮廓连同炮口都能够分辨清楚。从远处望去,炮台好像是用浅色石头构筑而成的,颇似马耳他的堡垒,显现出一种很壮观的样子。当我们靠近长长的浅海岸线时,也看到了其他四座炮台。

此时,两艘美国战舰、四艘俄国战舰和我们一起停泊在锚地,一天里我们要许多次地打招呼问好。毫无疑问,如果在陆上,我们的朋友们会把这看作一种他们自己非常喜欢做的、不大友好的"令人畏惧的武力炫耀"。

下午晚些时候,我们获悉,总司令决定派遣一支军队于明天登陆占领北塘镇,估计那里不会有什么抵抗。派遣登陆的这支军队大约有 1800 人,有同等数量的法国军队和他们一同前往,并携带四门山炮。

7月31日

昨天夜里,天气时好时坏。上午 9 点钟左右,一阵旋风夹杂着一片沙尘,掠过舰队,刮得几艘兵舰剧烈地摇晃,幸好其他船只都没有受到影响。

天气的威胁持续不断,离北塘还有大约 10 英里的路程,当天所有的登陆计划都不得不放弃,因为在目前海面波涛汹涌的情况下,拖拽船只将会是非常危险的。尽管所有船只在一小时前都停了下来,但仍在准备出发,直至总司令派了一艘汽船绕着整个舰队发布通知:当天不再下达出发的命令。

8月1日

今天一大早就下起了大雨,整天的天气一直很不稳定。不过,海面上平静了许多。从今天早些时候港口的活动情况看,登陆计划可能不会再推迟。上午 9 点钟,旗舰向所有的登陆艇发出信号,命令它们靠近将要为先头登陆部队提供供给的运输艇,选择各自的位置。此时,法国军舰也在进行着相同的准备工作。

英国在华远征军司令克灵顿①

① 本部分历史照片,均为英国战地记者费利斯·比托(Felice Beato)实时拍摄的。费利斯·比托出生于意大利,具有英国与意大利双重国籍,是19世纪著名的战地摄影记者。1860年他随英国军队来华,目睹了英法联军进攻大沽炮台以及占领天津和北京的全过程。在这期间,他拍摄了大量照片,用图像记录了残酷的战争场景,以及联军对北京皇家园林的破坏,还有机会为恭亲王奕䜣拍摄了第一张个人照片。这些照片许多留存至今,成为弥足珍贵的历史资料。——译者

大约中午时分,在蒙蒙细雨中,克灵顿爵士(Sir James Hope Grant)登上"科罗曼德尔号",与舰队司令贺布将军(Admiral Sir James Hope)一起指挥,参谋们则登上"列文号"(Leven)。不久,"科罗曼德尔号"开始起锚,向海岸驶去,紧随其后的是按照正规队形排列的17艘炮舰,每艘炮舰都拖着六艘满载部队的登陆艇。挂着琼斯(James)上将旗帜的"阿尔及利亚人号"(Algerine)炮舰则在后面殿后。

在我们的右舷后方,法国舰队同时出发,几艘汽船和特遣炮艇,后面拖着挤满了部队的帆船和登陆艇。

当小型舰队靠近海岸时,降到了地平线以下,要想继续跟踪观察它们前进的情况,就必须到高处去。我站在"毛里求斯号"后桅纵帆的顶上,借助一副好望远镜,看见那些舰船穿过了河口的沙坝。远处的浅海岸线、守护通往北塘镇通道的炮台,都看得清清楚楚。海面上现在风平浪静,天气很好,只是空气不是很清新。下午2点钟左右,炮舰离炮台还有些距离就下了锚。一小时后,有迹象表明登陆开始,而且显然没有遇到什么抵抗。临近傍晚,炮舰还停泊在原处,登陆看来已经成功,没有费一枪一炮。

第二旅组成了登陆部队,包括第二女王团、第六十步兵团第二营、第十五旁遮普步兵团、一个携带火箭的炮兵特遣队以及皇家工兵第十连。

8月2日

下午,一些执行登陆任务的炮舰返回了舰队。从回来的水兵那里,我们知道了一些登陆的细节:

北塘炮台距离河口有3英里之遥,炮舰停泊在炮台下游大约1.25英里的地方。炮台的炮眼好像被遮掩起来了,没有看见守军,只有一小队鞑靼骑兵驻扎在堤道上,他们看起来好像是从北塘镇撤往大沽的。下午3点钟,克灵顿爵士和孟斗班(Charles Cousin Montauban)将军决定派遣一支由400人组成的侦察部队,一半英军一半法军,登陆后摸清能靠近堤道的通道。法军首先登岸,运送英军的船舶在靠近河堤的地方搁浅了,军人们只得下了船,涉水上岸。当他们到达河岸时,才发现那里是一片泥滩,向四面延伸,每走一步,稀泥都没过脚踝。

北塘炮台

侦察部队一上岸,鞑靼骑兵就沿着堤道向大沽撤退,我们其余的部队继续登陆。

联军开始向堤道进发,差不多花了一个小时才走过了泥滩,此后一直前进没有停顿。抵达堤道后,根据事先的安排,英军驻扎在离北塘镇最近的一侧,法军则驻扎在英军的左边。

由堤道进入镇里,要经过围着镇后面修筑的一道土堤上开的一座门。在这座门外几英尺的地方,堤道被断开一段,上面架了桥,以便使潮水能够从堤道的一边流到另一边,这样可以避免潮水泛滥。占领那座门也没有遇到什么抵抗。这时候天快黑了下来,进一步的行动只能等到第二天早晨。当时,部队只好露宿在泥泞的堤道上,没有帐篷或其他遮风挡雨之物,只有每人随身携带的毛毯和每三名士兵共用的一条防水被单。

在此期间,在通往镇外的镇门前站岗的一名前卫哨兵,发现镇上的居民都非常惊恐地站在自家房门口。他们送水给我们的士兵,而且似乎很希望尽可能地提供帮助。

当这一消息传到镇门外时,陪同克灵顿爵士充当翻译的巴夏礼(Parkes)先生来到镇里,从镇上一个居民口中得知,炮台已经被遗弃,同时他答应去拜访镇上的居民。克灵顿爵士同意了巴夏礼的请求,由几名步兵和总军需处的一名军官[皇家上尉威廉姆斯(Williams)]陪同,于上午10点钟左右,进入了北塘镇。那里的人们还是显得非常惊恐,不过丝毫没有抵抗的意图。

炮台撤防的消息已经被证实是真的。陪同巴夏礼先生的向导给他指出了一些存放爆炸装置的地方。在弄清了所有要证实的问题后,巴夏礼先生返回了镇外的营地。

今天清晨大约2点钟,此次战役的第一枪打响了。当时,有一些蒙古骑哨企图靠近步兵团的哨兵,这个哨兵当即开了火。天亮后他们发现,打死了一匹战马。

早上4点30分,克灵顿爵士和孟斗班将军,在参谋官员的陪同下,骑马穿过北塘镇前往炮台。他们登上了炮台,以便能够俯瞰周围村庄的整体状况,然而,呈现在眼前的除了一片广阔的泥沼外,什么也没有。联军除了占领北塘镇之外一无所获。炮舰离开以后,最迫切需要解决的就是住宿问题,联军只好将不幸的居民从他们的房子里赶了出去,使他们失去了家园。

今天下午,从舟山(Chusan)运送牲畜过来的"轻骑兵号"抵达这里,船上装着85头牛,这是十几天前出发时运载的250头牛的幸存者。一同运来的还有许多山羊,它们的死亡率同样也很高。造成这种结果的原因,我有点怀疑是在装运过程中对牲畜生活必要条件的忽视。这在运送牲畜的过程中是很典型的,即过度的拥挤很容易导致传染性疾病的发生。

关于这些货物的幸存者,便产生了一个疑问——在这种情况下运到的动物食品,在多大程度上可以被认为是符合卫生的。各种事情都有可能发生,或多或少受到有害空气污染的牲畜,对其他牲畜都是致命的威胁,另外还有不少牲畜在还未病死之前就被军需部屠夫的屠刀给宰杀了。

那些有害的肉食品有可能是大连湾发热性腹泻流行的重要原因。我想这非常有可能,特别是联想到这样的情形:往往一天之内欧洲军团得发热性腹泻的就多达78人,有时甚至超过100人;而向来不吃牛肉,连羊肉也只是一周吃一次的锡克人(Seiks)军团,却完全没有传染疾病发生。

8月3日

今天天一亮,我们乘坐轮船沿北塘河上溯前行,两边都是一片低洼的泥沼地,没有什么植被。前面一个转弯处,河道变得窄了一些,两岸都有炮台守护。在河的南岸,紧挨着炮台,可以看到一片密密麻麻的、低矮的土坯房,这就是北塘镇。

我们在与北塘镇同处南岸的炮台上游不远处停泊了下来。这里的房子都分布在距河边不远的地方。河的对岸是具有相当规模的郊区,现在也被我们占领了。

早晨七八点钟,我们正从炮舰上往下卸辎重和大炮,"科罗曼德尔号"和法国军舰上突然起了一阵骚动。军官和士兵们纷纷爬上高处,向镇后面的堤道方向望去。那里显然有什么事情发生。不久,就听到远方有交火声。

我跑到岸上,听说今天早晨4点钟的时候,由2000名英法军人组成的侦察部队,沿着堤道向大沽方向进发。他们刚刚走出了三四英里,便遭遇了敌军,随即请求增援。

我和一同登陆的克鲁克香克(Cruickshank)上尉沿着主要街道朝开火的地方奔去,街上污泥没过了脚踝,有的地方几乎深达膝盖。

我们穿过村镇,沿着堤道走了大约4英里。这时候,遇到了返回营地的部队,从他们的口中我们了解到以下细节:

他们侦察的目的是要弄清部队前往大沽的道路如何才能走通,因为昨天"科罗曼德尔号"沿河上溯走了好几英里,考察乡野的情况,结果很不令人满意,周围全是泥塘和沼泽,沼泽中长满了芦苇,远望数英里皆如此。

早晨4点钟,侦察部队离开北塘,法军在前面做先头部队,英军在后面做预备队。当部队接近一座破庙时,发现了几名鞑靼骑兵,他们马上撤退了。部队继续前进。不久,发现前面一些废弃的房子旁边有一个鞑靼人的哨站,双方交上了火。法军下令向堤道一侧散开,他们跳进泥塘中,迅速以小型作战方式向前推进,赶跑了鞑靼哨兵,鞑靼人被迫退到房子后面。山地炮马上调到了前面,向那些房子开炮,鞑靼人迅速撤走了。部队又向前行进了大约半英里,一座有一道带雉堞土墙围绕、周围有堑壕的大型兵营出现在眼前。

在兵营的前面,一队人数大大增加的鞑靼骑兵,进攻和调遣技巧颇为娴熟,威胁到英军的左翼,英军马上在那一方向变换防御方式。发生了一些小规模战斗,同时派人去北塘请求进一步的命令,因为最初的目的只是侦察。

随着总司令带着援军到达,决定暂时不再向前推进,因为我们在岸上还没有骑兵。

阵地上敌军骑兵的数目很难确定,有人估计有 2000 名,而另一些人则认为有 5000 名之多。不过,萨顿(Sutton)准将在返回北塘的途中告诉我,据他的估计,敌人的骑兵最多不会超过 1500 名,1200 名可能更接近实际。估测一支作战中的骑兵部队的实力,特别要从远处判断,这需要丰富的经验,萨顿准将作为一名老资格的骑兵军官,自然具备这方面的经验。

行军返回的士兵们看上去非常疲惫。他们的裤腿卷得老高,腿上满是泥巴,表明他们走过的地方状况非常糟糕。可以看到部署在后面平地上的鞑靼骑兵,但是并没有任何迹象表明他们要靠近堤道,或者干扰我们的部队撤退。

一些人看来对白天的行动不很满意,因为法军与敌军的遭遇过早,若非如此,战事继续一段时间,情况就会好转,我们就能攻击敌人的兵营,而不是撤退了。

二

登陆地点的混乱—第一师司令部—不埋葬的棺材—第三十一团医院—昂贵的衣物—禁止抢劫的军令——个中国人的住宅—北塘南炮台—容易爆炸的装置—马匹运输的状况—运输船上马匹的死亡率—雨后的北塘—侦察—中国人试图谈判—军队前进的命令—卫生的矛盾—炮舰上军官和士兵的努力

8月5日

登陆的地点显现出一片非同一般的混乱,到处堆积着各种军需物资和军火,其中最显眼的有大炮和炮架、浮舟、弹药车、大桶、小桶、云梯、手推车、丁字镐、铁锹,等等。

夜里,天空下起一阵阵大雨,登陆地点堪比沼泽,要说那里的泥水没过了脚踝并不过分。军官和士兵们都把鞋脱掉,把裤腿卷到了膝盖。一队队的苦力团被派来,将压缩成捆的干草和其他物资运送到分派用来贮存物资的邻近的房子里。河岸上到处都是从用于储存物资而腾出的房子里扔出来的草席、破瓦罐和其他垃圾。

军事占领给这个村镇造成的破坏已经显露出明显的迹象,特别是在法国军队占领区。他们为了减少道路的泥泞,竟然推倒一部分房屋,用拆房的砖块去铺垫道路。我沿着其中的一条街道走下去,街上到处是被肆意屠杀的狗的尸体,还有破碎的瓷器和被拆散的家具。我沿路前往南面的要塞,克灵顿爵士在炮台的顶上架起一座钟形帐篷,作为自己的司令部。

我拜访了缪尔(Muir)医生,他和军医霍姆(Home)住在一座炮台内,与两个骑兵团以挡板相隔。我从他那里得知,我们将在岸上驻扎到9日;目前的计划是,部队将在10日向前推进,攻击清军为阻碍进军大沽设置的防御设施。

在少校军医特尔弗(Telfer)的盛情邀请下,当晚我在第一师司令部住了一夜,司令部设在大街尽头的一座寺庙里。这座寺庙有许多房间,三面房间围成庭院,一座庭院连着一座庭院。约翰·米歇尔(John Michel)爵士住在庙中的主殿里,殿内有几尊俗艳的彩色塑像,看上去像是被神化的武士。此外,还有一些被摞起来摆放的棺材,棺材内装有尸体。这些棺材是死者的亲属存放在这里的,要一直等到他们认为吉利的日子才会下葬,下葬之前,这些尸体就存放在庙里,寺庙专门拨出房子陈放棺材,常常已经有很多年了。从周围的气味可以判断,这些棺材看来并没有完全密封好。它们是用大块的木板制成的,足有半英尺厚,有些表面还涂上了漆。

关于北塘镇的建筑,他们的建设者在很大程度上只能适应周围地区的

登陆北塘后，第一师司令部设在一座庙里

资源状况——镇里大多数的房子都是用泥土建造的，泥土中掺上铡碎的麦秸，以增加其黏着力。虽然整个镇子乍一看上去显得非常贫穷，但是镇中也有一些丝毫也不显得贫贱的房子。这些房子都是由砖砌成，并根据中国的风俗构成朝南的院落，每家院子里一般都摆放着一口大水缸。

米歇尔将军司令部附近就有一座这样的砖瓦房，第三十一团的军官和伤病员住在那里。院落的一部分被当作了医院，屋子里摆放着用硬木——好像是红木——制成的大衣橱，衣橱上安有铜制铰链和扣环。衣橱里当时还装满了值钱的绸缎和毛皮，其中大部分制成了长袍，面子是丝绸，里面是毛皮。很明显，这是一位有钱又有地位的人家冬天的衣柜。

此时，虽然公布了禁止抢掠的军令，可是似乎违反这一禁令比遵守禁令更觉得荣耀，于是这一禁令可能也就撤销了。对于那些不幸的失主来说，他们要找回哪怕最小价值财物的机会都是微乎其微,所以他们不用抱任何幻想了。不过,只有第三十一团医院里的丝绸和毛皮当时是安全的,因为搬走这些财物毕竟是太过明显地违反军令,对于士兵而言,违反军令是要挨鞭刑的。总之,尽管这个地方看上去很贫穷,但镇上大部分宝贵财产都落入了占领军的手里。

在离第三十一团医院不远的地方,第十五旁遮普步兵团的军官们驻扎在一间当铺里。当铺里的屋子一间挨一间,价值不一的各种物品一直堆到屋顶,这些物品摆放得整整齐齐,还非常仔细小心,很正规地贴上了标签。

已近日落时分,第一师的参谋们在约翰·米歇尔爵士的司令部前面的院子里吃晚餐。伙食非常简单,除了在寺庙里顺便能找到的食物外,没有可以选用的其他任何食品。尽管如此,我也敢肯定,这与米歇尔将军和他的参谋们在好望角执行军务时经常的食宿条件比起来,还是奢侈了许多。尽管一些方面仍不尽人意,但有遮雨的屋顶、舒适的桌椅、大量的瓷器,这似乎就是在中国作战的一些优越之处。

8月6日

今天拜访了克罗夫顿(R. A. Crofton)准将,他住在几乎与米歇尔将军的住处正对面的一所房子里,很明显那是一座上等人的宅子。整座住宅由三进院落组成,从这些院落出去还有许多位于侧面的建筑和下房。在其中的一座院子里还有一个小酿酒作坊。位于中央的院子与女眷的房间相通,一侧是卧室,另一侧是婴儿室。房间的墙上挂着许多古怪的画,多半是夸张讽刺的画作。其中的一幅竟然画的是签订《南京条约》时的场景,总的来看画得还挺不错,英国军官的制服描绘得还相当真实。

8月8日

今天我再次参观了英军司令部所在的要塞,并将它的结构记录了下来:

这座要塞可以说整体呈矩形,面积大约有 10 英亩。它的前面部分是两座炮台,彼此相距大约 150 码,由一堵带有雉堞的护墙相连,护墙上每相隔不远就开有作为火绳枪枪眼的圆孔。炮台的两翼各有一段不长的弯曲的护墙,接下去是一道带有雉堞的高墙,围绕整个要塞的后面,形成了要塞的围墙。要塞的外面有一条有一定宽度并灌满了水的壕沟,壕沟上架有一座进入要塞必须经过的吊桥。

每座炮台都可以从一个斜坡攀登到上面,尽管上面受到保护,但设有炮眼的那部分的背面还是完全无法防备的。

中间相连的护墙还有四座大型暗炮台,很明显这是打算安设大型火炮的。四座炮台中间都有较小的暗炮台炮眼,这些炮眼朝外开得非常小,可以为操作火炮的炮兵提供几至完美的保护。

联军占领了被清军放弃的北塘炮台

护墙的南翼,有两座大型和五座小型暗炮台,炮台护墙平均的厚度大约有 12 英尺。大炮台现在被军官占用,小炮台则被用作仆役的营房和伙房。北侧的堡垒则仍由总司令占用。

整个要塞内大约有 1000 匹战马,包括普罗宾骑兵团(Probyn's Horse)的锡克骑兵的马,现在都被圈在马圈里。

　　在要塞的后面,有一座小庙,刚好在围墙内,显然是供驻守军队使用的。在北面还有一些建筑,看上去像营房。

　　炮台上所有的大炮都已经被运走,去防御通过白河能进入天津的通道;只剩下一些非常原始的土炮,这些土炮是用木头制成的,用铁箍箍着,外面包了一层很坚硬的兽皮。

　　要塞里随处存放着一些大型炮弹,还有一些铁箱子。当地向导指出了这些炮弹的埋藏地点,工兵把它们挖出来了,向导还提醒巴夏礼先生要小心这些炮弹。这些炮弹被发现时填满了火药,并被装在了铁箱子里。它们又被重新放到了坑内,上面铺上草席,盖上了一层薄土,看上去与旁边的地面没什么两样。如果有人不小心踩到这些陷阱上,肯定会跌到坑里。而且,拉动一条与固定在炮弹上的燧石发火器连在一起的拉火索,炮弹就会发生爆炸,周围的人也可能会受到严重的伤害。幸亏这位中国人,使得这些炮弹的毁灭性,实际上没有得到机会验证。

　　昨天,在皇家炮兵驻扎的一所房子里,发现一根点燃的导火线竟然与大量火药放在了一起。司令部马上发出了一份备忘录,命令对整个营地进行细致的检查,以便查出类似的情况。

　　辎重队和第二师的步兵团今天登陆。本来对辎重队的效率抱有很大希望,但听说登陆地看到的情景却有些出乎意料,本来打算用来运输的马匹却很虚弱,以致还要借助苦力们的帮助把它们弄上岸。不论这种说法是否有些夸张,但可以肯定的是,由于从日本运来的马匹在海上死得太多,存活下来的马匹状况又很糟糕,所以靠马匹执行运输任务,很有可能导致重大失败,而且预计失败几乎是肯定的了。

　　横渡大连湾的时候,有一次在炮舰上,辎重队的一位军官向我提到,他刚刚乘坐"凯特·胡珀号"(Kate Hooper)从日本回来,同船运送的马匹只剩下250多匹。马匹的死亡率相当高,有一天他就曾从船上将70匹死马扔到海里。马匹大量死亡的原因与船运牲畜大量死亡的原因是一样的,即显然对这样一个事实完全无知:光靠食物和水来维持动物的生命是不够的,空间的限制不仅对人类,对动物也会造成影响,过度的拥挤也会使动物感染类似的传染病。运输船上的设施在某些方面看来也有缺陷,下面这个事实就是证明：经过长途旅行活下来的马匹，连下颌骨都露了出来。原因是由于船舶的颠簸，马匹不断地猛撞到畜栏前面安装得很不得当的铁条上。显然，人们没有考虑到准备要运载的马匹的高度。

8月9日

今天早晨，我乘坐"毛里求斯号"离开了锚地，并准备长久待在岸上。阴沉的天空预示着恶劣天气的到来，瓢泼大雨随即而至。

因为没有可靠的地方躲雨，除非经过总军需官的准许在炮台要塞搭个帐篷，于是我前往那里看看是否可行，顺便也到主任军医官那里报到。我想走到要塞还着实有些困难，通往那里的街道此时已经是雨水径流，许多地方的泥水没过了膝盖。要塞里的空地已经是一片汪洋，所有的人和所有的东西看上去都令人感到非常沮丧。已经不能指望在那里找到栖身之地了，我只好返回镇里，在那里我得知第四十四团已经登陆。我蹚过了几条已经成了小河的狭窄街道，终于找到了该团驻扎的地方，满以为我的兄弟能够给我找个住的地方，然而，我看到他住的地方也非常拥挤。他和另外6到8个人挤在一间被分成两个狭小空间的小房子里，雨水不断地从门和窗户灌进屋子，看到这些我就没有提我去那里的目的了。在返回登陆地的途中，费舍尔（R. E. Fisher）少校帮我摆脱了困境，他好心地把被皇家工兵占用的一所宅院里他的宿营地的一部分让给了我。

由于天气的原因，军队已不可能按计划于明天出发，而且现在也很难确定到底哪一天才能开始行动。

今天早晨天刚破晓的时候，天气还没有变糟之前，侦察队曾沿着一条道路进行了侦察，这条道路穿过泥沼，出了镇不远就到了堤道的右边，据说一直通往天津。虽然这条道路的状况非常差，但是很明显，如果天气转晴，火炮还是能够走的。从北塘沿着这条路走大约4英里，经过一片片沼泽，最终会到达一片土质较硬的平原，那里也有丰富的优质水源。

在河的上游大约5英里的地方，可以搞到比北塘镇水质更好的饮用水，几天前曾派一艘炮舰专门去保护那个地方。离那个地方不远，有一部分鞑靼骑兵驻扎在河的左岸。贺布司令非常希望避免不必要的流血冲突，于是5

日那天派遣翻译官莫里森(Morrison)先生,举着休战旗到鞑靼人兵营去解释派军舰驻扎那里的原因,警告鞑靼人不要挨炮舰太近,那样的话他们会开火射击。

这次事件好像已经得到直隶总督的理解。他此时正在大沽,向各国使节表示友好,通过这种方式向各国代表吁求和平。这就是说,在最后通牒中提出的明确条件被拒绝之后,这些是不可能被考虑的。更何况也没有任何理由可以推测,总督拥有谈判的权力,否则的话,他不会拖延到这次偶然事件发生才宣布他有权处理。

8月11日

天气有转晴的迹象,已经发布命令要求部队明天早晨进发。

很难说能找到比北塘更脏更臭的地方了。我们照样驻扎在河岸边,方圆几英里全是大片的泥滩地,我预料在这种条件下,部队会感染严重的疟疾。然而,这种情况并没有发生,但是,如果是在天气晴朗、空气清新的大连湾,士兵们的健康状况肯定会更好。所有把卫生科学引入实际操作的想法从一开始就被毫无希望地放弃了,只能指望老天了。结果看来证实了我先前所表达过的看法,关于军队的卫生问题,有一种倾向是过高估计引起疾病的原因是当地的空气污染,也把地方性疾病滋生的原因归之于士兵呼吸的外部空气,而不是他们身体内部的器官。

对明天即将进发的期望让所有人都高兴得一通欢呼。炮舰上的军官和士兵们,无一例外地为了这次非同寻常的远征登陆付出了努力,几乎没日没夜地工作,长时间缺乏休息常常要靠意志的支撑。我相信,他们每天所付出的努力,就是要加快这一天早日到来,希望有机会为他们去年所蒙受的灾难复仇,正是这一信念,支撑着他们忍受着如果没有某种强大的精神鼓舞,他们就可能难以承受的极度疲劳和缺乏睡眠。炮舰现在拆下了桅杆和索具,就像角斗士准备决斗一样。

三

进军新河—炮车丢弃在泥泞中—阿姆斯特朗炮的第一发—新河行动—占领堑壕—鞑靼骑兵撤回大沽—占领新河—鞑靼老兵—与第二师会合—鞑靼骑兵的出现—右翼行动的细节—露营—新河—鞑靼人的帐篷—鞑靼骑兵的灵巧—火绳枪—马匹运输部队的崩溃—《泰晤士报》战地记者—华工对钱的蔑视—被鞑靼人俘获的俘虏—设计不合理的马鞍弄伤了战马—鞑靼将军的屋子里发现的文件

8月12日

大约凌晨2点半,我起床,看到苦力团正在坦普尔(Temple)少校的指挥下,借助灯笼的光亮在离登陆地不远的河岸上集合。很快,从不同方向传来各军团的军号声,随着这天黎明的到来,镇子里到处都是军人。每个人都配发了三天的口粮,所有部队都在准备出发,只有第九十九团例外,他们要留下来驻守北塘镇。

凌晨4点钟,第二师在少将罗伯特·纳皮尔(Robert Napier)爵士的指挥下,开始穿过堤道上的镇门,沿着堤道大约走了0.25英里,然后右转,顺着前文已经描述过的道路前进。

由于离开堤道后地面异常坑洼难行,部队花了三个小时才全部离开了镇子,顺利地沿着道路继续前进。当天要跟随纳皮尔将军的第二师行动的骑兵旅,在帕特尔(Pattle)准将的指挥下,于上午7点钟出发;国王近卫龙骑兵团(King's Dragon Guards)打头,后面依次跟着普罗宾骑兵团、斯特灵炮兵团(Stirling's Battery)和费恩骑兵团(Fane's Horse)。

整个骑兵旅一离开堤道,克灵顿爵士和米歇尔将军共同指挥的英军第一师与孟斗班将军指挥的法军就开始从北塘镇开拔。

由于我已经被指派负责第一师炮兵部队的医疗工作,便同主医官(少校军医特尔弗)以及战地医院的装备、轿式担架(dhooly)①一起,按照特别的命令跟在法军主力部队的后面。其他军医都跟随着各自所在的团行军,他们每个人都配备了一些轻便的帆布担架,以便将伤员运送到后方。苦力团的老中医吴仲方(Un-chung-fung,音译)加入了我们的行列,他领导着自己的一个特殊小组跟随我们一起行进。

当我们穿过堤道,走到堤道的右边,沿着第二师和骑兵旅走过的路线前行时,看到有不少炮车陷在泥里无法前进。它们是米尔沃德炮兵团(Milward's Battery)扔下的,因为这些炮车太重了,根本无法通过这片泥沼地,甚至连步兵走在上面,泥沼也没及脚踝。

向右边望去,远远的前面,纳皮尔将军的第二师的殿后部队刚好走出了视线。在堤道的前面,第一师的步兵、炮兵以及一支法国军队,正缓慢地向堡壕逼近,侦察兵本月3日曾到达堡壕前面做过侦察。

大约11点钟,我们正在堤道上行军的时候,右边传来了一声炮声。这炮声宣布了一个火炮新时代的开始——这是阿姆斯特朗炮(Armstrong gun)②打响的第一炮。第二师发现大群鞑靼骑兵出现在他们的左翼,米尔沃德炮兵团马上向骑兵开火。一时间,可以看到右边硝烟腾空而起,炮声不断传来。很快,第二师的步兵也开始激烈射击。几乎同时,前方也传来隆隆的炮声,看来第一师和法军也同敌人接上火了。

我骑马向前奔去,穿过堤道来到了一片很不错的硬土地。步兵旅从道路的一侧以密集纵队向前推进。火炮和火箭正集中火力猛烈轰击前面敌人的前方防御工事,工事后面不远处就是敌人主要的防御设施。

克灵顿爵士在前面亲自指挥作战。德斯伯勒炮兵团(Desborough's

---

① 轿式担架是香港的工匠制作的。它们又重又笨,根本不能用来在战斗中运送病人或伤员。不久,这些轿式担架便由于悬挂在竹竿上的担架床铁制零件损坏而无法修复了。幸运的是,在行军途中几乎不需要这些担架,不然的话,这些毫无用处的担架就会让问题显得严重了。印度的轿式担架是悬挂在木杆上的,所以遇到类似事情就不会被损坏又无法修复。

② 阿姆斯特朗炮是大型线膛炮,1855年由英国威廉姆·阿姆斯特朗爵士(Sir William Armstrong)设计发明,是英国陆海军早期使用的后装炮。1858年,英国陆军部决定英军采用阿姆斯特朗炮,英国政府购买了火炮专利权。1860年攻打大沽炮台战役中,英军首次使用阿姆斯特朗炮。——译者

Battery)和巴里炮兵团(Barry's Battery)在右边排成一线,法军的炮兵在左边,也包括有法军火箭炮和马德拉斯(Madras)火箭炮。火炮阵地的后面,在斯塔维利(Staveley)准将的指挥下,皇家步兵和第三十一团部分士兵疏散开呈散兵队形。敌人的这个前方防御工事主要由骑兵守卫,他们从左到右一字排开,这表明他们好像正准备进攻。但是,炮兵的炮火很快便打散了他们。火炮在大约半英里开外的地方就开始射击,现在已经前进到500码以内,激烈的炮火把直到这时一直不断射击的准确率极低的火绳枪打哑了火。接着,我们发出了冲锋的命令,工事被占领,鞑靼人撤退到里面带有堑壕的防御工事。

克灵顿爵士带头进入工事。工事里面有不少白布帐篷,有许多被子弹打得到处是洞,还有几匹已死或受伤的战马,以及一些被拆散的火绳枪。从这个工事的情形来看,密集的炮火似乎并没有给敌人造成很严重的打击,除非如同所推测的那样,鞑靼人在撤退的时候把死者和伤者都带走了,但我想这是不可能的。在工事里面只发现了5具尸体,其中一人被炸得粉碎。这个人看来是在炮弹爆炸的时候被击中了胸部,一只手臂被完全炸断,那只手还牢牢地抓着一段导火线。另外一个人则压在他的战马身上,一枚火箭炸了个正着。

炮兵部队穿过这个工事,还没等喘口气,就顺序跟在呈散兵队形的皇家步兵的后面继续前进,向新河前面敌人的主要工事进发。刚一接近工事,敌人的火绳枪就开火了,一些弹丸发着嘶嘶的声音从我们的头上飞过。斯塔维利准将命令皇家步兵卧倒,炮兵把大炮推了上来。几发炮弹射了出去,就听见有人喊“他们跑了”。向左看去,只见一队鞑靼骑兵从工事的后面涌了出来,沿着通往大沽的堤道疾驰而去。巴里上校接到命令,让他用阿姆斯特朗炮轰击正在撤退的敌军。朝着敌人逃跑的方向打了两三发炮弹,当时以为会重创敌军,但战斗过后马上打扫战场,只发现了一点血迹和一匹受伤的马。

现在是1点钟,我们占领了防御工事。与前一个工事差不多,这座工事里也有许多帐篷,一些伤亡的战马躺在四周。鞑靼人好像没有遭到什么伤亡,至少没有留下伤亡的证据。克灵顿爵士和米歇尔将军,还有一部分部队立即进入新河镇，穿过主要街道，与正在向新河镇的后面进发的罗伯特·纳皮尔爵士的第二师会合。由于最近一直下雨，街道的状况很糟，在许多地方都有炮车陷进泥里，一直没到车轴。所有的房子好像都空无一人，店铺也都关门停业。这个村镇大约有半英里长，走出村镇，我们来到了一片平坦的开阔地，看到第二师及其骑兵从远处朝这里行进。

在镇外开阔地附近，我们路过许多独立的农舍。在一些菜园里，我看见农民在干活，就好像没有任何不寻常的事情发生一样。这些可怜的农民，过不了一会儿，他们家里所有能找到的可以食用的东西就会被抢光，院子里的家禽和菜园子里的蔬菜也会转变成军营里的锅中之物。离村镇不远的路上，我看见一个盲人倚着根手杖站在那里。他的背上有一道很深的口子，一直划到了脖子，很明显，这是某个野蛮的嗜血成性的残暴之人用剑砍伤了他。可怜的人好像不敢动，当我们从他面前经过时，他站在那里就像一尊雕像。我检查了一下他的伤口，发现暂时还没有生命危险。当时我必须跟着队伍行进，再也帮不了他什么。不过，当特尔弗医生带着医院装备队跟上来的时候，他很人道地带上了这位盲人，帮他治疗了伤口。

除了这座工事后面的树丛里驻扎着一些鞑靼骑哨外，附近好像再没有敌人存在的迹象了。普罗宾骑哨兵被派出去监视他们的行动。我通过望远镜，能清清楚楚地看见他们。他们好像用充满好奇的目光彼此注视着。鞑靼人戴着很常见的中国式的黑色绸缎帽子，四周帽檐都朝上翻着，帽子后面还拖着两条松鼠的尾巴，这种装束只有军人才有。他们穿着浅色的上衣，里面是一件深色的长袍，蓝色的裤子套进黑色的鞑靼靴子里。他们手中握的武器是长矛，长矛的木杆与铁矛头的连接处垂着红色的马鬃毛。他们骑着很强壮，看上去也很勇猛的蒙古马，马镫很短。

罗伯特·纳皮尔爵士的第二师按部就班地在周围运动。步兵们看起来都很疲惫，军官和士兵们的腿上沾满了泥土，表明他们行进中蹚过不少泥地。国王近卫龙骑兵团是个奇迹。虽然他们的战马身上满是泥浆，但他们本身，要不是戴着印度遮阳头盔，还真有点像是从豪恩斯洛（Hounslow）①到

---

① 英国伦敦附近的小镇，现属于大伦敦的自治市。——译者

海德公园(Hyde Park)晨练行进的皇家骑兵。锡克骑兵的样子则显得更加粗鲁,他们看上去就像战时服役的典型的非正规骑兵。

我们现在已经知道了右翼行动的具体情况,以及第二师向新河挺进过程中遇到的困难:

大约11点钟的时候,罗伯特·纳皮尔爵士已经能看到防御工事的情况,发现工事的后面有一大股鞑靼骑兵。鉴于此时联军正沿着堤道在前面发起攻击,他便指挥部队向工事移动,从侧翼攻击鞑靼骑兵,米尔沃德炮兵团则在1500码处向工事开炮。尽管他们的计划实施得非常顺利,但是似乎并没有影响清军进攻的决心,清军立即排成一长列,沿着一条小路从工事的后面冲了出来,穿过两军之间的一片沼泽,然后向右以散兵群的方式对第二师形成包围。

罗伯特·纳皮尔爵士命令骑兵旅马上展开行动。国王近卫龙骑兵一马当先,普罗宾骑兵团紧随其后,费恩骑兵团则负责接应。不过,泥泞的地面给他们造成了很多的麻烦。鞑靼人迅速撤退,但当有机可乘时又会停下来,用火绳枪和弓箭射击。

当这场战斗正在进行时,斯特灵炮兵团由于无法跟着骑兵旅通过难以行走的道路,只得留在后面,由麦格雷戈(Macgregor)中尉指挥30名费恩骑兵护卫着。正在这时候,左边的第一师响起了枪声,一队大约70名鞑靼骑兵,令所有人都吃惊地从前面疾驰而来,直扑斯特灵炮兵团,企图夺取侧翼的大炮。这次突袭太突然了,斯特灵的炮兵们还没有来得及发射第二发炮弹,鞑靼人就已经冲到了离大炮不到100码的地方。先前所提到的护卫大炮的骑兵也不在跟前。麦格雷戈中尉毫不犹豫,身先士卒率领锡克骑兵冲了过去,将鞑靼人赶了回去。在战斗中,麦格雷戈中尉受了重伤,他的几名部下也负了伤,我想其中一个人可能阵亡了。

大约也在这个时候,又一队有相当实力的鞑靼人出现在左翼。他们冒着两门阿姆斯特朗炮和皇家东肯特郡团(Buffs)前卫部队的炮火,非常坚定地冲了上来。一阵猛烈的射击之后,他们很快又撤了下去,尽管很明显他们并没有受到严重的伤亡,推测是因为步兵射击时瞄准过高了。

各方向的鞑靼人现在都被赶回到他们的防御工事中,第一师和法军的进攻火力,使得这些工事难以防守。新河的战斗结束,我们只付出极小的伤亡就赢得了胜利。

在这场战役中,被打死的敌人据估计从 100 名到 200 名不等,可能 100 名更为准确。我看了看躺在地上的敌人的尸体,他们的身体非常强壮,肌肉发达,长相是一副纯正蒙古人的样子,面孔几近呈方正形。

部队太疲劳了,今天已经没有力气再继续下一步的行动了,只有准备在开阔地上露宿一晚了。法军、第一师的部分步兵和巴里的炮兵,仍然留在新河前面的工事里,我穿过新河镇返回巴里炮兵团去。当我经过主街时,正碰见一群法国士兵背着抢来的东西,从房子里走出来。他们抢的东西主要是绸缎和毛皮衣服,与我在北塘看到的抢劫的东西差不多。看来我们英勇的联军对捕获农家的家禽和猪也很感兴趣。

8 月 13 日

在工事里的干草堆上露天睡觉的时候,老是被半夜到达的辎重队的牲畜吵醒,还差点被它们踩到。有些牲畜在途中被累垮了,直到天黑后很久才到达新河。

今天早晨,我第一次有闲暇时间四处看了看这座工事。这是一座面积很大的土木防御工事,如果这座工事是由炮兵和步兵把守,而不是显然由骑兵、土炮手、火绳枪手和弓箭手组合而成的部队把守的话,这座工事就可能成为联军前进道路上一道难以攻克的障碍。这座工事看来也没有一支常驻军驻扎,因为鞑靼人都住在临时搭建的帐篷里。他们住的帐篷和印度人使用的帐篷形状很相似,都是由浅色的又非常结实的棉布制成。这种材料大大减轻了帐篷的重量,对于行军相当有利。

这座工事的后面是不设防的,但它的前面和两侧都有很宽的壕沟围绕,壕沟里注满了从新河流过的小河的河水。我沿着壕沟走了没多远,就看见一名好像已经死去的老妇人躺在沟边。可是,我发现她还活着,便马上跑回工事,叫上几名苦力团的苦力扛上一副担架,把她抬了回来。我把她放在鞑靼人的一顶帐篷里,让她慢慢恢复健康,不久她便苏醒了过来。

大约一小时后,我们又在工事左边不远的空地上发现了一名受伤的蒙古人,我们把他抬进了工事,一粒步枪子弹穿过了他的面颊。他身体非常强健有力,好像对发生在自己身上的一切很是茫然不解。空着的鞑靼人帐篷已所剩不多(大部分帐篷已经被联军士兵所占有),我把他安置在其中一座里,帮他包裹好伤口,又给了他一些食物。一会儿,他看来明白了我把他抬进来的目的,很明显地向我表达了他的感谢,但却拒绝了我给他的食物,只接受了我从驻扎在附近的苦力团那里要来的一些米粥。

在昨天的战斗中,这些鞑靼人和蒙古人显示出他们非常熟练的武器使用技巧。常常看到火绳枪手,在全速撤退的时候,能够调转马头射击,再在奔跑中装填火药。那些弓箭手也能够在全速疾驰中射出他们的箭。敌人的土炮类似加长的舷炮,射出的弹丸从四盎司到一磅不等,他们昨天正是用这种土炮代替野战炮作战。这种土炮只需一匹马就能够驮走,炮架用另一匹马驮着。只要把它们驮到想要去的地方,就可以架在工事的后面集中火力射击,造成一定程度的破坏,炮的射程也相当远。吃过早饭之后,我骑马穿过新河镇,来到镇后面的开阔地上,昨天夜里部队就在那里露营。一些参谋已经拿到了他们的帐篷,可是士兵们却还没有。正如所预料的,马匹运输团已经完全垮掉了,据报告,在从北塘到新河的整条道路上,到处扔着马匹已经驮不动的行李。而在这里,我遇到了《泰晤士报》的鲍尔比(Bowlby)①先生,他对昨天在右翼战场中看到的阿姆斯特朗炮非常有兴趣。他急切地想从巴里上校那里知道左翼战场获胜的情况,于是便和我一起回到了工事。

当我进入工事的时候,看到几个小时以前被我带回来的老妇人,正趴在地上向外爬,使尽全身力气想从工事的后面爬到堤道上去。在一名苦力的协助下,我想方设法让她说出了她的目的,原来她想去塘沽。鲍尔比先生神神秘秘地不祥地摇着头说:"她最好离开这里。"我不得不把她又带回帐篷,最后又送到新河,在那里我把她托付给一个从外面返回的村民,让他照顾这名老妇人。

当我送老妇人到新河时,在那条该地因其而得名的小河边,我看见了一

---

① 托马斯·威廉·鲍尔比(Thomas William Bowlby),英国《泰晤士报》随军记者,在随英国军队进军北京时,被清军抓获,关押在圆明园折磨致死。——译者

种设计独特的捕鱼装置——用结实的芦苇秆编成许多连在一起呈"之"字形的迷宫般的装置,插在河床上,河里的鱼一旦游了进去就难以脱逃。新河一带的土壤非常肥沃,种满了各种各样茂盛的作物。除了许多孩子和脚部畸形而跑不动的小脚女子外,乡里大多数居民都逃往塘沽去了。村子的外面有一条横穿菜园的小河,那些女子和孩子就躲在停在小河上的一些小船里。当一知道她们躲在了那里,克灵顿爵士就下达命令要好好地保护她们。成串的铜钱四处散落,然而,连苦力们都对这些熟视无睹。我特意提醒路过的一名苦力,路上扔着价值两三元的铜钱。他摇了摇头说:"不要,铜钱太重了,洋元还可以。"

听说昨天第四十四团的一名中士副官、一名皇家东肯特郡团的二等兵和18名苦力,带着军需处的一批朗姆酒,在去往第二师的路上被敌人给逮住了。估计他们迷路了,在昨天下午战斗结束几个小时后,被在远处看见的一些鞑靼骑兵拦截并俘虏了。

今天有不少驮运辎重的牲畜从工事前经过前往司令部,另外一队牲畜则向回走,去找回昨天不得不扔在行军路上的那些辎重。据说很多牲畜由于背部伤痛,已经被列入病畜的行列。这是由于驮鞍的不合理设计造成的。这些驮鞍是由香港的中国手艺人制作的,式样是由一个军官委员会决定的,也没有征求兽医的意见,造成的结果显然是令人很不愉快的。现在最值得怜悯的当然是那些显得很可怜的牲畜。

在新河的鞑靼人司令部里,发现了一些非常有趣的重要文件。名叫德(Teh)的将军指挥着白河北岸的中国军队,僧格林沁则指挥南岸的军队。在这些文件中,有一份军机处给僧格林沁和直隶总督恒福的信件,信后附有最后通牒和英文报纸摘录的中译文,其内容是有关联军准备为大沽之败复仇的消息,警告他们要小心防范,在沿海地带部署防御。

恒福和僧格林沁在复函中写道:北塘附近都是盐滩,没有设防,但夷人要想登陆却非易事。如果他们愚蠢到还想从那里登陆,要穿过盐滩地,在那里扎营的步兵和骑兵将会阻击他们,把他们赶出去。再者,如果他们依然固执地想要为他们去年在大沽受到的惩罚报仇的话,那么他们就必须去大沽并在那里一决雌雄。

这里还发现了恒福和鞑靼将军德之间的通信,内容有关联军在北塘登陆后发生的事情。德将军向恒福报告了 8 月 3 日的军情,他说他已经把夷人赶了回去,他那一方面损失了 7 名士兵,联军也同样损失了 7 名。他还写道:他对待我们很是宽厚仁慈,因为他知道总督渴望能和平解决,所以他也不愿意激怒我们。恒福在答复中提醒德将军,不要让外交关系影响他的军事指挥,无论如何都要保住新河和塘沽,因为这些地方是通往大沽北炮台的要害之地。

恒福还命令德要尽可能多地俘虏夷人,并将俘虏送到他那里,他会马上遣返他们。他这样做就是想抚慰夷人,也能保证和谈获得有利条件。恒福还特别建议捉拿额尔金勋爵,因为倘若能俘获他,实际上就意味着战争的结束。由于额尔金是贵族,可以相应得到 1000 两银子的赏金,如若捉到级别较低的首领,则能得到 100 两银子的赏金。倘若联军在北塘登陆,指示说不要采取敌对行动。

今天,工兵们忙着在一片沼泽地上架桥,部队将通过这些桥进攻塘沽,报告说明天早晨开始行动。

四

军队挺进塘沽—炮兵开火—占领炮台—我军炮火明显无效—塘沽镇内的景象—骑兵营地—俘获的铜炮—俘虏—宿营地被淹—公开惩戒—烧酒—军用浮桥—阿姆斯特朗炮—关于阿姆斯特朗炮成功的夸张描述—霍乱—12 日被俘中士和苦力被放回—休战白旗—准备进攻北炮台

8 月 14 日

黎明时分,部队整装待发,苦力团也出现了,扛着云梯。这些苦力们表情轻松,身体强壮。这些正常的人却站错了地方,因为他们的所作所为无论多么有价值,都难以忽略这一事实——他们是中国人,被万能的金钱所诱惑反对他们的政府。

早晨 6 点钟,部队开始出发,跨过架在一条大壕沟上的两座狭窄的桥梁,从宿营地来到了平原。

炮兵和步兵在向前推进穿越平原的时候,遭到河对岸敌人炮火的袭扰。我们的大炮随即还击打哑了他们,这时候离塘沽还有大约 800 码。英军和法军的四十多门大炮排成一排,向敌人的炮台猛烈轰击,中国人很有勇气地以大约相同数量的大炮予以还击,而且与往常一样,炮的射角都很大。双方炮战持续一阵后,暂停了一会儿,在这期间我们的大炮几乎推进了一半的距离,然后重新开炮。等到来自炮台的炮火几近哑了火,步兵奉命冲了上去,第六十团冲在前面,后面紧跟着皇家步兵团和第三十一团。第六十团冲到炮台外围的壕沟时,发现河道的旁边有一道堤坝可以通往炮台,该团的肖(Shaw)中尉第一个冲了进去。炮台左侧一个角落还有两门火炮继续向法军开火,法军这时正在壕沟上架桥。桥很快架好了,法军的参谋长施密茨(Schmidtz)上校首先冲了进去。第六十团冲进去后,右侧的中国人开始撤退,但是左侧的敌人继续向法军射击,抵抗了好一阵子。当法军跨过壕沟的时候,第六十团已经找到路,绕到了炮台的里面。

进入塘沽后,我发现这个小镇周围建有大量的工事。

我们只在炮台后面的壕沟里和镇上的房子里发现了几具尸体,但数量不多。很难断定是不是我们炮火效率明显太低,除非我们接受一般的看法——中国人在撤退之前运走了许多伤亡的兵士。据传言,随即从俘虏的口中得到确认,在战斗进行的时候,有许多中国帆船装满了死伤的士兵驶往河的对岸。

这座炮台一被攻占,我就立即在它的前面后面转了一个遍,发现中国人的尸体不到 20 具。我听说下午的时候,在一门大炮的周围发现了 14 具尸体。但如果是这样的话,他们应该被首先发现他们的人埋掉了。在炮台被攻占后的一小时内,我在整个炮台的围墙附近发现的尸体至多不到 12 具。我注意到,有一些死者的手腕上缠着线绳状的点火炮捻儿,这一事实马上给一些具有想象力的人提供撰写传阅报告的材料——为了防止这些炮手逃跑,他们被绑在了大炮上。

在镇上的房子里,发现了许多老人、女人和孩子。当部队进入塘沽镇时,几名妇女企图抱着她们的孩子投白河自尽,有的溺水而亡,还有一些被士兵们阻止了。

在炮台的里面,一般是在炮位的后面,有一些拱顶的营房,和先前在新河工事后面看到的骑兵宿营地很相似。当进攻开始的时候,驻防军队显然正在吃早饭。在每间营房的门口,都有一个土灶,灶上的铁锅里还盛着米饭;营房里面是12名士兵睡觉的地方,多半睡在垫子上。墙上随处贴着一些中国画,屋子里还散落着纸牌,好像是他们匆忙间扔下的。在镇外一间屋门敞开的棚屋里,我发现了一名老人,很明显是这里的村民,他胸口被步枪子弹打中,已经奄奄一息,他的身体还在微微的颤动,但我却无能为力。在这间小屋的附近,通往镇上的一条壕沟里,我发现两名女子躺在水中,显然已经淹死了。

离开这些令人不快的地方,我回到了炮兵团。我们吃了些定量配给的饼干和猪肉,然后钻进在我们附近的营地找到的鞑靼人的帐篷里过夜。

8月15日

早晨,我走进了炮台内的骑兵驻地。看得出,鞑靼人撤退时很匆忙,他们丢下了大批东西,地上满是马鞍、盾牌、长剑、土炮、火绳枪、弓、箭和其他兵器,另外还有大量的铜钱。他们的驻地搭有许多帐篷,帐篷里到处扔着许多士兵的衣服,大部分衣服有厚厚的衬垫。还有油布外衣、用编织篮子的方法制作的椭圆形扇子以及与用来擦亮盘子的刷子相类似的小刷子,看来这些都是鞑靼骑兵装备的一部分。

这座骑兵营地占地大约10英亩,外面围了一圈较厚的土墙。土墙外是一条很宽的壕沟,沟里灌满了水,壕沟上的一侧修有一条堤道进入营地。我估计,壕沟里灌满水的目的一部分是为了防御,一部分则是为了饮马。营地土墙的高度刚好可以架设土炮,向营地外射击。

在我骑马去新河的路上,看到在塘沽缴获的铜炮成排地摆放在路边。这些铜炮都是从工事里拆下来的,目的是与法军按一定比例分配。它们都被安装在很坚固的木轮车上,有些炮车被设计成可以并排放置两门大炮,就像双筒鸟枪一样。从口径看,这些火炮从 4～24 磅不等。

当我回到白河营地的时候,正好看见一些被当成士兵而俘房的中国平民被带了进来。他们被带到第一师司令部,由师部翻译吉必勋(Gibson)先生负责审问。这些中国人跪在地上,惊恐万状。有一两名参谋还毫无同情心地肆意戏弄他们,向他们比划着说要绞死他们,这让他们更害怕了。这是一种幼稚的残忍行为,我走上去向他们提出了抗议,打断了他们的恶作剧。这些可怜的家伙年纪都比较大,根据他们自己的讲述,他们只是些小商人。他们最终摆脱了恐惧,全部都被放走了。

8 月 16 日

今天下午大约 4 点钟的时候,白河突然涨潮了。第六十步兵团还没有来得及拆除帐篷或搬走武器,一部分帐篷就已经被河水淹没了。人们赶忙脱光衣服,竭尽全力抢救武器和其他物资,可是由于必须要通过壕沟,河水又涨得太快,他们还是有些来不及。米歇尔将军命令第三十一团上千名杂役前去救援他们。杂役们火速前往,跳进齐腰深的泥水中,积极有效地帮助第六十团的兄弟们,从水中捞起了不少装备和武器弹药。

当这一切还在进行的时候,在附近却在上演另一幕。巴里炮兵团和德斯伯勒炮兵团整队观看公开惩戒,三名士兵因喝醉酒而被处以鞭刑,或如苦力们所称的"烧酒鞭笞"(Samshu pigeon)。①

8 月 17 日

今天早晨很早的时候,克灵顿爵士就和他的参谋们骑马穿过营地,沿着白河向上游走了不长的距离,目的是选择搭建浮桥渡过白河的最佳地点。现在的作战意图是,炮艇在前面轰击,第一师渡过白河到达对岸,从后面夺取南炮台,北炮台则由第二师用同样的方法攻击。

从前天夜里送到营地的一名受伤的清军士兵口中,无意中得到了一些零散的情报。驻守塘沽炮台的守军最初有 2500 名,由一名准将指挥。当大

---

① 烧酒是中国人普遍饮用的烈性酒,与威士忌非常相像,我们的士兵见到烧酒很难忍得住。

批军队和平民从新河奔逃到塘沽时,他完全不知道该怎么办好。开始,在塘沽守军中出现了一阵惊慌,但是他最终镇定了下来,稳住了局势,组织部队分头在炮台进行防御。

8 月 18 日

大约 2 点钟,巴里炮兵团的两门大炮和第三十一团的一个连奉命出动,掩护河上的许多小船向上游移动,目的是用这些小船搭建穿越白河的浮桥。约翰·米歇尔爵士亲自指挥部队行动。大炮安置在靠近河边的河岸上。第三十一团奉命埋伏在大炮前面的灌木丛中。2 点半的时候,一门中国的大炮首先开火,阿姆斯特朗炮马上进行了还击。但中国人仍然继续射击,炮弹划出了一道美丽的弧线,不过由于仰角太大,炮弹落在了我们炮位后面大约 50 英尺开外的地方。

我举起望远镜,可以很清楚地看到正在操作的炮手,还有一名骑着马的军官,帽子上挂着两条松鼠尾,骑着马来回指挥作战,明显是在奋力地大声叫喊着。双方大炮对射了大约一刻钟,这时,埋伏在灌木丛中的第三十一团的士兵一个个渐渐地抬起头来,想看看仗打得怎么样了。约翰·米歇尔爵士立即喝道:"卧倒,红色家伙们! 你们干什么啊! 统统卧倒!"他们穿的深红色外衣,或者代替它们的红色毛哔叽衬衣,与翠绿的灌木形成了鲜明的对比,给敌人提供了非常显眼的目标。

正当阿姆斯特朗炮开火的时候,《泰晤士报》的战地记者骑着马跑了过来,大声嚷道:"多有威力的一炮啊! 把敌人的一门大炮给打垮了!"约翰·米歇尔爵士转身说:"没有一发炮弹落在大炮的近旁,每一发炮弹的效果我用望远镜都看得清清楚楚。"第二师的副总军需官奥尔古德(Allgood)上校和米歇尔将军站在一起,也在用望远镜观察射击过程,表达了和米歇尔将军同样的看法。两军的距离大约 1700 码,炮弹毫无疑问落在了中国人的战线以内,可是很明显没有落在射击目标附近,所以几乎可以肯定,射程的长度与射击应有的精度是不相符的。

鉴于阿姆斯特朗炮在现在的位置没有产生任何效果,约翰·米歇尔爵士便指挥将一门大炮推到河边,从那个地点瞄准射击。3 点钟的时候,第三十一团那个连奉命从灌木丛中的前沿位置后撤,转移到左翼。3点半的时候,部队撤了下来,渡河的小船已经不在中国大炮的射程之内了,而且,早在大约15分钟之前,中国的大炮就已经哑火了。

今天,在第一师的营地发现一个人真的感染了亚洲霍乱。这个人是巴里炮兵团的一名士兵,他本来体格就很差,经常看病。这种病在几个小时内就能致人死亡。

同一天,第六十七团的一名士兵在两三英里之外的塘沽也感染了同样的疾病。一万多人只发生了两个病例,看起来非常有限的霍乱传染病好像忽略了这一地区。由于疾病没有再发生传播,所有用卫生预防措施阻止传染病流行的想法都是非常荒谬的。驻扎在塘沽的部队一直都生活在恶臭难闻的空气中,在第一师的营地,军人们整天吃着从附近繁盛的果园和品种丰富的菜园搞来的还没有成熟的水果和没有经过加工的蔬菜。

8 月 19 日

昨天,直隶总督将12日俘虏的第四十四团的一名中士以及一大批苦力都遣送回了塘沽。苦力们一个个好像都没有吃饱饭,脑后的辫子也被割掉了——幸运的是这些家伙都带着脑袋回来了。那位中士是爱尔兰人,他给我们讲了他无意中听到的中国官员谈到的一些很离奇的事。而当罗伯特·纳皮尔爵士问他是如何听懂这些信息时——因为他除了"贿赂"这个词之外,连最简单的汉语都听不懂——他回答说:"长官,当然,这些家伙根本、根本就没有什么秘密可言。"事实是,12日那天,他和皇家东肯特郡团一名叫摩斯(Moyse)的二等兵跟在第二师的后面,负责押运一批酒。结果,他们喝醉了酒迷了路,把一队前往天津的鞑靼骑兵当成了锡克骑兵,一直跟在他们的后面。当这位中士偶然认出了一名鞑靼骑哨时才发觉走错了,他这样描述他们是如何被俘的:"当我认出他后,我大摇大摆地走着,举枪对准了他,但什么事情也没有发生。他向后退,我也向后退,然后我向苦力们喊道:'弟兄们,你们最好抓住他。'然后我们就被包围,被俘虏了。"他的朋友摩斯没有提到这段时间的事,估计他当时高兴得忘记了说什么。但是,他后来因为拒绝向僧格林沁叩头被囚禁而丧命,还有一种说法是,他可能是被隔离关押导致死亡的。①

　　毫无疑问,中国人准备反击了。今天早晨,领事巴夏礼先生作为总司令的翻译官,同皇家工兵部队的格雷厄姆(Graham)少校以及第二师参谋部的几名军官,打着一面休战旗,前去离塘沽最近的炮台,劝他们投降。但是,那里的指挥官却喝令他们滚回去,并且说,如果英国人想要炮台,那就过来夺吧。

　　从塘沽防御工事的护墙上望出去,我们可以看到大沽炮台的后面,那里一群群的苦力走来走去,很明显,他们正在忙着加固防御工事以应对即将到来的攻击。也能看见我们的部队在左边一英里左右的地方,为明天早晨的进攻做着准备工作。

　　晚上9点钟,炮台周围的天空突然被无数火球快速连续爆炸的火光照得通亮。原来是中国人从炮台向空中抛掷火球,试探我们的部队如何反应。我从没有见过这么耀眼的烟火。

　　今天晚上,我的兄弟来到了我这里。他是乘坐"威廉·匹尔爵士号"(Sir William Peel)医护舰登陆的,明天将随同伤员乘坐"库珀号"(Cooper)离开,这艘轮船将会把他们送到离炮台大约9~10英里远的舰队。当他离开停泊地时,炮舰正在驶往大沽的前面,以占据有利的位置。

五

　　向大沽炮台进发—火药库爆炸—攻克上首北炮台—炮台占领后的情形—一群摄影者—炮台堡垒—其他炮台举起白旗—同意停战—攻克上首北炮台的具体过程—苦力搜寻银子—休战旗送达—总督信函—会说英语的清朝官员—停战中止—下首北炮台投降—可怕的暴雨—部队在泥泞中返回

---

　　① 后来,经过询问,我有确实可靠的证据证明,8月12日的俘房中没有人因暴力丧命,但是有两三个人在关押期间因病死亡,无疑是虐待致死。

8月21日

天刚蒙蒙亮,大炮可以通过跨越壕沟的狭窄简陋的桥梁了,这条壕沟连接着通往塘沽的前进路线。这时,德斯伯勒炮兵团和巴里炮兵团离开第一师的营地,排成一支绵延了将近2/3英里的纵队,开始穿越通向塘沽主要入口的平原。当我们接近塘沽的外部防御工事时,天色还是灰蒙蒙的。在我们的左前方,天空还是黑暗的,令人可畏,但已经能看见大沽炮台上那高大的堡垒。一切都是静悄悄的,他们没有任何行动的迹象。5点10分,当我们骑着马慢慢前进,观察着炮台并推测他们是否会抵抗时,一束耀眼的闪光从离我们最近的炮台顶上射出,紧接着是一团浓烟,重炮的隆隆声传到了我们的耳朵里,接着又是一阵急速连续的炮弹爆炸声。联军部队正从塘沽赶来,大沽炮台向他们开火了。

不一会儿,听到了我军炮火的还击声。当时我们正经过塘沽,虽然只有一部分炮兵到达了预定位置,但是对炮台已经开始了相当有效的炮击。在穿过塘沽镇时,我发现第二师的司令部设在了一座房屋的房顶上。《泰晤士报》的战地记者和一部分参谋站在屋顶上眺望远方的战斗。克灵顿爵士发布命令,除了实际参加作战行动的部队外,禁止其他任何人越过塘沽参加攻击行动。整个塘沽镇都是一群群站在屋顶上的士兵,每双眼睛都紧紧盯着炮台的方向,从每座炮台的方向都传来持续不断的、激烈的炮击声。

这时,海上的炮舰也已经进入了射程,开始炮轰近海炮台,岸上联军炮兵的炮击也持续不断,越来越激烈。

6点30分,我们正在观看炮战,但是一瞬间,大家的目光从前方的炮台移向了炮舰,一声可怕的巨响,好像广阔的矿山在我们的脚下爆炸,刹那间震耳欲聋。爆炸的原因很快就弄清楚了。上首北炮台一时间看不到了,炮台上空升起了一团高高的、浓浓的黑烟,一些砖石纷纷落下——我们的一发炮弹击中了炮台一个主要的火药库。炮战瞬间静了下来,人们理所当然预料炮台很快会投降。然而恰恰相反,出乎所有人的意料,中国人显然没有被炮台围墙内的巨大爆炸所吓倒,他们仍然坚守在炮台上,重新开炮射击,几乎和原来一样迅速。在第一次爆炸之后大约10分钟,近海的炮台又发生了和第一次差不多的大爆炸，一艘法军炮舰击中了那座炮台的弹药库。此时，中国人还在持续不断地开炮，但是他们的炮弹已经失去了准星，大部分炮弹飞过部队的头顶落到后面去了。

野战炮现在已经推进到离炮台营门大约500码的地方。在炮火掩护下，一支冲锋部队（由第四十四团和第六十七团组成）占据了有利的位置。这时候联军的炮火越来越猛烈了，而中国人的炮火开始慢慢减弱了。7点钟，前面的步兵开始用步枪对准炮台的炮眼，持续不断地猛烈射击，炮台上的大炮也还没有停止射击。与此同时，炮舰也开动起来，明显离近海炮台更近了。大约过了一个小时，穆萨姆（Moorsom）中尉被派往后方去取巴里炮兵团储备的弹药，巴里炮兵团作战使用的弹药几乎就要用光了，炮战打得太激烈了。

在第一次爆炸发生后，由第一〇二团的三个连组成的法军，立刻大幅度向前推进。8点15分，孟斗班将军和他的参谋来到了战场，并到了前沿阵地，当时步枪正在猛烈地射击，偶尔也有迫击炮齐射。野战炮被用来突破，塘沽的大炮和白河对岸的大炮一直在相当激烈地互相轰击。还有一队炮兵在安德森（Anderson）中尉的带领下，正努力把一门8英寸的攻城大炮推向前沿阵地。路面太糟了，炮车的轮子陷到了泥里，尽管人们想尽了各种办法，企图把大炮推向前线，最后还是不得不放弃了。

现在，由于工作职责占用了我一些时间，有关前方发生的事情，我了解的情况有些混乱也不太完整，所以很难描述清楚。炮声渐渐停了下来，那些要由我照料的伤员开始撤回塘沽。我骑着马向炮台走去，炮台的堡垒上空，英国和法国的旗帜在微风中飘扬，英国的旗帜是由第六十七团的女王彩旗做代表。步兵和炮兵部队挤满了外防御工事。罗伯特·纳皮尔爵士精疲力竭地躺在地上，在整个战斗中，他一直患有间歇热病。他的望远镜被一颗火绳枪子弹击中，从手中掉落在地上，他的靴子则被另一颗子弹打穿。他的副官布罗克（Broke）上尉的头盔也被一颗子弹打穿了，大腿上也中了一枪。我在去炮台的路上，正好碰见他被抬往后方。

伤亡的人数大大超过了预期，很大一部分伤员在战斗期间已经被抬走。一名法国士兵受了重伤，躺在法国人发动进攻的西面一侧的泥地里。当时

被联军占领的大沽北炮台

没有办法把他抬走，弗利（Foley）上校来找我，问我能否提供帮助。正好这时候，一些皇家东肯特郡团的士兵扛着担架从塘沽过来，我便要了一副担架，让他们抬走了这个可怜的士兵。

由于我的兄弟在第四十四团，我自然首先要去他那里看一看。我发现他们在炮台后面靠左边的地方排成密集纵队。士兵们看上去很疲惫，他们站在那里，武器堆在了一起。在战斗中，第四十四团有 10 名士兵阵亡，他们排成一排躺在地上，一些苦力团的苦力正在炮台外面的壕沟附近挖一个很大的墓穴，准备埋葬他们。在一道河堤顶部的最左端，有向前的小道，俯视着下面炮台前的一段河道，哈克特（Hackett）少校指挥着第四十四团的两个连扼守在那里，以便在战斗期间，阻截撤退逃向下首北炮台的鞑靼人。

我走向炮台的入口，从皇家工兵铺设的浮桥上跨过难以逾越的壕沟，来到了吊桥旁。这时，吊桥已经放了下来。第四十四团和第六十七团的一些士兵正在用丁字镐加宽大炮已经炸开的豁口。走过吊桥，我进入了炮台，此时的炮台自身就是一幅屠杀后的悲惨景象，到处都可以见到可怕的断臂残肢的伤者和成堆的已死或垂死之人。

　　我绕着西侧围墙走了一圈,那里到处都是横七竖八的死尸,西北角一座大炮旁,13具尸体堆在了一起。正在那里的比托(Beato)先生显得很兴奋,把这一堆尸体形容为"绝妙",并请求不要挪动尸体,他要用照相机拍下来永久保存,几分钟后他就拍完了。在离这堆尸体不远的地方,躺着一具死尸。他大约五六十岁的样子,个子高大、相貌威严,估计是一位指挥防御的将军,他的下颌被一粒步枪子弹打碎了。

　　我绕着围墙的西边走了半圈,然后顺着用砖铺成的坡道登上了炮台。这样设计是为了人或马向炮台上拖运诸如大炮或炮车这样的重物时能有安全的立足处。从炮台顶上往下看,这座炮台一共有三门大炮,两门中国铜炮,一门英国32磅炮,估计这门英国炮是去年从我们的炮舰上卸下来的。我在上面还能很清楚地看见其他炮台。尽管他们还没有投降,但是已经降下了他们的战旗,挂上了白旗,这就说明他们的行政当局可以和我们联系了。克灵顿爵士此时正坐在一架炮车上和孟斗班将军商谈,在其他炮台是否投降还不明确的情况下,下一步如何行动。巴夏礼先生举着休战旗前去劝他们投降,得到的却是模棱两可的答复。然而,到了下午2点钟,他们终于同意停战。在此期间,皇家东肯特郡团和第八旁遮普团接到命令,从塘沽前来接防第四十四团、海军陆战队和第六十七团。这三支部队经过先前12个小时的作战,已经疲惫不堪。从这些换防下来的部队那里,我又了解到更多的具体情况:

　　上午6点钟刚过,所有大炮一齐开火,炮击几乎不间断地一直持续到7点钟,这时上首北炮台的大炮几乎已经停止射击了。接着,开始在炮台营门附近采取突破行动,部分突击队已经前进到可以向敌人的炮眼进行有效射击的位置。但是中国人随后使用小型武器向突击队猛烈射击,造成了一些伤亡。这时,准备搭建浮桥的工兵和海军陆战队,在第四十四团两个连的掩护下,沿着通往炮台营门的狭窄堤道前进。但是敌人的火力太猛了,铺设浮桥的计划失败,搬运浮桥器材的15名士兵在几分钟内就受了伤。与此同时,第四十四团执行掩护任务的两个连,在格雷戈里(Gregory)上尉和罗杰斯(Rogers)中尉的指挥下,勇敢地冲到外围壕沟的边上,尽最大努力压制住使海军陆战队受阻的土炮和火绳枪的强大火力。但是这样一来,没有人掩护他们,反而使他们暴露在敌人的火力之下,遭到了相当严重的伤亡。冲到齐腰深水中的第四十四团士兵很快就被射倒了,而铺设浮桥也没有任何进展。罗杰斯中尉带着一部分士兵游过壕沟,拖着一些竹竿,成功地突破到围墙下。这时候,第六十七团的突击部队,在托马斯(Thomas)中校的带领下,冲出掩体,冒着敌人猛烈的炮火努力前进,终于也越过了壕沟。他们一部分人是游过去的,另一部分人则是与法国军队一起。法军已经推进到离他们最近的炮台旁,并利用轻便的竹制云梯搭成了一座桥,在非常困难的情况下,成功地越过了壕沟,在围墙下占据了有利位置。他们想像往常一样,一下子勇猛地登上炮台,但是这次他们遇到了顽强的抵抗,第一次攻击失败了。

步兵这时候也参与了进攻。罗伯特·纳皮尔爵士命令戈万(Govan)榴弹炮团的两门榴弹炮前进到离炮台营门 50 码处开火。炮火果然猛烈,马上就轰开了一个缺口。在第一次突击失利之后,突击队得到了增援,诺克斯(Knox)中校带着第六十七团的指挥部以及三个连的法军海军陆战队来到了战场。他们最终冲进了炮台,第四十四团的罗杰斯中尉和第一〇二团的鼓手法查德(Fachard)两人最先冲了进去。敌人在突击队冲入炮台后还抵抗了一阵子,在残余守军失去战斗力之前,我们还不得不无限制地使用了刺刀。突击队刚一进入炮台时,敌人躲在炮台掩体里继续用火绳枪向他们射击,第六十七团的旗手查普林(Chaplin)就是在这种情况下受了重伤。当时,他正举着第六十七团的女王旗帜,往炮台顶上爬。经过三个半小时的激战,到上午 9 点钟,炮台全部被我们占领。英军的伤亡情况是:22 名军官受伤,17 名士兵战死,162 名士兵受伤;法军的伤亡情况是:2 名军官战死,7 名军官受伤,15 名士兵战死,130 名士兵受伤。

在法军中服役的中国苦力主要是在战场上运送云梯,由于暴露在猛烈的炮火下,他们中也有数人伤亡。据报告说,他们的表现非常好,在炮火下显得非常冷静。法军是采取以下方法利用云梯在壕沟上架桥的:他们先在壕沟两边各放上一架云梯,各向岸边倾斜,这样就缩短了壕沟的宽度,然后再将第三架云梯搭在两边的云梯上,将它们连接起来,这样就可以通过云梯越过壕沟了。

在表现突出的人当中,应当提到雷夫斯(Reeves)准将,他在战斗中三处

大沽北炮台英军突入处

受伤,却坚持在前线,直到占领炮台的任务完成。第四十四团的格雷戈里上尉也值得一提,为了掩护突击队前进,他指挥士兵压制敌人火绳枪的火力,结果手被步枪打中。据报告说,第四十四团的罗杰斯中尉、第六十七团的雷诺(Lenon)中尉、伯斯勒姆(Burslem)中尉以及旗手查普林,由于在战斗中表现突出,已经被推荐授予维多利亚十字勋章。

在停战期间,我利用这个机会考察了炮台的后部防御。防御工事是由一排粗壮的木栅栏做内衬,支撑着一道既厚又牢固的土坯墙,墙的表面抹着一层用碎麦秸和的泥。墙内5英尺处建有堡垒,射击孔从外面看有8英寸高、1英尺长,估计只能供火绳枪或土炮使用。紧靠墙的地上布满了尖利的竹签,再外面是一道堑沟,然后是又一片竹签,接着又是一道很宽的壕沟。壕沟外面的一片地面上设有鹿砦,鹿砦是由树杈制成,可以把从外面靠近炮台的人钩住,使其无法脱身,树杈上挂着铃铛,拴着控制线,一旦夜里有人袭击可以发出警报。在鹿砦的外围,又是一道较深的壕沟,这也是最外层的防御了。

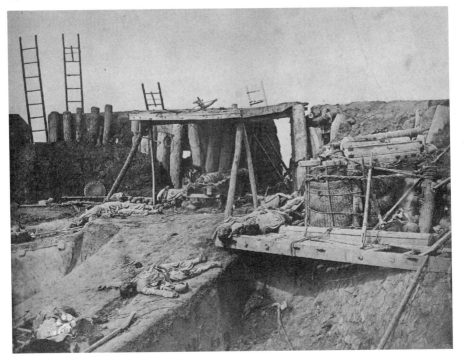

联军攻占后的北炮台内侧，地上躺着战死的清军尸体

我尽可能地靠近胸墙的下面走，地上插满了成排尖尖的竹签，各排高矮相错，一排高 8 英寸，再一排就高 18 英寸。除了这些，胸墙下的地上还撒满了铁蒺藜，这些铁蒺藜无论怎样放，总有铁尖朝上。我非常艰难地绕到了炮台的东面，那里有几座大型炮台，架设着大口径火炮。在这些炮台的下面，有许多尸体躺在铁蒺藜上，铁刺都把他们刺穿了，很明显是突击队从炮台上扔下去的。我数了数，在东南角的一座大炮旁边有 23 具尸体，炮台下边的地上有 8 具，炮台前面紧挨的壕沟里有二三十具之多。一名苦力正拿着一根长长的竹竿翻弄壕沟里的尸体，看他们身上有没有银子。当他干得正起劲的时候，第四十四团的一名中士走了上来，指责道："你在干什么啊？能不能不要打扰这可怜的死人？当然，他们不会冲你发脾气。"看得出，炮台的这部分人是在企图越过壕沟逃跑的时候，被刺刀刺死或是被子弹打死的。

12点45分，我看到一艘小船从河对岸划了过来。船上挂着休战旗，两名清朝武官走下了船。他们穿着浅黄色的长衫，薄薄的布料像是夏布，腰带上用宝石做搭扣。头上戴着圆锥形的草帽，帽顶上缀着代表他们级别的顶珠，红色马鬃从帽顶垂下呈流苏状①。他们的靴子是黑色缎子面，长度到小腿的一半。他们是前来送紧急信函的，费了好大的麻烦才找到这里，要穿过周围防御工事设置的许多障碍，长袍的下摆常常被竹签挂住。就是这个原因，其中一个人被绊倒，倒在了竹签上，一根手指头严重受伤。当时我站在一片空地上，他出现在我面前时，手指流了很多血。巴夏礼先生接待了他们，和他们说了几句话。此时，那名受伤武官的手指头还在流血，我便拿了些纱布帮他包扎好伤口。他为了表示感谢，很礼貌地向我鞠了好几次躬。

这时候，又一艘船划了过来，船上载着一名文官，还带了一名士兵，也打着休战旗。这位年轻的清朝官员长得很清秀，说一口流利的英语。巴夏礼先生、克里洛奇(Crealoch)中校和安森(Anson)少校从炮台上走了下来迎接他。看上去他和巴夏礼先生早就认识。巴夏礼先生知道他这次使命的性质，他也是送信的使者，带来了一封恒福总督写给额尔金勋爵的信。我从旁观者的角度来看，巴夏礼先生对待这位官员显得很粗鲁，一副不必要的粗暴态度。他说：这样的交涉现在根本没有用，因为他只能与总司令官交涉，现在一切都在他们的掌控之中。但是，他还是将这封信送给了正在炮台上的额尔金勋爵，把这名官员撇在了下面。这名官员找了根木头坐了下来。我走上前去，问他是在哪里学会如此流利的英语的。他说，他曾经去过英国和美国。然后，他带着很明显的情绪说道：他无法理解为什么巴夏礼先生用这种粗鲁的态度对待他；他所受到的这种对待也并非欧洲国家惯常的做法；现在这种局面又不是他造成的，总督致函接替军队总指挥权的使节，他也不可能为总督负责；他只不过是一名信使，所以他应该受到文明社会最普通的礼貌对待。当他表达完自己的想法后，一群人围在了他的身旁。一名年轻的军医官向前伸着脖子，带着浓重的爱尔兰口音说道："哎呀，他是个矮个子。""是的"，清朝官员回答道，"我是非常矮，但我有宽大的胸怀。拿破仑不也是

---

① 此称"帽纬"，俗称"红缨"，用红色绒线编成，而非马鬃毛。——译者

一个矮个子吗？但这并没有阻碍他成为一名伟大的人物。"我问他，僧格林沁是不是在对面的炮台里？他回答道："这不是我该管的事。我到这儿来只是递交总督大人的一封信，然后将可能要传达给总督的答复带回去。"我又问到他的官职，他告诉我说他是北直隶的候补知县。他说他并不知道那两名武官是谁，也不知道他们来这里干什么。巴夏礼先生回来了，给了他一个答复，他得到答复便离开了。①

与此同时，重新开始进攻的准备工作也在进行中，到下午2点钟，整个炮兵部队可能要提前向尚未攻克的北炮台推进。限定的停战时间到了，进攻战线已经构成，英军炮兵在左翼，法军炮兵在右翼。主要由第三皇家东肯特郡团、第八旁遮普团以及法国海军陆战队的一个营组成的步兵，已经从塘沽出发，这些部队早晨处于待命状态。由于没有任何抵抗的迹象，炮兵部队全线前进，没有发射一颗炮弹，突击部队随之向前推进。不一会儿，就看见皇家东肯特郡团、旁遮普团和法国军队登上了炮台的围墙。2点30分，炮台上升起了英国国旗和法国三色旗。炮台内大约有1500名清军士兵，许多都负了伤。他们放下武器，一声不响地举起了双手，做了俘虏。

天气本来不错，但是几乎就在炮台被占领的同时，天空突然阴沉下来，暴雨倾盆而下。大雨如注，平原上很快就积起了水，没过多久已经是一片汪洋。在炮台后面集合的炮兵部队，在雨中淋了一个小时，才接到返回塘沽的命令。地面已非常泥泞，想移动重炮已经是不可能，较轻的火炮也要费尽力气才能推动，而且还不时会被迫把大炮丢在泥水中。回到塘沽的部队看上去就像是一群混乱的乌合之众。英军和法军的步兵部队也都是一片混乱，他们混在了一起，蹚过没到膝盖的泥水。我注意到两个法国苦力营的苦力，抬着一副担架往回走，担架上是在这次战斗中战死的伙伴。他们在雨水和泥泞中挣扎，有时候泥水几乎淹没了他们的大腿。随处都能看到陷在泥水

①　我后来知道，这名官员姓王，毕业于上海的"圣约翰学院"（Bishop Boone's American Mission School）。一段时间他作为语言学家受雇于威妥玛的"汉文秘书室"，由于有这种资历，1858年他参加了额尔金勋爵赴华使团。那一年《天津条约》签订之后，由于他在夷务方面的学识，中国政府对他施加压力，要他留在京城附近继续为政府服务。我非常幸运，18个月后，在完全不同的情况下，我在天津与他有过一次非常有意思的谈话。

中窒息而死的马匹。我们从失去战斗力的米尔沃德炮兵团旁边经过,德斯伯勒榴弹炮连不得不落在了后边。就在我们快到塘沽的时候,巴里炮兵团的一门大炮深深地陷进了泥里,一动也不能动。其余的大炮一点一点地一直推到塘沽镇的东边,但镇上的街道同样很糟糕,这些大炮在天亮之前再也无法移动了。

因为炮兵部队的军医和几名伤员留在了新河的营地,所以我急着要在天黑之前赶到那里。然而,这不是一件容易的事,两地之间的旷野现在已经是汪洋一片。我还没有从塘沽那泥泞的迷途中解脱出来,天就已经快黑了。我只能凭着猜测尽量寻找最近的路线往营地方向走去。所有道路的痕迹都已经被雨水冲没了,我不得不缓慢地涉水而行。从防御工事出来,走了半英里多的路,天就黑了。天上还在时断时续地下着雨,天空不时出现的闪电在瞬间把汪洋一片的旷野照亮。就这样走了大约3个小时,我发现已经快靠近营地了。但是由于一条条壕沟挡在前面,好不容易找到桥梁越过壕沟,又花了将近一个小时,才抵达营地。不过此时,营地帐篷里的雨水已经有大约一英尺深。白河也已经泛滥,借着微弱的光亮,已经分辨不出哪儿是河,哪儿是雨水淹没的旷野了。在这种情形下,离河岸太近就变得很不安全。

六

大沽南炮台的投降和占领—英勇的中国守军—中国苦力营—中国人有能力成为出色的步兵—阿姆斯特朗炮的缺陷—再访大沽北炮台—埋葬一幕—贺布海军司令前往天津—访问河对岸—登船去天津—炮艇事故

8月22日

昨天下午,第二座北炮台投降了。巴夏礼先生、安森少校和罗亨利(Loch)先生到河对岸与总督进行了一次会谈。经过一通谈判,总督最终决定,其余的所有炮台一律无条件投降,炮台内的所有军火都无条件交出。总督还信誓旦旦地表示,他同意这样做肯定会惹祸上身,但是为了百姓,他必须这样做。

清军交出的另一座北炮台,炮台内千余名清军成了战俘

毫无疑问,从北塘、新河和塘沽逃到大沽的难民的压力,肯定对这么快结束敌对行动起了很重要的作用。北塘的人口大约有2万到3万人,我们无情的但又无法避免的军事占领,肯定给他们带来了极大的苦难。

当天晚上,南炮台完全撤防,由我们的部队占领。我们缴获了500多门大炮,这其中许多是铜炮,每一尊炮价值800~1200英镑不等。这么多尊大炮,制炮的铜料价值肯定不是个小数目,估计会作为奖金发给联军。在大南炮台,发现了一大批各种各样的军事物资,还有僧格林沁住过的临时营房,据说里面布置得非常舒适,墙上挂着军事地图。昨天下午,僧格林沁在大约150名骑兵的护卫下离开炮台,估计是经由天津逃往北京,他将会像约翰·科普(John Cope)爵士[1]那样,将他自己被打败的消息送到北京。

从昨天躺在地上的尸体数量来看,守护北炮台的中国人伤亡肯定很严重。虽然有些人很恐怖地被炮弹炸得支离破碎,但大多数人是在抵抗联军攻击时被步枪射杀或被刺刀刺死。没有人能比他们更英勇,这次他们无疑

---

[1] 约翰·科普爵士(1690—1760),英国将军和议会成员。他之所以闻名于史,是因为1745年普雷斯顿潘斯(Prestonpans)战役,他指挥的政府军被詹姆斯二世党人的军队打败。他第一个逃离战场,把没有人指挥的军队丢在战场上。他也被讽刺为自己传送自己失败消息的英国将军。——译者

证明了是"值得我们较量的敌人"。据说,炮台主要由满人驻守,①而在证明他们所表现出来的坚毅英勇精神的同时,我肯定也不会忘记法、英苦力营所代表的真正"中国佬约翰"(John Chinaman)②这个称呼。他们在炮火下所表现出来的冷静、置危险于不顾的精神,得到了两国军队的钦佩。法军主要让苦力承担在攻击时运送云梯的危险任务,他们表现得相当坚定和机敏。

尽管我们部队中的苦力没有从事这么危险的工作,但是他们的任务也并非没有危险。他们在炮火下连续不断地运送伤员、向前线运送弹药,表现得相当勇敢。他们好像对炮击很感兴趣,每当大炮发射的时候,他们总是显出真心高兴的样子。

有一段时间,议会方面把很大一部分注意力集中到重建我们的印度军队上,但是后来发现,要取代孟加拉的老印度兵困难很大,难道不值得同时考虑征募中国人组成军队到印度去服役的可能性吗?这次战役的经历证明了中国人良好的身体承受能力,他们对纪律的服从,还有他们的智慧和勇气。这三四千名苦力将会随同远征军一起返回香港。他们已经适应了英军的军事纪律,以及和英国士兵交往,最重要的是,他们充分信任英国军队在荣誉和财政方面的诚实。最重要的一点是,我们能保证得到优秀、忠诚的华人佣仆。就我的判断,与其解散他们还不如把他们当中那些愿意当兵的人组织起来,组建一支实验性的英中部队,可以称之为香港团。坦普尔少校以及现在和苦力营有交往的其他军官,都非常赞同苦力有能力成为出色的步兵战士。他们现在都参加了一部分军事训练,对于掌握必须教给他们的几种军事操练,他们表现出聪明的天赋。

征募苦力入伍的问题,在这个时候有着特殊的意义。我们预计每年都要派遣几千名英国士兵去某个国家驻守,由于体质和生活习惯,他们在很大程度上会难以适应当地的水土。大体上说,英国士兵的口味极不适应像印度这种国家的生活习惯,他们在这里主要吃肉食,随意喝烈性酒,还常常是劣质酒,吸食最烈性的烟来麻痹自己。他们被教导要敬畏太阳,白天不能操

---

① 我后来弄清,炮台守军是由汉人和满人混合组成的,汉人可能人数更多。
② 19世纪西方人对华人苦力劳工的一种称呼。——译者

练,因此白天大部分时间都待在闷热难忍的兵营里,昏昏欲睡不愿活动。这样做的结果绝对有害他们的健康,消耗他们的体力,缩短他们在印度军队中的服役时间。一般来讲,英国士兵只有当他们没有机会花钱的时候才存钱,一旦有了花钱的机会,他们常常就会以一大笔过度的消费把所有的积蓄全部花光。而如果招募中国人在印度服役,他们首要想到的事情就是存钱,把所存的钱一部分寄给他们的亲属,一部分留给退役后使用,他们可能会带着省吃俭用积蓄下来的钱返回他们的老家。在下层中国人中,这种存钱的习惯根深蒂固,使他们不会染上严重伤害在印英国士兵的那些恶习。我的意思并不是说中国人总体上比在东方的英国士兵恶习要少,我只是说,当中国人通过任何途径赚到钱的时候,他们比英国士兵更有能力保管好这些钱,这主要是由于他们天生具有能运用自如的良好自制力。

今天上午,阿姆斯特朗炮运回营地,士兵和马匹一个个浑身泥污、精疲力竭。看来他们是在泥泞中度过了一夜才搞成这个样子,昨天晚上我离开塘沽时他们还在那里。由菲尔波茨(Philpots)中尉指挥的炮兵小队有一门大炮第一个坏了,这是由于在装填炮弹的时候,炮弹发生了爆炸。好像是炮手一时兴奋,装填炮弹时没有格外小心,结果一次轻微的震动导致炮弹爆炸。这种情况表明,这种炮的操作可能要更谨慎,而不能总是依靠炮手普遍存在的兴奋式的操作动作。阿姆斯特朗炮无疑已显示出射程远的性能,而且也能够达到相当大的准确度,其射程之精确是人所共知的(如果是移动目标,肯定就很难确定了)。但是,如果认为——而且很有可能一些人会坚持这一点——白河战役因为有阿姆斯特朗炮而缩短,这种观点无论如何是错误的。这次战役之所以能取得非常令人满意的胜利,主要是由于我们炮兵整体的巨大威力,以及对火炮谨慎又巧妙的使用。换句话说,没有阿姆斯特朗炮,这些胜利能同样迅速地取得,它只是一门普通的野战炮。我作为一个有机会非常近距离观察的人,不带任何偏见的写下我的看法,没有任何单方面的倾向或其他意思。在白河上推进和攻占大沽炮台的不同作战行动中,阿姆斯特朗炮总是和普通的野战炮排在一起射击,在我看来,这完全不是它们应有的作战位置。让它们承担速射的任务,而速射会使阿姆斯特朗炮的炮身迅速发热,这可能超出了它们的能力。作为一种新型野战武器,阿姆斯特朗炮适用于慢速而又精准的发射,打击远程特定目标,这很有可能将成为阿姆斯特朗炮在武器系列中的真正位置。

今天下午,我和特尔弗医生又一次去看了昨天战斗过的战场。一进入上首北炮台的大门,我便发现,在每一边都有两尊30磅的大口径短炮,炮的旁边放着一堆榴霰弹。中国人竟然能模仿我们的方法制造出这种极具杀伤力的战争武器,实在让我很吃惊。在营门旁边的一座营房里,聚集了许多受伤的中国人。我们想要尽快减轻他们的伤痛,可能够做的太有限了,还有其他大量的医疗工作有待去做。返回军营后,特尔弗医生人道地把这个问题向主医官提出以引起重视。

我登上了炮台,从上面俯瞰炮台前面的河道,下面是一片很奇异的景象:那里已经挖好了一个很大的浅坑,一群疲惫不堪的士兵正在将昨天在炮台外面战死士兵的尸体埋进坑里,这些尸体密密匝匝躺了一地。士兵用绳子系住尸体的头或脚拽到坑里,因为这样摆放起来非常方便。两名士兵身上套着带子,从污泥中拖拽尸体,他们都显得很轻松愉快,就好像收获季节时忙着收割庄稼。死去的猫和狗的尸体,也在士兵们的嬉笑声中被扔进同一个坑里——欢笑掩盖了残忍的场景。事情到了这种地步,人性的美好情感在战争及战争造成的后果面前,也变得麻木了。短暂的战争经历,已经使得年轻的士兵们对这种或许在几个星期以前还使他心中充满恐惧的场景显得无动于衷了。

8月23日

今天早晨,河里的那些障碍已经排除了,"科罗曼德尔号"挂着贺布舰队司令的旗帜,进入白河,大约11点钟,经过第一师的兵营向天津驶去。巴夏礼先生陪伴着贺布司令,我们听说和平谈判有望很快开始。

英军和法军的工兵们仍然在忙着搭建浮桥,现在已接近完成。今天下午,我和马埃(Mahé)牧师一道,一半过浮桥一半乘小船过了白河,到达了河对岸。我们被一片繁盛的果园给惊呆了,这片果园延伸很远,一直到了村子里,事实上形成了由两旁浓密的果树和葡萄架围成的道路。在一个果园里,我们发现皇家部队驻扎在那里。这支部队是斯塔维利旅长率领下的第一旅

111

的一部分,他们今天上午渡过了白河。白河这边的土壤显然是肥沃的褐粘土。

还没有等到我们再次渡过白河,天就已经黑了,而且由于涨潮,沿着我们来的路返回已经不可能了,挡在我们面前的宽宽的壕沟里已经泛滥。就在我们陷入困境的时候,一些工兵摸着黑给我们当向导,带我们到了离营地不远的一条小河边,在那儿也许能找到过河的方法。我们克服了很多困难才到了那里,而且更重要的是,我们成功地渡过了那条小河。我们利用几根分散漂在水面上的木杆过河,由于天太黑,我们看不见应该踩到哪里,不得不手脚并用趴到上面。

8 月 24 日

今天清晨,我被巴里上校叫醒。我们得到的消息是,在 3 小时内炮兵团将向天津开拔。

不过炮兵团必须等一段时间,等到浮桥完全建好,马匹和大炮才可以通过浮桥到对岸,炮舰正在对岸等着接应他们。6 点钟刚过,我随着炮兵团的先头部队一起登上了"列文号",顺利起航。

我们沿河上溯,只走了短短的一段距离,便在离左岸不远的地方搁浅了。由于河水正在涨潮,我们希望能尽快脱身继续前进。周围一片寂静,直到 7 点钟我们才听到远处传来的英军号角声。

8 点钟,潮水涨满河床,当我们正准备重新出发时,锚链却缠住了螺旋桨。我们完全停了下来,把希望留给河水,因为船上载人过重,装载的货物摇摇晃晃的,一旦河水退潮,船就有可能发生侧倾,就会造成严重的损失。对于指挥官来说,这是一个紧急时刻,他要尽一切可能使炮舰摆脱困境。正当最后的努力尚未成功时,从天津返航回来的"科罗曼德尔号"远远地出现了。贺布上将得知情况后,派"斯纳珀号"(Snap)炮舰来协助我们。直到午夜"列文号"准备下锚的时候,"斯纳珀号"炮舰才赶了过来。

七

在白河上航行—兵舰搁浅—村民热心助人的性情—到达天津的炮台—炮台的外貌与构造—贺布司令占领天津—游览天津城—居民的礼貌——位村民代表——名村民被水兵刺伤—僧格林沁的军需筹备—帝国钦差大臣的任命—额尔金勋爵抵达天津—增援防卫上海—离开天津

8月25日

经过一番很大的努力,克服了许多困难,马匹和大炮被转移到"斯纳珀号"上。早上6点钟,我们再一次起航向天津进发,这次的有利之处在于,全部航程都在白天。不过,我很难表达对聚集在白河堤岸上的众多村民的印象。

大批村民站在岸上看着舰船驶过,而另一些人沿着河岸撒网捕鱼。从衣着与一般相貌来看,他们与南方的农民并没什么不同。在相当长的一段距离内,河流没有多大变化,不论是河流的宽度还是两岸的景物——右岸(或南边)是稠密的芦苇丛,左岸是低矮有斜坡的土堤,堤顶上长满了鲜艳的绿色植物,这一切构成了一幅自然景色,直到一片茂盛的树木才打破了处处千篇一律的单调景色。从所看到的岸上人数来判断,这里的人口数量似乎相当可观。

我们经过正好隔河相对的两个城镇,左岸的城镇有一定的规模,显然是个商业重镇,河边停泊着23只帆船,凹进河岸的船坞停泊着其他一些船只。这个城镇沿着河岸向上游延伸了将近一英里,镇上的房子都紧靠着河岸建造,以至于在河道与房子之间几乎连一条人行小道的空间都没有留出来。当我们经过那里时,成群的居民簇拥着挤到河岸边,从他们的打扮以及普遍的相貌可以看出,他们应该生活得很不错。

8点30分,主桅上挂着英国旗的"格林纳达号"(Grenada)紧挨着我们的

113

船尾，从我们面前驶过。额尔金勋爵站在船桥上，克灵顿将军和他的属下也在船上。一艘小型印度内河汽船作为补给船，跟在"格林纳达号"的后面。

英国全权特使额尔金勋爵

河流两岸许多的村庄和城镇不断从我们的面前掠过，这些村镇有的彼此之间仅仅相隔几百码。

不久，我们经过一段河道，这里的河岸更低，村庄也更加开阔，看得出是一片适于耕种的广阔的冲积平原，一条平坦的道路贯穿其间，有篷的马车和带驮鞍的毛驴在道路上来来往往。这附近的河道似乎更浅了，螺旋桨开始不时地卷起淤泥。我们经过左岸的一个滨海城镇，许多大型平底帆船停泊在城镇的对面，右岸则是一个有一定规模的村庄。帆船上的水手似乎比一般中国人的平均身高要高一些。他们看上去沉默寡言，不过也很友善。当我们经过时，他们既没有做什么手势，也没有露出任何惊奇的表情。这一带的小船、帆船和渔船的数量，表明有大量靠海洋生活的人口。渔船上安装着一张大渔网，这张渔网悬挂在呈十字交叉状的竹架子上。这段河道的宽度不超过 100 码，我们经过据河岸还不到 20 码的地方，岸边围满了村民，注视着西方夷人在向前推进。这些人中有几名女子，这还是我们离开新河后第一次见到女人。这里的商业买卖看起来并未受到干扰，战争带来的灾难显然还没有蔓延到内陆这么远的地方。没有人害怕我们，满载着货物的船只继续平静地行驶在河上，他们并没有因为要躲开我们，而改道驶入河的支流，沿河每隔不远就会出现一条支流入口。这一带分布着许多小村庄，有的靠近河岸，其他的则更靠内陆一些。

我们来到一个村庄对面的河道急转弯处，发现一艘法国炮艇搁浅了，一群村民在几个法国水手的指挥下用力拉着缆绳。我们还在这儿遇到了从天津返回的"丘鹬号"炮艇。在两船相错时，它把我们的船挤得离河岸太近了，结果我们的船也搁浅了。一群农民马上来到我们的船边，这些穷人显得极其友好，而且从他们的态度来看，他们见到我们并没有丝毫的不悦。战争的蹂躏还没有降临到他们身上，他们对外国人的印象可能还仅止于前年我们暂住天津的时候，曾开了一处新市场供他们购物，如此而已。

我们把一条缆绳抛向法国人正在忙碌的河对岸，在这里我们同样遇到了许多志愿者，他们赶过来帮助我们，使我们摆脱险境。5分钟后，我们的船又在水上动了起来。当我们的船开动起来顺着河岸缓缓前行时，我们这些皮肤黝黑具有典型中国人特征的朋友们，还跟着我们走了一会儿。看起来他们很乐意帮助我们，我想如果需要的话，他们还会乐于这样做。在这里，我第一次看到了一种中国造船技术的范例，即由两只锥形平底船船尾相接系在一起构成的一艘船舶。前面竖着一根长长的细桅杆，桅杆上挂着白色布帆，拉动固定布帆的许多竹片就能将船帆升起。这些船舶由舵桨控制航向，这段河上就有数量相当多的这种帆船来往航行。

不久，两座看上去很新的炮台进入了我们的视线。举起望远镜，可以看到英国与法国的国旗在炮台上飘扬。随着炮台的临近，表明天津到了，远处可以看到一座大型的宝塔状建筑。大约4点钟，我们的船靠近了炮台，在"负鼠号"炮舰附近，离炮台不远的地方抛下了锚。

5点钟，克灵顿爵士与他的属下乘坐印度汽船抵达，"格林纳达号"已经搁浅了。将军马上登岸视察了河两岸的炮台，比我们早到几个小时的第六十七团，已经占领了炮台。

炮台看上去刚刚完工。无论从建筑还是材料上看，它们都比北塘的炮台要好得多。尽管同样要经过坡道到达上面的炮位或堡垒，但炮台的后面还是封闭得更严了。堡垒前面不远有一道修有雉堞的墙，沿墙设置了许多炮塔。中国式的旋转平台四围设有炮眼，平台就像大型木制马车，围绕着一个中心轴旋转。所有的大炮都已经被移走，相信就埋在附近。

在远处高出一片低矮房屋许多的宝塔形建筑的顶上，清晰可见英国国旗和法国国旗随风飘扬，这表明联军的先头部队已经占领了天津城门。

炮台附近河的左岸有一个小村庄，村庄里一座庙宇前面有一片墓地，墓地里分布着圆形的坟墓，完全按照欧洲的方式排列，大部分坟墓前都立有墓碑。在这座庙宇附近还有几处建造规范的砖石棺。总而言之，我从未在中国见过与英国墓地如此相像的地方。

当我用望远镜观察河流的时候，一群中国人围了上来，他们非常迫切地想用望远镜看看。我满足了他们的愿望，他们笨拙的动作表明，望远镜在中华帝国还不是普遍使用的器具。然而，他们中的一个人看起来要比其他人在行。出乎我的意料，他向远处一片树林的方向望去，并说道"voilà les bois"（那是一片树林）①。我详细询问他后才弄清楚，他是一个基督教徒，以前听过法国传教士布道。

关于这个城市被占领的经过是这样的：本月 23 日傍晚，贺布司令和他的小舰队停泊在距离炮台大约 7 英里的地方。在那里，他见到了一名城市居民的代表。这个人告诉他，当局已经放弃了防御工事——这些工事刚刚由僧格林沁大规模扩建完成，目的是保卫天津——大炮与驻军都已经撤退。如前所述，僧格林沁也在几天前由 150 名骑兵护卫从这里经过。他显得非常沮丧，没有进入城市，直接前往北京了。

事态既已如此，贺布司令决定立即占领天津。昨天早晨，他继续向前推进，在炮台那里重新组成了舰队，换乘"科罗曼德尔号"直趋天津，并在 9 点钟左右抵达。总督恒福也从大沽赶到天津，会见了贺布司令。司令官告知他，联军肯定要占领天津，但这里的人民会受到保护，行政当局允许保留下来，并继续履行他们的司法职能。随后，联军占领了天津城的东门，挂起了英国与法国的国旗。与此同时，贺布司令命人在城东门张贴布告，告知人们目前所处的情况。然后，司令返回大沽，留下麦克利弗迪（M'Cleverty）上尉作为高级别海军军官，与巴夏礼先生一起处理相关事宜。

8 月 26 日

今天早晨 5 点 45 分，我离开营地去游览天津城。道路从田地间穿过，左边是高粱地，右边是宽阔的菜园，路面很宽。一切都是井然有序，天空也特别晴朗。然而，如果是下雨天，我敢肯定将是一番不同的景象。许多农民满载着要贩卖的物品，向炮台的方向赶去。这里妇女的穿着和发型与南方人

---

① 此人说的是法语。——译者

差不多，可是，她们缠过的脚从远处看好像显得比南方女子一般的缠足还要小。

我沿着这条路走了大约一英里，便来到了天津城外，走进了一条又长又狭、弯弯曲曲的街道，街道两旁是售卖普通商品的店铺。这条街道一直延伸到河边，街道的尽头是一座跨过一条小河的桥。河里到处是帆船，河的左岸是拥挤的房屋。河的对岸只有零散的房屋，空旷的土地被一堆堆体积庞大而且又很长的堆积物所占据，上面用席子苫盖着，后来我知道这是储存的大量食盐。

当我走到岔路口时，当地人见我有些迷惑，便揣测我想去的地方，非常礼貌地给我指路，就这样我终于到达了天津城的东门。我看到英军第六十七连和一些法国水兵在城门口站岗。城门相当坚固，有点像城堡或筑有工事的衙门，沿着城墙外面两边的坡道可以爬上城门，城门的前面有一个筑有雉堞的瓮城防守城门，瓮城的一边还有一道门。从东门顶上俯瞰，很容易就能看清城的四周围着的坚固砖墙，大约有 20 英尺厚；城池呈四边形，在城的其他三面的中央各有一个同样的城门；而且，在城的每一个角都有一座小型塔楼，在城的中心有一座大型塔楼①。除了庙宇之外，城里房子都只有一层，低于大约 30 英尺高的城墙。

陌生人一进入天津城，第一印象就是街道的路面已经铺砌过。然而，真实的情况并非如此，从城门开始只有 50 多码的路铺砌过，接下来的街道就和北塘、新河的街道一样，都是土路，如遇下雨天肯定同样糟糕。在城里，我正拿着笔记本记东西的时候，一群中国人立刻围了上来，他们似乎对英文的写法很有兴趣。我为一名偶然经过的清兵画了幅简单的素描，他们看到这幅素描显得非常高兴，马上让我看看周围其他东西，有什么值得我用这只最普通的铅笔画一画。然后，按照人群中一个人特殊的要求，我画了一幅鱼的素描。这条鱼是离我站的地方不远处一个货摊上的货品。我把这幅画送给了那个人，他显得大为惊讶。然后，我径直向城中央的塔楼走去，我发现这座塔楼正处在从东到西、从南到北横穿城市的两条主要街道的交会点上，这几

---

① 这里指位于天津城中央的鼓楼。——译者

条主要街道分别直接与四个城门相连。城内的食品供应看起来很丰富,特别是肉铺里的肉供应充裕。这些肉都已经切好,挂在可以转动的挂钩上出售,这和英国的情况很相似。这里的绵羊有点像好望角的绵羊,都拖着肥大的尾巴。市场上的蔬菜和鱼也很丰富。在街上游走的剃头匠的挑子也和南方一样多,也同样生意不断。我迅速从城中央的塔楼走回东门,根据用的时间判断,我可以说,天津城内从东到西相距大约1.5英里。

天津城内的房子大多是由深蓝灰色的砖建成的,窗户则为木格窗,糊着一层纸。我发现有少数几处房子,有大块的窗玻璃镶在窗格和窗户纸的中间。出了城以后,我用了15分钟,快步走过由东向南分布的城外街区,又用了15分钟回到炮台,从城里到炮台的距离应当是2英里多一点。我敢肯定,这些炮台构成了一系列相互呼应的防御工事的最南端。炮台的前面有一条又深又宽的壕沟,这条壕沟围绕着整个天津城和沿河两岸的城外地区。这些就是前面已经提到过的僧格林沁最近修筑的工事,其长度估计超过了15英里。今天早晨,从炮台围墙的下面挖出了两门大炮,这两门大炮估计是最近两三天才埋在那里的。其中一门又短又重,炮耳上刻有"12磅舰炮"的字样;另一门24磅舰炮则刻有一顶王冠和"E. C."字样。

下午1点钟,国王近卫龙骑兵团、锡克骑兵团、斯特灵炮兵团出现在河对岸,他们是从新河沿着陆路刚刚抵达这里的。当时,我和第六十七团的黑格(Hague)少校还有巴里上校正站在炮台的门口,一些看上去很体面的村民围到了我们身边,其中一名留着胡须、手拿扇子的老绅士,开始跟我们一边说,一边生动地做着手势,愣了一会儿,我们终于明白了他想说的事情。原来他看到黑格少校手里拿着双筒望远镜,他想借来瞧一瞧河对岸的国王近卫龙骑兵和普罗宾骑兵团。我们把望远镜递给了他,他看了一通后,便将望远镜递给另外一个人,那个人看完再递给另一个,就这样,最后至少有30个人用望远镜看了一通。此时,围拢的人数比刚开始增加了不少。突然,长髯老绅士采用正式的方式,单膝跪了下来,呈上了一份用红纸写的请愿书,身为高级别军官的巴里上校接过了请愿书。其余的人也都跟着双腿跪倒,采用这个国家通常致敬的礼节,双手紧握向前作揖。然后,他们站了起来,各自散去。他们是作为村民的代表,陪同村长前来递交请愿书的。两点钟,巴里炮兵团的第二部分乘"丘鹬号"抵达;3点30分,"列文号"载着一部分皇家步兵团和担任天津指挥官的斯塔维利旅长也到了这里。

4点30分,第二批村民代表陪着一位老人来到了炮台。老人的脸上受了伤,还淌着鲜血。他是被一名炮舰上的水兵打伤的,在扭打中他还设法抓住了那名水兵的帽子,老人当场出示了一顶水兵帽。我把他带到了麦克利弗迪上尉那里,上尉辨认出水兵帽属于一名叫布迪(Boodey)的水兵。经过调查发现,这名水兵的暴力行为完全是无事生非。上尉立即将生事的水兵和那位老人一起带上了"负鼠号",当着老人和陪伴他的那些村民的面,抽了水兵48鞭子,这是他应得的惩罚。这种人身攻击行为纯粹是毫无节制的野蛮行径造成的结果。

5点钟,"班特姆号"(Bantam)炮舰载着皇家步兵团指挥部抵达这里。皇家步兵团立即登陆,6点钟时他们抵达了炮台左边不远的一个宿营地。在去宿营地之前,厄克特(Urquhart)上校给他们训话,告诫他们要完全像在香港那样对待中国人,在各方面都要把中国人当作朋友,在没有付钱之前不准乱拿东西,在没得到许可之前也不准乱闯民宅。

巴夏礼先生了解到,僧格林沁曾组成一个供给委员会,由附近地区的绅士组成,协助僧格林沁为他的军队供给军粮。巴夏礼先生照此与当局商定,这个委员会继续负责保证联军的供给,我们听说当局很快就同意了巴夏礼的提议。由此,军需供给协议也达成了。今天,从北京发来的一道谕旨得知,僧格林沁已经因大沽炮台失陷而被免职,不过对他的处置其实很轻,他仅仅被褫夺了三眼花翎、八旗都统和侍卫内大臣的荣誉身份。同时也得到消息,桂良和恒福已被任命为钦差大臣,立刻进行和平谈判,桂良正在从北京赶往天津的路上。

今天早晨,额尔金勋爵已经乘坐"格林纳达号"来到了天津,"格林纳达号"也停泊在天津城外。现在,总的印象是,敌对行动已经完全结束,除了会有一支骑兵卫队护送使节前往北京,军队将不会再前往天津以外地区。听说部队解散的工作已经开始,第四十四团已于昨天匆匆乘船前往上海。这是因为太平军的叛乱已经威胁到上海附近地区,而且他们很明显决心要占领上海城。如果上海城落入太平军的手里,将会严重危及上海欧洲租界的安全。在这种情况下,英法两国使节决定协助清军保卫上海,这样我们就将同时扮演两个自相矛盾的角色——和天朝既是敌人又是盟友。

按照我刚刚接到的命令,明天早晨我将出发,经上海去香港,再次接管香港暂编营的医疗工作,因为负责那里的军医因病退役了。

8月27日

今天早晨4点30分,我乘坐一条内河汽船,跟在前去取额尔金勋爵信件的"格林纳达号"的后面,离开了天津。出发后5个小时,我们穿过了新河上的浮桥,然后,在前往塘沽的路上,我又看到了本月18日见到的大炮。5门完好无损的大炮仍停放在原来的位置,我还能看清它们丝毫没有遭受过阿姆斯特朗炮轰击的痕迹,尽管它们都曾是阿姆斯特朗炮轰击的目标。

八

到达上海—形势—游览租界和上海城—杰夫森(Jephson)准将访问道台—茶园—婴幼塔(Baby Tower)—驶往香港—春节—返回上海—中国士兵的忠诚—中国人向卜鲁斯先生请愿—英国人的狩猎聚会—船上的疾病—疟疾—在日本的英国人—到达天津—北京的新闻

9月2日

我们到达上海,船舶在租界外抛锚停泊。我们获悉,两个星期以来,那里发生了极大的骚动。大批太平军进攻上海城,但被勇敢的英法军队和外国侨民的义勇队击退。由于叛乱者还有可能再次返回,所以人们仍然小心防御,在各个哨位上站岗的义勇队员都精力充沛,保持着警惕。尼尔(Neale)上校每夜四处巡逻,以确保一切安全无忧。

当天下午我离船上岸,步行穿过租界地区。租界的道路彼此垂直相交,道路两旁大都建起了房屋。总体来说,建筑的设计都相当雅致,大部分房屋都建在四周有围墙的一片土地内,东方人称之为院子。在租界的后面是跑马场,两天前抵达的第四十四团左翼部队现在在那里宿营。租界的主要街道上,由竖起的粗大木桩建成带枪眼的防御工事,一部分海军陆战队的炮兵驻扎在跑马场附近。

增援的卢迪亚纳团(Loodiannah Regiment)和海军陆战队分散把守在上海老城内外。卢迪亚纳团的团部占用了城墙外的一座很大的庙宇,被称作"宁波庙"(Ningpo Joss House)①,实际上是一处范围很大的丧葬之所,宁波人习惯于将他们死去亲属的棺木寄放在那里,待到运费降低且其他各种情况允许时再将棺木运回家乡。现在,叛乱者已经远离20英里开外,目前不用担心他们会再次发动进攻。

9月3日

今天下午,我游览了上海城,它位于外国租界以南,与法租界直接相连。上海城几近圆状,城四周围着一圈大约25英尺高的砖砌城墙,城墙内培土为基,呈斜坡状向上直至胸墙的底部,城墙上部形成6～10英尺宽的墙道。胸墙有7英尺高,上部有两英尺厚。胸墙每间隔一段就有一个大城堞。两个城堞之间的城墙上有一个小洞,里面放着一个陶制容器,容器中装着熟石灰,这是准备一旦叛乱者企图爬上城墙时,可以抛向他们的脸。

中国军队都围绕城墙部署,住在城墙上的帐篷里。各种不同颜色和图案的旗帜在城墙上下随处飘扬。有些地方,插着数面同样的旗帜,用以表明各自所属的部队都在什么位置,军人军服的颜色是与他们的旗帜相对应的。

围绕城墙的各个哨位都有沙包筑成的工事守卫,工事中安设着火炮,可以向城内的街道炮击。保持这种警惕被认为是很必要的,因为很难弄清城内聚集的人口中是否有大量叛乱者,几乎可以确定的是,有数千广东人和潮州人与叛乱者相勾结。

---

① 即四明公所,又称宁波会馆,由宁波旅沪同乡建成于清嘉庆年间。上海开辟法租界后,公所被划入租界范围。曾因租界当局使用武力强拆而引发抗议,史称"四明公所"事件。——译者

9 月 4 日

这天晚上,我住在了城内英国海军陆战队的宿营地,这使我有机会在半夜围着城墙转一圈,看看中国哨兵是如何站岗执勤的。在每个哨位帐篷的旁边,靠着城墙摆放着许多装满火药的火绳枪。哨兵来回走动着,不时地敲击着一段空心的竹管。哨兵如睡着了,还有士官负责警戒。在哨位的帐篷里,悬挂着点燃的灯笼,一顶帐篷里有 6 个士兵正在睡觉,两个躺在席子上,头脚相靠。今天早晨,我在沿城墙散步时,借着阳光走进一些帐篷观察。帐篷里,地面上都散铺着砖,多数帐篷里的床板上铺着席子。帐篷里都点燃着小灯,士兵们用灯火点他们的烟袋。他们的武器包括火绳枪以及带有很轻的竹柄的长矛。火绳枪装配有瞄准器,是由一块凸起的铜片构成,铜片上有一小孔,与之相应的是靠近枪口附近有一凸起的尖头。当我经过一座城门的时候,卢迪亚纳团的几名士兵正要宰杀一只绵羊。这只绵羊被牵到城墙外,颈部以上的羊毛被剪去,士兵用一把弯刀,一下就将羊头割了下来。

下午,我陪着杰夫森准将正式拜访了上海的最高地方长官——道台。翻译富礼赐(Forrest)①先生乘坐椅轿,由几名中国士兵在前面领路,穿过上海城里狭窄、曲折的街道。第四十四团的 100 名士兵,充当准将的仪仗卫队;一支海军陆战队,在普里切特(Pritchett)中尉的率领下,跟在队伍的最后面,穿过一条条铺砌的街道,到了道台衙门——上海的官邸。在穿过院门的时候,准将受到了鸣枪三声的欢迎仪式,一支乐队坐在高处的乐台上,演奏着中国乐曲。第四十四团在衙门的门前列队持枪敬礼。穿过两进外院,我们来到内院门口,道台等在那里迎候准将。他走上前来,先按照他的国家的习惯拱手行礼,然后又按照"英国的方式"双方握手,翻译将所有人依次介绍给他。他作为主人,显得很轻松,有风度,引领我们走进接待大厅。接待大厅布置得很讲究,铺着红色地毯;两张椅子中间摆放着一张小桌,以备两边放置茶杯。我们刚一坐下,茶水就端了上来,茶杯上扣着一个小茶碟,以便使

---

① 富礼赐(Forrest,R. J.),英国外交官。1861 年,又作为翻译陪同英国官员访问太平天国控制的南京。后担任英国驻宁波领事。——译者

茶水保持温热。

然后,对话开始了。准将通过富礼赐先生翻译,告知道台,他刚刚从大沽来到上海,被委派来指挥在上海的英国军队,他希望在安置部队驻扎方面得到道台的帮助。道台答复道,准将只要选定想要的住处,他就会立即下令腾让。此外,他了解到外国军队喜欢分开宿营,同时也喜欢靠近城墙扎营,他推荐孔庙是适合部队宿营的地方。

在离开衙门之前,我们被请到餐厅,那里按照英国的方式准备了午餐。餐桌铺着白布,桌上摆放着餐刀、叉子和玻璃酒杯。一名高大的仆人为每个人送上水果和蛋糕,玻璃酒杯中倒满了香槟酒。宴请结束时,又送进来一种带有很浓的杏仁香味的稀薄蛋奶沙司,从一个壶中向玻璃杯里倒满了热的中国酒。蛋奶沙司盛在精美的英式茶杯中分送给每个人。道台很直率地谈到了白河事务,为在大沽取得的胜利向准将表示祝贺。他说,现在一切都结束了,毫无疑问,这对双方都是有益的,结果是我们成为比以往任何时候关系都要亲密的朋友,整个战争都是源起于中国政府对我们真实的性格和意图的误解和确实不熟悉。他还说道:他非常高兴听到大沽的中国军队表现得非常好,他表示非常遗憾,他在上海没有发挥什么作用。我们离开时,他和我们每个人都非常友好地握手告别,并把准将送到门口。——很奇怪的截然相反的情景,这不禁让我想起大约两周前的同一时间,我在大沽炮台亲眼目睹的血染勇士的那一幕。

道台姓吴[①],身材高大,看上去彬彬有礼,有满族血统。除了是上海的地方最高长官,他还被任命为巡盐使和海关监督。他头戴二品蓝色顶戴,孔雀花翎。他上身穿着色彩鲜艳的绣花蓝色丝织坎肩,里面穿着蓝色织锦缎长袍,这不是官员正式的服装,这身服装只是在接待本省总督和皇帝生日的时候才穿。他的仆人和衙门的侍从超过二百人,据说是中国最富有的官员之一,报告声称他拥有的财富价值大约 100 万英镑。

---

① 这里是指吴煦(1809—1872),字晓帆,号春池,浙江钱塘(今杭州市)人。1858 年,在上海办理与英、法等国通商税则事宜,获职督理江海关并苏松太兵备道。1860 年,任盐运使署江南苏松太道,后再晋署江苏布政使,监督江海关,授二品顶戴。曾参与雇用美国人华尔组织洋枪队,与驻沪英、法领事策划"会同防剿"太平军。——译者

从道台衙门返回后,我们又去了大众娱乐的场所——茶园。茶园设计得非常巧妙,有假山石和岩洞,还有水塘、小河以及桥,等等。上演各种娱乐节目,其中的一位老先生,似乎是大家特别关注的中心;他正在讲着粗俗的故事,观众中有几个表面显得正派,实际值得怀疑的年轻女子。我们还走进了茶园旁边一家中国人开的雕刻和镀金店铺。店主正在忙着用墨在一块长木头上勾画复杂的设计图案,一个小伙子用一把非常简单的锯,以令人惊讶的速度将木头锯开。那把锯是用一根大约普通鞭绳粗细的铜丝制成的,铜丝的一侧用凿子轻轻地凿出刻痕。这根铜丝被系在一根劈开的竹片的两端,竹片弯得像弓一样,把铜丝绷紧。用这样的工具,似乎就可以发挥完美的作用和功效,就好像是用最好的钢制成的——张力太大了。

上海的婴幼塔是一座小型的宝塔形建筑,大约有 20 英尺高,坐落在老城西门外不远的地方。婴幼塔是用来存放婴幼儿的遗体,这些婴幼儿的父母太穷,无力承担正常的丧葬费用。孩子死了以后,遗体用竹席裹着,存放在塔里,一旦塔里的尸体存满了,官府就会把尸体清理掉。

9 月 5 日

我登上英国战舰"紧急号"(Urgent)前往香港并于 10 日抵达。第二天,我开始接管暂编营的医疗事务。大约过了一个月,6 名医生从英国来到香港,我面临两个选择,留在香港暂编营,或重新加入华北的远征军,根据最近的报道,那里的敌对行动仍在继续。我选择了后者,10 月 11 日,我再次登船前往白河。

我忍不住要描绘一下在香港期间经常看到的,作为中国传统盛装庆典活动的实例,被称作"菩萨会"(Joss Pigeon)的盛大节庆活动:

大街上每天都有队伍穿行,有大约 3000 人(包括当地的中国商人和小贩,穿着最华丽的服装),队伍有一英里长。队伍中有许多乐队,还有以舞台人物形式出现的群体讽喻表演,这些表演在安有车轮的活动平台上或是由人抬着的轿子中进行。三条巨大的龙——每条有 100 英尺长,由 30 个人举着——是队伍中最突出的表演特色。

每天晚上,在专门为这种活动搭盖的建筑中举行大型娱乐演出并对公众开放,不用买票。这是一座用竹子搭盖的高大的架子,外面用席子罩上,建筑内很考究地摆放着大量描金屏风和佛像。许多装饰物是由一群动作机械的真人装扮的。整座建筑用数百盏玻璃吊灯照明,灯火通明,格外引人注目。在这座建筑中的几个地方都在举行演唱会或器乐演奏会,茶点室免费提供茶水、蛋糕和水果等。无论中国人还是外国人,各个阶层的人们都可以随意进入,人们普遍显得彬彬有礼。然而,最值得看的奇特的装饰物,是被普通的绳子吊着的华丽的吊灯和精雕细刻的镀金供桌,供桌的四周围着一圈普通的竹篱笆,用绳子拴着,供桌的上面可以看到悬挂着一些颜色艳丽的布帘。建筑内到处都可以看到展览用的温室,摆放着花卉、树木、灌木丛,等等,安排得很有品位。在建筑物的外面,还有茶点摊和食品摊,游客可以在建筑内享用茶水和蛋糕,还可以在外面的茶点食品摊享用更多的美食。人们走到摊子前,取用桌上摆放的食品,按照消费的多少付账。

当时的《香港记录报》(Hong Kong Register)上,曾刊文专门谈到这一庆典活动的起源:

> 传说有一个年轻人,名叫穆麟(Muh-leen),"阁下"头衔是现在加上去的。他的一生很是不幸,他的母亲性格非常凶恶,死后被打入十八层地狱。穆麟的心地非常善良,他知道他的母亲饱受折磨,就在七月十五日这一天,前往母亲接受惩罚之地,成功地把母亲救了出来。他的仁慈之责并未就此停歇,也没有急于关闭地狱之门,许多幽暗中的鬼魂趁机逃脱了牢笼。正是这种即兴的劫狱,创建了这一时期的宗教庆典。中国人称这一庆典活动为"守恶节"(Shaoa-e-tsee),是源于用彩色纸制作衣服,然后再将其焚烧的风俗,这些衣服就可以穿越到无形的世界。乐善好施的富人,就会聘请僧人和道士,大做法事,施舍美食,经文和食物都无偿提供给人们,鼓励他们设法躲过黑暗的寓所和灾难,并为那些与他们毫无关系的孤魂野鬼,向其祖先的灵魂表达敬意和替他们说情。中国人还乘船到水上,为那些淹死的灵魂散发经文,焚烧衣服。

在 10 个中国人中,或许没有一个人能说清楚他们参加庆典活动的原因,可是根据上述最初建立起来的形式，至今一直保持着这一习俗，中国人尊重任何古人建议要做的事务，或者按照他们的"洋泾浜英语"的说法是"老习惯"（old custom）。我并不认为这样的壮观典礼仪式会在中国到处蔓延，我听说香港的中国商人中已经募集了多达 32,000 元的一大笔捐款，用于庆典游行的花费，这为居留地商业的繁荣提供了有力的证明。

10 月 11 日，我与"强力号"（Force）随船牧师哈尔平（Halpin）神父、外科医师宾登（Bindon）医生以及特使副助理罗斯（Ross）一起登上大英轮船公司的"艾登号"（Aden）轮船。这是一艘普通邮轮，刚刚经由苏伊士运河到达香港，又专门包租用来运送第一〇二步兵团的 180 名法军士兵去上海。这些士兵似乎是一帮很快活、无忧无虑的家伙，他们一路总是笑着、聊着天、相互打逗着。他们对长官——从士兵提升的一名少尉——明显不大尊重，看起来，他们与他相处相当随便，不拘小节。

第二天，大部分时间是在海上，为了能行驶在平静的水面上，我们尽量靠近陆地航行，海岸高耸，景色宜人。太阳落山的时候，我们的船的中部开始灌进了许多水，坐在那里的法军士兵开始纷纷拥到船尾楼上。船长发疯似地命令他们下去，他们拒绝下去，轻声地说道（也大都是实话），他们不是鸭子。船长凭借个人的努力无法驱逐这些士兵，他转而向他们的长官请求帮助，这位长官非常明智地拒绝介入。然而，由于这样做无疑不符合"铁行轮船公司"（Peninsular and Oriental Service）关于禁止擅自闯入船尾楼的规定，士兵们又不能勉强待在船的中部，他们可以退到甲板的中间，但那个地方非常热，乃至士兵们说他们几乎喘不过气来。于是，他们不管船长是否发火，还是聚集在空气新鲜的干燥的船台上。

我们经过"大舟山"（Great Chusan）和一群群岛屿，许多小船在岛屿周围游荡——他们是海盗，当遇到不招惹他们、软弱的渔民时，他们就显现出与海盗截然相反的态度。当我们接近"灯船"（light-ship）的时候，便请了一位引水员①来到船上，17 日下午，我们在英租界下游不远的地方抛锚停泊。

---

① 上海的河道引水员主要是美国人，他们自己组成引水员公司，很早就实行定期注册方式。他们引导一艘船到上海，在拖船时，船舶每吃水一英尺收费银 5 两（大约合 35 先令）。

直到天黑了下来,我才得以上了岸。我了解到我的兄弟与第四十四团的一部分部队驻扎在上海城墙上的一座小庙里,于是便一路前往寻找城北门,因为我获悉那座小庙离北门最近。天很黑了,我只能缓慢地顺着洋泾浜(这条小河在英租界和老城之间流过)的一边前行,因为我害怕走过了河堤。我爬上城墙,顺着城墙往前走,来到一处防御工事前,遭到防御工事顶上站岗的一个英国哨兵的盘问。这表明我来到了西门,也是由第四十四团的一部分部队负责守卫。守卫部队的中士给了我一盏灯笼,我沿着城墙走了10分钟,终于到了我要找寻的那座小庙,如今已经变成了营房。在那待了一小会儿,我回到了英租界,得知第二天我们将继续北上,随同奉总司令之命开拔的海军陆战队左翼部队乘坐"澳洲人号"(Australian)一同前往。

我的旅伴们以前没有来过上海,都渴望能尽量游览更多的地方。第二天一大早,我就带着他们在老城城墙上转,因为这是让他们能看到周围乡村地区的最好的办法。走在城墙上,视线所及,四周全是耕种的庄稼地,人们只有表示遗憾,我们会与在农业上取得如此卓越成就的人民陷入一场战争,这里的人民的主要特征看来就是宁静地辛勤劳作,同时也更开化,也许比我们自己国家中同样的下等阶层还要开化许多。

我们来到前一天晚上我到过的一座寺庙,走进庙的底层,那里仍然供人们从事宗教仪式,而没有改作兵营。一名中国士兵跪在神像前的垫子上,手里摇着一个竹筒,竹筒中装着许多竹签,每支签上写着签文。他先对着神像叩头,然后摇着竹筒,直到筒中的一支竹签掉落出来。然后,他捡起竹签,交给坐在一张专用台子后面的一名道士。道士看过签文后,向那个士兵解释签文的含义,然后士兵走到供桌前,向悬挂在供桌一侧的长竹筒中投了一些钱,然后继续他的求神仪式。道士称了一些植物的根,在一个铁研钵中捣碎之后,将它们分作6份,分别包在小纸包里,然后交给那个士兵,全部求神仪式到此完成。

我从尼尔上校那里听说,与直隶省毗邻的山西省发起反对帝国当局的叛乱,他们企图向一名有权势的贵族"勒索"25万两白银,用于资助战争的耗费。这位贵族拒绝支付那么多,而只答应出资20万两,但没有被叛军接受,而是坚持索要全部款项。接着,这名贵族起兵谋反,自己宣布是该省的总督,全省大约包括 20 个城镇。①

这时,在上海,一切事情都进行得很平静,自从 8 月以后,叛乱者没有再对上海城发起进攻,尽管周围的乡村地区几乎都在他们的掌控之下。尽管如此,当时的丝绸织品仍然不同寻常地从内地大量运到上海,有时候要向叛军纳税,有时不用交税便可以通过,同时,上海向内地供给鸦片、武器和弹药。除了这些例外,其他大宗贸易已经完全停滞,消费者或者已经破产,或者不敢购买。叛乱者四处活动,在该地区的民众中造成广泛的恐慌。上海一些有身份的中国居民向卜鲁斯先生递交了一份请愿书,请求他怜悯他们的百姓,这导致英国战船停泊在不同地方,以保护交通要道,阻止叛军的侵犯。

10 月 18 日下午,我们一行人与马奇(March)中校率领的 260 名皇家海军陆战队员一起登上"澳洲人号"。这支海军陆战队实际上还有 250 多人当时在白河服役。1857 年,两个营的皇家海军陆战队共 1900 人,在前来中国途中发生沉船事故,这些海军陆战队员就是那次海难的幸存者。此外,还有200 名幸存者被派往加拿大的不列颠哥伦比亚省,其余的大部分或死或伤。

10 月 19 日

在今天早晨起航之前,看到一支由大约 50 艘炮舰组成的中国舰队从长江巡航归来,他们在那里监视叛乱者的动向。中午时分,我们出发了。不久,我们就远远看到了宝山镇(Pow-shun),现在那里是上海周围的太平军的指挥部。吴淞是帝国军队的前沿哨所,我们看到那里搭盖了许多帐篷,中国军队在四处巡游。

有关吴道台的传言,对他都是非常赞赏。他对为保卫外国租界支付款项,显得非常慷慨大方,例如在我们乘船出发前一两天,租界保卫委员会收到了一名英国造船商总计 2000 英镑的账单,用于在租界设立路障,吴道台毫不犹豫就支付了这笔款项。然而,我所听说的这个消息只是微不足道的例

---

① 这名贵族名叫张乐行(Chang-lo-sing)。以他为首的叛军此后继续了一段时间,但这次叛乱只是纯粹的地方事件。

子,这是他必须支付的、与最近的保卫措施有关的款项。他要支付的款项不会很快就停止,因为最近收到了来自白河方面通过邮件传来的命令:上海的英国军队的所有费用都要由他支付。

10 月 20 日

在与皇家海军陆战队戈弗雷(Godfrey)中尉的交谈中,我得知,他们 4 个英国人最近结伙进行了一次短途旅行,沿着扬子江往上游走了 50 英里,直至位于江北岸的帝国大型军事重镇"狼山镇"(Lun-Shan)。那里周围多山,到处是绝好的猎物,主要有鹿、山鹬、鹌鹑、野鸡等。他们刚一上岸,就遭到地方当局的盘查,询问他们到那里的目的。他们做了解释,说明他们是谁,到那里想做什么。地方官员对他们说,他们都是很好的人,非常高兴见到他们,可是他们去的月份太早了,打不到猎物。但是,他会为他们提供向导前往山里,而且还派了一队士兵作为护卫伴随着他们。他们在岸上一共玩了 3 天,但没有打到任何猎物,中国官员告诉他们还没有到狩猎季节显然是对的。

10 月 22 日

四天前登船的 260 名海军陆战队员中,现在有 30 人被列入病员名单,他们所患的疾病通常被视为疟疾。主管医官告诉我,这些病员相比他们在上海时,症状加重了。这种变化显然是由于疟疾流行地发生了变化,加上相比较而言完全相反的气候条件,导致对健康不利的结果。这与我经常观察到的非常一致,也有助于证明从我返回中国后形成的一种看法,即接触到排水性很糟的土壤和腐烂的植物之类所散发出的有害气体,实际上并非我们所熟悉的被称作疟疾发作的一系列症状的刺激因素,一般讲,引发疾病的原因是一种性质相反的气候,即新鲜空气的自由流动。

这种说法乍一听无疑是极端反常,但却是与实际情况一致的,而且我认为下面的解释是有可能的,即疟疾发生地的居所,尽管不是疟疾发作的直接诱因,也仍然是造成生命力低下的特殊环境因素。这些因素会致使身体器官发生很难被发现的、常常是不明显的改变,导致人体对某种气候异常敏感,这种容易患病的身体,具有引发阵发性发热的机能。而我所观察到的这种气候因素,最明显的就是一般的凉风。我在香港时就特别注意到这一现象,从酷热的维多利亚城(Victoria)①到海风习习的赤柱(Stanley)②,送到香港岛对面的伤员,患有疟疾和一般性疾病的,要多于始终待在条件并不利于健康的当地的伤员。另外一个例证是我后来又发现的。第六十七团的士兵们在占领广州城的时候,他们的健康状况明显很好,而且,只要他们驻扎在城市较低的地区,呼吸不到大量新鲜的空气,就没有人患疟疾。可是不久,他们迁移到地势较高的城区驻扎,那里经常有风吹过,然后他们就开始有人患上了疟疾,这种疟疾是由城外稻田的瘴气造成的。海军陆战队的情况是另外一个例证。现在,海军陆战队员们感染疟疾非常严重,他们驻扎的地方没有发现感染源,只有他们所处的纯粹的气候环境。因此我认为,可以不无道理地推论,在某种气候环境中的住处,无论其是否是通常所说的容易引发疟疾的类型,都会逐渐导致身体容易引发间歇发热或其他间歇性疾病。这种易染病的体质,是通过气候条件而激发的,对于那些真正健康的人而言,这种气候条件不仅是完全无害的,而且事实上也会使人精力充沛。

尽管我们听到过近年来在公共服务领域卫生科学所取得的各种进步,可是一个突出的例证却与我们今天所掌握的知识完全相反。去年夏天在上海,海军陆战队特别是其炮兵部队,有大量士兵感染疾病。他们对如发生灾难性的情况如何应对没有做任何规定,只是当有人死亡时,把尸体放置到单人牢房里,把囚犯迁走,直至办完葬礼。于是,一名被迁出的犯人拒绝睡在曾经停放过尸体的床板上,而是在他剩余的监禁时间中,一直睡在地上,用一段木头当枕头。

当我们靠近大连湾的时候,天空一片晴朗,天气状况总体还是很诱人的,除了我到大连湾的最后一天下了暴雨。下午 4 点钟,我们离开大连湾前往白河,在离开之前,许多民船载着水果、蔬菜、鸡蛋以及通常贩货船装载的

---

① 维多利亚城(原译域多利城,又称女皇城或香港城)位于香港岛西北岸,是英国人 1841 年占领香港岛后所建,现在一般称中西区及中区,是香港的政治和金融中心。——译者

② 香港南部小镇,英治时期曾是英军军事据点,在维多利亚城未建成前,曾是香港岛的行政中心。——译者

那些东西，驶离海岸，跟了上来。附近一带好像盛产鹌鹑，"马吉西恩号"（Magicienne）的一名军官昨天就猎杀了 27 对。

10 月 25 日

与布恩（Boon）上校谈到了印度土著人常常受到英国人的虐待，而土著上层也遭到侮辱，他们亲耳听到称他们为"黑鬼""苏阿斯"①，在东方人听来，后者是对人最具冒犯性的词语，这导致我们讨论到我们在日本的前景。按照他的看法，不久，英国人在日本普遍的侮辱、不友好和飞扬跋扈的行为，将会导致欧洲侨民遭到杀戮。这种观点与我近来多次听到的那些曾造访过日本港口的人们所谈到的完全一致，因此我这次能有机会熟悉当地人的态度，以及他们对英国人性格的印象如何。

就我所能知道的，美国人与日本当局之间的关系，看来要比我们好得多。他们往往是通过默默的、坚持不懈的努力，才取得了这样的结果，而我们通过威吓和企图借助对他们的偏见来达到这一目的，结果完全失败了。这是我们的国民性格特征在国外表现出来的糟糕的缺陷，而且直到或多或少得到克制之前，这种性格缺陷将意味着——正如我们已经常常看到的——会随时把我们拖入与那些半开化的种族之间的战争，正是出于商业利益，我们才把他们看作一个国家而与之打交道。

10 月 26 日

清晨时分，停泊在白河口外的舰队的桅杆开始出现在地平线上。尽管舰只的数量比我以前看到的减少了将近一半，但是整个舰队仍然呈现出壮观的景象。上午 9 点钟，我们紧靠英国军舰"称霸号"（Impérieuse）下了锚。那艘舰上依然挂着琼斯少将的旗帜，他现在负责指挥白河上的舰队，而贺布海军上将的司令部设在天津。

我们的船刚一停泊下来，布恩上校就前往少将的舰上请求指示。他回来后告诉我们，非常有望能缔结和约，已经从北京接到命令，现在北京已经

---

① Suars 的音译，是对印度人的一种侮辱性称谓，意为吃猪肉者。——译者

设立了联军指挥部，所有来自南方的军队都被阻挡在白河口外的舰船上。

我们这一群人没有明确属于哪支部队，我们登上"称霸号"，面见琼斯将军，他承认我们有权至少要尽快到达天津，并准许我们乘坐一艘即将开往天津递送邮件的炮艇。我们按照他的命令登上"玩笑者号"(Banterer)，12 点30 分炮艇起航，炮艇后面拖着一艘大帆船，船上装满了政府的补给品。"玩笑者号"的甲板上也堆满了各种杂物，盒子、木桶、成卷的席子、木柴，等等，一并运往天津，也不管实际是否需要，目的就是将运输船清理干净，以便尽快付清运费让其离开。

很快，我们就来到了周围有数英里带雉堞围墙的塘沽。居民们好像都已经回来了，而且几乎已经看不到曾经被我们占领过的痕迹，也显露不出就在两个多月前，那里曾发生过激战。下午 5 点钟，强劲的潮水撞击着我们的船只，我们停泊在新河上游不远、河北岸一处砖墙附近。天黑了下来，许多民船从我们面前经过，趁着落潮向大沽方向驶去。船上主要装载着木柴和饲料。

好心的船员们让我们睡到了帆船的舱室里，而他们自己却钻到了船底大统舱去睡，那里完全不通风，只有他们钻下去的小舱口能有空气流通。船员们认为，由于缺乏新鲜空气，统舱显得很暖和，他们相信那里有足够的立体空间，所以非常有益于身体健康。

我们到了天津，穿过一座浮桥。由若干船只连接起来的浮桥横亘在河道上，当有船要通过时，浮桥中间的船只可以很快地移开，浮桥的管理人为此要驻守在桥边。我们刚一上岸，就获悉了几分钟前从北京传来的新闻报道，本月 24 日，在距离北京城 3 英里的一座接待厅，签署了和平条约，恭亲王代表皇帝签了字。据当时在现场的人描述，签署过程中双方丝毫没有显现出亲切友好之意。与法国的条约在第二天也签了字。

九

白河发生种种事件的概述—钦差大臣与额尔金勋爵联系—谈判破裂—向通州进军—怡亲王—巴夏礼先生的访问—9 月 18 日—努力找回被囚禁者—恭亲王—向北京进军—皇宫遭劫—囚禁者返回—安定门弃守—被杀英国人的葬礼—烧毁圆明园—进入北京城—条约签署—中国人谈判的特点—中国人 9 月 18 日的做法—额尔金勋爵的观点

自从我 8 月下旬离开后,白河发生的一切非常有意思,这里有必要做一概述。当时,前景似乎充满了和平。僧格林沁的军需部门继续负责供给联军部队。额尔金勋爵和葛罗男爵在等着桂良和其他被指派批准和约的钦差大臣从北京来天津。

8 月 25 日,桂良致函额尔金勋爵,声称他已被皇上授予全权,为交换批准书做必要的安排。他将随身携带着帝国钦差大臣的印鉴。而根据英国政府的主张,他的权力不足以讨论和解决问题。

额尔金勋爵于 29 日复函中指出,由于中国政府未能以和平方式接待英国使节,联军的行动是有必要的,从而导致大沽炮台和天津城被攻占,现在仍然被联军占领。由于帝国政府的所作所为,导致战争耗费不断增加,所要求的赔款必须由四百万两增加到八百万两,如若这些要求被搪塞或者被拖延,联军总司令将会下令从天津向前推进。

钦差大臣到达时,又增派了前任粤海关监督恒祺为帮办大臣。威妥玛和巴夏礼于 9 月 6 日拜访了他们,并带去了一份协议草案,内容是确定 8 日签署批准书。他们回来后,向额尔金勋爵报告说,钦差大臣宣称,他们无权签订任何协议,只能先呈交给皇上,而且授予他们官衔的谕旨里的一些用词也没有明确授予他们这样的权力。随后,钦差大臣要求会见额尔金勋爵,他婉言拒绝了他们的请求,理由是他们声称他们的权力不足,他们想当然地以为可以诱使勋爵认为他们有能力签署和约批准书。勋爵以下面这段话结束了他的专函：

> 笔者不再赘述这次交往所表现出来的缺乏诚意。这足以让我怀疑是否需要从这样遥远的地点谈论北京，我将不会再忍受如此的拖延。据此，我将拜访英国在华皇家军队总司令阁下，为他提供一支军队，使他能够立即向通州进发，而且我会再次通知帝国钦差们，我既不会接受他们的拜访，也不会与他们达成任何重建和平的协议，直至我进入那座城市。

随后，钦差大臣请求推迟三天，以便他们能够从北京获得权力。额尔金勋爵拒绝同意他们的请求，接着他们再次吁请推迟，提出英国军队向北进军势必会造成使百姓惊慌的最不幸的后果。额尔金勋爵坚持他的决定，宣称将会发表通告，要百姓放心，联军仍会保护他们免受干扰。

额尔金当即向联军司令官发布命令，调集足够的部队向距离北京大约12英里、筑有城墙的城镇——通州进发，在到达那里之前，将不会恢复谈判。

9月9日，第一支部队在雷夫斯准将的率领下开始出发。翌日，孟斗班将军率领3000名法军出发。11日，额尔金勋爵抵达距天津20英里的杨村。又过了一天，他收到了帝国两名职位最高的官员——怡亲王（皇帝的近亲）和穆荫的信函，信中说，桂良已经获得全权，讨论和处置拟定条款的"方式和规则"；现在正在前往通州的额尔金勋爵将会浪费时间，而且很有可能会在军队和百姓的心中产生怀疑和惊慌；他们接到命令前往天津商讨一切事宜。

这份文件所用的印鉴看上去都是新的，上面的用词是"亲王钦差大臣"。

同一天，额尔金勋爵给予答复，详述了在天津所发生的一切，表示他决心坚持他已经做出的决定，在到达通州之前不签署条约。

第二天，钦差大臣复函称，他们已经到达"马头"（Matan），因此为了不浪费时间返回通州，他们认为最好是英国军队返回天津，会谈在中间的某个地方进行，在河西务或安平，如同额尔金勋爵所决定的，届时他们将缔结条约，盖印并签字。

在答复之前，额尔金勋爵致函克灵顿爵士，询问英军是否能够继续不间断地向通州进发。克灵顿爵士的答复说，至少需要七八天，否则的话，要部队此时从他们抵达的地点——距离天津40英里、位于白河沿岸的城镇河西务——继续向前推进是不明智的。因为部队力量太小，需要增援，必须在河西务设立一个补给站，以便从运河用船舶运输供给品。

根据这种情况，额尔金勋爵决定在一定范围内接受钦差大臣的建议。他致函钦差大臣，提出联军将继续向通州推进，但是如果中国当局能保证满足我们的要求，他会让联军在距离通州适当的地方暂停前进，然后他从那里由1000人组成的卫队陪同前去通州签订协议，再前往北京交换《天津条约》的批准书。额尔金勋爵将这封信函交付威妥玛和巴夏礼两位先生前往呈交，同时建议他们如有可能要面见亲王及其同僚。他认为，对这些第一次与外国人打交道的高官来说，把我们在中国的真实意图和目的通过口头加以解释，可能会比用书面表达更具有影响力。

在这次通州会面中，钦差大臣犹豫了一阵后，同意在通州与全权特使会见，联军主力部队也在距离张家湾5里的地方停止前进。

巴夏礼先生在向额尔金勋爵汇报了会面结果之后，又与沃克（Walker）中校、汤姆森（Thomson）先生、罗亨利先生、德诺曼（de Norman）先生以及鲍尔比先生一起，并由安德森中尉率领的由5名国王龙骑兵和20名费恩骑兵团骑兵组成的卫队随行护卫，返回通州为接待外交使节做准备。法国人也采取了同样的步骤。联军则前往准备好的宿营地驻扎。

巴夏礼先生获准拜谒怡亲王，并受到亲切的接待。在交谈过程中，最大的难题是如何将女王的亲笔签名信函递交给皇帝，钦差大臣逼迫巴夏礼先生同意不用亲自呈交。对此，巴夏礼先生无权决定，但他答复说会将这一建议报告额尔金勋爵。法国使节秘书也拜见了钦差大臣。双方同意由帝国钦差大臣发表一份公告。晚上8点钟，巴夏礼先生从钦差大臣衙门离开，表示对会谈结果非常满意，他们似乎感到已经达成了初步的和约。

"9月18日事件"已经是众所周知，无须再详细叙述了。一大批中国军队在前一天就占据了有利的、扩展开的阵地，控制了钦差大臣亲自划出的供联军驻扎的宿营地。英国和法国谈判代表返回时，穿过了所划的这些界线。有些人安全通过了，可是一名法国军官附近发生了混战，中国士兵包围并虐待他。中国军队首先开火,接着双方发生了交火。在此期间,巴夏礼先生以及和他一起前往的一些人在界线以内被抓,尽管他们举着休战旗。被中国人背信弃义拘押的有 26 名英国人、12 名法国人。他们所受到的恐怖的对待,以及随之发生的 20 人的死亡,其具体情况通过巴夏礼和罗亨利的生动讲述,已经是人所共知的。

联军通过各种努力,企图找回那些被扣押者。先是在张家湾击败了敌人,然后是在八里桥,使敌人遭到一次沉重的打击,缴获了 43 门火炮。现在,通州已经被联军占领。在那里,收到了皇帝的兄弟恭亲王的信函,宣称他已经取代"办事不力"的怡亲王,被授予全权前来谈判。谈判在恭亲王和额尔金勋爵之间进行。交换扣押者的要求被一次次地拖延,恭亲王说,只有联军后退他们才会归还被扣押者,而且只有签订和约,才会充分考虑遣还被扣押者。这一答复只能被看作拒绝所提出的要求。据此,额尔金勋爵要求联军司令官向北京进军,向在僧格林沁指挥下、在北京以北扎营的中国军队推进。

10 月 5 日早晨,联军接近北京,在距北京城大约 5 英里的地方暂停前进。法国士兵由于每个人都随身携带着帐篷的一部分配件,所以他们都能住在帐篷里,而英军由于帐篷和行李都在后面,所以只能露天宿营。第二天,部队继续前进,并到达北京东北面的一处地方,从那里可以看到北京城门。法国军队由此经过一段短途行军,便到了圆明园,他们当即抢劫了圆明园。8 日,按照恭亲王的命令,拘押在北京城内的被扣押者被交了出来。9 日,英国攻城炮兵到达,向中国人提出要求,在特使进入北京城交换条约批准书的时候,要让出永定门,交由联军把守,以作为他们显示诚意的保证。10 月 13 日被确定为最后时刻,如若届时这一要求没有照办,北京城就难以避免战火。联军为攻破城墙做好了各种准备,法国人没有攻城加农炮,但他们将野战炮推进到靠近城墙的地方。

10 月 13 日早晨,巴夏礼先生在城外会见了恒祺,他使出浑身解数设法拖延交出城门。将近中午,中国人仍然控制着城门。"负责指挥炮兵的军官开始为开火做好各种准备,装填炮弹,炮手站好炮位,等候开炮的命令。离 12 点还有几分钟,安定门打开了,城门交由少将纳皮尔爵士指挥的第二师负责守卫。我们的军队立即占领了城门,法国军队也随后照办。"英军占领了安定门到德胜门①之间的城墙,法军占领了德胜门到城东北角之间的城墙。这样,长达 2 英里多、顶部宽度超过 50 英尺的城墙都处于联军的控制之下。野战炮架设在城墙上,以便控制从城内接近城门的中国军队,城门迅速置于防御状态,以抵抗从城内发动的进攻。

10 月 17 日中午,安德森、德诺曼、鲍尔比以及二等兵菲普斯(Phipps)的遗体,被掩埋在北京城墙外的俄国人墓地中,俄国公使伊格纳提夫(Igna-tieff)将军做了周到的安排。灵柩安放在叉开的炮架上,骑兵和步兵列队护送,乐队奏响哀乐。额尔金勋爵和克灵顿爵士担任主祭,公使馆成员和总司令部的参谋们充当抬棺人。英法两国军队的许多军官,包括孟斗班将军,都出席了葬礼。葬礼仪式由驻军牧师麦吉(M'Ghee)先生主持。据说,仪式中最惹人注目的一件事,就是一位罗马天主教神父和一位希腊东正教神父一起出席了葬礼,他们身着法衣,站在墓穴旁,共同为亡者祈祷。

10 月 18 日,第一师的一支部队从位于北京前面的营地开往圆明园。两天来,联军一直占领着圆明园,执行摧毁所有建筑的任务,这些建筑散布在几英里的区域内。到 19 日下午,尽管还有许多建筑逃脱了被摧毁的命运,但主要的宫殿建筑差不多都已被摧毁。下面是一名目击者对此表达的一些看法:

> 要求在两天之内焚毁全部的建筑和园墙。许多很宝贵的不可移动的财产,就这样被毁掉了。据说,除了建筑以外,被毁掉的财产价值超过了 200 万英镑。先是法国人在 10 月 6 日进入了圆明园,从园门到最后一座建筑至少要有六七英里远。它位于北京北面平原边缘的第一座山脉的山脚下。广阔的土地上,到处是花园、宫殿、寺庙以及建在假山上的宝塔,有的宝塔高达三四百英尺。各种各样的树林分布其间,透过绿色的树叶,可以看到形形色色黄色瓦顶的帝王宫殿。一片很大的湖泊深藏在树木葱茏的群山之间,湖中三两座岛屿,岛上造型别致的建

---

① 西北的城门,出城门有一条宽阔的道路通向长城和热河。

筑,通过奇特却又漂亮的石桥与湖岸相连。一边的湖岸延展两英里,蜿蜒曲折,其间有洞穴穿过一座座花园,开满鲜花的藤萝笼罩在头上,这是皇帝及其臣僚最喜欢散步的地方。有的地方,宫殿建在了水边,走过建在湖面上的精巧、美丽的石廊,可以穿过一座座宫殿。圆明园背靠高高的燕山,无疑是我迄今所看到过的最神奇、也最美丽的景观。在摧毁圆明园的过程中,士兵们偶然发现了马戛尔尼勋爵代表乔治三世送给中国皇帝的两件礼物:一辆四轮马车和两门12磅榴弹炮。这些礼物一切都很齐全,保存完好,并明显经过精心修理。然而,说也奇怪,他们拥有这些大炮,却从未做出任何努力改进他们自己的野战炮车。我们发现,弹丸和炮弹就堆放在紧挨大炮旁边的马车房里。

这里我可以说,军队在摧毁宫殿时发现的财物他们可以捡起,许可他们据为己有,然而,这种许可对他们来说并不能大量运用,因为存留下来的有价值的物品,多数都不便于携带。可是,这些军官可以利用各种运输工具,将大量财物运走。

按照克灵顿爵士的命令,在宫殿被烧毁之前获得的所有掠夺物,一律通过拍卖售出,所获收益作为奖赏基金,按照级别统一分发,一名列兵获得的份额为17元,相当于大约72先令。按照份额可以分到一大笔的克灵顿爵士,慷慨地予以放弃。约翰·米歇尔爵士和罗伯特·纳皮尔爵士随后也同样慷慨地表示放弃。这样,他们放弃的这一大笔,就可以使低级别的官兵所获的奖赏金大为增加。拍卖抢掠物的总收入为123,000镑,其中三分之一在军官中分发,其余部分分给军士及其他士兵。

现在,要准备到北京内城的礼部衙门签订条约了。

10月24日,额尔金勋爵由500人的卫队护送,正式进入北京城。恭亲王携带着盖有皇帝大印的文件,条约随之签署并互相交换。

10月25日,法国方面举行签约仪式,程序与前一天相同。这次恭亲王显得更放松,或者说与前一天签署英国条约时相比,可能显得不那么惊慌。

10月26日,条约由罗亨利先生负责发送英国,安森少校同时将条约文本发送联军总司令。

10月27日,额尔金爵士住进他在北京的寓所——位于内城东南城门附近的怡亲王府,这样适合他接待客人。

关于和约的谈判,终于有了这样一个成功的结局,一种观点认为,中国政府的意图在谈判开始的时候是缺乏诚意的。据认为"桂良的谈判只是通过做假来赢取时间,此外再没有其他目的。所以,如果可能,就将谈判拖到冬季。他们认为,气候太恶劣,我们的身体很难再次承受"。我更倾向于相信中国的谈判意图是有诚意的,可是他们对我们增加了要求一无所知,当桂良和他的同僚们了解到我们要求的确切内容后,发现他们的权力不能胜任他们要处理的事务,要求北京给予进一步的指示。我认为,他们明显的不诚实是他们的具体做法,他们在一开始就不能坦诚地说明他们所拥有的权力是有限的。逃避现实是我们都知道的中国人的性格特征,也是东方外交普遍的特点,在中国,讲真话是讨人嫌的和不明智的。钦差大臣被授予的权力是接受1858年的条约,用开放天津贸易代替使节进驻京城。再进一步的要求,他们就无法答应了。在圆明园的宫殿里发现的文件确定了这一点,皇帝批准对那些有争议的、最重要的条款做出让步,他决心不惜重新诉诸武力抵制并不很重要的条款,即支付赔款、军事占领一些口岸城市直到付清赔款、使节率武装卫队进入北京、公使常驻京城。

我还认为,错误的判断导致了中国人对"9月18日事件"采取的做法。怡亲王和穆荫在与巴夏礼先生打交道时明显缺乏坦诚的态度,我坦率地说,休战旗被可耻地亵渎了。但是,我并不认为他们怀有任何蓄意背信弃义的意图,不论是抓捕我们的人并最终将他们囚禁,还是在张家湾设伏并将联军引入安排好的宿营地,使其进入埋伏圈,都是如此。

关于这一点,额尔金勋爵在9月23日写给外交大臣的信函中,也表达了同样的看法。勋爵谈道:

> 我想谈一谈有关本月18日再次发生的敌对行动的缘起和引发的原因。我斗胆地揣测,中国人发动这一行动的动机,并非有非常安全的保证;更多的信息很有可能会改变我现在所持有的这种观点。可是,我目前对载亲王及其同僚怀有背信弃义的蓄意目的这一观点仍表示怀疑。

但据我的观察,都统僧格林沁认为,他们允许我们的军队在如此靠近他防线的张家湾扎营,已经在军事上做了让步。当联军部队前往分派给他们的宿营地时,他试图通过士兵列队行进这种大肆炫耀以及准备进行抵抗的方法消除这一有害的后果。我们的一些人,包括沃克中校和他的卫队、我的私人秘书罗亨利先生、法国使馆葛罗男爵的秘书巴士达(Comte de Bastard)等,在早晨从通州返回经过清军驻地时,没有受到任何无礼或粗暴的对待。然而,大约差一刻10点钟,一名法国军需官遭到清兵的袭击,这是在什么情况下发生的,还没有完全弄清,然而这一事件引发的交火,很快就演变成一场战役。总的来说,我得出的结论是,在这种情况下,中国的全权代表和军队主帅的做法是愚蠢、缺乏坦诚、疑心以及虚张声势的混合,这些是这个国家处理事务的普遍特点。然而,我并不认为,僧格林沁已经在战场上感受到我们的军事优势之后,他或者他的行政官员同僚们,会有意挑起冲突,正如事件的发生已经证明了的,他确实是被打败了。与此同时,他用他的大炮和一支军队控制住指定给我们的营地,以及一名从通州返回的法国军官在他的防线遭到袭击和杀害,这名军官带着中国全权代表获悉和同意我们的要求的信息,这些事实完全证明了,中国当局在这件事情上要对他们的背信弃义负责,而联军统帅由此采取的行动是有必要的。

天津—军队住房—被哨兵射伤的中国人—松糕商贩—海光寺—城墙—瓢泼大雨—强征房屋—枷铐—英国供给委员会—谕旨—中国人的宴会—中国伤兵—知县—额尔金勋爵回到天津—北京发生的事件—军队回驻天津—商业重现—中国人的晚宴—印度士兵—葛罗男爵离去—巴士达—额尔金勋爵离开—第三十一团的食堂—白河结冰—克灵顿爵士—赔偿金收到

10 月 28 日

整个冬季天津将被联军占领。英军的指挥官是斯塔维利准将。军队驻扎的准备工作即将开始。被定为总医院的一大片房子于昨日投入使用,每天从北京用救护船经白河转运过来的病人陆续到达,这些房子很快就住满了。此外,还有相当一部分病人也在天津的炮台集合,等着被送往舰队。

总医院位于紧靠河岸的地方,由一片平房组成,是中国私人住宅常见的建筑模式,即三面房屋围成一个院子。每一处房屋都有一套房间,中间那间正对着门,两侧各有一个房间。① 房间之间用较宽的折叠门隔开,折叠门上部三分之二设计成简洁图案的格子状,并糊上普通的白纸,在中国北方普遍的做法是糊纸而不是镶玻璃。窗户很大,从门的两边一直延伸到整个房屋的前脸。窗户也像房间之间的格栅门一样,设计成装饰性的窗格栅,再糊上白纸。房屋通往外面的门也是一样。墙壁和屋顶都贴着光泽亮丽的印花白纸,这和英格兰居室里贴的壁纸很相似。卧室中,寝处隐在木制带格栅的屏风后面;睡觉的地方是用砖砌成的炕,离地面大约两英尺,天冷的时候,通过从炕的下面通过并与外面的炉灶相连的烟道供热取暖。木制窗台面朝砖炕,炕上铺着织得密密的席子。诚如上面所描绘的,地位优越的中国人,其住宅内大都整齐、干净、美观。这栋房子是天津张姓大盐商②的,据说此人不但家财万贯,而且还乐善好施。

昨天,一个中国男孩被送进医院,他大约 14 岁,胸部严重受伤。他在试图从官方仓库中拿走两三个旧铁环时被英国海军陆战队的哨兵发现,哨兵并没有试图逮捕他,当时他也可以这样做,但是他故意举枪向男孩射击。最近也有一个中国人被值勤的锡克士兵开枪打死。这名男子正要走近一座不允许中国人通过的桥梁,值勤的锡克士兵用印度语盘问他,这名男子当然听

---

① 中国绅士的住宅,诸如我们所说的这幢建筑,都是由一连串这样的院落组成。中间的房间用作起居室或茶点室,两边的房间通常作为卧室。

② 这里指的是盐商张锦文(1795—1875),清末天津巨商"八大家"之一。英法联军占领天津期间,张锦文带头组织地方绅商成立"支应局",为联军提供日常之需,以换取外国军队不伤害地方。——译者

不懂,继续往前走,于是就被开枪打死。以军事占领期间"哨兵命令"的方式,把生杀予夺的权力交给缺乏判断力的哨兵,不可避免会导致恶性事件发生。最近发生的一个例子:一名英国哨兵在白河桥上站岗,按照他接到的命令,桥的附近禁止当地船只通行,一条船不顾警告仍试图通过,哨兵开枪打死了船上的舵手。只要稍微做点判断或思考,用其他方法阻止船只通行,就可以避免这样的事件发生。这些人只是一些急于想驾船穿越禁行地点的村民,他们根本听不懂那些警告他们不许继续前行的话语是什么意思。

虽然有这些不幸事件发生,但士兵和小商贩之间还是很快就出现了非常活跃的商品交易。一个在军队中以卖松糕而闻名的甜食小贩,正操着英语,对每一个光临其商店、外表体面的顾客打着招呼:"你好,早上好,请坐,来一块松糕尝尝。"他拿着一本书,请每一位光临商店的海军和陆军军官在书上签名。有的人借题名之机,并不是要赞美书的作者的高品位及其优雅的风格,而是戏称其本人为"松糕",对其含义完全无知的小商贩却显得很高兴,尽管他明显有些迷惑不解,为什么有些人的签名似乎比其他人更引人注目。

10 月 29 日

今晨早餐时,在总医院分配给医务人员的庭院里,我们听到了鞭打声。在我们房间旁边的院子里,一名水手被绑在三载刑具上,正在宪兵司令的监督下接受体罚。紧接着,另一名海军陆战队士兵被抽打了"48 鞭"。前者躺在那里已陷入昏迷,后者曾虐待一个中国人。营房暂时的紧张看来是造成这种宪兵司令部与总医院多少有些令人奇怪地合并一处的原因。

下午,我骑马到了海光寺——签署 1858 年《天津条约》的地方。这是一座占地很大的建筑,坐落在天津城南的平原上,距离天津城大约有一英里,距离与前文已经提到的炮台相连的外围工事不远。这座寺庙一直被称作"条约寺"(Treaty Joss-House),三天前被改作总医院,现在寺内的各种法器被扔得乱七八糟,财物普遍遭到毁坏,一片混乱不堪的景象。大量的经书散落在各个房间。就在《天津条约》签订的大厅,有一间与大厅屋顶几乎一样高的小阁楼,里面藏有许许多多的书籍。一些神像体积庞大,保存完好。

在主寺门前,悬挂着一口非常精美的大钟,体积庞大,钟的表面刻有上千人物浮雕像。这口大钟没有钟锤,要像敲锣那样通过敲击发声。它旁边还有一张大鼓和一面造型奇特的铜锣,厚厚的金属锣面上刻有许多铭文。

我沿着外面土堤的顶上走了很远,发现土堤的前面有一条又宽又深的壕沟。显然,这道土堤一直延伸,环绕整个天津城和白河两岸的郊区。

回到城里,我骑着马绕着城墙走了一圈。城墙很多处已经圮毁,有些部分由于地基松动已塌了下来。市政当局出于对一切古物的崇敬之情,并没有拆掉或适当修葺损坏的城墙,而是一直保留着坍塌的部分,而由于城墙下部沉陷,造成上部墙体的豁口越来越大。

昨夜,罗亨利先生带着条约从北京回到天津,今天早晨已动身前往英国。北京距离天津80英里,从天津到北京,如果走旱路,得花上2天。如果走水路,距离就远多了(大约120英里),坐船一般要花5到7天才能到达通州,那里是从白河去北京最近的地方。我们在那建了一个补给仓库,由英国海军陆战队守卫。从北京最近传来的报告看,军队大约在11月2日开始撤离。额尔金勋爵现在正在北京,等待皇帝批准条约的谕旨从热河送达北京,同时也每天期盼着卜鲁斯先生从上海抵达北京。

10 月 30 日

夜里下了一场暴雨,今天早晨,街上淤泥很深,根本无法出门。白天,两个喝醉的士兵抱在一起在几乎淹没他们的淤泥中打滚,惹得围观的一群中国人哈哈大笑。在泥地里打滚之前,他们可能已经麻烦缠身,因为他们侮辱了第十九旁遮普团的一个卫兵。他们被带到宪兵司令部,由于衣服上沾满了泥污,认不出他们属于哪个部队。把他们徽章上的泥污清洗干净,才确认他们是英国炮兵团的。

10 月 31 日

今天吃早饭时,我们又听到了"猫叫"的声音,那两个已经清醒的炮兵正在按规定接受"五十鞭"的惩处。

因为必须要为预计很快就会从北京来到这里的军队准备营房,引起了很大的麻烦。今天下午，第十九旁遮普团的副官柯里（Currie）中尉和我谈到，这个令人讨厌的任务占用了他一整天，他刚刚完成了这个任务，把四五十名上流社会的女子驱逐出一幢需要供司令部人员使用的大房子。房子门外设置了障碍物，但最终房门还是被打开了。士兵们在过道上遇到了几个男人，他们揪着士兵们的耳朵告诉他们，屋子里都是女人。但这也无济于事，命令必须执行。旁遮普士兵进到房间里，用武力驱逐那些女人。一些女人很镇静，另一些则高声尖叫，情绪激动。有的女子正在给孩子喂奶。柯里先生尽可能做得很慎重，从上午11点一直忙到下午4点半才算完成了任务，将那些寒心的、无家可归的女人赶到了淤泥没脚踝的大街上。只允许这些女人拿走她们的私人物品，但家具必须留下，要留给居住的军人们使用。这些女人的房间布置得非常整洁，梳妆台上还有镜子和胭脂盒。

自从与桂良的谈判破裂后，天津当局就停止了至今一直为我们军队提供的供给。执掌天津统帅权的罗伯特·纳皮尔爵士派出了一队卫兵，扣押了道台，直至供给恢复再释放。据说，这名官员在被卫队从他的衙门带走时，表现得就像一个任性的孩子，他拒绝老老实实地坐在椅子上，而是蹲在地上，用脚踢轿子。他被押到离天津炮台很近的一处军营，关在紧挨着罗伯特·纳皮尔爵士的帐篷里，并派一名哨兵看守他。把他关押了两天，供给恢复了，他也被释放了。他送给看守他的哨兵40元作为礼物，并评论道："你们士兵和我们士兵的不同之处在于，你给他们下命令，他们会去执行，而我们的士兵则不会。"刚开始时，他显得非常沮丧，他送信给罗伯特·纳皮尔爵士，要求给他一瓶烧酒和一把刀，因为他想要自杀。但罗伯特爵士答应了他的第一项要求，送他一瓶雪利酒，第二项要求则被拒绝。这位道台似乎与天津人民很有感情，在拘捕他的时候，有很大一群人跟在轿子后面，似乎非常担心他的安全。

11 月 1 日

街道开始有了英文名称并被写在街上，这包括上面提到的甜食店所在的大街，现在被称作"糕点师街"。今天我又走进了这家店铺，前面的店铺和后房里都挤满了士兵和水手。五六个伙计在忙着将松糕装进纸袋里，交给许多排队等候的顾客。老板仍然邀请老主顾们进店喝茶，吃松糕，并对当场消费不收任何费用。这又是中国人的性格与西方习俗的许多差异之处。

11月2日

今天看到一个带枷的人，在看似知县住处的房子前满不在乎地走来走去。枷由四块木板组成，卡在脖子的周围，每一侧有两块木板，再由两块十字形的木板固定，木板相接处贴着纸条，上面盖有官印，在刑期届满要从脖子上取下枷的时候，还要再次检查。

11月3日

今天游览了城西北角外的一座寺庙，其中有一部分用来展示各种肉体折磨和恐怖死亡方式的雕像。我猜测这是在传达佛教"什么是地狱"的思想。而且，从女人常常代表受难者来看，未来的生活对于她们似乎会充满了苦难。类似的庙宇遍布中国各个城市，这种庙宇在外国人中以"恐怖馆"（Chamber of Horrors）①而闻名。

"英军供给委员会"由当地一些最有影响的商人组成，他们每天聚在一处，讨论所有有关保证英军供给的事宜。他们负责制定价格，同时接受钱款并支付给承包商。

11月5日

北京方面传来了3日的消息。批准条约的谕旨2日从热河传到北京，现在看来一切事情都已经解决。下面是刊登在《邸报》上的谕旨：

　　咸丰十年九月十五日（1860年10月28日），内阁奉上谕：

　　恭亲王奕䜣奏互换和约一折。本月十一、十二等日，业经恭亲王奕䜣将八年（按我们的历法为1858年）所定和约及本年续约，与英、法两国互换。所有和约内所定各条，均著逐款允准，行诸久远，从此永息干戈，

---

①　可能是指城隍庙。——译者

共敦和好,彼此相安以信,各无猜疑。其和约内应行各事宜,即著通行各省督抚大吏,一体按照办理。钦此。

11 月 6 日

昨夜 11 时,卜鲁斯先生抵达天津,并于今晨 1 时在一小队锡克骑兵的护卫下骑马前往北京。

今天下午,在城里闲逛时,我注意到一幢建筑外面用粉笔写着"育婴堂,严禁打扰",落款是"斯塔维利准将"。我从门往里看,里面似乎规模不小,而且我相信这个育婴堂是靠志愿捐助维持的。

文庙现在是被一部分辎重队占用,中国工匠正在院子里忙着建马厩。庙的院墙是由土坯砌成的,墙面抹着一层通常见到的由泥土与碎麦秸混合而成的墙泥。

11 月 7 日

昨日,"英军供给委员会"在离城大约两英里的一个宾馆里宴请军需处的主要官员,孟甘(Mongan)先生和达文波(Davenport)先生陪同做翻译,相同数量的中国人出席了宴会。据称,双方交谈得很热烈,吃的也很丰富。宾主之间通过翻译,主要讨论了美味佳肴,政治及其他事务都被很小心地避开了。这次宴会的各种菜肴就有 80 道之多,上菜的前后顺序却与我们正好相反,先上茶和甜点,然后上鱼,最后上汤。

9 月份,仅天津城,从军队资金支付给中国承包商的各种费用就达到 7000 英镑,这笔开支还不包括用于天津炮台和大沽的大笔费用。

11 月 8 日

今天下午,少校军医丹尼(Denny)被埋葬于南城墙外的旷野。他本来被派驻在河西务,但两天前因病危被送来天津,并于昨天逝世。最近三天医务人员死者较多,今天上午,北京传来消息,少校军医汤姆森(Thomson)于本月 5 日突然去世,他是第二师的首席医官。他与战俘一同葬在俄国墓地中。

11月9日

今天傍晚,第六十七团的一些军官从北京抵达这里。7日早晨,罗伯特·纳皮尔爵士随同第二师从这里出发了。卜鲁斯先生抵达北京后,由额尔金勋爵出面,将其引见给恭亲王。额尔金勋爵仍然住在内城的怡亲王王府,并有一支皇家步兵作为荣誉卫队。

11月10日

今天上午,第六十七团陆路行军到达天津,他们看上去个个显得很脏,衣衫褴褛。随后不久,皇家工兵第十连也抵达这里。现在,天津患病者的人数大大增加。今天早上,总医院的院子里一度躺满了来自不同部队的病人,他们在等着轮船开到医院对面的河边,把他们送到舰队去。这些病者包括:国王近卫龙骑兵团、辎重队士兵、步枪射手、海军陆战队、炮兵、工兵、步兵,他们组成了一个编制混乱的队伍,瘦削的双颊,凹陷的双眼,表明他们患有严重的慢性疾病。就在他们仨一群俩一伙儿地躺在地上的时候,与鼓励他们和疾病抗争完全相反的一幕明显摆在了他们的眼前——为两名刚刚死去的士兵举行了简单的葬礼。

11月11日

今天早晨,由孟甘先生陪同,我看望了一些在医院接受治疗的受伤的清兵。他们一共有6个人,其中3个人是在大沽受的伤,另外3个人是在八里桥受的伤。后3个人中,一个是掌旗官,一个是骑手,一个是弓箭手。据他们说,鞑靼骑兵每月的军饷是5两半银子,这笔钱得用来穿衣、吃饭,还得给马买饲料。弓箭手的军饷是3两银子,而火绳枪手每个月只有2两银子。他们每14天发一次饷,他们也要用这笔钱购买食品和衣服。他们表示现在不愿离开我们的医院,因为他们没有为军队服务的医疗部门。即便军人受了伤,政府也不会为他们提供正常的救助。如果他们在自己家的附近受伤,通常就会被送回家中调养。而一旦受伤地点离家很远,那也就一切听天由命了。

在大沽受伤的3个人中,一个来自南炮台附近的村庄,其他两个人来自天津西面 100 英里外的一个大城市——保定府。除了这 6 个人,还有一个人,现在已经痊愈,并负责照看这 6 个人。这人是个小贩,在军事行动当天正好在八里桥村。他混在逃难者的队伍里,头上被重重地砍了一军刀,到现在还留着伤疤。他说他不记得怎么受的伤,这表明人的大脑有一个非常奇特的倾向:一旦头部受到伤害,它会将感觉丧失之前发生的一切事情全部忘记。①

斯塔维利准将下令将这些人移交中国当局,今天,天津城的知县来看望了他们。在等候这位知县的时候,我才了解到了以上事实。知县是坐轿子来的,轿子罩着蓝布,每一面都有玻璃窗,有 4 名差役跟着他。他显得彬彬有礼,穿着一件毛皮衬里镶边的蓝缎子上衣,内穿一件浅棕色贴身花绸长袍,一条黄绸裤子,脚上蹬着一双黑色缎靴。他询问了每一个人的历史,看到我们给予他们的照顾似乎很是感动。当一名伤员让他看了骨折的大腿已经用夹板细心地固定包扎后,他转过身,热情地用双手握住直接负责医治他们的军医官尼科尔森大夫的手表示感谢。他请求我们务必继续收留他们一段时间,他会给他们送来些保暖的衣物,因为这些伤员说坐在床上时感到冷。

"英军供给委员会"的一位成员也参加了会见并与士兵们交谈,据孟甘先生说,士兵们讲的官话都很糟,而满族弓箭手则能流利地讲当地的方言。

我们邀请知县用点茶点,这是我们应该提供的。他坐了下来,吃了点饼干,喝了点雪利酒,然后拔出了他的烟袋,就像在他自己的家中一样。他也试图喝点啤酒和白兰地,但他似乎更喜欢雪利酒。可是,他的那位"英军供给委员会"的朋友看来更喜欢白兰地。我们给了他们的随从一些朗姆酒,他们也没有表示反对。

刚走出医院还没有上轿时,我们这位知县朋友站在那里看了一会儿第六十七团的一个连,他们正准备出发前去天津南炮台。他问我们这些人要去那里做什么,而当他看到三个喝醉的法国人臂挽臂在大街上走路时,竟也开心地哈哈大笑。当看到一个旁遮普士兵拿着一块黄绸子走上前来兜售

---

① 几个月后,这名小贩送那个骑手回了蒙古的家乡,因为伤势的缘故,骑手没有人陪伴无法独自旅行。在完成了这次好心的公差后,小贩回到了北京,被指派为英国公使馆的看门人。

时,这位知县马上就认出这是从圆明园里拿出来的,他让我们看那用金线绣在上面的四爪龙图案。

额尔金勋爵、卜鲁斯先生和克灵顿爵士今天由北京沿白河抵达这里,现在英国公使馆要在天津组建,而且整个冬天都要在这里。克灵顿爵士登上了"格兰纳达号",他的夫人几天前从香港抵达,正等着他从北京归来。

11月12日

今天上午,街道上显得异常热闹,苦力们扛着包裹行李,一群群疲惫不堪的旁遮普士兵也在忙着运送物品,车上装满了劫掠来的财物。骑兵和辎重队的马车形成混乱的一团。皇家步兵团和第八旁遮普团的到来使局面更加混乱,一旦他们从狭窄的街道那拥挤不堪的人流中脱身,就会乘上炮艇前往锚地。

额尔金勋爵和卜鲁斯先生选中河边的一座大房子作为他们的寓所,这所房子原来是天津商人的私宅,最近刚从上海来到天津的常驻使馆成员也住在那里。① 同时住在那里的还有葛罗男爵、孟斗班将军以及他们的参谋,克灵顿爵士和他的参谋们也住在那里,这栋住宅提供的房间数量相当可观。

我们了解到在北京发生的事件的细节,记录如下:

11月2日,恭亲王前往额尔金勋爵在北京的寓所,进行了一次友好的访问。他坐着轿子,跟着一大批随从人员,有骑马的也有步行的。他身穿一件紫褐色缎袍,胸前、肩部和后背都有用金线绣的直径大约8英寸的圆圈,圆圈内绣有黄龙。头戴普通卷边帽,除了帽顶上戴顶珠的地方有一个用红丝线编成的圆球外,没有其他装饰物。他受到了按其等级和职位所应受到的最高礼遇,在使节寓所的门口和庭院里,由国王近卫龙骑兵团和皇家陆军小队列队迎接;第六十七团的乐队也出席了欢迎仪式。他大约待了两个小时,与额尔金勋爵谈了很多。在谈话中他多次表示,新条约开创了外国公使与北京政府开展更直接往来的有利局面。在午餐后的谈话中,他又谈到,直至

---

① 这一时期卜鲁斯先生的随员有:使馆秘书尼尔(Neale)中校、使馆随员圣·克莱尔(St. Clair)先生和温德姆(Wyndham)先生以及汉文正使威妥玛先生。

战地记者费利斯·比托当时拍摄的恭亲王奕䜣像

1860年远征军到来,中国政府才搞清原来印度仅是英帝国的一个省。他们原先的印象是,大英帝国只是一个非常小的岛屿,而人口众多,大部分人不得不住在船上。第二天,额尔金勋爵回访了恭亲王,晚上在俄国公使寓所吃了晚餐。

11月7日,卜鲁斯先生到了北京,而且丝毫没有耽搁,马上着手开始他常驻公使的工作。然而,额尔金勋爵在与葛罗男爵和伊格纳提夫上将磋商后了解到,伊格纳提夫马上要去圣彼得堡,葛罗男爵认为布尔布隆(Bourboulon)先生在春季之前不宜出任法国驻北京公使。在这种情况下,额尔金勋爵建议卜鲁斯先生先回天津待上一段时间,直到在北京可以为他提供一套适宜的住宅时再进驻京城。而且,这样做的目的也是为了防止中国政府对在京城选择外交官寓所产生误解。他们挑中了紧邻俄国使馆的一所合适的房子作为英国使馆,一名实习翻译雅妥玛(Adkins)先生负责这件事。为此,他自愿整个冬天都留在北京,指挥对房屋做必要的改建。

额尔金勋爵做完这些安排后,写信给恭亲王,表达了他对恭亲王对公布条约所表现出的诚意的赞赏,并告知恭亲王,英国军队马上会撤退到天津,还提议为辞行安排一次会面,也要向恭亲王介绍卜鲁斯先生。在这次会见时,额尔金勋爵特别急切地表明,卜鲁斯先生的职级一点儿也不比自己低。因此,在与恭亲王长时间的友好交谈结束后,他要求翻译向恭亲王表明,他个人作为英国君王的代表,一直担任最高职务,既然和平已经恢复,他的使命也就此结束;卜鲁斯先生已经被推荐作为英国女王陛下在中国的代表,所以如蒙恭亲王允准,他将把自己现在占据的首席之位(居左)让给卜鲁斯先生。

第二天早上(11月9日),恭亲王回访额尔金勋爵,而他有意回避,为的是让卜鲁斯先生单独接待恭亲王。双方交谈了很长时间,气氛轻松有趣。

正像此前与额尔金勋爵的会面一样,在这次与卜鲁斯的会面中,在讨论一些微妙问题时,恭亲王很少表现出其他中国外交官会谈时常常持有的保留态度。在会面过程中,卜鲁斯先生强烈建议恭亲王考虑江苏省的局势,还有上海的问题,这个时候要想防止上海落入太平军的手里,只有靠一支专职保护的联合军队。卜鲁斯先生向恭亲王指出,联军的占领是不可能无限期延长下去的,所以现在必须立即采取步骤在该省恢复帝国政权。恭亲王非常认真地听了卜鲁斯先生的建议,并表达了他的感谢之情,因为有很多信息都是他此前所不知道的。他的总的态度传达了这样一个印象:他现在充分认识到与外国公使的直接私人交往将对他的政府非常有益。

卜鲁斯先生还告诉恭亲王,他在天津逗留期间决定不会接受任何省级当局作为帝国的代表,他的信件将由他亲自携带或由在北京的外交使节转呈。一旦有重要事务需要他到京城,无论有多么困难,他都会从天津赶来。

在会面即将结束时,额尔金勋爵走了进来,他首先感谢恭亲王来为他送行,然后友好地同他道别。当天下午,额尔金勋爵同卜鲁斯先生一起离开北京前来天津。

10月28日,法国战俘的尸体被葬在以前安葬耶稣会会士的墓地里。这片墓地位于北京西北门外,被称作葡萄牙公墓。北京罗马天主教主教孟振生(Mouly)阁下和他的助理主教主持了仪式。几乎所有不当值的英国官员都出席了葬礼。第二天,北京内城天主教堂举行重新开放仪式,由两位主教主持,葛罗男爵和孟斗班将军以及他们的参谋随员和一大群法国官员都出席了仪式。孟振生主教在发言中,对维多利亚女王陛下和英国军队对中国北方的基督教事业所提供的帮助表达了感谢之情。开放仪式多次受到降雨的影响,教堂的屋顶已多处损坏漏雨。

11月1日,孟斗班将军因为天气阴晴不定而拒绝继续延长在北京停留,率领队伍出发来天津,同时留给葛罗男爵第一〇一团的一个营和两门炮作为他的卫队。葛罗男爵还不能离开北京,他得等到额尔金勋爵认为合适的时候才能离开。

11月7日,葛罗男爵向巴黎方面递交了以下缔约谈判的摘要:

10月25日,皇帝的兄弟(指恭亲王)与我签订了和平协议。

上海的最后通牒被接受了①。《天津条约》的正式批准书已经交换;将向法国支付赔偿金6000万法郎;将于本月30日以现金形式支付3750万法郎。

劳工移民问题已获中国政府批准。

以前属于整个帝国基督教徒的教堂和墓地及其附属地,将通过作为中间人的法国公使归还给他们。昨天(11月6日)恭亲王派人送来一份官方文件,声明将北京的天主教堂移交给我(事实上已经移交了);他还补充道,他知道京城以前还有一座教堂,现在已被毁掉了,但那片土地及其附属地将会移交给我。今天,我已经把执照发给传教士们了。

10月28日,以使馆官员为首,几乎是全体军人抬着9月18日伏击遇难者的尸体,来到了已经移交给北直隶主教孟振生阁下的天主教墓地。那里还安葬着张诚(Gerbillon)神父、利玛窦(Ricci)神父和汤若望(Shaal)②神父。克灵顿将军和他的参谋们也参加了葬礼;俄国公使伊格纳提夫先生在墓地等着我们,他在各种情况下的真诚支持对我们都非常有帮助。第二天,也是由孟振生阁下在大教堂主持了弥撒仪式。

教堂大厦的屋顶上再次安上了铁十字架。以"主啊,拯救我们的皇帝吧"开始,庆祝天主教信仰在中国的公开重建。

而且,我已经得到了150万法郎,作为对9月18日暴行的特殊赔款。

一切进展得非常顺利,使我们更加希望胜利会继续下去。两三天后我将离开北京返回天津,与额尔金勋爵协商解决仍然需要解决的问题。

葛罗男爵

---

① 最后通牒的内容是:第一,就大沽攻击联军一事正式道歉;第二,在北京互换此前在天津缔结条约的批准书;第三,宣布法国政府有权在北京建立常驻外交使团;第四,支付6000万法郎的赔款。

② 应为Schall之误。——译者

11 月 13 日

天津的法国公使馆现在已经建立,布尔布隆先生今天已从上海到达天津。

街道上又是一片格外混乱的景象,到处都是行李和物品,还有从不幸的农民那里抢来的马匹和大车。到处都能看到跟苦力营的苦力们讨价还价的中国人,他们要从苦力们手里购买昂贵的绸缎衣服和皮毛衣服,他们许多人身上穿的就是这样的衣服,这是他们分享掠夺品的最简单的办法。

11 月 14 日

今天收到北京雅妥玛先生本月 12 日发来的信函,大意是,自额尔金勋爵 9 日离开后,他已经接管了为公使馆选定的建筑,并从地方当局那里得到了很多的帮助,一位地方主管官员陪他去了那个地方。这里的人们性情都很友善,他出行无论是骑马还是步行都没有受到骚扰,就像以前联军还驻在城里一样。现在城门已经打开,战争临近时逃出城去的居民,现在已大批返城。11 日,一份奏折从北京送往热河上奏皇帝,告诉他与外国的纠纷已经最终得到调停。

11 月 15 日

天津城外白河对岸,将由科里诺(Collineau)将军率领的法国军队驻守。其余的法国军队正登船尽可能快地赶往上海。他们将在上海停留一个冬天,等待国防大臣有关他们下一步目的地的命令,预料他们的下一个目的地应该是交趾支那。

天津的商业日益恢复。街上的店铺重新开业,还出现了为数众多的流动换钱商。居民也都回来了,英军与法军驻防区的街道,都分别有了英语和法语的名称,并书写了街牌。位于英军驻防的城外中心位置有一座大衙门,现在被称作"查令十字"(Charing Cross)①。

---

① "查令十字"是英国伦敦的一个地名。——译者

根据今晚的一般性命令,我被派往第三十一团负责医疗事务。第三十一团现在还驻在河西务,在北京战役发生前,第三十一团就驻扎在那里。后天,该团回到天津,并作为占领军的一部在天津度过冬天。

11 月 16 日

现在城里贴出了我们那份条约的汉字版本。据说,威妥玛先生发现了外面流传的几种中国版条约,其中都说皇上非常仁慈,欣然准许夷人与天朝的这些地方开通贸易。

商业继续增加。许多街区的街道变成了商业街,到处都能听到问价的声音,在英军驻区是用英语问"多少钱",法军驻区则是用法语问"多少钱"。小贩们操着唯一几句他们熟悉的外语,努力吸引买者的注意。

11 月 17 日

今天上午,辎重队的马匹进行了拍卖。相当一部分马匹被中国人以两三元一匹的价格买走。

11 月 18 日

今天下午,第三十一团到达天津,包括军官在内,有 1000 多名军人。随军的中国苦力被安置在总医院对面的营区里。他们看起来精力旺盛,正忙着做饭,用随身携带的鞑靼砍刀当斧子准备劈柴,也随时为他们占用的房屋做些木工活。①

11 月 19 日

今天天津街道上的嘈杂混乱是过去八到十天里最厉害的,我从未看过像今天这样的景象。最后一批军队刚刚开进城里,街道上到处都挤满了成群结队满载着掠夺的财物和行李的马匹、骡子和京城马车。车流中还有许

---

① 几天后,这些苦力登船前往舰队,许多人在要离开第三十一团时痛哭流涕,显得很是恋恋不舍。

多苦力营的苦力,扛着大包裹,走起路来摇摇晃晃的,包裹很沉,看样子是属于他们的掠夺物。这一片混乱中,还夹杂着一队队的印度兵,其中有些是病人,挣扎着竭力向总医院走去。许多京城马车里,都有长着狮鼻的小狗在往外看,这大都是在洗劫圆明园时被带出来的。在一个地方,我看到交通完全阻塞了,是一队费恩骑兵被一排马车堵在了街角;在另一处,一件大行李将一匹骆驼绊倒,所有人、车都无法通行。

下午,一些与涉及军需供给的中国当局有关系的中国士绅出面,以宴会和戏剧招待英国官员,地点在北门外附近的一个戏院里。宾客们坐在舞台前面分散的桌子旁。4 点 30 分开戏,一直唱到 9 点钟。演戏期间不断地上菜,大约有 80 道,分别摆在每一个桌子上。

11 月 20 日

夜里下了几乎有一英寸厚的雪,但到了早上已经开始融化。今天特尔弗医生来到医院看望受伤的清兵。正是在他好心地努力下,这些清兵才得到治疗。他们立刻就认出了特尔弗医生,其中那个上了年纪的小贩冲上前抓住了他的手,真诚且充满感情地握了又握。特尔弗医生向我提到那个蒙古骑手,受伤后躺在张家湾的田野里 5 天才被发现,而那几天他唯一的食物就是一个苹果。我相信是莫里森先生发现了他,并把他带到特尔弗医生那里救治的。

11 月 21 日

雨夹雪还在不断地下着,街上最好行走的地方,淤泥也要深至脚踝,很多地方要没过膝盖。下午,克灵顿爵士参观了医院,他非常友善地逐个慰问病员。

11 月 22 日

今天的天气让我们想起了最可怕的北塘的泥浆,加上气温临近冰点,寒冷刺骨。晚上,我与克灵顿爵士在前面提到过的房子里共进晚餐,所有外交和军事人员都住在那里。在路上,我遇到了巴夏礼先生,匆忙问了几个关于僧格林沁的问题,他说僧格林沁看起来身材魁梧,实际上又矮又胖,长着一张红红的满是疙瘩的脸,好像喝烈性酒成瘾,这个习惯在他的同胞——蒙古人——当中是很普遍的。

11 月 23 日

天气仍然寒冷,地上还是一片稀泥浆。看到费恩骑兵团的印度信徒们的可怜情景:拖着流血的脚和赤裸的腿,在寒风中瑟瑟发抖,道上的泥浆没到了膝盖的一半,常常使他们失去平衡,整个人摔倒在地上。

11 月 24 日

夜里极其寒冷。到早上 9 点钟,温度降到了 21°F(零下 6.1℃),卧室里的水结冰了。

葛罗男爵今天前往上海。他使馆的秘书巴士达精神失常了。当他看到战俘的尸体后,精神受到了严重的刺激,从那以后,他就一直生活在对邪恶的降临,尤其是背信弃义行为的焦虑当中,最后他的精神崩溃了。他已经被转移到船上,接受器械控制精神病的治疗。

11 月 25 日

今天早上 6 点钟,温度是 15°F(零下 9.4℃)。快到下午时,天气放晴,阳光明媚,尽管早上奇冷无比,但一天中大部分时间温度还是让人感到舒适。白河上漂浮着大块大块的冰,估计白河很快就会上冻了。

额尔金勋爵今天早上 8 点钟离开天津,下午 6 点钟最后一次听到消息,他沿河下行才走了三分之一的路程,轮船就搁浅了。

今天医院里死了两名士兵,还有一名中国苦力。他的尸体被放在了普通停尸房里,被误当成第六十步兵团的士兵,由第三十一团组织送葬队伍按照军葬礼埋葬了。

11 月 26 日

上午,我遇到了巴夏礼先生,他正在从陆路前往大沽的路上,几个费恩骑兵团的骑兵陪伴着他。我问他,他认为军队驻留天津可能会到什么时候,他说我们可能决定驻扎整一年,但也可能是两年。①

11 月 27 日

第三十一团的食堂现在设在一位士绅家的一处房子里,这是绅士专门辟出部分房屋用于宗教活动的,换句话说,这是一处私人"神庙"。屋子里有三张供桌,每张桌子上供着一尊大神像。中间的供桌必须搬走,以便腾出位置安装火炉。房子的主人来监督神像的搬运,他对要迁移的神像表现出极大的敬意。他还特意请求对剩下的两尊神像务必多加保护。

11 月 28 日

白河现在完全结冰了。"斯莱尼号"炮艇在下游距天津 7 英里的地方搁浅了,现在正在加以覆盖保护以备过冬,在春天之前使它摆脱困境是不太现实的。"亚特兰大号"汽船在大沽沙坝上搁浅,也采取了同样的防护措施抵御严寒。乘坐帆船前往舰队的 5 名印度士兵死于严寒。

今天晚上,外科医生加尔布雷思(Galbraith)从大沽来到天津,他报告说由于天气非常恶劣,海湾沿岸一带已出现结冰。所有的军队都已登船,步兵运输船昨天也起航了。骑兵和炮兵今天才出发。加尔布雷思医生从大沽乘坐"库珀号"汽船出发,但船在葛沽村的对面就搁浅了。当地的官员和村民非常关注他们这些从船上逃出来的人,告诉他们如何从陆路到天津,并为他们提供了马车以及力所能及的一切帮助。在路上,加尔布雷思医生遇到了徒步前往大沽的 500 名印度士兵,从天津派遣运送他们的船舶也搁浅了。他们将所有衣服都蒙着头和肩膀,大部分人只穿着袜子,或者完全光着脚走路。

11 月 29 日

今天,远征军最后一批军官出发了。总军需官助理罗斯(Ross)上校和

---

① 这一估计是正确的,天津占领时间一直延长到一年半。

缪尔医生 10 点半离开，不久，克灵顿爵士也骑马出发了。他看上去非常冷，手插进衣袋，缰绳搭在马脖子上。克灵顿夫人与他一同出发，坐着一乘由中国苦力抬着的轿子。

11 月 30 日

根据协议今天应当支付的部分赔款已经收到。

十一

中药铺—战俘的尸体—驻军营区—夜间的士兵营房—臭氧及其对健康的影响—中国的人口及岁入—中式蜡烛—法国士兵的涂鸦—父母的悲伤—吸食鸦片—北京—对狗施虐—官员们的骑马运动—拜访中国官员—暴力行为—委托卫兵保护的财产不安全—中国人的鹰猎—北京和热河的事态—天津的水会—中式葬礼—公共澡堂—结婚队伍—洗劫圆明园对法军的影响

12 月 1 日

今天参观了一家中药铺，里面一大群伙计正忙着按处方配药。抽屉上都贴着标签，一切都进行得有条不紊，就像在我们的国家一样。几天前，尼科尔森医生曾进到一家中药铺，发现处方中包括的樟脑被研磨成一种细粉末，这种制药方法我们自己还尚未掌握。我又走进了一家中餐馆，那里面的厨子和伙计都长得胖胖的，看上去吃得很好。餐馆里，第六十七团和辎重队的一些士兵围在一张桌子旁，桌上摆满了丰盛的饭菜，包括用各种不同方法烹制的羊肉、鸡肉、鸭肉和鹌鹑肉等，在许多地方都可堪称极其讲究的美食，他们告诉我每人只需付一先令。

12 月 2 日

今天，我与英国公使馆刚刚提升为上校的尼尔联系，他向我传达了卜鲁斯先生的请求,要我负责公使馆的医疗事务。

12月3日

今天傍晚,我从威妥玛先生那里得知,那些9月18日被俘的战俘尸体被找到时,棺材上用中文写着死者的名字,以及年龄和死亡日期。威妥玛先生必须把这些翻译过来。鲍尔比先生的棺材上的汉字用英语发音是"Bo—bee"(薄比)。很明显,他们的衣服在死后曾被剥下过,但又穿在先前被扒光衣服的尸体上,因为死者身上穿的一些衣服不属于他们自己。比如说,鲍尔比先生的短袜穿到了一个骑兵的脚上,而他所穿的靴子也并不是他的。他被俘第4天后,死在离北京大约30英里远的昌平州。这些战俘没有被关押在京城是很不幸的事。

12月4日

我们在天津的驻军分布基本如下:皇家炮兵团驻扎在离城中心很近的镇署衙门的一排房子里。第三十一团的团部就设在其旁边街上的几所单独的房子里,而该团的其他人则驻在南门里不远一片空地上叫作"水月庵"(Temple of the Moon)的一座神庙里。第六十步兵团驻扎在"贡院"(Hall of Literary Examinations)和东门里的一些房子里。辎重队则驻在文庙。第六十七步兵团和费恩骑兵团则分驻在北门外和东门外地区,前者占据了大运河沿岸的几所房子,后者则驻在龙王庙(Devil's Temple)及附近的一条街上,两者都在东门与河岸之间的地区。

由于受时间和环境的限制,对部队驻地的安排不可避免会有很多问题。人员过于拥挤和疾病的流行,导致有大约200人住院治疗。死亡也随之频频出现,几乎每天都能听见街上的送葬队伍传出的哀乐声,一天之内举行两三个葬礼成了很平常的事。很难把军队里的疾病流行归咎于天气,因为驻军官员和住在自己家中的天津百姓的身体都很健康,而且天气也一直不错。面对各团医官们就军中暴露出来的卫生方面的欠缺所提出的各种建议,斯塔维利准将竭尽所能改善状况,但这项工作有非常多的困难。无论如何,现在正在进行的改善营房住宿条件所做的努力,在春季到来之前希望能取得成功,不然的话,目前营房中人员密集的现状继续存在,随着气温的升高将会造成可怕的严重后果。狭小的空间和人员过度拥挤,甚至使得士兵们至今无法将发给他们的床板搭在印度行军床上,以抵御宿舍寒冷与潮湿的地面。

12 月 6 日

与加尔布雷思医生沿河对岸散步,一直走到了南炮台。在路上,我们经过一处非常漂亮并建有观赏性花园的中国式庭院。尽管许多地方破损失修,但仍然能从中看出在土地利用和建造高级建筑等方面带有民族风格的绝妙设计思想。在散步中,我们还看见农民忙着储存白菜过冬,这同我们储存马铃薯的方法很相似。他们先在粘土地上挖一个大约 6 英尺深的地窖,再在其四周砌起大约 6 英尺高的土墙,然后再整个搭盖顶子,只留一个大小仅够一人出入的窖口。地窖里面摆着一层一层码满白菜的木架,这些白菜不仅外表的叶子和腐烂处都收拾干净,而且根部也被切得方方正正。白菜不但摆放得很对称,而且很小心地避免与窖壁接触。这些农民个个身体健壮,富于幽默感,看到我们从窖口顺着梯子下到地窖里,观察他们地窖内的情况时,他们显得很高兴。他们有 7 个人站在地窖上面的入口处,而我们都没带武器,又完全与欧洲人相隔几英里,在这种情况下,假若他们被背叛、欺骗和复仇的情感所支配的话,我们很可能就没命了。我们太过于用习惯的思维认识中国人的性格,而排斥中国人性格中许多和蔼可亲和值得尊敬的一面,好像我们不需要知道的更多。

12 月 7 日

昨晚 12 点左右,我去了第三十一团的营区,目的是想弄清士兵们入睡几个小时后屋内的状况。我发现,营房里的空气又热又臭,乃至我从里面一出来立刻就感到了解脱。然而,士兵们不仅没有丝毫怨言,反而觉得这令他们感觉既温暖又舒适。只有人提出了一项意见,一处神庙房屋墙壁的裂缝不断吹进冷风,使得室内温度下降。

12 月 8 日

前些天,兰普瑞(Lamprey)医生发现空气中的臭氧含量大量减少,与此同时,我也注意到更多的人患上了常常流行的神经性疾病,不仅许多以前健康的人现在突然感到剧烈疼痛,而且在已有病号中也出现了并发症。另外,最近疟疾也开始频繁发生。

12 月 9 日

今天早晨刚一出门,清新的空气似乎令我感到精神比以往更加振奋。这不是因为以前我不舒服,而是这两三天有个问题一直悬在我的心里,令我百思不得其解。同样备受神经痛折磨的病人一下子好多了,甚至有些病人的症状突然消失了。每当夜间臭氧计显示臭氧含量大大增加时,流行性疾病就会同时减少,这种现象是正常的。我的结论是:臭氧含量与疾病之间形成了因果关系。

法国公使馆的翻译美理登(Baron de Meritens)已前往北京安排房屋,准备春天接待布尔布隆先生。

12 月 10 日

今天上午在公使馆,我听说威妥玛先生手里有一些从圆明园文源阁弄到的文件,其中包括一系列近三十年发布的谕旨,内容涉及这个国家的各种统计数据以及有关贸易、财政和人口等方面的最有价值的信息,实际上形成了一部中国的近代历史。这一系列谕旨几乎接近完整,只缺极少数几份,很可能是在圆明园遭洗劫时被毁掉了。通过这些文件中有趣的统计数据,可以弄清一直存在的那个很大的疑问,即中国的实际人口到底有多少。这份文件表明,除了台湾和其他一些边远属地,中国本土①加上满洲的人口是413,000,000 人,把所有地区都包括在内,中国的总人口不会低于450,000,000 人。

---

① 当时西方人对中国关内地区的一种称谓。——译者

关于这一点,可以根据斯蒂芬森(Stephenson)的理论做一个有趣的计算,他曾表明英国工厂的蒸汽机动力相当于 4 亿人口。那么,假如我们的 4 千万人口通过蒸汽机可以对依靠体力劳动的 4 亿人口施加影响,那么将蒸汽机引入这个据说占世界人口大约一半的国家,这将会产生多少劳动成果?

要想得到中国岁入的精确数字似乎很难,但从落入我们手中的一些文件可以确定,直到最近,在支付了各省的各项政府支出后,还剩余 800 万两白银(大约合 300 万英镑)。在这些文件中,还发现了一份若干年前来自广州的奏折,其中写道:"璞鼎查已走,德庇时接任。之所以选用这一夷人,是因为他能说汉语,稍懂洋行(东印度公司)所需粗陋知识。截至目前,他还没有不服管束之事,也没有增添麻烦。"

今天,有关中国人制造的油脂蜡烛如何防止淌蜡的巧妙设计,吸引了我的注意。他们的蜡烛外面有一层薄薄的蜡质外壳,由于蜡的融化要比油脂慢,因而就在不断融化的油脂周围形成了一个大约四分之一英寸高的蜡托,这样就避免了融蜡从侧面流淌下来。在欧洲,当我们还将蜡烛插在烛台上的时候,中国人却已本着"回收"的原则,将烛台置于蜡烛之中。这个将蜡质外壳与油脂蜡烛结合在一起的改进方法,可以引进我们的国家,惠及贫穷阶层。

12 月 11 日

今天去河对岸的南炮台散步,发现那里已经完全被废弃。附近的村民拆去了炮台的顶子,搬走了木料。这座炮台与河对岸的那座几乎完全相同。在炮台里面,墙上到处都留有法国士兵的涂鸦,内容主要是他们离开法国的日期、一路上到过的各种地方,还有对返家时间的猜测,以及对他们情人的健康和幸福的关切话语。一个士兵写的有些特别:"工兵一连,坑道兵格鲁贡。"从他的涂鸦中,我能感到他非常细微地表达了他的情感,好像他比他的同伴们更希望让自己的名字更显眼,引用的那些字母写在炮台最突出的位置,字写得很大。为了有助于实现他的愿望,所以我要特别提到他。

在返回天津城里的路上,我碰到了两个人抬着一具小棺材,后面不远跟着一个衣着体面的人。当他们走近时,这个人用手指指棺材,然后又指指自己,显得非常悲痛,伸出手指表示孩子才 5 岁,又把手举在离地面不高处以说明孩子的身高。然后,他突然放声大哭,带着显然是从城里购买的棺材继续赶路回家了。这件小事与我昨夜听到的一种很肯定的说法实际是相互矛盾的,这种说法就是,中国人没有真正的感情,他们对亲属的尊敬主要限于对死者的尊重。不管这种印象形成的依据是什么,根据中国北方的情况都是完全不能成立的,因为每天我们都能看到中国人表现出对子女的疼爱。如果对子孙后代的忽视达到以上所说的程度,那么这个国家的人口就不可能达到朝廷统计数据所显示的那个巨大的数字。

12 月 12 日

今天晚上,我们在公使馆讨论吸食鸦片的危害性,按照威妥玛先生的说法,那些撰文讨论这一主题的作者们并没有夸大吸食鸦片的恶劣影响。为什么中国的这个问题没有引起我们明显的关注?原因是抽鸦片并非是外国人最熟悉的中国劳动阶层和其他阶层中常见的恶习,而是流行于在很大程度上不在我们观察范围之内的上等阶层之中。威妥玛先生形容说,吸食鸦片的后果要远比我们所知的酗酒的后果还要坏很多。同时,他还提到有些奇怪又有趣的一个现象,即吸食鸦片对欧洲人只能产生比较小的影响,而酒精对中国人同样也不起作用,因为中国人可以大量饮酒而不会醉倒。他举了一个例子,他在上海的一位汉语老师告诉他,他在农村的哥哥来看他,非常想尝尝听人说过许多次的洋酒,于是他买了两瓶,两个人喝了有一个小时,一点醉意都没有。当时威妥玛问他酒的名字,他说是"白兰地"(Pa-lan-ti),他的发音非常接近于 brandy 一词,所谓洋酒原来就是这种酒。

不易被酒精控制却容易吸食鸦片成瘾,这一奇特现象涉及一个非常有趣的问题,它表明中国人的呼吸功能要比我们国家的人更强。同时,这也可以有助于理解我们社会下层酗酒的异常流行,导致他们的肺部器官受到伤害,是他们身体致残的最主要原因,而与此相反,中国人的肺却具有异常的抗病免疫力。肺部功能越强,鸦片吸食越多,酒精挥发得也越快。

我们还谈到了我国商人希望允许在中国开展沿海谷物贸易的问题,虽然各国代表坚决地坚持这一要求,但 1858 年的《天津条约》中并没有做出具体的规定。特别是辽东湾的牛庄和山东省的主要港口登州。据闻,仅一个上海商人就雇用了500艘帆船,从牛庄做豆类和谷物贸易。

12 月 13 日

今天,收到雅妥玛先生发来的消息,北京一切进展都很令人满意,下面是对北京一个大致的描述:

北京与其他中国城市的最大区别就在于,城市范围广、街道宽阔、城墙雄伟。北京城里有许多店铺,门面雕刻讲究,而且还涂上金色。但是,从房屋整体外观上看,这些店铺并没有什么独特之处。它们大部分都是一层建筑,建筑大都是我们已经长久习惯于从柳树图案瓷盘①上看到的式样,很少有什么改变。然而,北京寺庙和衙门的建筑规模都很大,总而言之,对于以前熟悉中国北方的人来讲,完全可以预先知道北京城市的大致结构。然而,可以肯定的是,北京在某些方面既赶不上现在的广州,又不及过去的南京,主要原因是北京没有什么制造业。北京城由汉城和满城两部分构成,城墙长约20多英里,平均大约50英尺高、40多英尺厚。两个城区由一道长4英里、高矮相同的城墙隔开,从而形成了总长度24英里的围墙。

在满城内还有第三个城区,或称皇城,同样有高墙围绕,皇宫就位于这第三个城区的中心。满城住的主要是旗人或者说是世袭的清军的士兵。商人和主要的零售商都住在汉城,而皇城里的人员则比较复杂。皇宫是一组范围广阔的建筑群,占地数英亩,由一道建有雉堞的城墙和较深的壕沟围绕。早在很多年前,皇帝就不住在皇宫了,他更喜欢住在圆明园。但自从圆明园被毁后,这座宫殿又开始重新修缮,以便能接待从热河返回北京的皇帝。热河距离北京大约有150英里,或者说它位于长城以外将近100英里的地方。

---

① 这里指当时西方人经常看到的中国瓷器上的图案。——译者

12 月 14 日

一位中国官员出席了近日的战马交易会。在交易会上，所有购马的中国人都必须向中国政府缴纳马价的 10% 作为进口税。这不应算是很严重的"榨取"，因为许多马匹购买时只花了几元。

12 月 15 日

今天，我要求皇家炮兵团的指挥官戈万（Govan）上尉关注一个被雇用为宪兵的炮兵的野蛮行径，昨天我看到他在大街上闲逛时，手里拿着一根粗大的鞭子，随意鞭打从他身旁走过并不伤害人的狗，借以取乐。不管这些狗是静静地走在街上，还是趴在主人商店的门口，几乎都逃不过他的魔爪。戈万上尉表示同意必须制止这种无聊的残忍行为，但同时他又表示遗憾，因为对于他的上司来说，这个炮兵的行为并非仅此一例，过去一段时间，在城外的旷野，用矛枪刺狗已经成了驻军军官们最喜欢的一种游戏。这些可怜的动物被手持长矛的人们骑着马不停地追赶，直到它们累得倒在地上，被施虐者用长矛笨拙地一通乱刺，在痛苦中慢慢死去。这些狗是属于附近村民的，这些残忍的猎捕场面无论怎么说，估计都只会让中国人记住"蛮夷"这个词。

12 月 16 日

海军上将贺布从棉阿坦岛（Miatan Islands）乘炮艇抵达大沽，昨夜从大沽骑马到达天津。他对来往邮件做了妥善安排后，立即起程前往香港。这个冬季，来往信件将每两个星期从上海送到芝罘，再从芝罘经陆路送到天津。

据报告，已发现"英军供给委员会"克扣军需部雇用的苦力，该部每天支付苦力 200 文钱的报酬，但据说实际上他们只得到了 50 文钱。

12 月 17 日

今天上午，我骑马到郊外，看到"海神庙"（Oceanic Temple）附近聚集了一群军官，正准备玩一种被称作"猎纸赛"（paper hunt）的游戏，一张纸代表狐狸,在一马平川的乡野上空随风飘荡,直至飘出人们的视野。平原上散落着一个个村庄,四周围绕着稀疏的树木,虽然现在树叶凋落,但在夏天到来时一定非常美丽。

下午与尼尔上校散步时,他向我提起昨晚他陪同威妥玛先生回访了几位地方官员,其中一位是曾经拜访过卜鲁斯先生的盐运使,他是帝国主要的盐务主管官员之一,天津则是大盐产区的中心。这位官员从政府那里承包这项生意。这次回访的官员中还有恒祺(Hang-ki),他目前是作为恭亲王的代表在天津处理各项事务。在这些会晤中,尼尔上校看到中国人的一些习惯与土耳其人很相似,感到非常惊讶,比如在临走之前要吃甜食,成群的侍者围在门口,听着来来往往所有人的谈话,而奇怪的是,官员们对此似乎无动于衷。比如,恒祺就大声地谈着目前谈判中的一些微妙的问题。在谈话中他指出,随着与汉人的融合,满人丢掉了许多好的习俗。因为威妥玛先生有一些事情需要与他具体协商解决,所以就留下来与他共进晚餐,他们吃了一顿家常便饭,我听说恒祺非常喜欢吃。

最近,地方当局提出一个重要问题,是关于招募军队的问题,由于财政上的原因,按照惯例,目前这段时间正是在天津招募军队的时候。他们想知道我们是否会反对他们这种惯常做法。我得到通知说,我们的主张是,在目前的情况下最好不要在天津招募团练。

今天上午,我在公使馆看到了中国人好赌习性的实例。一名在公使馆工作了几个星期、稳重又正派的木匠,今天被人看到去街头赌博小摊吃早饭。他想试试运气,一次、两次、三次,每次都输了,结果没有吃早饭就回来工作了。

12 月 18 日

指控和反指控成了今天的主题。昨天,一些锡克士兵奉命从河岸搬运配给的木料,他们当中的一个人把他的大衣放在了地上,一个路过的中国人想趁机把它拿走。可是,他的举动正好被一位欧洲军士撞见,他抓住那个中国人的辫子不放他走,直到几个锡克士兵出现,把中国人和那件大衣交给了他们。他们就立即开始惩罚这个中国人,一个锡克士兵抓住他的辫子,把它缠在自己粗壮的手臂上,让这个中国人跪下,再揪住辫子一次次地把他拽起来,以供大家取乐。后来,这件大衣的主人出现了,这个中国人被交到他手里了,听凭他的处置。他抓住中国人的辫子,开始踢他的腹部。这时,一名英军军士走了上来,他比划着告诉大衣的主人中国人身上哪些部位更适合踢,同时还亲自演示给他看。这时,给我提供消息的人看到这种情形出面干预,他们才把中国人放了。

报告说,一名中国女子被刺中太阳穴而身亡,据称凶手是第三十一团的一名士兵。而同样是第三十一团的另一个士兵,被指控抢劫街上的一个乞丐。与此同时,也有一例反指控,指控中国人从费恩骑兵团偷走了200条毯子。顺便提一句,一般来说费恩骑兵团是有能力管理好他们自己的。

一名中国铜匠向代理领事孟甘先生提出指控,两名驻军军官到他的店里买两把铜壶,并让他把壶送到军营后再付钱。于是,铜匠按照吩咐将壶送了过去,本来谈好的价格是6元,却只给了他1元。他拒绝接受,并要求把壶退还给他。结果,他们又给他加了1元。既得不到6元,又拿不回他的壶,在这种情形下,他找到领事,领事又把这件事报告了斯塔维利准将。我相信他会采取措施,不仅保证还这个中国人一个公道,而且还要检查屡屡发生的与当地商人进行不公平交易的行为。①

12 月 19 日

昨晚,医院副总监戈登医生(Dr. Gordon)从香港来到天津,担任天津驻军主医官一职。根据上海方面的最新消息,额尔金勋爵仍在那里等待贺布海军上将的计划,是否在春天远征扬子江。此次远征的目的除了访问条约口岸外,还要让那些反叛者明白,他们不得干扰英国在内河的贸易。克灵顿爵士和夫人也在上海,并将要起程前往日本。

---

① 天津占领的后期,一位军官向我提及他在城外的一条主要街道上的一家古董店里,遇到一个英国军官正在为购买一件古董讨价还价。这名英国军官见不能以自己希望的价格成交,便干脆扔下他认为该给的钱,拿起东西就走。店主是一位白发老人。他不同意这个价格,追了上来,伸手想拿回他的东西。这个英国军官对着他的两眼之间就是重重的一击,把他击倒在地。这个英国军官在施暴后,拿着老人的东西扬长而去。

我们得到来自大沽的消息，属于卜鲁斯先生的一些物品卸在大沽，准备从陆路转运天津，却被负责看管的第三十一团的一名卫兵将包裹打开，擅自拿走了酒和其他一些物品。这里让我想起了在进军北京的路上，额尔金勋爵和克灵顿爵士所带的葡萄酒，几乎都被随行的第六十步兵团的卫队抢走了，听说他们每个人都丢了大约60打酒。

今天早上，第六十步兵团的一名士兵被发现死在了床上。医学鉴定的结果显示，他死于饮酒过量。

12 月 20 日

奉命组织一次军事法庭，审理第三十一团士兵打开卜鲁斯先生物品一案。把财物委托给士兵看管是不安全的，远征期间频繁发生的抢劫使得军队士气低落，以致在天津的公使馆决定，在大沽设立一个中国办事处，这样就可以避免今后把财物委托士兵看管。

今天，美国传教士柏亨利（Henry Blodget）来找我，他说想要见见受伤的满族人。于是，我领他去见了他们。通过他们的谈话，我知道了在大沽任僧格林沁副帅的是一名姓乐（Lao）的提督。① 在开战前不久，他被派到北炮台负责指挥，并在战斗中阵亡。满族伤员们坚持几天前的一种说法，即在遭到攻击时炮台仅有700人驻守，然而在北炮台交出的时候里面大约有1000人。他们看起来并不知道河岸炮台守军的确切数量。如果进攻时炮台里仅有700人的话，其中400人战死，那么炮台占领后埋葬的尸体就应当是这么多。按照我个人的看法，我认为他们的说法基本上是属实的。

驯鹰是中国北方的一种娱乐活动。今天上午，第六十七团略懂汉语的兰普瑞医生与十多名中国人一起去了"僧格林沁蠢举"——14英里长的一道土围墙，现在有了这样的称号——以外的旷野。他们站成一排，彼此之间保持一定距离。一旦中国人的猎狗发现了一只野兔，手腕上架着鹰的人就将鹰的眼罩摘掉，鹰立刻如箭一般朝兔子飞去，并很快在兔子的上方盘旋，然

---

① 乐善（？—1860），清军将领，伊勒武氏，蒙古正白旗人，历官云麾使、参将等。1854年曾随胜保镇压北伐太平军。1859年赴僧格林沁天津军营，协力防御英法侵略军，因战功由河北镇总兵升为直隶提督。1860年8月率清军固守大沽北炮台，抵御英法联军。炮台失陷，英勇殉难。——译者

后猛的下降,用爪子抓住兔子的后背。猎人们赶紧一起冲上去,不然的话兔子就会被撕碎。这个例子也说明,中国人不善于使用枪支打猎,兰普瑞医生无法说服他们用他的枪射击猎物。他说,当他将一只飞在空中的鹌鹑打下来时,中国人显得非常惊讶。这给他们的印象如此之深,以至他们每遇到人都要讲一通所发生的事,并让人们看看那件本领高超的奇妙武器。

12 月 21 日

夜里气温降到 8 ℉(零下 13℃),上午 9 点时气温是 12 ℉(零下 11℃)。天气很好,非常晴朗,但很冷,尤其脚冻得厉害。今天早晨,浮桥上游的河面完全结冰了,但由于河水在船下不停地流过,因而连接浮桥的船只的下面并没有马上完全冻住。

今天,我与一位军官一起走进一家中国鞋店,他想买一双保暖的毛皮边中国鞋。但是,他的脚太大了,所有现成的鞋都不合适。伙计们似乎觉得这脚的尺码很好笑,他们费劲地试图找到合适的鞋,并开心地笑了起来。然后,店主将他的头摆出睡觉的姿势,意思是明天将会为他做好一双鞋。他还打手势说,由于脚的尺码太大,价格将会比正常的鞋贵三分之一,即一元五角。

今天,美理登从北京回到天津,他完全被恭亲王迷住了,形容他是个完美的男人。然而他说,事情进行得不是很乐观,因为皇帝表现出对现状十分不满,特别是圆明园的被毁和外国使节驻北京。因此,结果如何还很难预测;但恭亲王以非常明确的态度表示,只要他还担任负责外交事务的首席大臣,他就会切实遵守签订的所有和约。美理登先生认为,公使们应该尽早前去北京,而且已经决定威妥玛先生和哥士奇(Kleiskousky)伯爵要提前去他们各自在北京的公使馆。

我们的北京之行确立了一个重要的事实,即中国皇帝已经充分认识到了中英之间持续多年的交往(除了近期我们对上海的防卫)。这一事实既有意思又令人感到奇怪,因为这一方面明显是与普遍接受的天朝观点完全对立的,同时又显示出置于传闻和各自宣布的主张之上的些许信任,即使这些传闻和主张来自于显然是权威当局也是如此。

今天,我们遇到了一个拿着一种小鼓的中国人,模仿儿童玩具的方式敲击。他击鼓的声音很大,正当我们在猜想他为什么击鼓时,突然看到运河对岸靠近法军驻防区的地方起火了,许多人举着白底黑字旗排着队赶往河对岸。我们断定他们与治安有关,旗子是用来指示起火的方向,击鼓的意思是通知邻里。于是,我们循着旗子指引的方向,很快就到了起火地点。起火的地方是一条窄巷子里的一片房子,幸好着火的房子附近是空地。我们很难靠近,先是一些手举花哨的旗子和幡旗的人到达,紧接着是 8 台救火机先后迅速到达,样子古怪的救火机机身上刻着金色的铭文,每一台有一根杠子从上部穿过,由 4 个人抬在肩膀上。救火机是由通过一对杠杆工作的加压抽水机构成,水从大约 6 英尺长的铜喷嘴中射出,铜喷嘴连接在救火机上部的旋转接头上。虽然没有水龙带,但非常有效的水流还是能喷出一定的距离。这种救火方法最大的缺点就是救火用水很快就用光了。不一会儿,周围到处都是各种颜色和图案的旗子、大鼓、小鼓、锣等,嘈杂声不断,一片混乱,难以描绘。来自不远处一艘冻结在河上的俄国炮艇上的水手,还有一些法国士兵,都主动爬到房顶上,将茅草屋顶和其他易燃物拆掉。新来的救火机陆续到达空地,也不注意对准方向,就开始朝起火处喷水。我看到一台救火机,把冰点下 20 ℉(零下 6℃)的水正喷到俄国人和法国人的身上,但他们似乎并不在意,而是继续好心地忙着救火。天渐渐黑了下来,一排排的旗子和灯笼显得格外别致,整个场景是我在中国看到的最生机勃勃的景象之一,有些像英国国内大型的反酗酒游行。天津的水会看来由若干分支组成,每一分支都有各自的服装和颜色独特的旗帜。救火机是从白河交汇处附近的大运河中取水,取水通常是用水桶,将水桶挂在一根竹扁担的两头,用肩挑着运送。用这种方法从大运河不同的地方取水,为此必须凿破冰面。灯笼构成的照明系统非常有效,并且在总体上让我们感觉安排得非常完美,尤其是各支水会能携带着他们的救火机迅速到达现场。

12 月 22 日

夜间异常寒冷,气温降到了 5 ℉(零下 15℃)。早晨 8 点钟,气温为 10 ℉(零下 12℃),卧室的温度为 25 ℉(零下 3℃)。气压计指数保持在 30～50

之间,天空仍然晴朗,天气非常好。

运河岸边有一幢漂亮的乡间房舍,门口有两只耀武扬威的石狮子,摆出中国式石狮子共有的那种古怪姿势。关于狮子,我要提到大约在13世纪,有些外国首脑想把狮子作为礼物送给中国皇帝。他经过慎重考虑后,决定拒绝收下这些狮子,中国人之所以这样做的真实原因是:"我们没有这样的动物,所以我们不知道它们是狮子;假如我们接受了它们,而最终表明它们不是狮子,那时我们就会成为整个世界的笑柄。"在上面提到的房子旁边,有一些来自南方的帆船封冻在运河上。白河现在已完全结冰,人们可以在冰面上任意行走。

12 月 25 日

白河上现在到处都是小型的木排子,一个人站在排子的尾部,用一根带铁尖的竿子撑着排子滑行,根据载人的多少,其每小时可以滑行 5～8 英里。在冬季,木排子代替了船舶往来交通,而且已经成为士兵们极大的消遣方式,他们只花几个铜板就可以坐着排子在河上往来数英里。

今天,对第三十一团二等兵霍尔特(Holt)的死进行质询,昨天上午,他被发现死在床上。他乘"白星号"(White Star)在大沽登陆,然后经陆路到达天津。各种迹象都表明他是一个身体健康的年轻人,也没有其他理由可以解释他的死因,只能认为他的身体突然遭受极度的寒冷而导致死亡。

12 月 26 日

今天早晨,从被冰封在大沽的法国炮艇指挥官德塞萨(de Saisset)中尉那里获悉,现在那里的冰冻层已经延伸至北直隶湾 6 英里,春季以前,海运完全中断。停泊在锚地的一艘船舶的船长向大沽的中国船员支付 100 元,想让那些船员把他送到船上去,但没有人愿意干,结果他只能从陆路去芝罘,希望能从那里经海路绕到大沽锚地的船上。

据恒祺说,寒冷天气还会持续 20 天左右。按照他的说法,过了这 20 天,河面上冰层的强度同现在相比将明显不同,那时就相当于承受一根木头直立在冰面上的重量,比较而言,现在冰层只能承受同样一根木头水平放在冰

171

面上的重量。

12 月 28 日

今天,遇到一队从一条十字巷里走出来的送葬队伍。一到街道的中央,他们就把一些"冥纸"放到地上,然后将其烧掉。送葬队伍中有一名道士、六名乐手,后面跟着的是身穿白色孝服的送葬者。烧完纸后,他们从一条十字街返回南门附近死者的住所。马埃(Mahè)牧师跟我们一起来到这家门前,做手势请求准许进去,并马上获得允许。房屋的主人——一位彬彬有礼的绅士迎上前来,带着我们穿过摆满白色葬仪标志的院子,所有一切都显得既恐怖又怪异。我们进入一间挂着奇特帷幔的房间。通过一些标志,我们弄明白了与哀悼活动有关的一些事情,还知道了死者是房屋主人的父亲,年届85岁,这个年龄去世证明风水好。主人为我们上茶,还在茶中加了糖,这是特别为我们提供的,因为中国人自己喝茶从来不放糖。马埃先生与一位哀悼者互换了鼻烟。在我们走之前,主人拿进纸张,要我们将姓名写在纸上,我们照着做了,并向他们解释我们也有各自的称谓。他们似乎对加尔布雷思和我是"医生"(治病专家)很感兴趣,此外也特别对马埃先生是"清教"成员感兴趣。

我向威妥玛先生提到了这件事,他告诉我,中国这一地区的葬礼仪式要比南方复杂和隆重很多,而且葬礼与实际下葬时间之间也没有必然的联系,下葬通常要向后拖延,直到选中一个吉日。白色是丧事使用的颜色。

12 月 29 日

我今天去了一家公共澡堂。一些人正在里面洗澡,一切做法显得很规范得体。一个人站在门口小柜台的后面,柜台里面有一个投币口,浴客临走时支付的澡费,他会从投币口投进柜台。浴盆呈椭圆形,墙上安装有为浴客存放衣物的箱子。澡堂里的温度很高,这有利于球茎植物的生长,地上的垫盘中摆放着很多盆这样的球茎植物。在这样的浴池洗澡,一次费用还不到四分之一便士。此外,公共澡堂还提供单人间,里面除了浴盆、热水外还有其他服务,包括一名男搓澡工的服务,其价钱只有100文(约合英币5便士)。

这些公共澡堂可以证明中国至少在一件事上超出了我们，就是我们只是这些年才开始认识到为穷人提供便宜的洗浴手段在卫生上的重要性。中国似乎在几个世纪之前就已经这样做了，日本也是同样的情况。

12 月 30 日

今天上午，医院附近传来的一阵中国乐声吸引了我们的注意，原来是结婚队伍正好经过。走在队伍前面的有五六个人，手里提着大圆形灯笼，这些灯笼是用上好的半透明角质物制成的，挂在木杆的一头。后面跟着两个敲锣的人，再后面是一群人举着艳丽的旗子。后面又是一些人举着涂成红色的牌子，牌子上面印有烫金大字。跟在这些人后面的是一些举着旗子和横幅的人，以及一些举着斧、矛等仪仗的男孩，这些仪仗物为木制，色彩华丽还描了金。然后，又是一排人，举着装饰俗丽的角状灯笼，这些灯笼挂在杆子上，周围飘扬着许多装饰性的丝绸织物。一支人数众多的乐队，乐手们穿着非常华丽的长袍。走在队伍最后面的是一张圆形的鼓、两面锣和一座架在杆子上雕有花纹并描金的宝塔。

今天在法国公使馆吃晚餐，我与一名法国工兵军官有过一番有趣的谈话。他描述说，军队在圆明园的所作所为，导致士气极端低落。法国军队第一天到达圆明园时一切都很正常，人们只拿走一些小东西作为纪念，但第二天情况就完全不同了，引诱再也无法抵御，眼看着军官和士兵把争相大量夺取变成了抢劫，纪律完全无效了，如果清兵能趁一片混乱之机反击的话，那后果将会是一败涂地。

十二

冻住的黑啤酒—统计的错误—地方官员对政府宣战无动于衷—死去的乞丐—年画—中国人的鹰猎活动—铜的短缺—中国人对敲诈勒索偶尔的抵抗—自我牺牲—把钱分给贫困的中国人—灾难性的后果—极度寒冷—科里诺将军重病缠身与去世—向管天神灵祈求的队伍—科里诺将军的葬礼—将

军生平简述—大沽英国士兵的暴行—第六十七团士兵的不幸。

1月1日

今天是极冷的一天,冰冻非常严重,第六十步兵团的士兵用麻袋和筐子从军需处搬来分发的黑啤酒时,发现啤酒已经冻住了。

今天,斯塔维利准将来医院视察,在此期间,发现了一个医学统计常常出现的错误。"医院病员每日状况表"显示,在驻军三个步兵团中,第三十一团的病人最多,但实际上到目前为止,该团的健康状况是最好的。这引起了准将的注意。我们解释说,这是因为第三十一团所有病员都要在医院接受治疗,而其他两个团里的很多病员可以在兵营接受治疗,结果就没有由医院负责,而且因为他们没有住院,所以他们的名字就没有出现在驻军每日病员状况记录中。

大约几个星期前,几名军医雇用了一名叫查老亚(Cha—low—ya)的中国人在医院担任汉语老师。当他听说今天是英国的新年时,就穿上了他最好的衣服,并把他的名片(大红卡片,上面用黑字写着他的名字)留在了餐厅。这种做法依据的是中国阴历新年的惯例,再过五六个星期,阴历新年就要到了。

1月2日

河面上呈现出一派生机勃勃的景象,许多排子载着乘客和货物在河面上往来如梭地奔忙着。

卜鲁斯先生向我讲了一件事,它能很好地说明中国人的性格和交际手段上的变幻无常。他说,北京对英国的最后通牒做出傲慢无礼的答复后不久,苏州就落入叛军手里。之后,两广总督何(Ho)①——中国高官,我不记得他的名字了——与上海道台吴很快便来拜访卜鲁斯先生,试图说服他派军队进军苏州并将其夺回。卜鲁斯先生暗示他们说我们即将开战,然后问

---

① 原文似有误,或应是两江总督。这一时期的两江总督是何桂清。——译者

他们，如果我们帮他们把苏州夺回来，那么他们将如何才能让我们离开苏州城呢？听到这里，他们都从座位上跳了起来，说他们了解我们，对我们非常信任，并表示我们之间的所有误解都是因为他们在北京，不了解我们。用他们的话说，南方有关英国的"道理"（看法）与北方的道理不同。

1月6日

今天出城南门时，看见路中央躺着一个已经死去的乞丐。显然，他是由于精疲力竭和寒冷而倒在街上，没有人愿意帮他减轻痛苦或将他移到一个避寒之处，而任由他就这么死去。按照普遍的惯例，中国人是绝不会出面救助躺在外面的濒死之人或者料理死者尸体的，因为按照地方官府的做法，只要有人参与此事，他们就得负责所有的丧葬费用。

1月9日

今天，我第一次看到各主要街道上到处搭起了货摊，货摊上摆满了五颜六色的纸画，周围围着一大群欣赏的中国人。这种景象让我想起了国内的情人节。这些纸画大概与即将到来的阴历新年有关。今天是中国阴历十一月二十九日，阴历每个月有30天，一年有12个月。

1月10日

卜鲁斯先生非常想看看中国人鹰猎的方法，第六十七团的兰普瑞医生与鹰猎的主要成员组织了一次鹰猎活动，并且约好今天早上在医院门口会面。三个手腕上架着鹰的人最先到达，这种鹰带着头罩，个头很大，像是一种隼。跟着他们的还有两条中国猎狗，它们是真正的猎犬体型，只是长着一条毛茸茸的短尾巴。看起来它们与波斯犬很相像，而且很可能有相同的血统。随后到的是一个骑马的猎手，在他的腰带上挂着一个兔子头。最后，这群人的头儿带着几名随从也到了，他是个满族人，长得高大威武。总共有十多个人，比通常的鹰猎活动参加的人要多，因为好奇的英国"钦使"（Chinsi)①也发生了兴趣,要去观看他们的这种民族性的娱乐活动。

我们穿过几片收割过的或荒芜的土地后,大家排成一条线。走了大约两英里,一只野兔突然从离我们很近的一片荒地里窜了出来。刹那间,狗和鹰立刻追了上去。大约跑了四分之一英里,一只鹰朝这只兔子猛扑了下去,用爪子抓住了它的后背,将兔子翻转过来,这时狗也扑了上去,把兔子抓住了。几乎同时,我们都骑马追赶过去,那名骑着中国马的猎手也全速追上前去。到了地点,那匹马突然停住,猎手顺势从马前翻落下马,当即稳稳地站在地上。此刻,使人不禁怀疑这种奇特的下马方式是否有意为之,并且这又一次证明了中国人性格中相互矛盾的两面。猎手腰带上挂着的兔子头这时显然有了用场,他把兔子头从腰间解下来,扔给站在地上的猎鹰,这样做一方面不致使这些鹰太失望,另一方面也是吸引它们的注意,以免野兔被它们撕碎。

我们朝着同一方向继续前进,不久来到外围防御工事以外大约4英里的一处村庄,开始第二次猎兔。这次大伙儿足足追了有一英里,这只野兔给它的追捕者制造了一次次的麻烦,它穿过许多坟墓一路逃窜,就在将要被抓住的时候,又成功地钻进了自己挖的洞穴——现在它似乎躲过了鹰、狗和其他追捕者。可是不然,等猎手的头儿一到,这只可怜的兔子很快就被挖了出来并逮住了。我们的追猎又继续了一段时间,又逮到了两只兔子。

在回去的路上,我和卜鲁斯先生谈起了铜钱——20个铜钱等于1便士——特别适合像中国这样既贫穷又人口众多的国家。卜鲁斯先生告诉我,当前这个国家在财政上最大的难题就是制造铜钱的原料铜短缺,导致铜钱缺少,所以最近北京政府迫不得已只能发行铁钱,但这已经在人民中引起了很大的不满。因此,如果河南、湖北两省现存的大量铜矿还不能很快恢复生产的话,那么,铜就很有可能成为需要大量进口的物品。

谈起在中国人中间普遍存在的对政府的不满,以及在某些情况下他们会毫不犹豫地以暴力的方式发泄不满时,卜鲁斯先生说起了不久前在宁波附近发生的一场骚乱,原因与田赋有关,而田赋是中国岁入的主要来源之

---

① 指英国公使卜鲁斯。——译者

一。田赋通常每年用铜钱缴纳,然后兑换成银子汇往北京。这次骚乱似乎是因为负责该地区税务的政府官员为了自己的利益而增加纳税额,使税率高于往常,换句话说,就是加大了正常情况下官府榨取的税赋。当地一个村的村民面对这种过分的强征,决定拒绝缴纳最终要装入官员腰包的那部分增加的税款,只同意缴纳政府要求合理的税款,甚至也不反对缴纳他们已经习惯了的官府榨取的那部分税款。因此,他们决定不侵犯所有的公共和私人的财产,将反对的目标只限于那个敲诈他们的官员要增加的那部分税款。最后,地方政府从杭州派出军队,到达当地的军队数量足以镇压小规模的暴乱。

在这关键时刻,这次运动的组织者向参加起义的弟兄们提出,如果他们能捐助一笔钱,足以在今后养活他的家人,也足够为他竖立一座纪念碑,他愿意为了村民的幸福而向政府投案自首。这是摆脱困境最简单的办法,同时也使村民免于与军队发生冲突而造成灾难。大家同意了他的要求,他就向政府投降,并随即被砍了头。政府没有对村民采取进一步的镇压行动,这次运动以首领的投降而平息。这件事很好地说明了中国人性格光明的一面,一种非常鲜明的品质——可以完全不考虑自己,为了保证最亲近人们的幸福,自己宁愿牺牲。

一片土地划归英国和法国作为供商业目的的居留区①,这片土地位于白河沿岸,离天津城大约一英里,土地大部分属于张姓大盐商。现在已经决定,外国人(英国人、法国人、美国人、德国人等)因商业贸易用途购买居留区的土地,需按每亩②市场价格的140%支付。按现在园地的市场价格计算,购买一英亩土地要花费 30 镑,加上 40%,总共需要 42 镑。

1 月 11 日

今天是中国阴历十二月的第一天,据说这个月天气非常冷,大部分时间会刮强劲而刺骨的寒风。今天早上很早就开始下雪,连续下了一整天。

---

① 即英、法租界。——译者
② 在中国这一地区(天津),大约 3 亩等于 1 英亩。在上海,土地的测量方法不同,大约 6 亩等于 1 英亩。

圣诞节前几天,由驻军牧师麦吉先生发起救助中国穷人的捐款活动,已经收到了 867 元。

募捐组织者决定发布告示通知中国人,某一天将会有一笔钱发放给提出申请的人。在会上我特别提出,这种分发捐款的方式不会起到一点救济穷人的实际作用,因为许多人肯定会前来领钱,从某种程度上讲,乞求施舍在中国是一种正当行业。我建议建立一个粥棚,作为一种真正救济穷人的手段,因为现实状况是缺乏食物。一旦粥棚开棚施粥,维持粥棚的费用就会通过利用士兵餐厅的剩饭而大大地减轻,因为每天都有相当数量的符合卫生标准的剩余食物,总有成群的乞丐围在各部队营房外等待分取剩饭。特别是费恩骑兵团的锡克士兵,对穷苦的中国人尤为仁慈和友善,仁爱是他们的宗教向他们反复灌输的一项行为准则。建粥棚的提议没有被通过。戈登医生再次建议用一笔钱资助建一家医院,我们一直努力建立医院以治疗那些需要外科手术的中国病人,但这项提议也被否决了。决定当天在学正衙门(Literary Chancellor)与城墙之间的空地上发放 867 元,学正衙门现在一部分用作驻军的教堂,一部分用作第六十步兵团部分部队的军营。

分发捐款活动于上午 10 点钟开始,这一天很不利于在空地上一下子聚集这么多人,雪一直在下,还伴有严重的霜冻。

下午 2 点钟,我穿过水月庵旁的空地,路过学正衙门时,一片哭泣和呻吟声吸引了我的注意,我看到雪地上躺着一些女子,她们显然正遭受着极大的疼痛。经过询问,我从周围站着的第六十团的士兵们那里了解到,今天有大约 5000 人围在那里领取捐款,在拥挤争抢进门过程中,有 9 个人被踩踏致死。除了雪地上躺着的这些女子,好多受伤的人已被他们的亲朋好友抬走了。

我问到死者的尸体是怎样处理的,他们告诉我已经停放在室内。我走了进去,看到尸体被放在衙门一处单独的房子里。英国士兵莫名其妙地缺乏思考,死者被小心地一个挨一个摆放在屋顶坚固、关闭严实的房子里垫高的石床上,而 16 名伤势严重动弹不得的女人却躺在外面的空地上,任凭大雪落在她们的身上整整 3 个小时。

正如士兵们告诉我的,我发现 9 名死者中 6 个人是老年妇人,一名年轻女子,一名大约 15 岁的男孩和一名幼童。她们都显出很凄惨的样子,从所有人的面部上看,她们都死于窒息。看到可怜的死者亲属进来认领她们的尸体,真令人感到悲伤。一位看上去很可敬的老妇人坐在女孩的尸体旁痛哭流涕,那是她的孙女。

一定是维持秩序的措施有很大问题,衙门的大门被冲进来的人群猛撞,将门枢都撞开了。县衙派来的差役协助军队维持秩序,但据说无济于事。伤者被安置在一家临时医院里治疗,但不到 24 小时,他们的家属就把他们都接走了,他们宁愿自己照看病人。

1 月 12 日

夜间的气温降到了 5 ℉(零下 20.5℃)。白天时断时续地下着零星小雪,快到中午时天气骤然变冷。从中午到下午 3 点钟,气温降到 4 ℉(零下15.5℃)。这种极度的寒冷在某种情况下引发了严重的后果,两名原本身体明显很好的士兵突然出现了普通疟疾的症状。他们被送到医院后几乎马上就死了,死因是对严寒所造成的抑郁产生某种异常的敏感。

法军指挥官、英勇的科里诺将军,曾多次在战场上出生入死,但今天也成为寒冷天气的受害者。他的天花还在顺利的康复当中,今天早些时候还以他惯有的明确和有力的方式下达"旅长命令",他的神经系统还处在非常健全的状态。但到了下午,他的下肢突然出现痉挛症状,很快,症状就显示疾病已经很严重了。

1 月 13 日

今天是星期天。这是我们来到天津以来,我第一次感到这个城市像国内的星期天一样。商店都关门了,平时热闹拥挤的马路上,今天却没有了中国人,生意完全停顿下来。寒气逼人,寒风刺骨,对中国人的商品造成很大破坏的是在浓云密布的天空中飞扬的灰尘。

1 月 14 日

天气依旧寒冷异常,尽管已经没有昨天那样令人难受的感觉了。今天的早餐面包由于冰冻而变得异常坚硬,不得不锯成面包片才能吃。

今天是三九的第七天,在这一地区,中国人将寒冷的冬季每九天划分为一个时期。据说现在是数九天里最冷的一段时间。

科里诺将军的病情显示几乎已经没有什么希望了,痉挛从下肢扩展到上半身。他已立下遗嘱,宣称现在自己只是行尸走肉,唯一感到还健在的器官就是他的头部了。他以极其刚毅的忍耐接受了自己的疾病已经非常严重的宣告,马上要来纸和笔写下遗嘱。人们建议他最好明天再写,他回答说:不,马上做更好。他表示,他唯一的遗憾就是,一生参加了30多场战役,屡次受伤,这次在中国这种无助的状况下,他本应能逃脱死亡的。

1 月 15 日

今天中午,法国司令部传来消息,科里诺将军的主治医生邀请我和戈登医生前去会诊,同时将军本人也希望见见我们,我们决定下午 3 点钟前去。在军需处的德丰布朗(De Fontblanc)和温菲尔德(Wingfield)两位先生的陪同下,我们去了那里。他们都能说一口十分地道的法语,如果需要的话,他们很愿意担任翻译。

我们在将军的营区会面,营区位于被称作"第 102 号路"的街上。法军的"医务长"热里埃(Jerrier)医生、医院院长拉里维埃(La Rivière)医生迎接我们。拉里维埃是将军日常的主治医生,他全面清楚地介绍了病情,从他的陈述中我们确信,目前的症状表明已经是病入膏肓。我们随同拉里维埃医生来到将军的卧室,看到他躺在一张摆在石床上面的简陋床架上,两名步兵团的士兵看护着他。我上一次看到他还是在 8 月 21 日,现在他很不幸地完全变了样。那次,他站在大沽北炮台堡垒的顶上,因胜利而激动不已,正与一名英国参谋谈话。他指着自己肩章上在进攻中被一颗弹丸击中的地方,兴奋地畅谈在英国军队里什么情况下可以获颁奖章和勋扣。而现在的他已经没有了意识,急促地喘着气,由于呼吸不畅,他的脸憋成了青紫色。我摸了摸他的脉搏,还在微微地跳动,他的心脏似乎还在维持着他的生命。脸色严峻的军士将手放到他的手上,很难从他那儿把手抽出。在我们到达那里两个小时之后,英勇的将军停止了呼吸。

1 月 16 日

今天早晨我很早就出了门,正遇到一支庞大的队伍,队伍中有常常能看到的所有乐队、旗帜、横幅和涂上金色的各种装备。我弄清这支队伍是有宗教目的,意在祈求据说能左右天气的神灵,希望目前严寒的天气能够好转。

与尼尔上校一起逛了几家古董店,大量上好的玉器和珐琅器要偷偷地到后边的屋子里给我们看,很明显这是从圆明园掠夺来的东西,众所周知,这些都是圆明园附近的中国村民肆意趁乱打劫而来的。他们不但搬走了那些由于太过笨重法国人或英国人无法一起运走的东西,而且特别对珐琅器感兴趣,他们将这些东西藏起来,一有机会就把它们送到天津的古董市场上。在天津,此类古董销路很好,价格非常高。

1 月 17 日

收到美理登传来的口信,问我能否可以搞到一些硝酸,一名曾当过铜版印刷工人的士兵需要使用硝酸将科里诺将军的名字刻在棺材上,而法国药品仓库里没有硝酸。我们这里有很多,所以很容易满足了他的要求。

1 月 18 日

今天是科里诺将军送葬的日子。送葬队伍于 11 点半从他的营区出发,送葬人员依次为:第一○二团的鼓手和军号手、包括 2 名主教和 1 名中国神父在内的 6 名罗马天主教神父、6 匹黑色日本马拉着的炮车。炮车上安放着灵柩,上面覆盖着黑色天鹅绒柩衣,柩衣上面摆放着死者的大衣、勋章、肩章、剑和帽子。走在灵柩后面的是高级别的送葬者,包括第一○二团的奥麦利(O'Malley)上校、布尔布隆先生、卜鲁斯先生、斯塔维利准将以及全体随员。随后是英军各团的军官。军需处人员和医务人员陪伴在准将左右。走在英国军官后面的是三位天津最重要的政府要人,陪伴在他们身后的是一群人数众多的侍从。走在他们后面的是不当值的法国军官,以及列队站在送葬队伍经过的道路两旁的部队士兵。这些士兵随后在墓地集合,组成了丧礼鸣枪队。

宪兵和炮兵小队都是步行,中国官员坐轿,法国公使馆的官员走在队伍的最后。送葬队伍沿着河边缓慢地走着,一直走到法国人准备的一处临时教堂。灵柩从炮车上抬了下来,送进了教堂。做弥撒,高举圣饼,军人都带着武器进了教堂。

仪式进行了大约一个小时,包括中国神父在内的所有神父一起主持了仪式。其中,有位穿着燕尾服的教会主教,据说在中国内地被囚禁了15年。

灵柩又被抬到炮车上,送葬队伍重新排好,穿过河上的浮桥,到了天津城北半岛上①,经过"福寿寺",最后到达离天津城半英里的河岸旁的法国墓地。所有的法国军队都站好了队,三个步兵营站成了三边构成的方阵。当遗体被送进坟墓时,每个营的士兵都转身向外,发射两颗子弹。然后,法军牧师走到前面,发表了墓前悼词。接下来,奥麦利上校详细地介绍了死者的生平,最后他伸开手臂指向坟墓,以一句话结束了他的演讲:"再见,我的将军,再见,以军队的名义向你道别。"随后,将军的副官德昂得古(D'Hende-court)上尉走上前来,发表了简短得体的演讲,表达了他痛失将军的个人感受。

接下来由主持仪式的牧师将圣水洒到灵柩上,依次这样做的还有:奥麦利上校、布尔布隆先生、卜鲁斯先生、斯塔维利准将以及英国军队的高级官员。随后,包括炮兵、工兵和宪兵在内的军队精英们从坟墓前列队走过,一名士兵经过坟墓时将他的滑膛枪放入墓中。然后,部队列队返回军营,葬礼结束。

科里诺将军生于1810年,1831年参军,在"外籍军团"担任二等兵并在阿尔及利亚军团屡获升迁。6年后他升为少尉,又逐步晋升为法国轻步兵上校,并以这一职务前往克里米亚半岛,正如所熟知的,他指挥部队第一个进入马拉科夫(Malakoff)。科里诺是第一个冲进去又第一个活着出来的人,当他爬上胸墙时被枪托击中头部,被打回到战壕里。克里米亚战争结束后,他回到了阿尔及利亚,又从那里作为现役军人前往意大利,先后在马让塔(Ma-genta)和索尔弗利诺(Soleferino)驻防。意大利战役结束后,他回到了法国。

_____

① 这里指当时的三岔河口北岸地区。——译者

自从他作为一名二等兵离开法国后，这是他第一次返回法国，此时他已经是一名准将了。他去世的时候已经是一名少将，这次晋升缘于他近来在中国的战功。

奥麦利上校作为仅次于他的高级军官，已经接替他指挥法国军队。

今天晚上，我在英国公使馆听说了刚刚在大沽发生的完全是蓄意的非常残忍的暴行。驻守在大沽的第三十一团的一些士兵到村子里，四处想搞到烧酒。他们没有搞到，便回到兵营，拿起步枪并上了子弹。然后，他们回到拒绝给他们烧酒的村子里，开枪朝那家酒铺射击，打死了一人，打伤多人。截至到今天，找出暴徒的所有努力均告失败。

夜已经深了，据第六十七团的一名士兵说，他走在第三十一团团部驻地附近一条狭窄的背街小巷里，被几个中国人抓住了。他们捆住了他的手脚，示意要砍他的头。他拼命地喊了起来，被第三十一团的一些士兵听到了，赶来把他解救了。很难说这是针对最近发生的暴行的报复行动——中国的知府非常担忧这种状况——还是因为这个士兵在附近的房子里有不端行为，中国人要扭送他去见官。后一种情况是最有可能的，因为假如他们的目的是要杀人的话，他们就会马上动手，而不会采取正式斩首的方法。

十三

鸦片烟馆—叩头—天花和野蛮的接种—孤儿院—被处决的中国人—送葬队伍—因做白酒生意房屋被拆毁—当铺—孩子们的赌博—北京传来消息—驻军剧场开业—军中人的死亡—北京建立外交机构—严寒—冷冻鱼—中国新年临近—中国笑话—旧家具铺—白鹇—即将辞世的中国官员—觐见问题—马戛尔尼勋爵与叩头—新年到来—中国人拜年—祖宗牌位

1月19日

今天我们参观了一家鸦片烟馆，一些人躺在那儿，正在喷云吐雾；另一些人正在往烟枪里装烟,准备麻醉自己。屋子里温暖舒适,烟客们斜靠在一张很不错的烟榻上,烟榻上非常讲究地铺着席子,还为烟客们准备了枕头小凳(或者我们应该称之为枕头)。柏亨利先生询问的第一个受害者是一个年轻人,他面色苍白,沉溺酒色。他二十五岁年纪,吸鸦片已经两年了,最初开始吸食是为了治疗腹泻,结果发现已经戒不掉了。他说他非常想戒掉鸦片,只要能把他治好,他会接受戒烟所或医院的任何限制措施。他每天抽鸦片要花 30 文钱,都是他父亲给他的零花钱。他没有工作,他的父亲也没有。当被问到他父亲的钱是从哪里来的时,他说父亲靠他的亲戚生活,那些亲戚很有钱。我得说,在中国,这种生活方式并非很罕见。

当我们在烟馆里时,一个大约 50 岁的人走了进来。他认出了柏亨利先生,此前柏亨利先生曾就他吸鸦片成瘾的害处与他进行过交谈。他冲着柏亨利先生叩头①,以此证明自己迫切地想听从他的劝告戒掉鸦片。他吸鸦片已有 20 年了,开始时为了治疗肠疾。他是个鹰猎从业者,一天能挣 150~200 文钱,但花在鸦片上的就有 100 文钱。他指指自己的破衣服,进一步证明他想戒掉烟瘾的愿望。他说,只要在他接受治疗戒除鸦片的过程中,他家人的生活可以得到保障,他愿意接受任何必要的限制措施。②

我们注意到一个烟客脸上留有痘痕。我们问他造成他脸上布满痘痕的病叫什么,他回答叫"出豆子"(chu-toad-tso),意思是长出豆的疾病。③ 这一地区的中国人,大约 5 岁的时候通常会患这种病。对于这种疾病,这里流行着一种既奇特又原始的预防接种方法,即在哺乳期用乳房分泌出来的母乳加上天花分泌物,我推测是用这样得到的浆液再输入幼儿体内;尽管这些浆液有可能被胃液分解吸收,但仍证明是无效的。

随后,我们到育婴堂访问。在该堂门口,挂着一块木板,上面写着育婴堂的章程。负责人是一位可敬的老年绅士,他很有礼貌地接待了我们。整

---

① 叩头是中国人表示极度尊敬的行礼方式。叩头的方法是,屈膝跪在地上,将头低下直触地面,反复几次。

② 这里我要谈到,中国医院建立后,在负责医院的兰普瑞医生的治疗下,一些吸食鸦片者戒掉了烟瘾。

③ 这一说法类似于疹类的病名,我们也把天花归为发疹性疾病。

个育婴堂按照方位分成四个区,每一个区由一名年长女子负责。目前有 40 名保姆照看 80 名儿童。这些保姆每月工钱 2500 文(相当于 2.5 元),堂中还为她们提供膳食。孩子们看上去穿得很暖和,也很干净。房间里并未因各种设施而显得拥挤,主要的设施就是炕,炕上很暖和舒适。怀抱的男孩都留着正在发育中、还未完全长好的辫子;大部分男孩的头发,尽管还没有一英尺长,却已经被很细心地编成了辫子。有些女孩子裹了脚,但大部分女孩子都没有。

这一机构除了有固定捐赠外,还依靠自愿捐款来维持。大门外有一块牌子,上面写着"恳求您救救这些无助的孩子";内门也有一块牌子,上书"育婴堂"。孩子们一般在这里待到 14 岁,然后男孩去给商人做学徒,女孩马上嫁人,但不得做妾。离开这里时,每个男孩都能得到 10 两银子,这笔钱交给他的主人作为学徒费,而且这也可以吸引商人把他们领走。每个女孩得到 15 两银子作为嫁妆。目前,这里也有一些聋、哑和白痴的孩子。这些孩子永远不会被送走,并终生得到照顾。

在回家的路上,我路过道格拉斯·弗雷泽洋行(Douglas Frazer & Co.)的仓库时,看到街上有一颗刚刚被砍下的人头。那是一个中国人的头,他被发现把烧酒卖给英国士兵。他被证明有罪,被带到西门外的刑场,然后根据中国的战时法被斩首。他的头被送到他犯罪的地方,以表明法律的严酷,同时也对可能从事同样非法交易的其他人发出警告。

1 月 20 日

今天,一名中国伤员离开了医院。一些军医好心地给了他一套新的衣服和 5 元钱。他急于在中国新年前赶回家,他的家在天津西面 100 英里左右的保定府。他着急回家的另一个原因,是担心他的妻子会再嫁他人,因为自从他在攻占大沽炮台的战役中受伤后就一直没法与妻子取得联系,他的妻子有理由推断他是那次战役 500 名阵亡者中的一员。

1 月 21 日

今天,中国人开始把河冰凿成方状冰块,然后运到深坑里储存起来,一直等到夏天再取出来以供使用。冰块很纯净,在冰冻的过程中,所有的泥沙已经从水中沉淀下去,被排除出冰块。

我沿着南城墙外的小路散步时,正赶上一支不同寻常的庞大的送葬队伍走过。队伍中,至少有 200 面花花绿绿的旗子和横幅迎风招展。棺材很大,是用厚重木板制成的,外表精雕细刻。棺材被安放在棺罩上,借助排列复杂的木杠,由 56 个人抬着。这些人身穿号衣,戴着圆锥形的黑毡帽,上面还插着一根蓝色羽毛。几支乐队正在演奏。许多上层中国人穿着讲究,一身冬季的毛皮衣服,步行跟着送葬队伍,而他们的轿子形成一长列跟在队伍的后面。棺材的前面走着主要的送葬人,他们都穿着一身白衣,头戴白帽。队伍走得很慢,因为棺材和棺罩的重量,不时地还要停下来休息。送葬队伍一直朝郊外"海光寺"的方向走去。

下午,我沿着结冰的河面散步。当走到第一座浮桥时,河岸上站着的一群中国人引起了我的注意。我发现他们正在观看宪兵司令的人——换句话说,就是宪兵队——拆除一幢已经证实卖白酒给英国士兵的人的房子。这些不幸的中国人在白酒这件事上所处的地位,确实是进退维谷。如果他们卖酒给士兵,这个案子落在他们自己官府手里,他们就会被砍脑袋,如果落到英国宪兵司令官的手里,他们的房子就会被拆掉;如果他们不同意就会被剑杀死或被开枪打死。这种灾祸落到了当地人的头上,肇因是英国士兵对任何足以致醉的烈酒永不满足的狂饮,烈酒的性能强烈地吸引着他们。

1 月 22 日

我拜访了城里的一家大当铺。当铺里的一切看起来井井有条,效率很高;几个伙计正忙着填写当票和副本,并与典当物品系在一起。存放当物的库房设在柜房的后面。整个当铺既宽敞又干净,门上装有警铃。他们很愿意也很礼貌地引领我们穿过彼此分开的几个院落,每个院落都有存放当物的库房。穿的衣服以及诸如铁壶、烛台一类的家庭用品,看来是最普遍的典当物。衣服被小心地卷起来并贴上标签,非常整齐地码放在木架上。木架从离地面几英尺高,一层层一直延伸到高高的屋顶,靠长长的竹梯可以到达每一层。

在当铺附近,有几张供孩子玩的赌桌正在营业。其中一种赌盘被分成不同颜色的格子,每一格子内都画有一定数量颜色不同的圆点。参赌的孩子们把钱放在一个或多个格子里,然后把四个骰子扣到碗下摇晃,掀开碗后,根据骰子朝上一面的数字与钱所在的格子内画的圆点数量的多少是否一致,来决定是赢是输。每张桌子的周围都挤着一群男孩,一些孩子在用他们的钱下注,在我们观看的这段时间,大部分孩子手气不错,每一次他们都能赢。

1月23日

今天下午,公使馆从在北京的威妥玛先生那里得到消息,北京当局现在首先担心的是僧格林沁,他看来是被包围并困在河南省边界的一个小镇上。他的副将瑞麟(Jui-lin)已因有人向北京报告其无能和指挥失误而被降职。恭亲王明确表示,他希望我们出面干预,他问我们是否能够派出一些军官或士兵帮助他们。威妥玛先生解释说,形势使我们不能介入此类国内的冲突。当时在场的恒祺说道:"啊,我明白其中的不同了。假设你看到大街上发生暴乱,事出偶然,那么你就会介入。但是,假设你知道有人家里正在打架,你就不能进入那个人的家里去干预。"恭亲王向威妥玛先生询问了一些有关我们的宗教的一些问题。驻留北京的军机大臣文祥(Wan-see-ang)也加入到对话中,他的话显示出他不仅熟悉基督教的一般教义(他当时大概讲了讲),而且还阅读过《旧约》和《新约》的译本。但是威妥玛先生认为,文祥所了解的基督教的知识似乎远不如他对佛教的概述给他留下的印象深,或许在我们看来也不如他对《古兰经》熟悉。

今天晚上,驻军业余剧场在一条东西走向的大街上的一座寺庙里开业了,第六十步兵团的团部也设在同一庙内。舞台布景的装饰图案是由费恩(Fane)上尉手工绘制的,这反映了对他的艺术才能和品位的极大信赖。剧院的设备和机械的设置十分齐全,这得归功于皇家工兵的克莱门茨(Clements)中尉的精心设计,他负责最初筹备的这一重要部分。第六十步兵团的乐队组成了管弦乐队,总军需主任助理德丰布朗朗读了他写的一篇风采优雅的开幕词。奥麦利将军和一些法国军官也到场了,随后,第六十步兵团的军官们以晚餐热情款待大家。

1月29日

今天去了法国墓地,一个高大的金字塔形的石棺已安放在科里诺将军的墓上。

1月30日

夜里气温降到 2 ℉(零下 16℃),医院里有三个病人死去。白天气温再次降到 4 ℉(零下 15℃),寒风袭人。

北京传来消息,李泰国(H. N. Lay)先生已经被中国政府任命为海关总税务司;中国政府计划在北京建立一个外交机构,恒祺因长期在广州任粤海关监督,估计将会成为一名办理外交事务的大臣。

1月31日

夜间极度寒冷,气温已到了 0 ℉(零下 17℃)。今天上午,我们的医院又有两人死去,昨天法国医院死了 4 个人。

街上有人叫卖一条冻在 3 英寸厚的冰里的大鱼,冰层包裹着大鱼,形成了一个完全透明的容器。中国人说冰融化后,鱼还会活过来。这种说法是否准确,还没有得到我们驻军中的博物学家通过实验证明。

2月1日

伴随着中国新年临近的欢乐,一些士兵收到中国人从天津城的不同地方寄给他们的信,信里只写了几个字。他们把信拿给翻译,结果发现上面写着:你是个鬼子。很奇怪,我们只在情人节才开这种玩笑。这种玩笑与我们最不斯文的情人节玩笑有些类似,常常含有对收件人全无敬意的情绪,就如同中国人送给我们的士兵的信件一样。

紧靠城墙东北角,有一排店铺,主要是木匠铺和二手家具铺。家具铺门口总坐着胖胖的老女人,这情景让人想起国内的商店。

从财政的观点讲,新年这一天很重要。因为在这一天,每一个有偿还能力的中国人都应还清欠债,除此之外,据说新年头 10 天生意要完全停止。

2 月 3 日

今天早晨,我有机会看到了远东白鹇,兰普瑞医生发现市场上有卖冷冻白鹇的,他就买了一只。这种鸟体积很大,长着羽状尾巴,羽毛有些像鸵鸟。显然,这只白鹇是从很远的地方运来的,为了便于冷冻保存,内脏和眼睛都被挖出去了。

今天早晨,兰普瑞医生应邀去帮助诊断一位因中风而生命垂危的老年中国官员。一到那里,他就发现病人已完全无法救治了。这位老人躺在一张锦缎的睡榻上,全身穿戴着官袍和各种服饰。由于他的地位,他死也要保持尊严。他的家人围在他的周围,有几位是他的女儿。她们长得漂亮,穿着得体。她们似乎极度悲恸,在那里放声大哭。可是,一见到兰普瑞医生走进屋来,她们就停止了哭泣。

今天是“六九”的第一天。将寒冷季节每九天划分为一期,大约到 3 月11 日寒冷季节结束。据说,今天也是中国春季的开始。下午,一支庞大的全市性的队伍浩浩荡荡朝海光寺进发,市政当局的所有主要官员都参加了游行。许多骑马的弓箭手伴随着游行队伍。我猜想,这次游行及相关仪式的目的,是与春季即将来临而祈求上苍以及农业耕作季节将要开始有关。

2 月 5 日

关于皇帝回京后准许外国公使觐见的可能性问题,有人告诉我,对清朝天子的行礼方式,将与觐见法国皇帝时的行礼方式相同,即鞠躬三次,朝后退下。

马戛尔尼勋爵觐见当今皇帝的曾祖父乾隆的时候,曾身穿浴袍,单腿跪在一段阶梯上,鞠躬三次;他的头因此而过于挨近上面的台阶,所以中国人把他的鞠躬误以为是叩头。直到今天,他们还坚持认为马戛尔尼勋爵是叩头,并将其作为后来任何会见都必须采取同样做法的先例。因此,这个误会便形成了外国公使获准觐见皇帝时似乎无法解决的难题。前任美国公使华若翰(Ward)先生坐着乡村的马车前去北京,这件事成为大家常常议论和嘲笑的话题。如果他同意叩头，可能就会有机会见到皇帝了。

2月6日

现在天气暖和多了，夜间气温计最低显示为 20 ℉（零下 6℃）。白天，地上积了一些雪，并一直下个不停，到了下午，地上的积雪深度已经超过 4 英寸。天空静寂无风，空气中臭氧明显增加。①

今天晚上，第六十步兵团士兵中的业余演员在驻军剧场演出了滑稽剧《凶手与不速之客》(*Slasher and Crasher*)、《猎龟》(*Hunting a Turtle*)和《天鹅的靴子》(*Boots at the Swan*)。

2月7日

公使馆收到威妥玛先生本月 4 日的消息。一切进展令人满意。建立外交机构的事情有了进展，桂良被任命为成员之一。皇帝仍然驻跸热河。北京的街道处于泥泞不堪的糟糕状态，这都是因为持续了两个月之久的冰冻开始融化。

法国的信件以一天四十多英里的速度抵达芝罘。地上仍有积雪，天气晴朗。臭氧含量仍在上升，臭氧测量计显示是 5，而前天显示还仅为 1。

2月8日

整个上午，天津的街道和城外乡野的冰雪迅速融化，街上很深的淤泥使得走路变得异常困难和令人厌烦，随着天气的变化，道路总是这样泥泞不堪。

昨天收到的邮件发来指示，要驻守天津的法国军队立刻缩减。第一〇二团按照命令将穿过苏伊士运河返回法国，只要冰雪融化干净，部队就要出发，同时海上航线也将重新开通。

---

① 臭氧可以简单描述为最近新发现的一种空气成分。它始终存在于空气当中，尽管常常因含量太少而使臭氧计无法测出来。据认为，冬季以及被暴风雨净化后的空气中臭氧含量最高。在臭氧许多有益的性质当中，应该提到的是它具有中和空气中有害物质的特性。

2月9日

现在是中国农历十二月的第三十天,也是一年的最后一天。天气又变得异常寒冷。

今天一整天,城内外街道上的景象非常像相同时期的苏格兰,或是圣诞节前一天的英格兰。道路上拥挤不堪,人流朝着各个方向涌动,人们提着各种生活物品以及布置屋内用的各种华丽的装饰品。许多人在沿街叫卖各种奇形怪状和不同图案的灯笼,有螃蟹形的、龙形的、鱼形的、野兽形的,等等。这些灯笼是用金属丝制成,外表罩上一层画得五颜六色的薄纱。放在圆形玻璃缸里的金鱼也是街上售卖的主要商品之一。

2月10日

一整夜,住在医院的人都被迎接新年的几乎持续不断的鞭炮声吵得睡不着觉。事实上,由于鞭炮声持续不断,加上敲锣声、悦耳的钟声和喊叫声,人们也可以试着闭上眼睛待上半个小时使自己入睡。由于是辞旧岁迎新年,这种热情奔放的活动持续了几个小时,他们这种活动的热闹程度,已经超出了我们自己的国民类似的庆祝活动所表现出的最狂热的程度。因为烈性酒在我们的节日活动中扮演着重要角色,而热情奔放的中国人举行喜庆活动时,一般来说,除了喝茶外并不饮用强度更大的酒精饮料,因此他们才能延长欢庆活动的时间。

到了早上,一切都安静下来。进到城里,街上空无一人,所有店铺都关门了。但是,从许多房子里面传出嗡嗡的人声和数钱的叮叮当当的声音,这表明即使在这普遍欢庆的日子里,他们也不会忘记按照惯例结算账目。

下午,我怀着好奇心想看看店主们是否能抵挡得住夷人金钱的诱惑。我在欧洲人经常光顾的街道上转了一圈,发现只有三家古董店开门营业,这三家古董店都与驻军军官做过珐琅器①和玉器的大量生意。古董店主放弃

---

① 据说,中国人制作珐琅艺术品的技术已经失传。按照一个耶稣会传教士的说法,珐琅器是由氧化铅、锡、碳酸钾、碎玻璃以及颜料制成的。在珐琅器的制造过程中,铜是最常用的原料。

了国民都遵守的"老习惯",只是希望自我牺牲能得到利益的回报。

昨天,尼尔上校在其中一家古董店里发现了一件白瓷容器,样子很像汤碗,边上镀金,盖子外圈有罗马字母铭文,字母间隔较大,表明其毫无疑问来自欧洲。他花了几元钱买了下来,又花了点时间研究了一下,最后弄清字母是"*Maria Juliana*"(玛利亚·朱利安娜),这对于推测它的来源毫无意义。但由于在瓷器的一侧有大大的字母"*F*"和"*V*",所以尼尔上校开始查找历史上所有姓费迪南德斯(*Ferdinands*)和弗雷德里克斯(*Fredericks*)的人。他的坚持终于得到了回报,他发现丹麦的弗雷德里克五世(*Frederick V.*)于1736年娶了布伦瑞克(*Brunswick*)公爵的女儿玛利亚·朱利安娜为妻。但要说清这件物品是怎样来到中国的却不是那么简单。

彩绘泥人的制作者开始捏制出很形象的英国士兵。一名艺人指着一对泥人让我看,并说"英格利斯(*Inglice*)①,很勇敢"。然后,他又做出开枪的姿势,嘴里说着"呼、砰、满人完喽",意思是说我们的士兵一朝清兵开枪,他们拔腿就跑。但严格来说,这一说法与事实不符,当时我们部队的士兵在400码以外用"埃菲尔德步枪"射出的子弹,其威力甚小,那些蒙古骑兵动都没动,还满不在乎地在那观望;就好像射出去的是空包弹,对他们的伤害都差不多。我们武器的精确度不过如此。

北京政府似乎已经听说天津古董商人的所作所为了,因为地方政府接到了一道谕旨,要求现在中国人手中属于圆明园的全部物品,必须在本月10日前上交。这条命令多半会是"遵守不如不遵守好"。

2月11日

在街上,中国官员都由侍从陪着,彼此到其他官员家登门拜访。上等阶层的人一整天都坐着轿子四处拜年,中等阶层同样外出拜年,但要步行。他们的穿着非常讲究,身穿毛皮长袍,脚蹬鞋底有一英寸厚的黑缎面靴子,头戴黑绸帽子,翻上来的部分有时还用皮毛镶衬。在大街上,每隔几码,你就会看到他们相互祝贺新年。没有人比他们更客气了。他们先是深鞠一躬,

---

① 原文是泥人艺人用当地口音说"英国人"的拼音。——译者

同时紧握双手,向下直至膝部。当他们鞠完躬抬起身时,还要用紧握的双手彼此对着摇动,再伴随着几次微微的鞠躬移动脚步离开。起初,这一过程看起来相当可笑,不禁使人想起一对斗鸡在开始真正打斗之前的准备活动。但过一会儿看习惯了,明显可笑的感觉逐渐消失了。

昨天,大量当地人去寺庙里祭拜他们祖先的牌位,这是他们每年最重要的习俗之一。在中国,祖先的牌位是首先要受到崇拜的。

2月12日

尽管是冬天的尾声,也是所谓的中国春天的开端,但是寒冷的天气并没有出现持续的缓解,今天就极其寒冷。夜间,医院里的温度降到了2 ℉(零下18℃);在"斯莱尼号"炮艇上,温度是 6 ℉(零下 21℃),河里结冰长达 7 英里。

在街上,整天都能看到各处结成小帮的乞丐,他们硬向住户或商店勒索施舍,不给钱就不走。他们等在那里时,一起敲击硬木板,发出单调的噪音。这一过程使我想起苏格兰新年流行的一种习俗,成队化了装的歌手,以"伪装者"的名义到处走,一家一家地强行勒索钱财,他们的方式与天津的乞丐很相像,一直唱着歌并发出噪音。

现在,到处流传着一种据说来源可靠的说法,说是随着条约的签订,联军从北京撤出,城内所有的中国军队就会出城并开炮,并想象着将我们赶走。随后,马上就有报道称,夷人将会被打败并仓皇逃命。但是,自联军撤离后就留在北京并一直待在那里的雅妥玛先生,并没有提及这些事。这些事如果发生了,他不会不知道,因此我愈加相信这个故事的来源是假的。然而,不久前收到一封信,谈到英国报纸不知怎么有一条与雅妥玛先生有关的报道,说是军队刚一撤离北京,他就被暗杀了,言之凿凿,不容置疑。截至威妥玛先生上个月初去北京,雅妥玛先生还单独住在一个叫梁公府(Lee-ang-kung-foo)的大宅子里,这座宅子将来要作为英国公使馆。在两个月的独自生活中,他既没有受到中国人的侮辱,也没有受到中国人的骚扰,只是偶尔会有孩子们大呼小叫,用经常称呼外国人的有些不恭敬的中国名字称呼他。

十四

张新年来访—不理智的雪仗—有创造力的玩具制作者—偷盗—科举考试—北京的外交机构—已故皇帝的印玺被出售—法国人的抢劫—租金之争—葬礼—拜访张—中国戏院—饭馆—灯节—维多利亚十字勋章的授予仪式—部队演练—中国人的看法—冰层开始破裂—来自莫里森先生的消息—中国将军的贬黜—僧格林沁—静电的变化对病人的影响—锡克士兵健康状况与欧洲人的比较—选定北京使馆卫队—冰层破碎—普鲁士外交使团—天津的商业前景—公使馆迁往北京—撤离天津

2月13日

今天下午,大盐商张前来拜访军医官,并按中国的年俗递上他的名片,他是医院占用的房屋的房主。拜访很正式,他完全是一副中国官员的派头,头戴粉红色顶珠①和孔雀翎子,穿着丝绸官袍,袍上用金线绣着种种图案,外套毛皮坎肩。他乘坐着一顶相当大的轿子,外罩蓝布,内衬毛皮,由四名轿夫抬着。一名戴白顶珠的中国官吏骑着马走在轿子的前面,轿子后面跟着三名骑马的随从。张表示希望能看看,在寒冷的天气里,对他的房屋做了哪些改变以适应英国人的习惯。他的请求很快就得到了满足。当他看到所发生的改变时,便抬起手说不愿再看下去了,因为他看到的情况令他很不高兴。他的房屋遭到大量破坏,许多地方被肆意地毁坏;大量精美珍贵的雕刻品被任意推倒,以各种方式毁掉了,许多还被当作木柴烧火了。

今天天气晴朗,地上还有很多积雪,驻军的一些军官全天大部分时间都在用雪球打中国人取乐。他们站在城门处的城墙上,雇了几个小孩子用篮

---

① 红珊瑚是最高级别官员的顶珠,一般只能是在学术、政治或军事上功绩卓著者才能佩戴。然而,张被授予顶戴是奖赏他大行善举,并在危难之时能在金钱上资助天津的政府。据说,张目不识丁,最初只是点心铺的一名杂役。

子传送雪球给他们。每一个路过的中国人都被击中了,而且这个人越是穿着体面,投向他的雪球就会越多。大多数人都不能以非常宽容或体谅的态度对待这种行为——不要希望让中国人把它看成是一种玩笑——其中一位市政高官,立刻去见英国领事,对这种行为愤怒地提出了抗议。

2月14日

昨天夜里,卜鲁斯先生收到了自河道航运停止以来的第一封来自英国的邮件,是法国邮差从芝罘送来的。没有一封军中信件到达,似乎也没有其他方面的信件,看来至少要等到下月初大沽航运重开之时才会有邮件寄来了。

2月15日

现在,中国人正忙着为"灯节"做准备。大街上挤满了逛街的人,他们举着各种奇形怪状的灯笼,这也能说明灯笼的用处。

北京流传的消息说,皇帝已经死了,中国官方予以否认。与此同时,我们有理由相信在热河的皇帝生了重病。恭亲王也略有不适,因此被迫推迟接见哥士奇伯爵。但他的病并不严重,只是面部长了皮疹。

关于某些英国军官昨天的那些不理智也毫无情趣的娱乐活动,驻军下达命令如下:

驻军命令

一些青年军官偶尔出现凌辱中国人的行为已经引起旅长的关注,他们在街上殴打、推搡中国人,用雪球击打体面的中国人,等等。

务请各部指挥官提醒他们的军官,今后要避免此类事情再次发生。

如今,和平已经实现,我们非常希望中国人不会再有理由对英国人对待他们的态度产生不满,旅长也将非常严肃地对待向他提出的任何投诉。

驻军司令部

1861年2月15日

这条命令把凌辱中国人的行为完全归罪于青年军官身上。但是,我很遗憾地说,他们的上司经常给他们树立坏的榜样,不止一个年长军官参与了刚刚发生的投雪球事件。

2月16日

今天,杂役队被调来填垫紧挨第六十七团营房的"臭沟",而填沟用的东西,其获取方式对中国人来说似乎有点不公平,即拆除附近部分城墙,而以前这部分城墙还非常完整。士兵们是昨天调来干活的,他们在离地面几英尺深的地方发现了一具保存完好的人的骸骨。这一发现使士兵们非常兴奋,他们很难克制住不在周围地区一通发掘,希望在城墙里发现埋藏的宝贝。

2月17日

本月15日,哥士奇伯爵前往拜见恭亲王。伯爵坐着八人抬的轿子去北京,遭到中国当局的反对,理由是用八名轿夫是只有皇族才能享有的特权。但是,法国公使馆作为帝国权力的代表,决定力劝中国人接受这一现实,当然是在强压之下,而中国人除了屈服别无他法。事实上,不仅是在这个问题上,就是在可能要提出的其他许多重大问题上,中国采用的办法也只能用一句成语来形容——逆来顺受。

今天下午,我见到了前来进行正式拜访的三口通商大臣崇厚。他身后跟着一些骑马的随从,前面有人敲锣,紧跟着的许多人举着旗子和红牌子,牌子上写有金字,都是崇厚的各种头衔以及他担任的各种职位。队伍前面有仆役开道,嘴里喊着"大人"。我还遇到从乡下进城的一些大车,车上装着几袋面粉。大车有两个轮子,由一头大阉牛驾辕,另有三头阉牛都套着轭具,在前面并排拉着。

昨天夜里,兰普瑞医生应邀去看望一位患痢疾的中国老年绅士。他的家人听说英国医生技艺高超,向领事(孟甘先生)请求帮他们找个医生,孟甘先生给他们写了一张便条,推荐了兰普瑞医生,因为他现在能说一些北方话了。

2 月 18 日

今天与加尔布雷思医生一起在城墙上散步,在东门的城门楼附近,发现许多旧式的中国军需品散落在城墙上,有铁头盔、粗陋的鳞状盔甲——由棉布制成,棉布层之间镶有鳞状排列的薄铁片、后膛装药的大型舰炮——已经损坏、外面缠着一层绳子的竹管——估计是用火药发射石头、箭筒,还有看上去非常古老的小型火炮。这些应当是位于城门楼上层的某个旧军械库剩下的军用品,这个地方最近才腾出来作为我们的军火库。同欧洲国家一样,中国人似乎已放弃使用盔甲,因为在最近这次战争中,我们在战场上没有看到穿盔甲作战的中国人。

2 月 19 日

在靠近河边的一条街上,我被一个玩具制作者独出心裁和熟练的表演逗得发笑不已。他坐在一个便携式柜台的后面,面前放着像腻子似的软软的东西,有各种颜色。他以惊人的速度将软软的东西捏成穿着鲜艳衣服的人物。这些打扮成或男或女的人物,会通过一个玻璃喇叭吹出乐声,只需拉动与人物相连的芦苇秆,喇叭便会突然发出音乐的声音。每个人物的制作时间只需要大约 3 分钟,我从来没有见过如此精美、迅速的制作手法,作品完美地再现了他想要表现的人物形象。

最近驻在文庙的辎重队营房发生了几起偷窃案,文庙似乎为那些神偷做案提供了特有的方便条件。昨天夜里,布鲁斯中尉几乎所有的个人财物都被偷走了,其中包括克里米亚奖章和荣誉勋章。这是整个冬天辎重队军官营房发生的第 8 起偷窃案。在此期间,也曾发生过几次与这些偷窃案有关的好笑的事。威廉姆斯上尉睡到半夜时,听到屋子里有动静,就跳下床,点上灯,拔出剑,这时他发现一个中国人从床底下把头探了出来。这个人极为镇静,还不忘按照习惯客气地对上尉说"请、请"。尽管他非常有礼貌,但我相信,这还是无法使他逃脱被交给中国官府的下场。兽医弗莱明(Fleming)先生和他的助手有好多天都无法理解到底是怎么回事,木炭明明放在了火上,只要房间里没有人,没有燃烧的木炭就会消失不见了。这个谜团最后终于解开了,中国人从外面挖了个洞,通到烟囱里,只要知道屋里没有人,他们就把手伸下来,拿走值得拿的燃料。一天早晨,阿普琳(Aplin)中尉正躺在床上,恰好看了一眼当时正坐在火上的中国式铜壶。突然,他发现重力法则发生了改变,他的壶就像巫师霍姆(Home)先生一样,飘浮在半空中,然后就消失在烟囱里。这很像弗莱明先生的燃料被窃一样,采取顺手牵羊之术。中国的知县正竭力找出犯下这些盗案的窃贼,尤其是最后这个案子的窃贼偷的东西最值钱。知县表示,如果他能把罪犯抓住审判,他将把他的头砍下来。现在,他已派出衙役四处打探。这一类衙役中文称"马快",译成英语就是 swift horse(千里马)。

一年一度的科举考试在天津开始。中国市政当局急切地想让我们把文庙让给他们,因为考生通过考试之后,必须前往文庙祭拜。但是,目前要满足他们的要求是不现实的。因为要为辎重队的军官、士兵和马匹寻找和安置一处新的营房,既困难花销又大。

2 月 20 日

恭亲王给卜鲁斯先生捎来口信,请他注意被搞得一塌糊涂的扬子江的事态,并让他自己决定在这种情况下,是否现在就解决在新通商口岸镇江府、九江和汉口建立领事馆的问题,原本已经决定是在春天进行的。皇帝有望在下个月十八日(3 月 28 日)返回北京,而且已下旨要重修圆明园。①

北京的外交机构已经建成,名称是"总理各国事务衙门",成员有恭亲王、桂良和文祥。

2 月 21 日

已故道光皇帝的玉玺今天被美理登男爵带到法国公使馆。玉玺由很大一块翡翠制成,长方形,长 6 英寸、宽 4 英寸。印纽的样子是传说中的动物形象。玺印的正面刻有"道光皇帝之玺",四个侧面每一面都刻有金字,写着皇

①　当我最后一次去北京时(1862 年 4 月),并没有见到当时采取任何步骤执行这一旨令,圆明园的建筑仍是被大火烧过后的样子。

帝的职责和与之相关的箴言,这些箴言主要来自于他的祖父乾隆。道光是 1840 年第一次中国战争时期在位的皇帝。玉玺属于一个法国炮兵团的士兵,是他从圆明园搞到的。他希望以 1200 两或大约 400 英镑的价钱卖出去。① 另外一名炮兵团的士兵拥有已故皇后的印玺,这枚印玺是纯金的。

考虑到法国军队的人数,说他们在圆明园抢了大量东西的传言有些夸张,但可以肯定的是,一大批非常珍贵的宝物落到了最先进入圆明园的海军陆战队的两个连和一支炮兵连的军人们手里。

今天,一个碰巧路过医院附近的中国人,向人兜售他的一件丝绸衣服,衣服上有用金线绣成的龙的图案。这个中国人把他的辫子缠到头上,一边用手比划着一边用他仅会的几个英语单词表示,如果他买下这件衣服被人发现了,他就会被送到北京并被杀头。

军队占据的房屋要付给房主一小笔租金,但谁有权领取这笔租金却产生了分歧。费恩骑兵团团部占用的房屋,其房主和地主都宣称有权领取这笔租金,但双方又都表示,如果彼此都不接受租金的话,他们则感到满意。该处营房看来是要免费占用了。

2 月 22 日

冰雪逐渐开始融化,但河面上的变化还不明显。今天,从大沽来的第三十一团的军官说,那里的冰还没有开始破裂。

我又遇到一支很大的送葬队伍,他们过了河,到对岸的郊外去了。我跟在后面,希望看到安葬的过程。一到市郊,队伍里举旗的和拿着其他物品②的人还有乐队,都停了下来,站在路的两边,等着安放在装饰花哨的棺罩上、由 30 个人抬着的棺材从他们中间穿过。然后,棺罩被放到地上,再将棺材抬下来,抬棺材用的是捆着棺材的红麻绳和同样漆成红色的木杠,木杠穿过绳子将棺材抬起。棺材盖上写有长长的铭文,字都是白色的,只有最上面的字是红色的。巨大的棺盖被移开,还有内棺安放遗体。内棺的盖子用胶封粘

---

① 这枚玉玺成了卜鲁斯先生的财产。几天后,他以 500 元的价格把它买了下来。

② 在西方人眼中,无论是送葬队伍还是婚礼队伍,所使用的这些物品都是同样的。

着,以保证密封,然后再将棺盖盖上。随后,人们将大铁钉从棺盖上事先凿好的孔钉进去,其中一枚造型奇特的铁钉,系着几片红、黑、蓝色布条。孝子走上前来,手中拿着锤子,砸了几下铁钉。这就像我们的丧礼上,由最亲近的亲属将死者的眼睛合上一样,中国人看来是由亲属将第一枚铁钉敲进棺材。孝子从棺材边上退下来,木匠们就开始工作,很快将其他铁钉钉进棺材。此时,送葬队伍和所有参加葬礼的人都留了下来,只剩下两名丧主继续跟着。棺材显然还要送到前面不很远的地方去,因为他们坐上了马车前往村子里,八名苦力抬着棺材跟在后面。棺材还是用红绳子吊着、用红肩杠抬着,因为红色在中国是喜庆的颜色。

2月23日

下午,加尔布雷思医生、法国军队的利伯曼(Lieberhman)医生、莫菲特(Moffitt)先生和我,前往位于城西北角附近的张的住宅登门拜访。一路上,我们要经过一条条狭窄的街道和弯弯曲曲的胡同。一到张家门口,我们就被街对面的住宅里的奇异场景吸引住了,那家正在办丧事。外院搭起了席棚,临时支起了供桌,供桌前面站着六个和尚,正当着一群身穿白孝服的哀悼者面前念诵经文。装殓尸体的棺材安放在里院的一间屋子里,屋门前摆着一张桌子,上面摆着点燃的蜡烛和许多食物。院子的另一间屋子里可以看到一些身穿孝服的女人。我们回到大街上,看见大约二十个穿着鲜艳服装的小男孩,手提圆形灯笼,跳着各种各样的舞蹈动作。我们不能确定,他们是与旁边住宅里正在进行的丧事有关,还是与明天的"灯节"有关。

我们将每人的名片送进了张府,然后我们被领进一间很大的屋子。屋子的装饰很精致,摆放着几张带垫子的扶手椅,椅子中间摆放着小桌子。一个大铜炉子摆放在石头地面的中央,炉子里烧着木炭。几分钟后张走了进来,诚挚地欢迎我们的到来,并通过莫菲特先生表示——莫菲特先生已能略通汉语会话——他能在家中见到我们感到非常高兴。他穿着一件毛皮衬里的丝绸长袍,戴着一个小的丝绸绣花无檐软帽。仆人们马上就送来了茶水、水果和蜜饯糖果。我们稍加享用后,张就带领我们参观了他的住宅。他家共有两套院落,中间有一条通道相隔。这些院落一共有八座,每一套有四座,前后排列。中国所有上流社会阶层的住宅都是按照这样的模式建造,每一个院落有三所房子。我们参观了厨房,房间不仅很大而且设施完善,我们进去时许多厨师正在忙着。我们还参观了食物贮藏室,里面存放着很多东西,有不少腌制的火腿。现在,各个院子里四周都挂着长方形的灯笼,这些灯笼都制作成画框的样子,只是比画框要宽。灯笼的正面罩着一层薄纱,上面绘有品位高雅的图画。这些灯笼准备供"灯节"期间照明使用。

张大约有 50 名亲戚住在这处住宅里,完全靠他养活。其中一个亲戚病了,张请莫菲特先生为他看看病。他得了支气管炎,莫菲特先生保证能治好他,于是张马上派他的一名仆人去医院按处方抓药。我们告辞出来,张按照中国的礼节,坚持把我们送到大门口。

离开张家后,我们穿过沿大运河边分布的郊区,走进了一家经常是观客盈门的大戏院。戏院外面贴着红色的剧目广告,但是戏院里没有上演任何戏剧,因为今天是一位皇帝的祭日。剧团的全体演员正在后台玩一共有 124 张的中国纸牌。这种纸牌的玩法对我们来说似乎太过复杂,已经远远超出了我们西方人能理解的范围。戏院的观众席摆放着桌子和椅子,演出期间还像法国表演餐厅那样提供茶点。

我们走进戏院周围几家中国饭馆,里面的设施都很齐全,我们对这些饭馆烹制的各种美食都很喜欢。在其中一家适合中等阶层的饭馆里,我们好奇地等着看一个人会为他正在吃的一顿丰盛饭菜付多少钱,这顿饭菜包括一碗米饭、放有粉条的炖蔬菜、两个肉饼、茶水以及腌菜。所有这些饭菜他肯定吃不下,但他只付了 30 文钱,合 3 个半先令。他给了伙计 5 文钱,这顿饭的花费又增加了一法寻(farthing)。[①]

2 月 24 日

今天拂晓,中国人连开了三炮,原来是欢迎一位新任道台,这位道台刚从北京到达天津,随之进入天津城。

"灯节"开始了,可是地方市政当局决定今年不组织晚间游行,原因是担

---

① 20 世纪 60 年代以前英国使用的铜币,相当于 1/4 便士。——译者

心会有许多外国士兵在街上闲逛，可能引发骚乱。于是，他们审慎地决定将"灯节"欢庆活动限制在各自家中张挂彩灯和相互之间登门拜访请客，现在这个季节有大量此类活动。

2月25日

昨天夜里，我们常常被如同火炮发射时的巨大爆炸声惊醒，这是燃放大爆竹发出的声响。这种大爆竹的大小和形状就像12磅阿姆斯特朗炮的炮弹，由坚硬的黏土填上火药制成，用一根慢燃火绳连到像点火孔的狭小开口，将爆竹点燃。

2月27日

天气再次转好，今天下午部队进行了一次检阅。部队在南城墙与僧格林沁土墙之间的旷野上排成三面方阵，希思科特(Heathcote)中尉被从第六十团的行列中喊了出来，斯塔维利准将宣读了授予他维多利亚十字勋章的政府公报，以表彰他在德里被围时的英勇表现，授予他奖章是由该团的军官们选定的。准将还宣读了陆军部的正式通知，并在为希思科特中尉戴上十字勋章之前向部队发表了简短的讲话。

被邀请的天津主要中国官员都出席了检阅仪式，他们包括新任道台——一派绅士风度长相聪慧的中年人、崇厚(三口通商大臣)、张(馀庆；知县)、盐运使，以及副将庆隆(Ching－lung)，他负责指挥的大北炮台在8月21日受到海军的攻击，炮台的弹药库被法国炮舰的一枚炮弹击中。庆隆身材魁伟，年龄较大，佩戴浅红色顶珠和高级别的孔雀花翎。① 他头戴一顶普通的绸面软帽，前面翻起，内衬浅棕色皮毛；身穿深蓝色缎面坎肩，里面是一件奢华的浅蓝色绸面长袍，两件衣服都是白色毛皮衬里。副将和其他中国官员都是乘轿子抵达，每个人身边都跟着一帮随从，有骑马的，也有步行的。他们下了轿子后，便骑上早已提前准备好的马匹。

---

① 孔雀花翎的品级高低是由"眼"的数量来表示的，由两根或更多孔雀羽毛组合而成。一根羽毛是品级最低的，因为它只有一"眼"。

颁发维多利亚十字勋章仪式过后,斯塔维利准将指挥部队演示了一系列队列活动,在场中国官员对此似乎非常感兴趣。当把组成方阵以抵挡骑兵的演习原理讲解给他们听时,他们认为这是个"完美的主意",并承认他们从来不曾想到过。副将庆隆看到炮兵团和锡克骑兵的演练后很是震惊。令他惊讶的是,炮兵团移动速度之快,与笨重的中国火炮的移动速度简直是天壤之别。知县对检阅仪式尤其感兴趣,他一直在与一名翻译交谈,他虽然对是否承认我们在道德上占优势不表示任何看法,可是他坦率地承认我们在物质方面胜过了他们。他认为,还自以为在武器竞争上与我们旗鼓相当的想法是相当愚蠢的。

锡克骑兵的冲锋演习尤其独特,在场的所有中国人都极为钦佩。锡克骑兵们的吼声以及不规范的行进方式,比步兵规范和准确的推进方式更符合预想的军事效果。令崇厚十分不解的是,阿姆斯特朗大炮的两头都打开着,如何能准确地发射炮弹。当我们向他解释,装上炮弹后大炮的装弹口就会关闭的机械原理后,他才明白。

许多中国人也到现场观看。散布在旷野上的每一座可以看到部队演练的大坟头上都站满了中国人,他们以极大的兴趣观看部队的各种操练。

2月28日

今天晚上,我在法国使馆结识了俄国驻北京使团的天文学家皮切洛夫(*M. Pechroff*)先生。我同他谈起皇帝返回北京的可能性,他告诉我,他在北京住了三年,只看见过皇帝一眼,而且看得还不十分清楚,因为他是在路边的一家商店里通过锁孔看见的。街道上除了两边站着的军队外,不准任何人出现,皇家的队伍经过时,所有房屋的窗户和商店的门都得关上。谁要是胆敢玩一把"偷窥",偷看皇帝陛下的龙颜,就会受到严厉的惩罚。

3月1日

大沽沙坝外的冰层已经破裂,在两岸炮台之间直接从冰面上步行过河已经变得不太安全了。然而,"小丑号"(*Clown*)炮艇还是无法从去年12月就封冻在那里的地方解脱出来。

今天收到莫里森先生和哈考特（Harcourt）上尉的信，他们 1 月初从这里去了芝罘。他们的旅行看起来非常愉快，去了很多欧洲人没有到过的地方。总的来看，他们受到了很有礼貌的对待，尽管后面常常（也非常自然）尾随着人数众多的人群，有时竟多达 1500 人。有一两次他们被抓去见地方官，怀疑他们与起义军有关，但是弄明白他们是英国人后就立刻被释放并受到很友好的对待。他们经过的很多地方，那里的人们给他们留下深刻的印象，他们相信英国人是来帮助他们对付起义军的，还有谣传说僧格林沁起初拒绝英国人的帮助，但后来又乞求他们的帮助。莫里森先生和哈考特上尉差一点就碰见了僧格林沁，当他们到达一个城镇时，僧格林沁在 3 个小时以前刚刚离开。

我们从北京方面获悉，那里一切进展顺利，只是还不知道皇帝何时返京。

僧格林沁在山东再次被打败，有报道说，他已经被交给刑部，要他解释无法取得胜利的原因。他的副将瑞麟已经返回北京遭到贬黜，刑部已经把他贬为一般的旗人，一个月领取三两津贴。换句话说，他的等级已经降到一天只付给 7 个半便士那一级。去年 9 月他离开北京时，身份还是兵部侍郎。

雅妥玛说，报告对僧格林沁还是相当肯定的。据说，他诚实正直，深受军队的爱戴，因为他从不贪污军中的粮饷，这完全不同于其他的中国将领，对于中国的将领们来说，侵吞粮饷是一项正常的收入来源。去年初冬，僧格林沁率领着他剩余的大约 5000 人的部队到了山东。在山东，由于地方团练的加入，他的部队人数增加到大约 15000 人。但是，团练大部分是装备很差的乌合之众，所以他还是无法成功地镇压人数众多难以对付的起义军。还有一种说法是，起义军之所以没有进军北京，只是由于他们知道天津被英法军队占领，通过上海发生的太平军事件来判断，天津的外国军队很有可能会阻止他们进攻北京。

以前提到过的在八里桥战役中指挥中国军队的胜保（Shung－pow）将军，瑞麟在那次战役中是第二位的指挥官。现在，胜保在北京带领 4000 多人的军队，主要在圆明园附近的村庄搜查从圆明园抢走的东西。据说胜保在好多村民的家里搜出了许多偷藏的宝贝，不少人因此被砍了头。

3月7日

今天早上的天气还非常晴好,可是到了大约10点钟时突然变阴,天空漆黑可怕。静电计受到强烈干扰,静电量不断下降。沙尘飞到了空中,就好像受到磁场的干扰,沙尘之大已非风量所能解释。

3月8日

尽管现在空气清新,天气晴朗,但大气中的静电仍然像昨天一整天那样处于紊乱状态。这似乎给一些病人带来有害的影响,因为就在同一时间,一些病人的病情突然加重了。我注意到两个病例,很明显都是由神经系统引发的。其中一例感觉好像是血在倒流,并伴有痉挛初起的症状,病人虽然不想站起来,但却一会儿也躺不下。①

3月9日

一个值得注意的现象是,欧洲部队中患病和死亡的人数很多,而锡克士兵却都很健康。正常情况下,他们每星期只发给半磅肉,但随着寒冷天气的到来,发放给他们的肉才增加到一磅。他们的饮食主要是用面粉不经过发酵烤制的面包。部队外科医生达利(Daly)告诉我,锡克士兵不得肺病,他们主要的疾病就是短暂的发热。他们也从不患天花。他们大约有一半人接受了免疫注射,其他人却完全没有免疫保护。他们不相信免疫接种,也不愿意接受手术治疗。他们无法理解围坐在一般的壁炉旁,却能充分享受火焰带来的温暖,也包括冒出的烟,所以他们会在屋子中央点燃火堆,围坐在火堆旁。

费恩骑兵团(一共有300人)的一些印度士兵正在遭受冻伤的侵袭,一名士兵因此失去了双脚。刚刚进入冬季时,没有像为其他军队配发长筒靴那样给他们配发合适的靴子,以便使他们的双脚能保证温暖。这种情况一直

---

① 所提到的病人患有严重的慢性疾病。当空气中静电状态恢复正常后,神经系统紊乱的症状就消失了。

拖延，直到为他们配发了鞑靼靴，然而，在他们的双脚没有得到足够保护之前，悲剧就已经发生了。

3月10日

英国和法国公使馆开始为迁入北京，建立永久性使馆做准备。由第三十一团的12名士兵组成、并由高(Gow)中尉指挥的使馆卫队，已经根据驻军命令为卜鲁斯先生选派完毕。现在，这些被选拔的人正在炮兵团军营练习骑马。相同数量的宪兵已经被派往法国公使馆驻扎。

3月11日

现在天气晴朗温煦。河面的冰层开始发生变化。人们仍然在浮桥上游的冰面上步行过河，可就在下游大约四分之三英里的河面上，冰层开始破裂，而且河水很快就破冰涌出，到了下午，那段河面的冰已经不见了，看来全面解冻已为时不远。今天是数九天的最后一天，从目前的季节变化来看，中国人的计算还是十分精确的。

3月12日

中午，我在城对面看到河面冰层出现的转瞬即逝的变化。几乎在同时，一切就像童话剧转换布景一样，整个河面的冰层开始破裂并顺水漂走。只一会儿，河面的冰层就完全不见了。到了下午3点钟，尽管有大块的浮冰从上游漂下来，但河面上已经是船舶往来，所有渡船也开始摆渡行人，转眼之间水上交通便重新开始了。

3月16日

现在需要了解有关前往北京的水路交通的信息，已经可以确定的是，在一个月内，通州(离北京12英里)附近一带的白河河道将会非常浅，因为北京北面山上的积雪还没有开始融化。

普鲁士外交使团秘书巴兰德(Herr von Brandt)今天到达天津，与中国政府取得联系，为普鲁士国王的使节来访建立外交关系做准备，该外交使团最近刚刚与日本签订了一项条约。因为巴兰德先生没有翻译,所以卜鲁斯先生让吉必勋先生去见崇厚,请求他会见巴兰德先生。崇厚听到普鲁士的名字后,问道:"波路夏国(Pollucia qua)在哪儿?"吉必勋先生告诉他,普鲁士是一个重要的欧洲国家。他又问那里有没有船,还问是否是我们感兴趣或有必要联系的国家。很明显,他是在探听有关信息,以便帮助他决定是否值得对其使节表示友好。从吉必勋先生那里得到的信息,使他确信会见是非常值得的。

3月17日

在法国使馆遇到巴兰德先生,他刚从上海来到这里,现在普鲁士使团正在上海。恩斯金(Enskin)先生被杀后,普鲁士使团就离开了江户(Yeddo)①。恩斯金先生是美国使团的秘书,他在与普鲁士公使艾林波(Eulenberg)伯爵吃饭后回家的路上,被日本人刺杀了。

3月19日

今天上午,威妥玛先生从北京回到天津,他将陪同卜鲁斯先生前往京城。截至目前从山东传来的消息,僧格林沁仍然无法打败起义军。他的部队好像是没有炮兵,这一事实说明了为什么前几天中国当局向斯塔维利准将提出,请求允许他们从地下起出并运走一些大炮。这些大炮是在我们占领天津之前,他们埋在道台衙门院子里的,现在那个地方被皇家炮兵团占用。

北京出现了对食物短缺的恐慌,因为所有普通物品的供应都面临枯竭。官方刚一宣布供应不足,皇帝就命令开放官仓,以低价向人们出售大米和其他粮食。然而,这样一来,人们真的害怕饥荒到来了,因为官仓很有可能已经空了,负责看管粮仓的官员以贪污腐败而著称。

3月21日

离开天津前,我对商业领域做了一些调查,想了解一下开放对外贸易对

---

① 日本东京的旧称。——译者

于本地商业发展的前景有什么影响。根据我的调查,白棉布,尤其是被称作"匹货"的棉布,将是主要的进口物品。然后,出口物品大部分将是从牛庄用帆船经过白河运到这里的豌豆、大豆和其他谷物。这些物资再从天津用外国船舶转运到中国南方,用"外国船"进行直接出口贸易是违反不久前签订的条约的,条约写入这项规定是为了保护中国的帆船贸易,因为现在中国商人更愿意用他们自己信任的外国船只运送货物。而且,他们也开始意识到海运保险的好处,他们用中国帆船运货是不能利用海运保险的。也很有可能,每年会有少量的动物油脂和羊毛出口,而可以肯定的是,处于停滞状态的与中国南方的大量出口贸易,可能还有与新加坡和印度的出口贸易,将会逐渐发展起来。起初,天津的中国商人与外国人做生意时会有些畏缩。他们现在做生意时变得老练多了,因为预期会有大量的贸易可做,这使得他们信心大增。

1861 年 3 月 22 日中午,爵级司令勋章(K. C. B.)授予者、尊贵的卜鲁斯先生阁下,布尔布隆先生,还有三等勋章(C. B.)授予者威妥玛先生,以及作为英国公使馆医生的本文作者,一起离开天津前往北京,一队宪兵和骑马的法国炮兵作为护送卫队。布尔布隆夫人刚从一场严重危险的疾病中稍稍恢复,就陪着她的丈夫前往北京。她虽然坐着轿子,但对于病人来说,这样的旅行极度疲劳。过了四天,英国国旗和法国国旗已经静静地飘扬在北京上空;公使和卫队进驻使馆已经实现,无论中国民众还是政府都丝毫没有显示出敌视的态度。

1861 年的夏天,天津仍处在英国和法国军队的占领之下。炎热的天气对健康非常不利,联军深受病患之苦,到 1861 年末,英国军队中每千人有六七十人死亡。根据卫生科学的建议,要尽一切努力改善人们的生活环境,尽可能地抵御流行的致病因素。然而,卫生科学证明,在大气环境影响下如何应对流行病的发生,是完全不同的,这不仅限于天津,在北京也是同样。我猜想这种天气的出现,在某些方面应与 7 月出现的大彗星不无关联,这种想法并非荒唐。彗星出现不久,很多严重的疾病就开始流行。

1861 年夏末,北京方面一切顺利,占领军大量减少。整个冬季,驻守天津的有戈万的炮兵团、第三十一团、第六十七团和工兵连。所有法国军队在冬天到来之前就撤退了,只有大沽北炮台留驻一支海军陆战队,以象征法国军队的占领。

1862年春,卜鲁斯先生决定撤离天津,英军对白河的占领减缩到只留少量军队驻守大沽南炮台。

同年3月,约翰·米歇尔爵士乘船返回英国,将驻扎中国的军队指挥权交给了斯塔维利准将。与此同时,太平军重新开始侵犯上海附近地区,上海城和外国租界处在危险之中。贺布海军上将纯粹是热心相助,为最近由美国冒险家华尔(Ward)将军组建的训练有素的中国军队提供帮助,并开始积极组织对太平军的军事行动,直至卜鲁斯爵士考虑到种种情况,同意采取进攻行动,清除上海周围半径30英里以内村庄里的太平军。

对大沽的占领一直持续到现在(1863年8月),主要是为了帮助中国政府而不是出于某种政治需要,因为现在中国人不愿意我们从白河口撤出具有威慑性的军队,就像三年前他们不愿意我们靠近白河口一样。帝国政府希望我们继续占领白河口,是因为他们担心海盗和太平军联手通过水路进攻北京。宁波已经从太平军手里夺回,太平军与海盗联合的事情现在不大可能发生,尽管以前曾经出现过这种迹象。所以,英国军队将不会在第四个冬季,在冰封的大沽忍受寒冷和孤寂。

殷森德华北传教记

甘霖(George Thomas Candlin)

1904 年 11 月,殷森德在英国伦敦东南部的路易舍姆去世。同为圣道堂传教士的甘霖(George Thomas Candlin)为了纪念这位传教先驱,撰写了《殷森德华北传教记》(*John Innocent：A Story of Mission Work in North China*)一书,1909 年由英国卫理公会出版社(The United Methodist Publishing House，London)出版。

原书按照殷森德的一生经历分作三个部分:"第一部分,从出生到天津传教工作的开端,1829—1861 年";"第二部分,从天津传教工作的开端到郝韪廉先生去世,1861—1878 年";"第三部分,从内地开始常驻到殷森德先生去世,1878—1904 年"。全书共计 25 章,306 页。本篇选译了原书的第二部分,包括从第 7 章到第 17 章,共计 11 章。译文改列为第一至第十一章,每章的题目均为原书标题。

(译者:庞玉洁)

作者甘霖

一、天津城

天津城坐落在白河右岸，邻近白河与大运河的交汇点。实际上，天津是几条河流的交汇之处，这些河流以此为中心，在汇入白河后形成河流的下游，中国人称其为海河，从天津流向大海。打个比方，就像一个普通的马车车轮，先敲掉其外轮，取下一半儿辐条，然后再把其余的辐条以一种不规则的方式排列，使一些辐条之间的距离较近，其他一些辐条之间的距离远一些。这些辐条就可以代表海河、白河、大运河、浑河、上西河、下西河，以及其他一两条河流，而车轮的轮毂就是天津。天津与大清帝国的都城北京相距大约80英里，从大沽海口的天津，陆路大约35英里，而水路则要比陆路距离远一些。在义和团运动爆发之前，天津是一座很大的有城墙围绕的城市，其形状为长方形，东西长大约1.25英里，南北长大约0.75英里。天津城的主要城门位置居中，连接城门的街道在城的中间形成了以高大的鼓楼为中心的十字路口。城墙都年久失修。天津城外地区至少与天津城本身的面积一样大，而且一些最重要的街道也分布在这些地区，这些街道越过河湾以不规则的方式向四处延伸。河面上两三英里之内，各种各样的海船和渔船帆樯如林，好不壮观。

围绕天津城厢内外以及周围的大片空地，在四周筑起了一道具有军事防御功能的土墙，这就是外国人常说的"僧格林沁蠢举"。僧格林沁是蒙古将军，他修筑土墙的目的是为了阻挡英使额尔金勋爵使团的到来。中国人称之为"围子"（防御之意），这已经成为天津的别称了。土墙的周长大约有16英里，但是它正在迅速消失。

1870年发生过屠杀惨案的罗马天主教大教堂位于白河和大运河交汇之处，位置独特，居高临下。法国人没有支付任何款项，就在1860年从中国人手中夺占了这块地方，这种强行占用的行动激起民众心头的怒火，成为引发大屠杀惨案的原因之一。许多重要的寺庙、清真寺和衙门，尽管近些年显得有些破旧，但还是为这个城市增色不少。1900年的战争爆发以后，天津的城墙被夷平,城内外的狭窄街道完全变成了宽阔笔直的铺有碎石的马路,马路上行驶着四通八达的有轨电车,还有电灯照明。在 1861 年,这些事情是做梦也想不到的,诸如分布在天津城东南的广阔的外国租界,英国的、法国的、德国的、美国的、日本的、奥国的和俄国的,等等,这些地方都远比天津城更为壮观。天津是都会港口,有大量的进出口贸易。天津也是大的盐业中心,大沽沿海晒制的海盐用帆船沿大运河运送到内陆地区。天津还是皮毛、驼毛、猪鬃和来自满洲和蒙古地区的其他产品的重要销售市场。但是,在 1861 年,这些贸易大部分还处于初始阶段。

一般认为,天津的人口大约是 100 万。另据新近出版的同样权威性的《菲利普世界地图集》(*Phillips's Atlas of the World*)中的资料,苏州的人口是 50 万,而天津的人口为 96.1 万。我们对天津的了解已有近三十年,根据我们所了解的情况和亲身观察,应该说,天津的人口数量绝对没有被高估。我们可以在天津找到来自帝国各个地区的中国人,而且这些外地人的数量大大超过了土生土长的天津人。安徽、广东和宁波在天津都设有重要的会馆,而来自河南、山西和山东的移民分别在天津人口中占有一定的比例。天津实际上是直隶省的省会,相隔不远的北京是帝国的首都,而位于西面的重要城市保定府只是名义上的直隶省会。天津是统治北方各省的直隶总督的驻地,直隶总督又被称作北洋大臣,是北京以外最为重要的官职。李鸿章曾多年拥有这个自豪的职位,最近则由袁世凯接任。该职位在清帝国的朝廷中具有很大的影响力,无论是李鸿章还是袁世凯,他们在离开天津调任北京后,尽管都被授予令人目眩的更高官职,但是他们都感到是被降级了,虽然表面上表示对清廷感恩戴德,但内心里却懊恼不迭。

天津是个近代城市。不论是开埠之前还是开放为自由港之后,天津的发展速度都令人难以置信。在满清王朝兴起之前,或者说在明朝政府把都城由南京北迁之前,天津还是一个不太重要的城市。在《天津环城地图》(*Plan of the Tianjin Circuit*)上标注的最后一个地点就是大直沽,它是位于天津火车站东面的一个小村庄。传说,从前那里有两个直沽,即大直沽和小直沽。它们是相距五六英里的姊妹村,大直沽一直没有什么变化,是个不重要的村庄。现在的天津就是当时的小直沽,它不断地扩展,吞并了附近的村庄，最后建起了城墙，不久大直沽也被纳入其版图。就此而言，天津与苏州截然不同。苏州是帝国最古老的城市之一，圣经的研究者认为苏州起源于以斯拉(Ezra)时代。苏州代表的是明朝时期的古老中国，而天津代表的是鞑靼(Tartars)时代的近代中国。天津就是中国的伯明翰和芝加哥。当我们的传教士进入天津的时候，在西方国家很少有人听说过天津，即使是现在，在库克旅行社①的旅游通票中，也没有把天津包含在他们的旅游路线中。

天津的未来很有可能比帝国的大多数城市都更加辉煌。她会成为世界上最大的铁路枢纽之一。从青岛到济南府的铁路很快将会与通往天津的津浦线相连。天津已经有一条向西到达保定府和向北到达北京和张家口的铁路线。重要的铁路干线京汉线确实是以丰台为其枢纽，但是该条铁路线也连接天津，并通过保定与汉口相连。不久，这条铁路线将延伸到广州。被称为浦口或津浦线的新建铁路线，将把天津作为其终点站，而且将通往南京并从南京通向上海。最为重要的是，大西伯利亚铁路把东方的天津同欧洲连在了一起，已经有去上海、香港、宁波和整个中国南方的乘客开始经由天津前往，而不只是天津人去这些口岸旅行。张家口的铁路线延长至恰克图(Chiachta)与西伯利亚铁路相连接，将使去欧洲旅行的行程缩短好几天。不仅如此，还有可能建成一条更短的铁路线，经过甘肃和突厥斯坦(Turkestan)到达梅尔夫(Merv)或撒马尔罕(Samarkand)。人们已经开始议论，如果这条铁路线在某一天建成的话，仅用一周的时间就可以从巴黎或圣彼得堡抵达天津，这听起来似乎难以置信，但以后将会成为现实。

天津是一个不断进步的城市。邻近首都的优势使得天津能紧跟政治和社会的发展趋向，而作为一个开放口岸，天津也与外部世界保持着联系。作为一个繁荣兴旺的商业中心，即使是在其发展的初期阶段，天津也很自然地乐于接受进步的潮流。与此同时，天津也完全可以远离北京，摆脱官僚传统的束缚。这种官僚传统已被证明是顽固的复古倒退，使得北京至今仍处于一种十分保守的状态。现代文明的冲击使中国受到了极大的震动，刺伤了

---

① 托马斯·库克(Thomas Cook，1808—1892)，英国人，现代旅游业之父，创办了世界上第一家旅行社，也是团队旅游的创始者。——译者

中国人的民族自尊心,这种冲击首先出现在中国的南方。由鸦片贸易而引发的对外国人的极度敌视,在北方只能略微感受到一点儿,虽然北方也出现排外,但方式与南方大不相同。南方人对外国人的敌视是由于他们知道很多,而北方人则是出于无知,因此很容易在友好关系的影响下使敌视减轻。北京作为帝国的首都,对南方因经受的痛苦而产生对外国人的积怨做出了回应,但是这种怨恨在北京城以外感觉不到太多。1870 年发生的天津教案,无疑是民众对外国人敌视的可怕迸发,然而,尽管爆发了可悲的事件,但是我们可以说,天津从未流露出在南方多数大城市以种种方式出现过的对外国人的深仇大恨。

自义和团运动发生以后,天津的进步超过了以往任何时期。完全用碎石子精心铺筑的宽阔的新马路,采用西式风格建造的房屋,真正摆满各种外国商品的商店,有轨电车线,有电灯照明的街道,自来水供水系统以及面粉加工厂,等等,所有这一切都表明,天津已经深刻意识到与其他国家贸易往来的价值并自愿接受西方的生活方式。天津比其他任何地方都更早地容许铁路修入城市。天津有组织的教育系统在中国是最好的,远远超过了其他的城市,天津无论男女还是儿童,都对学习英语和现代科学知识表现出极大的兴趣。天津有三家英文日报、两家法文报纸、一家德文报纸、一家日文报纸,以及多家中文报纸。天津拥有警务侦探系统、监狱、教养院、造币厂和市民讲演厅,而且正在寻求建立西方式的自治城市。天津积极倡导建立新的体制,使民众拥有参政权。没有任何地方像天津这样,如此明显地表现出对追求新兴中国日益高涨的热情,也无法找到像天津这样接受新思想的膏腴之地。也许天津更能成为引领中国梦醒生活之先的伟大中心。

选择天津作为我们在中国的传教中心是一个非常恰当的决定,我们相信选择天津是天意的安排,但是,这一选择最终是由人的意愿和自觉的意志来决定的,就此而言,我们应当把这一切归之于殷森德睿智的决策和他那百折不挠的追求。

二、一个传教士的家庭生活掠影

　　殷森德先生的理想是为我们建立一个全新的传教区，但是他的这一理想未能完全实现。他是在4月里一个漆黑的夜晚到达天津的，迎接他的是美国公理会的传教士柏亨利牧师。柏亨利是跟随联军一起来到天津的，并利用当年冬季的大部分时间在士兵中开展工作。柏亨利之所以到天津来是出于健康的考虑，他是1860年9月28日随同联军的一条给养船来天津的。此前，他在上海已经从事了七年的传教工作，在与妻子回家的路上路过日本横滨时，一位船长卖给他一张到天津的船票。他买了这张船票，妻子独自回国了，柏亨利则来到了天津。后来，柏亨利博士成了中国教区的坚定分子之一，并于1864年调到北京。他在北京做了一些颇有价值的文字工作，尤其是把圣经中的《新约》翻译成汉语官话，把圣歌也译成了汉语。柏亨利先生死于1903年。

　　殷森德先生遇到柏亨利这样一位好朋友非常高兴，在找到房子之前，他一直住在柏亨利的寓所里。殷森德在找房子的过程中遇到了很多困难，他给夫人写信把自己找房子的经历以及当时的一些想法都一一告诉了她。对于我们来说，他在信中的描述尽管有些天真，但却很优美。我们的读者将会高兴地读到这封信的全文，因为这一封封家信既为我们提供了殷森德先生的婚姻生活幸福快乐的生动一幕，同时也使我们了解到困扰这位传教士的那些小小的家庭烦恼。

　　殷森德先生写给殷森德夫人的信：

天津，1861年4月6日

　　我最亲爱的夫人，我能说些什么，或能做些什么才能对你有所安慰呢？我因你而陷入极度的忧伤之中，从你的来信中我已感觉到你身体上和心理上承受的巨大痛苦。我是多么希望能够飞到你的身边，分担你的忧伤，或以任何方式来尽力减轻你的苦楚！我从心底里相信，在此

英国传教士殷森德

之前,你已经完全得到了解脱,你现在的心情比写信时愉快多了。如果不是这样,我甘愿回到你的身边,而不是在这个城市欢迎你的到来。我们亲爱的朋友乔治(George)去世的噩耗使我深感悲痛和震惊。我几乎无法相信这是事实,也无法想象我们可能再也见不到他了。尽管如此,亲爱的,我们必须要记住,这一来自上天的惩罚也包含着上帝的宽恕。显然,在乔治去世之前很久,上帝就一直在为这一变故做着准备。乔治在去世前一定非常痛苦,解脱痛苦比长久徘徊在痛苦与无助之中,对他来说是最好的选择。如果说他的痛苦肯定最终将以死亡来结束的话,那么拖延比他的突然离去只会给你那亲爱的姐姐带来更多连续不断的焦虑和忧伤。此外,我们仁慈的天父是在恩赐了她所需要的适当期限之后,才让她接受这一磨难的。负担越沉重,上帝赋予他的孩子们承受这一重担的力量尺度就越大。而且,你知道,她的周围有许多亲切并同情她的亲朋好友,她将得到他们所能给予的全心全意的慰藉与关怀。我们所能做的只是为她祈祷,对她失去亲人的痛苦——也包括我们的——表示同情与安慰。我们绝对不能让悲痛干扰我们的工作,干扰上帝和这个世界赋予我们的崇高的职责。因此,让我们一起努力,平静地接受天意的安排,相信上帝仍然会为我们保护着那些离我们而去的亲爱的尘世间的朋友。不要沮丧,亲爱的,让我们在上帝的护佑下幸福快乐地生活。尽管乔治已经被上帝"带走",但上帝只是"带走了"他所"给予"的,想到这一切,即使这样我们也应当说:"颂主之名。"此外,你再想一想,上帝给你和你那失去亲人的姐姐还留下了很多东西。如果我们可爱的儿子的确不能出来和我们在一起,而且他对你的姐姐是个安慰的话,那么我相信你一定愿意把儿子留在她身边。让我们继续为上帝工作,只要按照上帝的安排,一切都会好的。

　　我真心希望你不久就会来到我身边。赶快把家里的东西处理掉，要么通过索尔(Soul)先生，要么通过其他人。我听说家具的运费比其他任何货物都高，但是你留下的小家具，如圆桌和椅子最好带来，因为这里的家具尽管结实，但质地很差。我能勉强接受，但你可能接受不了。无论如何，不能再多带任何东西。如果可能的话，争取赶上下一班邮轮。你要找人帮你向有关机构提出来华申请。就是因为你有病在身，所以我宁愿让你待在我身边。如果我们需要帮助的话，这里有优秀、善良的医生，而且联军短时间内也不会离开天津。

　　现在有几处房子可供我选择，但我还没拿定主意，不过，这一两天我会做出决定的。亨德森(Henderson)上尉对我很好，柏亨利对我也不错，我现在就和柏亨利住在一起。他想和我们住得近一些，而且想同郝韪廉(Hall)先生住在一块儿，因为他们的家庭情况相似。来这里你必须要有心理准备，天津城看起来脏兮兮的，而且气候干燥，乡村贫瘠却盛产水果。这里的住房租金合理，你可以住得非常舒适。即使钱还没有到，我想你也要争取来，钱到了以后再请郝韪廉先生转寄给我们。我们会尽全力把日子过好的。你不在我身边，尤其是你现在身体又不好，我感到很不安。我敢肯定，这次旅行肯定对你有好处，而且这里的天气比上海要干燥得多，因而也有益于你的身体健康。我很高兴我们可爱的孩子非常健康，而且和你建立了如此深厚的感情。我想再一次拥抱他，替我亲切地吻他。我还特别感激怀特(Wright)夫人和郝韪廉先生对你的关照。郝韪廉先生从他夫人那里得到的令人鼓舞的消息也让我开心不已。

　　环绕天津城的城墙全长将近四英里，建成方形，城墙除了有一部分损坏外，完好的城墙顶部的宽度足以让两架马车并驾齐驱环绕城墙。四周的道路均已铺设完好，所以这是一个很好的散步场所。白河和大运河就在城墙外交汇，天津城外的人口比城内还要稠密。河流恰好就在城北和城东面流过，由于市郊分布在河的两岸，所以用多只木船长长地连在一起横跨河上形成七座浮桥，这些桥很容易移开让船舶通过。

英国传教士郝韪廉

所有的外国人都居住在城外东北部的街区,完全与中国人住在一起。有一片土地被割让给了外国人,这些土地将在5月份出售,但是这片租界地位于天津城外两英里靠近海河的地方,尽管可以在那里购买土地,但是等到外国人在那里建房还要有一段时间,他们说天津城更适合于经商。当然,如果传教士能住在中国人中间,那是最理想的了。我很抱歉,我们没有足够的钱买房,这里有一处面积很大且建筑很好的房子,很适于作为传教或商业机构,售价3000元(约合600英镑)。中国人现在已经开始提高房屋的租金,我担心我们在这里的租金将会接近我们在上海支付的租金。但目前,我正在设法抵制他们提高租金,希望不用太多麻烦就能租到一处租金不太高的房子。

1861年4月8日,星期一

昨天晚上,我在一间由两名军官专门在城内开设的小房子里,为英国士兵和几个外国人布道。这两名军官分别是布鲁克(Brooke)上尉和格雷(Gray)上尉,他们都是优秀而虔诚的教徒,有许多士兵就是在他们俩和柏亨利博士的支持下定期举行宗教和戒酒聚会。我和他们在一起就像在家里一样,我希望为他们组织一个讲授宗教的学习班。

我现在已经找到了一个仆人,他看起来既干净又很健康,身材比洛金(Loking)高大一倍,我每月付给他4000文钱(约合7先令)。这个仆人喜欢读书,讲话清楚,人看上去也十分诚实。柏亨利先生用汉语做礼拜时,总有一些穷人出席,有几位军官每星期都给这些穷人每人一斤(1.3磅)稻米。这些穷人中的妇女都是寡妇,柏亨利说如果你喜欢的话,其中的一位愿意为你做女仆。所以,我想在这里找一个女佣并不困难。你来的时候,不用带男洗衣工,我这儿已经有了。我洗两件衬衫再加上熨烫,总共要 100 文钱(约合 4 便士),洗衣服的价格是 5 元洗 100 件。而且,还有一个洗衣工只管洗不管熨,2 元洗 100 件。这将可以暂且解决我们眼前的问题,不久我们就可以教会仆人洗衣服。你来的时候,最好带点儿黄油来(1 磅 1 听的带 3 听),别的什么也不用带。这里有些外国人在养牛,但产奶量很低,也许是因为干燥季节的缘故。无论如何,我想我们能够理解这一点,而且也能够买到我们需要的牛奶(8 元买 1.5 品脱)。我在这里花 200 文钱(约合 8 便士)就可以买到一只大野鹅,而且任何时候都可以送到(公共)厨房去加工,付 150 文钱(约合 7.5 元)就可以搞到一只烹制得很好的家禽。肉、鱼、家禽和蔬菜,想买多少有多少。即使你想要一些用洋面粉采用西式方法烤制出来的面包,也会有中国人给你送上门来,他们的烤面包技术是跟联军士兵学会的。这里还有很不错的裁缝,他们会做衣服、裤子、帽子,以及我不知道的其他东西。

1861 年 4 月 10 日

我现在了解到,这里可以制作方桌和藤椅,所以你最好别带你那几把黑椅子了。至于桌子,可以按你的意愿决定是否带来,但是我想他们这里的方桌,更适合中国住宅的小房间,尽管看上去不如大圆桌子,但是非常实用。这里的市场上有大量的煤和木柴,无烟煤尽管价格比较贵,但仍然比上海便宜。昨天,我吃了一只大野鹅,是在市场上花了 180 文钱(不到 10 便士)买到的,我觉得非常好吃。当时没有吃完,今天我和柏亨利还将继续吃。这里的天气非常暖和,以至于我在散步的时候感到有些热得不舒服。今天我有事情要做,中午要穿上那件白亚麻布上衣。前天,这里刮起了大量的沙尘,风沙太大,天空都变暗了,每个地方都充满了沙土,每个人的身上,每件东西上都沾上了一层灰尘。有时候,我认为天气如此糟糕,以致在屋里必须点上灯,看看能做点儿什么。

所有的商店都完全关门了。这种天气只是在刮西北风的时候出现,到星期一,风沙就只刮了很短一段时间。

我对找房子一事都感到厌倦了。自从我来到这里以后,每天都把很多时间花在这件事上,可仍然什么都还没有解决。今天上午我又看了三四处,对其中的两处给出了价格。我希望能从中选择一处,然后把一切都安排好。无论如何,不管你什么时候来,我都会给你准备好一处房子,我从心底里希望你很快就到。如果艾约瑟夫妇(Edkinses)不能马上来的话,我很想要你在他们之前抵达这里。

看来这里的夏天特别热,人们要在院子里搭上棚子,住房则建在院子的四边。我想用大量旧帆布遮阴比中国人用竹竿和草席更便宜也更好。我考虑在院子的中间竖起一根竿子,就像是船的桅杆,然后用一个滑轮把遮阳的帆布拉上去,必要的时候再把它放下来。这样做比现在人们搭盖的竹棚既轻又好看。也许我能买到一张还不错的旧船帆。那天,我花了10元给你买了一件漂亮的灰色鼠皮大衣。那个卖东西的人说大衣是新的,但结果发现是穿过的,尽管看起来不错,但由于不是新的,我还是给送了回去,钱也退了回来。这样的东西很多,现在季节已过,因此都很便宜。由于这个季节你也不需要,我想等你来了以后,你自己挑选吧。我是否要买一件给莉齐(Lizzie)寄去让她明年冬天穿?这里有一些极好的商店出售日常使用的漂亮东西和装饰品。

1861 年 4 月 12 日

邮件是昨天到的,带来了你写给我的第二封宝贵信件。很抱歉,我没能在此之前寄出,不过明天有一班邮轮要离开这里。我为你和使你悲痛的事情倍感伤心。让我感到十分欣慰的是我们亲爱的威利(Willie)已经安全地摆脱了他的痛苦,不用让我们再为他担心了。让我们感谢上帝,用上帝的仁慈来鼓励我们自己。亲爱的,现在你要想方设法乘坐下一班邮轮来。也许能请郝题廉先生或者是索尔先生到有权为你颁发通行证的那个机构去催一下。你一定要试一下。如果赶不上下一班邮轮的话,你可以乘坐第一班驶往这里的轮船来,如果这样的话,除了家具,你可以把所有的东西都带来。如果你可以马上邮寄的话,那就尽快寄出。你可以把椅子邮寄过来,因为好椅子在这里很贵,但不要邮寄桌子。不用带大米来。我的仆人已经为柏亨利先生连洗带熨了好几件衣物,他做得很好。这里所有认识我的人都盼望着你来,但是他们的心情都不像我这么急切。这里的天气很好,我想你在这里会比在上海好。我从心里渴望重新紧紧地拥抱你,听到你那充满爱的真诚的声音,也想设法让你幸福。上帝保佑你,我温柔的夫人,永远让你生活在安全与和平之中。

别再等钱了。我们还可以应付一段时间,上帝将会为我们提供一切。

相信我,亲爱的,给你最温暖的爱。

你最挚爱的丈夫

殷森德

又及:请转告我心爱的莫里森(Morrison)(殷森德的儿子乔治),就说他的爸爸爱他,并且想看到他和吻他。

这封信的确有些长,但是我们相信读者会感谢我们把它转录出来。对于我们来说,这封信十分珍贵,从最私人的和最神圣的内心情感到最琐碎的家务细节,所有这些话题非同寻常地融合在一起,使读者感到非常自然纯朴。这只是殷森德先生的生活片断,是从他的生活中完整地和毫无保留地截取下来的一小部分。这封信清晰地向我们展示了,殷森德到底是个什么样的人,他既是一个传教士,同时也是一个钟情的丈夫、一个温柔的父亲、一个忠实的朋友、一个有事业心的男人和一个细心的家务总管。正如《神圣的宗教狂》一书中所描写的那样,郝韪廉先生是一位伟大的书信作家,但即便如此,他也没有超越这封书信所具有的质朴的魅力。

实际上,阅读所有这些信件使我们沉浸在一种窥视别人隐私的愉悦之中,它让我们了解到写信的人与他的生活伴侣之间存在的亲密关系和相互之间完全的信任。人们都说女人是男人的贤妻,而这些信件说明丈夫也可以是自己妻子最可亲、最有经验的贤夫。殷森德非常爱他的妻子,从他的信中我们可以看到他是多么急切地盼望着她的到来,他以一种平静的方式,不断地反复表达他对妻子的那种隐忍在心的期盼,但也没有沉湎其中纠缠不清。而且,尽管他对妻子的爱十分强烈,但是这丝毫没有让他放弃自己的职责,也没有妨碍他对工作的投入。

他是一个多么能够体贴人的安慰者啊!他在妻子丧失亲人的悲痛时刻想方设法寄上贴切的话语给予安慰。他是那么温柔地抚平悲痛者的创伤,他的安慰话语是那么的富有成效,他的话语转达并告诫人们要虔诚地顺从上帝的意愿。也许只是小心地触及内心的伤痛,但他是康复语言的大师。信中提到的"乔治"是福尔曼(Foreman)先生,他是殷森德夫人姐姐的丈夫。当殷森德夫妇的第一个孩子威利从朴茨茅斯(Portsmouth)送回去后,一直由殷森德夫人的姐姐照看。"坏消息总是传得快"。福尔曼先生去世的噩耗是殷森德到达天津刚刚两天,他的妻子写信告诉他的。

这样看来,殷森德先生在到达天津两天后就开始写这封信了,而信的大部分是在他到天津后的第四天写的,短短的四天,他已经收集到了许多方面的大量信息,这不能不让人感到吃惊。显然,他没有浪费任何时间。他找到了一处适于作教堂的房子(如果他有 600 英镑的话,就可以买下来了),同时也快要找到自己的住房了。他解决了男女佣人的问题,以及洗衣服和烤面包的问题,搜集了许多关于家具的信息,弄清了野鹅和熟鸡的价格和质量。此外,他还了解了所有关于天津的城墙、河流、城郊、美好的天气以及恶劣的沙尘暴对美好天气的破坏等等信息。殷森德先生很早就起床开始忙碌,他总是起得最早的人。在他的许多篇日记中,都记载着他早晨 5 点起床,这个普通的习惯他保持了一辈子。毫无疑问,在天刚破晓之时,他的身影就已经出现在天津城的大街小巷、城墙上和河岸边。

谈到天津城除联军士兵以外为数不多的外国人,使我们想到了殷森德列出的 1861 年和 1862 年天津外国居民的名单。现在我们将其全部列出如下:英国领事孟甘、居住在宫北大街的林赛洋行(Lindsay & Co.)的韩德森(James Henderson)、咪哆士洋行(Meadows & Co.)的咪哆士(J. A. T. Meadows)、居住在宫北大街的菲利浦·摩尔洋行(Philips & Moore)的沃勒

(E. Waller)、居住在宫北大街的麦克利恩(Maclean)、居住在宫北大街的普拉特(T. Platt)、斯坦福德(Stamford)、理查德(Richard)、格兰特(C. Grant)、梅勒(C. Mellor)以及斯坦曼(Stamman),这就是1861年居住在天津的所有外国居民。

最终,殷森德夫人也没有像殷森德所希望的那样很快来天津,她还是与艾约瑟夫妇一起动身并于5月19日到达天津。艾约瑟夫人是个女作家,1863年她出版了一小本名为《中国的景色与中国人》的文学作品,书中记述了他们刚到天津后那几天一些有趣的情节。我们最好还是用其中一个非常有特点的故事来作为本章的结尾:

> 昨天,殷森德夫人和我坐着轿子逛了这个城市的一些地方。……当到达殷森德先生租下的那座房子前面时,我们停了下来。美国传教士柏亨利先生和殷森德一同住在那里。(如今,房客又把房子租给了他的房东。)我们走进第一个房间,我们非常喜欢这个房间,这是一间长方形的贴着糊墙纸十分整洁的布道室,砖地上铺着很雅致的垫子,摆满了涂成红色的小凳子。这个布道室是在最近这个安息日才开放的。我们穿过这间布道室走进又一个庭院,这是殷森德夫人的客厅,已预先加盖了屋顶,屋顶糊上了纸,为她糊的墙纸看上去非常整齐漂亮。然后,我们又走进一个院子,院中有一棵高大的绿树,树的枝干古老而盘根错节,但依然枝繁叶茂。我们穿过树荫进入他们的卧室。然后,我们又穿过第三个和第四个院子,来到开向另外一条大街的后门。这里所有的房子都只有一层,按照这种方式围成院落。

艾约瑟夫人如此优美地向我们描述了圣道堂(Methodist New Connexion)在华北设立的第一个传教场所,礼拜堂和牧师居住的平房都设在一套当地的庭院里。

三、开端:1861—1866 年的早期岁月

　　"万事开头难"是一句几乎全世界通用的座右铭,这句话用来形容殷森德先生刚刚开始的传教工作有着特殊的意义。对于一个普通的传教士来说,到一个教区去传教是件幸福的事情,但是对于一个传教先驱来说,则意味着他必须要自己开创和建立将要耗尽其一生的事业。二者之间存在着根本的区别,后者所需要的条件要远远地高于前者。二者之间的区别就在于,是顺利地按照常规工作,还是要靠自己的力量打破必须要遵循的规则。我们可以想象没有一项任务比当时摆在殷森德先生面前的任务更适于援引这句情不自禁发出的感叹:"谁能胜任这些事情?"这是一个拥有百万异教徒的大城市,一个到处是忙忙碌碌的人们的城市,习俗、生活方式、职业、兴趣、意图等等,所有这一切都与殷森德自己的完全不同,而且是满怀敌意的。这个城市中的每一个人对他来说都是全然陌生的,这种陌生感不仅表现在服装、容貌和语言等方面,而且即使假定消除了这些外在的差异,那么在指导着他们精神的思想、动机、目的和愿望等方面完全不同的源泉,仍然存在着巨大的障碍。支配着他们的所有传统和观念,与殷森德自己的都全然不同,他们完全生活在并非殷森德所倡导的另外一个内心世界中。肩负着彻底改造他们的责任,使他们在心灵深处和精神上发生最为宝贵和神圣的变化,这一使命在许多人看来完全是极端的空想。如何来开创这样一项工作,是这一时期必须致力解决的关键问题。

　　然而,即使对一个开创者来说,通常也已经有了一个开端,或至少有了一个象征性的开端。对于殷森德来说,他的这个开端就是在天津遇到了柏亨利先生,这位富有经验的传教士。他的出现对殷森德来说,意味着友谊、帮助和一定程度的引导。驻扎在天津的联军士兵以及他们的宗教需求,要求殷森德马上投入工作,这项工作尽管不是他曾明确表示的来中国的使命,但至少也同他的来华使命相一致,以至于他不能置之度外。然后,学习语言本身作为一项工作,在以后两年的时间内,就耗费了他足够的精力。在他今

后的工作中，至少有三个起点。

他来天津没几天，就下定了决心，用他自己的话来说，要使天津"成为我们这个初创教会的最合适的基地"。

我们已经看到了他们为找房子而做出的努力，而且最后终于找到了。谈到他的房子，殷森德说："总的来说，我这几间房至少可以同当时外国领事、军官和商人们所居住的大多数房子相媲美。"他还告诉我们，就在这套房子修缮期间，殷森德还同他的老师坐在其中的一间房子里学习汉语。

"除了临时学会领唱圣歌以外，我掌握的语言还不能使我在柏亨利先生的教堂里承担任何角色。柏亨利先生不会唱歌，而中国教众只会读圣歌的歌词，不会唱圣歌的曲调。作为礼拜仪式的一部分，我领唱圣歌虽然很糟糕，但仍然有用，不管怎样，我是在对着上帝唱圣歌。几周后的一个星期天，柏亨利先生没有出席礼拜仪式，我大着胆子第一次用汉语做了一个简短的演讲。"这次非常重要的努力，发生在 1861 年 5 月 12 日。"在开始演讲之前，我祈祷上帝会很高兴地注视着我的第一次努力，使我在今天并随时通过演讲赞美上帝。当我吟诵到'唉，救世主真曾流血'时，一个老人显然是受到了感动。"当天晚上，殷森德还为英国人布道，题目是"以诺（Enoch）与上帝同行"，我们推测，听众中也应该包括联军的士兵。

殷森德在开辟这块处女地的过程中所使用的另外一个令人钦佩的方法，就是带着圣经和传道小册子出去散步，到处分发这些读物，一有机会就与人交谈。中国人很自由，也很愿意同陌生人交谈，这与英国人沉默寡言的性格截然不同，这也使他的工作比较容易进行。当一个外国人用汉语同中国人讲话时，他遇到的主要风险是他的中国听众可能太多而令人担忧。在殷森德先生 1861 年 6 月 20 日的日记中有这样一段有趣的记载："下午，我带了几本书，在西门同几个人交谈。在谈到真神和假神时，一个中国人问我们信不信'鬼神'，供不供祖先。他说他从不到庙里拜神，但他答应以后会到教堂来。我今天并未感到怎么缺乏自信。我要特别感谢这些书。"缺乏自信是由于担心汉语讲不好。有许多证据表明，殷森德先生和郝韙廉先生在这方面都做了大量的工作，而且他们的工作不久就初见成效。下面是我们注意到的殷森德日记中记载的第二件事情："5 月 9 日，星期天。今天早晨，我出去试图发表演说,并分发一些小册子。我刚开始演讲,就由于有一个人站出来发问而使我陷入窘境,他似乎非常专注地听我讲,但又突然问我穿的坎肩是用什么料子做的。这使我感到不安和迷乱,于是我放弃了演讲。我没有坚持下去是错误的。如果我想在这里做事情的话,就必须克服这种极端的敏感,我这个人过于敏感。我相信上帝会帮助我克服它,用所有的勇气说出上帝让我说的话。"当树荫底下的温度达到 106 ℉(41℃)时,这些小情绪必须要克服。这是那一天他告诉我们的。

在这些日子里,殷森德先生开始把注意力集中在年轻人的身上。一个显而易见的传教途径就是创办学校,这在传教初期所起的作用是十分重要的。真正的传教士,至少在做一名牧师的同时也能成为一名教师,这是一直以来就被大家所公认的事实,它导致许多不同类型的教会学校的建立。因此,我们特别有兴趣关注一下由殷森德先生创办的第一所学校。他已经招收了一些男孩,大约 10 到 12 个,他们愿意来上学,同时也找到了一位老师。他开始做到每天用一部分时间让这些孩子学习圣经《新约》,而用其余时间学习中文书籍。他向我们吐露了创办这所学校的动机:"帮助我学习汉语,从而使我能为上帝做一些工作。"在他 1861 年 7 月 22 日的日记中,我们发现有这样的记载:"今天,我的这所拥有这些可爱的中国男孩的学校开学了。我希望上帝会帮助我让真理铭记在这些学生的心中,并且教会他们走向天堂之路。"他告诉我们,他担任这所学校的校长,使他有机会每天早晨给孩子们读圣经,教他们唱圣歌。他还记录了一个显然令他为之骄傲的事实,学校开办了一年以后,"这个不信奉上帝的教师成为我们第一批接受洗礼的基督徒。他对这所学校投入了极大的精力,我们经常在学校里看到他,在以问答的方式向那些'可爱的中国男孩'讲授课程。"显而易见,这个看起来很不错的布道室被当作教室使用,而当这间布道室成为小教堂的中心时,每逢安息日他们也能在那里做礼拜活动。

大约在学校开学前的三个星期,在殷森德先生的安排下,又对这所房子做了另外一处重要的改建。尽管上面提到的那个房间被说成是布道室,但出于某种原因,它显然不适合于布道,有一段时间殷森德一直希望再找一处更好的房子。尽管他没有钱租新房子,但是他足智多谋,不久就解决了这个问题。6 月 20 日的日记中有这样的记载："对于我来说,今天是个重要且有趣的日子。我已经认识到了我来这里的目的,就是以寻找一个合适之地为开端,向中国人宣讲《圣经》。我房后的那条街是一条宽阔的公共道路,天津的县衙门也坐落在那条街上。由于这个原因,一些相当有身份的人不断地在街上来来往往。我租的这套房子,有一个大房间在这条街上稍微突出一点,这使我能够在这个大房间再打开一扇门,直接通到这条街上。利用这扇门,我们可以把这间房展示出来,让所有经过这里的人都可以看到里面在做什么。今天,我把这间房献给了上帝,正式开放宣讲《福音书》。我邀请了我亲爱的朋友柏亨利先生上午做宣讲,艾约瑟下午做宣讲。这两次宣讲,尤其是第二次,来听讲的人比预计的要多,特别是我们并未以任何方式发布这一消息。过路的人们几乎挤满了这个房间,因为演讲很合时宜。这两位同道中人的演讲赢得了极大的关注,我坚信这对传教工作大有益处。"我们相信,这个布道室离美国公理会(A. B. C. F. M. Mission)①现在租用的房子非常近,而我们后来在"娘娘宫"(Niang Niang Kung)附近一条繁华的街道上又租到的一处位置无与伦比的房子和公理会就有相当一段距离了。"娘娘宫"是座女神庙,她是中国的阿芙罗狄蒂(Aphrodite),是海上守护神。我们的礼拜堂被称作宫北教堂(Kung Pei Chapel),是 1866 年以所谓"典当租赁"的方式租到的。②

　　直到此时,殷森德先生还一直是单枪匹马,然而他的同事郝韪廉先生的到来是殷森德最新盼来的一件高兴事。殷森德自己非常看重郝韪廉的到来。"1861 年 9 月 2 日这一天我很高兴,我的同事来到天津和我一起工作。分别五个月后,能够再次相聚真是一件非常令人快慰的事情。我们有许多话要说,还有许多计划要商量。他精力充沛地投入到我已经开创的日校、布道室和散发圣经等工作中。我们通过祈祷献身于上帝的事业,通过共同努力工作求得神的赐福。在郝韪廉先生到达天津十天前,我们亲密的朋友艾约瑟失去了他那和蔼可亲的妻子。艾约瑟夫人的聪慧、善良和对上帝的虔

---

　　① 全名为 The American Board of Commissioners for Foreign Missions,该组织是一个主要靠美国独立教会资助的规模较大的传教组织,如同英国的伦敦会一样。

　　② 典当租赁与我们的抵押贷款很相似。

诚,使这位女士赢得了所有认识她的人的尊重和爱戴。郝甦廉先生来到以后马上与艾约瑟住到了一起,以便相互安慰,直到郝甦廉夫人从英国来到天津。很快,郝甦廉先生就与驻扎在天津的军官和士兵打成了一片,由于他一向热情高涨,诚挚认真,投入到每一项能够使官兵的精神得到安宁的活动中,所以他的努力颇受大家的赞赏和颂扬。""铁磨铁,磨出刃来;朋友相感,也是如此"。这两位同事同心协力,共同为展现在他们面前的这一大有希望的事业努力工作。他们俩都真诚地参加到为了士兵的幸福而进行的各种工作中。当我们阅读到有关这些活动的报告时,便发现了一篇具有历史意义的记载:

> 在早期的那些日子里,还有另外一项适宜的工作值得引起关注,那就是到军医院看望生病的士兵。天津的夏季对人的身体健康极为不利。我们的很多士兵都患上了热病,有些人是中暑。在到病房为这些病人祈祷时,我常常会发现一个年轻的上尉坐在病床旁,为病人大声地朗读或是默默地照顾某个残疾军人。这个年轻人就是戈登上尉。于是,我们渐渐地成了熟人,他常常恳求我对一些没有康复希望的病人给予特殊的关注。他有时会半夜提着灯笼来到我的住所(离医院有半英里远)找我,并领我去同一个濒死的病人讲话并为他祈祷。英国士兵(Tommy Atkins)①的朋友中,再没有比这位年轻的军官更真诚,更富于同情心的了,他后来被人们称之为戈登将军。

现在我们来关注一个有特殊意义的事件,殷森德先生在讲述当时的情况时,显得非常自豪。

> 本月(1861年9月)22日,天津当时唯一的一位女传教士生下了一个女儿。安妮·伊迪金斯·殷森德(Annie Edkins Innocent)是第一位

---

① Tommy Atkins 是早年对英国军队普通士兵俚语式的称谓,19 世纪开始出现,第一次世界大战前后尤为流行。——译者

在天津出生的英国公民,而且是第一个在天津英国领事馆注册登记的新生儿。

我们也许可以在这里提前一点记录下这样一个事实,郝韪廉夫人在1862年3月间从英国来到天津。当时,殷森德先生好像是离开天津长途旅行去了保定府和太原府。郝韪廉先生肯定经历了很长一段焦急等待的时间,而且在与家庭分离的漫长日子里,孤独感肯定常常伴随着他;此外,夫人几乎连续的患病更大大加重了他的不安。早在18个月前,郝韪廉夫人就曾出发前来天津,但在途中她的病情非常严重,使她不得不再次返回英国。对于郝韪廉夫妇来说,他们上一次难忘的分别是在两年半以前,当时由于郝韪廉夫人在英吉利海峡严重发病,不得不在朴茨茅斯中断了那次旅行。这次,当郝韪廉夫人带着他们的小男孩来到天津团聚时,她的丈夫简直太高兴了。这确实是一次令人高兴的团聚,不仅对他们夫妇来说是这样,而且对于我们这个在中国的小小传教团来说也是如此。对于殷森德夫人来说,以前的朋友和伙伴的到来,让她的内心充满了快慰和欣喜,因为那时在天津居住的外国女士确实太少了。

尽管这样的重聚令人高兴,但是却没有持续多长时间。两年半以后,他们又被迫分开,而且再也没有在世间团聚。1864年9月20日,郝韪廉夫人突然间悲惨地去世了。殷森德先生一个最与众不同的性格特征就是他一贯的镇静,这种性格在他对自己的大部分人生经历,甚至是那些他必须经历的痛苦事件的描述中表现得尤为突出。但是,当他讲述郝韪廉夫人突然死亡这一令人震惊且难以解释的悲惨情景时,他的镇静完全崩溃了。不管怎样,他还是根据自己的原则,详细地回忆了这一令人悲痛的事件。

郝韪廉夫人身体不适已经有好几天了,今天她的感觉越来越糟糕,我们猜测是热病和疟疾。在我的一再要求下,她下午卧床休息。郝韪廉先生也有病在身,无法下地,因此我留在家里照顾他们两人。晚上,我们把大夫请到家里,大夫说郝韪廉夫人患了疟疾,如果能发汗的话就可能会好起来。他吩咐我把三粒甘汞和五粒阿片吐根散(一种镇痛发

231

汗剂)研磨成粉末混合在一起,让她服下,我照着他的话做了。然后,我给郝韪廉夫人倒了一杯茶,她起身脱掉衣服准备睡觉。我进入隔壁房间不久,理一视(Jonathan Lees)夫人和韩德森夫人就来探望她了。几分钟后,我把她们带进郝韪廉夫人的房间,这时她刚刚上床躺下。正当两位夫人撩起蚊帐,像往常一样和她说话的时候,郝韪廉夫人突然惊叫道:"啊! 太奇怪了! 我看不见你们了!"然后,随着一阵抽搐,她在床上翻滚起来,紧接着她挺起了身,颤抖着发出了一声哀叹,然后倒在了枕头上。我一听到那两个女人的叫声,就马上进了屋。就在我亲爱的朋友倒下去的时候,我用肩膀将她的头托起,使她保持直立状态,希望这只是一时的昏厥,可是呜呼,生命已经结束! 我们马上把大夫请来,用尽了所有的办法来挽救她的生命,但已经没有用了。她那可怜的丈夫正躺在同一房间的另一张床上,尽管我们试图瞒着他,但是,很快他就开始猜测出现了最坏的结果。他起身来到她的身边,用最强烈的声音想呼唤她,并催促我们用各种办法挽救她。然而,这些都无济于事,她已经听不到他的声音了,任何药品都无效了,人的声音或救助对她已经不起任何作用,她那神圣的灵魂已经上了天堂与那些恰已圆满的在天之灵到了一起。只有上帝知道,对于我们来说,那是一个多么悲伤的夜晚。郝韪廉先生的哭泣最为凄惨,我们和他一同流泪。

郝韪廉夫人被埋在一个刚刚建立起来的新的墓地中,葬礼由殷森德先生主持。"她是第一位埋在这里的人。"

我们必须从这令人伤心的一幕中走出来,再回到此前的那些日子,继续追寻促使传教事业在天津发展的那些事件被中断的线索。在这些事件当中,最为重要的莫过于胡(Hu)先生的到来。胡先生是葛沽(Koku)人,葛沽是位于天津和大沽之间的一个濒河小镇。他是在上海皈依基督教的,并且在上海住过几年。1861 年春天,他回到家乡,在家病了一段时间,痊愈后又忙于处理家务事,直到当年的秋天。那年 11 月份,他来到天津,随身带着一封蓝柏牧师(Rev. W. H. Lambuth)的介绍信,信中托付我们的传教士关照他。殷森德先生把胡先生的到来视为上天对他们早期传教工作的仁慈眷顾。他是这样描述胡先生的:"很快我们就发现,他是一个非常忠实于基督教信仰而且相当能干的人。他熟悉基督教真理,我们十分高兴地接受他成为我们这个团体中的一员。这样说来,天津教会的第一个成员是从上海的姐妹教会中转过来的。我们发现胡先生对福音真理相当熟悉,而且十分愿意向他的同胞们传播上帝的福音,故决定请他作传道师。1861 年 11 月 20日,胡恩第(Hu Ngen Ti)在我们的教会登记在案,被任命为我们教会的本地助理。"于是,我们的第一位基督教徒成了我们的第一位教会工作者。

这件事是在与另两位传教士进行了大量商榷之后才确定下来的。如果有人表现出某种"利益动机"的迹象,我的这两位同事就会非常警惕是否聘用这些人甚至要考虑是否为他们施洗。由于他们过于谨慎,因而把聘用条件规定得十分严格。胡先生能让他们满意是因为他所具有的基督教徒的品格,而且他也批驳了他们所听到的一些流言蜚语。他一直处于他们两个人的关注之下。他每天都去教堂。幸运的是,尽管他在上海时曾经是金能亨(Cunningham)先生的汉语老师,而且胡先生的儿子在上海时也曾做过殷森德先生本人的汉语老师,但是他并未提出过任何聘用要求。他幸亏没有这样做。如果他提了要求,那么这次他就不会有好的结果。他们两人提出的聘用条件非常严格,所以会很自然推测,他们会支付胡先生一大笔薪俸。他们把他的薪金慷慨地确定为每年 10 英镑。

这位新的福音传道者相当令人满意,他是一个既积极肯干又有能力的工作者。他承担了大量的城市传道工作,陪着他们每天在大街上演讲和分发圣经。胡先生确实是一个优秀的讲道者,正如所有听过他传道的人所证实的,他讲道从不卖弄炫耀,而是可信且有说服力,他对经文非常精通。他有很强的管理能力,对事务性工作也显示出非常老练,对他们来说可称得上是中流砥柱。事实上,当 1866 年上帝召唤我们前往山东时,胡先生被证明是他们应对各种情况必须依靠的一个强有力的人,而且对于开创山东传教事业,胡先生所做的工作比其他任何中国人都多。下面殷森德先生的讲述,是对胡先生在天津工作被认可的证明。

胡先生是第一位向自己的同胞传播福音的天津本地人。柏亨利先生没有一个本地助手。艾约瑟先生曾经从上海带来一位基督教布道师，但是他的口音北方人完全听不懂。然而，胡先生的演讲马上引起人们的注意，因为他是本县人，而且他好像对外国人带给他们的新教义非常熟悉，因此能够很容易并且有说服力地讲给他的同乡们听。外国人刚刚来到这个地方，他是怎么学到基督教知识的呢？这往往是他的听众脑子中第一个迷惑不解的问题，有时他们就当场直接问他。胡先生总是很兴奋地给他们讲述他在上海皈依基督教的有趣故事，讲述非凡的上帝是如何引导他经历危险、苦难和失败，以及他是怎样通过信奉主耶稣基督而找到拯救灵魂的大宝库的。

谈到胡先生布道的良好效果，很自然就会提到殷森德先生所观察到的天津老百姓第一次听他宣讲福音时普遍产生的印象。当保罗(Paul)首次出现在雅典时，阿勒奥珀格斯山(Areopagus)的希腊人所说的话，恰好代表了他们第一次听到启示时自然产生的好奇心。"这个喋喋不休的人要对我们说些什么？""他好像是想告诉我们不知道的神！"殷森德也给我们留下了一段他所理解的天津人普遍存在的心理状态的描述，在此，我们有必要把它抄录下来：

　　由于有英国驻军的原因，人们开始熟悉了外国宗教的一个独特之处，那就是星期日，他们称这一天为"礼拜天"。每到第七天，他们就会看到来自不同营房的士兵整队前进，队伍前面有乐队奏乐，来到某个大房子里或是一片空地上，举行庄严的礼拜仪式。他们还注意到，这一天所有世俗的工作都要停止，更令外国驻军雇用的本地工匠和仆役既意想不到又高兴的是，他们工作六天却拿七天的工钱。尽管如此，他们当然也认为这个宗教习惯与他们没有任何关系。做礼拜只适合于外国人，这是一个与西方圣人怪异的教义有关的民族习俗，与中国人毫无任何关系。让这些中国人感到好奇的是，这些士兵们崇拜的是什么，他们并没有向任何偶像鞠躬，后来他们得出结论，这些人崇拜的是上天。"拜天"是很正常的事情，中国人同样也拜天。二者之间的唯一区别只是组织形式和崇拜方式的不同,而原则是一样的。

当传教士开始向这些中国人传播外国宗教的教义和教规时,当传教士呼吁中国人应凭借自己的理性和良心向基督表示他们的信仰和忠心时,这些中国人多少会感到犹豫。要他们接受被外国人称之为耶稣基督的西方圣人的教诲,而且这些教诲还被外国人标榜是胜过孔夫子的信条,这对中国人来说是件新鲜事。这些中国人对于在大街上宣讲基督教义的传道者均抱有一种冷漠,有时甚至是不屑一顾的态度,他们时常会以一种蔑视的态度,拒绝传教士分发给他们的基督教书籍。在当时那种情况下,中国人所持的这种态度是不足为奇的。"天津城到处都是刚刚用胜过我们的武器占领中国的各国士兵,现在他们又想让我们改变宗教信仰。"对于那些有思想的中国人来说,这就像是另外一次外敌入侵,外国侵略者是向他们古老而神圣的制度和传统宣战。中国人很高兴他们与西方人宗教信仰的不同,因为尽管他们无法抵抗外国人的武器,但是他们能够抵抗外国的宗教。他们可以拒绝听牧师布道,也可以拒绝阅读基督教书籍。他们可以阴沉着脸保持缄默,对传教者采取冷漠、持久却又是无声的抵抗,耗尽其耐性,最终也许可以迫使他们退出中国。

这似乎就是天津人的脾气和精神。与印度人不同,天津人对他们自己的信仰也没有表现出任何的热情。没有一个僧人道士站出来向宣讲教义的传教士发起挑战,也没有一个人在市场上或是街角与传教士辩论。没有一个人出来为了他们所珍视的迷信的东西或教条而与这个新的敌人作斗争,也没有一个人对传教士动粗。在那些出于好奇心来听传教士布道的普通百姓中,有许多人都是坐在那里,对牧师所讲授的教义顺从地点着头,而且也笑着当面表示牧师讲的非常好。然而,尽管他们表面上顺从地表示他们赞同基督教,但是他们依然顽固地坚持他们自己的宗教观点。如果就此向他们发问,他们会讨好地说:"你们的教义非常好,和我们的教义完全一样。"如果让他们指出二者之间有些什么重要的差异,他们立即会解释道:"这些差异都不重要,之所以存在差异,只是由于不同国家的不同习俗造成的。"由此可见,他们依然坚持自己的宗教信仰。

尽管如此，这一新的观念还是引起了一些骚动。人们在他们的家中、在店铺里和茶馆中谈论这个新的信仰。有些好奇心强烈的人则来到布道室看一看，听一听。在大街上到处溜达的一些懒惰无知的闲人也会到布道室坐一会儿，要上几本书。他们离开布道室后又会去找其他人闲聊，而这些同他们交谈过的人也会转身到布道室来。有些读过基督教书籍的人会前来询问其中某段他们难以理解的含义，然后再拿走其他书籍去阅读。就这样，日复一日，到教堂来的人越来越多，他们不再羞怯。那些对基督教感兴趣的人逐渐养成了来布道室的习惯，直到真理吸引住了他们，并最终导致他们皈依了这个外来的宗教。而那些没有接受基督教信仰的人，看上去渐渐地对传道师的演讲不再发生兴趣，但只要没有恶意，就容许他们充当旁观者。后来，这个布道厅向所有人都开放了，它成了又一个消遣场所，人们可以走进布道厅，坐在那里听外国人讲"道理"（即教义）。于是，教堂里每天都聚满了各个阶层的人们。

早在 1862 年 4 月 24 日，殷森德夫人就为中国的女孩子们创办了一所女子学校。在诸如中国这样的东方国家，女子要恪守大门不出、二门不迈的规矩，成千上万的女婴无法逃脱溺婴的命运，缠足是对女子许多无形约束中仅有的"外在和可见的标记"。有鉴于此，人们不难想象针对女性的传教工作，无论是年轻的还是上了年纪的女子，都会遇到远比男性强烈许多的抵制。但是殷森德夫人同她的丈夫一样，也是一名充满热情的传教士，她决心要克服这一切困难。她最初创办这所学校时，似乎只有两个学童，其中一个还是在非常浪漫的情况下来到她身边的。这个女学童来自上海，是个漂亮的小孩儿，大约 6 岁。这让我们重新唤起对苏州这个城市的兴趣。这个孩子是两年前一位叫格兰特（Grant）的先生在苏州拣到的，当时起义军刚占领苏州不久，格兰特正与另外一位先生在这个城市旅行。当他们第一次发现这个女孩儿时，她身边还有一个小男孩儿，第二天再看到他们时，小男孩儿已经死在大街上了。格兰特先生抱起了这个可怜的小流浪女，把她带到当地的军事长官面前，这个军官允许格兰特把她带走。这位军官告诉他，这个女孩儿是苏州一名官员的孩子，他和他的妻子在起义军占领苏州城时都被杀死了。格兰特先生把这个女孩儿交给了殷森德夫人，并保证负担她的生活费。另一个女孩是一位寡妇的女儿,这个寡妇是殷森德夫人的保姆。从那时起,殷森德夫人就开始为中国的妇女和女孩儿们孜孜不倦地工作,她不仅承担教学工作,而且还在英国许多女士,即英国妇女援助会(Ladies' Auxiliary Society)的创办者们的真诚帮助下,筹集从事这项工作所必需的资金。

我们必须要对 1861 年至 1866 年这一早期阶段中所发生的有趣事件做一简要的总结。如果版面允许的话,其中有些事件很值得我们将更多内容记述下来。

殷森德先生第一处用来做城里教堂的房子位于北仓(Pei Tsang)①。尽管这处教堂当时很好地完成了它的使命,但它只是殷森德先生住宅中的一个房间。殷森德非常希望能有一处更加宽敞,并与住宅完全分离的礼拜场所。1862 年 4 月 7 日,他们在鼓楼北(Drum Tower North)大街上租了一处房子做教堂,并于 5 月 9 日正式对外开放。鼓楼北大街是天津城内从南门通向北门的主要街道,教堂的位置紧靠鼓楼,对面是一处神像制造作坊。鼓楼是天津的"古迹"之一,坐落在天津城的正中心,是一座高大却很难看的砖砌建筑,两条主要街道穿过鼓楼昏暗的拱门,相互交叉而过,使得鼓楼就像是圣殿闩一样,成了天津城内最大的交通障碍。就是鼓楼上那口钟叮叮当当的钟声,成为 1870 年大屠杀的信号。即使天津经历了义和团运动的蹂躏,鼓楼仍安然无恙。1876 年以前,我们一直在鼓楼下面的一处房子里工作,直至那一年我们搬离了那里。我们第一次举行洗礼是在 1862 年 6 月 1 日,当时一位老年教友王思泰(Wang Ssü T'ai),还有教友余晴波(Yü Ch'ing Po)被庄严地接受为基督教徒。不久,8 月 31 日,又有两位有名望的人接受了洗礼,他们是王逸华(Wang Yi Hua)和丁心培(Ting Hsin Pei)。第五名接受洗礼的人是张少宣(Chang Shao Hsüan),时间是 1863 年 1 月。1863 年 3 月 29 日,殷森德先生为 4 个名人同时举行洗礼仪式,他们是左萃川(Tso Tsui Ch'uan)、赵起隆(Chao Chi Lung)、张持三(Chang Ch'ih San)和胡子恩(Hu Tzü Ngen)。稍后不久,李万库(Li Wan K'u)也接受了基督教洗礼。这十个人全部都是在最初两年加入基督教的,他们的名字可以作为第一批传教成

---

① 这里的北仓是指当时建在天津城内北侧储存漕粮的官仓。——译者

果被记录下来。这些早期的杰出人士,用圣保罗的话说,就是那些"从一开始就同我们在一起的人"。现在让我们用他们自己的语言写出这些名字,他们在今天已被许多作品认为是最有名的一群人,所以应该得到应有的关注。我们在大学图书馆收藏的旧教会登记簿的最前端可以看到他们的名字是怎么写的。要竖着读这些名字! 我们把这些名字排成了竖版:

李萬庫　胡子恩　張持三　趙起隆　左萃川　張少宣　丁心培　王逸華　余晴波　王恩泰

这十个人的名字是中文手写体,这里插入的是原文图片

在这些人中,王逸华、丁心培、张少宣、张持三和胡子恩后来都成了我们杰出的牧师。胡子恩是我们任命的第一位本地牧师胡先生的儿子。左萃川是左克成(Tso K'o Ch'eng)先生的祖父,左克成后来被我们任命为牧师。张持三也被任命为牧师,他从一开始就是我们这所训练学校的中方校长,直到去年才卸任。在这十个人中,只有张和胡①一直坚持到现在。他们二人已经不再参加宗教活动了。

1863 年 3 月 13 日,山嘉利(Rev. C. A. Stanley)先生来到天津接替柏亨利先生的工作,柏亨利已于一年前调往北京。山嘉利夫人刚刚去世(1908 年 9 月)。她的丈夫,就是我们现在所说的山嘉利博士一直留在天津,他是早期传教士中最后一个离开天津的。4 月 12 日,殷森德先生曾到北京访问。1863 年郝韪廉夫妇生了一个孩子,但是第二天孩子就死了,郝韪廉夫妇悲痛万分。

1862 年,我们在靠近英租界的地方买下了一块地,这块地大约有 1.33 英亩,我们在那块地上用砖和土坯建了两幢房子,作为传教士的住宅。1864

---

① 在我写下这几行字时,这两位教友刚刚去世。

年,又在那片地上建了一座小教堂。正如我们已经看到的,伦敦会是在艾约瑟先生的领导下开始在天津进行传教工作的,后来艾约瑟先生成了有名的学者和作家。艾约瑟博士在 1862 年 5 月 12 日与柏亨利博士一同调往北京。他的位置后来由理一视先生接替,理一视多年来一直是我们这些传教士亲密的朋友。到此为止,我们可以看到,一年之内,美国公理会、我们的教会,还有伦敦会,这三个教会在天津都建立起来了。美以美会(Episcopal Methodist Mission of America)在天津建立的时间较晚。义和团运动爆发以后,理一视带着一颗伤透了的心回到英国,并于 1902 年 6 月去世。

1863 年 2 月 1 日,天津教区第一次用汉语举办圣餐会,这是一个能够给人留下深刻印象的宗教仪式,郝韪廉和殷森德两位先生都出席了这个仪式。1864 年 11 月 9 日,他们在海河东岸的小神庙(Hsiao Shen Miao)附近租了一处房子设立了一个新教堂;1864 年 1 月 6 日又在浮桥附近建了另外一座教堂。1865 年,我们还在南下街(Nan Hsia Chieh)上建了一座教堂。1866 年 3 月 6 日,宫北教堂对外开放。1865 年 8 月 20 日,为胡夫人也就是老胡先生的妻子举行了隆重的洗礼仪式,胡夫人多年来一直是一位女福音传道士,把全部的热情都投入到传教事业中。与胡夫人同时接受洗礼的还有两个女孩儿。殷森德先生的第三个儿子于 1866 年 2 月 3 日出生,郝韪廉先生于 3 月 21 日为其举行了洗礼。殷森德的第二个儿子乔治于 1866 年 5 月 19 日离开中国到英国上学。殷森德先生的父亲乔治·殷森德于 1866 年 1 月 30 日死于谢菲尔德,终年 57 岁。

从殷森德先生在天津工作的最初五年来看,他是一个忠诚、尽职尽责和充满热忱的传教士。他一辈子都习惯于早起。他一般都在书房里工作,即使是在夏季,他也是黎明即起。他的工作速度一向很慢,但是他工作起来则是不知疲倦,乃至达到极限。在最初的几年中,他必须用大量时间学习语言,同时还做过几次重要的传教旅行。他与家中保持着通信往来,同时与中国其他地区的传教士也有大量的联系,因此,他的各种通信联系非常广泛。他用英语向外国士兵布道,在中国人教堂为教会成员和教外听众布道,在大街上布道并与人们交谈,还分发宗教书籍,他在学校以问答的形式为学生授课,接待所有请求他给予指导的来访者,而这些人所涉及的往往是私事,与他的传教工作并无直接关系，他还要处理一些事务性的工作，算账、兑换货币、建房、建教堂等等，所有这一切使得殷森德先生的每一天都非常的忙碌。

显然，他对每一位来和他联系的人，尤其是那些加入基督教会的人，都非常感兴趣。他们关心的事情就是他所关心的，他把他们的烦恼和悲伤也当成是自己的烦恼和悲伤。殷森德先生是他人内心秘密的忠实聆听者，一般来说，人们都是主动找他寻求忏悔，他也绝不会干涉别人的私事，没有一位告解神父能够像他那样时刻准备着为忏悔者提供指导、建议、警告、训诫和忠告。他从来没有因为自己很忙而不去面对眼前要承担的责任，他的时间完全由那些忏悔者支配。一位后来到中国的年轻传教士禁不住惊奇不已，殷森德先生对天津教区的每一个成员，以及在中国其他地方的许多基督教徒都了如指掌。他在谈到这些人时，总是能说出他们的全名，包括对他们个人的称呼，即我们所说的教名，还有他们的姓氏。他不是说老胡老师、小胡老师或张牧师，而是胡恩第、胡子恩或张持三。让人们感到奇怪的是，殷森德先生是怎样把所有这些名字全部都记在他的脑子里的，因为这不仅包括他的学生，还包括教会所有成员。他不是有意识地努力记住这些名字，这是他与这些人保持密切联系的必然结果。一般来说，殷森德先生可以给你讲述所有这些人的家庭史。他是一个一个地接待过这些人，而且把他们全部装在自己的心里。尽管他远没有郝韪廉先生那样富于激情，但他是教会每一个成员忠诚而可靠的朋友，他常常是抑制不住自己的同情心而向需要帮助的人倾囊相助。他非常喜欢祷告，在他的日记中所涉及的诸多方面，包括劝告、指导、谴责和惩戒等等，无论是哪一种方式，他几乎总要同时为这些人祈祷，恳求上帝赐福于他们。他写下的每一篇日记几乎都是一份祈祷。没有一个牧师像他那样对教徒心灵上的成长感到如此的兴奋不已。

观察一下这几年所取得的进展，人们不会不对第一批皈依者中大多数人都具有非常高的素养而赞叹不已。当然，我们不能保证这就是此后皈依者的平均水平。在这最初的十位我们已经给出名字的皈依者中，有五人后来都成为了牧师。十人中能力最弱者是小胡，即使是他也高于我们整个布道人员的平均水平。这批人中的王和张二人在解释教义和激励人心的能力方面，都远远超过了到目前为止我们所培养的最好的牧师。我们所有的神学训练和所有的系统考察,都不能为我们培养出比他们更优秀,甚至与他们能力相当的人,从而成为教会的无价之宝。我们要说的第六个人是李万库,尽管他的职业十分低贱,只是一个教堂的看门人,但就是这样一个看门人,他对传教事业的热情和忠诚绝不亚于任何人。他未曾受过任何教育,却自学会了诵读《新约全书》(用汉语比用英语要难多了),就是这个教堂看门人,你却无法把他从教堂的讲道坛赶走,他是我们曾经有过的最伟大的劝诫者之一。这十个人中,只有两个人没有什么突出的特点可言。我们的这种说法没有丝毫的夸张。更何况我们的思维习惯是,根据自然法则来解释什么是非凡,而不是从平庸中去寻找非凡,或是从普通人中去发现奇迹和天才。而毫无疑问,这些人都不是普通人。如果我们现在的皈依者中,十分之八的人能够与第一批的榜样相媲美的话,那么我们简直无法想象将会出现一个什么样的结果。然而,这样的结果当然只能期待上帝赐给我们。当我们用一种最冷静、最不带偏见的方式看待这一切时,它留给我们的是一种难以抵御的印象,那就是它使我们不得不确信,一开始上帝就把最优秀的人给我们送来了,他们中的每一个人都是有价值的,他们的品格、才能和服务精神都是从事这一充满活力和日趋繁荣的传教事业的种子。

现在,天津的教会已经牢固地建立起来了。我们的地位相当的稳定,以至于不会再出现什么意外了。当谈到一项事业已经相当稳固地建立起来的时候,我们的人爱用的一种说法,就是我们已经能"扎根"(tsa ken)了。到1866年,我们已经建起了四座教堂、两所日校、一所男生寄宿学校、一所女生寄宿学校和一所小型盲人学校,我们有24名正式学生和7名试读生。我们用了在英国做一次普通巡回传教所花费的时间,在中国最大的一个城市建立了一个组织健全并充满活力的教会组织,而且吸收了这样一批人加入到教会中来,他们是未来的传教士,他们将来能够把上帝的福音传播得更远,他们已经处在传教事业更加繁荣兴旺之日的前夜。为了走到现在这一步,有两个人早在1859年秋天就离开了英国,作为我们传教士的先驱以同样的热情来到这里工作,当然,就取得的成就而言,首先应该归功于殷森德先生的睿智、组织才能及其坚持不懈和坚忍不拔的献身精神。

四、语言的学习

到目前为止,我们还很少提到过殷森德先生学习汉语的情况。然而,我们看来有必要用较大的篇幅从几个方面谈论这个问题。汉语本身就是一个非常有意思的语言,熟练掌握这门语言是一项非常困难的任务,乃至在传教士刚开始其传教生涯时就会遇到这个对其能力的一个严峻考验。传教士在事业上的成功,在很大程度上取决于他对语言掌握的程度。与其他语言相比,汉语的特点是自成一体,因此,如果认为中国传教士的任务与其他非英语国家传教士的任务没有什么两样的话,那就大错特错了。因此,我们有意把学习汉语这项任务的性质以及殷森德先生在这方面获得的成功,一并介绍给读者。

大多数人可能认为,在他之前第一次来中国的传教士所掌握的汉语足以应付大量的工作,然而,这只是最初两三年的事情,此后掌握了语言(这只是最普通的说法),一切才能一帆风顺。从那以后,他可以同样很熟练地讲道和完成其他工作,好像汉语就是他的母语。然而,我们这些人需要面对这项任务,吃过其中的苦头,知道现实与想象之间存在着很大的距离。不管我们在这个国家住多长时间,只要我们给自己制定了要达到的崇高目标,我们就必须要一直学习汉语,这项任务是永远也完不成的。说到艾约瑟博士,我们经常提到他是殷森德先生的一个朋友,他是我们在中国所见过的最优秀的汉学家之一,他在紧随柏亨利和殷森德来到北方之前,已经在中国南方地区居住过几年,尽管他后来在北京又住了至少三十年,但是他讲汉语总是带有南方口音,在中国居住长达五十年之后,他仍然保持着每天学习几个生字的习惯。据说卫廉士(Wells Williams)尽管可以写出他编的那部 12000 至 13000 字的大字典中的每一个字,但是他的听众常常会听不懂他讲话。海达里(Hedley)先生在他的《我们在华北的差会》(*Our Mission in North China*)一书中,生动地描述了学习以流利会话为目的的汉语口语会遇到的困难,并且提出了如何克服这些困难的一些很实用的好建议。能力一般的人没有必要失去信心,但是我们也应该承认,如果一个传教士要想实现他所期待的目标,就需要能清晰易懂和体面地用汉语布道和演讲,能广泛地掌握大量汉语文献,能严格和准确地向初等学生和资深学生解释问题。可要再进一步高效和简洁地用汉语书写,则仍是一项艰巨的任务。对于能力一般的人来说,把汉语说得清楚而且流利是非常困难的,要阅读宗教、哲学和历史等方面的汉语典籍就更是难上加难,要付出艰巨的努力。而要想顺畅地写出这些汉字,并且模拟一种风格把它们连缀成句,这几乎是件不可能办到的事情,只有为数不多的天才,才能达到这一目标。

如果我们只是为了使用书面语言,那么,汉语在整个帝国所有地方都只是一种同样的语言。汉语文字都是单音节和表意的(通常称为"字"),曾经是由象形文字组成的,经过历代学者的修改而变成了一种符号,这些符号具有美妙和迷人的示意功能,只是偶尔还会保留一些最初图像文字的外形和痕迹。汉字非常多,总共大约有 4 万个,但用于学术上能掌握四五千字就足够了。汉字没有字母,只有一个单音节,所谓的偏旁部首(214 个)和表音偏旁(4000 多个)都以不同的方式发挥其功能,因此,汉字的发音几乎没有任何记忆的窍门。每个字的含义或多重含义,都需要单独学和单独记,每个字的发音也需要单独学和单独记。如果每个汉字的发音都不相同,这相对而言也比较容易学,可是汉字的不同发音总共只有大约 420 种[缪勒(Max Müller)认为有 450 种,然而并不是所有这些发音在任何一个地区都使用],因此,汉语由于有大量的同音字而更加难以掌握。汉语使用的这 420 种发音中,大部分都相对来说摆脱了同音字的麻烦,但是这只能增加了其余的那些发音的同音字数量,诸如 i、chi、shih、fu、li、yueh 和 yü,发这些音的字有很多,有些甚至超过了 100 个,发 chi 这个音的字至少有 150 个。声调、语调或音调的使用可以在一定程度上减轻由同音字带来的麻烦,因为,它可以使语音保持不变(所以如果我们用英文字母来拼写某个汉字的话,其拼写方式就可以保持不变),但是发音的形式发生了变化。北方人只使用四种声调,而南方的一些方言最多使用八种声调。汉语的声调同语音一样,也需要死记硬背。

下面,让我们举一个英语同音字的例子来说明这种练习是多么的复杂和困难,同时也可以想象一下,汉语同音字的无限增加会给一个讲英语的人带来多么大的麻烦。Pear,pair,pare 是三个发音相同的词,即同音词。由于只有三个词,所以我们不会感到特别困难。其中的一个永远是动词,无论在任何情况下,当我们讲演或是朗读这三个词时,上下文可以帮助我们理解它们各自的含义。但是,如果不是两个 p—r(怎么拼写都可以),而是 30 个或 60 个,甚至是 100 个,那么肯定会出现一定程度的混乱。而如果这种情况不只是少数几个字发音相同,而是相当一半的发音都有大量的同音字,那么就会使我们感到更加混乱,我们就该开始想象巴别塔(Babel)①是什么样的。再比如,假如我们很希望减少因同音字而带来的混乱,我们就必须要相互达成一致,即许多 pears,pairs 或 pares 的发音,我们使用到它们的时候,其中一些读平的声调,另一些读降调,还有一些读升调,而还有一些读短的、急促的发音。但是,我们马上就会看到,这样做根本就于事无补。实际上,我们是在开始建造两座彼此紧紧相邻的巴别塔,将一部分巴比伦人与另外一部分巴比伦人结合在了一起。无论如何,同音字带来的麻烦只是影响到外国学生。中国人在区别声调方面同他们区别语音一样熟练,当然,如果你已经掌握了这些语调,那么对你会非常有用,但问题是掌握这些语调却不是一件容易的事情。中国人不是去拼读每一个词,他可以通过语调把他听到的两个不同的词很自然地区分开来,他根本就从来不会去考虑两个词发音是否完全相同。我们却必不可免地要想这些问题。我们再尽可能清楚地描述这件事,而不要使其看起来比实际情况还要糟糕。我们亲眼看一下汉字可能更有利于解释。发音为 chi ②的有不同的字,也具有不同的含义,写法也完全不同:

---

①　《圣经·旧约·创世记》记载,巴别塔系远古人类联合兴建的高塔,希望能通往天堂。上帝因人类狂妄而责罚他们使用不同语言,彼此之间无法沟通,致使通天塔没有建成,人类从此各散东西。——译者

②　这里使用的不是汉语拼音,而是当时外国人使用的韦氏拼音。下同。——译者

诸如这样的字有 150 个之多,他们的发音都是 chi,要想听懂并记住它们的确是一个很沉重的负担。不仅如此,还有许多这种同音字只通过一个送气音同其他大量的同音字相互区分开来,而这种情况发生在英语中,我们可以通过不同的书写方式来区分。这样,发音与英语字母 g 有点相似的 chi,就拥有一群多达 90 个的古怪的巴比伦亲戚。对于英语国家的读者,我们可以把 chi 的发音想象成一个苏格兰人读 cheat 这个词时所发出的前半个音,当然这 90 多个具有新的含义和语调的新字还要重新混合在一起,我们只能通过音调上的微小差异来区分这 150 个 chi。

如果现在我们提出这样一个问题,汉语怎么会拥有这么多同音字? 或者说,这些同音字是如何出现的? 这个问题会有助于我们更好地理解汉语的语言结构。对于这个问题,最简单的回答方式也许是这样的:这是由于中国人喜欢单音字。每一种语言都是由相对来说少量的词根发展而来的,也许为了达到简化的目的,我们可以假定以上我们提到的 420 个或者说是 450 个表声音节就是汉语的词根,这些词根是远古时期或野蛮时代人们所使用的语汇。当然,这些词根早在书写方式出现之前,就曾作为仅存的发音而存在了很长一段时期。实际上,诸如 ching, ch'ing, ling, ming, shing, ting, ying,或者 chang, ch'ang, cheng, ch'eng, chung, ch'ung, lung, nung, sung, tung, yung 这样的发声之间所具有的密切关系,有助于说明即使是这有限的 400 多个音,也是根据音调变化规律,早在他们作为仅有的发音而存在的那个时期,从为数更少的语音中演变而来的。尽管这样,文明的发展需要我们创造出新的词汇来表达新的思想和新的思想差异。随着文字的出现,这一过程被大大地加快了。发明新词的最自然的方法就是通过粘着的方式,即把现有的两个词结合在一起,由此创造出第三个词。这样做马上就会展开一系列无限的结合,因为不仅每个词都可以依次同另外一个词结合成一个新词,而且每个新词也可以用同样的方法再创造出另外一些新词,此外,这种结合不只是局限在同期产生的词之间的相互结合,新演变出来的词还可以和原有的词相结合。就文字而言,中国人也是以同样的方法创造出来的,就像我们把两个音节结合在一起,从而创造出一个新的词汇一样,只是中国人做得更富有艺术性,原因在于我们只是一个挨着一个地把字母写成一串，而中国人则是把一个字加在另一个字上，要么加在左边或右边，要么加在上面或下面，要么加在中间，目的是使这个新创造出来的方块字看上去更像是一幅图画。因此，毫无疑问，中国字是世界上最好看的文字。尽管这些汉字不再是象形文字，但是他们仍然像是一幅幅图画。于是，中国人喜欢把他们悬挂在房间的墙上作为装饰，中国人是最优秀的书法家。

但这恰恰是中国人选择的一条与其他民族完全不同的道路。当谈到这些新的合成词的发音问题时，中国人仍然会拘泥于单音节思考。尽管写两个符号，但是并不发出两个音来，中国人只是取其中之一作为整个字的读音，而且，无论这个字是由多少个部分组合在一起而形成的，其读音仍然要始终不渝地坚持这个原则。有些汉字看起来好像是由多个音节组成的，但是听起来就是一个音节。就如同在英文中，我们要写出 pare，pair，prepare，repair，compare，impair 和 despair 这些字，但是这些字的发音都类似于 pair。

在汉语的书面语中，这一点就足以令人混淆，因为即便是默读，也要记住其发音，如果再学习汉语口语，那么由此而带来的混乱则有过之而无不及。中国人为了使自己得到别人的理解，必须要在很大程度上依赖这些语调。中国人听到这些语调时，可以辨认得十分准确，而外国人一般来说对此反应比较迟钝。这还不够，中国人在演讲中还借助于把同义词成双成对组合在一起的方法来说明究竟应该让听众理解哪几个同音字。使用成对的同义词是汉语普通话中最为显著的特点。当我们用这种方式把同义词成双成对地组合在一起的时候，这些词并不是作为音节而结合在一起的，他们仍然是单音节的词，而且保留着自己的全部含义，我们可以把他们放在任何一个能被人理解的地方来单独使用。然而，这些词的部分功能与多音节词相同，或者更确切地说，他们就是具有双重音节的词。因此，我们有时会有这样的说法：尽管汉语的文字是单音节的，但是汉语口语则是多音节的。就其修饰意义而言，这种说法非常准确。中国人在创造文字时拒绝使用多音节的字，但是他们在日常口语中则不得不在某种程度上使用多音节字。

然而，这本身就可以导致另外一个非常重要的因素产生。汉语的书写方式与口头语方式之间的距离越拉越大，最后二者在结构和惯用法方面也会出现巨大的差异,以至于使人们觉得这是两种不同语言之间的问题,汉语的书面语和口头语不能一起学,而要单独学。汉语中所使用的文字都是一样的,只不过书面语中出现的许多文字形式不在口语中使用,而口语中使用的某些文字形式也不用在书面语上。汉语中一些主要词汇的含义在书面表达和口语表达方面不尽相同,但是如果使用不同的语气、不同的惯用法和不同的句法结构,那么,对于一个只学过汉语口语的学生来说,当他面对一页文学作品的时候,他就会发现自己仍然处于一种迷惑不解的境地:尽管熟悉所有这些字,而且理解这些字各自的含义,但是仍然无法分析眼前的句子。文理(也就是写作风格)与国语(指官话)之间所形成的巨大差异也是如此。在中国的北方地区,国语是人们日常使用的口头语,的确,北方地区的 18 个省中有 14 个省使用国语。居住在北方以外地区的人们则使用各自的地方方言。正如我们所指出的那样,中国人所使用的文字书写形式各地区普遍相同,因此,如果一位广东绅士想写信给居住在广东省以外任何一个地区的朋友,那么这封信在任何方面都与来自于其他讲国语的省份的信件没有什么两样。然而,如果这两位朋友需要见面谈话的话,那么他们之间就像一个法国人和一个英国人之间谈话一样,无法相互沟通。我们甚至听说过这样一件事情,他们之间不得不借助"洋泾浜英语"来交谈。因此我们说,学习汉语实际上是学习两种语言而不是学习一种语言。

面对这样一种难学的语言,殷森德先生从一开始就专心致志地学习。当他还在上海时就请了一位国语老师,这就使他无法集中精力学习上海方言,而上海话他根本就没有真正学会。当他一到天津,就索性彻底放弃了上海话,全身心地学习国语。尽管他没有学习语言的天赋,但是他具有一种坚忍不拔的品格,他用自己的勤奋刻苦来弥补语言天分的不足。他日记中反复出现的东西表明了他学习汉语的决心和耐力。"今天大部分时间都是同新老师学习汉语","今天和老师学了六个小时的汉语","要努力学习",诸如此类的记载,在他的日记中频繁出现。

殷森德先生的那两位同事则认为学习汉语并非是件轻松愉快的事情。斯塔西(Stacey)博士在《神圣的宗教狂》一文中谈到郝腥廉先生的汉语学习情况时曾说:"尽管他驾驭母语的水平如此高超,但是他最为明显的特点之一就是不具备语言学习的天赋和能力。然而，郝韪廉的汉语水平也不可能低于他全面准确地履行他自己的职责所应该达到的汉语水平的标准。他希望自己能够用汉语，'用中国人使用的所有词汇'来同中国人讲话，这种异常强烈的愿望足以成为他勤奋学习汉语不达目的决不罢休的动力。正是由于他勤奋到了极点，所以，他才获得了如此巨大的成功。"这段话无疑是一个预先的推断，无可否认博士也是坦率的。但是预先推断在这种情况下是一种冒险，而更多了解实际情况的人更欣赏郝韪廉先生自己对所取得成就的谦虚的评价："我毫无成效，因为我讲中国话口吃，但只要上帝恩泽于我，我将尽我所能，为了他们永久的利益，结结巴巴直到生命的最后一刻。"也许没有一个人可以像郝韪廉先生这样给自己设计了一个如此渺小的目标。他克服所有的缺点，设法展现出自己的性格魅力，而那些对其个人影响力有最直接感受的人们也证实："他想要说的很多，却无法表达出来。"

也许殷森德先生在学习语言方面的天赋一点儿都不比郝韪廉先生高，但是他却能更加有条不紊地学习。直到义和团运动爆发时，殷森德先生用过的汉语课本还保存在教会，这些课本页边的空白处足以证明殷森德先生对汉语学习的持之以恒，孜孜不倦。"不要找任何借口"，这是一位伟大的汉学家给马根济（Mackenzie）医生的忠告，这句话给殷森德留下了很深刻的印象。殷森德先生在汉语学习方面确实没有找任何借口，因此取得了很大的成绩。他借助老师的帮助，练习翻译那些他工作中要用到的各种不同的小手册、教义问答手册、日历和经文课程目录，等等，从而使得汉语学习这一枯燥无味的事情变得多样化。他把自己能唱的圣歌都背下来，然后教给中国人来唱。当时没有"汉语学习课程"，他只能自己设计课程。但是人们完全可以通过一个设计完备且详细的汉语学习课程，而最终成为一个蹩脚的汉语演讲者。殷森德先生到达天津大约12个月后，就准备亲自用汉语主持宗教仪式和布道，没有比这个例子更能恰当地证明他在汉语学习方面脚踏实地的进步了。有少数人，尤其是在语言学习方面有天赋的人，在较短的时间内就可以做到这一切，但是，也很少有人愿意花费两倍的时间取得更好的效果。

尽管所有人都不赞成，但我们仍然认为，殷森德先生从事汉语学习并没有失去什么,因为他从一开始就必须要开展工作,而且还要到各地旅行,而这些事情有可能会打断他的正常学习。"学而时习之,不亦说乎?"这句话来自《论语》的第一篇,是学习任何东西的座右铭,尤其适用于学习一门你想要学会说的语言。如果你想要学会说一门外语,你就要讲这门语言,而且,越早开口越好。拖延的时间越长,就像跳到冷水里一样,你就越会对它感到紧张。不进入水中,你就无法学会游泳。无论你是为了达到什么目的而随身携带一大堆认识的或不认识的词或词组,这种做法绝对是你学习汉语的障碍,因为你不敢用这些词或词组。把它们都扔了,否则你会把你的嘴巴闭得像钳子一样紧。一个人刻苦背两年的单词但不试着开口说话,可能梦想着将来有一天讲汉语就像泄洪的闸门一样被猛然打开,但事实上,不仅这个梦想实现不了,而且他将会发现自己讲汉语的好心情反而不如 12 个月前。这里有两句谚语,对于学会讲一门语言非常适用,一句是"需要是发明之母",另外一句是"需求面前无定律"。让一个人学会汉语的最好方法就是使其处于一个他必须要讲话的紧要关头,不用汉语问别人就无法得到早餐、无法洗澡、无法铺床、无法穿上黑色皮鞋,或者迷路时不用汉语问就找不到路。当你像澳洲野狗(Yellow Dog Dingo)一样,"不得不要"的时候,你可能就会奇怪怎么这么快就学会了。

在城墙上与遇到的第一个陌生人搭讪几句,旅行中迫切需要帮助,与学生之间的问答式讲授,这些经历所取得的收获,相当于花费许多小时同一位老师结结巴巴地学习课本,而这位老师不管你说汉语时错漏百出,甚至你讲的汉语对于一个在地里干活儿的农民或是大街上闲逛的人来说就好像是希腊语一样,所有这些他都不管,而只知道检查你对汉语的理解是否正确。实际上,除了你的家庭教师以外,你周围的所有人都在讲他们自己那种通俗的语言,而且,尽管你讲汉语时是以威妥玛和狄考文(Mateer)为标准,而且确信自己的语调正确无误,但似乎没有一个人能够听得懂你讲的汉语,当这样一个事实给你留下难以磨灭的印象时,你就要丢开摆在你桌子上的《官话课本》(Mandarin Lessons)或《词儿集》(Tzü Erh Chi),忘记汉语语调给你带来的所有麻烦,尝试着说一些普通老百姓常说的、不加任何修饰的粗话,尽管这样的语言不是为你准备的,但是它们都是人们在家里或是大街上所使用的鲜活的语言。

我们认为,殷森德先生之所以能够简单明确地使用汉语,是因为他迫使自己在汉语的自然环境中练习说与听,而并非其他任何原因。他讲汉语时既自然又轻松(他的演讲总是有准备的,即使用英语讲也是如此),他能够比较准确地说出自己想表达的一切东西,而且总是能够很容易被人理解。无论是同别人交谈还是出席会议,都是如此。有些传教士所使用的语言只能被所在教区的正式教会成员所理解,这些人已经逐渐熟悉了外国的习俗和基督教义中出现的词汇,但是外来者却难以听懂他们的话。而殷森德先生所讲的汉语,无论是教会成员还是来自于教会以外的人们,他们都能听懂。那些外国人觉得听他讲汉语比听中国人讲汉语要更加容易一些,尽管这对于殷森德先生来说也许算不上是什么赞美之词。

除了掌握演讲中要用的套语以外,殷森德先生的汉语知识还不够渊博。我们还不能把他归入汉学家的队伍,尽管他在这里生活的初期阶段曾勤奋地阅读中国书籍,但是他所认识的汉字还不够多,他拥有的汉语词汇量还无法使他能够独立地阅读大量的汉语典籍。然而,与此相反,殷森德先生对于这个国家的生活方式和风俗习惯,以及他在工作中接触到的中国人的性格,却有着深刻的了解。在这方面,他是传教士中的佼佼者。如果一个人从一开始就忙于实际的日常工作,那么毫无疑问,我们不可能期待着他的汉语水平要高于一个专门读书的学者。

他在聘请汉语教师方面非常幸运。殷森德先生在上海时是由胡先生的儿子教他汉语,但一到天津,丁心培就成了他的汉语老师。丁心培居住在天津,是个典型的有绅士风度的天津人。丁心培教殷森德汉语时还不是基督徒,但不久他就对基督教真理发生了兴趣,而且成为这里最早一批接受洗礼的基督徒。1862年他同王逸华一起受洗。我们在接受丁心培加入基督教时曾经犹豫不决,这样的犹豫似乎是没有必要的。事情是这样的,当时正值他父亲去世,家里除了他以外,别人都不是基督徒。他的家人们自然希望采用通常流行的儒家仪式为老人送葬。站在基督徒的立场上,尽管这样的仪式不是我们所期待的,但是我们也不能视其为封建迷信。殷森德先生认为丁心培应该制止家人这样做。丁的表现似乎不尽如人意。他曾竭尽全力劝说家人放弃那些儒教仪式,但他的家人都很顽固。葬礼最终以原有的方式举行,为此丁心培受到教会的严重警告,他的受洗时间也因此而被拖延。可怜的家伙!我们都非常同情丁心培。考虑到中国的家庭传统,这是最棘手最难以处理的局面。也许,"不是太平就是刀兵"才是一种高尚英勇的方式,但是,把基督徒的葬礼强加在一个非基督徒的身上,这样做对于这件事的处理是否能起到好的作用,这一点仍然值得怀疑。无论如何,后来我们为丁心培举行了受洗仪式,他此后的经历充分证明了我们的这一做法是正确的。丁心培担任殷森德先生汉语老师几年后,就成为了这个教区的传道师。尽管他的思想还有些肤浅,但是他的口才很好,他曾在宫北教堂做传道师多年,并且工作非常出色。1886年,丁心培辞去传道师的工作,到大沽担任一个海关官员的私人教师,此外,他在那里还作为一个义务传道师为我们举行出色的宗教仪式。1896年,丁心培在天津去世,终年73岁。

丁心培是个多么好的老师啊!早年间,他正值青春年华,长相不错,显得英俊,留着让他感到非常骄傲的丝一般的长胡须。他总是十分注重修饰自己,相当讲究自己的衣着,而且举止高雅。他确实讲天津话,尽管有时会夹杂着些许北京方言。除了听丁心培讲汉语课文以外,听他谈论各种各样的中国礼仪形式,或是听他解读中国人在汉语会话中所蕴涵的那种高雅气质,或是跟着他练习汉语语调的音阶,所有这一切都是在接受汉语教育。他的发音简直太美了,以至于没有一个人在听完他的发音之后会认为说汉语是一件难事。他的发音是如此的平滑、流畅和准确。我们的读者是否能够想象得出"hsin"和"shin"之间的差异?我们想不出来,因为我们只知道"shin",可是"hsin"又是什么呢?但是当丁心培读出这两个音时,他会使你感到非常惭愧,因为你曾一度把这两个音混淆在一起。丁心培就是十全十美的汉语博学家。

五、英国教堂的建设

天津合众堂(Union Church Tientsin)正如其名称所表明的那样,建造目的就是为了满足居住在天津的英国人、美国人和欧洲人做礼拜的需要。该教堂属于基督教新教教堂,除此之外它没有任何教派的特征。许多年来,它一直是居住在天津的白种人唯一的一处基督教新教教徒从事礼拜活动的场所。教堂的会众中包括许多英国教会的成员,《公祷书》(Common Prayer)被用作早间的祈祷仪式,英国教会的许多牧师和主教都曾经在该教堂的讲道坛上布道。但是1890年,英国圣公会教堂投入使用,合众堂中的大部分英国教会的成员都被吸引到那座新建的教堂去了。四年前,即1904年,合众堂在其历史上第一次招募了一名正式的牧师在讲道坛布道。在此之前,这个讲道坛是由居住在天津的英美传教士协同一致,共同出资支持,并共同履行牧师的责任。由于他们没有任何报酬要求,所以该教堂的日常工作非常节省。这个教堂的工作比其他任何教堂都要和谐,因此它已经成为基督教团结的一个杰出典范,这不仅表现在各教派教徒之间的团结,也表现在宗教仪式的统一。每一个居住在天津的基督徒和大多数没有信奉基督教的人们,都欣然承认合众堂对这个外国人社区的价值是无法估量的。

合众堂有一段有趣的历史,由于该教堂的建设历史从一开始就与我们在华北的传教团有密切的关系,因此我们通过一个短小章节专门谈谈它。

正如我们已经提到的,合众堂的历史可以追溯到开始在天津的娘娘宫(中国的阿芙罗狄蒂)主要为英国士兵举行礼拜活动的时候。当时,驻扎在天津的英国军队数量一度达到3000人,他们同法国军队一起,于1860—1862年间占领了天津。天津作为一个新开辟的通商口岸,当时居住在这里的外国侨民为数不多,其中就包括传教士,他们主要是参加并主持礼拜活动。当英法联军撤离天津的时候,基督教徒的数量大为减少。大约也在这个时候,英国租界设立,外国侨民开始从天津城迁往两英里外的英租界。于是,参加教会活动的基督徒开始分成两部分,一部分人早晨继续在天津城做礼拜,另一部分人则是晚上在英租界附近新建的传教士的家中做礼拜。

在天津城做礼拜的人数逐渐减少,我们又在紫竹林(Tzü Chu Lin)(租界)附近找到一座庙宇,这个地方被称作"大车行"(Tê chê hang),而外国人则称之为"查令十字庙"(Charing Cross Temple),但后来我们又不得不放弃了这个地方,礼拜活动主要在伦敦会的传教士理一视牧师家里举行。我们强烈地感到确实需要一所合适的教堂,于是就开始筹划兴建一座教堂。传教士们都以特有的事业心投入到这项计划中。要做的第一件事情是选址,由于我们的差会新近(1862年)在靠近英租界的地方得到了一块土地,又都不想在那里建房子,于是就主动提出让合众堂建在那里。为完成这一计划而任命的委员会接受了我们差会的提议。

下一步要做的事情是列出捐款的名单,目的是为建筑筹集资金。开列这份捐款名单由殷森德先生和郝韪廉先生负责。资金是从四面八方筹集到的,而且很快就能得到回应,证明已经用这些资金开始这项建筑工程。赫德(Robert Hart)爵士、英国领事、在天津做生意的许多商人,以及常到天津来的外国商船都捐了款,经过积极的游说,最终筹到大约1300元,这在当时大致相当于420英镑。

计划被制定出来了,在那个"小物时代"(day of small things),这座建筑的确显得相当宏伟。他们决定建造一座大教堂,长38尺、宽22尺,是中国尺(1中国尺比1英尺还要长半英寸),而且是建筑内的尺寸。此外,还要建门廊和钟楼,钟楼内要安放一口钟。钟楼的高度大约45尺。建筑风格为哥特式。当时天津没有人能够建造这样高大的建筑,只有找上海的建筑师来设计。这座现在已被称为"老合众堂"(Old Union Chapel)的建筑物到目前为止仍然十分引人注目,尽管现在已有许多比它更高大也更宏伟的建筑物矗立在它的旁边。在建成初期,合众堂肯定使那些期盼在那里做礼拜的人们欢欣鼓舞。人们现在仍然可以明显地感受到殷森德先生所描述的在其正式对外开放的那一刻温馨、喜悦的心情。这个幸运的仪式是在1864年8月14日举行的。

"我们非常高兴地看到这座美丽的新英国教堂竣工并开放供公众从事礼拜活动。建造这座教堂的全部费用都来自居住在天津的外国侨民以及前

建于 1864 年的老合众堂

来这个口岸的外国商船的船长和船员们的慷慨捐赠。教堂的建成满足了人们一个很大的需求,它是整个华北地区为我们的同胞修建的第一座也是唯一的一座教堂。这座带有高大钟楼的教堂,在周围的景观中显得十分突出,从海上驶入海河进入天津的船舶,站在甲板上的人们首先看到的外国建筑就是这座教堂。这座教堂对于我们的同胞来说,无论是官员、商人还是船员,如同对于我们这些传教士家庭一样,就是一个可以用我们自己的语言向上帝祈祷礼拜的令人轻松愉快的圣地。所有人都十分感激能有这个地方。就像天津一开埠传教士就主动组织礼拜活动一样,他们现在在这座新的教堂里仍然如此。"

　　天津变了。现在我们从海河一眼望去,天津老城已经看得不那么清楚了。

　　当教堂的工程全部结束的时候,留下了 150 英镑的债务。整个工程的耗费大约为 500 英镑。5 月 30 日，殷森德先生写信给休姆牧师（Rev. S. Hulme），并随信寄去了一份捐款名单，同时请求委员会拨款把工程的欠款补上，他的请求得到了委员会的批准。结果，这项拨款就从我们差会基金中支出。由于这座建筑就建在我们差会所有的土地上，而且建筑所用的资金由传教士募集，因此，管理委员会在英国领事馆开会协商后当即决定，将来一旦在英租界为外国侨民新建教堂后，这座教堂就属于本差会所有。这个决定在 32 年后得以实施，新合众堂建起来后，"老合众堂"于 1896 年 7 月 5 日开放允许中国人从事礼拜活动。老教堂仍然维护得很好，现在已成为神学院（Training Institute）的礼拜堂了。在教堂入口处左右两侧，立有两块精致的石碑，一块是纪念郝韪廉先生的，另外一块是纪念伦敦会的威廉森（Williamson）先生的，他与花（Hodge）先生一起在大运河旅行时遇难。在《神圣的宗教热情》一书中，很奇怪地把这座令人崇敬的教堂与"鼓楼北"（Ku Lou Pei）教堂混为一谈。这是一个错误。鼓楼北教堂一直是中国基督徒的布道堂，从来就不是外国教堂，也从不是差会的财产。1890 年，安立甘教堂开放。这样，合众堂就成为华北地区 26 年间为英国礼拜者开放的唯一的基督教新教教堂。在这一时期，来合众堂做礼拜的人中，足足一半是传教士及其家属，超过了教会成员的一半。除了有利于做礼拜之外，合众堂作为一个聚会的地点，对他们来说还有特殊的价值，就是可以通过共同的工作把他们紧密地团结在一起，从而大大强化了几个差会之间的联系纽带。由于合众堂的关系，传教士形成了一个联盟，这个联盟后来成了在传教工作中协调行动的极好的委员会。为合众堂的布道坛提供服务，成了他们作为英国布道师用英语布道的唯一机会。来合众堂做礼拜的人员必然是一个混杂的群体，有领事、海关官员、医生、商人、海员、旅游者和传教士，等等，而且这个群体不断变化，因为像天津这样的口岸总是处于不断的变化之中，几乎只有传教士是永久性的居民。到合众堂来参加礼拜活动的人，都具有较高的知识水平，仅仅靠热情或宗教狂热是说服不了他们的，但也绝不能以冷淡或冷漠无情待之，没有做好充分的准备，就无法泰然面对前来合众堂的基督徒们。按正常的次序站在合众堂的布道坛上轮流布道，可能是每个布道者都渴望建立的教规。布道坛是一个不断变化的讲台，站在布道坛上的传教士不仅来自不同的教派，也具有不同的思想，而且从一开始就要学会邀请来本地访问的人或匆匆过客到合众堂做礼拜，也是通过这种方式，英国教会的主教、美国教会的主教、来自不同教会的代表以及其他一些有名的客人都曾在合众堂主持宗教仪式。

从 1890 年至 1900 年，这十年是天津口岸显著发展的时期，尽管安立甘教堂已经建立，但是面对大量增加的教徒，老教堂实在是太小了。随着"英租界扩展界"（British Extra Concession）的开辟，整个 80 年代还仅仅是荒凉泥滩的那片地区，如今新的住宅迅速地大量出现。总之一句话，该地区变成了天津的"伦敦西区"。传教士们就在该地区又购买了一块土地，1896 年建起了一座更大的教堂，容纳的人数超过了过去那个教堂的两倍。新建成的教堂是一座美观的哥特式建筑，有一个很高的尖顶，被称为"新合众堂"。它暂时仍然还要依靠传教士团体来主持教堂的礼拜活动，直至开始觉得已经可以招募一名正式牧师的时候为止。1904 年，米勒·格雷厄姆（Miller Gra-ham）应邀成为新合众堂的第一任牧师。1907 年，格里菲思（J. S. Griffith）接替他担任牧师一职。经常来新合众堂参加礼拜活动的都是些富人，教堂完全可以自给自足，而且很有可能会成为这个迅速发展的租界中一个繁荣兴旺的教堂。

诚然，从任何意义上讲，合众堂都不是——而且从一开始也从未有意使其成为——圣道堂的教堂。从合众堂的管理方式和教规看，它类似于公理会教堂，尽管这也并非是预先有意的设计，而只是这种组织形式更容易适应合众堂发展的环境。合众堂的第一位牧师属于长老会，而格里菲思先生属于公理会，合众堂再选择下一任牧师的时候，可能会完全不再顾及候选者的教派倾向。不管选择谁，合众堂都将只考虑来教堂做礼拜的教众的需要。但是在这一点上，公理会的组织制度又表明，如果聘请一名公理会传教士做合众堂的牧师，只能与其本人商量。合众堂仍然是包容一切的、非宗派的，但主张颂扬基督教义和精神福音。任何一位独立教会人员都会为自己成为合众堂的一员而感到骄傲，而且在许多方面都是其他地方组建联合教堂的样板（天津的传教士很得意地认为）。

殷森德先生是 1861 年 4 月 7 日到达天津的，三天之后是他在天津度过

建于 1896 年的新合众堂

的第一个星期天,当天他在日记中写道:"晚上为英国人布道。"从那天起,直到他 1897 年最终回到英国,殷森德先生一直都是最受欢迎的牧师之一。尽管他担任了几年合众堂的牧师并享有独一无二的声望,但是他对于应该履行的布道职责却依然如故。那些年一直没有再指定其他牧师,直到聘请格雷厄姆先生。但是如果我们不记录下殷森德先生和郝韪廉先生以及后来依次接替他们工作的那些牧师在合众堂的形成和确立时期所参与的工作的话,那么这些回忆就是不完整的,关于我们这个差会的故事也就缺乏其真实性。

六、传播福音的开拓之旅

最重要的是,殷森德先生从最初开始他的传教事业时起,就显现出胸襟的远大与宽宏,他的计划从来不只是建立城市教会。正如我们所看到的,天津已经被占领,并取得了显著的成功。天津是一个令人羡慕的中心城市,但它只是一个中心。从一开始,殷森德就把整个华北地区确定为传教的目标。天津只是他要翘起杠杆必需的支点,他心中所向往的一直是周围的乡村,甚至是"周边地区"。因此,在他最初居住天津的那些年,就进行过多次艰难的甚至在某些方面是危险的旅行,这必然耗费他大量的时间和精力。他很快就发现,要想征服这片广大的区域,单靠我们自己一个差会的力量是远远不够的,而很少有英美其他差会的传教士反对这一点,他们不久就挥舞镰刀,前往那些他还没有涉足的"已经成熟等待收割的庄稼地"。我们不可能详细叙述殷森德每次旅行的具体过程,但是有必要对他的旅行做一些简单的介绍。

尽管像马可波罗(Marco Polo)和古伯察(Abbé Huc)这样的探险家和其他一些罗马天主教会的神父在很久以前就曾经在这片土地驻足,但是直至19世纪60年代,对于商人和传教士来说,华北几乎还是一片未知的土地。对这种情况,最好的解释莫过于这一事实,即到今天为止,中国最有名的英文报纸仍然被称作"华北日报"(*North China Daily News*)①,尽管这份报纸从一开始就是在上海出版发行的。上海最多也就属于华中,但是这份报纸采用的名称表明,人们普遍认为上海已经靠近中国很北的地方了。与此颇为一致的另外一个事实是,目前在人们的头脑中普遍存在的对中国这个国家及其人民的概念,包括对中国人的特征、风俗习惯和各种行业,以及人们在英国最常见到的关于中国的图片和文字描述,几乎都是关于中国南方的。圆脸儿、面貌显得有些娇小、身体看上去相当瘦弱,这些都是广东人的特征。

---

① 这份英文报纸沿用的中文名称是《字林西报》,"华北日报"是英文直译。——译者

我们北方的人,总体上说,身体强壮而且魁梧,面庞粗犷、皮肤较黑。南方属于热带气候,天气湿热。我们北方的夏天也非常炎热,但冬季更是令人难熬,比英国任何一个地方都寒冷得多。尤其是,人们想象中的最有特点的农产品都来自于南方,包括竹林、桔园、香蕉园、稻田和茶场等。尽管我们在中国已经居住了三十年之久,但是只看到过一次正在生长的茶树,而且还是站在停靠在福州码头的一条轮船甲板上远远看到的。那些茶树可能已经十分枯老,但我们还是认得出来。茶在华北就像在英国一样,也是一个外来的产品,价格很贵。普通的稻米,就像我们在英国做布丁所用的稻米,在中国的北方也不能生长,因此除了少数富人,北方人很少食用。竹子和桔子在北方都很小,而且只能生长在暖房中。属于北方的作物有,长得高高的高粱,长的像西米一样的谷子,玉米、白薯、花生、胡桃、桃子、杏、葡萄,等等,这些极好的产品,在西方人的心里甚至可能完全不会想到是中国的产品。西方人观念上的中国北方,唯一生长的就是罂粟。我们的中国与西方一般人想象的中国是绝对不一样的。

但是,我们所说的中国至少有一部分代表真正的中国,即中国的历史和传统。山东地处大平原,中国的英文名称China据认为来源于"秦"(Ch'in),而秦国最早出现在这片平原上。与之相联系的是中国伟大的历史上出现的那些伟大的名字。著名的周朝和汉朝都曾在这一地区实施统治,当时,长城以北和长江以西都是操着不同民族语言的外族人居住的地方。尧和舜,这两位中国鼎盛时代的半神话君主,都是山东人。① 那些比国王更加伟大的圣人,他们的思想给帝国留下不可磨灭的印象,他们是帝国最为纯粹的荣耀,孔子、孟子、曾子和颜回,这些圣人都是山东人。从武定(Wuting)或乐陵(Lao Ling)到中国不朽的无冕之王——孔子的坟墓,这是一段比较轻松的旅程。

当时,一般的旅行方式是乘坐四轮车。四轮车在南方是见不到的。像殷森德先生所进行的这样的旅行,一般来说意味着要连续不断地走一个月,

---

① 本段有关中国早期历史以及尧和舜与山东的关系的叙述,与今天的学术观点多有不同。——译者

最快每天要走四十英里,每天在路上要花费十二个小时。而且,路况实在太糟糕了!这也许是世界上最难走的路。直到最近这些年,中国才铺成了一些碎石路。客栈不舒服的程度简直难以想象。你所需要的东西一概都没有,你甚至还常常不被欢迎。

旅行者经常会发现自己住的客栈只是一间空的泥土房,草屋顶、褐色土墙、泥土地面、纸糊的窗户,桌子摇摇晃晃,只有靠着墙才能站住,而且肮脏不堪,没有一个体面的主妇会在上面铺上桌布。如果能在房间再找到一把椅子,那你就是幸运的,然而即便找到也不会幸运,因为它是迄今所发明的最不舒服的座位。同一个房间里还有为你提供的床,这只是用泥土砌成的炕,非常的硬,床上铺着一张用麦秸编成的十分粗糙的草席,一般情况下,草席上都有破洞。这就是为你提供的全部住宿条件。你要付大约两个便士,也就勉强值这点钱。你必须自备所有的东西,包括食物、床上用品(如果你了解情况的话再带上床)、厨师和烹调用具。外国游客无疑会激起人们很大的好奇心,一般来说,都会被一群经常看热闹的人围在大街上。他们会成群结队跟在你的后面进入客栈,(如果你容许的话)他们会拥进你的房间,以极度的热情盯着你的一举一动,一旦他们的肆行无忌没有被理睬,他们就会进而用那些讨厌的侮辱性语言来攻击你,骂的最多的就是"洋鬼子"和"长毛贼"。显而易见,在这种情况下,旅行是个很艰苦的差事。

有益的传播福音工作就是在这种方式下进行的。通常情况下,你带着要散发的圣经和小册子,人们一般会愿意接受你发给他们的东西,你只要站在任何一个地方不动,你的听众,三教九流,非常混杂,他们就会以不可思议的速度围在你的周围。只要一个外国人能讲中国话,立刻就能赢得他们的欢心,他们通常就会很专心很恭敬地听你讲。他们对你所讲的内容究竟能理解多少,这是一个非常令人怀疑的问题,但是这在很大程度上取决于演讲者个人。他们的头脑中,对你向他们传达的启示,当然绝对是一片空白。你不能设想他会知道自己有罪,或者知道有一个他们应当崇拜的上帝。你的设想最好完全相反,就是你讲的这些东西要使他们信服。要使他们能够理解你,打开大门的金钥匙就是要非常熟悉中国人自己的宗教信仰和宗教习惯,比如引用孔子的一些话,你马上就会同他们有了共同语言。

殷森德先生对待自己在这些探索性的旅行中所应履行的传播基督福音的责任极其认真。他在日记中记载了他 1862 年去保定和太原的旅行，其中他就提出了下面这些问题："在传教巡游中，我们是否已不满意足于慢腾腾的旅行方式，用最廉价的方式运送基督教书籍，途中让一个当地的助手与你同行，徒步从一个村庄走到另外一个村庄，在一个地方发完《福音书》再前往下一个地方？"

除了德高望重的传教士宾威廉（William Chalmers Burns）先生曾经翻译过圣歌、经文和小册子以外，这好像几乎是唯一的一种传教工作。葛雅各（James Gilmour）先生的主要工作是"在蒙古人中"坚持不懈地、虔诚地传播福音，但他却听任辛勤工作的结果自消自灭。

而殷森德先生却展现了他从事这方面工作极大的才智和能力。他知道如何耐心地对待一般大众。他天性不是一个灵活机智的人，但是他却总能利用自己的沉着以及平和的幽默性情来应对这种局面。他知道如何在一个他有把握的地方开始他的工作，并且随时准备尽可能以一种最从容的方式，从一般的谈话开始，最后成为真诚的劝诫。有一次我们看到他表现出极大的优势，令我们由衷的钦佩。当时，我们正在一起旅行，走进一个村庄，一群人围住了我们，其中一些年轻人似乎不太礼貌。一个妄自尊大的鲁莽的年轻人，大约有 17 岁，挤到人群的前面，很无礼地向这位经验丰富的老手（殷森德先生当时已经堪称老手了）提出了一个常见的问题："你是什么时候来我们中国的？"殷森德先生从头到脚打量着这个年轻人，眼神中流露出一丝令人难以觉察的欣喜，然后宽容地笑着答道："我是在你出生前来的。"旁边的人们听到这句话都显得很有兴致，这个年轻人脸一下子红了，退到了人群的后面。接着，殷森德先生用他的手杖在地上划了一个"大"字，看到他能写汉字，这群中国人对他的尊敬程度提高了百分之五十。实际上他根本就不会写汉字，但这并不重要。把这群人的注意力吸引过来以后，殷森德先生在他刚才写的"大"字的上面又加了个"一"字，于是"大"字变成了大大的"天"字。像英文一样，甚至比英文的含义更加清晰，"天"就意味着上帝。接下去，他就以此作为主题，直接开始集中阐述"伟大"、"统一"、"上帝的灵性"，人们都虔诚地专心听着他的演讲。

对于这些巡游式传教,他有相当详尽的记载,其中主要有下面这几条:

1. 1861 年 10 月间,与艾约瑟博士一起前往保定府巡游。保定是个重要的城市,位于天津以西 400 里处。实际上,直到目前为止,它一直是直隶的省会,但现在(1908 年)直隶省会刚刚移至天津。这是一次有趣的旅行。

2. 1861 年 12 月,在古北口(Ku Pei K'ou)参观中国的长城。这次旅行的主要目的是分发《圣经》。中国的长城是世界奇观之一,下面这段对长城的描述是殷森德先生从德庇时(John Davis)爵士所撰写的关于中国的早期作品中精选出来的,是对长城主要特征的简单概括,文字简明扼要,值得在这里引用:

长城是钢铁意志和残酷专制的象征,是秦始皇下令修筑的。秦始皇消灭了孔子时代的分封制,建立了中国第一个专制的统一王朝。他试图通过焚书来彻底清除在他之前的全部历史。秦始皇还做了一件更有利而且持续时间更加长久的事情,那就是建立了府城与县城,地方官员直接由中央政府任命,这一制度现在仍然是中国政府制度中至关重要的一部分。

这一著名的长城长 1500 英里,从直隶海湾沿岸一直延伸到位于京城以西 15 度的西宁。长城沿途要经过几座高山,其中一座最高的山峰有 5,225 英尺高。

长城的高度为 25 英尺,底座的厚度为 25 英尺,顶部的厚度为 15 英尺。长城每隔一段距离就有一座烽火台,烽火台的底座为 40 平方英尺,顶部缩小为 30 平方英尺,经过测量,有些高度为 37 英尺,有些高度为 48 英尺。建造这些烽火台没有使用任何木料,门窗都是用砖石砌成的实心拱形结构。砌长城用的砖长度为 15 英寸,宽度是长度的一半,厚度 4 英寸。黄河以外或者说黄河以西地区,长城只是 15 英尺高的土堆或沙石堆。

据说在秦帝国,每三个人中就有一个人被征派去修建长城。由于粮食供应不足,在长城修建期间有 40 万人死于饥饿、虐待或过度疲劳。中国人说,建长城是拯救了 1000 人,毁灭了一代人。杜赫德(Du Halde)认为,建筑长城用了五年的时间,而希罗多德(Herodotus)则认为,建成世界最大的埃及金字塔用了 10 万人花了 20 年的时间。

长城也许被视为我们的差会向北发展的界线,长城距离永平城没有多少英里的路程。

3. 1862 年 2—3 月间,前往太原府(山西省会)和张家口(长城以外)旅行。这次旅行是柏亨利先生陪同他一起完成的。这是一次路程长却很有趣的旅行,殷森德先生对整个这次旅行的部署比以往任何一次都要精心。这两个地方现在与天津都有铁路相连。新建的、路程更短的横穿西伯利亚铁路不久就会开通,它将与张家口相连接。

4. 1862 年 4 月,在殷森德夫人和怀特(Wright)夫人的陪同下,前往北京进行了一次有趣的旅行。

5. 到位于天津西南大约 60 英里的任丘(Jenchiu)县城巡游。这次旅行给殷森德先生留下了良好的印象,他决定要在那里打开局面。胡先生和另外几个人被派往任丘住了下来,在那里布道和售卖基督教经文,目的是要建立一个传教基地,但结果表明没有必要在那里继续传教工作。殷森德的第一次任丘之行是在 1863 年 3 月。

6. 在天津一位商人韩德森先生的陪同下,前往蒙古进行了一次非常有意思的旅行。他们的目的地是一所著名的喇嘛庙,这是一所由佛教密宗建立的佛学院和寺院,密宗在蒙古人中十分盛行。这次旅行是殷森德先生从任丘回来后不久,于 1863 年 5 月 13 日开始的。殷森德先生随身携带了精心准备的蒙古文的基督教经文。该寺院坐落在内蒙古,距离北京大约有 250 英里,距离天津有 330 英里。

7. 在郝韪廉先生的陪同下,参观一座大乘佛教的大型佛寺。殷森德先生的记述为我们勾画了寺院内部生活的生动图景,并说明了中国佛教崇拜的本质,以及与此相关的迷信活动。这次旅行的时间是 1864 年 2 月。

8. 1868 年 5 月,与伦敦会的理一视牧师一起前往山东省会济南府巡游。当时花先生正在我们在山东的各传教站巡游,由于有报告说山东爆发了引人注目的叛乱,波及整个地区,但叛乱的起因和目标都不十分清楚,他们关心花先生的安全,因此,这次旅行实际上成了一次救援性的行动。殷森德和理一视先生也都曾陷入叛匪之手,他们看来也没有遭遇到什么,只是理一视先生的马被人偷走了。叛匪被称作"捻匪",据报道其数量达六七万人,当时流传着一些他们无法无天的残暴无忌的故事。

在这些传教旅行中,殷森德先生除了进行非常有价值的传播福音的工作之外,他也从中获得了很大的收获,获得了有关这个国家的知识和一般的经验。除了最后一次旅行之外,殷森德先生通过多次旅行毫无疑问敏锐地观察到开展定期巡回传教的可能性,把传教事业扩展到更广阔的地区。1866 年,他长期一直寻求的开拓传教事业的契机,以一种完全意想不到的方式出现了,从而开创了传教事业的一个新时期。

七、乐陵的召唤

本章所记述的事件,从教会的立场来看,是我们这个教会迄今最值得纪念的。在当时,这些事件被描绘为"上帝在乐陵的杰作"。殷森德先生称之为"非凡的宗教觉醒"。当时讲述的这些故事,对于那些很少经历过热情洋溢时刻的人们来说,简直是不可思议的奇迹。不仅是我们两位传教士感到极为兴奋(郝韪廉先生一时陷入欣喜若狂之中),不仅 1867 年的"传教报告"中充满了惊讶之词,而且这份报告发表在同年上海出版的《教务杂志》(*Missionary Recorder*)上,深刻影响到在中国的所有传教团体,改变了传教士的想法,在此之前这种改变从未发生过,即使他们认识到在中国内地传播福音具有极大的可能性。随着这些事件的发生,也开启了热衷传教事业的新时期。在《神圣的宗教热情》中,对这些事件有更多的阐述,海达里先生在《我们在华北的差会》中,也对此有绝佳的总结。这一事件导致的直接结果,是扩大了我们的传教工作,乃至我们竭尽全力都几乎要跟不上传教事业发展的步伐;同时还增加了教会的成员,一年内增加的人数超过了以前我们教会成员人数的三倍。此后逐年,教徒的人数不仅没有停止增加,而且仍然是大幅度地快速增长。1866 年,我们教会的教徒总人数是 24 人,慕道友 7 人;

1867 年,教徒 85 人,慕道友 23 人。1870 年,殷森德先生返回英国那一年,教徒人数达到 204 人,慕道友 80 人,4 年之间增长了 10 倍。到 1877 年底,在郝韪廉先生去世前几个月,仅仅在山东,就有 18 个传教站、8 所学校、14 名中国传道士、636 名教徒以及 425 名慕道友。所有这些都来自于在现实生活中一幕幕展开的梦幻般的故事。

这一故事简要讲述如下。1866 年初的一天下午,郝韪廉先生正在宫北教堂布道,"一个陌生人,在岁月和体弱的重压之下已经驼背了",坐在听讲者中间。他的样子引起了郝韪廉的注意,经过询问才知道,他来自大约 130 英里外的山东的一个村庄。他说,他在找寻梦中启示的救世真理。他曾患过一场病,有两次他做梦,梦见他即将结束生命。他自己想象到了"广阔又美丽的地方,在那里他看到了华丽的大厦,被无比可爱又纯洁的人们守护着"。透过道道大门他可以看到,"大厦"内站满了同样的人类,中间一人端坐在宝座之上,所有人对他都充满了敬意,"他的光环就像明亮的太阳"。他未被获准进入,因为他没有"必备的衣裳"。他被告知要回到地球,通过教导才能懂得如何能获准进入大厦。他所在的村庄有罗马天主教会,他请求他们给予导引。通过他们的讲述,他决定信奉基督教,可是他对天主教会的做法感到失望,于是决定来天津寻找教会的领袖。他被别人误导来到我们的礼拜堂。他聆听了我们的布道,认为找到了他两次梦到同样情景的答案。他在天津待了一段时间,带着教会的书籍返回家乡,并答应还会再来。过了一个月,他再次来到天津并告诉我们,他的许多朋友以及他自己,都急切地希望派一名老师去帮助他们研读《圣经》。

这个人名叫朱天泉(Chu Tien Chüan),后来在教会中以"老追梦人"而知名。他所在的村庄就是朱家寨(Chu Chia Tsai)。

殷森德先生当时不在天津,只能由郝韪廉先生决定如何去做。他做事极其谨慎,先是派殷森德先生的老师余先生前去朱家寨,与他们一起度过了一两周。人们评价余先生是"一个可靠的人,不会有任何夸大的倾向"。郝韪廉要他亲眼看看那里的情况如何。"追梦人"将余先生领到他的家里,并没有让他去其他任何地方。余先生每天和他们聚在一起,回到天津时已是满腔热情。接着,两名派发圣书人(colporteur)被派往那里,活动于"追梦人"

山东朱家寨村口

的朋友中间,长达一个月。他们回到天津后,提供的报告仍然是更加振奋人心。此时,殷森德先生回到了天津。经过磋商,决定派胡先生夫妇前往朱家寨,在那些人中间进行工作。由于那里许多妇女对探求真理感兴趣,有这样一位忠诚挚爱的女子来到她们身边,让她们放心,这会使事情产生最好的结果。胡先生是一个可以依赖的、精明练达、阅历丰富的人,他的报告会指引他们未来的行动。在朱家寨住了几个星期后,胡先生给殷森德先生写了一封热情洋溢的信,信中说:"我们确信这是上帝真实的杰作,显然在召唤我们走进他为我们开启的大门。通过充分的商议和祈祷,我们达成一致,我应当留在天津工作,郝韪廉先生应当来朱家寨。如果他认为有必要的话,他应当约他的同事一同前来。"郝韪廉先生在9月的第一周去了朱家寨。11日,他从朱家寨致函给教会秘书,以"觉醒"为题写了一份生动的报告,这份报告后来作为单独的小册子发表。他感到他的同事需要和他一同前往,一两个星期后,殷森德先生也去了朱家寨。

郝韪廉先生的报告以"神圣的热情"为题,洒洒万言,我们这里不再引述,但是读者一定要仔细阅读他的报告。报告表明传教运动处于激动人心的状态,表明教会扩展得非常之快,表明郝韪廉先生正处于激奋之中,如同一个人进入天生禀赋的状态。"狂热分子"由于喜悦而简直兴奋不已。这是一场真正的自发接受福音的热潮。这场热潮不断升温和扩展,直到每个人几乎都燃烧起来。郝韪廉先生如同一个耐火之人,痴迷其间。对于他这样心中热情燃烧的人来说,就如同把他泊山(Tabor)与毗斯迦山(Pisgah)①合二为一。他理想化、着迷,看到"天国"无处不在。两到三周的日夜工作,一次基督徒聚餐,热情的客人不断蜂拥而至,所有人因祈祷和赞颂而容光焕发。劝诫和洗礼,而这些神圣活动的仪式无关紧要。

> 天使们在这个神圣之地上空飞舞,我几乎听到了她们胜利和赞扬的笑语欢声。我不会与世上的任何人交换我的命运。主啊,万众之主在这里。耶稣,荣耀之君在这里。神圣永恒的精神在这里。所有美好的希望在这里;神位在这里,永恒、亲近、恩泽天下的神,舍此之外我欲何求? 啊,荣耀归于神! 神恩、荣誉、力量和权力,永生永世归于主。

这就是郝韪廉先生的心境。

他的这种狂热激情产生的效果是,他的周围发生了明显的宗教信仰的剧变。这些剧变是他亲眼所见、亲耳所闻。整个村庄的人们,包括男人、女人和孩子,几乎是一起走进了教堂。他们每天祈祷,守安息日,每天学习《圣经》;虽然他们大多数人不会阅读,却对福音满怀真挚的渴望。由派发圣书人带给他们的《圣经》和讲道的小册子,好像是放到了他们所有人的家中。他们将他们的偶像,该打碎的打碎,该烧毁的烧毁,或者当作旧古董交给传教士。而且,情况并不仅仅如此。周围各村的人们似乎都来了。人们从很远的地方步行前来参加礼拜活动,而且在任何时间(那时,那里整个地区都很难找到一座钟或一块表)都会有一群群的人渴望见到传教士,并极力要求

---

① 他泊山位于约旦河以西、加利利南端,是以色列的圣山。毗斯迦山位于死海东北的约旦境内。据《圣经》记载,上帝曾在毗斯迦山顶向摩西遥指迦南地区,后世认为是神赐予以色列人的应许之地。——译者

他去他们的村庄,还将他们的家腾出来作为礼拜活动的地方。在韩家庄(Han Chia)就是这样。那是一个有名的村庄,村子里一位富有并很有儒家风度的老农民刘,将他的大宅院让给我们使用,我们在那里受到隆重的欢迎。这个村庄在朱家寨以北十英里,位于通往天津的路上。另外,在朱家寨以南也同样有一个村庄热情地欢迎我们前去。所有这些人的举止都非常有礼貌、谦恭,也几乎都很虔诚。对于那些习惯于四处刻意躲避外国人并骂我们是"洋鬼子"的人们来说,这真是一个新鲜事。这充分显示出"教会的浪漫传奇",在丰收的季节,在农人中间发生的这一切更显得有趣和充满田园般情调,他们住在泥屋子里(但这些泥屋子常常建得也很宽敞),待人接物却是质朴而纯真的。

朱家寨比较小,大约有 250 户人家,或许有 2000 人,可是这个村庄位于一大群村庄的中心,与七个城镇交通都很便利,郝韪廉先生告诉我们,这里距离每个城镇都不太远。它正好位于山东省的西北角,与直隶省交界的地方。郝韪廉先生对整个朱家寨都非常喜欢,他画下了吸引他的每一个景点,竟然将颜料盒都用空了。他说,朱家寨"位于一个充满野趣的花园之中"。啊! 那里没有成堆的煤,没有工厂的烟囱,在丰收的季节,看上去是那么的赏心悦目。可是,恐怕前往这个独特的传教站旅程太长了,而且忽视了永平和滦河吸引人的地方。可以不无恰当地说,那里的乡村太单调了,尤其是在冬季,"树叶掉光了,田野光秃秃的",看上去是那样的萧条和乏味。

下面这段文字出自殷森德先生的笔下,分析一般中国村庄的社会构成,非常有意思:

　　中国人为他们的男性后辈起名,采用一种独特的方法,也许是模仿皇帝家族的习惯。康熙皇帝确立了他的家族不同支系的起名模式,每个人一看就可以知道各自所属的辈分。他列出了八个人的名单,这种方法在帝国王朝的许多代都在使用。同一辈每个人的名字都包含同一个字。皇帝的名字是"绵"①,他的兄弟就叫绵恺、绵愉。他有两个儿子,②他们这一代名字独有的字"奕",他们叫奕䜣、奕誴。所以,在中国家族中,他们通过不改变"复名"("名"就类似我们所说的"教名")中的第一个字,以便与宗族中其他支系的成员加以区别。这样一来,一个家庭中的兄弟,就会叫林同培、林同丰、林同波。这样一来,"同"字就可以将这一支系的成员与"林"姓宗族所有其他支系的成员区别开来。

把我们的教会引到山东朱家寨的那位可怜之人名叫朱天泉,他目不识丁,是朱氏家族的长辈。朱氏家族的其他子辈,通过姓名中间的那个字的不同相互区分,有增、文、勤、光,这表明朱氏家族很大,人口众多。他们家族五辈都生活在同一个村庄里。这个村庄周围还有一些不同家族居住的小村子,朱姓是最大的,而且这些家族的聚居和地域划分很容易区分。北面是马家,西面是李家,而东面是周家和张家。这五个家族挨得很近,只有大的村庄叫朱家寨。

在这次传教活动中,令人高兴的一个明显现象,就是家族的重要成员从一开始就接受了福音,这样就防止了敌对宗派的出现。还有一个顺利的因素,在第一批入教的人当中,有一位在一所大型高等学堂任教的教师,他的名字叫朱宗尧(Chu Tsung Yao),是当地的名人,很有影响力。在他的学堂里,许多来自不同家族的年轻人都入了教,成了更亲密的教友,对新的宗教信仰的教义也越来越熟悉。这些年轻人中,有些后来成了我们神学院的学生,成功地成为向他们的乡亲传播福音的传道士。

我们回过头来再谈谈这些令人振奋的场景。

这里必须谈谈朱家寨主日礼拜仪式的情况,和接下来那个星期所做的努力;还有我们两个兄弟在这种愉快环境中的会面,以及胜利地结束他们的朱家寨之行:

---

① 这里指的是道光皇帝。道光原名绵宁,即位后改名旻宁。——译者
② 实际上道光皇帝有9个儿子。——译者

"礼拜活动，"郝韪廉先生谈道，"在一个小的会议室进行，百人齐唱赞颂之歌。院子里也站满了人，所有人都虔诚地聚精会神聆听福音的启示。整个礼拜活动过程都逸趣横生，将印在我的脑海里，无法磨灭。当礼拜活动结束时，虽然已经是夜里，我的第一项任务就是写信给我亲爱的同事，把我目睹的一切都讲给他听，催促他马上到我这来，我们可以立即采取适当的行动，以满足这项伟大事业的需要。

"我的信件昨天一早就寄出了，我肯定这封信会向殷森德先生呈现充满快乐和愉悦的那一时刻。接下去的一周，我每天都会应一些前来询问者的邀请，前去周围的村庄考查申请入教者，送药给病人或者在布道房讲道。又一个主日的上午，我主持了礼拜活动。整个下午，我都在仔细地考查从我这一周没有到过的偏僻村庄来的申请入教者。很难说批准入教的申请者所占比例是否合适，但是从我已经调查过的许多个案的情况判断，我想殷森德兄弟会同意我的主张，我们应当批准接受至少五六十人加入我们的教会。这样还将有一大批申请者继续接受入教训练。"

"今天傍晚喝茶的时候，我因为亲爱的兄弟和同事殷森德先生的到来而兴奋不已。他星期三晚上收到了我的信函，一刻也没有耽搁，赶忙出发前来协助我。我们在一起非常愉快地讨论，有时我们讨论起这一伟大事业的特色，很难克制激动之情。殷森德牧师参加了晚祷。大多数外村人都回家了，但是由于女人们也参加了晚祷，所以屋子里还是挤满了人。殷森德先生发表了真挚的、又非常恰当的讲话。人们向他表达了热情、诚挚的敬意，使他通过了严峻的考验。我们回到了住处，他亲眼见到、亲耳听到、亲身感受到了人们对上帝的赞美和崇拜。他上床就寝了，我注意到，尽管他需要休息，可是，经历了这样令人兴奋的事情，他想入睡也几乎是不可能。我们不是可以在神的指引下，为我们周围追寻上帝的人们尽力带来幸福吗！"

两位牧师一起仔细研究了为大量基督信徒起什么样的教名，他们都渴望被批准加入教会。为此，在这一周接下去的几天里，连续为此召开各种会议。他们感到，在这个令人兴奋的时刻，挑选合适的人授予洗礼，是他们肩负的神圣职责。他们渴望着，通过举行使他们满意的施以恩惠的仪式，接受最适当的人们成为在这个没有宗教信仰的村庄建立的基督教会的第一批成员。通过一番努力细心的考查,他们选定为45个人授洗,并在一次大型聚会上,在人们虔诚和专注的关注下,为他们举行了洗礼仪式。还有更多人的名字留在候选教徒名单中,等待进一步的指示。他们受到了勉励,要他们继续坚持信仰,尽一切努力保证他们得到神的召唤和神的选择。

郝韪廉先生的身体一直不好,两位牧师于9月29日一起返回天津。他们为上帝让他们看到了上帝拯救的力量和魅力而感到高兴,而他们也要商讨如何采取最好的计划,培育这个新建立起来的稚嫩的教会。

10月22日,殷森德先生再次访问朱家寨,在那里待了四天,鼓励新的教徒们,并在朱家寨选定房屋作为教堂。每天的工作虽然很劳累,却非常愉快。又有更多的人受洗,也有来自不同地方的人,关注神的事情。

朱家寨的教堂、学校和医院

即使是四十多年后的今天,用冷静和最具批判性的眼光来回顾这些场景,也不可能忽略对他们卓越品格的信服。如果我们要完全从人类事务的工作中看到神的灵,我们一定可以在这里看到上帝。这不会损害到如何区别什么是真正重要的和有意义的,什么是空想的。我们谁不喜欢空想?但是,上帝之手看得非常清楚,不是在空想者的脸上,也不是在梦里,而是在更真实得多的令人惊奇的事实中,这就是迄今一直将福音挡在门外的整个地区,突然间和意想不到地被打开了,就好像数百颗心被无形的推动力所推动,而且所有地区都在热切地寻求恩典,没有这种推动力,就不会做出努力,也不会有机会去引导他们去接收恩典。这就是真正的重点之所在。对于我们而言,我们不会把梦想过于当真。我们非常清楚,什么是极度的东方幻想,何谓中国的寻常之梦。我们不会将对神的信心基于这样的基点之上。也许,在当时的英国,有关传教运动的报道过分地制造梦想。我们并不知道。这对于中国人并没有特别的影响。我们与海达里先生共同享有充分的保留。我们不用担心如何去解释,更不必说为之辩护。"人们不会说,"海达里继续说道,"老人的故事,就像我们告诉我们的先驱者那样,完全是未加渲染和不加修饰的。人们也不会宣称,毫无疑问,他不会有某种其他的和更世俗的原因,去寻找外国教师,并邀请他们去他的村庄,等等。"《我们在中国的差会》一书有识别力的读者,将会怀疑在所有这些的后面,还有某些没有显现出来的东西。那么,就是如此!然而,这些隐藏的东西并非很多,而且没有理由来解释,为什么不应将这一小小的丑事从他的密室里拽出来。让我们把对他的诱惑送给诱惑者。后来才知道胡先生做了调查,朱天泉与罗马天主教会的关系并非他使我们教中兄弟想象的那样简单。事实上,他与罗马天主教会之间发生了麻烦,他担心会遭到他们的起诉。我们万万没有想到,他的梦想是虚构的。在与罗马天主教的争端中,很有可能他是对的。几乎可以肯定,他的思想是真诚的。他遭遇了大麻烦;麻烦使他生病,也使得梦想进入他烦恼的心中。他想寻求保护,他的心灵奇怪的运转立刻生成了幻梦,这种推动力把他推向我们。胡先生太过精明,以致没有为他的诉讼做任何事情。无论是他还是其他人也没有对我们的不介入做法心生怨恨。他生活在我们中间,也在我们身旁死去,他不是一个杰出的成员,却是忠实的信徒。他大约在 1891 年去世。做梦事件完全是一个次要的事件,传奇但没有多大意义。然而,这些保守的村民转而信仰福音,他们突然之间摆脱了所有的恐惧和对外国传教士的偏见,迅速和不断地让真理传遍广阔地区,若干年后使传教士能够住在他们中间,而我们在山东的工作因此而打下坚实的基础,成百上千的人自发地走向光明;这是真实的奇迹并非梦想,而是神圣、不朽的真实,证明我们赞美"乐陵神奇的基督教事业"并非妄言。

八、占领新传教领域：宗教迫害、丧亲之痛与冒险

这是一次明显的巧合，乐陵这次打开传教大门的同时，传教会议（1866年）上指派加入我们传教士队伍的两名年轻的教士，也正在前来中国的路途上。花教士和汤普森教士（Rev. W. D. Thompson）经过一次曲折的旅程，于 11 月 30 日到达天津，受到衷心的欢迎。他们的到来使我们能够对新的工作领域给予应有的关注，即认为明智的做法是放弃其他那些工作无效的地区。张持三增加的一个城里布道点被放弃了。位于天津以南 9 英里的北仓（Peitsang）①的一个小传教站也被放弃了。任丘迄今为止也只举行过一次洗礼。那里的工作也并非是完全徒劳的，这个接受洗礼之人追随着胡先生——"就像提摩西追随保罗"，殷森德先生说——多年来一直担任一名传道师。

乐陵的大声召唤引起了他们的注意，由此他们很早就认识到传教士在传教之地居住是很必要的。他们在朱家寨租下了一所中国人的房屋，通过适当装饰使其适应外国人的需要。这是一所很奇特的老式农舍，房子后面有一个大院子，院子里搭着棚子放置马车和马匹，有两间房子供雇用的农人使用。殷森德先生和汤普森先生负责新的传教站，郝韪廉先生和花先生仍然负责天津。1867 年 3 月 18 日，殷森德先生一家迁到朱家寨，住进了土墙砖地的房屋。其中有两个房间供他的同事居住。这所房舍后面有一个房间作为日校，另一个房间作为医务室和图书室。他们花了很少一点钱，就将棚子改造成一座小教堂，而且比以前使用的教堂更大、更方便。这正如殷森德先生所说，"在一个大院子里建起了一套完整的教会设施"。

他们甚至还试图开展医疗工作。他们每天上午用两个小时解救大量要求治疗的病人，他们以为所有的外国教士都是医术熟练的医生。大多数病人被拒绝医治，因为他们或是患有严重疾病，或是已经无法救治。利用简单

---

① 疑有误。北仓位于天津城以北。——译者

的治疗方法，他们治愈了一定数量的病人，或使他们的病情得到缓解；在他们开出的处方中，干净的或营养丰富的食物发挥了重要作用。这项慈善工作产生了影响，在人们的心目中产生了良好的印象，而且有某种倾向甚至带有偏见的人也开始关注教义。

另一种有益的形式是为那些渴望学习《圣经》和基督教义以益于将来的年轻人组织一个班。只要我们为他们提供一间房子住和每天给他们上课，他们就自愿自带食物和家具。他们来自不同的村庄，有的每隔五天或十天由家里人送来小米和换洗的衣服，有的则是自己带来。所以，这样的安排真的不会给教会增加负担，又是教会力量和希望的源泉。从那时组成的讲经班一直在延续着，尽管条件有所改变。通过这个讲经班，我们培养出了若干名最可贵的传道师和助手。

有一段时间，工作一直平静地进行，并不断取得好成绩。在当地工作的传教士既能在这个中心传教站组织宗教活动，也能保证定期访问他们开创的传教分站，并全面管理教会的教务。但是，这种平静的局面很快就被打破了。我们并不期望如此引人注目的传教活动，没有激起某种敌对行动就可以顺利进行。由外国人引进的外国宗教，基督教义在这么短的时期就产生了广泛的影响，这使得当地迷信的崇拜者感到惊慌，也促使富人和文人学士采取措施抵制这样的新事物。在某个地方，他们进行有组织的攻击行动，企图压制传教活动，迫使外国教士从该地撤出。在集镇杨盘（Yang P'an）的一个集日，一个售卖宗教书籍的小贩正在分发《圣经》的时候，被一小群基督徒围了起来。这惹怒了一帮人，在一名富有农民的带领下，这帮人攻击了这些基督徒，掀翻了书摊，殴打了小贩，也打了韩家庄的刘先生。书籍被撕碎，扔到泥里并在上面践踏。接着，他们又给刘先生捏造虚假的罪名并告到县衙门。知县派衙役抓捕他，刘先生不在家中，已经去了天津。另外一名基督徒被关进了监牢。我们吁请英国领事督促对案件展开调查，要求地方官员执行条约中有关保护中国基督徒的规定。多日来，敌人继续诽谤和迫害，而许多参与我们教堂的宗教活动却更胆小的探寻者开始退缩，案件的处理也悬而不决。但最终，通过天津领事施加影响，天津的通商大臣崇厚派了一名副职官员到乐陵调查案件。这名官员来到乐陵后，那名被非法关押的基督徒立即被释放,在杨盘领头攻击基督徒的人被定罪,知县还发布告示,宣布传教士有权在不受干扰和妨害的情况下传播基督教,中国人也有权信奉基督教。这次骚扰事件得到这样的解决,在整个地区产生了非常有益的影响。

大约就在这个时候(1867 年 7 月),一些困难情况的出现导致汤普森先生解除了与教会的关系,又经过几个月的联系,他离开了中国。

5 月,令人悲痛的灾难降临到殷森德一家。他们的小儿子阿尔弗雷德(Alfred),在经过几天发烧之后,不幸夭折。乐陵与唯一能够获得医疗援助的天津之间遥远的距离,是引起这对父母极大悲痛的一个原因,同时也深深地触动了他们,使他们认识到教会工作需要医疗服务的加入。就在他们悲痛万分的时候,完全没有料到的是,两位正在旅行的教会同事来访。一位是登州的梅理士牧师(Rev. C. R. Mills),他正在前往北京的路上;另一位是来自天津的山嘉利(Rev. C. A. Stanley)。梅理士先生在幼儿夭亡的前一天与他们待在一起,通过祈祷和讨论基督教义极大地激励和抚慰了这对父母。山嘉利先生在天津曾与他们为邻数年,在幼儿死去的那一天到达乐陵。他以其一贯的仁慈和现实可行的本领承担了葬礼的一切事宜。对于当地皈依的教徒来说,葬礼是一次基督教教育的直观教学。在中国人当中,夭折的幼儿是绝不会埋葬在家族墓地的。孩子的尸体要用草席裹着,由专门为此而雇用的仆人负责送走,摆放在河岸边,或者盖上几英寸厚的草皮放在路旁。人们认为这些幼儿已经被某个仇敌家族死者的灵魂附体,因此孩子灵魂的踪迹离得越远越好。但是,这次在乐陵,他们看到了小巧精致的棺材、新购置的墓地、墓地旁举行的庄严的葬礼,一个幼小的生命是多么的宝贵,这不仅对于父母,对于耶稣也是如此,他说:"让那些受苦受难的孩子们到我这里来吧,不要禁止他们,因为这里是天堂。"

这一天,位于朱家寨西面的这座幼儿墓地被村民们以神的关怀所护卫着,这是一座具有纪念意义的墓碑,它使所有看到它的人都能想到,基督的关怀"一定希望复活得以永生"。

对于殷森德夫妇来说,这一悲哀事件却产生了意义深远的效果。他们原本的目的是永久移居山东。可是,他们的小宝贝离开了他们,汤普森先生也脱离了教会,留给朱家寨的只有分外的孤独。1867 年 7 月,他们也返回了天津。他们的第四个儿子阿瑟·格雷森·殷森德（Arther Grayson Innocent）于这一年的 9 月 27 日出生，1868 年 7 月夭亡。从那时起直至 1878 年，他们再没有到乐陵长住过。殷森德先生仍然负责巡回传教，1868 年他的同事是特纳克（Turnock）先生，1869 年是花先生，但 1870 年做了改变，所有传教士的传教领域都被指派为天津和乐陵。山东的工作采取每个人轮流前往的方式进行。

朱家寨教堂

乡村教会发展迅速。地处遥远乡村的入教者感到每周前往朱家寨参加礼拜活动很是不便，于是他们开始开放他们的家园，或者在他们的小村庄提供合适的房屋用来进行礼拜活动，传教士在前去山东旅行传教时前去他们的村庄。我们的许多小礼拜堂大多是以这种方式出现的。我们需要指派传道师和讲经人前去这些地方。只有那些住在距离传教中心点三四英里远的教民才能比较容易前往参加礼拜活动，而那些住在 10 到 12 英里外的教民，则必须做出新的安排。于是，一年之内，不少巡回小教堂建成了。一些在北面:韩家庄(1867年)、仓上(Ts'ang Shang;1868年)、赵家庙(Chao Chia Miao)、杨盘、邱县(Chiu Hsien)。有些在西南面 20 英里左右:三刘家村(San Liu Chia)、李家楼(Li Chia Lou)、武官屯(Wu Kuan T'un)。有些在东面:王官刘家(Wang Kuan Liu Chia)、聂家庄(Nieh Chia)。

这样,每一个开放的地方都成为灵光和感化的中心,聚集着来自邻近村庄的听众。这样"主的道大大兴旺而且得胜"。每当传教士到访一个地方,那里的人们都是兴奋异常,不管是平日还是周日。教民们坐在那里直至深夜,唱圣歌、祈祷、聆听讲道。

1868年,这一地区被大批武装力量的侵入完全扰乱了,这群骑马的强盗被称作"捻匪"。他们实际上是太平叛军的分支,自从戈登将军占领南京后,他们转而蹂躏北方。他们的出现引起人们极大的恐慌,他们急忙在村庄周围筑起土围墙以求自我保护。这次叛军入侵在第十二章已经提到过。殷森德先生谈到他与他们之间令人激动的经历:

    理一视先生和我沿着乡间道路急匆匆地走着,他骑着马,我坐在车上。夜幕降临,我们走在韩家庄附近时感到非常奇怪,我们看到路上到处是人,每个人都显得极为惊恐。"怎么回事?""哎呀,叛匪,叛匪在追我们!"真的。村民们紧紧围着我们,整夜露宿在外面。由于我们搞错了他们所在的地方,结果陷入了叛匪的包围圈。我们很疲倦,马匹也需要休息,于是躲到了韩家庄刘姓朋友的家中。数百名惊恐可怜的女人和孩子也躲在这座农家大宅院里,他也很乐意为她们提供保护和食物。我们找到了一名送信者,趁着天黑送信给 10 英里外的花先生。很不巧的是,由于村子土围墙的大门太阳落山时要关闭,所以他只能等到拂晓时才能去送信。第二天早晨太阳升起的时候,我们出发去与花先生会面。每条道路都挤满了逃难者。道路两旁长满了高高的玉米,所以我们走得很慢。我们走在路上,要穿过一队路上的逃难者,不久就被叛匪追上了。其中一名全副武装的叛匪追上了我们,带着威胁的口吻要理一视先生把马给他。理一视先生稍稍犹豫了一下,还想和他谈谈,但马匹还是给了他。这个无赖牵着马跟着他们一伙人走了。抵抗只会比无计可施更糟糕。跟着整个逃难者队伍向前走,我们看到这些恶棍抢夺马车、抢劫包裹、卸下马匹,以及从保护者手中带走年轻的女人。如果稍有反抗或自卫,就会被他们残忍地打死或射杀。他们就这样抢走了人们所有值钱的东西。我们的损失尽管在当时来说是很严重的,但是比起我们周围许多人的损失还是微不足道的。我们继续缓慢地前行,却不知道还有第二次更严重的攻击在等着我们。我们整天都在转来转去,多半是为了避开可能会遇到这些成群结伙暴徒的村庄,直到太阳落山时我们才到了朱家寨。我们发现村子里几乎空无一人。人们都跑到有土围墙保护的邻村①去了。花先生整夜都在那里,但直到早晨他才收到我们的信。他去北面找我们了。我们焦急地等他回来。大约到了半夜他才回来,已经是精疲力竭了。他的报告证实了我们的感觉,我们往北回天津的路已经被封锁了,所以我们决定往南走。拂晓之前我们出发了,经过两天的艰难历程,我们到了黄河岸边,对面是济南府。我们看到了掠夺者造成的大量危难和破坏,清军则尾随其后。清军的目标不是紧紧盯着叛匪,而是跟在他们的后面大约有两天的路程,对苦难的乡下人造成的灾难往往还更甚于骑马的盗匪。我们在济南府待了一天,受到罗马天主教堂的主教和神父们的热情款待。从我们得到的信息来看,最好是避开大路经由海上返回天津。许多前往北京参加科举考试的举子们也不得不从同样的路线前往。于是,我们登上了一条渔船,并在黄河口耽搁了几天等待顺风。船上挤满了乘客,我们三个人只能挤在一个大约6×3英尺大的狭窄的仓穴里,上面有一个可移动的舱盖,夜里还必须要关上。这些渔船都分隔成许多单独的船舱,船舱一边有狭窄的通道供船夫通行。白天,当船停下来或者天气晴朗时,船上可以遮起一张帆布篷。可是,休息的地方使人很不舒服甚至令人窒息。更糟糕的是,我们在船上的食物短缺,只能吃到腌咸鱼和一种粗糙的米饭。我们的衣服也是破烂不堪,好在值得庆幸的是,我们终于到了大沽,在失踪9天后乘坐马车到了天津。一个星期以来,我们家里的亲人

---

① 坡集刘家(Po Chi Liu Chia)。

们一直在为我们担惊受怕,不知道我们去了哪里。我们回到家中使他们深感宽慰,不再为我们担心。

我们回到天津后,得知有关这些盗匪的一个很怪异的情况。他们进入一个我们设有布道点的村庄后,村中没有遭到抢劫破坏。我们在三刘家村有一个小传教站,由一名讲经人负责。在我们遭遇盗匪的前一天夜里,他们进入这个村庄,一些人占据了小教堂作为住处。教堂建筑高雅的外观将盗匪的一名头领吸引了过去。他开始阅读贴在墙上的纸张上的文字,诸如主祷文、十诫,等等。他问讲经人这个地方干什么用。在得到回答后,他命令盗匪们都滚出去,说他自己要在里面过夜。他邀请讲经人以及他的儿子一起吃晚餐,几乎整夜都坐在那里听讲经人讲解教义,表示他非常景仰,希望早一些了解基督教义,表示很后悔未能信奉基督教。第二天早晨,他对讲经人和他的儿子甚为关照,并将他们安全地送回家中。他拿走了一份我们在那个地区所有传教站的名单,并许诺只要基督徒保留他们的教堂,他们任何人都不会阻挠。他的这个保证一直被忠实地执行。

但是,清军却无视这些方面。他们住进我们的房子,肆意糟蹋我们的家具,有的当作燃料烧了,有的被随意毁坏,以至当我们回到家的时候,已经没有什么家具可用了。

殷森德先生回到天津不久,便得了一场大病,在床上躺了几周。

非常令人愉悦的是,我们增加的人员于 1868 年 11 月到达了天津:牧师特纳克硕士(B. B. Turnock,M. A.)偕同他的妻子被派来天津负责培训中国传道师。与他们一同前来的还有花先生的未婚妻兰德尔丝(Landels)小姐。花先生前往上海迎接他们,并在那里与兰德尔丝小姐幸福地举行了婚礼。特纳克先生被指派的职务并没有满足他所抱有的希望。

到了 1868 年 12 月 3 日,我们的传教士又能够前往乐陵传教站了。叛匪在这之前不久离开了那一地区。在骚乱期间,朱家寨的校长朱宗尧在每个主日都组织礼拜活动,教堂的守堂人成了他的助手,他们一有机会就走遍所有的村庄。他们的努力使我们的教徒一直团结在一起。事实上,有些人离开了教会,大多数人仍然坚信不疑,每次集会他们都极其喜悦地欢迎传教士的到来。他们许多人都由于农田正常劳作的中断、牲畜被偷、军队的勒索而蒙受严重的损失。他们以令人吃惊的灵活性恢复到以前的状态,不久就以一种淡漠的冷静重新开始干起了他们正常的行当。他们遭遇了如此大的动乱,就如同遭遇干旱和饥荒一样是上天的惩罚,抱怨毫无用处。谈到这次前往乐陵看到他们的状态,殷森德先生说:

"整个地区处于一种心神稳定的状态,人们的生活再次流入和平劳作的惯常渠道。我们发现教会呈现出比我们所期望的更令人满意的状态。在朱家寨,宗教集会比以往的规模更大了。只有妇女的人数略有减少,原因是叛匪的侵犯使她们陷入极大的贫困和悲痛之中。有些在家里人的支持下到教会做学生的年轻人,也被迫去田里干活,或者到很远的地方去找活干。但是,我们很快就使所有的事情进入正常状态,上帝之手与我们同在。"

1869年1月,乐陵的工作交由花先生负责,他由年轻的妻子陪伴前往乐陵。殷森德先生则回国休假,1869年5月,他与他的小家庭一起,经由日本、旧金山、巴拿马海峡和纽约,回到他的祖国。

九、休假

殷森德先生第一次离开中国回国休假,这次休假足足有两年,从1869年5月到1871年7月。那年7月25日,他由夫人陪伴回到天津。

这是一名度假的传教士"享受理所应当的休息时光"的一个有趣故事。如果休息只是传教活动的中断,那么"休息"无疑是纯粹的幻想。可是,幻想比真实更令人愉悦,因为不管是不是幻想都是一种享受。休假的快乐当然不是闲散无事的快乐。况且,他们过得非常愉快,肯定是他们从未有过的体验。没有什么可以胜过我们的英国教会在欢迎"活生生的传教士"前来讲述他们的经历时所表现出的极佳的兴致。他们的体贴、他们的款待、他们的宽容、他们认真的关注、他们温暖和极其热情的个人兴趣,他们对他工作的感激,这一切对于他来说如同人性的新发现,是这个星球可以给予的最好的东西。如果他不被宠坏,那倒是一个奇迹了。而且,他的牧师兄弟们使他得到了极大的满足。这使得他不仅愿意出席数不清的会议,只要有要求的时候他也乐意演讲,而且他们也满足他的一切要求。代表团的工作是我们曾做过的最令人愉快的工作。有许多工作要做,但是最令人愉快的是这件工作。我曾听过一位从紧张的休假生活返回中国的传教士谈到,他很高兴能回来工作,以便能有一点休息时间。但是,传教士不应该只顾自己不顾他人。一名传教士最基本的想法就是到很多地方旅行,去很多地方布道。度假绝不意味着脱离他的使命。他是一名"非凡的旅行布道者",无论是在布道区还是出了布道区都同样要履行神职。我知道这是一个不道德的意愿,一名传教士要是一直在休假,那是多么地美好!

对于殷森德先生而言,所有这些美好的事情都因为以下事实变得更加突出了——他是我们两名开拓传教士中的一位,他是第一次回国,现在是第一次休假。他受到热烈和满腔热情的欢迎。非常幸运的巧合是,1870年教会年会正在他家乡的城里举行。他在会议上发表了传教演讲。在8月份的年会上,他又以"传教编年录"为题发表了演讲。他的演讲内容主要是简单和直接地介绍他与他的同事所做的工作,回顾10年传教的历史,评价中国的同事胡、王与张。他非常注意不使用各种修饰词语。他逐个提到从谢菲尔德(Sheffield)迄今被派往传教地区的五个人。在澳大利亚传教八年的莫恩教士(Rev. J. Maughan)也正在休假,会议决定专门开会对他们两人一起表示欢迎,会议宣称,他们的成功"激励人们高唱锡安之歌(Songs of Zion)①,也为我们的祈祷增加了新的热情","他们在教堂的圣坛上、在讲台上以及在私人交往中所做的一切,对于我们教会来说都是神圣的节日"。年会很高兴地再次称他们为"教会先驱和基督的荣耀"。我们注意到的另一个事实是,殷森德先生的老朋友伊弗雷姆·哈勒姆(Ephraim Hallam)先生担任这次宗教会议的主席。

这次休假,殷森德先生作为代表,工作日程安排得非常满。他谈到先后

---

① 锡安原为希伯来语,一般是指耶路撒冷,名称的由来是因为耶路撒冷老城南面有座锡安山。这里的"锡安之歌"是基督教的圣歌。——译者

访问了纽卡斯尔（Newcastle）、桑德兰（Sunderland）、哈特尔浦（Hartlepool）、曼彻斯特（Manchester）、斯托克波特（Stockport）、利物浦（Liverpool）、索斯波尔（Southpool）、布拉德福德（Bradford）、杜斯伯里（Dewsbury）、利兹（Leeds）、哈利法克斯（Halifax）、奥尔德姆（Oldham）、哈德斯菲尔德（Huddersfield）、赫斯特（Hurst）、利斯（Lees）、斯泰利布里奇（Stalybridge）、博尔顿（Bolton）、罗奇代尔（Rochdale）、伯明翰（Birmingham）、伍尔弗汉普顿（Wolverhampton）、达德利（Dudley）、奥尔德伯里（Oldbury）、汉利（Hanley）、朗顿（Longton）、诺丁汉（Nottingham）、布里斯托（Bristol）、伦敦（London）、特鲁罗（Truro）、圣艾夫斯（St. Ives）以及格恩西（Guernsey）。在施鲁斯伯里（Shrewsbury），他参观了"威廉叔叔（Uncle William）宁静的长眠之地"。在谢菲尔德，举行过多次气氛热烈的集会，在休假初期，他在那里租了一处房子，住了一段时间。在他的笔记本中，记载了他在曼彻斯特地区出席过大量的会议。他已经习惯发表长篇演说。在曼彻斯特的塞勒姆（Salem），他讲了 1 小时 20 分钟，克罗斯利（Crossley）先生担任主席。他告诉我们，人们一直聚精会神地听着，主席表示听到他的演讲感到非常满意。这次集会，莫恩先生不在场。但在谢菲尔德，他也讲了 1 小时 20 分钟，他记载道："莫恩先生对我讲了这么长时间显得很不高兴。"

他与哈勒姆先生的友情，在与他们年轻时代完全不同的情况下重新恢复起来。他几次访问罗米利（Romiley），在奥克伍德宅邸（Oakwood Hall）哈勒姆先生美丽的住所度过了惬意的假日。在 9 月 23 日日期下，我们发现了如下记载："收到新老朋友非常亲切的问候。前往罗米利我的朋友哈勒姆的住所。发现他的情况发生了很大变化。他本人变化不大。第二任妻子是一个非常优雅的女士。在那里遇到泰勒（Taylor）、唐纳德（Donald）和亨肖（Henshaw）三位先生以及他们的妻子。"此后，他又几次前往拜访他的老朋友。

在他的记录中，在利斯曾发生过非常有趣的情况。"要求讲讲在乐陵的工作，奥格登（Ogden）先生说。有关乐陵的小册子导致了爱尔兰长老会的形成。"现在，这是满洲最为重要而且人员实力强大的教会。

在英格兰，殷森德先生聆听了纽曼·霍尔（Newman Hall）题为"亚当和夏娃"的演讲,以及乔治·吉尔菲兰(George Gilfillan)题为"弥尔顿"(Milton)的演讲——"完全是语句虚夸,辞藻华丽。"这是在曼彻斯特。在伦敦,他"聆听了帕克(Parker)先生在家禽厂的平日祈祷中所做的一次出色的布道,传递出极大的能量和诚挚"。还有:"2月6日(1870年),星期天,前去教堂聆听斯珀吉翁(Spurgeon)使人印象非常深刻的布道:'我也为此劳苦,照着他在我里面运用的大能尽心竭力。'(《新约全书·歌罗西书》,1章29段)他的演讲证明了个人拯救和他人拯救的自我努力的责任。"

作为传教的倡导者,殷森德先生发表的见解总是庄重的、有影响力的和实际的;丝毫没有夸张或放纵,而是显示出准确的判断,提供从其个人工作经历得来的可靠的信息。他不会讲很多奇闻轶事,以满足我们一些非常喜欢泄露神迹奇事的人,他也从不厌烦听别人讲述其如何转变信仰的个人故事。但是,并非所有人都是一样的。并不是每个人都是讲故事的好手,而且如果一个人缺乏天资,他即便努力练习也是徒劳。他极力要告诉他的听众的是真实的结果,而不是许多"引人入胜的趣闻"。真正的传教事业的热爱者,只有权安排休假的方式,想要学习,不会以生动的想象力用美丽的色彩描绘传教生活,而是通过亲身经历说明传教生活真实的特征,以及应对生活中许多问题的办法。通过这次考验断定,他是一个成功的委派传教士。

天津大屠杀的可怕消息于1870年的下半年传到英国。结果,看来他只有做出推迟返回中国的安排。我们将殷森德先生于1871年初撰写的一封书信的一部分抄录如下,从中可以看出在那个使人不安和危机的时期,他令人钦佩的坚强意志和可靠的判断力。遗憾的是,这封信的结尾部分遗失了,所以我们只能看到信的片段:

牛顿希思(Newton Heath),曼彻斯特

1871年3月14日

亲爱的斯特西博士:我很高兴收到你们做出的决定,我在教会年会之前返回中国。我已经向休姆先生暗示,由于委员会没有对此事做出任何决定,所以我准备4月末或5月初起程。休姆先生似乎担心船费等,将会使今年教会资金耗费过度增加。这只能是一时的反对理由,好

像我到年会结束后起程不会比现在起程花费更少。况且,如果中国政府支付了赔款,花先生夫妇来英国的旅费将会用中国人的赔款付清。

关于强加给教会佣工的限制,这只能是暂时性的,很有可能在我到达中国时就会实际被终止执行。即使没有终止,在城市里也会有足够的余地让我们雇到佣工,而且可以利用对我们教会有利的环境谨慎地悄悄行动,直至限制被取消。一个传教士的工作要被政府和外交官的袒护或者国家的趋向所左右,对此我很不满意;而应同时显示出对那些本应更加尊敬的他为之效力的大师的应有尊重,以及对他所从事的精神事业诉求的应有尊重。如果是这样的话,正如郝赾廉所说:"我们的英国大使或特使不会对身处内地的传教士提供保护。"让他们在没有保护的情况下前往内地,相信他们的上帝和中国政府(就像他们通常所做的那样),而且他们将会做得不错,如同他们过去已经做到的。唯一的保护是护照,可像天津那些暴徒怎么会在乎一份护照?单独在内地的外国人,其安全更要依赖其个人的举止、言行和声誉,而不是其周围可能存在无形的国家保护的想象中的权力。人民不是野蛮人,大多数是文明人,只是对杀戮非常恐惧。这就是规则。

绝妙! 这些文字需要勇气也需要智慧,显示出镇定、沉着的头脑,和没有被一时的激愤干扰或打乱的明确判断。

他渴望出发而且也出发了,当教会年会开幕时,他已经登船急切期待着前往中国。

十、教案前后天津教会的苦难历程

殷森德先生休假回来之后,就受命负责主持天津教会的工作。中国人的"觉醒"为我们在山东敞开了一扇大门,这似乎也给天津的基督教会带来了一定的影响。我们知道,当1866年来自乐陵的召唤出现时,我们在天津的教徒已经有24人,此外还有7名慕道友。由于某种未说明的原因,1867年教徒的人数，既没有出现在《备忘录》中，也没有出现在《传教报告》中。但是我们可以推测，教会成员增加到 85 人，慕道友增加到 23 人，这些数字即使不是全部，也几乎包括大部分在乐陵接受洗礼的基督徒。1868 年，教会成员人数大量增加。1868 年天津的统计，教徒人数几乎是以前的 2 倍，其中教徒 46人、慕道友 9 人。越来越多的人向上帝祈福，这种热潮的到来为我们在山东打开了新的更加广泛的传教区，也推动天津教会走向令人更加高兴的繁荣局面。或许，其中部分原因也应归之于 1866 年发生的意义重大的事件。

这个重大事件就是宫北教堂的开放。我们是在经历了很多的麻烦和漫长的等待以后才得到这个地方的。这个地方所处的地理位置非常好。大家一定记得，直到义和团爆发的时候，天津依然是个有城墙的城市。"城里"这一称谓的含义是城墙以里，而"城外"则意味着是城墙以外。而天津最好、最繁华、最富有的地方过去是，现在仍然是城外，准确地讲就是在城墙以外。天津最好的店铺都坐落在从租界直到北门这一线的几条街道上，大部分的商业交易也是在这些街道上进行，包括估衣街、宫北大街、宫南大街、石头门坎胡同和洋货街等。"宫北"的意思是"'宫'以北"。"宫"是一座庙，是人们最常去的地方，庙中供奉着天后，天后是中国的海神阿芙罗狄蒂。这个地方我们以前已经提到过，它是 1860 年至 1862 年联军士兵做礼拜的地方。天后宫以北二三百码的地方就是我们的宫北教堂。宫北大街位于海河与东城墙中间，从宫北大街到东门的距离很短。我们是采用典租的方式把房子租下来的，这是中国当时普遍采用的租赁方式。你需要支付一定数额的订金，然后再签订一个确定年限的租契，租期到期以后，房屋的原所有者有权在返还你当初支付给他的订金后，将典出的房屋赎回。这笔订金的利息就是提前交付的租金，你在交出房子之前，要先将本金要回来。这种租赁方式在 1889年时曾引起过麻烦，当时原出租人的代表出面要求赎回房产。结果，我们又多付给对方一笔钱，签订了一份买契，房产就归我们所有了。在 1866 年我们还没有获得这处房产之前，这所房屋曾是个中国茶馆，是当时中国人所共知的唯一的一种酒吧式场所。正房大约是 20 英尺宽、40 英尺长，后面附带一小间房，左侧也有一间非常小的房屋。当我们接手的时候，整个房屋残破不堪，我们的同事们为我们能够获得这样一个极佳的场所而感到非常自豪。2

月 2 日,郝赶廉先生在给教会秘书的信中有这样一段:

> 在过去的几个月中,我们成功地搞到了一处大的店铺,它的位置是这个城市所能提供的最有利的位置,现在我们要把它改建成一所教堂,其规模不能小于此地任何一个教会的教堂。我们衷心地感谢上帝恩惠于我们,让我们实现了这个目标。四年多来我们一直关注着这个地方,而且每隔一段时间我们都付出极大的努力,希望能获得这处房子,但在此之前,我们所有的努力都是徒劳的。其他教会的朋友们也做出同样的努力,但也同我们一样毫无结果。直到最后这次幸运的成功努力,我们没有遇到任何一点小的麻烦和烦恼,所有的障碍都被清除了……现在我们终于得到了许多年来一直想拥有的地方,由于这条街道上永远都是人流往来、摩肩接踵,因此我们有理由认为,会有成千上万的人来这里聆听福音。

在此我们可以说,就街头布道而言,宫北教堂的工作多年来一直是非常出色的。宫北教堂位于"最佳地点",我们把它卖掉可能是犯了一个错误。但是,如果把它作为我们一个主要的礼拜场所,尽管有以上我们所说的优势,但是它的面积毕竟是太小了。这个小教堂的面积只有 800 平方英尺,实际上就是一个看上去像店铺的大房间,完全采用中国的建筑风格,两侧都不透光,窗户开在房子的一面,靠纸糊的天窗帮助采光。当时,把入口的门廊拆除后,房间就变成了讲道坛,但是你只要让 50 个人进入,房间就挤满了。在天津教案发生时,宫北教堂遭到破坏,后来被重建,但是义和团时期又被夷为平地,此后就再也没有恢复。1905 年,这个地方以 400 英镑这个相当可观的价格卖掉了。

宫北教堂是在 1866 年 3 月 6 日星期天正式对外开放的,开幕仪式由理一视牧师和山嘉利牧师共同主持。据殷森德先生说:"当时那些挤在教堂门口或在附近闲逛的人们,确实感到非常奇怪。"而胡夫人带着她的女儿和另外一位女士也出席了开幕仪式,这简直"让当地人吃惊不已"。在那个时候,胡夫人的所作所为是勇敢无畏的。他们当时最乐观的希望就是每天能有人聚集到教堂来听布道,而不久他们就发现,教堂"太小了,难以容纳被吸引到这里来的如此多的人"。在这里他们赢得了比过去通常见到的更多受人尊敬的、有教养的中国人。经过两个月的努力,他们开始收获辛勤劳动换来的胜利果实。比发现这个场所更为重要的是,他们找到了一个能够主持宫北教堂的人——王逸华先生。他们已经为这位年长的、有学问的基督教徒准备好了委任状,并立即任命他负责宫北教堂的工作。殷森德先生公开宣称:"从他所具备的基督教经典和中国典籍方面的知识,他对当地人性格细节特征和迷信活动的熟悉,他对基督热烈的忠诚和对上帝精神力量的信心,没有一个人比他更有资格胜任这一职位了。由于王逸华在布道时,能够真诚地揭露违背上帝意愿的罪恶,并以令人愉悦的方式讲述上帝拯救人类的真理,他那绝妙的直率和口才,常常会使他的听众为之痴迷。不管是有学问的智者还是目不识丁的文盲,都同样被他那智慧和虔诚的言词所打动。他不断地寻求圣灵的帮助,并利用自己作为牧师的职位使许多人皈依了基督教。"此时,有许多官员和文人朋友被吸引加入了我们,其中有一位名叫"修"(Hsiu)的清朝官员,地位还不低。

王逸华也许是这以前加入我们教会的最杰出的中国人。他出生在上海附近一个名为兆浦(Chao-Pu)的小镇。他曾经是一位清朝的官员,尽管后来他辞去了官职,但他的儿子仍然拥有候补官衔。他信仰的转变明显地经过深思熟虑而且非常真诚。尽管他是一位老人,但他在成为基督徒后马上就以热切的真挚之情开始研究基督教经典。起初,他认为任何学说都无法同中国古代圣人们的学问相媲美,但是后来他逐渐发现,即使是他所喜爱的那些经典作品也远远比不上《圣经》的水平。殷森德先生有一小班寄宿男生,张持三是个刚刚受洗的年轻人,他作为一个学习神学的学生而显得很突出。王逸华老人作为学者取代了张持三在学生中的位置,而且他进步的速度远远超过了所有学生。当他解释对学习的渴望时,他总是这样说:"你们看,我是一个老头,摆在我面前的时间比你们要少,我必须要赶快行动,你们不必这样努力,但我必须要这样做,我的日子很快就会结束了。"他的著作《天理的指路明灯》(*Clear Lamp of Heavenly Truth*)是一部学术性很强的作品。我们在多年以前就看到了。这是一部杰作,不应该让它绝版。王逸华是位"了不起的老人",他有一个思想巨人的头脑,孩子般的心灵,胸中燃烧着圣徒般的圣火。我们从未有一位完全像他这样的人。他善于独立思考问题,这常会使他陷入几乎无害的异端思想之中,尽管传教士们的确不愿意看到他这样,但这也显示出他极大的真诚。他一直拒绝去乐陵,他说:"我没有听到上帝的声音,我的工作在天津。"但是在"捻匪"横行的苦难岁月,由于花先生患病,我们很难再派别人去乐陵,王逸华主动找到郝韪廉说:"你几次让我去乐陵,我一直认为我没空,但是自从威廉森去世之后,我已经听到了上帝的声音在我的耳边响起。困难降临在我的身上,我必须去乐陵。"在郝韪廉先生回英国的时候,托他带信给休姆先生、斯特西博士以及在英国的其他最早派来天津的传教士的就是王逸华,他在信中说:"我们这些老头去不了英国,不能在那里亲眼见到你们,感谢你们所做的一切。当我们到天堂的时候,一定前去天使的中间,在那里我们会找到你们并感谢你们。"王逸华是个勇气可嘉的人,这在他护送花先生和夫人的途中表现得非常突出,当时正值天津教案刚刚结束的危险时期,他陪伴花先生夫妇从乐陵经芝罘长途旅行到天津。

王逸华是 1873 年 9 月 2 日在经历了一段短暂的病痛后,在天津去世的。殷森德先生写道:"星期天的早晨,我问他感觉如何? 他回答我说:'安静,别吵!''你感到你现在和上帝在一起了吗?''是的,他一直没离开我!'星期一,他的声音非常低……我问他是否一切都好,他抬起手来表示都好。星期二,大约下午 1 点半,在经过一个不眠之夜以后,他停止了痛苦,他的灵魂轻轻地飘然而去——安静得就像是一个孩子躺在母亲的怀中睡着了。"他的去世给大家带来了无限的悲伤,因为大家都非常爱戴他,仍然记得这位"亲爱的老王"。1875 年 1 月的《传教纪事报》发表了一篇关于他的传略。

自从宫北教堂开办以来,天津教区教会成员的人数呈现稳步增长的趋势。1871 年,天津教案刚刚发生不久,教会成员的人数从 55 人下降到 41人。我们的一名教会成员被杀,教堂遭到严重的破坏,仅成员人数减少 11 人这一事实本身就值得关注。1872 年,教会成员人数回升到 45 人,1873 年达到 57 人,1874 年达到 61 人,1877 年达到 78 人;1878 年,也就是郝韪廉先生去世的那一年,天津教区的教会成员人数达到 86 人,此外还有 9 名慕道友。

1869 年 8 月 24 日，一个令人痛苦的悲剧发生了。花先生在伦敦会的威廉森牧师的陪同下，乘船到山东的几个传教基地访问。他们从天津出发，第二天夜里在运河抛锚，当时他们的位置就在陈官屯镇下游不远的地方。就在他们夜里刚刚就寝后不久，遭到了一帮强盗的袭击。这天夜里天气很热，威廉森先生就选择睡在船头的小甲板上。花先生睡在船舱里，被一声巨响和扭打声惊醒，当他从船舱里出来的时候，看见几个戴着面具的武装盗匪站在甲板上，这些人拿着刀向他砍来。他的头和肩膀都被砍中。他跳进水中，设法游到岸上。他没有发现已经落入水中的同伴威廉森先生，只好昏昏沉沉地拖着被打伤的身体，只穿着一件睡衣逃到了一家农舍。农舍的主人很同情他，借给了他几件暖和的衣服。过了一会儿，他重新恢复精神，同几个当地的差役回到了那条船上，发现所有的贵重物品都被抢走了，只剩下了那条船。关于威廉森的任何踪迹都未能找到。花先生独自回到了天津，又过了几天，威廉森先生的尸体在运河中被找到。他可能是被盗贼打晕后落到河里的。有几个盗贼被抓住了，审判时他们承认看到银锭被装上船（这是在中国内地携带金钱普遍采用的方式），便从天津一直跟着这条船。抢劫是他们的目的，无疑他们并没有想杀害威廉森先生。老合众堂里竖了一块碑专门纪念这件事。

这次事件对花先生来说是一次严重的打击，他一直没有完全恢复过来。他去了芝罘，目的是使他遭到极大打击的神经得到复原，但却未能得到彻底康复。1870 年 5 月 31 日，他又去了乐陵。此时，郝韪廉先生已经南下，也是由于身体的原因。殷森德先生和他的家人，正如我们以上谈到的正在英国，或者也许此时他已经踏上返回中国的路程了。到天津教案爆发前，只有特纳克先生一人留在天津。6 月 20 日，郝韪廉先生回到天津，第二天早晨，这一永远也不会被忘记的残暴事件就在整个城市爆发，它震惊了整个文明世界，也使整个传教事业的苦难历程向纵深发展。

天津教案是一次野蛮的嗜杀暴力事件，它只能被描述成义和团运动的预演，幸运的是它只发生在天津这一个城市。在 1900 年以前居住在中国的外国人所遭受的许多暴行中，这一次是最为严重的。像义和团爆发一样，天津教案也爆发在夏至这一天。1870 年 6 月 21 日，这一天是一年中白天最长的一天，也是灾难性的一天。在此之前的几周，城市里到处都流传着各种各样的最令人恐惧的谣言。一个属于南方官僚阶层的人为此目的专门来到北方，他叫陈国瑞(Cheng Kuo Hsuai)，据说就是这一事件的最主要的煽动者。据说，在大屠杀发生前的一两周，许多在外国人家里做佣人的中国人都不敢在主人家里过夜。一个让人无法形容的臭名昭著的小册子——《对腐朽教义的致命一击》(*A Deathblow to Corrupt Doctrine*)——被印制出来，并在街头秘密地售卖。这个小册子是谎言和邪恶的杰作，仅次于许多年以后在南方出现的臭名远扬的《周汉揭帖》(*Chou Han Sheets*)。除了其他许多最肮脏的指责以外，最形象和具体的指控是说外国人尤其是外国传教士们诱拐儿童，将他们杀死后把眼睛和心脏挖出来制作成迷幻药，他们猜测用这些药是为了使更多的人皈依基督教。这些被想象出的药物都被赋予一个名称——"迷心药"或"迷眼药"。你必须生活在中国这样的国家，才能理解这样的谣言确实能够在人们中间传播开来，而且在群情激愤的时候，人们会相信这肯定是真实的。舌头是发布这类消息的唯一媒体，谣言经过成百人的舌头，竟然就会伴随着这些恐怖故事，燃烧、火光迸发，进而冒出一股股的黑烟。从一开始，这些诽谤性的攻击就巧妙地直接指向并集中对准罗马天主教会。天主大教堂——一座辉煌的哥特式高大建筑，建在一处令人怀念过去的历史遗址上。其位于大运河和海河的交汇处，从那里俯瞰海河一览无余。那里曾建有一座神圣的行宫，供皇帝巡游天津时使用。这处建筑被法国军队从中国手中无偿夺占，一半用于建天主教堂，另一半建了法国领事馆。法国人的这一强行霸占的行径，一直都被中国百姓记恨在心。在城市的另外一处地方，位于海河的对岸，还有被慈善修女会占据的教堂和医院，其中有11名修女，大多数是法国人，还有一两名意大利人，另外一人拥有爱尔兰人的名字。

此时，正赶上传染病在天津流行，修女们所办的医院和女子学校也发生了传染病。据说，她们几乎每天都会将死者抬出去掩埋。不断有人指控被埋葬的尸体残缺不全，并且说得非常详细。还一度出现这样的说法：孩子的尸体从坟地里被挖掘出来，发现眼睛和心脏都不见了。百姓暴怒的情绪就是被诸如此类的故事煽动起来的。尽管外国领事反复提出必须采取措施防止动乱发生，但是已经无济于事，据说，天津知府及知府以下的官员对于那些煽动老百姓肆意伤害的首恶持默许的态度。当时官职最高的通商大臣崇厚拒绝参与此事，站在一旁一直观望。教案发生之前，一切安排就绪，所有通告都已经发布，发动的日期、具体时间、信号、攻击的地点，以及冲在前面的领导者都已经确定下来。

就在那个令人畏惧的黎明到来的时刻，鼓楼（就在我们的小教堂附近）里的大钟敲响，发出了可怕的信号，城市的水会成员们冲上前去，就好像是去救火，被激怒的平民跟在他们的后面，城市里那些亡命之徒手持长枪、刀、矛等各种各样的武器，纷纷挤到最前面。这一大群暴民被凶残的狂热刺激得疯狂异常，他们分成两部分同时冲向天主教堂和慈善修女会的仁慈堂。

就在这些事件仍处于准备阶段时，法国领事丰大业（M. Foucanier）获悉了其中一些计划的情况，于是急忙赶到崇厚的衙门，强烈要求他必须马上采取行动。然而，这是一次令人愤怒的会见，这位满清大员坦言自己无能为力，有人说丰大业曾拔出手枪，但仍遭到拒绝。他肯定对此非常不满，便离开衙门赶回天主教堂旁边的领事馆，结果却落入早已围在领事馆周围的暴徒手中。他当即遭到攻击并被打死，尸体被扔进河里。这样一来，人们变得更加狂热，狂怒的暴徒攻击并放火烧了教堂，从教堂拖出两名罗马天主教神父以及达麦生（Ed. Thomassin）夫妇，他们两人只是在一天前才到达天津并准备前往北京的。这四个人都惨遭杀害，还有许多与他们在一起的中国人也被打死。在海河对岸，从天主教堂出发步行前往不过二十分钟，一群更加凶残的暴徒袭击了医院和修女们居住的仁慈堂。此后不久，有一篇文章是这样记述的："这些修女恳求准许她们一起死，但遭到拒绝，在受尽迫害者所能够想象得到的最恐怖的身体和精神折磨之后，这些修女被一个一个地杀害。"然后，暴徒们开始放火焚烧这些房子，藏在仁慈堂地下室的大约 40 个孩子，全部被烟熏窒息而死。修女们被撕碎的尸体都被扔进燃烧着的房子里。11 名修女就是惨遭这种野蛮方式的杀害。现在，就在修女们殉难的地方矗立着一根圆柱，柱子上刻着修女们的教名，并标出每一位修女可能的殉难地点。此外，还有 5 名外国人是在街头被杀害，他们是一位法国商人和他的夫人、两位俄国男士和一位刚刚结婚四天的女士。被害的外国人总共有 21 人，也有的官方机构说是 22 人。

尽管百姓仇视的对象很明显是罗马天主教会,但是他们的怒火并不仅限发泄于天主教会。他们也在各基督教堂寻找基督教的传教士。天津城有 8 处基督教堂遭到抢劫和破坏。中国基督徒被暴徒们从家中赶了出来并遭到抢劫。张持三不得不支付 300 两银子——大约 90 英镑——作为他自己和家人的赎金。他家里的所有贵重物品都被抢走了。我们的一位中国传道师刘图亚(Liu Tu Ya)当时正在教堂,结果被暴徒打伤,几周之后因伤势不治而去世。就在教案发生后的第二天,在合众堂的塔楼里发现了一个携带易燃物的人,显然他是想放火烧教堂。

中国政府对这一恐怖事件的赔偿不仅缓慢而且优柔寡断。直到 9 月 15 日,才有 16 名暴徒被处死,另外 23 人被流放。然而,这 39 个人顶多是被那些比他们更邪恶之人当成工具使用,而外国人更怀疑这些人是否都是疯狂杀戮的真正凶犯。被处决的暴徒前往刑场时一路逞强,穿着人们捐献的绸缎长袍,旁边还有钦佩他们的民众相随陪伴。10 月 26 日,朝廷旨令向受害者支付赔偿,但是赔款非常有限。殷森德先生说:"这点钱微不足道,大约只有所估算损失的四分之一。1871 年 6 月 16 日,就在大屠杀发生将近一周年之际,中国政府向两个英国基督教会支付了赔偿金。"礼拜堂重新建立起来,但建筑质量非常低劣。

我们的读者马上就会想到天津普遍存在的惊恐和传教工作的中断。有好几个月传教士都无法到教堂去。教会成员都遭受到最严重的迫害。许多人被洗劫,并被驱逐出家门。他们当中的一些弱者在火一般的考验面前退缩了,离开了我们,但大多数教会成员仍然忠实于上帝。无法在天津城的礼拜堂聚会,基督徒们就会在主日聚集到传教士家中做礼拜。直到 1871 年 11 月 20 日,宫北教堂才重新开放。

天津教案发生的时候,花先生和夫人正在山东。他们当时是在一个朋友莫尔斯先生(Moulls)的陪同之下。莫尔斯 19 日回到天津,并派马车去接花先生和夫人,马车实际上是在教案发生的那天早晨出发的。然而,幸运的是,在他们返回的路上耽搁了一段时间,这使他们有机会接到郝赃廉先生 22 日写给他们的警告信。这封信是以领事的名义警告他们不要到天津来。怎么办？经过焦急的商议和祈祷，他们决定南下去芝罘。这段路程需要 12 天的时间，陪同他们的是胡、王两位先生。这两位先生在危急时刻所表现出的勇气是令人满意的。花先生对这次旅行的叙述，我们可以在 1871 年 1 月的《传教纪事报》中找到。这是一次充满危险、焦虑和辛劳的长途旅行，旅行结束时，花先生的身体彻底垮掉了。在芝罘住了几天后，他又来到天津和郝韪廉先生商量。郝韪廉当时就发现花先生的身体状况非常不好。他把弗雷泽（Frazer）医生叫来，医生坚持让花先生立即回英国治疗。花先生记载了这段令人伤心的往事：他 1870 年 8 月 3 日离开天津，那一天，人们把被杀害的仁慈堂的修女们和其他几个法国人的遗体从英国墓地转移到法国领事馆的所在地——他们永久安息的地方。这一天也是我们中国差会的第一位殉教者（可怜的被暴徒殴打的刘图亚先生）去世的日子。花先生 10 月 23 日到达英国。

1871 年 7 月殷森德先生回到中国时，正赶上雨季。那一年的雨水特别大。汇集在天津的几条河，河水上涨得非常厉害，白河已经冲破了堤岸，天津城所在的平原已经变成了一个大湖。我们教会的房子所在的天津与大沽之间的大道，也有三英尺深的积水。许多村庄都被大水冲垮了，城墙上挤满了住在席棚子里、无家可归的灾民。天津城里的每一座寺庙和寺庙的院子都成了穷人们的临时避难所。甚至外国人住的房子也多少受到一些损坏或漏雨。我们的泥坯房，每个房间都漏雨，有些墙已经被雨水浸泡坍塌了。殷森德先生连续好几夜让他的夫人和女儿睡在一张大饭桌的下面，而他自己则睡在饭桌的上面，头上面再支起一把伞。教会的房子都建在高地上，因此，这些房子都成了一座座小岛，他们彼此之间往来或去租界都要乘船。合众堂的房顶塌了，需要修理，宗教仪式不得不在英国领事馆里举行。教案发生之前特纳克先生一直居住的房子，由于建在低洼的土地上，当河堤决口可怕的洪水奔流而出时，房子完全被冲毁了。特纳克夫妇不得不住进理一视先生热情地为他们提供的一间房屋避难。也就是在这个时候，特纳克先生决定退出差会，返回英国。他当时一直患有严重的咽喉疾病，医生认为，由于这里气候潮湿，会使他的疾病加重，而且在这种气候条件下生活，他可能永远得不到康复。因此，特纳克匆匆准备回国，并于 1871 年 8 月 30 日离开天津,这时殷森德先生回到天津已经大约一个月了。特纳克到中国前后不到三年。他是一个勤奋的学生,掌握了很多汉语知识,并已经开始用汉语向中国人传道了。特纳克才能一流,非常适合在中国从事传教工作。在差会急需人手的时候失去了他,用殷森德先生的话说,这是"一个巨大和令人痛心的损失"。特纳克回到英国后继续担任神职,并于 1880 年去世。

两年以后,也就是 1873 年的秋天,又一次来势更为凶猛的洪水造访天津。位于天津城西面的大运河堤岸被冲毁,洪水淹没了城南的平原。河水的水位高出平原 12 英尺,被冲决的堤坝豁口宽度达 150 码。在那几天里,平原变成了无边的湖泊,方圆几英里生长的庄稼都被冲毁了。这一次,一幢新的坚固的房屋已经建成,尽管需要雇一些人赶忙建一道堤坝,把洪水挡在教堂区的外面,但是殷森德先生还是记录下了他的感激之情:"与上一次洪水时期相比,这处避难之所真是又安全又舒适。"

同一年的春天,郝韪廉先生第一次休假,也是他唯一的一次休假。他在中国教区连续工作的时间过于长了,几乎达到 14 年之久,因此非常需要做一些改变。他是在 1873 年 4 月底,带着一封由我们中国教徒们联名写给他的一封充满深情的送别信离开天津的。殷森德先生把那封信翻译成英文寄给了英国政府大臣,他内心深处的意图是在英国筹集一笔足够的资金,在天津建立一所培训中国牧师的神学院。郝韪廉是经由加拿大和美国回到英国的。这时,天津教区只剩下殷森德先生一个人,同年 10 月,花先生结束假期回到天津,这才缓解了殷森德先生的工作压力。花先生回到天津几天后,殷森德就把天津的工作交给他,然后前往山东教区进行了一次令人颇感忧愁的访问。根据殷森德的记载,当时天津正是洪水泛滥,他必须在教堂院子的门口乘船,行驶 20 英里,穿过被洪水淹没的田野,小麦已经成熟等待收割,他坐在船上看到麦穗在水下摇摆。然后,他才能登上陆地,坐上送他前往山东的马车。

此时此刻,殷森德先生深深地感到自己肩负的各种责任所带来的压力。他写道:"我们还有更多自己无法实现的主张。我们在天津开办了神学班并已开始招收学生,三所礼拜堂每天开展布道,星期天还举行礼拜仪式,还有专门为妇女提供的宗教仪式。英国教堂的布道活动安排得相当频繁。天津港口经常会有一两艘炮舰停靠在那里,舰上的人每天都上岸,我们自然会关注他们的生活。一周内的每一天,我们都会举办室内戒酒会或其他聚会,他们可以聚在一起享受社交的乐趣,完善自我,而不是去酒馆挥霍。在大沽,有一位绅士和他的夫人建起一所小教堂向中国人布道,而且还花钱聘用了一名牧师,这是我们在大沽传教事业的开始。今后,要经常去那里用英文或中文布道。考虑到郝韪廉先生回到天津,我们需要建一所新房子,由于我要自己设计,所以绘图、拟定具体方案,以及同承包商协商,要花去我大量的时间。"第二幢房子是 1875 年建成的,加上我已经提到的那幢,目前我们在天津已经有了两处住宅。

就在郝韪廉先生休假期间,理一视先生对当时华北已建立的各个传教团体进行了统计。根据他的统计,总共有大约 2000 人皈依了基督教,其中1200 人接受了洗礼。在这 1200 人中,有 242 人属于我们这个差会。到 1875年 3 月,这个数字增加到 276 人。

1875 年,殷森德先生在一次西洋景表演中,发现了一幅可怕的图片,下面是他对于此事的记述:

在我访问乐陵期间,胡先生——就是我们那位天津当地的传道士,给我看了一幅邪恶的图片,这幅图片是他和另外一个人,在一个农村集市上,从一个表演西洋景的人那里得到的,当时,这幅图片正用于西洋景演出。图片的情景取自天津教案,但并未指明是那次事件。这幅图片最恶劣之处在于,它画了一个外国人正在挖出一个女人的双眼,另外一个外国人正在割下一个女人的心脏。这些情景出现在天主教堂的窗户里,教堂的另一端正燃烧着大火。图片上还有许多中国的高官,以及他们的旗帜和部下。这些官员正指挥着他的部下去屠杀几个穿军装的外国人,这几个外国人明显是法国人。整个情景令人厌恶,但是这样的图片可以激起中国人对外国人强烈的仇视,鼓励他们用最恶劣的狂热去攻击欧洲人。展示剜眼剖心这两种行为,是为了让中国人知道那些经常流传的有关外国人的野蛮的谣言是些什么。这样的图片能够在农村的公共集市上供人观看,这一事实可以说明这些谣言仍然在到处传播。

　　胡先生在这一时刻显示出极大的勇气。他听说此事后,就同另外一位绅士亲自去看了西洋景演出,然后他们抓住了西洋景演出的道具和表演者,威胁说要把他送去见知县。幸运的是,当时在场的一些有身份的人赞同胡先生,阻止了冲突的发生。那个表演西洋景的人请求胡先生他们不要控告他,在场的其他人也为他求情。最后,胡要他留下这幅图片,让他走了。胡先生他们没能得到这个人的真实姓名,也没有得到卖图片给他的那家店铺的名字,但是这个人告诉他们这幅图片是在天津买到的,而且是由他订货专门为他画的。

　　胡先生把这幅 3 英尺 6 英寸长、2 英尺 6 英寸宽的图片拿给我看,我把它带回了天津。我将这幅图片送给英国驻天津领事,并附上一份关于如何获得该图片的说明,同时建议他调查一下类似的图片是否还在天津或其他地方出现。孟甘先生说,这是他见到的最糟糕的事情之一,并且决定立即采取行动。他召集了一次领事会议,他们就此事联名给总督写了一封信。这是到目前为止我们所做的一切事情。

《天朝帝国》摘要:

　　由各国领事联名写给直隶总督的信函,提出发现一幅图片,内容涉及中国人对外国人实施大屠杀事件,领事们得到了他们所期待的答复。领事们的控告引起了中国政府的关注,他们收缴了所有图片,销毁了制作图片的刻板,天津道台颁布了布告。这次事件发生在远离官方视线的偏远乡村,为愚昧无知之人所为。天津道台和海关道台均奉命派副手前去出事地点(图片被发现的地方),与当地知县一起彻底追查这些图片和刻板,并依法惩办犯罪分子。他们还将颁布禁令,命令地方官员进行调查,禁止在村民中传播无根据的谣言,这样做既有益于中国人也有益于外国人。

十一、神学院的创办

如果我们提出这样一个问题，基督教传教团到诸如中国这样的国家来的主要目的是什么？是要建立一个中国基督教会，还是更希望中国人自己建立一个基督教会？本书作者当然支持后一种观点。实际上，以往的经验足以证明，为了实现后一个目的，必须在一定程度上完成好前一项任务，尽管后者才是目的，前者只是途径，而且我们绝对不能对最终的目的视而不见。早期的教会都是由外国传教士建立的，它后来成为来自英国的福音传教士和中国本土牧师建立的更大规模教会的核心，只有这样才能赋予这个教会本土的生命活力和特色，这也才是理想的结果。而建立任何一个教会的关键因素是如何招聘牧师。考虑到这些因素，要努力建成规模大的、富有的西方教会，解决使中国变成基督教国家的问题，对于像我们这样可支配资源非常有限的教会，就要运用比现在大得多的力量。因此，从一开始，当我们聘用第一位中国福音传播者胡先生的时候，这个问题就彰显出来，而且随着我们的教会逐年发展变得越来越明朗。中国人必然要改变中国，正如海达里先生所说，这一点是"不言而喻"的。一个华人牧师群体，按照对这个词汇的最标准的理解，不应当把他们视为我们所取得的成就的附属物，而应当被视为一个地位较高的机构——就个体行动者而论，仅仅这个群体就可以产生了不起的效果，也是我们取得成功不可或缺的条件。一个本土的牧师群体只能通过培训的方式才能形成。固然，传教团所有的传教工作本身就是培训，还必须要为正规的学校准备最好的老师。所以，神学院不应只是被视为传教团的附属品或附件，而应该是我们传教体系的真正的核心。

即使单纯从经济方面考虑，建立这样一个重要的培训机构也是同样迫切需要的。在我们来到中国的前 10 年，一个非常明显的问题就是，许多地方都对我们开放，召唤我们前去，但只是由于经费短缺，我们不可能为我们的教会聘任人员，只是由外国传教士坚持着，更不必说教会进一步的发展了。"你们不能大力主张建立更加廉价的传教士服务机构吗？"这是 1891 年休假期间,人们不断对本书作者提出的一个问题。"更廉价的机构",如果这样的话,就意味着要降低英国传教士的薪金。但如果我们把廉价当作目标,为什么不考虑一个更有利的方法呢?现在,教会中薪酬最高的中国神职人员就是神学院的老师,年薪不到20英镑。据估计,为我们教会工作的中国人的平均薪酬只有这个最高薪酬的一半多一点。中国人的生活条件非常节俭,假如让英国人看到中国牧师们的薪酬表,他们一定会认为这是一个极大的笑话。如果廉价是目的的话,那么既然你可以更容易地节省百分之两千,花一个人的钱雇二十个人,为什么非要费力节省百分之二十呢?

创建神学院的工作可以追溯到1865年,那一年开办了一所寄宿男校(Boarding School for Boys),学生在合众堂的地下室上课。当时一共招收了6名男孩,他们只能住在郝韪廉先生家的厨房里,每天吃饭没有一个固定之处,只是随便找一个地方。现在,这所学校已经是一所正规的中学,我们在朱家寨、武定和唐山也都分别开办了类似的学校。这所学校和我们神学院工作的关系,是因为这所学校的三个学生,胡子恩、左克成和金兆贵(Chin Chao Kuei)都想成为一名传道士。事实上,这三个学生后来也都成了正式成立的神学院的学生了。这所学校的老师张持三,也可以看作是神学院的学生,早在那个时期,他就是一个才华出众的年轻人。后来,他通常在学生中间扮演的角色是"老王"。1871年,今天的神学院正式成立。由于没有其他的房子,因此学生都在紫竹林的小礼拜堂上课,每到安息日,这个小礼拜堂还要供做礼拜使用。张持三被指定为汉语老师,整个神学院则由郝韪廉负责。他们制定了校规,确定了各种课程,包括神学课和圣经课,还有教会史和中国典籍课。那时最大的困难就是如何搞到课本。我们虽然也搞到了一些课本,但是数量很少,而且都是零散不齐的,因此,老师上课不得不主要依靠口授教学。尽管郝韪廉先生全权负责神学院,但是殷森德先生也承担大量的教学工作。最初,神学院只有10个学生,第二年增加到13人,分成了初级、中级和高级三个班。到1874年,学院入学的人数达到16人。从那年以后,除了1878年、1881年、1884年、1886年、1887年和1901年外,每年都有一些学生入学。神学院的课程规定为5年,但是也有许多例外的情况发生,如教会遇到一些紧急情况,学生退学或中止学业,还有学生死亡等等情况发生。当然,神学院每年的入学人数,要大致与招募的中国牧师人数或者由于其他原因退出的中国牧师数量保持平衡。招收学生最多的一年是 1880 年,那年的入学人数为 12 人。同时在校学生最多的是今年(1908)年初,学生人数达 21 人。自 1871 年以来,先后在神学院就读的学生总数为 147 人。迄今为止,我们在职的传道人员,大部分都是从神学院毕业的。学院每年都要举行年终考试。1871 年入学的学生中,只有两个人还在为教会工作,他们是牧师(授职)李连臣(Li Lien Ch'en)和朱华三(Chu Hua San)。左克成牧师(授职)已经不再担任教职。现在,值得注意的是,神学院培养的学生数量已经很难跟上教会发展的步伐,尽管学校最初不只是想单纯培养牧师,还想培训一些传道师(catechist)和派发圣书人(colporteur),可结果几乎没有一个学生毕业后从事这两种工作,大都当了牧师。1878 年,新的教学楼落成,教会公布了一项不寻常的任命,郝韪廉先生被任命为神学院第一任院长。尽管此后在 1905 年至 1908 年间,曾经又有过三四次明确任命院长,但是由于外国传教士人员不足,不得不采取与天津教区总监联合任命的方法。在不同时期被任命为神学院院长的有郝韪廉先生、殷森德先生、娄森(J. Robinson)先生、甘霖先生、韩荫士(J. Hinds)先生和德辅廓(F. B. Turner)先生。当然,殷森德先生的任期最长。

如果要对这项非常重要工作的开拓者们的功绩进行评价的话,那么郝韪廉先生肯定是居于首位。这与其说是这一回忆的主题,不如说他是这一运动中被公认的满腔热情的领导者。他以热情似火的禀性投身于这项计划之中,通过坚持不懈的努力到处倡导他的主张,不仅使传教士委员会接受了他的主张,而且还征服了整个教派中那些有影响力的教会拥护者。在他回英国休假以前,这项工作就已经展开了。正如我们所看到的,在离开天津的时候,他就下定了决心,一定要找到足够的资金为神学院建起一所建筑。这项计划的确成了他回英国的一个主要动机,也给他本来就很繁忙的假期增添了繁重的筹款任务。《我们在中国的使命》一文中有这样一句话:"他的募捐吁求非常有效,我们一共筹集到了 3208 英镑。"这些捐款中的一部分好像是郝韪廉先生在回英国途中路过加拿大和美国时募集的,但绝大部分是在英国募集的。他的努力获得了巨大成功,这必然使这位不屈不挠的募捐者成为幸福之人。从另一种意义上讲，他也是一个幸福之人，因为他同汉利（Hanley）的摩尔（Moore）小姐结婚了。摩尔小姐是一位出色的女士，她准备同郝毪廉先生一起前来中国。在动身之前，我们发现郝毪廉显得异常兴奋，在写给殷森德先生的一封信中，他说："我们的宝贝儿是世界上最出色的婴儿。"欢乐之情足以感染所有人的心。多么幸福的人！1876年初秋，郝毪廉先生满载而归，同时一起带回来三宗财富：妻子、刚出生的儿子和用于建设神学院的3208英镑。在新的校舍尚未起建之前，他已经投身其中，付出了大量心血。他的同事已经把土地买好，校园的围墙也已经建了起来。那片土地位于英租界，距离老教堂区步行只有不到两分钟的路程。接下来要做的事情就是拟定建筑设计图和计划书，我们要以最快的速度建起这座盼望已久的建筑。很久以来，它的样子只是存在于我们的想象中，如今我们终于能够看到用砖和砂浆砌起来的大厦了。这幢大厦是用皇室的赞助设计建造的，上帝也会喜欢的。引人注目的大厦前门面向大沽路，宽大的教室由折叠门与更宽敞的礼拜堂隔开来，学生宿舍至少可以满足20个学生住宿，同时还有一幢漂亮的建筑供院长住用；南面的正面，是为中国老师准备的极佳的住房；西面还另有一间书房供校长使用。此外，还有个房间作为学院的图书馆，甚至还有一套客房供来天津访问的乡村传教士们使用。这项建设工程于1878年初春完工，权威的鉴定师都认为，这是整个中国同类建筑中最好的一幢。

我们还要注意到，后来在同一块地上建起了一所女校。但是在此要提醒一点，就是这块地产在1896年被整个卖掉了。这个时候，老合众堂已经交到了我们手里，1897年在老合众堂旁边为学生们建起了教室和宿舍，神学院又迁到老教堂区，合众堂成了神学院的礼拜堂。

毋庸赘言，在实施这个计划的过程中，殷森德先生积极地参与其中。即便不是院长和领导人，他也是出色的第二人。我们这两位德高望重的传教士，他们之间的关系确实与众不同。他们的观点并不总是保持一致，但是他们之间始终保持真诚的相互尊重，一个人要做一件事情，另外一个人肯定会跟着做，而且是全身心地投入，就像做自己的事情一样。我们已经看到，在开始阶段校舍狭窄的情况下，殷森德先生以同样的努力，协助郝毪廉先生培

建于 1878 年的天津神学院

训牧师。在 1872 年 11 月殷森德先生写给传教团秘书的信中,就描写了学校当时的状况,表明他对学校很感兴趣。在郝韪廉先生募集资金的时候,殷森德先生就购买了土地,并建起了围墙,为建造神学院校舍做好准备。当亲眼看到他们的努力所取得的这一成就时,殷森德先生高兴的心情丝毫不亚于郝韪廉。但是我们不得不提到,新校舍建成后不久,郝韪廉先生就从他无比热爱的这个工作岗位上调走了,接替他工作的是殷森德先生。在接下来的七年中,直到 1885 年第二次休假,殷森德先生一直在神学院从事教学和培训工作。此后,殷森德又于 1889 年和 1890 年两度被任命为神学院的院长,然后从 1893 年到 1897 年,他再度执掌神学院,这样,殷森德先生在神学院任职的时间一共长达 13 年。

然而,如果我们想要看到特意显示天意指引的上帝之手,我们就必须从任命的中国教师中去寻找。最初挑选担任这一职位的是张持三先生,他是从 1865 年开始任职教师的。他要做的工作明显工作时间长,并要求任职人能干、富有献身精神。就神学院院长的任命而言,这个职位的变动过于频繁,工作也变化无常。在院长频繁更换的过程中,中国教师却一直保持不变,这挽救了因院长频换而造成的不利局面,也使张持三成为支撑这座大厦的强有力的中坚力量。从 1865 年到 1907 年这 42 年中,他一直在神学院当教师,这期间只有一次明显的中断,当时他病得十分厉害,由于看起来在天津已经不可能康复,所以被送往唐山,他在唐山躺了几个月,几乎接近死亡的边缘。这次中断的时间达一年半,但在义和团暴乱过去之后,他又重新回到自己的教师岗位。张先生仍然和我们在一起,"他不仅是我们教会的老师,而且也是天津所有其他教会的老师,他被公认为是最老和最早的那一群为了上帝'敢作敢为'、不怕声名狼藉的人当中,坚持得最久、做得最好,也许是一直坚持到最后的一个。他孤傲又卓越超群,他是那个'从一开始就是传播福音的见证人和牧师群体'尚在的唯一代表。"

张先生 1907 年退休,下面这段证词出现在他的退休报告中:

多年来,张持三一直被公认为不仅是我们教堂的神父,而且也是天津所有基督教堂的神父。他是我们在天津最早的皈依者之一,他从一开始就同我们在一起,而且如今是唯一尚存的代表我们过去那段坚定岁月的典范之人。从神学院建院之初,他就在学院教书,那时他还很年轻,尽管后来因健康原因曾经中断过一段时间,但除了那段时间之外,他一直从事中文教师的工作。他对我们建立和培养牧师队伍,所做的工作比其他人加在一起所做的工作还要多。在牧师中,几乎所有人都曾经是他的学生。他很爱他的学生们,学生们也都很爱他。现在,所有人都会提出一个问题,没有他我们该怎么办?

张先生的人格魅力无与伦比,赢得人们的尊敬。作为一个人,他最显著的性格是非常谦虚稳重。作为一个基督徒,他最主要的优点是虔诚和真挚。他是一个一丝不苟的学者、一个学识渊博的作家、一个明智透彻的神学家,他在许多方面都取得了实实在在的成就,他是一个彻底的福音传播者。他的一生完美无瑕,从不虚度光阴。他所具有的坚定不渝的、生气勃勃的天才活力,把他从这样一个沉默寡言的人,一个在私下交谈时少言寡语、反应缓慢的程度令人难以忍受的人,变成了一个能言善辩、激奋人心的传道师。他是新教牧师群体中迄今最有才华的传道师之一。

　　张先生退休时,带走了我们对他的爱和敬意,也带走了我们对他最美好的祝福。我们为他祈祷,祝愿他的晚年生活充满安乐,安享神的恩泽。他的名字将会因他留给我们的不朽功绩而永远成为一种伟大的工作传统。

　　由谁接任张持三的工作,这个问题曾引起令人担忧的争论。就在张先生退休的同一年,李先生(N. S. Li)被任命接替他的职位。李牧师在各个方面都应当是最相称的继承者。

　　写到这里,让我们多少有些突然和出乎意料的是,张持三离开了我们。1908 年深秋,他来天津的时候病倒了。起初认为是疟疾,但过了三周还不见好,而且越来越严重,三周后发现是肝脓肿。他接受了手术治疗,医生认为他可以康复,但手术两天以后,也就是 1908 年 11 月 17 日星期二,他去世了。在弥留之际,尽管他已经意识到自己不行了,但还是非常平静和满足。"我很清楚,我将死去。"这是他最后留给我们的话。他的死使我们失去了一位经验丰富的传道师和老师,他也是为教会增光添彩的最主要人物之一。

　　1906 年,在永平教区召开的一次会议上,美以美会提出了一个极为重要的建议,那就是我们应该同他们在神学培训工作方面加强合作,将我们的神学院迁到北京,在我们的共同管理下,同他们在京师大学堂的工作结合在一起。我们的美国教友提出的条件非常慷慨,大家都认为这种联合非常理想,但是施行起来会困难重重,主要是缺少资金,无法实现我们这部分计划,因此在 1907 年的会议上这一建议被否决了。但是,重新商议的可能性依然存在。我们期待着这种联合,它会为神学院开创一个更加美好的未来。

马克里希的两篇演讲词

威廉·马克里希（William McLeish）

    1914 年，年逾花甲、在天津生活了 28 年的英国人威廉·马克里希退休，返回英国。在离开天津之前，他于 1914 年 3 月 31 日在天津合众堂文学与社会协会的集会上发表了一次演讲，后来发表的演讲词题为"一名老居民的天津记忆"（*Memories of Tientsin by An Old Hand*）。马克里希退休返回英国后，大约在 1917 年，他又在伦敦中国协会的聚会上发表一次演讲《中国商埠居留记》（*Life in a China Outport*）。

    这两篇演讲词均由天津印字馆（Tientsin Press）印发单行本，出版年代不详。本书将这两篇演讲词合在一起，选录在此。演讲词原文并不分节，为了便于读者阅读，我们将译文各分若干节并列了标题。

（译者：任吉东）

作者威廉·马克里希(《天津租界史》插图)

一、一名老居民的天津记忆

1. 初到天津

在 1886 年 7 月离开英国之前,我阅读了能找到的每一本有关华北特别是有关天津的书籍。我的一个老朋友,也是一位资深的中国通乔治·西恩(George Thin)博士,借给我一本由 1860 年英国远征军的军医撰写的书。我忘记了作者的名字,但是书中列举了大量摘录的统计资料,并以这样的一句话结尾:

> 这将是我人生中的一个吉日,因为这一天,我将永远离开这个城市及其周边,这个我始终视为令人厌恶的荒凉之地,使人极度不适并在精神和肉身上令人痛苦不堪的地方。

这句话虽然言辞上不太贴切,但还是相当准确地表达了军医的判断。像这样一位很有资历的科学观察者的判断相当有分量,致使我在出发的路上多少有些消沉。当我在 1886 年 9 月 3 日乘坐轮船到了天津的租界,我的这种情绪随之烟消云散。当时,德璀琳夫人和她三个可爱的小姑娘与我同船从旅顺港(Port Arthur)出发,指明抵达天津港的终点河坝,我急切地想知道我忧虑的事情是否将要成真。

幸运的是,事情并不像他们所描绘的那么黑暗,军医所讲述的他所知道的天津城发生的事件,是在租界形成之前两三年,这个时代已经过去二十三四年了。他对天津的外国租界一无所知,原因很简单,在他的那个时代租界还不存在。

我当时看到了什么?是的,那时的码头看上去与今天没有什么大的不同。就像现在一样,货物遮挡住了码头的美丽景色,树木稍稍显出嫩绿的样子,河坝空地的大仓库不如现在多。但另一方面,维多利亚道却显得截然不

德璀琳夫人和她的女儿

同,几乎没有行人车马,没有便道,下水道也很简陋,只有三家商店,还全都是平房;当时还没有市政厅,贵族气的英租界建筑还很稀少;维多利亚花园四周还没有圈好,多少还有些荒凉,偶尔会因一场板球赛才打扫一下,这也是总领事禄福礼(Fulford)被人们记住的主要原因;但是在平时,这里成了垃圾场,脏乱不堪。壮观的银行大厦、随处可见的旅馆、富丽堂皇的俱乐部以及漂亮的"洋行"建筑都还没有出现。而当时的德国领事馆,以及现在属于蒂伯(Tipper)先生的房子,是当时整条大街上唯一的两层楼建筑。著名的"康白度—多利安"(compra-doric)式平房最为盛行,可以夸耀的两层楼建筑不超过10座。狄金生(W. W. Dickinson)先生和斯塔塞夫(A. D. Startseff)先生建了8幢两层楼房,在那年还引起了小小的轰动。这些楼房中的5座现在仍然存在,卡特(Carter)先生的办公室就是其中的一座,在我们看来还是非常宽敞漂亮的房子。海大道简直就是文明的西界,唯一的例外就是现在属于阿金特(Argent)先生、吉普里奇(Gipperich)先生和克拉克(G. W. Clarke)先生所有的房屋。海大道的西侧大部分是空地,到处是散发着有害气味的水坑和不计其数的坟墓。有两条道路以海大道为起点,一条通向公共墓地,另一条则是咪哆士道(Meadows Road)①的第一段,然后又成了新铺设的马厂道(Race Course Road)②的一部分。现在的开滦矿务局大楼的所在地点,一度曾打算兴建一座公园,但是当第二年工部局决定修建维多利亚花园以庆祝女王陛下即位五十周年纪念日时,上述计划就被放弃了。

在河坝道上开有两所非常普通的旅馆,其中一所是环球饭店,现在称女王饭店(Queen)③,至今仍是建筑艺术的优秀范例。那个时候的利顺德饭店,虽然内部设施相当舒适,但是在最后这些年建筑外表腐朽不堪,看上去已经是一个破旧不堪、摇摇欲坠的老古董了。

法国租界已经远远落在了英租界的后边,他们刚刚开始感受到新生活的搏动。大法国路(Rue de France)④虽然已经存在,但是道路状况非常糟糕;它的西侧与一片中国街区相连,那里因肮脏不堪而声名狼藉。而那一地区又与教会区相连,因而在多种意义上拯救了海大道。现在的巴黎路(Rue de Paris)⑤当时是一个中国市场,小贩在那里随意地挤来挤去,做着生意。过了狄总领事路(Rue Dillon)⑥,人们就会在臭味难闻的纯粹中国街镇的迷宫中迷失了方向。用穆尔(Moore)那稍加修饰的话说就是:"聚集了周围所有的臭味,此臭绵绵无绝期,一呼一吸满是此味。"

这就是当时被称作天津外国租界的大致的社会环境。在那里没有地方可以供人们鸟瞰周围的景色,直到1889年戈登堂(Gordon Hall)塔楼完工,外国人和中国人都渴望登高远眺,他们蜂拥而至,争先恐后登上戈登堂,令英国工部局的管理者大为烦恼。周围的景色给我的印象好像是水面比陆地多,但这很有可能是因为水面显眼。我自己在咪哆士道上的房屋、冯·汉纳根(von Hanneken)先生的庭院、纳森(Nathan)少校新的花园,以及安立甘教

---

① 今泰安道。——译者
② 今称马场道,但已经比英租界时期缩短。——译者
③ 也有称作"皇宫饭店(Court)",见〔英〕雷姆森:《天津租界史(插图本)》(天津人民出版社,2009年),第56页。——译者
④ 今解放北路。——译者
⑤ 今吉林路。——译者
⑥ 今哈尔滨道。——译者

19世纪法租界巴黎路一带的华人市场，当地人称为"紫竹林"

堂(All Saints)所在的地点，当时还几乎全位于水中。我记得有一个男人和一个女人以及连马带车，被人们从很深的水坑中非常艰难地救了出来，那个水坑就是安立甘教堂坐落的地方，或者我应该说现在的安立甘教堂就是排干水后建设的。在这样的环境下，我们唯一的避难之处就是热闹的大沽，这里看上去好像是被上帝遗忘的地方。我们总是乘坐轮船和拖船往来于天津城与大沽之间，那时当地的人们就像现在一样，非常友善好客，因此我们经常造访。我们年轻的"富家子弟"们有时会骑马前往，这极大地刺激了村庄里的书生和衣衫褴褛的百姓。我记得炮艇的马图林船长(Capt. Maturin)确实这样做过，但几周后他就几乎再也不得意地吹嘘了。继大沽之后，烟台是我们又一个常去的地方，而事实上直到1888年铁路通车之前，还没有人去过塘沽。虽然唐山已经存在，但除非你骑马、坐车或乘船，经过令人生厌的长途旅行，否则很难到达那里。无论怎样，若去北京都要乘篷船经过两到四天的漫长旅行先到通州。天津和北京两地都应感谢总税务司赫德爵士,他在河西务安置了一艘设施完善的篷船作为邮政客栈。

这就是我在 1886 年第一次看到的天津租界。在世界上很少有其他地方拥有比天津更令人沮丧的地理环境和更令人兴奋的灿烂天空了。一位聪明的小姑娘(可能今晚也在这里)曾说出了非常真实的一个道理:天津好天无地,英国好地无天(一个有美丽的天空却没有美丽的土地,另一个有美丽的土地却没有美丽的天空)。为了避免在场的中国学者感到惊讶,我要退一步来说明,我之所以引述这句儿语是因为其警句式的真实性,而不是因为其优秀的汉语如何准确。为了证明我们的天空如何美好,我可以引述一段实际的描述,无疑是一位旅行者的讲述:

> 向来以怀疑主义者自居的我,从土围墙遥望北京西山和唐山,尽管不是在同一时间,但也都非常清晰。当然,对这一非凡的美景,明显的折射现象起了很大的作用,我没有借助任何工具。在这美好的日子里,我们自己能做些什么?好,我们在处理日常事务的同时,也同样以最大的努力追求快乐。我们贸易的特点和与外界缺乏沟通,严重制约着我们的生活。当有工作需要做的时候,我们就去做;但是,每年有三个月的时间,北风咆哮而至,我们干不了任何工作,这个时候我们便放纵自己,以能使查尔斯·金斯利(Charles Kingsley)[1]都感到快乐的热情,尽情地欢乐。

那些年月,天津沉溺于对马的狂热崇拜中,甚至比现在的热情还要高,而猪皮革也变得非常重要。在司图诺(James Stewart)先生的马鞍上,我曾看见过上好的年代久远的苏格兰橡木心;小狄更森(J. Dickinson)先生在我到达后许多年间,一直是我们主要的"赛马手"之一。我记得,一名根本不会骑马的俄国人,竟然用可能最轻松的方式赢得了"冠军"。他走进赛马场时,一只手紧紧地抓着马鞍以至被擦伤流血,他只是非常安静地坐着,任由他那

---

[1] 19 世纪英国著名小说家、历史学家,也是教会牧师和大学教授。——译者

匹优秀的坐骑"杰罗尔德"(Gerold)如他所愿赢得了比赛。你们中的一些人知道我保存了当地赛马俱乐部的年度记录，这可能令你们感兴趣。我也是俱乐部的一名成员长达将近 28 年，虽然我从未参加过一次早训。我曾经有一个有点个性的马夫，他坚持认为，他骑的那匹马速度很快——就像我忠诚的桑乔(Saucho)①，值得一试。结果我们试了，但是我还不如尝试用一匹拉车的马参加"德比大赛"。这匹自封的冠军是食人一族，对我小小的大腿有很强烈的嗜好，我是一个很能忍耐的人并一直非常引以为豪，因此我什么也没有说。但是，当它从一件新外套的前胸部位上撕下了如桌垫大小的一块时，我向车夫提出抗议，说："这匹马咬人。"他回答道："主人对十元还能期望什么吗？"这个话题太令人难堪又涉及个人，我只好就此作罢。我和赛马俱乐部主要的关系，是我保存有他们多年来的记录，我也试图通过我高唱胜利凯歌的新闻报道，在文字报道与数据统计之间建立不同寻常的联系。

20 世纪初天津租界中热衷于玩马的外国人

---

① 西班牙作家塞万提斯的名著《堂吉诃德》中，主人公堂吉诃德的忠实侍从桑乔·潘沙。本文 Saucho 有误，应为 Sancho。——译者

2. 社交生活

那个时期的社交女皇是一位以漂亮、聪慧和个人魅力当之无愧地获得这个称号的女士,而且肯定仍保持着她的女皇之位——因为她依然很快乐地陪伴着我们,所以休想从我这里探听到她的名字。社交国王是一位出色的美国老绅士,在旧金山他享有智慧王子的美誉,被称作"乔治叔叔"(Uncle George);在天津,我们都喜爱和尊重他,尊称他为"博目哩先生"(Mr. Bromley)。他对社会生活中的所有礼仪具有一种绝对的天赋才能,无论是在家里还是在下午的祈祷会上,或者是与一群"家伙们"在保龄球馆吃宵夜,他都能保持着同样的彬彬有礼。机智幽默和能言善辩对他都不是恰当的评价,他的睿智和善辩表现在他的温文尔雅和善良本性之中。每个人甚至每个动物和鸟都喜爱他,看到他在领事馆门前——一所古里古怪的小平房,现在的华俄道胜银行所在地——喂食一群肆无忌惮的麻雀,真是一幅有趣的图景。他是如此的卓越和能干。他不会打台球,却受到我这个与他很不相配的朋友的影响,由于我的到来使他这个球技很糟的家伙,也玩起了台球。当他被召回的时候,李(鸿章)总督也参与了全体外国人向华盛顿的请愿,请求让他留下来,但是美国国务院无情地拒绝了我们的请求。我们在他70岁生日时为他祝寿,为他的健康和快乐而祈祷。我们的祈祷得到了回应,作为旧金山波希米亚俱乐部(Bohemian Club)至高无上的机智幽默的成员,他一直活到九十高龄。就在他去世之前不久,我收到了他写给我的最动人、充满人情味的一封信。我现将他随信附寄的照片给大家传阅。我敢对在场的各位真诚的先生和女士说,你们从未见过如此帅气的老男人。他的那些睿智的隽言妙语真是太精彩了,他从未有过茫然不知所措的时候,始终是应付自如。当然,我曾有幸听到的他最妙趣横生的评论,仅仅是一段题外话。我们当时的港务长(Harbour Master)是位好心的家伙,他用音域很宽的大调低音唱着欢乐的歌曲。虽然他的生活是具备了所有美德的另一种和音,但他的口语也有缺点,他发的母音里没有"H"。博目哩先生在吸烟自由音乐会(Smoking Concerts)上介绍他时说:"他的音域与专业水平相当,从酒吧唱的低音C一直到在北京唱的高音G。"

在那些日子里,美国人为聚集在这里的各国人增加了很多欢乐。从旗昌洋行(Messrs. Russel and Co.)的代理人布朗(R. M. Brown)先生身上,我们看到了一种与博目哩先生完全不同的滑稽角色。当他装疯卖傻或扮演马戏团小丑时,常常会使仆人们笑得前仰后合,以至于无法工作。然而有一个例外,他专门挑选了一个叫"忧郁的丹尼尔"(Dismal Daniel)的"仆人",因为除非一开始就强迫他,否则他对有趣的事或任何人间的快乐都无动于衷。而后,博目哩先生的下一任美国领事,一个从肯塔基来的"约里克"(Yor-rick)①,也是一个笑料百出、想象力极其丰富的家伙。他曾问我们的一位女士朋友,"她是否抓到骰子就大叫?"其实,他是想问:"你可以演奏和唱歌吗?"他也可以熄灭放在八英尺高的一支蜡烛。他曾经在一块新地毯开始使用前,嘴里含着果汁说:"太太,这是一块多么漂亮的布。"我无须告诉在座的诸位,随着一任任修养与高尚品质完全能代表其国家尊严的美国领事的到来,这位古怪"奇人"的名声很快就被湮没了。

吸烟自由音乐会在我们那个年代的娱乐生活中起着十分重要的作用。无与伦比的博目哩的替代者,落到了另一位典范男士沃克尔(H. W. Walk-er)先生的身上,他是一个温和谦逊的人,能力很强,很善于作诗。有一次,博目哩先生想让这位谦虚的先生出一次"彩",要他唱一首歌,认为他不可能接受邀请。但这次博目哩先生遇到了对手,令他和其他所有人惊讶和高兴的是,沃克尔先生站了起来,表演了他的第一首也是最棒的改编版《两个俄巴代亚》(Obadiah)、以即兴诗的方式模仿当晚发生的各种小插曲和滑稽事。他由此一举成名。从此以后,每次社交聚会如果没有沃克尔先生演唱一首热门歌曲,聚会就不算完满。如果仅限于谈到他作诗的本事,那我对一个优秀人物的介绍就太不够了。他的才能是全面的,含蓄幽默的机智应答无与伦比,他的讽刺总是直击真相,一语中的,却又从不令人难堪。

那个年代,另外一位著名的天津人就是已故的宓吉(Alexander Michie),他是一位学识渊博的作家和具有天赋的记者。他是《阿礼国旅华记》的

---

① 莎士比亚戏剧《哈姆雷特》中的丑角。——译者

作者,这本书是自传教士古伯察(Abbé Huc)①时代以来有关中国的最著名的书籍之一。1886 年,他创办了《中国时报》(*Chinese Times*),并连续发行超过了 4 年。这份杰出的周报是有关中国事务的信息宝库,一个可以光明正大地挖掘信息而看不到丝毫危险的宝库,在这方面很像哈兹里特(Hazlitt)②。宓吉先生周围聚集了许多崭露头角的天才,数量之多令人惊讶:老朋友如明恩溥(Arthur Smith)博士、甘霖博士、理一视牧师、殷森德牧师、克罗森特(Crosset)先生——中国的圣方济、蒙古的葛雅各(Gilmour)、满洲的罗约翰(Ross)和麦金太尔(MacIntyre)、阿迪斯(Charles Addis)爵士和濮兰德先生(J. O. P. Bland),所有人都从这份报纸大大获益,事业得以发展。优秀的汉学家如布勒克(Bullock)教授、已故的文书田(Rev. Geo. Owen)牧师以及德高望重、令人敬仰的丁韪良(Martin)博士,等等,人物之多犹如瓦隆布洛萨(Valombrossa)③秋天的落叶。在这个诗人与评论家廉价得"遍地都是"的年代,天津有充分的理由为它的报纸而感到骄傲,它在中国沿海各地产生了巨大的影响并使不少人羡慕不已。每当我回忆不起那美好昔日的时时刻刻,只要翻开《中国时报》,记忆的闸门就会打开,往日的情景就如洪水般喷涌而出使我难以自持。

我们最早的一位居民强烈建议组建城市乐队,结果真的在很短时间内就招募和训练了一支乐队。乐队由苦力阶层中的人组成,后来通过学徒的方式培养乐手。在长达 13 年里,这支乐队满足了我们对音乐的需求,考虑到乐队遇到的种种不利条件,他们做得已经非常成功了。我们这些最优秀的业余乐手与指挥家毕格尔(Bigel)先生合作,毕格尔还增加了他的一些音乐作品;特别是马提诺夫(Martinoff)、希利尔(Guy Hillier)、多尼(Watts Doney)以及后些年的柯克尔(E. L. Cockell)诸位先生,也用这种方式坚持提供支持和帮助。这支乐队参加了我们所有的聚会和舞会,并在维多利亚花园举行露天音乐会,每周常常演出四至五场。乐队拥有超过一百首的保

---

① 古伯察(Abbé Huc, 1813—1860),法国遣使会传教士,1839 年来华传教,先后去过西藏和蒙古,1852 年回国。曾出版过多本有关中国的书籍。——译者
② 威廉・哈兹里特(William Hazlitt,1778—1830),英国散文家、评论家、画家。——译者
③ 瓦隆布洛萨是意大利佛罗伦萨附近的小镇。——译者

留曲目,其中很多是相当高水平的,如威尔第的《游吟诗人》。节目单在表演前的一星期就印发了,我们常常会以天文学家寻找新行星的满腔热情仔细阅读节目单。乐队和我们那些漂亮的、脸色红润的孩子,以及女子网球俱乐部和英租界动物募捐会都在维多利亚花园活动。我清楚地记得来自烟台的纳温斯(Navins)博士夫妇在演出现场所感受到的震撼,他说这是他们侨居中国三十年所经历的最令人惊奇的景象和声音。这支乐队既是和谐也是不和谐的根源,我们为它的管理权打得不可开交。最后,不得不按照其他机构和我自己的先例,变成了一个纯粹的工部局乐队。随后,召集这些人变得越来越困难,因为直隶省的军队长官们用高薪引诱我们的乐手去了他们的兵营乐队。我很遗憾地说,袁世凯阁下据信就是运用这种方式收买我们乐手的赤裸裸的违规者,我们把这些苦力培养成乐手,袁世凯的人就引诱他们去了小站①。令我困惑不解的是,在中国乐队的事件中,究竟是赫德爵士沾了我们的光,还是我们沾了他的光。但是无论如何,他最终还是在竞赛中打败了我们,他聘请了一位多才多艺的音乐家恩格诺(Encarnaceo)②先生来掌管他的管弦乐队,顺便谈到,那个乐队在裴式楷(Robert Bredon)③先生的慷慨捐助下仍然还存在。我们从未想过组织"弦乐队",但是北京的人们做到了。两个乐队都非常善于学习新的曲子,我记得从英国来的音乐爱好者对此感到惊讶,他聆听了他们的演奏,并答应把当时伦敦最流行的乐曲《黛西贝尔》(Daisy Bell)的乐谱送给他们。也是纯属巧合,那首乐谱就在当天早晨邮寄到了天津,而裴令汉(A. W. Harvey Bellingham)先生也立即让乐队练习,结果就在来自伦敦的旅行者表达他的愉快心情后的那天晚上,乐队当即演奏了那首乐曲。义和团动乱使我们的乐队成鸟兽散,此后再也没有恢复。但是数年后,当有任何老乐手出席总督衙门的招待会时,我们乐队的前任指挥和总督乐队的首席乐手王少校(Major Wong),总是用充满活力和欢乐的

---

① 英文原文为 Hsiao Shan,应为 Hsiao Chan 之误。——译者

② 恩格诺(E. E. Encarnaceo),葡萄牙人,1895 年后在中国海关总署担任邮政司长官并负责训练海关管乐队。——译者

③ 裴式楷(Robert Bredon,1846—1918),英国人,生于爱尔兰,海关总税务司赫德的内弟,长期在中国海关任职。——译者

音乐向我们致敬,以纪念那个过去的时代,虽然我们的地位和荣誉都不值得他这样做。

袁世凯小站练兵时组建的军乐队,多名乐手来自英租界工部局乐队

1886 年,我第一次见识了圣安德鲁舞会(St. Andrew's Ball),看到了地可味而铁路(Decauville Railway)①,以及合 4 先令 10 便士的 1 两银子。就像当时所有的社交聚会一样,圣安德鲁舞会在俱乐部的兰心剧院(Lyceum Theatre)举行,是天津的一次精彩"展示"。天津那时实际上有 135 名外国人,而且说也奇怪,其中 31 名是女士,当然这是我们仔细统计了大沽和唐山的外国人数量才得出这样的数据的。这些人当中,有 4 位男士和 2 位女士至今仍然在天津。"地可味而铁路"就是捕鸟高手撒出的一点点"法国式精明"(Gallic salt),引诱小心谨慎的"老鸟"李鸿章,或者可以加上我的比喻的话,就是用小鱼钓大鱼。"地可味而铁路"以广东道(Canton Road)②孙赉(Lai Sun 译音)先生的房屋后身为起点,在现在已是英租界扩展界的坟地中间拐

---

①　地可味而铁路是法国 Decauville 公司设计的窄轨铁路,1886 年在天津试验性铺设运行,企图通过李鸿章向清政府推销。——译者

②　今唐山道。——译者

来拐去、东躲西闪,从电灯房(Electric Light Works)和马厂道营门附近穿过,可以在七分钟内把胆大的旅客送回。李鸿章这位非凡的总督,以总督之躯冒险乘坐了火车,并在举行开车仪式后,把我们所有人带到孙赉先生的房中,以法国东部的发泡葡萄酒来庆祝"中国铁路的成功"。这座房子后来成为内地会(China Inland Mission)的总部和戒酒堂(Temple of Temperance),现在则以装饰成圣徒式家庭居所而闻名,我对于它已经被列入仍保持原貌的损毁建筑而颇为伤感。谈到铁路,让我想起同样是1886年的11月23日,在胥各庄(Tsu Kuo Chang),金达夫人(Mrs. Kinder)为北京到奉天的线路扔下第一锹土。铁路于1887年初通到芦台,同年到达塘沽,1888年火车开始从天津开至唐山。

大约也是在1886年至1887年这个时候,英租界工部局从斯塔塞夫先生手中买下了维多利亚道西半边的空地,并与怡和洋行商定接管了他们东边一片土地的八年租约。这就导致了后来在1887年我们最有价值的社会资产之一——维多利亚花园的建成,花园的命名是天津对伟大仁慈的女王永久的纪念。在那些岁月里,值得注意的一个奇怪现象就是,这项提议在遭到已故韩德森先生强烈反对的情况下获得了通过。韩德森是一位品德极为高尚、没有丝毫恶习的居民,就是常常会反对政府。在这个问题上,他反对的并不是决策本身,而是针对董事会在没有事先征得租地人同意的情况下使用了市政基金。当时的领事支持韩德森,但是租地人站在由非常能干的德璀琳先生领导的董事会一边。不过,在领事与董事会之间,关于董事会的权利,曾有一段时期发生过激烈的争论并持续了好多年。德璀琳先生在作为一个团体的租地人会议的强有力支持下,寻求获得募集贷款的权利,并承担一个英国"法人"所有的责任和义务。领事则热衷于要董事会处于接受管束的地位。慢慢的也是必然的,董事会摆脱了束缚,但是随之而来的是也有人质疑其要求是否符合规范的合法性。

这一年,董事会建议支出2000银两用于海河勘测,那时还只是称其为白河。这就是海河工程委员会最初的发端。真是无巧不成书,林德(A. de Linde)先生就在这个时候来到了天津,于是,我们就有了"危机和能够应付危机的人"这样近似诗意般的巧合。

维多利亚花园

　　这一年,天津业余剧团以裴令汉夫妇的名义大规模地招募成员,他们夫妇长时间的投入,如此的精明能干又如此的令人敬佩,都影响到我们本地的演出者,实际上也影响到关乎天津福祉的每一个俱乐部和组织机构。我不确定是哪一个团体或俱乐部,这一年演出了《我们的孩子》(Our Boy),由克森士(Edmund Cousins)先生扮演米德尔维克(Middlewick)、天才的巴特曼(Butterman)。他在这场欢乐的演出中超水平发挥,我现在仍能听到在"维苏威"(Vesuvius)一幕中,他对他的儿子说:"啊,查理!你为什么不爆发,我告诉你要不惜代价。"

　　和克森士先生在这幕剧中合作的是前海关税务司义理迩(Harry Hillier),而禄福礼先生在经过布里明·沃特(Brimming Water)先生的简单化妆后,也出现在舞台上。我们的胃口被越吊越高,目的是看到更好的节目。但是,当得知天津业余剧团渴望演出《日本天皇》(The Mikado)和随后的《忍耐》(Patience)时,那些自以为聪明的家伙议论纷纷,预言演出将会遭遇悲惨的结果。两场演出都获得了成功,合众堂的人们得知安德逊(W. C. C. Anderson)夫妇对每一场演出的成功都做出了最重要的贡献,他们一定会既震惊又欣喜。确实,安德逊夫人的成功如此引人注目和精彩超群,以至于业余剧团特地为她颁发了永久性的纪念品以示感谢。裴令汉和艾什(Ash)两位先生很早就被发现具有喜剧表演的天赋。随着 90 年代初期不朽的《平纳福号》(Pinafore)①的上演,我们在这个专门的领域,可能已经达到了极盛期,演员阵容即使在今天也值得载入史册:汉纳根夫人首次登台即扮演女主角约瑟芬(Josephine),现任德意志银行(Deutsche Bank)伦敦分行经理的埃勒特(Ellert)先生饰演拉尔夫·拉克斯特劳(Ralph Rackstraw),总税务司安格联(F. Aglen)先生饰演科克伦船长(Captain Corcoran),艾什先生饰演约瑟·波特先生(Sir Joseph Porter),裴令汉夫人饰演出色的"巴特卡普"(Buttercup),她的丈夫饰演最恶毒的"神枪手迪克"(Dick Deadeye),甚至当场割喉。战舰甲板布置的真实舞台场景相当成功,我们设计了一座位于海岸边的雄伟的灯塔,上面有一盏旋转的灯,真正的水兵,水手长吹响了他的哨子,美丽的月亮高高升起,缓缓滑过天空,显得颇为壮丽,就在这个时候,恶棍"神枪手"开始施展他的阴谋诡计。当我听见那位正趴在舞台上面的吊景区洋洋自得地转动手柄的舞台管理员对着月亮唠叨时,简直笑破了肚皮:"你个猪一样笨的月亮,如果你不能让布景转向观众,速度慢一点儿,我就让我的鞋匠去给你做裁缝,把你切成两元钱。"

关于业余剧团,我最后还要说的是,我们的主要目的是娱乐而不是高雅艺术。到了圣诞节,我们竭尽全力满足孩子们的需要,而童话剧则是每年的代表作。同时,我们送给他们一棵漂亮的圣诞树,为所有在场的孩子准备了礼物,之后总是有一段滑稽表演。我看到,身高 5 英尺 10 英寸强壮健美的科隆比纳(Columbine)②扮成一个蛋的样子出场,面对着渴望的观众,绕着舞台跳着单人舞,这个场景你们在我现在传阅的照片上可以看到。准备童话剧的方式和演出本身一样精彩。童话故事被选定之后,要有两三个诗人设计即兴妙语和笑话,而演员则被告知要自己去寻找他们要演唱的歌曲,结果自

---

① 英国一部著名的音乐剧。——译者
② 科隆比纳,英国喜剧中的定型角色,通常是潘塔隆内的女儿,并与丑角哈勒昆相爱。——译者

租界外国人的业余演出

然是非常滑稽可笑的。每个人都将自己所选定的宝贝曲目秘而不露,直到演出当晚才公之于众,然后你会发现我们选的热门歌曲都有相同的主题和当地的典故。这种重复的表演令人乏味,不过没有人在意。我很抱歉地承认,有一次,在我完全不知情的情况下,服装师将我打扮了起来,扮演一个善良杰出的市民,一副滑稽可笑的样子。我刚一出场,观众便欢声雷动,这让我大吃一惊。

3. 租界轶闻与城市进步

现在让我从剧院转到教堂。那个时代,合众堂是我们唯一的基督教堂,教堂礼拜活动的组织由我们当中一些热心认真的志愿者担任。

就在我到达天津之前,肥胖的老领事达文波先生常常会板着脸孔,冲着任何一个宣讲超过半小时的讲道者。他坐在第一排的座位上,会突然取出他的怀表,以一种非常惹人注意的方式举到那位牧师先生眼前。有一次,一位正在讲道的可爱的牧师大声道歉说:"只一分钟,达文波先生,我只耽误您一小会儿。"据说,斯科特(Scott)主教1881年就在合众堂宣布就任教区牧师。几个月之前,这所古老的建筑还矗立在圣道堂的那片场地上。1890年,英国圣公会的布雷顿（Rev. W. Brerton）牧师来到天津，他是一个杰出聪慧之人，也像一个老天津。我在《中国时报》上看到，1887 年合众堂的年收入为290 元，几乎全部来自于场地出租所得，支出部分则为 245 元。有一次，我们的牧师忘了到场讲道，会众们就聆听各位先生、克森士先生、沃克先生和不够资格的我之间的低声争论，争论的内容是由谁来念祈祷文。在那种情况下，我总是软弱地任由妥协，因为教师与牧师是最相类似的行当。

80 年代晚期，从北京送来的有关都市"东方协会"活动的报告给我们带来了很多的乐趣。这个庄严却又令人厌倦的协会已经意识到陈规老套的方法，很不幸，其不堪重负，如同麻烦缠身的"以西结"（Ezekiel）①。两位狂热而又执拗的幽默者——朱尔典（John Jordan）和阿迪斯，决定重新激发它的活力。这在汉学家当中引起了很大的不安。我们的现任公使文雅仁慈、宽容礼貌，了解他的人就会理解他为何强烈抨击和反对德赖达斯特公司（Drs. Drysdust and Co.），那些年轻人都是真正的恐怖者，没有什么能够约束他们。与此同时，聪明而狡诈的天津报纸的编辑们为能得到这些内容绝妙的报告抄件而欣喜不已。

海关的建筑是 1887 年建成的，我们认为这在那时是一件令人难以忘怀的事件。建筑的建造者钱伯斯（Chambers）先生，在我看来与其说是一位建筑师，不如说是一位出色的工程师。当年的北洋大学（Pei Yang University），也就是现在的德国驻军司令部，也是由他负责建造的，他还为戈登堂做了最初的和基本的设计。他是一个非常有趣的人，据说也是戈登的不幸惨案发生前最后一个撤离喀土穆的欧洲人。同样在这个女王执政周年庆典之际，商会成立，一个巡回马戏团和一个军用气球也在这一年到达天津，这些都给中国人留下了深刻的印象，虽然他们对狮子的大小感到非常失望，说"比狗也大不了多少"。我可以举一个让人难以理解的例子，来说明人性的古怪。我的一个亲密朋友，一个非常和蔼可亲的人，连续一个月每晚都去看马戏团演出，他告诉我："马老爷，假如老虎咬掉驯兽师的头的话，我会永远处在自责之中，我不能亲眼目睹此事发生。"这是一个真实的例子。

---

① 以西结是以色列的先知，被称为犹太教之父。《圣经·旧约》中有"以西结书"。——译者

第一次女王执政周年庆典当然是那一年的大事,上午我们举行了一次礼拜仪式以示庄严和忠诚,在跑马场举行了运动会[正是从这次运动会开始,汉纳根夫人和阿诺德·布赖森(Arnold Bryson)牧师作为获胜者开始了他们的运动生涯],晚上维多利亚花园正式开放,在那里燃放了大量烟火。多余的资金则主要用在了现有的露天音乐台上。大多数听众都知道,第二次女王执政周年庆典在维多利亚医院留下了永久的纪念,同时还在运动场建了一座凉亭,这是安德逊夫妇慷慨赠予的。

80年代末90年代初,一个落魄得难以言状且被该国领事拒绝接受的外国人,常常给天津的外国人带来无尽的笑料和烦扰。他以偷窃轮船公司办事处分信架里的信件而出名,我们通常要去那里查找来往的信件。人们还认为他拦截信差,抄袭那些封口不严的信件的内容;他还买下"洋行"废纸篓里的废信件,意图实施敲诈。总之,人们相信,没有哪一种无赖手段或罪恶行径是他做不出来的。他是上海一家报纸的通讯记者,经常给报纸提供一大堆乱七八糟令人惊讶的我们本地发生的事。对他不喜欢的人,他会毫不犹豫地威胁要让他在公众面前出丑,即在报纸上曝光。对于一些侨民来说,他简直就是一个梦魇,巴不得看到他被匕首刺死。不过大多数人却认为他为人和善,把他看作生活娱乐的提供者,他们认为老查理(Charlie)的谎言很容易被识破,不必太当真。他深深打动了所有能够给他提供免费食物的船员。可怜的老家伙,他穷困潦倒,有不祥的报道说,他最后却因慢性饥饿死于这片到处是廉价食物的安乐之地。我们很多人对此都感到极其不安,不过为时已晚。

另一个"怪人"是老帕迪·韦尔什(Paddy Welsh)。他曾经是军队里一名聪明机敏的中士,在1863年军队撤离时,他留下来教中国人外国操练之法。他成了"尼戈"(nigger)或"阔西"(quashee)①,这些西印度群岛用语的意思是,他在生活中已经把自己变成了一个当地人。他大部分时间都睡在户外,最糟糕的那段日子里,他得不到外国食品和金钱,就靠河坝上的小贩无偿而慷慨地提供给他的中国食物果腹。他只做错了一次,却可以说明一切,

---

① 都是类似"黑鬼"的污蔑称呼。——译者

他走得太远了,悔改实际已经不可能了。一个女子保存着这个老男人的衣服,并发誓说他穿上这些衣服比她的"野男人"杰克还要好看。另一对慷慨的夫妇数年来一直免费供他午餐,他坐在后面的走廊上,吃着与好心的主人一样的饭菜,不过饮酒受到严格的限制,只允许他喝一小瓶啤酒。一天,他凶神恶煞似的暴打了"男仆",因为男仆拒绝给他再来一瓶啤酒。当他喝酒喝得不痛快时,就转而到海大道的小酒馆里去喝中国的白酒或劣酒,然后不时地发一阵酒疯。

在那些年月,如果长达 17 天还收不到家信,人们就会抱怨。不过,如果像我了解的那样,一封来自伦敦的信件要 63 天才能寄到,你会怎么想呢? 一般来说,冬季,信件在路上平均要花费 50～55 天的时间,其间到达上海要用大约 40 天,然后再慢悠悠地送到镇江交给陆路信差,这些信差要用大约 10～12 天的时间走完最后这段路程,他们走得快慢要看天气和道路状况,还有信件的轻重。我提到的那些特殊情况,是指他们可能会遇上一场极为恶劣的暴风雪,被雪困住超过一个星期。信差业务是由海关税务司的马夫胡俊安(Hu Jung An)具体负责组织,幸运的是这个人仍然在世。租界当局颁给了他一枚小徽章,因为无论从哪个方面来说,他都能为德璀琳先生提供大量的帮助,因此他被称为"副税务司"。另外一个出名的仆人被人们普遍称作"道台",当他现在已经成为一个成功的富有中国人时,这个称呼仍一直伴随着他。我记得,在一次著名的宴会上,喜爱恶作剧的主人让他身穿大礼服,装扮成伦敦上流社会的一个大管家。黑色的衣服、宽大的胸衣、剃光的脑袋、下垂的辫子,这种混搭实在是太有趣了。因此,当他推开门,大声宣布"先生们,晚餐已经准备好了"时,尖叫声和笑声顿时响成一片。

另一个著名的中国人是老理发匠冯子村(Feng Chi Tsen),他的手艺是在 1861 到 1863 年期间从驻扎在天津城"查令十字"(Charing Cross)的军队那里学会的。他有一个绰号,不过我这里无法确切地引用,尽管这个绰号对他的形容很恰当。我想说他很像以扫(Esau)①就足够了,他身上散发的气味就像上帝有意庇佑的土地。他的手像拉斐尔(Raphael)的一样听话又灵巧,

---

① 圣经中的人物。——译者

足以将旧锚上的铁锈剃掉。这位老人在女王饭店对面的村庄获得了很大一片地产，可是义和团运动的爆发以及随之发生的种种罪恶，使他陷入了贫困，也伤透了他的心。"查令十字"——如果我没记错的话——就在位于东门附近紧挨古玩店的地方。甚至到了我在天津的那段时期，偶尔还能从城里的盲人乐手那里听到可以识别出来的旧时代的乐曲，如：《我的名字叫香槟·查理》(*Champagne Charlie is My Name*)、《草原之花——罗莎·李》(*Rosa Lee，The Prairie Flower*)、《比利·帕特森》(*Billy Patterson*)以及《上帝拯救女王》(*God Save Queen*)。提到理发匠老冯，让我想起罗马失火时，尼禄(Nero)①却在弹琴作乐的故事，在天津遭遇最严重和最致命的危机之时，俱乐部内围绕老人也爆发了一场导致分裂的争论。就在义和团与我们进行殊死战斗的前两天，我们在俱乐部召开了一次群情激奋的会议，以做出重要的决定——是继续雇用令人怀念的老朋友冯还是解雇他并雇用一名新式的日本理发匠。老天津们同往常一样团结一致，表露出强烈的感情，努力想留住老人，不过当最后投票表决的时候，革新者取得了胜利。

我们常常激烈争论的另一个问题是有关滑冰场的。在主张开放和关闭滑冰场的两派人之间，每年都要唇枪舌剑地辩论一番。现在的天津人听到下面这些会很惊奇，直到1893年(开埠后30年)，我们才发现了建成一个好滑冰场的秘诀，就是在洒水器上安装一个莲蓬头喷嘴。如果我的记忆不错的话，汉纳根先生对解决这个长期存在难题的简单办法的提出起了很大作用。

1888年，新式油气照明灯出现了，这种新照明设施的创始人是已故的濮尔生(Carl Poulsen)先生。10年后，租界的人们因为他建造的自来水厂而深受其惠。在这两项事业中，林德先生都与他紧密合作。油气的使用在中国人当中引起很大的轰动，他们看到每天灯夫都在干同一件工作——点燃街灯，感到特别有趣。这一年，我们小小的租界经历了很多激动人心的事件，其中最有意思的当属7月1日4个婴儿同时降生。因为通常整个一年总共

---

① 尼禄·克劳狄乌斯·德鲁苏斯·日耳曼尼库斯(Nero Claudius Drusus Germanicus，公元37—68年)，古罗马帝国皇帝，公元54—68年在位。——译者

也仅有大约15个孩子出生,这个简单的数字计算结果表明,这个幸运日的出生率足足是正常情况下出生率的97倍。现在我们干练的消防队长就是他们四个当中的一个,而其他三个都是女孩,在此我不能讲出她们的名字,以免因泄露女士年龄的秘密做出不可饶恕的失礼举动而感到内疚。即便天津最强有力的液压机也不能从我嘴里榨出这些信息,所以还请免开尊口。同一年,开始动议修建戈登堂,我们的首个文学辩论社(Literary and Debating Society)也诞生了。这个社团宣布成立时,我先做了一个有关彭斯(Burns)①的演讲,人们偶尔也称他"彭彭彭斯"。宓吉先生是文学辩论社的第一任社长,他用了七年的时间才使其步入正轨。文学辩论社有时也被称为"气囊"(Gas Bag),但是它发挥了双重影响,它教会了我们在参加租界公开辩论时要讲究礼仪和端庄得体,还有在公众集会时要保持正确的行为举止,这两者对于我们来说很不幸都是极力追求的。文学辩论社还使传教士与社中的普通教徒友好地聚在一起。我很欣慰地告诉你们,天津的"教徒"与"牧师"之间从未发生过曾使中国沿海其他一些地方蒙受耻辱的剧烈对抗。

市政厅在1888至1889年间建成,最初预算需要15000两,但最后花费竟高达28000两,而且恐怕还不包括所有的费用在内。那些了解墙体强度和地基坚固度的人,还会诧异花费如此之少。钱伯斯先生的最初设计图由像达·芬奇一样多才多艺的英租界工部局第一任秘书长史密斯(A. J. M. Smith)先生做了修改,年轻时做过石匠、对建筑有各种各样想法的德国面包师赫尔·弗兰岑巴赫(Herr Franzenbach)协助他完成了修改工作。谢天谢地,拉斯金②从未看过我们的市政大厦!然而,尽管它在艺术上犯了大错,诸如哥特式窗户上安装了木制窗棂和窗框、带有卷叶状尖顶的雉堞状城垛,等等,但是作为市政厅还是非常适用的。1890年,我们的市政厅以无与伦比的荣耀落成开放,我们邀请李鸿章出席了落成仪式,并设宴款待了他。一两年后,这位伟人七十岁生日时,我们再次邀请他到戈登堂出席宴会。这一次,他表示愿意为当天晚上的娱乐出一份力量,他派人送信来说,如果我们能搭

---

① 彭斯(Robert Burns, 1759—1796),苏格兰诗人。——译者

② 约翰·拉斯金(John Ruskin, 1819—1900),维多利亚时代英国作家、艺术家、艺术批评家。——译者

建一个"戏台",他会带来一队中国杂技演员和戏剧演员。于是,裴令汉先生就用总督出的钱在戈登堂建了一座舞台。李鸿章又把帝国各地送给他的无数上等帷幕和刺绣品送来了一些。一两个星期后,他又派他的儿子来说,这些精美的中国艺术品是送给我们的礼物,现在这些艺术品仍是工部局非常宝贵的财产。下次你再看到它们时,要注意上面画的许多鹿,还有前额凸出的老寿星——两者都是尊敬老人的标志。

有好多年,这座建筑被看成是一种"白象"①,人们批评它是对公共财富的可悲的浪费,也是工部局不称职的明显例证,因为它远远超出了当时的需要,也超出了整个时代的需要。我们现在当然知道这些话完全是一派胡言,这些年这个地方最主要的问题是实在太小了,无法满足我们的社会和公众的需求。除了用于租地人会议以及文学辩论社偶尔举行的晚间会议,或者很少举办的音乐会外,市政厅大厦很少使用。造成这种情况是有原因的。本商埠的资本家和领袖人物为数很少,他们形成了人数有限的亲密朋友式的圈子。并非是他们自身的过错,而完全是由于环境的力量,导致工部局董事、俱乐部的所有人以及我们的股份公司——大沽驳船公司(Taku Tug and Lighter Co.)的董事们,实际上是同一伙人。戈登堂首先要承受市政当局与私人企业之间的竞争,私人企业建立了兰心剧院作为天津的社交与艺术中心。因而,要用四至五年的时间使我们相信,戈登堂在各个方面都是堪称一流的娱乐场所。戈登堂也只有在舞台出现后才开始显现出它的优势。

大沽驳船公司在那个时代拥有很大的权力。人们讽刺地说,没有经理们的许可,连狗也不敢在租界叫唤。在1887—1888年,公司内部人员之间出现了不和,随着一家竞争公司的成立,股息大大减少,股价暴跌,群情激愤。一位本地的小册子作者——现在且不说出他的姓名,不过他今晚也在场——写了一篇讽刺性的文章,这篇文章就像生姜一样,证明放在嘴中总是辣的。有人一直四处寻找"淘金史"的作者,甚至据说还用了武力,但是一直没有找到,直至十五年后他自己表明了身份。许多年来这篇讽刺文章一直

---

① 古暹罗国把非常稀少的白色的象视为珍宝,不能干活,只能豢养。暹罗王对臣下不满就送他一头白象,作为御赐宝物,大臣只能供奉却又无用,于是导致家道衰落。后来英语白象(white elephant)一词成为昂贵而无用的东西的代名词。——译者

1938 年洪灾被淹的戈登堂

是本地人聊天时常常提起的话题,而且那些绰号很多时候还在流传,直至新的一代人出现。

提到大沽驳船公司,让我想起 80 年代到 90 年代初,晚春和初夏时节,海河所呈现的奇特景象,绵延不断的海运帆船从南方运来漕粮,数量在 300～400 艘之间,组成了一支壮观的船队。他们主要来自宁波和厦门,他们漫不经心和傲慢的做法,给水上交通带来极大的威胁。他们的水手穿着肥大的裤子,常常在岸上大摇大摆地走来走去,搞得差役惶恐不安。1889 至 1890 年,这些船民联合组成了一两个同业行会,他们的势力之大甚至连李鸿章也无可奈何。他们使李鸿章不得不放弃了建造从"铁道街"(Rue de Chemin de Fer)到"河东"(Ho Tung)的桥梁,当时桥墩已经建好,为了筑造沉箱而进行的打桩工程也几乎已经完成。当被告知从如此深处拔出沉桩非常困难时,这位总督有点发怒了。两个星期仅仅拔出了四根,于是他命令用炸药将所有沉桩炸毁。经过极为艰难的努力,才得以阻止了这个可能摧毁半个法租界的做法。

这是我们不得不要讲到的有关李鸿章倒行逆施的很少的几个例子之一。总的来讲,他是代表进步潮流的。他对伟大而高尚的马根济(Kenneth Mackenzie)大夫所给予的强有力的支持,使他永远受他尊重。这位有献身精神的医生是有史以来最伟大的传教士之一,对中国早期的医学做出了很有益的贡献。他的医学堂后来发展成海大道上著名的北洋医院,许多有才干并有奉献精神的中国医生仍然健在并继续着他们的事业。与他杰出的老竞争对手、奉天的克里斯蒂(Christie)医生不同,他没有留出时间亲眼目睹他努力的成果。他死于1888年,他的继承者是与他属于同一类人的路博施(Roberts)医生。

高林洋行的创始人 G. W. 高林

1890年9月5日,银两的汇率达到了显著的5先令6个半便士的高位,这是由著名的谢尔曼法(Sherman Act)作用下所导致的顶点,根据这一法案,美国政府不得不每月购入大量白银。我提到这一事实,是因为一位非常值得尊敬的天津老人在这次幸运的波动处于顶点时离开了中国——我指的是高林(G. W. Collins)先生。他原本是一个商船船长,后来成了一名大沽的领港员。他把自己的存款投资于天津一座普通仓库,这座仓库就是今天的横滨正金银行(Yokohama Specie Bank)的行址所在地。多年以来,高林的仓库已经远远不仅是"储货",它也成了一种俱乐部,朋友们经常在那儿聚会,彼此之间或与和蔼的高林先生以及他的合作伙伴安德逊先生和狄金生先生展开时间不限的畅谈。在70年代后期,高林先生对来自青藏高原和青海湖的有关羊毛、皮革、毛皮等无尽资源的故事产生了极大的兴趣。他的"洋行"与一名出色的比利时人格拉索尔(Grassel)建立了联系,这位比利时人与他的同胞斯普林格德(Splingaard)先生一起合作。斯普林格德很善于和中国的边民以及蒙古牧民打交道,简直赛过这方面的专家。他们开设了一个小型洗毛厂,并开始做一些出口生意。生意越做越大。最初的高林洋行(G. W. Collins and Co.)只是一个衍生出来的小商行,经过一次次的扩大逐渐发展成我们现在所知道的大洋行。高林与他精明的合伙人也因此跻身我们现在所熟悉的天津贸易先驱者的行列。我记得,随着汇率的上升,他通常每天进门时都要告诉他的妻子:"嘿,亲爱的,我们比昨天又多了好几百英镑。"他最终定居新西兰,他的家人如今仍然健在。与这位精明的高林先生截然相反,另一位大沽领港员却把他多年积攒的大约2万元(我认为实际是3万元)锁在他床下的水手储物箱里,完全不知道除此之外如何去处理它。不过最后,他还是被劝说把他的钱"投"到了天津的房地产,这项交易使他获利不菲。

4. 灾难与租界文化

现在让我像奥赛罗(Othello)①那样把主要注意力转移到洪水和土地所引发的灾害上来。当人们首次到达天津时,往往奇怪为什么所有的村庄都建在高出平原的小片高地上。60年代还不知道怎么回事,但是到了70年代真相开始暴露,80年代事情更加明显,到了90年代则显示出是由于可怕的灾害——洪水。我希望在座的诸位将不再经历人们曾遭受过的所有灾难。现在,我把一张1890年8月或9月从戈登堂西塔楼上拍摄的照片给大家传看一下。我不同意有人认为这张照片拍摄的是今天的英租界扩展界。在这次灾害中,海河水淹没了法国码头,我不得不借助一只小船逃出我的房子。马场道被淹数周,土围墙上和城墙上挤满了成千上万从村庄逃出来的家园被毁的难民。我曾从咪哆士道上我现在的房子所在地点的上方游过,我们不得不推迟建造这座房屋整整一年之久。维多利亚花园外的海大道上水深达两英尺。当然随之而来的是冬季的饥荒和更悲惨的苦难。我当时每天的工作就是设法去东局子(Eastern Arsenal)。我所讲的都是当时的真实情况,我可以举出去那里的方式:帆船、游泳、划船、拖船;冰上划艇、排子、滑冰;骑马、骑驴、坐马车和乘轿,最令人难以置信的是,我甚至还曾徒步前往。冰封的平原通过冰上划艇给我们的生活带来新的乐趣。为了展示我们曾经多么狂热于这种运动,我现在请大家传阅几张冰上划艇队的照片。冰上划艇的速度十分惊人,时速实际上能达到40~50英里。如果一位乘客在掌帆者停下来时由于大意没有抓牢被甩了出去,那他或她就会像从弹弓上被弹射出

---

① 莎士比亚的四大悲剧之一《奥赛罗》的主人公。——译者

去一样。上天保佑乘坐冰上划艇的人们，之所以如此，唯一合理的解释就是从来没有出现过致命事故。我也曾多次乘坐冰上划艇去赛马场，往返穿行于马路之间，当时的道路比现在要低2～3英尺。我们常常也会"砰"的一声，艇身撞到水底的坟墓而被毁坏。

冬季海河上的冰上滑艇

而且，洪水并不是唯一的灾害。1888年，我们遭受了一次可怕的地震，让我们惊慌不已。震动只持续了35秒，却仿佛是震个不停。我们大多数人本能地采取了正确的方法，跑出了房屋，趴在院内离房屋较远的安全地方。很多房屋摇摇欲坠，却还是侥幸没有倒塌，尽管摇摇晃晃地像个醉汉一样。1889年，我们又经历了一场我认为本来可以预防的可怕的铁路交通事故。天津与塘沽之间上行与下行的火车在黑暗中在同一条铁轨上遭遇，造成的结果是难以用语言形容的，一列火车着起了大火。下行火车的司机虽然表面上没有受伤，但几分钟后死于惊吓，几名中国乘客则被活活地烧死。

说到天津，如果不谈一点有关图书馆的事情，就会像一座不完整的雕像。图书馆最初开始于属于海关俱乐部的三四百本藏书。当天津图书馆建立时,制定了一条规定,即海关的外勤人员永远不受图书馆规章的约束。图书馆成立于80年代早期,到1886年已经拥有1100~1200册图书。英租界工部局同意为图书馆提供房屋,还派了一名管理人员并供热和供电。当1889年布勒克(Bullock)先生在天津担任领事时,他极力呼吁我们避免长江上游某些商埠图书馆遭遇的噩运,那里的图书捐赠者反目成仇并停止捐赠,结果成员锐减到五人,这种尴尬的五人组合最后决定结束并瓜分了藏书。我记得布勒克先生告诉我,他认识的一个家伙向他炫耀自己分到了《大英百科全书》。为了避免造成这样的局面,我们召集了捐赠人会议,并要求工部局接收图书馆代为管理。他们不仅这样做了,而且还为我们提供了新市政厅里最好的房间,并从此成为我们长期的朋友和慷慨的支持者。我在天津的时候曾担任过不少的职位,但是回想起来很少有像我担任11年图书馆荣誉秘书这样的经历能给予我如此多的快乐。在那段时期,我亲眼目睹了图书从1200册增长到近7000册。与教堂、俱乐部、公园、运动场等一样,我认为图书馆也是这个商埠所拥有的最宝贵的社会财富。

谈到现在的牛津大学汉学教授布勒克先生,让我想起了他在历史和文学方面所做的大量贡献,他多年致力于翻译"邸报"的精华部分,并作为一种乐趣。很少有人曾真正读过这些"邸报",它们被视为文学垃圾;但是,诸位要知道,对于历史学和社会学的学生来说,通过明恩溥博士充满活力的研究,按照相同主题分类整理之后,这些成了现存的揭示中国人思想和性格的最好资料。这些资料以令人惊讶的赤裸裸的形式、活生生和坦率的方式,完全不可思议地向西方展示了政府管理的艺术。你们可以从布勒克先生提供的选自这份世界最古老报纸上的史料中,为文学辩论社的二十份论文挑选资料。而且,我可以进一步讲,布赖森先生,你可以在我的老朋友中找到理想的人选去做这些。所以,副主席先生、秘书长先生,当个"记录生活的家伙"吧。布勒克先生有一次正是以这个为主题提交了一份非常精彩的文章,我还记得布赖森先生的评价是:这篇文章本身既文采出众又内容充实。一提到这个每当天津在思想与精神方面发生进步的时候总会出现在前列的令人尊敬的名字,就又会引起我的另一段回忆。1886年或1887年的时候,一位非常漂亮又优雅的美国女士莱瓦特(Levatt)夫人来本地访问。她口才出众,善于雄辩,在合众堂以"戒酒"为题发表了一通非常激烈的说教,就像其他许多主张禁酒的狂热分子一样,过度的鼓吹反而有损于禁酒的正义主张。我平生尤其不会受到牧师讲道的影响,而且往往很不以为然,甚至对所有的讲道都是如此——布道者通常不是掩盖真相和判断,而是加以解释——但是,我对布赖森先生留给我的那极大的快乐至今记忆犹新。就在接下来的星期天,他做了一次有关"戒酒"的布道演讲,整个演讲洋溢着机智与智慧,完全扭转了那位女士过激的主张,以适度的真实之光揭示了戒酒的真谛。

各位朋友和邻居,我对往事的回忆绵绵不绝,为了不至陷入28年天津生活往事的大海之中,我把演讲的内容主要限定在80年代最后四年里。我不得不限制自己以免你们只见树木不见森林,甚至由于我总是企图详尽无遗地讲述你们关心的话题,导致诸位听众可能陷入精疲力倦之中。今晚在这里,有一些老居民比我更有资格谈论老天津,我要请求您,卡特(Carter)先生,运用您主席的权威,请布赖森先生、克拉克先生、匹克(Pyke)博士以及派克(Peck)博士及其夫人,用他们更加生动、妙语连珠的即兴演说补充我这枯燥乏味的讲述,再给我们讲一些他们对老天津的回忆。我希望借助这些同样是老人们的回忆,能够回答任何可能有助于阐明那些模糊看法的问题,因为大量的主题和事件需要省略掉。我恐怕有些人会有充分理由批评我没有谈到租界被围那激动人心的事件。好了,这些批评是有道理的,但是客观评价这场政治灾难和社会剧变将需要许多个夜晚,我向下一次集会提出这个建议,它将会是一篇文章或一次演讲的极好的主题。

我热诚地感谢诸位友好耐心地听我的演讲。

二、中国商埠居留记

1. 中国与天津

在一次大的政治危机期间,索尔兹伯里勋爵曾建议他的国民尽量避免因使用小比例地图而产生错觉和误判。这一建议对研究中国再恰当不过了。从这样的地图上看,人们可能会产生一个印象——北京到香港的距离就像伦敦到利物浦一样近。而事实上,前者是后者的 36 倍,正好是从丹吉尔(Tangier)①到贝尔法斯特(Belfast)②的距离。中国的 18 个省份在纬度上从北纬 20 度一直延伸到北纬 43 度,恰如从直布罗陀(Gibraltar)③到约翰奥格罗茨(John O'Groats)④的距离;经度从东经 98 度一直延伸到东经 132 度,相当于从荷兰角(Hook of Holland)⑤到莫斯科的距离。我有意尽量避免介绍乏味的中国地理,因此不准备在地图上一一列举欧洲人在中华帝国生活和经商的 49 个口岸和其他地方。而很幸运的是,我曾去过其中的 25 个地方,但是我将简要谈谈我们非常需要对过往加以借鉴的两三个地方。

从货运通关量上来说,香港是世界上最大的海港,而作为一个旅行家和一个爱国者,我对那些只会叙事的作者们对这块宝贵属地的漠视有些不满,因为我知道,在整个世界,再没有比站在维多利亚城的太平山顶(Peak)所看到的灯火通明的香港更美丽的地方了。将景色魅力与经济刺激相提并论似乎有些媚俗,但是人本身就是一个奇怪的不和谐体。我承认在短短的五分钟之内,我就被那冬天落日的美景深深地迷住了,我脚下的这座城市令我愈加感到自豪不已,那一望无际的船坞、码头和工厂,川流不息的轮船,这些大都是你我身为子民的帝国所创造和拥有的财富。我们很难得以从幽冥之中得到某些启示,当站在这美丽的山顶上,遥望着壮观的珠江三角洲和优美的海港时,我仿佛找到了自我。

澳门也是一个美丽的梦幻之地。说真的,它就像"湖中的一个天鹅之巢",但天鹅已经奄奄一息;它有点像是 16 世纪葡萄牙人留在东方的一块琥珀。上海也是这样,与其商业的繁荣很相适应,但理应得到比现在更多的关注。只要能找到一个能想象、会表达的讲述者,它开创的历史就会被描述成一部贸易神话。在这里,古老文明和异域文明相互交汇,造就了一个豪华之

---

① 摩洛哥北部的古城和海港。——译者
② 英国北爱尔兰的首府、最大的海港城市。——译者
③ 直布罗陀(Gibraltar),欧洲伊比利亚半岛南端的港口城市。位于大西洋和地中海之间唯一的海上通道直布罗陀海峡东端的北岸。至今,直布罗陀仍是英国的海外领地。——译者
④ 英格兰最北端的城市。——译者
⑤ 荷兰主要的港口。——译者

城,拥有巨大的生产能力和伸向天涯海角的贸易网络。我们许多都还健在的人身体仍然健康,他们中的一些人就会像虔诚的伊尼俄斯(Aeneas)①所说"我一直是你们中的一员"。我们这些生活在外埠(outport)②的人多年来一直把上海视为我们的麦加圣地,当我们祈祷时,甚至认为要朝向它的方向。但是近年来,新的影响力开始显现,这种"天真的崇拜"逐渐减弱。

穿过黄海,我们来到了这个被称为北直隶湾③的中国内海。一条宽阔的、灾难频频的河流——黄河——流入北直隶湾。黄河被称作"中国之殇",这一令人悲哀的称谓实在是名副其实。还有许多相当大的河流从北京周围的山脉之间流出,这些河流差不多都可以通航。在这些河流中,最重要的就是白河,在与大运河汇流之后被称作海河。位于河流交汇之处、距离沿海大约 30 英里的地方,就是我们的目的地——天津。"天津"在中文中的意思是"天子津渡"。在我初到中国以及其后很长一段时间,去天津的唯一方式就是经由河道前往。如今,去天津方便多了,至少有三条铁路线可以抵达,一条是跨越西伯利亚的洲际铁路,其余两条是从长江流域通到天津。在海河入海口,坐落着兼有水陆两种功能的村镇大沽,那里有领航员村,还有曾经的坚不可摧的大沽炮台遗留下来的巨大防御工事遗迹或炮台的外壳。大沽炮台连同沿河上游更远一些的炮台,以及距海岸大约 10~12 英里的海上的一道浅滩屏障,一起构成了皇城北京的主要防御体系。它们见证了英国历史上的四段往事:一、在 1858 年的第二次对华战争中,我们毫不费力地占领了这些防御工事。二、在 1859 年的同一场战争中,为了强制满清王朝执行它拒不接受的条约,詹姆斯·贺布(James Hope)爵士率领一支强大的海军舰队试图强行通过这些防御工事,结果被击退损失惨重。就是在这次战斗中,美国海军准将塔特诺尔(Tatnall)提出"血浓于水",给予我们有利的支援,拖走了我们损伤严重已经失去战斗力的船只。三、此后在 1860 年,也是同一场战争,英法联军在沿海岸以北数英里处的北塘口登陆,通过一条堤道穿过了泥淖地,绕到背后占领了炮台。炮台上的炮位都面朝大海,以致清军炮手们

---

① 古希腊、罗马神话特洛伊战争中的英雄。——译者
② 早期在中国的外国人常常把上海以外的开放商埠称作"外埠"(outport)。——译者
③ 即渤海湾。——译者

都惊慌失措,炮台遂被蜂拥而至的联军占领。可能人们并不太知道的是,这次战争中,威廉·阿姆斯特朗先生的后装式膛线炮首次在作战中使用。阿姆斯特朗1854年开始推介这种火炮,在远征中国时得以试用并获得了巨大成功。按照奇怪的英国方式,我们允许成立一个政府部门委员会,把后装炮搁置一边,转而赞成使用旧式的前装炮,从而使整个英国军队后装炮的普遍使用拖延了几乎整整一代人的时间。同样有趣、愚蠢和令人难以置信的是,1900年义和团暴乱期间从英国舰队射出的第一炮竟然是前装炮——这一行动几乎将我们毁灭。四、最后一次也发生在1900年,一支强大海军的一小支部队经过一通猛攻占领了炮台。这支聚集在大沽沙滩以外的海军,却要保证北京公使馆的安全,还要保护在华北的外国人的生命安全。这种做法是正确的还是错误的,是聪明的还是愚蠢的,仍将是无休止争论下去的话题——这是引发事件的诱因,还是仅仅因为衰弱的满清政府把自己的命运与义和团暴民拴在一起而导致事件发生? 这是危及在华北的所有欧洲人生命安全的大错,还是拯救了他们的生命并避免犯下最大历史罪行的高明的妙计? 老实说,是伟大的辩证法而并非是我有意这样做,让我给你们讲一两件"大沽轶事"(Take—Youana)——先要解释一下,水手们把大沽称作"take you"。勇敢的克里斯托弗·克拉多克(Christopher Craddock)[1]在这里展现了冷静的和出类拔萃的胆识,这样一位好军官差一点就犯下了一个错误。他率领着主力突击队,向炮台发起进攻。当他很小心地带领他的人沿着一道大堤的背阴面从塘沽向炮台进发时,他自己却冷静地吸着烟在堤顶上走着,于是他成了炮台上的每个炮手和枪手的靶子,只是因为亮光的闪烁不定才使他得以活命。还有一个可信而又有充分根据的故事,我不敢保证每个细节都很真实。说的是英国和日本的攻击部队游过了炮台周围的护壕,沿着陡坡蜂拥而上,同时到达了旗杆下。他们迅速降下了"龙旗",但是接下来该升什么旗呢? 他们的旗子不是忘记带了就是不知道放在哪儿了。正当我们的小伙子们抓耳挠腮的时候,日本的军官迅速脱下了他的外衣和白衬衣,

---

① 克里斯托弗·克拉多克(1862—1914),英国海军军官。1900年6月17日,他率领由英国、德国和日本水兵组成的部队攻占了大沽炮台。他因此而被晋升为海军上校。——译者

将白衬衣撕成两半，弯下腰用手在一摊鲜血中蘸了一下，用沾满血的手临时画了一面"旭日"旗，在一片欢呼和笑声中将其升至杆顶。只有拜伦的短篇作品《岛屿》中的一句话可以公正地评述这一场景——"杰克不知道说什么好，于是他只能诅咒"。

我们溯流而上，来到一个小型的海军船坞，在那里，年轻的罗杰·凯斯（Roger Keyes），即现在的海军少将凯斯①，采取旧式老水手的方法——"轰走船上之人"（boarders away），用暴力威胁的手段连续夺取了四艘驱逐舰。我们沿着河流继续前行，来到塘沽码头，由于河道弯曲，多浅滩，这个码头适合停泊船身长、吃水深的船只。这里是一个繁忙的码头，只有三十年的历史。如果大沽沙滩能够继续得到治理，这个地方会成为大型远洋班轮的终点码头，未来将十分美好。目前，塘沽码头最兴旺的生意，就是将开滦矿务局从唐山和开平地区的煤矿通过铁路运来的煤装入船舱。这条不算很长的运煤铁路是金达（Claude Kinder）先生在 1887—1888 年铺设的，它被视为一项商业的倡导，会成为中国铁路的雏形。这条铁路在各方面都取得了显著的成就，煤矿简直成了一座金矿。如今，这条铁路已经向东和东北延伸至牛庄和奉天，在那里与南满铁路和西伯利亚铁路相连接，然后向西北经过北京一直远达张家口。金达先生很幸运与已故的唐景星先生建立了联系，他们二人的能力和睿智赢得了李鸿章对他们计划的支持，排除了上层的愚昧和既得利益者，在中国铁路史上书写光辉的篇章。由于金达先生面对这一令人钦佩的英国对中国实际影响的成果所表现出的天生和无法超越的谦虚品格，以致甘博士（P. H. Kent）有关中国铁路的优秀著作也未能完全揭示其中的真相。

无论过去还是现在，海河都是世界上最曲折的河流之一，为此，林德（A. de Linde）先生拟定了一项"治理计划"，并进而由英国工部局、商会以及天津各轮船公司共同发起，通过治理使海河的状况有了很大的改善。时至今日，治理工程已经持续了 18 年之久。在这段时间里，最弯曲的河段通过大规模

---

① 罗杰·凯斯（Roger Keyes，1872—1945），著名的英国海军将领。1900 年 6 月，作为年轻的军官，罗杰·凯斯因独力夺取多艘清军军舰而成名。——译者

金达 1881 年设计建造的"中国龙"号机车

的裁弯取直工程已经被消除,其他的河道也通过修筑堤坝、整饬河道、挖掘疏浚以及水利工程师采取的其他措施而得到了改善。这些措施包括,通过抽取被截流或被水闸"闸住"的河水,来减少河水对运河及其他小河河道的冲刷。总的来讲,通往天津的航道被缩短了 10 英里。现在,河道全程水深达到 12～14 英尺,装载着 1200 吨货物的轮船可以直达河坝码头。其实,轮船可以装载更多的货物,但却是不可取的,如果大沽浅滩可以挖深 18～20 甚至30 英尺,我们就能看到轮船装载更多的货物。

对于天津而言,无论是中国城区还是外国租界,在中国都是第一个河流治理实际取得成功的城市。林德先生在 19 世纪 80 年代就对整个问题做了细致的研究,并将计划方案呈交给思想开放的李鸿章。然而,经过了好多年才改变了北京满清王朝官场死气沉沉的局面,当时北京当局把大沽浅滩和淤塞的河道看作上天恩赐的抵御外国侵略的手段。最终于 1898 年开始实施的拯救措施,却是消极的、尝试性的,也没有足够的资金支持。到了义和团暴乱期间及其之后,军队的供给只能依靠驳船和民船运送,有一次我真的看到一个人就从租界下游的航道涉水过河。义和团事件之后，根据租界的情况，成立了一个永久性的海河治理委员会，从运输的货物中适度抽取少量的税收筹集所需资金，从那时起海河的状况不断得以改善。我需要补充的是，我们现在正在努力通过使用破冰船来缩短冬季海河的封冻期。

我早年生活在那里时，"大寒"季节河坝码头冰的厚度是14～16英寸，一月的最后一周，河面上可以进行炮战，用榴弹炮向冰面俯射打破冰层。最令人惊叹的是河面冻冰和融化的速度，黄昏时河面还没有结冰，到黎明时已经冰冻如铁一般，上面可以走蒸汽压路机了。我上午9点牵着马从冰上走过，当我下午4点半返回时，河面已经看不到冰了。

现在很少人读过马克·吐温的第一部也是最好的一部作品《密西西比河上的生活》，这是一部有关舵手行业的叙事诗，故事情节极其精彩，引人入胜。请相信我，海河通常每天都能见到如马克·吐温还是一个新手时所描述的刺激场面。为了避免撞到其他船只，船长转动舵轮避让，却使得船舶同样不偏不倚地冲向一个村庄或一片菜地。我乘坐的旧式轮船"海安号"（Hae An），就曾撞向岸边突出的三间农舍，然后我就看到船上的大副从船头掉进了菜地里。我也曾亲眼目睹由于一艘轮船的首尾横卡在河道中，使得一连五天直隶省的贸易全部停顿了下来。要不是雨神朱庇特·普鲁休斯（Jupiter Pluvius）①从山上送下来大量的雨水，恐怕无论神还是人都无法让这艘轮船重新开动。

除了空气之外，海河几乎没有什么美景可言，这种批评不难理解，因为惠斯勒（Whistler）、特纳（Turner）或华兹华斯（Wordsworth）也都曾描述过糟糕的泰晤士河下游地区，"世间总是不太公平"。很少有水道流经的城市像天津这样如此令人沮丧——脏兮兮的河水、臭烘烘的村庄、光秃秃的荒原，还有数不清的坟墓，极其单调乏味。但是，伟大的上帝给了我们补偿，赐予了我们"天气"。一个家住天津的小女孩曾经讲出了这样一句绝妙的警句："在英国好地无天，在中国好天无地。"直接表达就是："英国有美丽的土地但是没有美丽的天空，而在中国有美丽的天空却没有美丽的土地。"

---

① 在罗马神话中，朱庇特·普鲁休斯是掌管降雨的雨神。——译者

20 世纪 40 年代的海河河坝码头

现在我们看到的是天津的河坝码头，码头显得非常简陋，当时我们想，这个词在广州、上海，尤其是在汉口，会意味着什么。不过，现在的码头已经比图片①上所显示的好多了，当时河边堆满了货物，堆在前面的是俄勒冈木材，所以很难说是大型码头。以下是冬天的场景，你可以看到他们拍摄了更好的照片，你会注意到码头上没有了苦力和货物。你要知道，在早期我们没有仓库，储存货物非常困难。而天津的气候稳定，那里有一种非常耐用价格又便宜的席子，下雨时能不渗水。所以，我们用这种席子把存放的货物遮盖起来，把码头变成了一种露天货场。由此我们增加了很大一项收入，生活习惯不久也因此而逐渐"定型"：我们失去了最好的河滨散步道，但是我们得到了收入和贸易设施。码头的货物十天之内就要运走，但是在这期间，货物可

---

① 这里是指演讲时放的幻灯片，以下相同。——译者

能还没动地方,就已经被转手若干次了。我亲眼看到过整个码头堆满了如山高的花生,足以装满一支船队。花生贸易是铁路发展的直接结果,这些花生被装船运往南方,在那里用于压榨食用油,榨油后剩下的残渣还是种甘蔗的上等肥料。

2. 租界概貌

我的下一张幻灯片是一幅租界地图,再后面的几张照片可以让我们看到天津的某些国际性特征。我们在天津的外国租界保持着在华租界的纪录——一共有八个。英国和法国的租界始建于 1861 年,当时还专门为美国人划定了一小片区域,虽然它始终也没有发展成为租界。最初的英国租界有 74 英亩,又通过种种不寻常的方式三次扩界,现在已经超过了一平方英里。法国租界也曾有过一次扩界,而且如果去年这次危机的僵局能够化解,可能还会再次扩界。日本人也于 1895 年接踵而至,作为《马关条约》的一个条件而划分租界;德国人也在 1896 年获得了他们的租界,尽管直到 1898 年这两国的租界才实际成形。奥地利、意大利、俄国以及比利时的租界是在 1900 年义和团暴动之后建立的,奥地利租界只不过是在人口稠密的中国城区划分了一块。那位思维敏锐、机智诙谐的批评家明恩溥博士滑稽地评论道:"除了中国之外,所有列强都在这里拥有宽阔的河畔码头区。"这句挖苦之词一针见血,因为实情确实如此;但是,就像对所有的讽刺语一样,对这句话也要持保留态度。

八国租界在某种程度上反映了各自国家的特征,特别是它们的建筑和开发模式。我们英国人与往常一样显示出不可约束的个性。只有我们拥有完全的自治权,只是在出现严重滥用权利的意外情况时才会受到领事的管制。在另一方面,自由又徒有其表,因为领事既担任工部局董事会的主席又拥有否决权,可以很容易终止这种自由,以致自治政府不过有名无实而已。在起草《土地章程》时,完全遵循英国的程序,在警察、消防、卫生和财政等方面也遵循我们的通常做法。英语是用于人际交流的通用语言,尽管它已经不再纯正,变成了被称作"洋泾浜"英语的一种古里古怪的拙劣模仿语言。一个刚刚从农村来的中国乡下佬,在几周之内就可以学会用莫名其妙的话谈论工作上的事。"仆人,这个布丁出什么问题了?""这很难说,主人!也许是烤的时间太短,放的'味水'太多了吧。"——这就是柠檬香精放得过多后的道歉之词。我的一个朋友走进他的厨房,用手杖驱赶一个贸然闯入者,这时他的佣仆阻止道:"哎,哎,主人,别打他!他是替别人的。"这是证明他是临时替班的厨师。北方外埠的一个独特之处,就是几乎每一个外国人都学着说一点汉语——恐怕也是很难听懂的南腔北调。

各国租界都在迅速扩张,天津的日本人增加得最多。在 1913 年的人口普查中,外国人的人口总数是 3993 人,其中日本人就有 2175 人,我国人口数量居其次,共计 644 人,然后是德国人,共 412 人,而法国人、美国人和俄国人各有大约 150 人。这次人口普查令人感兴趣的另一个特点是有 65 名英籍印度人,他们大都是警察和警卫人员。所有外国人来自 20 个不同国家。在租界的中国人总计为 95296 人,其中 37753 人在奥租界,15946 人在英租界,13000 人在日租界。这些数据不包括 5000 名外国驻军,其中英军 2200 名、美军 789 名、日军 846 名。

在过去的 17 年里,这些不同国家的驻军大大增加了生活的乐趣。出席一位深受欢迎的指挥官的离职典礼,观察仪仗队在体形、操练和装备上的不同,都是一件令人高兴又有益的事情。美妙的军乐也成为我们生活中的一部分,我们的孩子以及士兵都喜欢一起涌进维多利亚公园,去聆听由我们的军号乐队、鼓笛乐队以及苏格兰步兵团和印度步兵团的管乐队演奏的"收兵号"。

许多印度步兵团都有很优秀的管乐队,他们与苏格兰步兵团乐队联合在一起,积极地为大众演奏。租界作为城镇无需做太多的介绍,道路、建筑、公园、运动场、教堂、学校以及俱乐部,都和你们在国内看到的一模一样。我现在要放映几处主要的风景和建筑物,你们会看到我们还是相当现代的。

我们在雕塑艺术方面是薄弱的。在德国租界,一座高大的勇士铜雕像是神话般的人物"罗兰"。我不知道德国皇帝竖立这座雕像是为了纪念 1900年的死难者,还是用这个显著的标志提醒人们"德意志高于一切";但是,无论其目的如何,人力车夫却让这座雕像有了一点用处,他们给它起了个绰号"铜人",把它当作了路标。日本租界建了两座有关 1900 年的相当不错的纪念碑,一座是为了纪念他们本国人,另一座则建在非常英勇的美国里斯库姆

行进在维多利亚道上的军乐队

(Liscum)上校实际的死难地点。在这些纪念碑中,最好的建在俄国租界,你们现在在屏幕上看到的很模糊,也很不完整。这座碑的竖立得到了心怀感恩的租界居民的捐赠,也得到了俄国政府的慷慨相助。我自豪地说,这次我们英国人也诚心诚意地尽我们所能解囊相助,因为由于有了英勇的俄国人,我们才得以保全性命。

你们现在看到的这座高大建筑是戈登堂,它位于维多利亚花园的北侧,再后面是我们当地人第一次纪念女王在位六十周年而竖立的纪念碑。为了向戈登将军表达敬意而以其名字命名市政厅,是因为皇家工兵上尉查尔斯·戈登(Charles Gordon)划定了租界并在1861年对租界道路做了规划。引用一句流传已久的笑话,"这座大楼是康白度式(Compradoric)①而不是多立克式(Doric)的",但是这座建筑以其规模和坚固给人留下了深刻的印象。令我们感到自豪的是,这是近代中国的第一座市政厅,比上海的市政厅早了大约10年,而如今它主要吸引人的地方是这座建筑所具有的历史意义。1900年,这座建筑因炮火而严重受损,当时我们的妇女和儿童躲到了宽敞的

---

① "康白度"是"买办"一词的西文音译,早期曾被使用。——译者

德租界的雕像"大铜人"，人力车夫当成了路标

地下室才得以安全。为了表达公众对在 1900 年租界保卫战中献出生命的勇士的感恩之情，英国工部局竖立了颇为壮观的铜质纪念碑。我以为，除了伦敦圣保罗纪念碑之外，再没有比这座铜质纪念碑更好的了，甚至也堪与圣保罗纪念碑相媲美。纪念碑上镌刻了在租界防御战、进攻大沽炮台以及西摩尔（Seymour）征讨战役中牺牲的八个国家的 687 名士兵和水兵的名字。

　　我要强调以下这个事实：铜纪念碑以很有说服力的无声方式，证明了是天津使大规模的义和团骚乱得以被摧毁，尽管北京已经获此殊荣。皇宫中的满清统治者推迟对使馆区的大规模进攻，是要观望天津的局势如何发展再做决定。他们认识到，无论义和团暴民还是清军，或者是他们联合在一起，都不能打垮我们，于是他们采取了较为温和的策略。如果天津陷落了，而且当时已经濒临失陷，那样的话，在华北的所有欧洲人一个都活不了。实际上，我们的情况已经糟糕透了，一周落下的炮弹比在莱迪史密斯（Ladys-mith）①三个月的还要多。曾有一个令人可怕的火炮手告诉我，他在南非的

─────────────

　　① 南非城市。1899 年第二次布尔战争，英军与布尔人曾在该城展开激战，英军伤亡惨重。——译者

经历与天津相比就好像孩童的游戏,天津的现代克虏伯炮可以长距离的攻击不小于1/4平方英里的范围。这是我在中国28年最惊心动魄的一段经历,由此我想到了古代的普鲁塔克(Plutarch)①的看法:大事件结束之前常常会等待小的事情发生。西摩尔爵士6月14日开始了他解救北京使馆区的英勇行动,仅留下六七百名水兵守卫他在天津的基地。他刚一离开天津,义和团随后就拆毁了铁路,这样一来就迫使刚刚到达的配有一组四门火炮和一连哥萨克骑兵、总数1600人的杰出的一个营的俄国军队,不得不留在了天津。起初,我们还对西摩尔中将深表同情,认为这是一个不幸,但结果却证明他们正是我们的救星。这使我们的战斗部队增至2300人,正是凭借这些兵力我们才得以保住了租界,就是这么回事。

可能你们有些人对我家的经历感兴趣。我家的房子曾两次被榴弹炮弹直接击中,炮弹在房间里炸开了。幸好这两次我都没在家,但是第二次炮弹爆炸时,我们的董事会主席恰好在隔壁。我们家的房顶被炮弹弹片击中,炸出了13个洞,铁皮屋顶和窗户的铁丝网被炸出的洞多达70个。6月19日是我们的危难之日,有人很荒唐但又很严肃地要我考虑在那天晚上先杀死我的妻子再杀死我的家人,以避免他们落入义和团手里后难以意料的命运。我要遗憾地说,那些"蠢驴"总是使"懦夫"恐惧,只是因为我们缺乏武器弹药。我们没有理由恐惧和悲观。一天晚上,一位名叫詹姆斯·瓦茨(James Watts)的勇敢的天津年轻人,以超凡的勇气巧妙地骑马穿过义和团的封锁前往大沽,带领几名哥萨克骑兵携带着紧急信件,报告我们处于严重的危难之中。

3. 发展最快的城市

接下来我要谈一下天津这个城市兴起的由来。你们看到的这条河叫御河或运河,即运输之河。这里只是著名的大运河的北端,这条大运河跨越了中国东部,从杭州一直到天津,沿途穿越了长江和黄河。这条运河的主要作

---

① 罗马时代的希腊传记文学家、散文家。他的作品在文艺复兴时期很受欢迎,莎士比亚不少剧作都取材于他的文学作品。——译者

用是防范海上的风暴和海盗,以确保运往北京的所谓漕米的运输安全。现在,铁路以更好的方式解决了这个问题。运河在许多地方淤塞严重,是否还能通航很值得怀疑,即使还能够行船,也只能是最小的船舶了。然而,在某些大的河段,运河仍然能够发挥效用,就像一件好坏参半的东西,在一些地方还是好的。三年前,我在直隶南部的沧州看到了有关运河的一件事,当时,为了运载苦力,运河与津浦铁路陷入了激烈的竞争。就像苏格兰工程师所描述的,这使得"烧煤"的铁路运载苦力每增加 60 英里左右才收 10 文钱,铁路当然要把票价降到同样荒谬的程度。

还需要指出的是,天津这个城市位于"潮头",几百年来都是作为运送漕粮庞大的海运船队的终点港。这种状况一直持续到今天,使这里呈现出令人惊讶的情景——进港轮船穿行于一条数英里长的狭窄河道中。还要指出的是,天津实际上还是直隶、山西、陕西、甘肃四省和山东及河南大部分地区唯一的出海口,这些腹地的人口至少有 8000 万。

我手头上有我们的贸易统计数据,总额已经高达 1.33 亿两,在中国属于第二大贸易港,但是我不会强迫你们接受这一结论,除非有人专门问到此事。然而,我要具体提到在中国争论已久的焦点问题——人口。我曾经与两个地方权贵探讨过这个话题,他们两人从事的行当应该知道这个问题。其中一个人告诉我,人口是 150 万,另一个人告诉我是 4.5 万,一个数字是另一个的 37.5 倍[①],这是一个有些荒唐的差异。我毫不怀疑第二个人把家庭当作了他的统计单位,但是即使十个人组成一个家庭,总共也只有 45 万人,还是一个很小的数字。书上给出的人口数是 80 万~90 万,我认为这个数字太大了。我个人认为,人口数字应当在 60 万~70 万。你可能会问:"为什么不计算人口数,也不确定小数位?"是的,就像大多数东方人一样,中国人不喜欢这种按人头计数的方式,他们认为这种人口普查之后就要缴税。况且,他们也会像墓碑一样做假,但是尽管如此,我认为人口普查还是要进行的。

昔日这个城市缺乏作为一个城镇所具有的那种充满智慧的吸引力的。无论在艺术或制造业方面都很少甚至没有什么突出之处。它只是一个集散

---

① 这里数字有误。若按照作者的计算,4.5 万当为 4 万的误印。——译者

中心,是首都和腹地的出海口。我所知道的仅有的工艺产品就是地毯和彩色泥人,泥人非常可爱但太容易破碎,不适宜长途运输。人们有时会遇到一位艺术家,可以为你捏一个栩栩如生又滑稽有趣的小塑像。

我所说的这个旧时的城市毫无卓越之处,我现在就会证明这一说法。城里的纨绔子弟和地痞混混儿的为非作歹,使这个城市变得臭名昭著。在华中地区的茶馆,曾普遍贴出告示,称"天津人不得入内"。其他城市没有出现过的十恶不赦之罪,天津的"恶徒"们一般都干过。同时,他们都是些奸诈之徒,北京有句俗语"十个京油子说不过一个卫嘴子"(恰当的词是"巧舌如簧")。1870 年发生了那起罪大恶极的屠杀法国天主教徒事件之后,李鸿章就任直隶总督,驻地改在天津,而不再驻留原来的省会——保定府。这些暴虐之徒很快发现他们终于遇到了一个能掌控一切的人。我的一个老朋友当时在天津,他告诉我这位"中堂"大人怎样取缔冬天经常发生的纵火犯罪。他当场一举抓获了几名纵火犯,让他们赤身裸体暴露在滴水之下,全身结冰直到活活冻死成了一具冰壳。我从中国的文件中,找不到资料来证实适用于这一犯罪的这种可怕又独特的处罚方式的案例。义和团动乱之后,作为一种惩罚,天津的城墙被拆除。善的根源往往来源于恶,令人欣慰的是,当时的市民在想起此事的时候,这种令人充满仇恨的耻辱完全演变成了因祸得福的幸事。当年的城墙基址现在已经变成了大马路,有轨电车和许许多多的车辆正轻快地在马路上穿梭往来。

天津城现在已经成为中国发展最快的城市,不久之后在教育和社会科学方面将会很顺利地处于领先地位。热心改良的人们甚至舍弃了中国城市最珍爱和最宝贵的东西,即浑身散发着臭味和以垃圾为食的家猪。除了宏伟的城墙、城门、牌楼和庙宇之外,在中国的城镇很少能看到杰出的建筑,而天津正在开始成为一个例外。城的中心十字路口有一座令人关注的鼓楼,还有一座纪念李鸿章的很有气派的祠堂和一座很大的伊斯兰教清真寺,这些都是值得一看的地方。供奉天后和玉皇大帝的天后宫和玉皇阁肯定曾经非常壮丽,但是现在却久已被人们遗忘,以至给参观者带来更多的是厌烦而不是快乐。而且，常常会有栖身高处的女妖哈比（harpies）①抢掠外国"旅行的傻瓜"②。实际上，那个年代，人们更喜欢待在家里，宁做地狱的守门狗不做佛祖寺院的看门人。

基督教青年会的新总部大厦有望成为一个好地方，还有新的铁路车站和工业展览馆等建筑物，将会使天津成为一个发达的西方化的城市。中国城区开始出现两层的住宅和商店，而在我早年生活在这里的时候，这样的建筑被认为是违背了异教神灵的意愿，也几近违反了公共道德。在外国人看来，正是建筑高度的缺乏导致中国的本国建筑长久以来一直受到束缚难以发展。

这里是城区东北角运河沿岸两处河边的景色。正是在这个地方，我们的工兵于 1860 年测定了天津精确的经纬度：北纬 39～38 度，东经 117～118度。我注意到，现在中国城镇的纬度已经相当确切了，但经度还远远不尽人意，许多地方出现了 10～20 分的误差。这是不能原谅的，因为从劳积勋神父（Pére de Froc）③以及发往徐家汇（Sicawei）的电报中可以获得有用的数据。现在，在运河和海河上，钢铁桥已经取代了浮桥，从而使河运交通的巨大障碍得以被清除。照片显示的状况令人吃惊，实际情况常常更加糟糕。一艘船舶要通过的话，可能要等上好多天，通常情况下也要等上几个小时，除非船上有高官或者外国洋大人亲自交涉此事。

这就是著名的法国天主教堂，曾在 1870 年和 1900 年的暴乱中两次被毁。现在，让我们顺着河往下游，再次到了紫竹林或者叫外国租界。但是，谁是或者何为外国人？那么，我们许多人都是领事官员、海关官员或中国政府的"服务人员"，但是更多的是商人和商店店主，他们的利益取决于所有处于上层的其他外国人。作为一个社会群体，我们现在就是大而复杂的西方社会的缩影。但是在最初的 30 年，我们只是一个非常简单的生活共同体，其

---

① 哈比是西方古典神话中鸟身人面的女妖，性情残忍贪婪。——译者

② 这里引用的是马克·吐温的小说"Innocent Abroad"，可译作《傻瓜国外旅行记》。——译者

③ 劳积勋（Pére Louis Froc 1859—1932），法国人，天主教耶稣会传教士。1883 年来华，曾任上海徐家汇天文台台长，掌管徐家汇天文台 30 年。所著有关中国海洋水文著作曾被法国海军部水文地理部出版，作为法国海军在远东航行的指南。——译者

主要社会功能——如果我可以创造一个词的话——那就是"代理"。我的意思是,我们几乎都靠代理生意为生。没有银行,也没有像现在这样引人注目的大规模的出口贸易。事实上,代理商是先行者,他们做了极大的努力,让北方的中国人了解轮船航运的优势,促进他们使用外国商品。

不熟悉中国贸易的人可能不知道,中国贸易分为"清"和"浊"两类,或者你更喜欢称其为"贵族贸易"和"平民贸易"。前者仅限于茶叶、丝绸、鸦片和金银,这种贸易只有内行人做,并只适于在中国南方和长江一带进行。这种贸易掌握在文化上颇有些优越感、精神视野比较开阔的人手里,主要在达官贵人圈子里进行,可与中世纪意大利的梅第奇家族相媲美,什么东西都是最好的。并且,这种贸易是通过轮船运输进行的,其优越和高效之处足以让全世界钦羡。北方的贸易则不完全是这样,只有整洁的草帽缠、少量的花边刺绣产品和富有魅力的北京古玩除外。19 世纪 70 年代末 80 年代初,天津盛传有人看到塞外北方和西北的沙漠和高原地区有大团大团的优质驼毛被大风刮走;这些地区的山羊和绵羊多如海边之沙、亚伯拉罕的子民;如果能组织运输的话,粗糙的短纤维羊毛可以无限量供应。

中国代理商随身携带着银子被派往这些地区,购买货物、组织运输。他们很快取得了成功,驼毛、羊毛、皮革开始在天津的市场上大量出现,不同种类和质量的毛皮也随之出现,随后猪鬃和绒毛也出现了。现在,这些还没有经过加工的货物大都很脏,气味有如主欲赐福之地。狡诈的牧民和代理商在这些货物里掺上沙子、泥土,或者把它们弄湿,使情况变得更加糟糕。这意味着要为没用的污物支付运输里程可能长达 500～1500 英里的运费,这也意味着所有货物都要拆包、检验和清洗,然后才能装运出口。这就是我们大规模的洗毛业和打包业兴起的原因。甚至直到今天,在历经了 40 年之后,我们从遥远的青海运来的货物竟然仍掺有 15％～25％ 的泥土。大部分羊毛出口运往美国,在那里制成地毯。随之,在铁路催生了新的种植作物之后,花生、豆类以及芝麻都出现在河坝码头上,而且看到的不只是一种,是大批量的,现在又增加了黄麻和棉花。

美国人的肠衣贸易运来了动物的内脏,日本人收买兽骨磨碎制成磷肥,这些贸易确实让人恶心到了极点。

所有通过我们的港口运输的这些原料当然使人联想到都是当地的产品。煤炭价格低廉,劳动力充足,而且中国人一旦克服了对未知事物的恐惧,就会变得很精明而有魄力。起初,他们更喜欢追随外国先行者,而不是靠自己开创一个未知的世界。现在,他们截留下出口的皮革以供他们自己的制革厂做原料,而且他们很快就能生产地毯、供中国人戴的洋式帽子,在棉纺织等方面也取得了进展。盐的生产与销售也是当地的一项大产业。在中国,盐是政府垄断的行业,而且通过旧时波旁王朝式的盐税来控制。盐是通过海水的蒸发而制取的,质地非常粗糙。现在展示的这幅奇特的图画是中国的一架风车,其用途是把海水抽到盐池里。我听到过专业的外国技师对这一装置的巧妙创意给予的高度评价,风帆以最小的阻力被风吹转,待帆鼓满时又可以反向旋转。我需要另外指出的是,盐的走私也是当地的一大产业,而且做得很成功也很兢兢业业。

天津也是钱币铸造之地,我们有两个很好的造币厂,使用先进机械,货币出产量很大。一个规模较小但很有趣的贸易就是中国马的贸易。中国人自己并不善于养马,他们发现引进蒙古马用来拉车和农业耕作在各方面都更合算。当地的商人供应马匹给外国人用于赛马,为此他们一年两次去蒙古,把成群的马匹赶到天津再转运到其他商埠。这些商人用他们自己的标准评估马匹,通过无体重限制的计时比赛来测试。当然,他们也企图把能力平庸的马推销给我们,毕竟中国人是旧式贩马行里的行家。由马洛(Marlove)①创作、莎士比亚夸张模仿的话剧台词"骄纵的亚洲驽马",我把这两段一起显示在屏幕上,第一段还是初稿,第二段已经完成。你很难想象这两匹马属于同一个星球。第二幅照片是"王侯"(Rajah),一匹产自高原的最好的蒙古马。它的记录显示,它甚至击败了那匹令人生畏的上海的"英雄",并连续七次赢得了天津的"冠军赛",它在所有比赛中都显得那样强悍,令人惊叹不已。它被同样出色的"金币"(Moidore)超越了,有几次"金币"在"计时赛"

---

① 马洛的《帖木儿大帝》第二场第四节——帖木儿端坐在敞篷双轮马车上,驱赶着一群被他征服的王们拉车,就是把他们当作马使唤。"喂,你们这些骄纵的亚洲驽马! 那么! 你们一天能拉上二十英里吗?"莎士比亚的《亨利四世》下篇,第八幕第四场——枪手。"这完全是开玩笑! 驮马还是没用的骄纵的亚洲驽马们,不能在一天之内跑三十里吗,还与恺撒、食人族和特洛伊的希腊人相比?"

中跑得很出色,在获胜马匹名单中用时稍有缩短。在习惯于仔细查看英国纯种马、阿拉伯马或者柏布马(Barb)的品质特征的人眼里,中国马似乎显得粗笨,但是它很适合参加关键的比赛。一些专家认为,中国马是现存最古老的单蹄动物的标本。无论是独自奔跑,还是连续忍耐饥饿和寒冷,它的耐力都是非常出色的。这种马的著名之处在于,可以负重 150 磅在 7 小时 33 分钟内行走 76 英里,也可以负载相同的重量以平均每天 30 英里的速度从莫斯科走到符拉迪沃斯托克。它有在南极旅行的良好记录。最后一点,在匈奴阿提拉和成吉思汗时代,中国马在先后对西方和东方的征服中扮演了重要的角色。在今天,它仍然在“平地”上和马球场上大显身手。

这是我们跑马场的几张照片。我清楚地记得一位印度将官看到跑马场时惊愕的样子:“你们在天津有多少人?”“不包括驻军,大约 1800 人。”“赛马俱乐部有多少成员?”“大约 300 人。”“哇,你太让我感到惊讶了! 天啊! 我们在印度找不到比这更好的地方,我来这里之前,从没听说过你们这个令人惊讶的地方。”我说,我知道在中国沿海地区有四处跑马场像我们这样甚至比我们的还要好。在中国,赛马最显著的特征或许是中等收入者,甚至是穷人都会沉湎其中。富裕的人当然有更多的机会,但是也几乎没有更好的机会。蒙古马或称中国马,对气候的变化、喂养、训练,我再加上一点就是对良好的骑乘,都会有很大的反应,以致于马贩子和行家的判断经常会被颠覆,被“放弃”的“潜水者”(Dives)成了“飞毛腿”并战胜花了 50 两银子买来的“拉撒路”(Lazarus)成为“冠军”,而花了四五百两银子前景看好的未驯服生马却落得个惨败。一名下层职员同时是一匹“无取胜希望马”的主人、驯马师和骑手,却有可能当着他的“大班”(taipan)的面捧走大奖,这当然大大增加了这项运动的乐趣。

4. 天津城与华人生活

我们现在回来再谈天津城,那里有一条繁华而且很有名的估衣街。除了物质方面的进步,这个城市更加令人印象深刻的是在社会科学、政治和慈善方面所表现出的活力。作为一名社会分析者,我不具备足够的洞察力,在其重要性的适当范围内,去追溯这些进步的来源,但是我有足够的理由说天

赛马日热闹的赛马场

赢得冠军的赛马,女马主和骑手

津再也不是中国最混乱的城市,如今正如迪斯雷利(D'Israeli)所说过的,它是"光明和先驱之源泉"。这是多种因素共同作用的结果,李鸿章和他的直接继任者——特别是袁世凯——长期的、强硬的和开明的治理;轮船航运的出现;1860 年和 1900 年外国军队对城市的长时间占领;1901—1902 年都统衙门合理的管理;教育的发展;外国租界在诸如道路清洁、警务、供水、照明、运动场、医院等等方面所做出的榜样。我记得 1887 年,我们是怎样嘲笑一位富有远见的海关税务司的热情行动,他将他马厩旁边的一小段属于中国的道路铺成了碎石路。在这个小小的努力之后还不到 25 年,北京和天津就拥有了数英里一流的碎石路,在这些道路上,汽车在欢快地疾驰往来。

在展示这张天津都统衙门的照片时,我要特别提请大家注意这位德国代表法根海(von Falkenhayn)少校,战争①爆发时他任陆军部长,作为进攻凡尔登的实际策划者和现任小亚细亚的总司令,他的名字不断地出现在公众面前。他在天津的时候,首次展示出他超凡的才能。同样值得关注的是美国人胡佛②先生,他是为处于饥饿中的比利时人运送救济食品的负责人,现在任美国粮食总署署长。还值得关注的是这些非凡的海军军官,1900 年他们在天津展现出他们的勇气和才干,其中有海军中将西摩尔、杰里科(Jellicoe)、贝蒂(Beatty)、克拉多克(Craddock)、菲力莫尔(Phillimore)、沃伦德(Warrender)和凯斯(Keyes)。

李鸿章是各类学校慷慨的创建人和捐助者,除了新河试验农场外,这些学校都办得很成功。他创立的大学、海军学堂、武备学堂、电报学堂,汇聚了具有光明新思想的年轻一代。中华民国前总统黎元洪,就是我在天津的时候海军学堂的毕业生。袁世凯做了更多慈善之举,如创办习艺所、盲聋哑学校、妇产医院、疗养院、救护车队、小学堂和中学堂。那个时期,这些机构遍布天津,我们将其视为所罗门王的银色时代。在我们的分析中,绝不能忽视传教士所从事的有益的教育工作和社会工作,教育家们做出杰出的贡献,如丁家立(Charles Tenney)博士、毕业于剑桥大学圣约翰学院的赫立德(Lavington Hart)博士,以及在许多领域都做过大量非常高尚工作的美国基督教青年会。生活福利设施与这些发展同步前进。如今,生活在天津的上层外国人很少像往昔那样对自己生活的地方发泄不满和诅咒了。

在多年的生活中,我每天都要骑马穿过一个个的村庄,有许多机会亲眼

① 指第一次世界大战。——译者
② 胡佛(Herbert Clark Hoover),美国第 31 任总统,1900 年前后曾在开平煤矿任工程师,在天津居住。——译者

目睹中国人的公共生活。我招呼渡船的口哨声使我很受孩子们的欢迎,他们经常和我打招呼:"马老爷,请吹一个鼻儿(pir)①"。这种口哨对他们来说,是一种绝妙的技巧。有一次,我还发现我的马小心翼翼地走在一大群小猪当中,有一头猪妈妈领着。我非常吃惊,赶忙下了马,数了数,一共22只小猪。然后,我把猪给主人送了回去,想弄清这些小猪是否都是一窝。他肯定地告诉我都是一窝的,但是他又说这是本村迄今所知最多的一窝。我的这种好奇使他们认为我是正派的,他们可能以为我们对他们的事情感兴趣。有幸的是,在同一个村子里,有一次我听见一位老妇人正在骂人——老婆儿骂人不绝口。我实在无法公平地评判她的行为:她从清晨站在屋顶上一直骂到傍晚露水初降,只是吃中午饭的时候歇了一会儿。这让我想起了《麦克白》(Macbeth)②中的女巫,竭力地用尽人声所能达到的最高音阶,尖声地叫骂和诅咒,还做出各种动作更加显出恶狠狠的样子。我企图绕开人群,却引起了她的注意,她立刻转向我发出疾风暴雨般的高声叱责之声。此前村子里的人们对老妇人的叫骂完全无动于衷,现在感到简直就是"丢脸"。他们企图让我离开,但是这是一个大的发现,我拒绝离开。曾经驱赶过西班牙骡队的最伟大的威吓高手也比不上这位中国老妇人。

正如你们许多人所知道的,中国人骂人喜欢用下流的脏话而不是像我们用诅咒的方式。贫穷的老人以脾气乖戾像个泼妇而出名,总是和家人与邻居闹得不可开交。她习惯于让自己的愤怒不断地积压着,直到怒火如飓风般爆发出来。我们西方人完全不像这样,但是我想象,从前凯尔特人的觉醒就有些像他们那样强烈情感的发泄。我骑马经过旷野中的家族墓地时,常常遇到令人悲伤的场景,女人们在亡者周年纪念时显得悲痛欲绝,但是中国的朋友们向我保证,这样做更多是礼仪性的,而不是真的悲伤不已。

村民们的户外生活也很值得一看,特别是他们的食物来源。一个健壮高大的小伙子自顾自坐在一家饭铺的凳子上,用他的十到十二文钱(约一便士)换来一顿丰盛的饱饭,除此之外他一无所有。那是他赌博赢的,如果他

---

① 方言,这里指用嘴吹哨。——译者
② 《麦克白》(Macbeth)是莎士比亚创作的著名戏剧。——译者

输了,他就只能紧一紧裤腰带,抽袋烟充充饥了。红薯、栗子(最好的做法是放到坐在热灰中的大锅里烘烤)、白菜、油炸蚂蚱或毛虫,其中最有名的是豆腐,当烹制将要完成时总会吸引一群群孩子和大人。

在中国人的生活中,用简单手段达到复杂效果的灵活性给我留下了深刻的印象。我曾向睿智的老"中国通"——已故的宓吉请教,请他给我总结一下在中国的体验,他立刻回答说:"这是世界上唯一可以在街上买到一桶开水的国家。"这是一句胜过亲眼所见的深刻结论。中国人从不随身携带个人用具和装备,理发匠在公开场合为顾客剃须、洗头,他的整套设备用一根扁担担着就可以到处走动。需要提醒那些近期没有到过中国的人,革命和随之发生的剪辫子,已经给这一很大的行当造成了严重的冲击。

铁匠随身挑着他的锻铁炉和铁砧,把整个铁匠铺带到了你家的后门,为你打制拨火棍或者煎锅,木匠带着他干活的长凳同样也是如此。你的鞋子在路边就可以修好,你只要等在那里就好了。老婆儿(lao por)以同样淳朴的简单方式修补好你的衬衣或裤子。售奶者牵着母牛(跟着一头带着嚼口的牛犊)当众挤奶,就是为了让你看到牛奶是真的。而且,我还要补充一点,尽管这样他还是让你亲眼看着,除非你过于挑剔。鸟贩和鱼贩带着活的饵料,屠夫带着宰杀好的禽畜,沿街走着叫卖。还有灵巧、耐心的"锯碗的"(chü war tih)或称瓷器修补匠,卖古玩的、卖绣品的,带着他们精美的商品,都是这样四处走着招揽生意。我们天津的女士们,时常通过奖励那些从市场上买来最便宜商品的女士来活跃茶会的气氛。我曾见过有人因此赢得了足足五道菜的一顿饭,包括汤、鱼、肉、点心和水果,还附带奉送盘子和餐巾。我作为父亲偏袒女儿,我认为她应当能赢得一次这样的机会,她强迫四个强壮的苦力来到家里,每个苦力担着两大桶开水,足够一家人洗澡用。

5. 外侨的娱乐与运动

现在,让我来讲点有关我们外国人的娱乐和体育运动的事,来缓解一下诸位的单调和乏味。我在前面已经顺便谈过有关马的事了。我几乎无须再说,我们现在已经有了汽车,一件能使我们完全满意的事情就是需要有更长的道路。这一需要不知怎么让我想起了幽默的法国人给马德里人提出的建议，他们应该卖掉曼萨纳雷斯河（Manzanares）①上的几座雄伟的桥梁，用得来的收入购买水来补充枯竭的河流。像引起中国人关注的许多其他西方发明一样，汽车驳斥了以往的谬论——中国人不能容纳任何新的事物，他们天生就是保守的。我敢说，很少有人更敏锐地认识到这一实用的新奇之物的价值。在天津、北京和上海，现在已经有大量汽车被有鉴赏力的"华人子弟"们乘用。在华北，板球和橄榄球除了英军和美军士兵喜欢外，还没有在任何人群中流行起来。而在另一方面，英式足球特别受欢迎，就像田径运动一样，英式足球已经在中国的大学和中学里传播开来，特别是大学之间的比赛竞争很激烈。网球和高尔夫球都受到人们狂热的喜爱，网球现在已经在中国的年轻人中迅速传播。几乎可以毫不夸张地说，网球彻底改变了"80年代"在华外国人的生活，为我们挽回了懒惰的骂名和诸如酒徒的一连串恶名。

20世纪初在英租界运动场打网球的胡佛

在天津，我们有两个好的高尔夫球场，一些墓地散布其间；我说到这些时请不要感到震惊，它们构成绝妙的球场障碍区和沙坑，也不会使其受到任何亵渎；我们非常小心地避免冒犯人们脆弱的感情。不过，我们最好的球场障碍区就是有名的"围子"，这是一道13英里长的围墙，于1859年由蒙古亲王僧格林沁所建，是为了阻挡"洋鬼子"。当地有一个传说，说是这道围墙18天就建成了。我对此表示怀疑，但是如果这是真的，那么这是在漫长的劳动史上做得最好的有组织的人力工程之一。尽管我几乎不能相信这一点，但是我还得承认中国是世界上能够完成这种工程的一个国家。我曾经亲眼看到过两万两千人同时在一片1/5平方英里的场地上干活，密集的劳作人群简直就像座蚁山，我非常遗憾这事发生在电影出现之前。其中的两千人为另

---

① 曼萨纳雷斯河是西班牙中部的一条河流，流经马德里。——译者

外的两万人专门"做饭",这也是典型的中国人的做法。

我们的水手们都滑稽地把"围子"称作"僧格林沁墙",这道围墙只挡住了英国人两分钟,当时一名海军候补少尉游过城壕,爬上土墙,然后打开了围墙的营门。1863—1864年间,令人生畏的太平军进军到了他们"最远的北方",天津人可以从土围墙上看到他们的营火。在1900年的租界防御战中,"围子"起到了相当重要的作用,而如今,"围子"完全成了发生洪灾时乡下农民的"避难之区"。

我们外国人初到华北时都很奇怪,为什么所有村庄都建在高出平地10英尺的土台子上。一些老人提到了洪水,但是我们没有人相信。直到"80年代"洪水真的来临,而且从那之后的整整十年里,我们几乎每年都遭遇洪水。洪水看上去好像是周期性循环的,但其实是没有规律的。现在所展示的这幅照片,是天津英租界近期扩展的界区在1890年发生大洪水时的情景。现在整个地区都铺筑了完好的道路,两旁建起了许多别墅住宅。我无须再告诉大家本周发布的新闻了吧,今年秋天水灾再次降临,灾情比所知的以往历次都更加糟糕。这些水灾带来的必然后果,是在华北的严冬发生了饥荒以及寒冷带来的可怕苦难,当然我指的是当地穷苦的华人。我们则做出各种努力以缓解灾害带来的痛苦,于是我们仍然利用各种机会——秋天驾驶帆船,冬天玩冰上滑艇。在这些时候,作为冬天的娱乐活动,乘排子(Pei—dze)野餐郊游和玩冰上滑艇向滑冰发起挑战。排子是一种最为简单的雪橇——两根长长的滑轨,上面铺着一层芦席。推动排子前进的动力来自于叉着双腿站在滑板上面的苦力,他用一根顶端带尖的竿子从两腿之间向后撑。他一小时可以滑行6～9英里。这是一幅翻拍的抓拍照片,画面非常逼真。很遗憾,我没能找到一张冰船队的照片,那真是一幅非常美丽的景象。排子速度快得惊人,每小时可以达到40～45英里甚至50英里。一旦松开舵柄,排子会随意改变方向,没有防备的乘客会像一颗石子被弹弓弹射出去一样被甩出去。我们对"毫无伤亡"的唯一解释,就是上天保佑玩冰上滑艇的人与喝醉的水手。

持续三个月的冰冻期当然也为我们提供了滑冰和打冰球的好机会,但是令人讨厌的尘暴,使得我们不得不把这些娱乐活动改在用万能的席子搭

冬天河面上的"排子"

盖的棚子下进行。这些尘暴就像洪水一样,似乎有还不清楚的周期或长期的变化,目前还没有听到过合理的解释。近十年或十五年来,尘暴爆发的次数比以前少多了,猛烈程度也减弱了。当我们跟新来的人谈到这件事时,他们已经不相信我们这些上了年纪的人了。在早年,尘暴每年冬天大约每三周发生一次,在初春或深秋每五六周发生一次。尘暴往往连刮三天,而且经常伴随着气温骤降。戈壁和沙漠表面的一层细沙,甚至更细的让人感触不到的黄土状的沙尘,被强烈的西北风吹起,随风飘浮数百英里,弥漫在空气中,使得天空昏暗得几乎像埃及一样。灰尘吹进了我们的房子、床、衣服、食物、眼睛、耳朵,肯定也影响到我们的心情,把我们生活中的欢乐降到了最低限。我确信,我们能够感觉到在呼吸的空气中有着令人厌恶的骆驼那使人作呕的气味。

　　我不想再用数字折磨大家,但我要告诉你们,华北每年的气温从华氏0度一直到华氏100度。我很少遇到同一个温度计——这是一个相当可靠的温度计——12个月内显示气温从华氏13度一直到华氏113度。这类极端的情况让人想起那紧张的时期,但是实际情况是,我们拥有世界上最好的气候。虽然令人难熬的湿热天气要持续两个月,但这只是我们舒适气候的一

冬季结冰的河面上玩冰壶

点不足而已。冬季白天的寒冷,被温暖的阳光减轻了许多,而且除了尘暴之外,意大利式的天空一次能持续好几周。

冬天是我们社会活动的活跃高潮期,我们当然都尽情娱乐。宴饮、舞会、公开的和小圈子的戏剧表演、音乐会、文学会、俱乐部生活、羽毛球运动、骑马聚会和户外运动,等等,都是随处随时可见。当然,这里还会长时间缺乏令人满意的高品位艺术,例如古典音乐、绘画、雕塑、建筑和博物馆。但是,除了这些重要的例外,"外埠"的生活还是比英国国内拥有更多的快乐。如果一个人对中国伟大的艺术和考古发生了兴趣并学到了相关的知识,那么艺术的极度缺乏就能够得到改善。我们拥有非常好的新式图书馆,还有富有进取精神、精明强干的出版社。

谈到天津商埠生活的社会方面,我可以骄傲而自信地说,通过长期的比较,我发现没有一个帝国的英国社区,其战争捐款的记录在数量上超过天津或与天津相等。天津的慷慨大方确实是无与伦比的。我记得,当我们"在社会慈善方面尽了最大努力"的时候,通过义卖募集到800元,要求帮助邻国和中国的朋友们。与此相对照,1916年我们同样募集到了8万元,另外募集了2000英镑为"退役军人之家"(Star and Garter)捐助了床铺,8000英镑捐助海员孤儿院,7000 英镑捐助了一架飞机,等等。

以前,我们充满热情的生活的一大缺欠就是很少有变化。在前铁路时代,海滨对于我们来说是不存在的。距离我们最近的烟台乘轮船要 18 个小时,而且我们的思想很容易变得守旧,眼界自然非常狭窄。现在所有这些都已经成为过去。近 20 年里,我们建立了自己的海滨胜地,非常令人心旷神怡的地方!位于渤海湾的北戴河,距离我们 160 英里,是一个理想的疗养胜地。田园般的自然魅力,一片美丽的景色,也让我们摆脱了如同"海滩黑家伙"(beach－nigger)①一样的惯常生活的束缚。那里有良好的海滨浴场,夏天的温度在 10～15 度之间,低于我们热乎乎的平原。到了炎热的夏季,来自整个华北地区的妇女、儿童和疲倦不堪的男人聚集到那里。那里距离秦皇岛和山海关非常近,而且更加偏僻和宁静。秦皇岛是冬季不冻港,是供煤炭出口贸易的深水港,也是一个大型煤矿公司创建的。山海关位于长城与大海的交汇处,从前,长城实际上伸入海中很远,构成了一道大防波堤。但是,由于几百年沿岸海流的作用和满清政府的忽视,这道长城防波堤已经完全消失在大海的波涛中。

这些地方的出现,以及事实上我们可以乘火车迅速离开前往四面八方,使我们完全消除了被禁锢的感觉。早年,我们每年有三个月的时间完全断绝与外部世界的来往。我记得有一次,一场暴风雪挡住了从长江骑马前来送信的邮差,一封来自伦敦的信件送到我手里时距离寄出日期已经过了 63 天,而平时一般只需要 40～45 天。将这些与我们战前的经历做一下对比,当时我们从天津到查令十字(Charing Cross)②的旅行用了差 3 个小时不到 12 天。交通方面的这一令人称奇的进步,几乎是与社会和政治的惊人变化同时发生的,有幸的是,这也与我本人在华北生活的主要时间段相一致。这个古老的大帝国,或者我应该称其为国家,经历了漫长的沉睡之后,现在正在像一个重新振作的巨人一样向前发展。一个中国的政治预言家说的好:"事实上它一直在发展。"尽管这个观点仍有些令人乏味。

---

① 当时西方人对黑人的歧视性称谓——译者

② 这里是指英国伦敦市中心的查令十字,其被视为伦敦的中心,因此意指伦敦。——译者

中国通：美军第十五步兵团在天津

查尔斯·芬尼(Charles G. Finney)

　　1960年,美国作家查尔斯·芬尼以诙谐幽默的文笔,撰写了驻天津美军第十五步兵团的回忆录。这部回忆录于1961年由美国道布尔戴出版公司(Doubleday & Company, Inc.)出版——《中国通》(*The Old China Hands*)。欧美人把熟悉中国事务或长期在中国居住的西方人称为"中国通"。美军第十五步兵团驻防天津26年,算得上是"中国通"了。

　　该书曾多次再版,本篇根据1961年版本全文翻译,题目改作"中国通:美军第十五步兵团在天津"。原书内容分作"天津""秦皇岛"和"熄灯号"三个部分,每部分包括若干节,一共16节,每节列有标题。本书遵照原书体例,未做改动。

　　原书附有一份第十五步兵团部分任职军官名录表,是作者根据1927年3月的《驻华第十五步兵团任职军官花名册》编制的,本篇亦附在后面。表中所列项目,除了当时的军衔和任职外,还列有这些军官获得的最高军衔以及生卒年月等信息,这些信息都截止到1960年原书出版前为止。

(译者:庞玉洁、任吉东)

THE OLD CHINA HANDS

An urbane and humorous account of American
soldiers occupying China three decades ago

CHARLES G. FINNEY

作者查尔斯·芬尼,摄于天津

一、天津

1. 新记录

那天晚上拳击比赛结束以后，小个子卡尔霍恩·肖（Calhoun Shaw）和我离开运动馆（Recreation Hall）去"日内瓦咖啡酒吧"（Café Geneve）喝啤酒。第十五步兵团了不起的重量级选手里夫斯（Reeves）刚刚击倒了英国第一威尔士边防团（First Welsh Border Regiment）令他们自豪的拳手，这似乎是值得庆祝的时刻。当然，即使里夫斯失败了，我们也会去日内瓦咖啡酒吧，但是他的胜利格外给了我们去喝一杯的动力。在日内瓦咖啡酒吧，我们遇见了罗伯特·康茨（Robert Counts），他 1925 年就来到了中国（我是 1927 年，小个子肖是 1928 年），在天津已经是再次延长服役三年，袖子上还是一等兵的一道杠。

"谁赢了？"他问道。

"里夫斯……第三回合击倒。"

"当然，当然是里夫斯，金发男孩，他总是会赢的。但是，在第十五步兵团曾经有一个家伙可以制服里夫斯。当然，他离开这里已经很久了，他走了是一件好事，但是他可以制服里夫斯。"

我和肖都没有搭腔。

"他名叫阿拉斯加·坎宁（Alaska Canning），"康茨说，"他不如里夫斯身材高大，但是他更魁梧，手臂明显可以垂到膝盖以下。1925 年我回来时和他坐同一条船。哼，我非常讨厌他，其他人也是。一次，我们驶离吕宋岛前来中国时，我们五六个人实在看不惯坎宁的做派，联合起来修理了他一顿，我想应该在一开始就这么做。虽然他首先摞倒了我们中的两个，但后来我们干翻了他并踹了他一顿。在之后的旅程中他表现得相当绅士——乖乖地待在了医务舱。伙计们，这就是那个时候的老军队！高领衬衫、帆布护腿、小船形帽。

　　但是，我还是要告诉你们阿拉斯加·坎宁是如何能够战胜金发英雄里夫斯的。坎宁是我们途经檀香山港口时，让我们获得"人类渣滓"这一称号的家伙，他们禁止我们下船，每个人都感到耻辱——坎宁尤甚。这艘旧的"托马斯号"（Thomas）是美国战后从德国获得的轮船，改名"托马斯号"后改作运输船，这是一艘很不错的船——甲板空间很大。

　　从弗里斯科（Frisco）出发那天起，每个人都病快快的，直到我们到达瓦胡岛（Oahu）的那一天才稍微振作了一点。船上有 500 人去夏威夷，300 人去菲律宾，而我们 150 人去中国。这是 950 个晕船的家伙。伙计，你能想象老"托马斯"是什么味道吗！我们出发的第一餐是豆、腌菜和洋葱。我们一开始晕船，这些豆、腌菜和洋葱就吐得满船上下到处全是。阿拉斯加·坎宁和我们其余的人一样晕船，除了第一天教训了三个家伙外，相对比较安静。你知道的，坎宁善于教训别人，你触犯了他的底线，他就给你颜色看看。他

H 连的拳击赛

不喜欢你在围栏上的位置,就会揍你一顿。但是在从金门湾(Golden Gate)
到戴蒙德角(Diamond Head)途中,他病得无法再挑衅。然而,就像我说过
的,每个人在到达瓦胡岛那天都振作起来,就在我们进港之前,坎宁成功地
教训了大约六个家伙。是的,我们被拖进檀香山的码头,我们估计他们会在
检查之后让我们下船,允许我们在城市中逍遥一段时间,也让我们体会到再
次走在陆地上是什么感觉。但是没有,他们没有这么做,只是飞快地把那些
在夏威夷下船的家伙赶下船,让官员和他们的眷属从特殊通道下船,但是剩
下的人被他们留在船上,他们的借口是在病号舱的一些人可能会引起传染。
就这样,我们早晨8点抵达那里,第二天8点仍在海上漂泊。

我们自然如同身在地狱,几近疯狂,但是码头驻有宪兵队,这些来自斯
科菲尔德兵营(Schofield Barracks)的家伙都腰挎手枪,我们什么也做不了。

当地的小孩子们赤条条地划着独木舟来到船的周围,潜水去捞我们扔

给他们的硬币。我们中的一个说："哎，这些小孩子能在这里游泳，为什么我们不能？"他脱掉衣服，从"托马斯"的围栏跳入水中。他是个游泳好手，在水中和当地的孩子们尽情玩耍。这时，宪兵发现了他，其中一个掏出手枪打了两枪，子弹钻入他近旁的水中。一切到此结束。他顺着我们扔给他的绳子爬了上来，随后有人记下了他的名字，我猜他后来被送上了军事法庭。他是要去菲律宾的，我再未听说过他。

夏威夷当地人酿制一种烈酒，称为夏威夷烧酒（okolehao）——可能你们这些家伙在那里停泊时也喝过一些——"托马斯号"就曾搬上过不少。你知道他们是怎么做到的？小贩们来到船边，这是宪兵们允许的。他们在篮子上拴上绳子，再把绳子抛给你，你把篮子拉上去，把钱放在里面再放下去，按照钱数你会得到诸如苏打水、蛋糕和水果等物品。其中一个家伙，以前曾经在夏威夷做过短暂停留，知道这种饮料，他用夏威夷俚语让一名小贩卖给他一些。显而易见，那些该死的宪兵被贿赂了。但是无论如何，过了一会儿，夏威夷烧酒就被用桶送上了"托马斯号"。这是迄今为止所能制造的最强劲的饮料。坎宁——那个我一直谈论的家伙，得到了整整一瓶——我想是他刚刚从其他人手里抢到的——他喜欢烧酒就像海鸥喜欢鱼一样。他头脑清醒的时候脾气已经够坏，而当他被酒精点燃后更无法保持平静，我宁愿待在地狱里也不愿在他身边。

令人高兴的是，那天晚上太阳落山的时候，一支军乐队过来慰劳我们，有许多草裙舞女为我们跳舞，还有一些慰问品什么的。你知道的，我们被禁闭在"托马斯号"上，所有的娱乐节目都在我们下方的码头上进行。他们甚至带来了一名牧师，他为我们祈祷并带领我们唱一两首圣歌。第二天就是周末，但是没有人关心这些。

就像我说的那样，我待的地方离着坎宁远远的，我虽然也喝了少量的夏威夷烧酒，但并没有感到热血澎湃，我只是自己安静地待在那里听着圣歌。但是坎宁出状况了，看他手舞足蹈的样子是喝多了，他的两手各拿着一个空瓶；他通常脏话连篇，但是现在却没有，他正模仿牧师的话，"我看到我的敌人，我看到我的宿敌，耶和华将他交在我手里"。然后，他停止模仿牧师转而像他自己以前的样子说道："看到那个狗娘养的吹笛子的卷毛了吗？他在诺姆（Nome）侮辱过我，他在史凯威（Skagway）侮辱过我，现在到了大男孩坎宁的惩罚日了。"随后，他用一只手在栏杆上固定好身体，另一只手扔出了其中一个空瓶子，正好打在那位笛子演奏者军帽上，直接导致圣歌中断，笛子演奏者倒在地上，血流满面，造成了严重的后果。

军官们来了，那些粗暴的宪兵军官席卷了整个"托马斯号"，并将我们所有人都逮了起来。现在回头看，如果我再碰上这种情况，我将会告发坎宁。但是，我和那些看到坎宁扔汽水瓶子的家伙们都没有这么做。当然，后来当"托马斯号"离开吕宋岛时，在我们最后一次对他饱以老拳并踩在他的脸上后，我们疑惑为什么没有这么做，但是当时我们的确没有做，这就是事实。

结果，他们做了调查，但无法证明任何事，除了查出船上的家伙有三分之一跳过去拿夏威夷烧酒，他们每个人都有作案的可能。但是，因为铺位的排列和我们在甲板上所站的位置，他们只能推断可能是这群准备去中国的家伙中的某个人干的。

"你们这些家伙"，组织听证会的上校说道，"全是人渣，我要给你们这些该死的家伙都加上不良记录。如果乐队的人死了，我一定会绞死你们几个。"

还好，乐队的人没有死，但这件事却传遍了我们穿越太平洋将要走过的所有地方。我们是人渣。当"托马斯号"停泊在关岛时，他们不让我们上岸。当我们抵达菲律宾时，他们原本不想让我们在马尼拉上岸，但又不得不这样做，因为他们必须清扫船舱，这是医官的命令。所以，他们让我们在卫兵的监督下上了岸，乘坐驳船沿着巴石河（Pasig River）被押送到威廉·麦金利要塞（Fort William McKinley）。我们就在严密监视下，在那里待了10天。完全出乎意料的是，我们待在那里的第二天，他们给我们每个人发了10美元。从那以后，我们的坏名声叫得更响了。

白天，就是一清早，他们把我们带到操场，让我们做操，装模作样地严格训练。下午，一般是该死的下雨天，他们又挖空心思找一些脏活累活让我们做。扫地板、擦窗户、到处搬运货物，就是让我们不停闲地忙着。到了晚上，他们在营房门口设置岗哨严加把守，让我们肆意而为自作自受。很多家伙乐衷于玩掷骰子和扑克，没一会儿工夫就把发给的10美元输掉了。但是，赌桌上仍有相当多的钞票。150个人,每人有10美元就有1500美元之多。

有一个卫兵是菲律宾人,我不认识他,之所以知道他,是因为他把能买到的两美元一品脱的杜松子酒都带来了。菲律宾的东西还是很便宜的。很快,到处就都是杜松子酒了。我们睡在一个旧军营木制楼房的顶层,食堂和娱乐厅在一楼。我们在那里的第五个夜晚,每个人都喝了大量杜松子酒。我们四处胡闹,唱歌,大喊大叫。但是随后,坎宁——总是这个坎宁——把一个家伙击倒了,躺在地上不省人事;那家伙的三个朋友一起向坎宁发起攻击。其他一些人认为不公,都是冲着坎宁来的,也加入了对他的攻击,很快,整个旧军营的楼上成了充满尖叫声的混乱之地。

兵营门口站岗的家伙吹响了哨子,更多卫兵赶了过来,还有军官。很快,似乎麦金利要塞他妈的所有驻军都来了,他们试图奋力冲上兵营的楼梯,要把我们揍个稀里哗啦。

我们堵住了楼梯。床铺掀翻了,桌椅拆散了,人人眼圈青肿,鼻子流血,手指关节挫伤了。我们认为他们想要杀死我们,所以都拼命反抗。

不时有人大喊:"人渣,报数!"而我们都一起报数,事态变得越来越紧张。最后,他们用上了消防水枪,这才平息了下来。我们投降了。天哪,军营里简直是一团糟!他们在周围设置了一圈卫兵,这些家伙手持柯尔特点45手枪(.45Colt)肩并肩地站着,当然,我们所有人还是被围在里面。这时,他们带着灯和手电筒走了进来——当时军营里所有的灯都被打碎了——让我们每个人都脱光了衣服,然后到处搜查杜松子酒。当然,大部分杜松子酒已经进到我们肚子里,但是他们仍搜出许多,都倒进了排水沟。

这时大概是凌晨2点钟,他们当场让我们马上开始清扫兵营。天亮的时候,他们不让我们吃早餐,把我们带到操场上跑步而不是做操,"这些要去中国的先生们需要给他们的系统加些动力,"一位中尉如是说。于是,他把我们折腾得筋疲力尽。

在菲律宾,除了我们周围一直站着一圈卫兵之外,他们再没有对我们做什么——可是,上帝,恨死那些站岗的家伙了——再没有杜松子酒进来,黑眼圈开始消肿,受伤的关节也好转了。坎宁重创的那两三个家伙,也没有人在意这些了。10天终于结束了——如同10年般漫长——他们带着我们沿着巴石河,乘驳船去"托马斯号"。那位指挥卫兵监视我们的中尉看着我们离开并冲我们发表了最后一番训话:"我们可以把你们这些该死的家伙关在麦金利要塞,永远别想出来,"他说,"但对于你们,我们再不愿意浪费任何精力,所以我们只有把你们送到下一个目的地。但是,我们也不会完全忽视你们作为我们客人时的所作所为。我们已经编写了一本有关你们每个人的报告,在这份报告里,你们每个人的名字下都有一个大大的、漂亮的不良记录。这份报告将递送给你们在中国的指挥官,让他看着办。"

我们纷纷涌上"托马斯号",一两天内平安无事,直到坎宁又揍了一个排在他前面打饭的家伙。我们不想再惹任何麻烦,于是就像我前面说的,我们五六个人联合起来对付他,在一场引人关注的打斗之后,我们把他打倒并重重地踩伤了他。随后的旅程他只能在医务舱中度过了,但官方对此也没有做任何理会。

然而,我们的士气却被搞得糟透了。你要知道,士兵通常在任何条件下都要尽量保持整洁有条理,但我们没有做到。我们恰恰是让一切事情变得一团糟。当我们抵达天津时,已是衣衫褴褛,困顿不堪,看上去就像一帮暴徒,你可以想象得出来。我们的军装被撕破了,也需要剃须理发。我们知道自己看上去是多么邋遢,我们真的感觉如同置身地狱之中。没错,我们是人渣。我们的不良记录已经先于我们传到天津,这也让我们感到很不爽。他们让我们绕着步兵团驻地前进——就像他们一贯的那样——当我们到达这里时,没有人说话。然后,他们让我们立定,我们带有防备性地随意站在一起,步兵团长官径直走到我们面前。我们咬紧牙准备又一次承受从头到脚的大声训斥。

当然,他现在已经走了,你们这些家伙甚至都没有见过他。他是一位中校,名叫乔治·卡特利特·马歇尔(George Catlett Marshall)①。他看了我们一两分钟,然后说道:"从我所能了解到的情况看,你们来到这里经历了一段不平常的旅程。我绝不会吓唬你们,但是如果你们有人认为自己强壮,你

---

① 这里是指美国五星上将乔治·马歇尔。1924 年至 1927 年初,他在美军驻天津第十五步兵团任副团长。此时已经离开天津。——译者

很可能会发现这里的人和你一样强壮,甚至比你还强壮。我现在想对你们说的主要事情是,当你们5分钟前走过这座大门——驻中国天津美国步兵团的大门——旧的记录就被一笔勾销,新的一页已经开始。新的记录是属于你们自己的。我希望你们能保持每一页都清白无暇。"然后,他向我们敬了个礼就走开了。他是一个好样的。

说到这里,就像所有说书人一样,一等兵罗伯特·康茨呼吸平稳了,停下来喝了几口啤酒。"天哪,这就好像是很久以前的事了",说着他放下了酒杯。

"哎,"小个子肖说,"可那个坎宁怎么样了,就是你说的总是制造麻烦的那个家伙?"

"啊,"康茨说,"老坎宁似乎就不会安分守己。有一天,他重伤了一名军官。他们处罚了他,然后对他做了审查,把他列为愚蠢的退伍兵送回老家了。"

"我仍然不相信他能打得过里夫斯。"肖说。

"是的,他能,小家伙,"康茨说,"他是一个强有力的好战者——准确点说,在离开吕宋岛我们踩他的脸之前他是能做到的。"

2. 天津的街市

当我们这些新入伍的士兵到达天津,准备接替第十五步兵团那些要离开的老兵时,我们必须一直待在军营里,直到完成第一阶段的新兵训练,同时还要等着专门为我们订制的军装做好并发放到我们手中。这两件必须要干的事情,还要做到恰好,很可能也是有意地,同步完成。新兵通过训练,逐步练就一套军人的举止和仪态,经过考核合格后才被允许上街,与此同时,他们还必须要有得体的穿着。我们在美国入伍时,发给我们的军服,还是第一次世界大战时的库存,那种衣服即便是穿在稻草人的身上,也很难说是合适的。

学会了军人的举止,再加上漂亮又合身的军装,就可以得到红色通行证了。拿到这种通行证,就意味着可以在不值勤的时候随时离开军营,只要在半夜吹熄灯号和查铺之前回来就行。6个月后,只要没有违反规矩,我们就可以把红色通行证换成蓝色通行证。有了它就可以离开军营整夜不归，只要在早晨吹起床号点名的时候及时回来就行了。

新兵训练期间，我们曾在军营附近的天津地区搞过几次短途行军，这满足了我们想多领略一下天津这个既神秘而又气味难闻的城市的愿望。1927年暮春，一个温暖的星期六，我们在领到香港卡其布军装和红色通行证的同时，也得到了忠告，如果我们离开军营，就必须要守规矩，不要在第一个自由日惹出任何麻烦。我手里有一张10美元的钞票，是家里寄来的礼物。马丁·劳德（Martin Lord）正在娱乐厅里等着我。他是在我回到利文沃斯堡（Fort Leavenworth）的同一天入伍的。我们俩都来自美国中西部的小镇，有许多共同之处，但是他所具备的军人战斗精神远在我之上。美国参加第二次世界大战不久，他就在菲律宾战死了，当时他是陆军上尉。

我们穿过操场。当时，操场上聚集着许多士兵，穿着和我们同样的服装，金黄色的香港卡其布军服，光亮的纽扣，闪闪发光的皮革。我们的上衣翻领处装饰着一枚小小的蓝白色盾牌，盾牌上有四枚橡子和一条张牙舞爪的龙，还有箴言"胜任"（Can Do）两字。这条龙表示我们是在中国服役，四枚橡子分别代表穆弗里斯堡（Murfreesboro）、奇卡莫加（Chickamauga）、查塔努加（Chattanooga）和亚特兰大（Atlanta）四个地方。

我和马丁走出军营大门，满是一副军人派头，红色通行证揣在胸前的衣兜里，胳膊下夹着短手杖。

军营大门外的这条街，右边是一排二层建筑，左边的一排平房是商店。第一家商店外面的大字招牌上写着：

> 永兴号（Yung Shing Hau）
> 钱币兑换、百货、食品、葡萄酒、
> 白酒

街对面是另一家商店，挂着同样的大

第十五步兵团盾徽

字招牌，上面写着：

> 星旗有限公司（Shing Chee & co.，Inc）
> 钱币兑换、百货、葡萄酒、白酒

沿街还挂着更多的招牌：

> 格洛丽亚酒吧（Gloria Bar）
> 迎宾酒吧（Welcome Bar）
> 绿鹦鹉酒吧（Green Parrot Bar）

带有"酒吧"字样的招牌很多，数都数不清。

　　马路上没有便道，行人就走在大街上。一条条小排水沟从街边那既深且敞着口的阴沟通向各个商店的门口。除了军营中的污水坑以外，这些阴沟是这座城市唯一的排水系统，是天津臭气的主要来源。

　　我和马丁走进"星旗有限公司"，把我的 10 美元钞票兑换成中国货币。我们同意按 1 美元兑换 3.79 元。如果我的美元是金钞的话，我们就可以按 1 美元兑换 3.80 元了。这种钱是横滨正金银行（Yokohama Specie Bank）发行的精美小纸币。那时候，天津的这些外国大银行都发行自己的纸币。这种纸币无论在什么地方都可以按照票面价值流通，而那些中国的银行发行的纸币就做不到这一点。

街上到处是徒步的士兵，还有喊着招揽乘客的洋车夫以及乞求路人施舍的乞丐。我和马丁急忙离开这龌龊不堪的环境，去寻找这个城市更美一点的地方，一边走还一边鄙夷地抱怨着，为什么这些底层下贱的人总是围在军营的门口。

来到威尔逊路（Woodrow Wilson Street）①时，我们看到了第一辆汽车，一辆棕色的卡迪拉克轿车，显得奢华又高贵，正以差不多每小时 7 英里的速度从驴车、人力车、肩扛重物的苦力以及独轮车中间驶过。汽车引擎罩上有一颗大红星。我们知道这意味着什么。我们停下脚步，立正站好，当卡迪拉克车咔咔驶过的时候迅速地行了一个军礼。车里坐着的是约瑟夫·卡斯特纳（Joseph Castner）准将。他坐在后排座上，向前倾着身子，看看我们并还了礼。他是驻华美军司令官。如果我们没有注意到他的卡迪拉克，没有向他敬礼，他会命令司机把车调转回来，拦住我们并大加训斥，然后记下我们的名字，命令我们回营房关禁闭。对于那些没有看到他、没有向他敬礼的人，他从不接受任何解释，即使那个人是个军官。

威尔逊路两旁是宽宽的、绿树成荫的人行道。沿街的建筑都是暗色调而且高大宏伟，体现了德国人喜欢的风格，第一次世界大战之前他们曾是这里的主人。卡斯特纳的卡迪拉克是我们所见到的唯一使用发动机的交通工具，其他的车不是靠牲口拉，就是靠人力。我们看到一支出殡的队伍，就像一条长长的、华而不实又吵吵闹闹的大虫，在这条大街上蜿蜒行进着。一个地位显赫的人正在被送往墓地安葬，他的棺材巨大，由五十个人用肩抬着。被雇来的送葬者足有一百多人。送葬队伍中有许多吹笛的、弹奏弦乐的以及敲锣的。哀乐声声呜咽，送葬人悲痛不已，幡旗随风飘动，巨大的棺材扛在抬棺人的肩上，摇摇晃晃发出嘎吱嘎吱的响声。除了马丁和我之外，根本没有人注意到这一切。

一队日本军官骑着马走了过来，他们的坐骑是我所见过的最英俊的马匹。这些戴着眼镜的小个子，身穿整洁的褐色军服，脚蹬高筒皮靴，肩上装

---

① 今解放南路。该地区曾划为德租界，该路称威廉街。1917 年德租界被中国政府收回，威廉街改名为威尔逊路。——译者

饰着金色的穗带，腰间挎着军刀。他们骑着骏马从送葬队伍的正中间穿过，没有人在意这些。马丁抱怨了一句："这是什么鬼地方！"

我们继续向前走，迎面走过来一队中国警察，领头的是一名身材高大、包着头巾、留着大胡子，精力充沛的锡克警官，我们给他们让开了路。这些警察的武装带上佩戴着大号驳壳枪，身着绿色警服，绑着黑色绑腿，戴着好像电车售票员的帽子，脚上穿着黑色便鞋。那个锡克警官向我们行了个礼，我们犹豫了一下，也还了礼。

一队来自法国兵营的安南士兵迈着整齐的步伐走了过来，带队的是一名年轻的法国军官。他们头戴尖顶的漏斗形帽子，背着小型卡宾枪。"我们过去跟他们打招呼吧，"马丁说，"肯定很有意思。"我们向他们敬了礼，那个军官命令他的士兵们向我们行注目礼，然后他也向我们敬了礼。马丁说："你还记得利文沃斯堡吗？那里的士兵几乎就同流浪汉差不多。"

街上的路牌由"威尔逊路"变成了"维多利亚道"（Victoria Road）①，我们知道已经走进了英租界。很快，我们就来到了英租界的正中心，位于维多利亚饭店（Victoria Hotel）对面、戈登堂旁边的维多利亚花园（Victoria Park）。一些中国花匠正在更换花坛里的花草。花园的主要特色就是有一条环形散步道，沿着散步道安放着许多长椅。我们在一张长椅上坐了下来，观察着英租界周六下午来花园散步的人们。公园里有各种各样的人，当然，其中有许多是中国人。他们身穿长袍，头戴瓜皮帽，脚穿便鞋，表情严肃地走着，有的还用皮带牵着警犬或狮子狗。这些人都是中国的贵族，他们那色调柔和又非常昂贵的外套，使得他们在这没有半点中国气息，而是地地道道维多利亚时代英国的环境里，显得更加与众不同。欧洲人身着欧洲服饰。许多欧洲妇女都很漂亮，而且她们的春装都异常考究。倒是一些白人，看上去与这个可爱的花园显得有些格格不入。第十五步兵团和威尔士边防军的士兵们就是这样，他们穿的短上衣，不知怎么搞的，显得有些紧。公园里很是安静，人们不是在散步，就是坐在长椅上看着别人散步。尽管天津其他大街上满是小贩和乞丐，但维多利亚花园里一个也没有。

---

① 今解放北路。——译者

一个独自散步的年轻姑娘吸引了我和马丁的目光。她穿了一件很时尚的花裙子，长度仅到膝部，戴着一副白手套和一顶花帽子，棕黄色的丝袜刚好卷到膝盖下。她走起路来是那么可爱、那么年轻，显得那么忧郁，又那么孤独。她的优雅、她的容貌吸引了许多人的注意力，人们的目光最后落在她那具有挑逗性的膝盖上。她看上去像是个美国的女学生，但又不完全像。后来，我们问了我们兵营里的一些老兵，他们的确也都多次见过她。她根本不是什么美国的女学生。她具有德国、俄国和中国的血统，是一位日本银行家的情妇。

我们离开了维多利亚花园继续往前走，没走多远，维多利亚道就变成了大法国路（Rue de France）①，而又没有多远，大法国路又变成了意大利道（Via Italia）②。这些街道的两旁满是庞大、难看又有些怪模怪样的建筑，我们走在这些街上，就好像置身于欧洲的那些可怕的商业区。在这里，我们第一次看到了我们的意大利同行。他们是海军陆战队的士兵，绿色的军裤、绿色绑腿、绿色平顶卷边圆形水兵帽和绿色水兵衫。他们正为其中一人手里拿着的一瓶酒而争吵不休，他们冲着我们和善地笑了起来。这时，他们中的一个人唱起歌来，是《青年》（Giovinezza）③，墨索里尼时代著名的进行曲。

然后，我们沿着海河往上游走，一艘日本驱逐舰停靠在码头上，还有一艘挪威货船停靠在泊位上，船身被缆绳拽着来回摇晃。拖轮用绳索拉着驳船，帆船和木船由苦力们在岸边纤道上拉拽着，或在甲板上用篙撑着前行。在宽阔的河面上，我们看到似乎是一只巨大的水蜻，竟自横在水面上。那是一个英国人，划着一艘单人赛艇，在河里练习划船。长长一队苦力正从一条驳船上往下卸面粉。他们就像搬运树叶的蚂蚁，一个个拎起面粉袋，扛在肩上，走下甲板，然后排成长长的一队，沿着路边有围墙的大街向储存面粉的仓库走去。这里，除了那位悠闲地坐在单人划艇里的英国人和我们两个站

---

① 今解放北路。——译者

② 这里是指从法租界的大法国路，过海河后进入意大利租界的道路。当时意租界没有"Via Italia（意大利道）"，只有"Via Banchia dItalia（中文路名称河沿）"，系沿河马路，今已不存。——译者

③ 意大利国家法西斯党、政府和军队的颂歌；1924 年至 1943 年间，也是意大利非正式的国歌。——译者

在码头上四处观望的美国兵以外，其他所有人嘴里都喊着号子，所有人都艰难地劳作着。

我们沿着码头向前走，看着河里涌起的阵阵波涛，层层叠浪，汹涌的潮水从大沽口涌起，一波波地上溯流过 70 英里的路程，一直到达海河；当潮水耗尽了能量，就会再从海河退回到大沽口去。如此循环往复，日日夜夜，潮起潮落。

我们迷失了方向，走到小街上，那里两边都是高墙。仓库、院子、衙门都建有围墙。围墙内的建筑屋顶都铺着瓦，呈斜坡状，屋脊和屋檐上都装饰着滴水兽。衙门的大门开在院墙上，有的大门就是房门；所有的门口都有人持枪把守，官员们就住在里面。

我们一路走得太远了，以至于根本不知道是在哪儿了。此时，我们饥肠辘辘，而且我们知道赶回兵营吃晚饭恐怕已经太晚了。好在我们对所有这些早有预见，并且也有相应准备。我们站在街角，一边招手一边等待。很快就有五个车夫拉着人力车同时向我们跑过来，好像是野兽拥上来争抢抛出去的一些食物。我们上了最先赶过来的那辆车，然后大声说出了那句魔咒——美国营盘。天津每个人力车夫都听得懂，只要说话的人穿着美国军装。

这是我们第一次坐人力车，也是最后一次，此后我们在中国北方驻留期间再也没坐过。也许有一天我们的这种行为会遭到谴责，因为让别人拉着穿行在大街上是有辱人格的，就像拉着一个无视他人灵魂尊严的异教大老爷。然而在当时，我们却似乎感到非常惬意。人力车在天津是一种非常适宜的乘坐车辆，而且我们的人力车夫看上去对支付给他们的车费也非常满足。人力车走在碎石路上，是可以想见到的最舒适的交通工具，就像那些王公贵族乘坐的轿子一样，只是不像我们这样挤着罢了。我们坐着人力车顺着意大利道、大法国路又到了维多利亚道，然后用手比划着指着方向，终于把我们拉到了"北方饭店"（Hotel du Nord）门前。

关于"北方饭店"，我们除了知道它是一家饭店外，其他一无所知。在我们的国家，饭店是供应餐饮的。我们走上台阶进了饭店。一个身着白衣服的中国人一副询问的表情看着我们。我说："用餐。"他把我们领进了一间挂

20世纪初的北方饭店

着帷帘的雅间。马丁用法语说："白葡萄酒。"那个穿白长袍的中国人点了一下头，然后离开了。在我们周围的雅间里坐着其他的用餐者，都是欧洲人，他们对我们的到来一点儿也不感到惊讶。

这时，一个侍者给我们拿来了一个又高又细的瓶子，瓶子的标签上写着"莱茵白葡萄酒"（Liebfraumich）。马丁与我面面相觑。"怎么是这个?"我问。"唉，"马丁说，"我试着用法语要一瓶白葡萄酒，结果却拿来瓶德国酒。我看就这么着吧。"他对侍者招了招手，说道："请倒酒。"侍者鞠了个躬，拔出了葡萄酒瓶的塞子，给我们俩人分别倒了一杯。"为天津，干杯!"马丁说。我之前对葡萄酒的了解不过就是喝过密苏里州邻家后院自酿的接骨木浆果酒，此外，还在旧金山湾天使岛（Angel Island）上尝过一些走私的劣等红酒。第一次品尝这种莱茵白葡萄酒，对我来说可是件具有里程碑意义的事，从此我知道世界上还有更好的美酒……

侍者先上了一道清淡的热汤,汤里还漂着少许小小的绿色花瓣。旁边摆放着一条法式面包,还有一大壶茶。接着端上来的是像薄饼一样薄的烤牛排,上面浇了清淡的调味汁,还配有小的马铃薯松球。后来又上了只烤鸭,我不知道它是如何烹制出来的,只是后来才知道"北方饭店"因这道菜而出名。接着又上了火腿和几种甜瓜,酥脆烤白鱼加上味道鲜美的调味酱,一只雏鸡以及肉汤和一碗米饭。我们风卷残云般把这一桌子饭菜全部吃了下去,用莱茵白葡萄酒将它们冲到肚子里。

"他们肯定认为我们是少将了,"马丁说,"我希望他们不会按将军的价收我们的钱。"他们确实没有,我们两人一共支付了 12 墨元,合 3.5 美元。不过在当时,这家饭店已经是天津用餐价格最高的一家饭店了。

我们离开了"北方饭店",坐上人力车,又转悠了一两个小时消了消食。当我们晚上回到兵营时,营房门前仍然有许多乞丐。我们付了人力车夫的车钱之后,把零钱分给了那些社会的弃儿和残疾者,然后友好地向那个一脸阴沉的军警点了点头,漫步穿过空荡荡的操场。我们爬上楼梯时,熄灯号就吹响了。

3. 布鲁斯·弗格森

当我第一次到达华北的时候,科尔斯特里姆近卫团(Coldstream Guards)离开了他们位于英租界的军营,被威尔士边境团(Welsh Border Regiment)的一个营所替换。按照我的了解,当时英国人的驻兵方式是以营为单位互相调换,而不像美国人在一个地方老是保持由同一个单位驻防,然后每逢征兵期补充新兵以替换服役到期的老兵。比方说,英国人在英格兰派驻一个营的边境团,那么另外几个营就会分别驻在印度、非洲或中国。海外各营军队由陆军中校指挥。回到英国,所有人的上面都有一名神秘的上校指挥官,这名指挥官实际上是一名中将,部队中没有人很了解他,除了他待过的部队。至少,这是我从布鲁斯·弗格森(Bruce Ferguson)那里搜集到的所有信息,他作为苏格兰皇家卫队(Royal Scots Guards)的一名二等兵在威尔士边境团换防回国后来到了天津。

苏格兰皇家卫队的军装很漂亮。他们身着黑格呢无褶直腿裤、棕色短上衣和俏皮的苏格兰无檐帽。他们还在帽子上、衣领上和肩袖上佩戴各种奇奇怪怪的徽章。有一天，我在维多利亚花园遇见了弗格森。他正懒洋洋地躺在戈登堂的台阶上，华丽的皇家卫队军服闪闪发光，我同样也穿着笔挺的第十五步兵团冬装，坐在附近的长凳上。我正抽着一支很明显是美国牌子的香烟（在我们的小卖部卖6美分一包，不上税）。弗格森站了起来，绕过花园里一两片草地，来到我的面前怯怯地说："嗨，伙计，能给一根烟吗？我忘记带了。"

他比我年轻，也比我晚来中国，这让我感到很亲切。我把我的烟递给他。他坐下来，我们聊了起来，很快我们便觉得非常投缘，虽然他的口音很难懂，而我用的很多词对他来说也难以理解。他在6个月前才应征入伍——那个年月一个年轻人在格拉斯哥（Glasgow）所能做的只有在该死的工厂里干活——然后在某地接受了新兵训练——他也不知道确切的地点。当他停下来向我要烟抽的时候，我正沉溺于回想在密苏里（Missouri）猎兔的情景。过了一会儿，我随意问到他在苏格兰是否打过兔子。他甚至不知道"rabbit"（兔子）是什么。我仔细地向他描绘这种啮齿动物的样子，还用手比划着。"嗨，"他说，"你是在愚弄我吧，你一直在说'hare'（野兔）啊。"

"是的"，我说，"我就是这个意思。我们在密苏里的时候有过很多次精彩的猎兔经历。你在苏格兰打过野兔吗？"

他说没有打过。狩猎是那些偷猎的家伙和地主们干的事，像他这样倒霉的干活的家伙是做不了的。我和他说那种小的棉尾兔非常好吃。他并不知道这些，但是他把手中的短手杖转了一会儿，然后说："他们告诉我，你们这些美国佬在你们的食堂吃饭就像个国王。"

"还说得过去"，我说着也转着我的短手杖，"当然，虽然我们的伙食军士为我们准备的饭菜还比不上普通的密苏里农民的伙食。但是，中国这儿的食物这样便宜，我们已经吃的很好了。"

"这个密苏里是你们保留印第安人的地方，"他说，"那里不成了印第安人的地狱了吗？""不，不，"我说，"密苏里只是美国48个州中的一个，实际上正好在美国的正中央。许多密苏里人都是农民。"

他想了一会儿，然后说："我认为你们美国佬不会帮印第安人的。"他又补充道:"苏格兰的农民吃得非常差劲。"

"这就是你们中这么多人参加英国军队的原因吗?"我问道。

"英国军队是所有军队中吃得最差的,"弗格森说,"真他妈的差劲。这不是参军的原因。"

"噢,应该不会总那么差劲吧,"我说,"比如,今天你们吃的什么?"

"布丁,"他说,"讨厌的布丁,今天晚饭还是布丁。我恨死了。"

随后,我们显然转移了话题。他问我:"他们发给你的裤子有几个口袋?"

"5个,"我说着,指给他看两个前口袋、两个后口袋、还有便裤上的表袋,"怎么?"

"他们只允许我们有一个口袋,"他说,"所以我们无法像你们这些家伙总是把该死的双手插在口袋里。就这样。"然后,他向我展示花格呢腰带上的小表袋。"不过在伦敦,人人都知道表袋在哪儿。"他从表袋里掏出一张两元中国钞票。"我请客,咱们去喝杯啤酒吧,"他建议道。

"喝杯啤酒,不错,"我说,"我们去哪儿呢?"

"啊,哪儿都行。在你们军营附近找个地方,虽然我并不喜欢那儿。"

于是,我们去了绿鹦鹉酒吧。这家酒吧位于通往美国兵营的街道上,经营者是一名叫凡娅(Fanya)的白俄女老板。由于凡娅的缘故,绿鹦鹉酒吧在第十五步兵团很受欢迎,当她认识了你并了解了你的饮酒习惯后,她会允许你在发饷日的前几天赊账。那个年代,在天津,美式酒吧还不多见。没有围栏,也没有用龙头接啤酒。你坐在桌子旁,一名身穿蓝色长袍的中国侍者伺候着你,啤酒是从瓶子倒到玻璃杯里。

弗格森问我要什么,我点了库佩尔(Kupper)啤酒,一种产于慕尼黑的世界知名啤酒。"啊,我要一模一样的。"他说。可怜的家伙,在这之前,他在中国喝到的啤酒仅仅是在英国兵营小卖部卖的微温的啤酒。两大瓶库佩尔啤酒花掉了他可怜的两元中国钞票的大部分,我感到有些过意不去,我知道这顿豪饮几乎使他身无分文。但是他没有畏缩或抱怨,他只是说我们军营附近啤酒的价格高得有点出乎意料。"在伦敦,这种地方也是专骗这些当兵的家伙们的。"他说。

我无以回报,只有回请他一杯啤酒,当然也为我自己要了一杯。当我们喝完,他说:"他们曾告诉我,你们这些家伙有时会请我们的人去你们的食堂吃一顿。"

"是的,"我说,"这非常简单,我们只要在开饭前一两个小时向伙食军士提出请求,他就会让伙夫安排额外的一份伙食。"

这时,我才明白了他的用意,而且就这样被引入了圈套。"你是要,"我问道,尽量使语调不带有嘲笑的意味,"成为第十五步兵团 E 连的客人享用今晚的晚餐? 我们有煎火腿和土豆,还有松饼等等诸如此类的东西,欢迎你来。"

"是的",他说,"我很愿意,非常感谢。"

于是,我带着这位苏格兰皇家卫队的士兵来到我们的军营,把他介绍给伙食军士长安东·弗里奇斯(Anton Frerichs),请求是否可以让他作为我的晚餐客人。"可以,但是不要总是这样。"弗里奇斯军士回答道。

距离晚餐还有一个小时,于是我带弗格森来到娱乐厅,问他是否愿意玩一盘跳棋。他不明白跳棋(checkers)是什么;我给他看了棋盘和计数器,"咳,"他说," 你又愚弄我,你指的是跳棋(draughts)啊。好,我和你玩一盘。"我们玩了起来,我很轻松就打败了他,因为我曾师从连队的理发匠,他是公认的大师级人物。

连队的人们在娱乐厅进进出出,等待着就餐令。他们对苏格兰皇家卫队成员毫无兴趣,因为经常有其他驻军的人来和我们一起就餐。这时,小个子卡尔霍恩·肖很快出现了,后面还跟着一个年轻的意大利海军士兵。当肖问伙食军士弗里奇斯意大利人是否也可以一起吃晚餐时,弗里奇斯一下子吼了起来,意思是说,他弗里奇斯没有受雇负责给外国军队供餐。但是,当他看到肖伤心的样子,又心平气和地说:"好吧,但是别习以为常了。我的意思是下不为例。"

年轻的意大利人不会说英语,肖也不会说意大利语。他们完全通过傻笑、手势和哼哼哈哈的声音彼此交流,显得非常愉快。其他一些人就打赌谁吃的多——是我的苏格兰人还是肖的意大利佬。

结果显示他们两个旗鼓相当——那天晚上他们吃下了连队任何一个最

重量级食客所能吃下的大约两倍的东西。热松饼和火腿肉汁好像是他们特别喜欢吃的,但是他们也都没有忽略火腿。

那天晚上,我提出支付弗格森回兵营的人力车费用,但是他说他宁愿步行回去;他需要消化一下他所吃的食物。我说:"你应该在我们有真正好东西时再来我们食堂。"

"我非常乐意,"他说,"我随时都能来,谢谢你,伙计。"

"随时",他的意思很明显是每一天。每天下午,除了他站岗的日子,他总会出现在我们的食堂。第三次后,食堂伙食军士弗里奇斯断然采取了严厉措施;我尴尬地告诉弗格森,他不再受欢迎了。他有些愤然但还是豁达地接受了。"所有的伙食军士都是混蛋,"他说,"苏格兰和美国都一样。我改天还会在公园里碰上你,伙计,到时我们再好好聊天和散步。"

在以前一次见面时,我曾问起他关于苏格兰皇家卫队无檐帽上佩戴的奇怪的徽章是怎么回事。"那无关紧要",他说,"本丢·彼拉多(Pontius Pilate)①的苏格兰卫队什么的。但是无关紧要。"

"本丢·彼拉多?"我说,"他并不在苏格兰。"

"我从未说他在。我们追随他,所有的介绍都在我们的书里。我没有全部读完,但是我会送给你这本书,你可以看看。"

于是,我们再次在维多利亚花园见面时,他带来了那本军队小册子,那是在他入伍时发给每个苏格兰皇家卫队成员的。这本小册子与《斯特德曼祈祷书》(Stedman Missal)②的大小、薄厚差不多。它包括苏格兰皇家卫队的历史和曾参加战役的一览表。我在"日内瓦咖啡酒吧"伴着一瓶"玫瑰堡红葡萄酒"(Chateau La Rose)将这本书看了一遍,在烟雾缭绕之中,历史在我的周围回旋。

按照书中的说法,根据传说,苏格兰皇家卫队是世界上最古老而又延续

---

① 本丢·彼拉多(Pontius Pilate;? —41年),罗马帝国犹太行省的执政官(26年—36年)。据《圣经·新约》所述,彼拉多多次审问耶稣,原本不认为耶稣犯了什么罪,却在仇视耶稣的犹太宗教领袖的压力下,判处耶稣钉死在十字架上。——译者

② 约瑟夫·斯特德曼(Joseph F. Stedman, 1898—1946)是美国著名的天主教神父。他出版过多种祈祷书,其中以《礼拜天祈祷书》(My Sunday Missal)最为著名,发行量超过千万册。——译者

至今的军事组织。当尤利乌斯·恺撒(Julius Caesar)征服英国的时候,与苏格兰不断发生冲突,恺撒对此无计可施,便让他们组建了自己的军团,委派罗马人统率他们,派他在整个罗马帝国四处收税。对于罗马城邦和其他地中海大城市来说,他们过于野蛮,于是便被派到中东的巴勒斯坦驻防。随着罗马帝国的政权更迭及其皇帝的不断变换,最终,本丢·彼拉多被任命为犹太地区(Judea)的行政长官,苏格兰军团被指定为他的军队。于是,他们便以"本丢·彼拉多的苏格兰卫队"而闻名,他们佩戴的独特的徽章,很明显与布鲁斯·弗格森和他同伴们的帽子上仍戴着的徽章几乎一模一样。只是那个时候,他们采用的是罗马文字,但是他们始终完全由苏格兰人组成,补充兵员也来自苏格兰。

犹太人变得异常的骚动不宁,彼拉多的卫队疲于奔命,四处镇压。一支队伍负责逮捕(耶稣?),而另一支队伍更多关注他的衣服(耶稣的圣衣?),还有一支队伍监视他的坟墓(耶稣的墓地?)。其实,他们仅仅是在外国执行任务的职业军人而已。

帝国开始瓦解,苏格兰卫队像其他军团那样,在和哥特人(Goths)的作战中一直撤退,直到回到罗马本土。他们一直保持团结统一,已经有若干世纪了。罗马帝国崩溃后,剩余的卫队成员一起回到了苏格兰。在苏格兰,他们的历史在几个世纪中逐渐消逝——苏格兰皇家卫队的历史以世纪计,就如同其他军队的历史以年计一样——但是到了 17 世纪,卫队在苏格兰重新崛起,而且,在王政复辟(Restoration)后,他们于 1707 年归顺王室,开始为英国国王和王后效忠。

当把书还给弗格森时,我说:"我已经和伙食军士弗里奇斯谈过了,他说如果你愿意,完全可以在周末和我们一起进餐。"

"谢谢你,伙计,"他说,"我非常乐意。你要知道,你们这些家伙吃得就像国王一样。就像他妈的奢侈至极的国王。"

4. 夏伊洛

我躺在床上向来自阿肯色州(Arkansas)的迪格比·汉德(Digby Hand)讲述关于苏格兰皇家卫队和他们的传说。那个早晨是部队特殊的日子,E 连被授予奇卡莫加队旗(Chickamauga Guidon)。顾名思义,队旗就是在连队前面用一根旗杆举起的一面旗帜。奇卡莫加队旗的图案是在黄色田野上的一颗红橡子。根据步兵团指挥官制定的规则,队旗每年奖励给第十五步兵团军事训练进步最快的连队。平常需要携带连队队旗的所有队列,都要携带奇卡莫加队旗。迪格比·汉德因为身高6.2英尺,所以被指定为奇卡莫加队旗的旗手。在美国内战中,第十五步兵团和其他部队一同在托马斯将军(General Thomas)的指挥下,顽强抵御布雷斯顿·布瑞格(Braxton Bragg)指挥的军队的进攻,从而赢得了"奇卡莫加岩石"(Rock of Chickamauga)的称号。

我们班的临时勤杂工刚刚给我们送来一罐凉白开,然后坐在我们寝室的地板上,为我们擦拭鞋子和上衣的铜纽扣。"跑步去食堂,勤杂工,"迪格比·汉德吩咐道,"给我拿些嚼烟来。该死的,我刚好嚼光了。"勤杂工放下擦鞋工具跑出去了。

我躺在床上,想着在耶稣墓地的本丢·彼拉多的苏格兰卫队和在奇卡莫加的老帕普? 托马斯(Pap Thomas)统率下的第十五步兵团,而我们在天津又都聚到一起,到处闲逛,这看起来是多么可笑。我问阿肯色州的迪格比·汉德,是否相信军队传统、军队传奇以及军队荣耀什么的,或者他以为这些都是胡扯?

"不是的,"他说,"我认为这是真的。如果没有在某些时候发生的一些事情,也就不会有传奇。正是由于有关第十五步兵团的故事,我才加入了这支部队。这些故事是我祖父告诉我的。他现在94岁,非常健谈。我觉得,在他后40年的生涯中,除了睡觉以外他就从未歇过嘴。你要知道,他生活在内战时代,而且他给我讲有关第十五步兵团的事,这也就是我参加这支部队的原因。"

"好家伙,"我说,"难道你的祖父在内战时就在这支部队作战?"

"这支部队?"汉德不以为然地说道,"当然不是! 他是与这支部队作战。在福雷斯特统率下。内森·贝德福德·福雷斯特[①]先生,他是一名将军,但是所有人都叫他'先生',至少我祖父是这样叫他。"

---

① 内森·贝德福德·福雷斯特(Nathan Bedford Forrest:1821—1877),美国南北战争时期南方邦联将领,战后从事铁路业,"三K党"创始人并曾担任第一任大龙头。——译者

"我曾经读过有关他的书。"我说。

"好吧，我是每天都听到他的故事，"汉德说，"好像一直有 20 年，直到我入伍当兵。我之所以天天听到他的故事，是因为我必须帮助照料祖父，照料他就意味着听他唠叨。

"内战爆发时，他和福雷斯特是邻居。战后，祖父搬到阿肯色州，我就是在那里出生的。福雷斯特当时 42 岁，身高超过 6 英尺，是一个百万富翁和左撇子。他是作为一名普通士兵加入邦联军的。当时祖父年仅 20 多岁，他全身心地仰慕福雷斯特先生。

"福雷斯特的士兵身份还没有维持到他学会怎样敬礼，他们就提升他为上校，要他去外面用自己的钱招募组建军队。一天早晨，他看到祖父坐在栅栏上，就对他说：'嘿，那边那个年轻人，我正在寻找一群比我出色 40 倍的家伙，你愿意一起来吗？'祖父说：'是的，福雷斯特先生，我愿意加入。'这就是他参加邦联军队的经过。福雷斯特正在招募骑兵，所以祖父不得不带上一匹马；福雷斯特没有任何枪支分发，所以祖父不得不带上他父亲的猎鹿枪。而福雷斯特也没有任何军服装备，所以祖父只能穿着自己的衣服。不过，从那以后，他一般会脱下联邦士兵的军装穿在自己身上。联邦士兵比南方邦联的士兵更好过一些，他们能很容易获得大量物资。

"福雷斯特没有组织过任何军事训练，他是在作战中随时制定自己的规则。当他大声喊出他的命令：'散开，你们这帮家伙！'他们就知道，他的意思是散开呈散兵队形。当他大喊：'靠拢，紧点！'他们就知道，他的意思是组成两列纵队。当然，当他大喊'冲呀！'，他的意思是显而易见的。

"他们第一次参加战斗是在多纳尔逊（Donelson），而在那里的两位南方将军在任何问题上都无法达成一致，尤其是他们的部队如何组织作战，结果是他们两个都以向格兰特（Grant）[1]投降而告终。祖父说，福雷斯特气得暴跳如雷，但是他们的军衔都高于他，让他闭嘴滚出去。这些将军都投降了，他们也都是西点军校的学生，而福雷斯特几乎不会读书和写字。

---

① 尤里西斯·辛普森·格兰特（Ulysses Simpson Grant，1822—1885），美国军事家、陆军上将和第 18 任总统。在美国南北战争后期担任联邦军总司令。——译者

"他们参加的下一场战役是在夏伊洛(Shiloh)①。这次祖父和福雷斯特都认为他们能打胜,因为这次是阿尔伯特·西德尼·约翰斯顿(Albert Sidney Johnston)②统率南方佬。虽然他也是西点军校的学员,但每个人甚至祖父都认为他是个优秀的将军。那么,阿尔伯特·西德尼·约翰斯顿都做了什么?祖父说:'咳,他在我们向格兰特发起冲锋的第一天就中弹阵亡了,我们便由博勒加尔(Beauregard)③指挥了。'你应该听听祖父是如何真实评价这段历史的。

"无论如何,邦联军把北方佬赶回去了,看上去他们将要赢得这场战役。但是这时,比尔(Buell)④带着数百万北方军队到达,他们重振士气,反败为胜,大败南方佬。

"祖父骑着马跟随福雷斯特日夜征战,在这里发起冲锋,在那里掩护侧翼,这是他一生中最兴奋激动的时刻了。在比尔到来后而南方佬还没有被打败之前,在格兰特防线的前面有一片凹地,南军需要把北军驱赶出去,博勒加尔要求福雷斯特去完成这一任务。'出来跟着我,想想怎么完成任务。'福雷斯特嘴里说着,便吹哨召集祖父和他那群剩下的部下,手持军刀向前方一指,发起冲锋。防守在那个特殊凹地的北军都很隐蔽地躲在战壕里。福雷斯特先生走出不到40码,便催促胯下坐骑冲了出去,其他人包括祖父也都照着他的样子做。当北军认真瞄准准备射击时,他们已经开始冲锋。'这阻挡不了我们,'福雷斯特说,'所有人都下马。我们这次冲锋要步行。'

"祖父说,福雷斯特就这样命令大家下马,组成一个大的半圆队形,半圆的一端向凹地前进,而另一端一齐射击,打得北军抬不起头来。北军一直抬

---

① 位于美国田纳西州的小镇,南北战争时期曾经是一次著名战役的战场,现在建起一处国家军事公园。——译者

② 阿尔伯特·西德尼·约翰斯顿(Albert Sidney Johnston,1803—1862),19世纪美国著名的军事将领,参加过得克萨斯独立战争、美墨战争和南北战争。夏伊洛战役中阵亡。——译者

③ 皮埃尔·古斯塔夫·博勒加尔(Pierre Gustave Beauregard,1818—1893),美国邦联将领、政治家、发明家。他曾是美国军事学院的土木工程师,参加过美墨战争。南北战争时期成为邦联陆军的第一位准将。指挥过弗吉尼亚州马纳萨斯(Manassas)的第一次奔牛战役和田纳西州的夏伊洛战役。——译者

④ 唐·卡洛斯·比尔(Don Carlos Buell,1818—1898),美国将领,曾参加美墨战争、南北战争。在南北战争中,率联邦军队在夏伊洛和佩里维尔两次战役中打败南方军队。——译者

不起头来也无法还击，当福雷斯特迅速占领阵地时，他发现部下有 4 人阵亡，而所有在凹地的北军都被打死或俘虏。

"在剩下的蓝军服①里没有一个军官和军士，只剩下了士兵——年轻人。而且在凹地压根儿也没有多少人——可能仅有一排人。在押解他们通过邦联军防线把他们聚集在一起后，福雷斯特开始讯问他们。'不管怎么说，你们这些年轻家伙是些什么人？'他对他们大声喝道，'为什么你们打起仗来非要他妈的这么拼命呢？'

"'我们是第十五步兵团的，'他们告诉他说，'战斗是我们的职责。'

"'啊，我也是，'福雷斯特说，'我估计，如果在这儿作战让我再遇到你们，那将会剩不了多少人跟我讲这个话了。'

"'是的，这不是福雷斯特做到的——是其他的将军——在奇卡莫加又遇上了第十五步兵团，但是正像福雷斯特所说的，没有剩下多少人讲他们的故事。'"

我们班的勤杂工从食堂回来了，给汉德带来了他要的板烟。"谢谢，勤杂工，"汉德说道，"把它记在账上吧，到发薪日我再和你结账。"他随即切下一块放进嘴里嚼了起来。

"这就是祖父告诉我的，"他说，"我不知道这是否是传说。但是，当我应征入伍时，祖父说——那时他已经 91 岁了——这个世界上只有一个北方佬的部队我会让我的孙子参加，那就是第十五步兵团。我的小伙子，你穿上这身军装，我会为你骄傲的。"

5. 徒步骑兵

我们的上尉膝盖扭伤了，所以，那天早晨他没有同我们一起行军。而此时我们的中尉还躺在医院里，刚刚动完手术，正在恢复当中，所以他也不能参加。因此，我们这支部队——E 连，就由少尉柯蒂斯（Curtis）来指挥。柯蒂斯比上尉和中尉的年龄都大，可与他们不同的是，他不是西点军校的毕业生。

---

① 南北战争中北军军装为蓝色，所以也称他们"蓝军服"（bluecoat）。——译者

那天凌晨3点钟,起床号就吹响了。3点20分吃早餐,我们连队的食堂,早晨供应香肠、煮嫩鸡蛋、煎薄饼和咖啡。你可以用手把它们结合在一起,方法是把薄饼和香肠放在盘子上,然后再把鸡蛋弄碎放在最上面,这样就做成一个三明治。我记得我一共放了9个鸡蛋——中国的母鸡个头儿都小,所以它们下的蛋也小。由于还是半夜,天空漆黑一片。3点50分,部队以连为单位在军营门前集合,我们要背着全部的行装,带着步枪和刺刀,但不用带弹药,这样就有大约40磅重。我们都穿着草绿色的上衣和马裤,打着毛线绑腿,戴着宽边毡帽。前一天晚上,军士长就警告E连的战士要早点睡觉,但是我们班有两个人无视军士长的警告,竟然跑到外面喝酒,而且还喝得醉醺醺的。这两个人,一个叫鲍里斯查克(Borischak),他刚刚被撤销了值班中士的职衔;另一个叫罗伯特·康茨,他刚刚被提升为一等兵。一个是因为心情沮丧而喝酒,另一个是为了庆祝升职而喝酒。两个人早晨起来都出现了严重的宿醉,早餐时根本喝不了咖啡,香肠、煎饼和鸡蛋也吃得很少。集合的时候,我们帮助他们俩背上了背包,并使他们的情绪逐渐稳定了下来。

"我们去哪儿?"康茨不停地问,"该死!伙计,我几乎一宿没睡。"

鲍里斯查克说他太难受,无法进行操练,他要回到自己的床上去睡觉。"他们把我的臂章拿走了。他们还想要什么?"他问道。

我们把他们拉到队伍中,我向他们保证说:"这只是暂时的,你们俩一定能行。先走完19英里后,你们就会感觉好多了。到那时,你们就会不觉得难受,自然跟着往前走了。"

部队给我们每人发了一份三明治,柯蒂斯少尉拿着手电筒,沿着队列简单地检查了一番。当他经过康茨和鲍里斯查克面前时,看着他们俩,什么话都没说。但是,一分钟以后,军士长走了过来对他们说:"我现在没空儿,因为我们必须要全力以赴行军。但是,伙计,如果你们两个家伙谁想逃避这次操练的话,我就开除你们的军籍。记住了!"

这次行军由陆军准将约瑟夫·卡斯特纳亲自率领。三营紧跟在他和他的两名副官后面,然后是上校和参谋们,再往后是司令部人员以及医疗和后勤部门的人员,二营殿后。这就是当时驻扎在中国的全部美国军队。一营驻扎在菲律宾。几天前，我们就知道已经计划好了这次行军，但是我们不知道计划要走多远。几个月以来，我们一直在训练延长行军距离，一开始是 10 英里，然后逐渐增加到 15 英里、17 英里，最后到达 20 英里。康茨、鲍里斯查克和我都在 E 连的最后一个班，我们走在整个行军队伍的最后面。约瑟夫·卡斯特纳准将挥手示意了一下，军官们下达命令，部队开始出发，一个连接着一个连，战士们把枪扛在右肩上，就像正式阅兵一样，步伐整齐地行进在路上。

凌晨 4 点钟，天还很黑，只有街灯照在路上。街上有一群群中国人看着我们，这些默默的黄种人穿着便鞋、长衫，头上戴着瓜皮帽。当美国第十五步兵团行进在两旁是深宅大院的冰凉的碎石路上的时候，他们站在那里，看着我们，脸上没有露出任何惊异的表情。我们右肩扛着枪走了大约 15 分钟，前面大声喊着传来了命令"便步走"。我们把枪挎在肩上，点上烟，开始聊天和发牢骚，渐渐地，我们掉队了。

"我应该多吃一点儿早饭"，康茨说道，"我有个预感，约瑟夫这个老家伙今天组织行军，明显是想让我们有去无回。"

步兵各连排成长纵队以便步的方式行进，就如同一条长蛇，蛇头不断地向前推进，蛇身有节奏地起伏蜿蜒前行，处在蛇尾的 E 连就常常落在后面。当命令顺着队列传了下来："跟上，跟上！"我们就要一次次地突然跑一段路，才能跟上队伍。

"上帝！"康茨抱怨着，"我们这一整天都要保持这个速度吗？约瑟夫这个老家伙要干什么？他想杀死我们吗？"

当我们每次突然开始跑步时，我们的背包就会上下乱窜，里面的餐具盒发出嘎嘎的响声，枪支不停地来回摆动，脚步也会变得沉重了。这一切逗乐了街道两旁驻足观看的中国人，他们连笑带喊，有些人甚至手舞足蹈开心地模仿我们小步跑的样子。

约瑟夫·卡斯特纳准将计划把这条由 900 人组成的褐色长蛇带出天津城区，由最直接的路线到郊外的旷野去。但是，要实现这个目的，必须要经过天津城区边缘的集市。那天早晨，尽管天还没有大亮，集市上已经挤满了似乎都是来自河北省的驴车。驴车上装满了白菜、芥蓝、大葱、甜瓜、南瓜、鸡、鸭、大蒜和其他一些当地土产。高悬空中、光线闪烁的电灯照亮了市场街,那些农产品的生产者和购买者在不停地讨价还价,到处是争吵、混乱、大喊大叫,你推我挤,整条街拥挤不堪。卡斯特纳准将要率领步兵团保持纵队,四个人一排,在中国人的抗议和咒骂声中,从市场街的正中穿过去。

当 E 连到达集市的时候,我们又落在了后面,命令又传了过来,"E 连跟上! 跟紧前面的队伍",少尉柯蒂斯吼叫着,"E 连,跑步前进!"于是,我们换成了踏步小跑。当我们这 70 个年轻人在尘土中跺着脚跑在那条街上的时候,中国人都停止了相互砍价,看着我们大笑不止。集市上有许多狗,它们也认为这很好玩,便一边叫着一边跟着我们跑。但有一条狗犯了个错误,它跟得太近了。那个前值班中士鲍里斯查克,他的脸上还显出宿醉给他带来的痛苦,他伸出右脚,使出橄榄球队四分位的快踢动作,猛踢在那只狗的下巴上,再一脚踢到了狗的后背。这时,我们一些人一边笑着一边喝彩,但军士长走了过来,怒骂着制止了这一切。

早晨 5 点钟的时候,我们第一次停下来歇息。这时,距离我们出发的军营已经有 3.5 英里了,出城区也有两英里,正在去往灰堆(Hwei Dui)的路上。到目前为止,我们还没有感到疲劳,几乎没有人要自找麻烦坐下来休息。康茨吃了点三明治,他边吃还边抱怨味道不好,但又说必须要保持体力。

少尉柯蒂斯为踢狗的事情在教训鲍里斯查克:"你差一点就引起一次骚动,你知道吗? 中国人对他们的狗特别敏感。你做了一件蠢事。"

"是的,头儿。"鲍里斯查克答道。

这时传来了"集合"的命令,不一会儿,又传来了"便步前进"的口令。卡斯特纳的这条褐色长蛇又开始蜿蜒行进了。

灰堆距离天津城区有 7 英里远,通往灰堆的道路穿过田野,道路上有深深的车辙。这时天已大亮,我们行军走在道路的一边,而不是走在道路中间,因为路边比较平,还能走得稳当一点,此外,还因为道路上有许多驴车和人力车。从我们的后面快速跑过来两个中国人,一个是穿蓝色长袍的老人,另一个是跟在他后面的小男孩儿。小男孩儿的肩上挑着一根竹扁担,扁担两头分别挑着一个大筐,筐子里面装着花生和汽水。这一老一少追上我们,尽管我们是以每小时差不多4英里的速度行军，这个老人还是一路小跑地跟着我们，向我们展示他的商品，恳求我们品尝一下他的汽水有多么的凉，花生炒得有多么的酥脆。"给我一瓶草莓汽水。"鲍里斯查克叫道。老人从小男孩儿挑的筐里拿出一瓶汽水，打开瓶盖，递给鲍里斯查克，并为他找零钱。老人一直耐心地跟着队伍走，直到鲍里斯查克喝完那瓶汽水，他又把空瓶子和那个已经没有用的瓶盖放回筐里，然后与那个孩子加快速度，再到队伍的前面去卖。当行军的队伍到达灰堆的时候，那位老人还在卖他的东西。

我们大约是早晨6点钟到了那个村子，这时传来了命令，停止前进，解散10分钟。灰堆是个有数百人口的小村镇，泥土垒砌的围墙，泥土建造的房子，还有猪和狗。周围没有一棵树，甚至连根草也没有。我无法猜测灰堆的人们究竟靠什么生活。前面传来了命令："不准离开道路""不要去那该死的灰堆"。"哪个鬼家伙要去灰堆？"康茨在我们解散休息的时候问道。

当部队停止前进的时候，先头部队实际上已经走出灰堆村相当一段距离了，而处在队伍末尾的我们E连正好走到灰堆村的围墙边。一些中国老人从围墙大门走了出来看着我们，他们看到到处是穿着草绿色军装、背着背包、扛着枪的士兵。老人们向我们点头微笑，并问我们是否需要长凳坐下来休息一下。少尉柯蒂斯一脸严肃地对他们表示感谢，告诉他们我们不需要，并解释说我们一会儿就要出发了。接着，灰堆村里的孩子们也跑了出来，就连狗和猪也都溜达出来了。孩子们一副小心提防的神情，狗用怀疑的目光盯着我们，唯有猪显出不太在意的样子。我们班的8个人都伸直了腿，靠着灰堆村的围墙坐着，背包和枪取了下来放在自己身边。一个大概只有三四岁的小女孩，同比她年龄大一些的伙伴一起走到我们的跟前，就在我们眼前盯着我们看。

"她看我们就像看动物园里的熊。"康茨说道。

我们班有一个来自阿肯色州的士兵，名叫迪格比·汉德。他想出了一个主意，"说我们像熊，我们就像熊"，他说，"我想我应该向他们展示一下熊的动作。"汉德的个子有6英尺2英寸高，但瘦得就像耙子的长柄，鼻子就像鹬的喙那么尖。他把自己的刺刀从背包的刀鞘中抽了出来，并把它安在他那把斯普林菲尔德步枪上。灰堆的小女孩站在离汉德几英尺远的地方，全神贯注地盯着他。"注意看。"汉德说道。然后,他突然伸直了他那高大的身躯,用类似作战时的呐喊声,喊出了他想象的中国人的咒骂,同时他又假装用刺刀冲向那个小女孩。小女孩尖叫着想跑开,但是被绊倒在地上,鼻子磕出了血。其他孩子也跟着叫了起来。

我们的班长赶忙把枪从汉德手里抢了过去,并把他推回到墙边。"你干嘛要这么做?"班长冲汉德吼道。然后,他又向我们其他人嚷道:"务必把这个孩子哄好,不然的话,约瑟夫那个老家伙就会亲自来这里弄清楚孩子为什么要喊叫!"

我也是这个班的一员,却不知道该怎样哄这个小女孩。鲍里斯查克在中国待了 7 年了,他知道该怎样做。"给她点儿吃的",他说,"康茨,把你剩下的那点儿三明治给她,她就不会哭了。"

"为什么让我给?"康茨不解地问道。班长又重复了一遍鲍里斯查克的建议,康茨只好把手伸进背包,从里面掏出了他吃剩下的那块三明治——一块很容易碎的军用面包夹着一片带有芥末的烤牛肉。此时,小女孩仍然趴在地上,边哭边竭尽全力地喊叫着。他走到小女孩的面前,对她说,"给你,宝贝儿,把这个吃下去,你就不会疼了。"

小女孩不再叫了,她坐了起来,接过三明治,试着咬了一口,并停止了哭泣。其他孩子也围了过来,看起来他们也很饿。"汉德,把你的三明治拿出来,"班长冲他说,"给这些孩子分着吃了。这件事情是你引起来的,你也得负责收场。快点儿! 一会儿少尉就来了。"

柯蒂斯和军士长一直在队伍的前面商量着什么。现在,他们朝我们这个方向走了过来。"这里发生了什么事情?"柯蒂斯问班长,"你们这些人逗这些孩子了吗?"

"没有,长官,"班长答道,"康茨把他的三明治给了一个孩子,其他孩子过来争抢,那个小不点儿的孩子摔倒了,磕破了鼻子。现在一切都解决了。"

"汉德怎么把刺刀装上了?"军士长问道。

"锁键有点儿卡,"班长解释说,"他今天早晨涂了点儿油,想看看是不是好用了。"

军士长说问:"他怎么单挑这个地方干这个?"

少尉柯蒂斯又问道："康茨，你怎么把自己的食物给别人吃？你不爱吃吗？"

"爱吃，我爱吃，长官，"康茨说道，"可这些孩子看上去非常饿。"

"集合你们班，"少尉对班长说道，"出发之前让他们立正站好。他们这样做就失去了他们的休息时间。"

于是，班长让我们全体集合，我们全都立正站着，不管是做得对的人，还是犯了错误的人。我们还没来得及因受到羞辱而发火的时候，休息时间就结束了，部队又继续前进了。

离开灰堆两英里后，我们行走的道路要穿过一条小河。小河上的桥塌了，于是，卡斯特纳准将带领我们沿着小河的岸边又走了一英里，找到了另一座桥。卡斯特纳过了桥之后，又领我们回到原来走的那条路上。这样，过了没几分钟，整个部队就呈现为一个巨大的发卡，一半人下了桥，正沿着小河的一边朝原来的道路走去，而另一半人还沿着小河的另一边往桥上走，正在过桥的那些人就形成了发卡弯曲的部分。就是因为有了这样的队形，那天上午，我们这些处在最后一个连最后一个班的人们，才第一次面对面地看到卡斯特纳准将。他离我们只有大约 100 英尺的距离，沿着小河的另一边，大步朝我们走来，他的两名副官紧紧跟在他的后面。

卡斯特纳体形硕大、骨骼发达、大腹便便。他看上去很胖，实际上是个肌肉发达的巨人，身后拖着两个矮人——他那两个副官。他戴的那顶军帽，好像是整个部队所能见到的最肥大宽松、帽檐完全耷拉下来的军帽，穿着一件没有经过熨烫的美军草绿色衬衫，一件屁股几乎被磨白了的卡其布马裤，缠着绑腿，脚上蹬着一双士兵穿的军用皮靴。卡斯特纳的粗腰上系着一条皮带，皮带的右侧挂着一支插在皮套里的军用手枪，而皮带的左侧则挂着一只军用水壶。此外，阻碍他行军的就只有挎在一侧肩膀上的帆布野战背包。只有看到他衬衫衣领上的银星，你才知道他是一名将军。卡斯特纳准将此时一边吃着炸鸡腿，一边不时地看一下步程计和戴在腕子上的手表。就在我们这些落在整个队伍队尾的人们就要走到他对面时，突然从前面已经从他面前经过的不知哪一排队伍中，传出了有些悲哀的压低嗓音的喊声："嘿，约瑟夫，让我们歇一会儿吧！"话音刚落，队伍中爆发出一阵笑声，900 人的队伍中许多人都笑了,却也说不清到底是谁。卡斯特纳把头扭向右边,把正在啃的鸡腿扔了,然后用目光扫视着我们的队伍。

康茨小声说:"嗨,哥们儿,现在怎么办?"

此时,什么事情也没有发生。将军并没有打乱他大跨步的前进,先头队伍沿着小河大踏步向大路走去,最后面的队伍也紧跟着过了桥,再次传下命令"队伍排成直线前进"。接着,从前面传来一个传言,说卡斯特纳被那句玩笑以及随后的笑声气疯了,他要求我们在下一次停止前进之前,必须连续走完10英里。就像我们班因为迪格比·汉德在灰堆用刺刀胡闹而被罚立正一样,现在看来,整个部队又要因某个士兵的愚蠢行为而不得不再付出辛劳,拖着疲惫的身躯,连续不停地走上10英里了。

卡斯特纳准将的步子本来就大,他又加快了步伐,达到了每小时4英里的行军速度。但是,跟在他后面队列里的士兵不可能全都加快步伐,跟上他的节奏,因此队伍越拉越长,直到听见那残酷无情的命令"跟紧",整个队伍又会迅速紧缩。就像往常一样,我们走在队伍的最后,就不得不比其他人跑得更快些。

"我要给我妈妈写信,"迪格比·汉德模仿小孩子的尖嗓子,"告诉她约瑟夫·卡斯特纳这个老家伙让我跑遍全中国,而且不给我们喘息的时间。"

大约走了17英里的时候,队伍中出现了第一个退出的人,坐到了路边。过一会儿,就会有一辆被称作"护卫车"的骡车把他拉走。这个人是机枪连的少尉,他坐在一个土堆上,我们经过他的时候是一路小跑,以便跟上大部队。他脱下了一只靴子和袜子,他的脚后跟上有一大块血迹。

"钉子扎进去了,"当我们跑过去的时候,听到他正向柯蒂斯少尉解释,"明显伤到骨头了。"

此后,在这不间断的10英里急行军中,我们又看到了其他临时掉队的士兵。掉队的原因似乎各不相同,有的是因为脚伤了,有的是腿伤了,还有的是胃部难受。我们遇到认识的人,除了投以嘲笑的目光外,无法给予他们任何帮助。

那天上午的绕路行军,我们用了8个小时,走了25英里的路程。我们E连作为押后的连队,大量时间是跑步才能跟上大部队,结果没有一个掉队

的。约瑟夫这个老家伙施展严厉的手段,却没能把我们拖垮。我们在对他满怀怒气的同时,也为我们自己感到骄傲。卡斯特纳率领我们回到营房的时候,已经是中午了,我们有一个小时的休息时间。后来我们听说,10英里不间断行军的真正原因是弥补因过桥而耽搁的时间和路程。至于"嘿,约瑟夫,让我们歇一会儿吧!"那句玩笑话,他根本就没有真生气。

在舒适的营房里,我们泡脚,换鞋换袜子,按摩一下大腿肌肉,然后吃了一顿午餐,有浓汤、牛排、土豆泥和冰激凌。我们吃饭的时候,柯蒂斯少尉来了。当他走进饭厅的时候,有人喊了一声"立正"。但他说:"继续吃饭吧。"然后,他说他有好消息要告诉我们。下午行军的时候,我们将作先头连队。卡斯特纳准将已经注意到我们整个一上午作为押后连队所经历的磨难,决定下午的行军改变排列次序。柯蒂斯指出,这就意味着我们不用再他妈的跑着追赶队伍,而是由我们来决定行军速度了。柯蒂斯还说,除了出现的那件不必要的胡闹事件以外,他对我们连在行军中的表现还是很满意的。他说,令他感到自豪的是,E连没有一个人掉队。他相信,我们会圆满完成下午的行军,不会有一个人掉队。

"中尉知道今天下午我们要走多远吗?"军士长问道。

"中尉也不知道,"柯蒂斯答道,"只有准将自己知道。我只能告诉你们,出发之前把自己的饭盒装满了"。

吃完午餐再加上午间的休息,使得康茨和鲍里斯查克两人焕然一新。

饭后,康茨、鲍里斯查克、迪格比·汉德和我正躺在我们班营房的铺位上休息,军士长走了进来。他劈头盖脸就说:"今天早晨我告诉过你们这帮家伙,如果你们在我这里干出越轨的事,我就开除你们的军籍。你们到目前为止没有越轨,是因为你们无法越轨。可是在狗的那件事和灰堆孩子那件事上,你们让我感到非常丢脸。其他连的人,除了向将军喊叫的那个傻家伙外,人家都很守规矩。可我们连的人表现不好。用刺刀胡闹、踢狗和吓唬孩子,都是我们连的人干的。我是这个连的军士长,这个连的人的所作所为都会使我丢脸。我不再跟你们多废话了,我是来警告你们这些家伙。今天下午你们要是再惹出什么事来,小子,我就把你们记录在案。不信咱就试试看。"说完,他就走了。

"哎,"康茨说,"什么事惹着他了?"

迪格比·汉德嘴里发出嘶声,并说道:"先生们,我们的军士长肯定是荣幸地酗酒了,当他说话非常严肃的时候,你总能看出来。喝酒就意味着他开始感到痛苦。你们没发现他眼神中有什么暗示吗? 柯蒂斯少尉让我们装满饭盒,我们的军士长去装番茄酱了。我敢打赌,如果老约瑟夫下午要是逼着我们走太远的路的话,我们的军士长准是被累趴下的倒霉蛋。那个人从不喝酒,除非他感到痛苦。"

"他不会吧,"鲍里斯查克说,"无论他痛苦不痛苦,他都会走完整个行程的。他和我一样是个粗人,能够吃苦耐劳。"

"我有预见,"汉德坚持说,"我打赌,6 瓶啤酒。如果下午 E 连有人掉队的话,肯定是军士长。"

"我打 3 瓶酒的赌。"康茨说。

"我也打 3 瓶的赌,"鲍里斯查克说,"他一定会走完全程。"

尽管我们嘴上都逞强,但是,当一个小时的休息时间即将结束,传来命令,要我们起床,离开营房到外面集合时,大家还是很不情愿,一副不高兴的样子。许多人都在抱怨,我们已经走了 25 英里了,对于任何一个有正常思维的将军来说,这么长的行军距离难道还不够吗? 现在也没有发生什么战争。要是把我们都累趴下了,这行军还有什么意义呢?

"够了,不要再说这样的话了。"柯蒂斯少尉说。然后又对军士长说:"集合你们连，我们到队伍前面去。"

我们经过其他所有队伍，走到兵营的大门口。卡斯特纳准将和他的两名副官、上校和他的参谋们，以及各营的指挥官都已经站在那里了。

"没丢下什么人吧，柯蒂斯？"一个戴眼镜的中校问道。（他的名字是约瑟夫·史迪威）①

"没有，长官。"柯蒂斯答道。

当其他各连在我们后面集合的时候，队伍中出现了明显的变化。今天凌晨集合时，一切都按照军事紧急行动的方式进行，现在却出现了某种程度的松弛。卡斯特纳准将看看自己的手表，又调整了一下步程计，然后说道："上校，让你的部队开始行动吧。"然后，他向那两个副官做了一个手势就出发了。

我们 E 连跟在他的后面，与他保持着 20 步的距离。我们的后面是上校和他的参谋们，他们的后面则是其余所有部队。马路上的中国人比上午多了，他们挤在人行道上看着我们这支疲惫不堪的外国军队，右肩上懒洋洋地挎着步枪，又重新开始行军了。卡斯特纳准将下午为我们选择的行军路线是沿着一条废弃的铁路支线，朝着与我们上午的行军路线相反的方向，穿过一片旷野。铁路的轨道被设置在一道很窄的堤坝上，堤坝两旁树木成行，堤坝以外是被洪水淹泡的稻田。这条路基上根本不可能四个人并排走，于是我们改成两个人一排，这样，整支队伍的长度就比此前增加了一倍。

除了 E 连以外，其他连队都有人掉队。这些人并非懦夫，他们就是体力不支，暂时走不动了。有意思的是，这些人当中，还有几个曾经是运动员——篮球选手、职业拳击手、棒球和手球明星——他们以前都曾是身体强壮的标志。但是，显然他们更有爆发力，而缺乏耐力。他们多歇一会儿，还得追上我们，因为护卫车根本就无法在狭窄的铁路支线上行走。

---

① 约瑟夫·史迪威(Joseph Stilwell, 1883—1946)，美军将领，西点军校毕业，参加过第一次世界大战，担任过美国驻华大使馆武官。1926—1929 年出任美军驻天津第十五步兵团营长、代理参谋长，并晋升中校。当时马歇尔任该团副团长、代理团长，两人在此结识。史迪威多次来华，会讲中文。第二次世界大战美国参战，史迪威于 1942 年晋升中将并被派到中国，先后担任中国战区参谋长、中缅印战区美军总司令等职务。战后晋升四星上将。——译者

走了 1 个小时后,我们停下来休息 10 分钟。我们卸下背包,躺在地上,把脚放在背包上,这样据说可以使脚部的血液回流,从而减轻脚部的疼痛感。脚还不是最疼的地方,最疼的地方是大腿,而且疼痛感明显穿过肌肉直通骨髓。疼痛感从膝盖向臀部蔓延,身体的其他部位都麻木了,甚至是双肩,让背包带和枪的吊带勒了那么长时间,也已经麻木了。

休息过后,我们沿着铁路支线继续径直前进,从未拐过一个弯。又走了 1 个小时后,进行第二次休息。我们又把背包扔在地上,躺了下来。卡斯特纳准将和他的两名副官坐在我们前面 15 码远的铁轨上。上校和他的参谋们假装有些趔趔趄趄的样子走到将军面前。他们坐在将军的对面,低声同他说着什么。我们偶尔能听到,上校在试图说服将军停止行军,返回营房。将军向上校说了些什么,上校用力点着头表示赞成。这次我们休息了 20 分钟,而不是像通常那样只有 10 分钟。

军士长和柯蒂斯少尉并肩坐在 E 连前面的一堆枕木上。在这休息的 20 分钟里,我看见军士长两次拿起水壶喝着什么。柯蒂斯看上去依然精神饱满,而军士长看上去却已经是精疲力竭了。他眼睛湿润,目光呆滞,毫无疑问,他水壶里灌的是威士忌。

卡斯特纳将军和上校说了些什么,然后下达命令部队全体起立站好。将军亲自喊出了"向后转"的命令,而且生气地向我们 E 连挥着手,直到我们都转过身去。我们都有些惊讶,不仅是因为想到我们终于要回去了,而且还因为听到这个难得的命令一时竟然有些不知所措。当然,这个命令是个明智的选择。卡斯特纳不能让他的部队在泥泞的稻田里转圈,他也无法让我们排成双列沿着这个本来就很拥挤的堤坝往回跑,因此,他只能让所有人在他设定的路线上向后转。在执行这一命令时,队伍从头至尾不断发出各种各样惊讶的叫声,整个部队才全部向后转了过去。这次我们 E 连又成了整支部队的队尾了,而原来处在队尾的连队又成了排头。他们与我们之间相距至少一英里,因此,在回营房的路上他们又可以少走许多路程。

卡斯特纳离开时,上校和他的那些参谋还坐在铁轨上不动,他们抓紧每分每秒休息。将军和他的两名副官又穿过掉转身的整个队伍,走到新的先头部队的前面。当他经过我身边时,我发誓,将军看上去仍然像早晨沿小河岸边行军时那样强壮威武，但他的两个副官——年龄小得能当他的儿子——看上去却像是要死的人一样。由此我认为，卡斯特纳准将并不需要极力要求减少行军路程，我相信他只要一直等着，他手下的军官们就会请求他缩减路程。作为驻扎在中国的美国军队中年龄最大的人，他想向他的手下们表明，他也是最坚强的。

重新出发的命令从队伍的前面传了下来，我们开始返回天津城区，这段路程有5.45英里。很快，我们就开始从那些休息了20分钟仍无法继续行进的人们面前经过，他们四肢无力地坐在地上，但是，他们再休息一会儿，就也得像早些时候掉队的那些运动员们一样，不得不迈着沉重的脚步继续前进。E连仍然和上午一样艰难地行进，没有一人掉队。我对迪格比·汉德说，我认为他将会输掉与康茨和鲍里斯查克打的赌，他打赌军士长将会掉队。

"他走路都摇晃了，"汉德说，"你看他的肩膀都耷拉了，行军还没结束哪。"话音刚落，汉德又大叫了一声，这声音就像是内森·贝德福德·福雷斯特的部队进攻第十五步兵团在夏伊洛防守的凹地时发出的那种喊声。到目前为止，什么事情都没有发生。"你发现了吗？"汉德对我说，"他太累了，甚至都顾不上责骂我了。这说明他已经相当疲劳了。他肯定跟不下来了。"

我也开始怀疑自己是否能够坚持到底。我很高兴他们没有拿我打赌，也很高兴没有一个打赌的人看到我拖着双脚，一瘸一拐地走着，默默忍受着。我幻想着将来有那么一天夜里我站岗的时候，恰巧卡斯特纳准将走了过来，我上去就捅他一刺刀。当队伍中还没有来得及做出反应之时，我们已经离开铁路支线，向马场道走去，这是回营房的最后一段路了。

"坚持住，兄弟们，坚持住，"柯蒂斯少尉对我们说，"我们就要胜利了。从此以后，我们E连就要被称作'飞毛腿E'了。"

但就在我们再走过一个半街区就到达营房的时候，军士长摔倒在便道上，再也起不来了。他失去了知觉。

"哥们儿，哥们儿，"汉德对我说，"他们俩的啤酒一定很好喝。"

柯蒂斯少尉显得非常绝望。"他就要坚持下来了！康茨，你和鲍里斯查克扶他站起来。汉德，你帮他拿背包。我帮你们一起扶他站好。"

汉德从倒在地上的军士长身上一把拽下他的背包。康茨、鲍里斯查克和柯蒂斯少尉把他从大街上抬了起来。军士长苏醒了过来,迷迷糊糊地抗拒着,嘴里骂骂咧咧地说他走不了,但这对他一点儿用都没有。"你的耐力是一流的,"康茨说,"松手,少尉。我和鲍里斯查克扶着他,我们俩会把他弄回营房去。"

我们 E 连就这样有些像一群乌合之众似的完成了这次长途行军。我们落后整个队伍一个街区,我们的军士长由两个他最不信任的人一路拖着,其余的人和少尉都用尽最后一点力气跟跟跄跄地走回了营房。当我们步履蹒跚地走进兵营的时候,卡斯特纳准将和他的两个副官正站在兵营的大门口。他看到许多人被自己的伙伴搀扶着,当他看到我们的时候,他自己的脸上也显出一副疲倦的样子。"他们累了,"他对他的副官说,"但是,他们还有许多的路要走哪。"

那天,在营房里,最后一次解散的命令是值班中士代替军士长下达的。"把军士长扶到他的床上去。"柯蒂斯说道。军士长被扶到床上之后,柯蒂斯又对康茨和鲍里斯查克两个人说:"谢谢,小伙子们,我知道你们都是可以信赖的人。"

后来,当我们吃晚饭的时候——我们这些是还有体力去吃晚饭的——柯蒂斯少尉也来到饭厅,并告诉我们今天我们所取得的成绩。我们用了 13 个小时,走完了大约 36.5 英里的路程,打破了美军和平时期步兵行军的最高纪录。整个部队最初开始行军时一共 900 人,掉队的人数是 120 人。E 连是唯一一支全部人员走回营房的连队,柯蒂斯为我们感到骄傲。

汉德、康茨和鲍里斯查克又围绕着谁打赢了啤酒那场赌而争论不休。汉德打赌军士长肯定会掉队——他确实掉队了;而康茨和鲍里斯查克打赌他会完成这次长途行军——他也确实完成了。

"那我们就一起去喝啤酒,到那儿再说。我非常清楚,我和康茨赢了。"鲍里斯查克说道。

我作为仲裁人和他们一起去了。我们去日内瓦咖啡酒吧喝的酒,但我们不是走着去的,而是坐人力车去的。

约瑟夫·康普顿·卡斯特纳(Joseph Compton Castner)准将 1869 年出生,1891 年从罗格斯大学(Rutgers)毕业。同年,他应征入伍,成为第四步兵团的一名少尉。1895 年,他又从步兵和骑兵学校毕业。经过一次次正规的晋级,他于 1921 年被提升为准将。他于 1933 年退役,1938 年去世。我们行军的时候,他已经是将近六十岁的人了。问题是,像他这个年龄的人,是如何能在行军中将 899 个比他都年轻的人甩在后面呢?

原来,徒步旅行是卡斯特纳的业余爱好。据说,在 19 世纪末 20 世纪初,他还年轻的时候,曾经从阿拉斯加徒步走到西雅图。可以相信,他是能徒步走那么长路程的唯一的一个白人。人们还说,当他出发的时候,有两名印第安向导跟他一起走,但这两个人都没有能坚持到底。其中的一个,出发后不久就感到筋疲力尽,于是就退出了。当时在对卡斯特纳充满敬畏的步兵团里,曾流传着一个粗野的传言,说卡斯特纳在走到"大奴湖"(Great Slave Lake)①附近的时候,由于没有食物了,他就把另外那个印第安向导给吃了。在天津的时候,每到星期天的早晨,步兵团的军官们和女士们通常都要到跑马场参加上流社会的骑马活动。卡斯特纳也参加,但他不是骑马,而是徒步前去。他会绕着马场赛道不断地走,从而使他腿部的肌肉更强健有力,同时记录自己走步用的时间。

他认为,步兵团的士兵就应当长途行军,而且也要知道怎样行军。这就是他开始组织一系列行军训练引起轰动的原因。他最初的计划是想率领这支部队——如果可能的话包括部队中的每一个人——在三天之内走完 100 英里。但是,他的命令既不能与他的行军能力相匹配,也不能满足他的热情。第一天的行军结束之后,兵营医院就挤满了一瘸一拐的伤员,运动馆里都支上了床铺,用来安置兵营医院容纳不下的伤员。卡斯特纳准将还准备第二天早晨让还能走的士兵再次出发行军,并发布命令要减少伤病的发生。不过,他的命令没有能够发出。因为来自菲律宾的总巡视官当时正好在场,当他看到部队的状况,并听说卡斯特纳打算第二天还要再次指挥部队出发时,他便直截了当地告诉卡斯特纳,不准他这样做,而且他还告诉卡斯特纳,如果有必要的话,他将发电报给华盛顿来阻止他这样做。卡斯特纳只得气呼呼地屈从了总巡视官的命令,继续行军的计划当时就取消了。

---

①　大奴湖(Great Slave Lake)是加拿大第二大湖,位于加拿大西北部。——译者

即使是三十二年之后，亲历过当时行军训练的士兵们仍然在心中留有不可磨灭的印象，我所收到的那些已经退伍的"胜任"们寄来的信件，就足以证明这一点。我现在问一下自己，我是否能够完成卡斯特纳那100英里的行军计划，我完全可以说我能做到。但是，要是在完成这样魔鬼式的长途行军之后，还要参加战斗的话，那我肯定不行。我永远也无法理解"石墙"杰克逊（Stonewall Jackson）①和美国内战时期其他那些指挥官，是如何让他们的战士们在经过可怕的长途行军之后，再投入战斗的。

正是由于这次长途行军，也因为总巡视官正好在现场目睹了长途行军的结果，美军开始重新考虑延长行军里程的整个问题，并颁布了经过修改的命令。单独的徒步旅行者能够很容易在三天之内走完100英里的路程。他们能够根据自己的情况来决定行走的速度。从某种意义上说，卡斯特纳准将在我们行军时，就是一位单独的旅行者。他按照自己习惯的速度行走，但跟在他后面的899个人不得不调整他们的步伐，才能跟上他的速度，这就是那么多人掉队的原因。

6. 传令兵

如今，我们仍然可以找到一本名为《美国第十五步兵团常规守则》的小册子。这本小册子大约是1930年在天津由北洋印书馆印制，是当时任第十五步兵团指挥官的詹姆斯·泰勒（James D. Taylor）上校组织编写的。我想，当年那些参谋一定是在泰勒的指导下编写这本书的。不知为什么，这本书总让人隐约想起圣依纳爵·罗耀拉（Ignatius of Loyola）②的《神操》（*Spiritual Exercises*）。《常规守则》的内容刻板、教条，有些地方让后人难以理解，但却没有一句废话。这本书要发给每一个来到第十五步兵团的新任军官，并命令他们——而不是请求他们——认真阅读并领会书中的内容。军事史学家爱德华·斯普拉格·琼斯（Edward Sprague Jones）在为军事志

---

① 托马斯·乔纳森·杰克逊（Thomas Jonathan Jackson，1824—1863），美国内战时期著名的南军将领。"石墙"（Stonewall）是他的绰号。——译者

② 圣依纳爵·罗耀拉（Ignatius of Loyola，1491—1566），西班牙贵族，耶稣会创始人。所著《神操》一书，为灵修辅导和退省神功的经典之作。——译者

学家多恩布奇（C. E. Dornbusch）出版这本书的影印本撰写的序言中谈道："这是一本很实用的手册。它既不是单纯的收集，也不是再创造，它只是有关我们需要知道的事务的一种范本。"

琼斯先生认为："《常规守则》一书清楚地阐明了每个人对步兵团应尽的社会义务，以及相应的，步兵团根据不同的职位对每个人应承担的责任。"《常规守则》甚至还列举了如官兵过生日、结婚或死亡时，步兵团应当做些什么。下列章节的标题足以表明这一点：

> 军官孩子的出生
>
> 士兵孩子的出生
>
> 军官的死亡
>
> 士兵的死亡

关于传令兵，《常规守则》中有如下内容："指挥官的传令兵——一旦士兵被选作指挥官的传令兵，他所在的连队指挥官就要为他颁发一张二十四小时通行证，第二天他就可以免除站岗一天。持有传令兵通行证是很荣幸的，因为下一次放映电影时，凭该通行证就可以自由通过运动馆的门岗。"

《常规守则》中并没有提到如何选拔传令兵，但可以想象——事实也确实如此——每个人都知道这个"一天的荣耀"是如何被授予的。日复一日，年复一年，每天中午的换岗是军营一天当中最庄严的仪式。有时，换岗仪式会因步兵团乐队的奏乐和指挥官的检查而变得更正规，其他情况下则不那么正规，只是新老值日官责任的交接而已。但是，不管这个仪式正式与否，每一次换岗都要选定一名新的传令兵。

传令兵是由新上任的值日官负责选定，选择的标准是根据其外貌、军人仪表，还有军装纽扣、皮鞋、帽徽、皮带扣、领章、步枪背带和枪托、刺刀和弹药包的光亮整洁程度。有时竞争太激烈了，以至于最后的选定要根据竞争者指甲的干净程度来决定。在第十五步兵团，当一名士兵决定竞选传令兵时，他大约需要做四个小时繁杂的准备。"长官，我已得到连长的准许，今天想争取担任传令兵。""很好。出列，回营房，努力争取。"

军营里一共有六个地方需要站岗,每一个岗位有三个人轮换。他们分成三班,每班都由一名下士领导。他们全天按时轮换,每一班岗两个小时,换岗后休息四个小时。如果在值勤时出了什么差错,查岗的军士长就会"拽拽你的皮带"——这是字面的说法,实际是拽着你那挂着刺刀和弹药袋的腰带和你的执勤徽章,把你带到禁闭室关押,你将在那儿等着长官确定给予你什么样的惩罚。在军营内站岗是件苦差事,我们都不愿意干,但每九天都得轮换一次。

当然,传令兵的选拔在细节上让人心怀顾忌,因为,传令兵要及时向当值指挥官报告。如果他不在,必须按照执勤登记簿由下一个人补上。因此,每个人都必须待在岗位上,因为没有人知道谁将会被选作传令兵,也没有人知道谁将会接替他去站岗。

传令兵一般要一直坐在指挥官办公室外面的椅子上,有时也会被分派去干一些其他差事,但那只是偶尔的。如果有军官从走廊经过,传令兵要起立敬礼,而且军官来来往往往很是频繁,所以他是没有时间打瞌睡的。我在第十五步兵团的三年中,从未得到过被选为传令兵的荣誉。我也争取过一两回,但从没有成功过,不过后来我对有过参加这种选拔的经历已经感到满足了。

然而约翰·沃尔什(John Walsh)却与我不同,实际上,只要他参加选拔,每次都能被选上。他是个大腹便便的家伙,长着一双金鱼眼,还谢顶。但是,只要他收紧肚子,挺直肩膀,用那像火腿一样的大手拍打他的来复枪托时,他干脆利落的动作和让人印象深刻的外表便会无人可比。他把自己从一个肥胖、酗酒的懒鬼变成了令人难忘的一副军人形象,还确实有两下子。每当值日官检查完新上岗的岗哨,站在后面扫视着士兵们从中挑选传令兵时,他的目光总是停留在沃尔什身上。

我第一次听说沃尔什给自己制定喝酒规矩,还是我刚到中国后不久的事情。这些是他在从军二十年中给自己定下的规矩。这二十年中,他曾在海军巡洋舰上当过下士,也在步兵和空军干过。在空军他当过中士,所在的是比飞机还要轻型的部队(飞艇部队)。在步兵部队,他的军阶从没有高过一等兵。但是,步兵却是他最喜爱的,当他厌倦了在其他兵种服役后,就会

回到步兵来,尤其是第十五步兵团。我认识他时,他已
经是第三次来中国了。

　　他把喝酒看得很重要,这是他的生活方式。打扑
克牌刚赢了 10 元或 15 元,他就坐在床上用"军人之
友"擦拭他上衣的纽扣。营房苦力刚刚离开,他就又焦
急地等着他们回来擦拭他的那些行头。我问他:"约
翰,你是不是又要去申请当传令兵了? 离你执勤不是
还有两三天吗?"

　　"不,我不是要申请去当传令兵,小子,"他说,"我
是准备出去喝两杯啤酒。"

　　"那你把这身行头擦得那么亮干什么?"

　　沃尔什很小心地把上衣放在床上,取出皮鞋,开始
用一块破布反复地擦。"当一个男人喝醉时,"他说,
"他大概是世界上最丑陋的动物了。他的胡子该刮了,
他的制服可能破了,不论破没破,也肯定是皱巴巴的
了。他会很脏,又臭又脏。所有的光彩都会从他的皮
鞋和皮带上消失。如果他还戴着军帽的话,帽子肯定
也会被撕成两半了。这就是为什么我每次出去喝啤酒
时,总把自己打扮成要去申请当传令兵的样子。小子,
我不知道几瓶啤酒将会把我变成什么样子,但我总会
让人看到,约翰·沃尔什这老家伙被拖走时,他都穿着
体面的军装。如果你出门时看起来既干净又整洁,那么,你回来时就八成不
至于让人看着那么狼狈。"

沃尔什

　　"这次你要去哪儿?"

　　"我想我要去看看'德国玛米'(Dutch Mamie)。我第一次去她那儿还是
1914 年的事了。那是我第一次来天津,德国人当时还在,我们还穿着蓝军
装。玛米那时还是个年轻的姑娘。我当时啤酒喝多了,惹出了麻烦。在她
的酒馆里还有三个德国兵,他们拿着皮带朝我走了过来。当时,我手里也拿
着一条皮带,酒馆里无论是德国人还是其他人,没有一个人站在我这边。不

过,那时玛米酒馆里的椅子还不错,很沉,椅子腿是特别好的大木棒。我背靠着墙,手里拿着一把椅子,三个德国佬手里挥舞着皮带冲我走了过来,那可是一头带着大大的铜搭环的牛皮带。不过,这是一场不公平的较量。要想把我老约翰撂倒,至少还得再来四个德国兵。那件事情之后,玛米告诉我,再也别到她的酒馆去了。因为她是德国女孩,她必须站在自己同胞一边,尽管那几个德国佬被打得头破血流躺在了地上。后来,他们企图把我这可怜的老约翰·沃尔什告上军事法庭。为此举行了一场听证会,德国的一名陆军中尉出席了听证会。他想要指控一群美国佬结伙打了他们的人。所以,我们把德国玛米请到了听证会。她和德国中尉坐在德国佬中间,中尉起初还觉得不错,可听证会刚一开始他就急了,因为玛米说了实话。最后,当中尉确信这只是一个可怜的老约翰·沃尔什所为,而不是一帮美国佬时,不知为什么,他站起来敬了个礼,就一走了之了。对军事法庭而言,这看上去简直太可笑了,一个约翰·沃尔什干掉了三个德国人。尽管如此,我还是受到了连队的惩罚,在军营里关了三天禁闭。而且,他们强令德国玛米把酒馆迁出租界,她想以绝食的方式抗议,直到他们允许酒馆重新开张。是的,我喜欢去看看德国玛米酒馆,聊聊当初的事情。1914年德国人从天津撤走,到青岛去了。日本人在那儿又把他们包围,打了一场恶仗。日本步兵团参加了这场战斗,德国机枪手打死了许多日本人。关于这场战役,没有人能记得什么。但是当青岛之战结束后,日本人为了和德国人争抢中国的地盘,又和他们打了一仗,日本人宣称每打死一名德国人,日本就要付出牺牲六个人的代价。但不论怎样,我想,日本人还是打赢了。玛米应该知道所有这些事情。我今天下午去她那儿时,要问问她。"

"那你还回来吃晚饭吗?"我问道。

"不,小子,我不回来吃晚饭、早饭、午饭,甚至明天的晚饭,我也不回来吃了。最近我太紧张了,需要放松一下。我也许两三天后才会回来的,不过回来之后,我还会在禁闭室得到充分的休息。这儿的禁闭室不错,人又不多又可以每天洗澡,而且饭也不错。除了躺在床上和老朋友聊天,什么都不用做,而且还很安静。我会认罪并请求军法官宽恕,我愿意关禁闭15天。没有任何麻烦事。我相信,当我回来的时候,我将要好好地休息15天。"

他仔细地打好绑腿，穿上衬衫领，整了整领带。然后，穿好上衣，又扎上闪闪发光的皮带。

"不信你就瞧着吧，"他说，"在我回来时，就会轮到 K 连给禁闭犯做饭了。霍华德·多布斯（Howard Dobbs）是司务长，我们断断续续已经打了十五年交道了，我今天很可能在玛米那儿能碰上他。我刚回来那天不想要什么，不过第二天我就想喝点儿好汤，吃个鸡。对了，转天最好是小牛排或者可能的话有些田鸡腿，再转天要叉烧肉。我在玛米那儿碰上霍华德时，我会写份菜单交给，他一定会同意照办的。我们在海军当兵的时候，在老油轮'佩科斯号'（Pecos）上一起待过，那时他还不是司务长，只是一个润滑油的吊装员。"

约翰·沃尔什戴上他的潘兴帽（Pershing cap）并略微歪一歪，在落地镜前最后把自己好好地审视了一通。"估计我还过得去。"他说道。然后，他把短杖往胳膊底下一夹，就走出了门。我从窗户向外张望，看着他悠闲地穿过操场，遇到指挥官时还利落地向他敬了个礼。

四天后，宪兵把他带了回来。此时他的样子已经糟透了，没有做任何申辩。如他所计划的那样，他在禁闭室里被关了十五天。K 连司务长霍华德·多布斯忠实于他们的老交情，严格按照他提出的菜谱给他做饭。在被关禁闭的十五天里，沃尔什错过了两次站岗轮班，因此当他被释放时，他的名字排在了执勤表的第一个。

我又看见他坐在床上，用"军人之友"擦拭他的纽扣。

"噢，上帝啊，"我说，"你不会又要出去喝酒吧？"

"不，小子，"他说，"这次，我要去申请当传令兵，是回来继续过当兵生活的时候了。"他大声训斥着临时雇来的营房苦力，因为没有按照他喜欢的方法把他的鞋擦亮。他严格地检查了他的斯普林菲尔德步枪，在枪托上涂了些蓖麻子油，又向我借了刺刀，因为我的刺刀看上去要比他的稍微亮一些。他收紧了肚子，又紧紧腰带，在穿衣镜前仔细地审视了自己一番，又在几个地方做了一番整理，然后走了出去，加入到等候新岗位的队伍中。因为他个子最高，所以站到了前一排的排头。那天的值日官是步兵团新来的中尉。在常规性检查过后，他向后退了一点，开始挑选传令兵。他有些紧张地踱来蹀去，然后又检查了一遍每个人的步枪。最后，他让约翰·沃尔什和另一个人向前跨了三步，并让他们进行步枪操练。那个人看上去同约翰一样整洁甚至更整洁，但是他在步枪操练方面不如约翰。即使站在营房的窗户下，我也能听见约翰·沃尔什用他那火腿般的大手掌拍打步枪托的声音。

新来的中尉走到沃尔什跟前，轻轻地拍了拍他说："传令兵，到指挥官那儿报到去吧。"

7. 便装

一年冬天，团指挥官显然是想不出有什么其他事情可做了，于是他下达命令在第十五步兵团内进行语言调查。表格被设计出来之后油印成表，然后发到各个连队。每一个士兵都要填一张表，说明你会讲哪种语言，流利程度如何。这对于我们这些来自美国中西部地区的人来说，是件很容易的事情，我们填上英语就完全够了。我们的老值班中士卡尔·格雷博格（Karl Grahlberg）就有点儿麻烦了。"嗯，英语？是的，填上英语。德语？是的，我还用想吗？我当然讲德语了。我把德语填上。法语？嗯，我听得懂法语，还不错哪，但就是讲起来有时非常困难，把法语也填上。捷克语呢？我当然也会讲捷克语，只是不会用捷克语阅读和写作，捷克语也填上。匈牙利语呢？不在那个小屁国家出生的人是不会讲匈牙利语的。我就不填它了。哦，我忘了汉语了。汉语我不会阅读，可我肯定能讲，我把汉语填上吧。我也懂波兰语，但懂得不太多，我想我就不填波兰语了吧。"①

当这项调查结果被列表公布出来以后，我们发现 E 连的全体官兵一共能讲 18 种不同的语言。G 连被我们称作"外国军团"，因为，该连的人能讲 36 种语言，在语言方面位居步兵团之首。G 连中，美国本土出生的人最少，没有人知道这到底是什么原因造成的。这也许就是多年来补充新兵裁汰老兵的结果。相比于其他连队，G 连有更多的出生在波兰、意大利、奥地利、俄国、立陶宛、保加利亚、墨西哥、法国、西班牙、比利时、澳大利亚、门的内哥罗（黑山）和冰岛等国的士兵。对于大多数军士长来说，在这些人中点名都是

---

① 此段引言原文大半词汇都是错误拼写，以说明这位中士英语也说不清楚。——译者

件麻烦事。然而，对于 G 连的军士长来说，这就不算什么了。G 连的军士长名叫赖维埃克（Wrhviac），尽管他只会说 9 种语言，但是，他可以用任何一种语言发音，哪怕是梵语也可以写下来。当赖维埃克在 G 连点名的时候，我们经常过去偷听，就像是表演节目，很好听。

然而，E 连中也有一个与众不同的人，他就是肥冯（Fat Feng）。其他连的人，没有一个人敢说和肥冯一样，因为肥冯是华裔。他出生在旧金山，他的父母是华裔第三代移民。从法律上来说，肥冯和其他任何人一样都是美国人，但是，他仍然是纯粹的中国血统，对此他丝毫没有感到任何难为情的地方。在他填写的语言调查表上，他填的是英语和汉语，这确实是实事求是的。但是，他讲的汉语是广东话，而天津人讲的是国语。国语和广东话的差别就像意大利语和拉丁语的差别那么大。连队的苦力对待他就像对待我们其他美国人一样，侍候他时不会有任何反对。实际上，许多苦力都称呼他为"先生"，如果有人可以给你翻译一下的话，"先生"的意思就是"受尊敬的长者"或是"天堂出生之人"。那些苦力听不懂他讲广东话，却可以听懂他讲英语，因此，他大都还是同他们讲英语。然而，肥冯的听力很好，不久，他就能够把广东话的九声变成国语的四声了。他过去就能够阅读和书写中文。汉字的书写在任何地方都是相同的，因此肥冯很快就掌握了国语。肥冯是一个优秀的士兵，大家都很喜欢他。他身着军装的时候，与其他美国士兵相比没有什么两样。

他的好伙伴是格斯·克里茨（Gus Krites）。他们俩都是在旧金山入伍的，当时正是克里茨倒霉的时候。他们俩是在唐人街的一个饭馆里认识的。肥冯当时正为一些家事烦心，而克里茨则是无所适从，于是他们就应征入伍，离开旧金山的唐人街来到了中国。

在格斯·克里茨的语言调查表上，他填的是英语、俄语、德语、拉脱维亚语、波兰语和法语。在他的家乡里加（Riga），拉脱维亚语是人们在家里使用的语言，而俄语是政治语言，德语是商界语言，法语是沙龙中使用的语言，英语是国际语言，波兰语是"粗话"（pig language）。有一次，我问他"粗话"是什么意思，他说："就像乡下人说话一样。"

在里加，克里茨上过学，后来也服过兵役，因为当时拉脱维亚还是个独

立的国家,实行义务兵役制。那时,他的名字是古斯塔夫·克雷茨卡尔特
(Gustav Kreitskalt)。第一次世界大战爆发后,克里茨所在的拉脱维亚团在
1915 年加入了为俄国荣誉而战的民族军团(National Unit)。战争结束后,
布尔什维克的恐怖统治开始笼罩拉脱维亚,于是,克里茨和他的一些亲戚决
定收拾行装,离开那个国家。他们到了美国,起初,克里茨在宾夕法尼亚州
试图过上一段平民的生活,但过得很不如意,于是他就去当了水手。正是在
旧金山上岸短暂停留时,他认识了肥冯,他们俩一起报名参加了第十五步兵
团。我认识克里茨的时候,他已经是三十多岁的人了。

在那个年代,天津有一处面积很大的俄租界,那里的居民同样也都是因
迫使克里茨移居国外的布尔什维克革命而逃出俄国的难民。在俄租界的居
民中,除了一些比较富有的皮毛商人外,其他大量居民的生活都比较悲惨,
他们为了生存不得不同当地的中国人竞争,许多人的生活状况甚至比那些
苦力也强不了多少。这些无国籍的人们居住在距离美国军营大约一英里远
的一个设有围墙的大杂院里,这个大杂院被称作"蓝色大院"(Blue Com-
pound),类似于贫民窟。他们中的许多人都依靠自己的女人为生,这些女人
并不厌恶卖淫,她们靠卖淫从美国兵那里挣到钱,以为生计(当水兵们登陆
的时候,他们真的会大肆挥霍一番)。还有一些人靠酿酒和卖伏特加酒为
生,或开个小店,以物易物、零售商品或修鞋修物。中国人也容忍他们在那
里生活。

在天津城区转了一圈之后,肥冯和格斯·克里茨很快就发现了这里居
住的白俄。正如受过良好教育的肥冯所说的,他们俩人想在俄国人中进行
"社会调查"。克里茨和这些白俄之间有许多共同之处,首先一点就是他们
都是因布尔什维克的大屠杀而离开祖国的。而肥冯跟克里茨去调查,是因
为他是很感兴趣的旁观者。

在语言调查结束一两个星期之后的一天,团指挥官颁布命令,第十五步
兵团的士兵不执勤的时候可以穿便装,但所穿的衣服一定要整洁体面。这
项规定在美国本土的军营中早已施行了,但在中国北方地区施行起来却有
些勉强。即便有了这样的规定,我们也很少有人想要利用它。在美国与中
国不同,穿着军服走在美国的街上,会被人看作是一类无业游民。在中国,

军服是荣耀身份的标志。我们几乎没有人是带着便装乘船来这里的，而天津商店里出售的衣服都很明显是欧洲的服装样式，而且价格贵得出奇。我们连的裁缝说他会做便装，于是有几个年轻的军士就在他那里定做了。但是他做出来的衣服——他是仿照他看到的美国杂志上的图片做的——看上去非常古怪，因此，买了这些衣服的年轻人只穿过一两次，就会设法把衣服打折卖给别人。

就在这项规定颁布之后的一天下午，肥冯和克里茨两人商量了一下，然后向我们宣布，他们要"上街购物"。他们说，他们回来的时候，就会身着便装。"到时我们不会再看你们这些小混混。我们甚至不会同你们讲话。"

说完，他们就去了"蓝色大院"，直到开饭号吹响之前他们才回来。肥冯一身中国人打扮——带白扣子的黑色瓜皮帽、黑色长袍、黑色织锦缎马褂、白底儿软帮鞋，还有一件漂亮的黑色毛皮斗篷。格斯·克里茨一身白俄打扮——灰色卷毛俄羔皮帽子、白俄农夫常穿的花哨绣花衬衫、宽松的绿裤子，裤腿塞在哥萨克高筒靴子里。搞笑的是，如果你在天津的大街上看到他们这身打扮，你会认为他们的确就是这样的人——一个富有的中国公子哥和他的一个没有他那么富有的俄国朋友。实际上，当连长回办公室的时候，在娱乐厅看到他们两人时，就是这样认为的。连长把军士长叫了过去，当时军士长还没看见他们俩。连长对他说："你看，军士长，我们需要有一条底线。我想我们有些人有中国佬和俄国人朋友，当然，我们也愿意我们的人和当地的老百姓交朋友。但是，我不知道他们是否可以把这些朋友带到军营里来。我肯定会有一条规定什么的禁止这样做。如果没有的话，也应该制定一条这样的规定。现在，把其他驻军的士兵带到军营里来是没关系的，我们鼓励这样做，因为我们在这里驻扎的一项使命就是增进亲善情谊。但是，我坚决反对把中国和俄国平民带到军营里来。就像我说的那样，我们应该划一条底线，应该有一条底线，军士长，我认为我们已经可以做到了。现在，你把那两个家伙赶出去，别太生硬了，因为我不想伤害他们的感情，但必须把他们轰出去。就快吃晚饭了，他们也许想在我们的食堂吃饭，这绝对不可以。天啊，这种事一旦开放，就会一发不可收拾。所以，现在就得把他们赶走。我是回来取食堂财务报告的，你把它放在哪儿了？"

军士长还没有意识到到底发生了什么事情,他对连长的这番说教,只是感到迷惑不解。他严肃地对连长说:"我这就把他们赶出去,长官。"说完他就大步流星地来到娱乐厅。而此时,肥冯和克里茨正在娱乐厅里打台球,他们一边尖叫着,一边用很难让人听懂的汉语夹杂着俄语,叽里咕噜地相互对骂着,我们其他人围着他们俩坐了一圈看热闹。

"散了,别在这儿看了,"军士长对我们这些旁观者说,"我不知道是谁把这两个家伙带进来的,谁告诉他们可以在我们的娱乐厅打台球。连长已经看见了,他发火了。得把他们俩轰出去,叫他们不要再来了。我还告诉你们,不管是谁首先把他们带进来的,都应该找个地方狠狠地踢他一顿,小子盯着点儿吧。"

克里茨和肥冯仍然背对着军士长。"美国军士说话太粗暴了。"肥冯对克里茨说。"简直是粗暴无礼,"克里茨点头,表示同意,"接着玩,别理他。我要把八号球打到角袋里。"

军士长抓住他们的肩膀,猛地把他们拉得转过身来。"出去!"他大叫一声,"你们俩,都出去! 我要是找到带你们进来的那个人,我就……"这时,他认出了他们俩,我们这些旁观者想,恐怕这一下他要被气坏了。

连长听到娱乐厅发出的吵闹声,走了进来。"军士长,"他叫道,"我要这里安静一点。为什么我进来的时候，没有人喊'立正'？你们这里太散漫了，军士长，军事纪律性太差了。照我说的去做，把这两个人都赶出去，然后到办公室来，我和你有话说。"

军士长说道："连长，如果你同意，我把这俩人都抓起来。我想立即控告他们。"

"军士长，我们不能把他们抓起来，我们没有这个权力。另外，他们也没犯罪。把他们赶出军营，赶出这个大院。这是我们必须要做的。"

"可是，上帝呀，长官，这是格斯·克里茨和肥冯啊！你难道没看出来吗？"

连长又看了一眼，"啊！"他说，"是的，是他们！你们这是什么意思？你们搞的什么鬼？"

肥冯和克里茨站在那里一言不发。

"说话呀！"军士长厉声说，"你们没有听到连长问你们话了吗？"

"啊……嗯……"克里茨说，"就是想开个玩笑，长官。命令不是说可以穿便服吗，我和肥冯就……"

"够了！"连长说，"你和肥冯是想拿人开涮吧，好，我想你们该满意了。军士长，把这两个人都抓起来，关他们的禁闭。他们没穿军服。"

满腔怒火的连长设法根据战时条例的第九十六款，控告克里茨和肥冯二人。该条款规定：在实际执行的过程中，如果该人没有触犯足以将其送交军事法庭的某一具体条款的话，他可以因军官们想象的"其他任何一个理由"，而受到审判。但是，克里茨和肥冯并没有被送上法庭，因为军事检察官提出，他们穿的便服在部队所驻扎的城市中非常普遍，那么，为什么不采取只在连队内部进行惩罚，而不留任何记录的方式解决呢？没有必要把事情搞得看上去那样荒唐，尤其是如果要提交审核的话，会被当作笑话。我们连长冷静下来以后，也同意了检察官的意见。

实际上，上尉既是一个好人，也是好连长。他放过了他们，只是正式对他们进行了一番训斥，连里也没有采取任何惩罚措施。正式训斥，更为正规的说法叫训诫，做法是克里茨和肥冯二人必须穿好军装，到连长办公室，在连长面前立正站好，接受他的训斥，这时少尉和军士长都要到场聆听。

连队惩罚就意味着二十天不能出营房,还要被送到库房干一些琐碎的粗活。而在那时,在第十五步兵团,很难想出有什么适合被处以连队惩罚的人干的粗活。去临时打扫厨房是不可能的,首先就根本没有那样的工作。打扫厨房都是由食堂的中国苦力干的,我们付给他们工钱。我们步兵团也没有装卸军需品或打扫操场之类的杂役,以作为惩罚犯人的手段,这些也是由我们雇用的那些苦力去干并为此支付给他们报酬的。连长也不会强迫他的士兵同苦力一起干活,如果那样做的话士兵会丧失尊严,因为在苦力们的眼中,他就会同被撤职的人没有什么两样了。因此,连队惩罚就意味着把那些犯错误的人派到库房,并要他告诉管库军士给他们安排点活儿。一般来说,管库军士最不想做的事情就是整天管着几个罪人。我们的管库军士总是这样说:"待在那堆脚柜后面,别让我看见你们几个该死的。那里有一些旧杂志,你们可以看。我就是要你们别把我这里的东西弄乱了。"

娱乐厅那件事发生以后,肥冯总是在回味他和克里茨接受连长训诫时的情形。他把那个场景全都记住了,只要有人问他,他就会借着酒劲儿,从头到尾说一遍。就像这样:

士兵肥冯和克里茨走进门来,船形帽夹在左胳膊下面,身穿卡腰军上衣和紧身马裤,衣服上的扣子和领章闪闪发光,腰带和皮靴擦得锃亮,两个人的胡子刮得很干净,而且都刚刚理过发。连长和中尉坐着,军士长站着。所有人的脸色都很严肃。

肥冯和克里茨走到连长的写字台前停了下来,立正敬礼并磕着脚后跟。肥冯说道:"长官,士兵肥冯和格斯·克里茨,根据军士长的指示,前来听候连长的训诫。"

连长说:"嗯,是的,当然,稍息,不,立正!我的上帝,你们俩应该为自己的行为感到羞愧,竟敢拿便装条例开玩笑。我对你的行为感到非常的吃惊,克里茨;你也让我很是吃惊,肥冯。你们总是拿一些像便装这样的生活小事来开玩笑,允许穿便装本来对你们有好处,这样一来往往会惹恼团指挥官。我并不是说,我会因为他妈的这点事责备你们。你们俩都是优秀的士兵,可是当你们做出这样的事情的时候,你们让我这个连长感到羞愧。你们让我感到厌恶和羞愧。这件事让我想起了一件事。一个研究军械的将官发明了一个记录打靶得分的装置。他为此付出了十年的心血,最后终于成功了。他们在蒙特里(Monterey)对这个装置进行测试。该装置在靶场记录步枪打靶的中靶数,不仅可以节省时间,并且可以消除可能出现的所有错误。他们把这个装置安装好后,很多高级军官都到了那里想看一看第一次试验的情况。他们命令一个经过专门培训的下士操作这个装置。打靶开始后,这个装置运行得非常好。后来,某个愚蠢的士兵对那个装置做了些手脚,没有人知道他究竟做了什么。从那以后,奇怪的事情发生了,不管子弹打在什么位置,这个装置都记录为正中靶心。发明这个装置的将官被气病了。一位陆军上校说:'一个优秀的将官花费了他一生中十年的时间完成了这个装置,但一个士兵只要五分钟就把它毁掉了。'这项便装令也是如此。团指挥官用了整整一年的时间往来联络申请才得以在这里执行,你们两个可恶的家伙仅5分钟的工夫就差点儿把它搞垮。如果上校听到了这些,那可真就完蛋了。正像我说的那样,作为你们的连长,我感到羞愧,我希望以后不要再发生类似的事情。如果再发生的话,那就意味着真的有麻烦了。有问题吗?中尉,你和军士长对我所说的还有什么要补充的吗?那好,解散。"

格斯·克里茨是我迄今所知第十五步兵团中唯一一个结婚的人。要想结婚,他首先要得到连长的批准,还要得到军队牧师的同意。那个女孩儿是个白俄,皮肤有些黑,长得漂亮,浓密的头发,她的名字——或者说,我们称她为——波丽娅(Polya)。她和克里茨之间有很多共同之处,他们俩的家庭成员都是在1917年布尔什维克革命时回到俄国遭到杀害的。他们俩是在"蓝色大院"认识的,喝了几瓶伏特加酒后,相互之间顿生爱慕之情。宗教问题成了他们相爱的障碍,波丽娅信奉的是俄罗斯东正教,而克里茨则是路德教教徒。深陷爱河的格斯,放弃了伟大的马丁老人的教义,接受了从伏尔加河流亡到天津、充当天津白俄居住区神父的一位东正教大主教的教诲,从而克服了他与波丽娅两人之间的障碍。实际上,就是这位大主教为了克里茨的婚事,去恳求属于圣公会高教会派的第十五步兵团军队牧师的。他的恳求非常成功,那位牧师又去与连长商量,他小声地和连长说了些什么,大意是最好让他们结婚,否则会惹恼他们。"是的,牧师,"直率的连长说道,"但是,该死的,我就是见不得一个美国男孩同这些令人讨厌的人结婚。"

牧师提出,克里茨不再是男孩了,他已经三十多岁了,他的美国标签顶多也就是名誉上的了。"可他们究竟靠什么维持生活呢?"连长问道,"克里茨所拥有的就是他当兵的那点儿津贴。"

牧师告诉他,一个白俄皮毛批发商答应给克里茨安排一个职位。克里茨打算时间够了就交钱退役,但他不想等那么长时间再结婚。

"你太能说服人了,牧师。"连长说。

"是那个大主教能说服人,"牧师说,"我想他以为,如果他的教徒嫁给了一个美国男孩,这会给他带来某种政治上的好处。"

"美国人,我的步兵,"连长说,"克里茨是立陶宛之类国家的人。"

"他是拉脱维亚人,"牧师纠正他说,"不管怎样,他穿着美国军装,而且他退役后还会拥有美国护照。"

"就是,就是这样。那就让他们结婚吧,我想结果会是不错的。我还必须出席他们的结婚仪式并表示对他们的祝福吗?"

"您最好去,他们那位大主教将肯定会给予他们祝福的。"

就这样,格斯·克里茨和波丽娅在天津的俄国人举办婚礼的东正教堂举行了他们的婚礼。这家教堂非常小,圆屋顶,有些像清真寺,镶嵌着宝石,是具有拜占庭风格的漂亮建筑。肥冯和我,还有我们连里其他许多人,包括连长,都出席了克里茨的婚礼。婚礼仪式后举行婚宴。宴会上,我勇敢地尝试了一下伏特加酒,不一会儿,我就分不清哥萨克舞(kasatska)和波尔门耶舞(polmenyi)了。尽管这些白俄可能很穷困,但他们在举行婚礼时,绝不会吝惜使用三驾马车。

克里茨和他的新娘搬进了"蓝色大院",他一到时间就采用交钱的方式,结束了他的军营生活。交钱意味着他要偿还他的服装津贴,以及他入伍时所接受的其他一些东西。雇用他的皮毛商人为他预付了退伍需要偿付的这些钱。克里茨在皮毛行业里干得非常好(天津当时是世界皮毛贸易中心),

皮毛批发商雇用他做采购员，派他到很远的地方去收购毛皮。他后来寄给我一张他和波丽娅的合影，是在满洲的齐齐哈尔（Tsitsihar）附近拍摄的。他们俩骑着蒙古马，身穿皮毛衣服，一脸的笑容，充满了活力，看上去他们就好像是成吉思汗金帐汗国的一员。

肥冯也以交费的方式提前退役了。在军队的这两年时间里，他远在旧金山的家人也已经把家里的麻烦解决了（显然，来自上海的一个打手与这些麻烦事的解决有关），他的家人要他回旧金山的唐人街去管理他们的篮子店。他先乘火车到上海，再从上海乘民用远洋客轮回到美国。他在上火车之前，向连队做最后的告别。那天他穿的中式服装，就是他和克里茨在娱乐厅惹恼连长和军士长时穿的衣服。

这次，连长没有发火。他向肥冯咧嘴笑着，同他握手，并告诉肥冯，等他回到旧金山的时候，一定去拜访他。

8. 牌坊

在佐治亚州本宁堡（Fort Benning, Georgia），从步兵学校（Infantry School）主楼穿过街道，对面军官俱乐部（Officer's Club）的旁边有一座牌坊。所谓牌坊，通常是由两根支柱上面架着一块较大的横匾组成，看上去有些像是一座祭坛被纵向一分为二。这座牌坊大概有戴帽子的普通士兵那样高，由白色大理石制成。柱子上雕刻着花纹，横匾上镌刻着中英文的铭文。牌坊的前面安放着一块铜牌，上面写着：

献给步兵学校
美国第十五步兵团
（"胜任"团徽）
驻防中国四分之一世纪返回美国，1938 年 3 月 24 日

牌坊上面的横匾额上刻着"怀念美军官兵在中国的伟大功绩"。
铭文的下面，右边是一首中文诗，左边是英文译文：

黑牛城村赠送给第十五步兵团的石牌坊

军阀竞立，

变乱迭生；

榆关一役，

祸及京津；

溃兵四散，

鹤唳风声；

小民何辜，

一夕数惊；

美国兵营，

保卫安宁；

昼夜防守，

辛苦逾恒；

> 颂我将士，
>
> 捍患多功；
>
> 懿欤休哉，
>
> 名震西东。

这首诗在翻译的时候一定漏掉了一些东西，中文原文不会如此之差。[①]不过，这充其量只是表达谢意的文字而不是韵律诗。

这座牌坊最初是 1925 年 4 月 1 日送给第十五步兵团的，当时该团还在天津。它是为了纪念该团在华北成功地完成了一项任务：保卫天津免遭群龙无首、劫掠成性的中国军队的侵扰。为了不让这些军队进入天津，他们第一次不得不驻防在天津市界外的小村里。在 1924—1925 年的直奉战争中，这个问题变得愈发严重。因为步兵团当时的所作所为，受到美国军队保护的那一地区的一些村庄中的耆老赠送给他们这座牌坊，以表达他们真挚的感激之情。

正如现在矗立在本宁堡的纪念碑上的诗句所描述的，"各派军阀为争夺地盘而战"，当他们成功地占领某地，不论城市还是小镇，通常都会发生"抢掠"。这是军阀奖赏打胜仗的军队的一贯做法。截至 1924 年，一些抢掠事件已经成为历史性事件，如南京抢掠案（Rape of Nanking）、兰州抢掠案（Rape of Lanchow）和济南屠杀抢掠案（Massacre and Rape of Tsinanfu）。

这里用的"抢掠"（rape）这个词，是所能找到意义最明确的，其想要表达的含义非常确切，无需再做任何补充。在那些日子，新的抢掠传言传播很快，当军阀部队逼近小村庄时，村民变得异常紧张。

1924 年，内战战火席卷整个华北，张作霖大帅、吴佩孚和冯玉祥的部队都卷入其中。战场主要是在河北省（当时称直隶省），包括北京、天津两大城市，山海关、大沽和秦皇岛的港口，还有唐山大煤田。在河北省的北部长城以外就是满洲，张作霖就是满洲的军阀。河北省的西面是山西省，冯玉祥

---

① 这里抄录的是匾额上的中文原文。——译者

(也被称作"基督将军")是山西的军阀。① 河北省南面是河南省,吴佩孚是河南的军阀,他自称是中国陆海军总司令。更远的南方被蒋介石所控制,现在他正统治着台湾,与共产党争斗。他没有参与1924—1925年的内战。

吴佩孚声称他的政治主张为"拯救中国",他依靠军队占领北京控制了首都。为了实施他的拯救中国的政治主张,他又提出另一项政策是"武力统一",简单地说就是战争。在和"基督将军"冯进行了高级别的会晤后,吴决定把他的统一政策付诸实现。这意味着要占领满洲,而在那个长城之外地区,正是张作霖的虎穴。冯同意与吴一起实施占领行动。吴命令他的一支军队移驻长城最北端的山海关,以达到对张的遏制,另一支军队快速移动到山海关长城以西以挑起事端,与此同时,"基督将军"冯的人马通过热河省向吴的军队靠拢,对北面的满洲形成夹击之势。吴打算通过这种三管齐下的进攻,一次了结,彻底打败张。

部队开始行动。经过天津的铁路上挤满了运兵的列车,海河上满是载运军队的驳船,大沽口外(天津的港口)停泊着运兵的船只。来自华北各地的吴佩孚的军队都集结到天津。天津租界的外国军队都在等待和观察,他们也无事可做。而在天津的中国军队驻在远离租界的天津老城区,在军官的严格管束下没有发生任何抢劫,也没有惹是生非。

直到1924年10月23日,对吴佩孚来说一切都很顺利。那一天,身在山海关的吴佩孚正准备发出信号,全体一起出动进军满洲。可是,就在那天,从冯玉祥那里传来消息。这位"基督将军"背叛了吴,他并没有通过热河向北进入满洲,而是进军北京,并解除了那里吴的军队的武装,接管了那座大城市。他在那里静观其变,宣布自己为华北的领袖。吴的第二支军队也拒绝在形势明朗之前迅速进军山海关长城以西。这样就留下吴在山海关单独面对张作霖的整个奉军。这支军队之所以称为奉军,是因为其总司令部在满洲奉天,在所有西方国家中,这座城市更普遍的称谓是"木克顿"(Mukden)②。

---

① 原文有误。冯玉祥1921年任陕西督军。如果说地方军阀,冯应当是陕西军阀。——译者
② 后金努尔哈赤迁都沈阳,其子皇太极于1634年(天聪八年)将沈阳正式命名为"盛京"。"盛京"满文叫"木克顿和屯","木克顿"为兴盛之意,"和屯"意为城郭,按汉语习惯称作"盛京"。英文按满文"木克顿"音译作Mukden。——译者

经过一场大规模的拼死混战,奉军把吴的军队各个击垮(这次交战在第十五步兵团的牌坊上的铭文中已经提到)。吴利用船只、火车、驴车和马匹等把他剩下的部队运送回北京,要与"基督将军"一决雌雄。在天津以西的平原上,冯玉祥的西北军猛然攻击迎面而来的吴可怜的残兵败将,使吴军遭到那种可以称作"一泻千里"的溃败。吴大帅带着几名精选的卫兵从大沽乘坐他剩下的船只驶离,从此销声匿迹。

现在,天津西部的冲积平原上一片混乱不堪。吴的溃兵正如前面所说四处逃散,冯的西北兵从一边攻击他们,而张的奉军从另一边不断地袭击他们。他们就像刚孵化出来的一群小鸡遭到老鹰从各个角度的攻击,四散逃离。在混战中,一支西北军时常会遭遇到一支奉军,他们彼此互相攻击,失败者也会加入吴的溃兵,在平原上四处奔逃。

最吸引这些溃兵的地方是天津,富有,到处是锦衣美食,没有劫掠,没有破坏。成帮结伙的溃兵,群龙无首,在饥饿和绝望中日藏夜躲,纷纷穿过平原,开始向这座大城市聚集。

天津的外国军队的指挥官们早已预见到这种情况,对城市的威胁是显而易见的。有鉴于此,驻扎天津的各国军队——美国的、英国的、法国的、意大利的和日本的——在天津的郊外组成了一条松散的封锁线,以防止在平原地区到处游荡处于混乱状态的中国军队——无论是吴的部队还是西北军和奉军都毫无例外——进入天津,并迫使他们远离天津。这就意味着要在城市的每一个入口都真正地设置标志性的关卡:道路、运河、铁路、河流和沟渠。第十五步兵团的设防线是沿着城市的南边,这一地区地形的主要特征是有卫津河(Wei Ching Ho Canal)——这是一条与运河平行的排水河,以及在运河和卫津河之外的津浦铁路。当时,第十五步兵团的指挥官是陆军中校乔治·卡特利特·马歇尔。

沿着这条长约 7 英里的弧形防线,第十五步兵团设置了 5 个警戒哨,每个哨卡都配有一个食物供给站,在那里用大米和蔬菜交换那些溃散的中国军队携带的各种武器。一旦溃兵被解除武装,就允许他们绕过租界进入中国城区的一处兵营里。在两个警戒哨之间有骑兵巡视,由一名下士和两名士兵组成,他们只负责监视。阻御溃兵的任务主要是由警戒哨执行,而驻守在美国兵营的步兵团主力作为预备队,全副武装,随时准备出发。一旦警戒哨不能用大米控制局势,这支后备部队就会出发支援,用子弹来解决。

那时我还没有来到中国,但是当我1927年到达天津时,那些当年在警戒哨站过岗的老兵仍然谈起他们的这段经历,手里举着一瓶清凉啤酒畅饮着,津津乐道,不惜添油加醋地大谈当时的细枝末节。

当时,曾多多少少扮演过关键角色的是E连的老值班中士卡尔·格雷博格。在很年轻的时候,卡尔曾在德帝国卫队(Kaiser's Imperial Guard)服役,第一次世界大战中获得过铁十字勋章。然而,就像他的许多德国战友一样,在德国战败后,卡尔离开祖国移居美国。由于他只熟悉军人的生活和工作,于是他加入了美国军队。当他来到第十五步兵团的时候,被提拔为中士。有一次,在南大寺(Nan Ta Ssu)举行野外演习时——第十五步兵团通常在那里进行夏季训练——他带领他的一排士兵在一个早晨夺取了两个机枪阵地。裁判是来自菲律宾的头发灰白、冷酷无情的上校,他在下午让卡尔在其他部队官兵现场观摩下再次演练一遍,以便让大家看到如何才能完成。机枪阵地的指挥官,在第三次向卡尔投降后,不无抱怨地对裁判说:"长官,上帝作证,如果我们使用真子弹,他就无法完成了。"卡尔听后说:"不是吧?我的上帝,你可以去比利时的那慕尔(Namur)①问问。"

前三班警戒哨是由E连的人负责,卡尔带领第一班,中尉伯罗斯(Burrowes)和达布尼(Dabney)分别带领第二、第三班。因为地形和道路位置的原因,人们怀疑卡尔的警戒哨是否能发现任何"活动"。他的警戒哨设在一个有围墙的小村庄里,大约距离天津3英里,称黑牛城。这座村庄位于一道堤坝的后面,这道堤坝沿卫津河而建。在卫津河的另一边是一条道路,跨过道路,大约一英里外的平原上就是津浦铁路线,当时正值内战期间,铁路已经停止运行。一座拱形桥横跨卫津河和堤坝,成为连接平原地区和黑牛城的通道。这就是卡尔·格雷博格中士和他的一班人要守卫在那里的原因。

卡尔的小分队组成情况是:一个步兵排,排下三个班,每个班八个人,每

---

① 那慕尔是比利时的城市,位于布鲁塞尔东南默兹河畔,是具有重要战略意义的城市,在第一次世界大战时曾进行过重要战役。——译者

个班除了一名下士,其余都是步枪兵;另外还有一个机枪组,人员包括三名二等兵和一名下士。这样的人员组成,其火力配备包括 21 支斯普林菲尔德步枪,3 支勃朗宁自动步枪,一挺勃朗宁水冷重机枪。他自己持有柯尔特点45 自动手枪,4 名机枪手也持有同样的柯尔特手枪。他的翻译贾治海德(Jughead)①,是 E 连的 2 号雇员,不带武器。

对于那时的一个警戒哨来说,这是相当强大的兵力配置了。卡尔的步枪手们——都是神枪手和狙击手——能从堤坝上击中四外平坦又没有树木的平原上 600 码以内的任何人。他的自动步枪手能在短距离内实施火力封锁。他的机枪手能够纵深射击,也能横扫一片,或者向高处仰射、向低处俯射,远达 1500 码。他们还挖了战壕,于是,他就成了一个不使用火炮就可以把溃兵击退的强人,而平原上的那些散兵游勇也没有火炮。不过真实的情况是,卡尔的兵力软弱无力,就像刚刚被拔掉毒牙的响尾蛇。他的步枪手们的子弹袋里装的是木块,机枪子弹袋装的是教练弹,自动步枪的弹匣是空的,所有大柯尔特手枪的弹匣也是空的——除了卡尔自己的手枪,里面装有5 发子弹。步兵团的最高指挥官不想让卡尔在兵营以外引发一场他自己的战争。如果他要完成自己的任务,就只能靠虚张声势。

不过,步兵团为他提供了一袋袋的大米、一筐筐的蔬菜和许多砖茶。他要把这些当作武器,买通迎面而来的一群群溃兵,让他们放下武器,再绕着天津走行 40 里。

白天,卡尔带领他的人去警戒哨站,哨站设在离拱桥不远的一个砖瓦行里,那座拱桥跨过黑牛城村附近的堤坝和河渠。一辆由骡子拉的运粮车辘辘地跟在后边,车上装着他的部下们的被褥、食物和水桶,以及成袋的大米、成筐的蔬菜、砖茶、野炊灶具,还有一辆小驴车拉着机枪。

那个商行非常宽敞,可以同时容纳大约 20 个人睡在行军床上,并依然可以摆放一张餐桌。严格地讲它根本不能算是商行,因为真正的商行要有一排相连的房间做商品仓库,而卡尔的商行只有一间房间。黑牛城村把这间房屋当作存放蔬菜和粮食的仓库,但是现在是空的,因为村民们害怕平原上

---

① 这个翻译可能是名华人,Jughead 很可能是他的绰号,有笨蛋、傻瓜的意思。——译者

的乱兵前来抢掠,于是清空了仓库,把粮食和蔬菜藏到黑牛城村子里去了。

一到达那里,卡尔就命令他的人把枪堆放在一起,然后把运粮车上的货物卸下来。这时,他想到他来这里的目的,说道:"啊,上帝呀!"于是停止卸货,把机枪安置在堤坝上,再在堤坝下较远的地方安排了一名自动步枪手,派出一个班在堤坝上挖散兵坑,在拱桥上布置了一名哨兵,然后他又继续安排了一些杂务琐事。

那里没有地方安置拉机枪车的小毛驴。在运粮车卸下货物后,卡尔便让将毛驴装到车上,送回到美国军营的马厩里去。当士兵们抬起毛驴,把它从大车松垮的后厢门推上车时,这个畜生悲哀地狂叫着。回到马厩后它依然愤愤不已,因为它只有和它心爱的水冷机枪在一起时才高兴。它喜欢舔武器的把柄,那上面沾有机枪手手上出汗留下的盐渍。

卡尔安排了一个班的士兵整理商行的房间,清扫地板,清理墙面,在房梁上挂两盏煤油灯,床上铺上床垫、床单,放上毛毯和枕头。便携式炉子放置在屋外的帐篷里。卡尔还带了几口袋煤用来生火,因为黑牛城村附近很难找到燃料。

商行铺瓦的房顶屋脊呈波纹状,屋脊上每隔适当的间距都筑有精美的驱魔滴水兽。据说,许多恶魔就潜藏在黑牛城村的上空。

横跨堤坝和河渠的拱桥是由石头和木材建造的,拱桥并非粗制滥造的那种,而是充满了中国人筑造的每座桥梁所表现出来的那种内在的美感。阿肯色州的二等兵迪格比·汉德被中士卡尔选作哨兵站在桥上。迪格比是斯普林菲尔德步枪射击和刺刀拼刺高手。卡尔对商行打扫和布置感到满意后,便去拱桥那边看看迪格比的情况如何。"我在这里目标太明显了,卡尔,"迪格比指出,"我打赌,如果你站在平原上,在3英里以外你就可以发现我。""这正是让你在这里的原因,"中士卡尔说,"有人首先射击的话,你可以还击。""我的这些木制子弹也不能射击啊,"迪格比说,"如果敌人来了,我用一堆石块投他们如何?""你找不到人投掷石块的,"卡尔说,"睁大你的眼睛,少废话。"

与此同时,整个黑牛城村几乎为之一空,所有的人,能走的、跛行的、能爬的,甚至背着抱着的,都来到卡尔的商行,想看看和弄明白,也在猜测到底会发生什么。那时在华北,你做任何事情都会吸引似乎是目光所及的范围内所有中国人前来围观,而且毫无例外。哪怕卡尔的人把一个烟蒂扔在地上,都会引起一场争夺,有时还会拳脚相加才能了结。黑牛城村的村长走了出来,请求与美国指挥官面谈。卡尔叫上贾治海德,那位2号雇员做翻译,但是村长摆摆手让他离开,他的英语说得比贾治海德还要好。卡尔向村长简要说明了目前的形势,并告诉他美国军队将为使用商行支付费用。村长笑着表示付钱没有必要,黑牛城村为美军的到来而感到荣幸。村长还决定这个时候值得庆祝一下——这么多强壮的美国兵来保卫他的村庄——他又与卡尔交谈了几句,便返回村子命令村民放风筝。

中国人是世界上最棒的风筝制作者和风筝放飞者。在卡尔商行周围令人懒散、飘着薄薄沙尘的上空,许许多多的风筝扶摇直上。箱型风筝大如钢琴的琴箱;龙形风筝由三个部分组成,这样头和尾能够来回摆动——它们的确是摆来摆去——在离地面大约40英尺的天空显现出怪异的样子。蝴蝶风筝伸展着薄纱一般的漂亮的彩色翅膀。城堡风筝看上去好像根本飞不起来,但是却能一下子放飞到令人吃惊的高度。几乎所有风筝都系有哨笛和风铃。顷刻间,天空中到处是五颜六色的风筝飘来飘去,犹如彩虹四散,变成片片彩云悬在空中。再加上悦耳动听如同天外之音的哨笛声和风铃声在空中回响,仿佛天空中飞满了东方小天使。村长送给卡尔一个葫芦,里面装满了瓜子,村子里的另外一些老人送了一些装着烧酒的小陶壶。中国烧酒的制造原料是高粱,调入香料并经过漫长的发酵酿造而成。"不,不,"卡尔对那些得到烧酒的士兵说,"把酒壶放远点,这是命令。"士兵们把小酒壶放在商行里卡尔看不到的地方,并试着用刺刀撬开其中一个酒壶的软木塞。小酒壶被打碎,烧酒流遍全屋,酒香传得很远,如同麝香沁人肺腑。酒香甚至飘到了在拱形桥上瞭望的迪格比·汉德的鼻子里。"下面到底发生了什么?"看着风筝和蜂拥而来的黑牛城村民,闻着烧酒的香味,他大声喊道,"看上去就像是在欧扎克斯(Ozarks)的音乐会而不是哨所。你最好让一切停下来,卡尔!'疯狂的比尔'(Wild Bill)随时可能来检查"。

"疯狂的比尔"是指上尉威廉·塔特尔(William B. Tuttle),他除了承担其他职责,还负责指挥第十五步兵团的骑行巡逻队,这支由一组前骑兵优秀骑手(至少他们自己认为是优秀骑手)组成的巡逻队,每人都配备蒙古马,职责就是对部队执行巡查任务。那天比尔个人的任务,是负责对已经设置的警戒哨做初步的检查。那个时候,比尔可能是步兵团最受欢迎的军官。他像运动员一样魁梧,又是一个杰出的骑手,而且处事真诚、无拘无束,人们发自内心地就喜欢他。需要的时候他也会表现出强硬,但是那是一种让人尊重的强硬,不会让人感到羞辱。

正如迪格比·汉德所预言的,没过多久,比尔就骑着那匹名叫"戈壁阳光"(Gobi Sun)的鹿皮色儿马,从大堤上走了下来。他已经把那匹马训练成了华北最优秀的马球赛马。脚蹬长靴,后跟安有马刺,腰挎手枪,宽边毡帽用帽带牢牢系在下颌,战地武装带上系着水壶和急救包。他在大堤上跳下"戈壁阳光",拉着马走到了商行的前面,卡尔中士在那里恭候着他。比尔松了松帽带,把帽子推向后边,他闻到了烧酒的味道,看着拥挤的村民和天上的风筝说道:"我的上帝,卡尔,你是在举行婚礼吗?这究竟怎么回事?"

"长官,"卡尔说,"我也不喜欢这样,但是我无法禁止。村民们从四面八方赶来放风筝。他们……他们很高兴,长官。"

"高兴?"比尔说,"胡闹,他们高兴得忘乎所以了。但如果一帮上百名饥饿的溃兵突然袭击了他们,就像在滦州那样,他们就不会这么高兴了。你们在这里的目的就是为了阻止这样的事情发生,这你是知道的,卡尔,不要再放风筝和滥饮烧酒了。"

"我没有放风筝,长官,我也没有喝醉,"卡尔愤愤不平地说,"我应该做我该做的,但并不是所有的事情都能做。来,长官,我给您看看。"

然后,他把兵力部署情况指给塔特尔上尉看:大坝上设置的机枪据点,作为补充兵力的自动步枪手,以及持有斯普林菲尔德步枪的散兵坑。"如果我有子弹,塔特尔上尉,"他说,"我能顶得住他妈的整支中国部队。我就是这样认为的,长官!"

"我知道你已经做了,我也并不怀疑你究竟能做到什么,"比尔说,"我比你更不喜欢这些木制枪弹,但这是命令。"他从野战背包中拿出一份地图。"来,帮我拽住这该死的地图。你在这里,伯罗斯在南面,达布尼在那里,诸如此类。但是最担心的正是你这里。至少有四伙儿散兵游勇——吴(佩孚)

的士兵，我们认为他们正在这边的平原上游荡。他们可能有两千人，也可能仅仅两百人，我们的情报不是太准确。他们现在正躲藏在某个地方，但是如果他们今天晚上整夜走的话，明天清晨就能到达这里。我们认为他们的目标是塘沽，那里可能还有一两艘剩下的船只。我们认为他们会首先攻击伯罗斯的警戒哨卡，这也是为什么我们把他放在那里的原因。但是现在看来，你这里很可能要成立欢迎委员会了。这不会有多少区别，伯罗斯也没有携带弹药。

"关键是你坚决不能让他们跨过河渠和堤坝；你要争取让他们沿着铁路干线行进，把他们挡在黑牛城村外。你要把他们赶往伯罗斯那边，然后他再把他们赶往达布尼那边，达布尼再把他们赶向英国人警戒区，然后就让他们见鬼去吧。我们将要派出骑马巡逻队监视他们，要他们老老实实地绕着走。如果他们不遵守的话，我们会从军营里调集部队，交火就有可能发生。如果交火的话，我们一定会给你们补充弹药。我们明天将给你这里拉一条电话线，我们已经连通了达布尼处的电话线。如果那些溃兵真的来到这里，你就告诉他们，如果他们缴械，就送给他们大米和蔬菜。这一点已经给你下达了口头简要命令，也包括在你的书面命令里。但是，没有枪就没有大米，我们估计他们已经饿得够呛，是愿意做这一交易的。至少我们得到的情报是这样的。有问题吗？"

"是的，长官。关于大米，塔特尔上尉，我是应该给他们生米呢，还是最好先把米煮好？"

"嗯，先煮好吧，我想，再加上些糖给他们。"

"我们没有糖，长官。"

"没有？那好，那就不加糖。"

"还有一些事，长官。如果中国军队的军官同他们一起来，我是要向那些军官敬礼，或者给他们派卫兵，或者只是对他们说'长官'，或者其他什么的？"

"嗯，作为军队的礼节，我说还是敬礼吧。不过，这由你来决定。以前没有人想到这些，所以也没有专门的命令涉及这些。但是，我要告诉你一件事，卡尔，马歇尔上校明天上午随时会来这里视察，你最好为他把警戒哨站的人集合起来。而且你也知道他是怎样视察的。你最好在他来之前把风筝和瓜子藏起来。"

"是的,长官。"

"另外一件事。你知道马歇尔中校是非常厌恶苍蝇的!如果他在你们的商行里发现一只苍蝇的话,这可能就关系到你的军衔,卡尔。"

"他不会发现任何苍蝇,长官。"

"好吧,他最好发现不了。"然后,"疯狂的比尔"跨上"戈壁阳光",跃马上了大坝,扬尘而去。

沿着排水河的道路开始拥堵,河上也是如此。在道路上,来来往往的有两轮的驴车、挑筐的脚夫、手推车,等等。在河面上,狭窄、平底、吃水浅的驳船,由船夫用篙撑着或由纤夫在河道两边的纤道上拉拽着前行。河面大概有10英尺宽。水道交通一直拥堵着。迪格比·汉德从他在拱形桥上的瞭望哨,俯瞰着河道运输的混乱状况,并越来越感兴趣。他冲着船夫们大声叫喊着指引方向,在这个时候这似乎很有必要。"那些该死的撑篙家伙!哎呀,你们这些苦力!倒车!你明显走错了,船长,你应当让开。"

当他对这些厌倦了,便向平原望去,他那双敏锐的阿肯色州眼睛发现了一队紧紧挨在一起看上去有些奇怪的车队。他又看了一秒钟,接着便大声朝着格雷博格中士喊道:"迫击炮队,卡尔!朝这边来了。他们速度很快!"

正在忙着指挥搭建野战炉灶的格雷博格中士,把他的手枪压上子弹,招呼上一名下士带上他那有枪无弹的斯普林菲尔德步枪,爬上桥头亲自观察。"两个理发匠和一个卖烤白薯的,"他观望了一下说,"看清楚了再说话。"

一个理发匠独自用两轮手推车装着他们的器具。卖烤白薯的推着一辆很大的独轮车,车轮在中间,一边是火盆,另一边是白薯。"它们第一眼看上去很像迫击炮。"迪格比·汉德自我辩解道。卡尔·格雷博格很不以为然。

一大群人聚集在拱桥桥头,这吸引了三名小商贩。理发匠和卖烤白薯的马上把车腿插到土里,把车停稳,从容有效地开张纳客了。卖糖果和馒头的小贩也赶过来加入其中。河上的船夫、路上的行人都停了下来或买或卖,这个地方成了一个露天市场。每个人都很愉快,只有卡尔·格雷博格除外。他反复告诉他们这里要打仗,但是没有人听他的。

　　他叫上翻译贾治海德，试图从那些从平原过来的人们嘴中探听出他们在那里是否看见过士兵。一些人说是的，他们看到成群结队的溃兵，全副武装，个个穷凶极恶的样子。另外一些人则说一个也没看到。但是，他们每个人都过来问美国中士，是否要在黑牛城村口打一场大仗。如果是的话，他们打算待在合适的地点，以免错过看热闹的机会。

　　"这真是一群该死的家伙，"卡尔说，"现在我们需要的就是马歇尔上校快点来。"

　　但是上校没有露面，这一天就这样慢慢度过了。卡尔每隔两小时调换一次警戒哨，一个班的步枪手和一名机枪手一直守在大坝上，另外两个班和其他的机枪手在商行休息。当太阳落山时，人们确信不会再有事发生了才四散离去，连黑牛城的村民也都退回到村子的围墙里去了。守在桥头和大坝上的卡尔的哨兵们度过了属于他们自己的夜晚。夜里 11 点和凌晨 3 点，两次从平原上传来枪声，整个夜晚只发生了这些。

　　太阳升起来的时候，人们再次三三两两地聚集到桥头。理发匠和烤白薯的小贩再次出现，又开始做起了生意。一队纤夫沿着河岸拉拽着一艘长长的驳船，船上装满了高粱。几只风筝飞舞在黑牛城村的上空。卡尔激励着他的士兵们。"他们也许来也许不来，"他边说边指着平原上悠闲的人们，"但是我们不得不为他们准备，以防溃兵真的来了。所以，我们现在去煮米饭。"结果是，他的士兵们烹制培根、鸡蛋和调制咖啡都受过很好的训练，但没有人懂得如何煮米饭。每个人都告诉你应该煮，但没有人知道具体怎么做。"啊，贾治海德知道，"卡尔说，"贾治海德是中国佬，所有中国男人都会煮饭。"于是，他叫来贾治海德并命令他准备一大满盆米饭，以供那些可能到来的饥饿的溃兵们食用。

　　便携式野外炉灶被安置在靠近黑牛城村大坝一侧拱桥桥头的帐篷里。贾治海德倨傲地放上一锅水，等水烧开了，然后扔进几把大米。大米煮开了，"咕嘟咕嘟"漫出锅来，在华北这个地区的各种苍蝇都嗡嗡地飞来饱餐一顿。"滚开，天哪！"卡尔喊道，"看看这些该死的苍蝇！如果马歇尔上校现在要来的话——天哪！"

　　他命令三名士兵回商行去把乱撞的苍蝇赶走，或者就要了它们的小命。

他疑惑地看着那些米饭。理发匠和烤白薯的小贩就站在旁边,卡尔问他们是否愿意尝尝。一位理发匠犹豫着尝了一口,马上吐了出来。烤白薯的小贩随后也尝了一口,同样吐了出来。"怎么回事?"卡尔问道,"不好吃吗?"

"他们说我没有煮好。"贾治海德生气地说。

"好吧,那么让他们自己来煮吧。你告诉他们,贾治海德,让他们现在就开始煮饭。"卡尔·格雷博格说着拍了拍他的手枪套。

贾治海德把命令翻译给他们。理发匠和烤白薯小贩之间立刻发生了激烈的争吵。"现在怎么了?"卡尔问道。

"是锅的问题,"贾治海德说,"烤白薯的说锅必须要大,再大;理发匠说锅必须要深,再深。他们来自不同的城市。"他解释了他们争吵的原因。

"给他那该死的锅!"卡尔发起火来,"告诉那个烤白薯的让他做饭,快点做,否则我打掉他的脑袋!"

被选中的烤白薯小贩显得很得意,开始着手煮米饭;理发匠则在旁边指手画脚;更多的风筝飞上了黑牛城村的上空。那位村长穿着他最讲究的黑色长袍,走上前来礼貌地问卡尔为什么把所有大米都做成饭,他以为要举行庆祝活动。卡尔把真实原因告诉了他,村长脸上露出诧异的表情。美国人想要给吴、冯和张的那些四处劫掠的散兵游勇们管饭?太奇怪了。他瞅了一眼烤白薯的小贩和他煮米饭的方法。这是黑牛城村民几乎不用的煮饭方法,他说。但是,他耸耸肩,对士兵来说这也许已经够好了。

接着,奇怪的事情发生了。迪格比·汉德几年后仍在谈论这件事。他现在可能还在谈论,只是他刚刚过了六十岁。

"我还是阿肯色州一个小孩的时候,有一次,"他可能会这样说,"我看到一群蓝樫鸟在葡萄藤下。它们啄食、打斗、追啄彼此,像往常一样享受着美好时光。突然间,其中一只发出'啾,啾,啾'的叫声,真的非常短促,也真的很悦耳。很快,它们都开始高叫'啾,啾,啾',然后,成群结队地一起飞走了。我正惊异是什么惊扰了它们,大概过了五秒钟,我发现了,是一只鹰,它正低低地飞来,刚好在葡萄藤的上方。但是那时,所有的蓝樫鸟都已经不见了。

"同样的事情也发生在该死的拱桥旁。所有的中国人都站在我们的野炊炉灶和帐篷的周围,嬉笑、谈话、互相打闹,度过一段可怜的好时光。这时,如同蓝樫鸟一样,一个人说了句什么,声音就像是'啾!啾!啾!'。10秒钟之内,周围所有的中国佬全都消失了。天哪,他们就像一群小鸡冲向黑牛城村的围墙。堤坝外道路上的所有人都飞奔着跑过拱桥,推着他们的独轮车带着所有东西;在河边拖拽驳船的纤夫们也扔下纤绳,飞一般跑过桥来。天哪,这是我看到过的最令人惊奇的事情。与此同时,他们把所有的风筝都拽了下来。"

所有人都跑了,只有黑牛城的村长,他站在他的土地上。"出什么事了?"卡尔问道。"一帮兵从铁路那边过来了。"村长悄悄地说。就在他说这话的同时,桥上的哨兵大声喊道:"武装部队靠近!武装部队靠近!"

卡尔冲着站在商行周围他手下的士兵们喊道:"出动警戒!出动他妈的警戒!面向我站两排!"

堤坝上的机枪手和步枪手疑惑地看着卡尔。"赶快来这儿集合,"他说,"什么也不要做。"他打开枪套盖,大步走上拱桥。黑牛城村长跟在他的后面。

他们是吴佩孚的部队,正从铁路那边走过来。他们大约有30人,都是"基督将军"的部队在平原血腥突围战大量屠杀一营人后残留下的人马。他们身穿灰蓝军装,一瘸一拐地走着,中间一辆驴车装着锅和毛毯。几乎所有人都带着伤,都扎着绷带。他们穿着棉衣,打着绑腿,有些滑稽的小帽子上毫不在意地嵌着吴佩孚军队的帽徽。他们的平均年龄在14～18岁。他们的脸脏得就像走失的动物。一名军官跟着他们——一名中尉。他骑着一匹毛发蓬乱的马,左手拽着缰绳,右手被齐腕砍断了。

整队人马直冲拱桥而来。当他们到达桥下时,卡尔·格雷博格举手拦住了他们。由村长做翻译,卡尔对中尉说:"你们不许通过这座桥,也不许再靠近天津城。你们可以继续沿着铁路线绕着天津走。所有进城的通道都被各国军队守住了,各国军队是依照和中国政府的条约驻扎在这里的。如果你们饿了,我准备了食物提供给你们。但是你们首先必须把武器缴给我。这是规矩。"

那个中尉向一名士兵耳语了几句,两个人笑起来,而且那一队士兵都跟着笑了起来。"有什么他妈的可笑的?"卡尔问道。

"武器,"村长说,"他们觉得你在开玩笑。"

"我这不是他妈的开玩笑,"卡尔说,"告诉他,如果他想吃东西,他就必须把枪交给我。这不是开玩笑。"

村长又对中尉说了几句,然后中尉对他的手下说了些什么。他们中的三个人走上前来,把枪放在卡尔脚下。这是些捷克毛瑟枪,大概点28英寸口径,又长又笨,像根棍子。一支枪托断了,第二支的枪栓不见了,第三支看上去似乎可以射击,但是枪栓拉开着,弹仓里没有子弹。这就是他们拥有的所有武器。中尉对村长说了些什么,村长对卡尔·格雷博格说:"他问这些这么令人难堪的枪支能够买多少粮食。""他吃多少都行,我的上帝!"卡尔说,"我们现在要排队领饭。迪格比,找五个人把饭送过来。"

迪格比·汉德和他找来的人送来满满三大盆饭,烤白薯小贩自认为他煮的米饭数量肯定足够。中国中尉没有表现出丝毫的吃惊,就像每天发生的那样,他让他的手下排好队,每人手中拿着饭碗走上前来。迪格比·汉德用长柄勺为他们盛饭。"你想要鸡腿还是鸡翅,先生?"他问排在第一个的小男孩。"来客(Lekk)·文克(Vink)?①"年轻人疑惑地问。他的头上缠着绷

---

① "腿"和"翅膀"两个英文词,小男孩不懂,也读错了。——译者

带。"我们还会做鸡胸肉，"迪格比一边说，一边给男孩的碗盛上米饭。小战士仰望着他，好像他就是上帝。男孩用他一只脏脏的小手，摸了摸迪格比穿的草绿色高领毛衣已经磨损的衣角。"先生。"他说。这句话的意思是"天生的"。

卡尔·格雷博格下令拿蔬菜来给他们吃。蔬菜是生的，但非常受欢迎。"问问他们中尉，"卡尔对村长说，"他是否需要茶水。我这里没有人会泡茶，但也许他会泡，或者他还需要什么东西。"

村长和军官商量了一会儿，然后村长说："他说他很愿意喝茶，他还向我保证他会泡茶。他还说，与其麻烦你们煮米饭，他更愿意要大米。他说这是非常好的大米，但不是按北京的方法做的，他更喜欢那种做法。"

"又是他妈的大米！"格雷博格中士说，"给他两整袋。他爱怎么煮就怎么煮。"

"他向你表达谢意，"村长说，"现在他将带着他的人沿着铁道离开这里，去煮饭和休息。"

到了中午，威廉·塔特尔上尉骑着"戈壁阳光"从大坝上走了下来。卡尔·格雷博格的机枪手正坐在他们的沙袋掩体里吸烟，来复枪手和自动步枪手在散兵坑里打盹。卡尔自己站在拱桥上，正盯着铁道外的一些什么看着。那是一小队身穿灰蓝军装的中国士兵。一些人在泡茶，一些人在睡觉。周围的气氛是那样的安详，令人昏昏欲睡。塔特尔上尉看到了这整个场景，但目光主要集中在一直站在桥上的中士身上。在中士身旁，靠在桥的栏杆上是三支破旧的捷克毛瑟枪。塔特尔上尉又看了一下安静的营地里待命的士兵和格雷博格。"这些羊可以安全地吃草了。""疯狂的比尔"说。

卡尔·格雷博格看见他敬了个礼。"他们只是些小孩子，长官，"他说，"在谢尔曼尼（Shermany），他们应该还在学校里。"

"他们没有麻烦吧，是吗？"比尔问。

"没有，长官。我不需要子弹。这是他们的枪，只有些木棍子。"

"好的，我想我最好和他们的头号人物谈谈，是那个骑在马上的人吗？"

"是的，长官。他是一个中尉。他的手被砍断了，疼痛使他无法躺下，所以他只能一直坐在马上。"

"派贾治海德去叫他过来。在炉子上煮些咖啡?"

"是的,长官。"

"好的,把你从商行搞到的东西摆一些在桌子上,我在那里招待他。派一个卫兵去那里,到那儿要举枪向他致敬。那个村长在吗? 我们也需要他在场。你也要参加,戴上领带。"

于是,1924 年 10 月 30 日中午,在黑牛城村外的商行里,美国第十五步兵团上尉威廉·塔特尔、黑牛城村长李阳昌(Li Yang-chang)、吴佩孚第 196 轻步兵营中尉魏守信(Wei Sho－hsin)、第十五步兵团 E 连临时负责人卡尔·格雷博格中士坐在一张折叠桌周围的轻便折椅上,一起喝着咖啡。

塔特尔上尉同情地询问了中尉断手的情况,是不是还需要医疗救治,比如包扎得更好一些。中尉被搞糊涂了,"把捆绷带的手恢复原来的状态?"他问道,"怎样才能?""不,不,"比尔说,"我的意思是让断肢更舒服一些。""舒服?"中尉冷笑了一下,"在战争中没有舒服可言。"他举起断手猛砸在桌子上,"这就是我寻求舒服的方式。"他说。

比尔放弃了这个话题。他问中尉,他离开这里后准备带着他的队伍去哪里? 比尔提到,在天津城附近有一处可以住下来的军营,正是为中尉和他的士兵这样的散兵们准备的。

中尉不准备去军营,他要带领他的人去塘沽,陆军元帅吴佩孚有船只在那里收集他的部队,有船只和新的武器。在平原上的失败无关紧要,吴的部队还会卷土重来。中尉推开咖啡杯站了起来。去塘沽的路还很远,他的手下现在已经精力充沛,该出发了。他感谢美国上尉的热情招待。他鞠了一躬并用一只手敬了一个礼。比尔站起来还了礼。"祝你好运,先生。"他说。

塔特尔、村长和格雷博格中士陪着中尉一直走到拱桥上,并站在那里看着中尉命令他的队伍准备离开。当他们还站在桥上时,中校马歇尔和他的两名参谋开着他们的棕色道奇巡逻车从天津出发,颠簸着摇摇晃晃地走在满是车辙的道路上。

那个时候的乔治·卡特利特·马歇尔 44 岁,可能是整个部队中最具有军人气质的军官了。当时,他身着高领短上衣,腰系皮带,宽胯紧腿马裤、长靴、马刺,都好像专门为他量身定做的一样。正在商行执勤的下士充当他的卫兵,向他行举枪礼。马歇尔看了哨位、商行,一下就看清了格雷博格中士所做的安排,然后上桥来到比尔、卡尔和村长站的地方。塔特尔上尉和卡尔向他敬礼,村长鞠了一躬。比尔立即向马歇尔中校汇报了当时的情况。当他讲述的时候,中国中尉和他的小战士们,还有走在中间的孤独的驴车,正开始沿着津浦铁路出发。马歇尔中校目送着他们。"几乎同样的事也出现在达布尼和伯罗斯的哨所,"他说,"达布尼得到了 11 支来复枪,伯罗斯得到了 16 支。这个警戒哨所做的也很好。我了解到日本人在河坝有点小麻烦,但是日本人总是好战。"他又盯着远去的散兵看了一会儿。"我在达布尼那里看到的散兵情况稍好一点,"他说,"他们太年轻了,但这就是这个国家做事的方式。你很有可能从这些人里面训练出很好的士兵,如果某天有人做到这一点,我不会感到惊讶的。"

然后,他转向卡尔·格雷博格说:"你这里的形势控制得非常好,中士。你的人军容整齐,警惕性高,你的营房干净整洁。不过,我注意到有些苍蝇在商行的门口附近。弄只苍蝇拍把它们消灭,它们可能落在你们的食物上。"

"是的,长官。"卡尔说。

马歇尔中校和他的参谋开着道奇车离开了,比尔也骑着"戈壁阳光"小跑而去。战地电话线那天下午通到了警戒哨所。风筝在黑牛城村上空飘荡。排水河上的交通恢复了正常。两个理发匠和烤白薯小贩重又开始了他们的生意。村民们从村长那里得知卡尔手下的士兵们对烧酒不太感兴趣,于是他们又拿来许多瓶啤酒,这深受士兵们的欢迎。那天吃晚饭时,村民们给卡尔送来了烤乳猪。为了不伤害他们的感情,而且他也喜欢那味道,他连骨头都啃干净了。那是一只非常小的猪。

第二天早晨,卡尔派他的人彻底收拾整个商行周围和战地厨房区。他的排负责的警戒任务将在中午交班,来自 F 连的新的排到时将来接班。警戒哨所的换岗和军营内的警卫换岗完全相同,所有的事都要交接得井井有条,还特别注意军事方面的细节。

所有事情到 9 点钟都完成了,卡尔的人坐在商行周围,抽烟聊天。这时,其中一个人注意到黑牛城村的风筝全部落下来了。拱桥那边出现了一些骚乱,卡尔起身去看看发生了什么。就在这时,桥上的哨兵大声喊道:"武装部队靠近! 武装部队靠近! 这次他们人数增多了,卡尔,相信我,他们真的有武器。"

"我来看看,"卡尔说,"下士,准备警戒,原地待命。"说着,他快步跑到拱桥上。

远处来了一支骑兵部队,骑着高大的满洲战马,这些战马个个膘肥体壮,钉着铁掌,训练有素。这些骑兵都穿着墨绿色的军装,以至于第一眼上去像是黑色的。他们都穿着高筒黄皮靴。每个人都配有一杆长矛,矛柄插在左马镫旁的皮插座里,矛尖在他们头上高高地炫耀着,上边还挂着一面飘动的三角旗。每个人的腰间都佩戴着一把长管驳壳枪,装在木制枪套里。每个人还带有一把大刀,看上去就像超大号的砍刀。这些大刀通常插在帆布制成的刀鞘里,用带子系在骑兵的背上。现在,骑兵们用右手从肩上伸到背后攥住刀柄,猛地拔出刀来随意挥舞着。为首者是一名军官,帽子上挂着金色的穗带,一条金色的饰带环绕着挂在左肩上。一队骡子跟在后面。每个人的军装都是俄式的。这支部队是张作霖的东北第三骑兵旅,是从那些在布尔什维克革命后逃到奉天的白俄难民中招募的。这支骑兵是奉系军阀的精锐部队。

黑牛城村的风筝都已降落,桥下的理发匠和烤白薯小贩以及其他那些看热闹的人已经四散奔逃不见了踪影,河上的往来船只也消失不见了。卡尔·格雷博格看看他的那些隐蔽在堤坝上的散兵坑里和沙袋后面的机枪手、自动步枪手和来复枪手,他们都表现得很好,只是没有子弹实在太糟糕了。

奉军骑兵随着他们长官的一声命令停了下来。随着又一声命令,他们拔出了长柄驳壳枪,加上他们紧握着的形状像步枪枪托的木枪套,这样就使其成了武器中令人生畏的9毫米口径小型冲锋枪。他们骑着战马,左手紧握长矛,右手握着驳壳枪,在马鞍上休息待命。每个骑兵左耳后边,还挺立着大砍刀的刀柄。"他们的亮相真他妈的不错。"职业军人卡尔·格雷博格对桥上的哨兵说道。他准备上前与他们搭话。"等等,卡尔,"一个声音在他背后响起,"也让我和你一起去吧。"是无所不在的比尔。和他在一起的是黑牛城村的村长。"我的上帝,长官,我多么高兴看到你!"诚实的卡尔·格雷博格说道。

"我只有一次生命献给我的祖国,""疯狂的比尔"说道,"现在好像是最好的时机了。嘿,可是军装看来不够帅啊! 村长,来,让我们下去会会这些勇士。你也来,卡尔。"

他们三个人走下桥的斜坡来到骑兵队的首领面前,骑兵指挥官笑着看着比尔,嘲弄地敬了个礼,用标准的英语说:"早上好,美国上尉。"

比尔没有回礼,他只是说:"早上好,我们能为你效劳吗?"

"噢,可能不需要什么,"骑兵说道,"我们将在这里饮马、吃早餐,然后继续前进。我相信,这是一个在美军保卫下的庇护所,吴的残兵败将能够在这里休息、吃饭和得到其他照应。"

"我们一视同仁,"比尔说,"为什么你们不下马,作为我的客人一起用早餐? 如果你的人需要吃的,我们可以提供。"

"我的人不需要任何东西,"骑兵说,"但是我很荣幸做你的客人。"他给他的部队下了一道命令,骑兵们调转方向驱马跑向昨天中国溃兵曾待过的地方。他下了马,把马缰交给传令兵,伸着手走向比尔。他矮小粗壮,金发碧眼。毫无疑问,他是一名很胜任的骑兵领导者。

守在商行的警卫们听到卡尔·格雷博格为了招待他让他们出去的命令,颇感惊讶。他们行了持枪礼。商行里干干净净,见不到一只苍蝇。骑兵首领看到哨所的面貌对比尔称赞不已。一个劲地"漂亮! 漂亮!"赞不绝口。负责饮食的士兵一通忙乱准备了早餐,枪骑兵军官吃下了一碟子咸牛肉马铃薯泥、四个煎蛋、两瓶啤酒、四杯咖啡。"你们美国人吃尽了山珍海味。"他说。

枪骑兵军官也解释了到来的原因。他的骑兵是扫荡部队,从山海关乘船到了大沽,前天晚上在码头下船,在黎明前已经在平原上执行了很长时间的骑行巡逻任务,只要碰上山西的军队就把他们缴械,以确保即将到来的海陆空大元帅张作霖的安全。

"你怎么能说这么好的英语?"比尔问。

俄国人笑了。"革命前我在索邦神学院（Sorbonne）①学习过，主要是学习语言。这已经是俄国革命前的事了。我的名字叫内斯尔罗德（Nessl-rode）。这支骑兵是我出的主意。我曾见过德国枪骑兵检阅。张大帅喜欢我的这个主意，让我组建了这支部队。我们装备精良。比如，我们可以很轻松地摧毁你们部署在堤坝上的这些武器，虽然他们的火力明显很强。"

"我建议你还是不要做这样的尝试。"比尔说着，然后就转移了话题。他说："你在大沽登陆后打过仗吗？"

"噢，几乎没有，"枪骑兵军官说，"只有一小股吴的部队。他们所有的仅是几袋美国大米。他们的中尉失去了一只手，但仍很好斗。铁路沿线的栅栏需要装饰，我们把一些头颅放在上面了。"他说完笑了起来。

"很高兴你觉得这很好笑，"比尔说，"我想你现在要行动了？"

"是的，"俄国人说，"总是在行动。我的一生都在行动。我很喜欢这次早餐和我们的谈话，塔特尔上尉。下次你去北京时记得来看我，我将会尽地主之谊。"他又走过拱桥，召集他的部队骑马离开了。

这就是卡尔的警戒哨所遇到的直奉战争的结局。他的排在那天中午结束了任务，返回到美国军营。

1924 年 11 月 10 日，张作霖元帅抵达天津，接管了对华北的控制。他和"基督将军"冯玉祥达成了某种协议，和平持续到 1928 年，蒋介石从南方北伐把他赶回了东北。1938 年，蒋也被日本人赶出了华北。在第二次世界大战结束时，蒋回到华北把日本人赶了出去。一年后，毛泽东领导的中国共产党又把蒋赶了出去。和平再次降临。

在 1925 年 4 月天津美国军营举行的一次仪式上，第十五步兵团被赠予了现在竖立在佐治亚州本宁堡的大理石牌坊。这份礼物是黑牛城村和其他几个第十五步兵团设立警戒哨所的村庄的村长们赠送的。第十五步兵团保护了他们的小村庄，村民们感恩在心。

1938 年，第十五步兵团结束了在天津长达 25 年的驻防，返回美国。他

---

① 索邦神学院是法国巴黎大学的旧称，1253 年由罗伯特·德·索邦创建第一所学院，以神学研究著称，故以其命名。

们把牌坊也一起带回了美国。1939 年 10 月 13 日，步兵团又把牌坊赠送给了本宁堡步兵学校。上尉菲利普·加拉格尔（Philip E. Gallagher）（现在是退休少将）做了捐赠演讲。在 1924 年布防警戒哨所的时候，他还是第十五步兵团第二营的副官。在演讲结束时，他讲道：

> 在这个时期，这个国家的所有其他地方，无论远近，都在遭受蹂躏和摧残。这些村民独享平安和欢乐。我想历史上没有这样的先例，一个国家的平民为驻扎在该国的外国军队赠送纪念物，以感谢这些外国军队保护他们免遭发动内战的本国军队的侵扰。

9. 装甲列车

从 1925 年到 1928 年，华北的状况比较平静，因此对第十五步兵团来说也是一片和平。在军营大院内，步兵团进行修整、改善环境、阅兵操练，同时举办士兵学校和体育运动训练班。在直隶省外，张作霖的大砍刀非常忙碌，只是在天津很少见到寒光闪耀的大刀残忍的挥舞，只有在老城区还能看到。在那个年代，死刑处决公开进行，但是老城区离美国军营比较远，几乎没有步兵团的人去刑场看过斩首。然而，我们步兵团的专职照相师——一个具有史泰钦①一样艺术才能的中国摄影师——从未错过一场。他经常去拍摄他喜欢观看的死刑处决。他拍了一些不同寻常的照片，其中有一张，他捕捉到了行刑的一刹那：头颅飞舞在空中，无头的尸体，手臂被绑着，仍然在跪着；大刀向下砍的动作做完时，刀尖划向地面。刽子手脸上的表情看上去比被处死者更痛苦，而且这两张面孔出现在同一张照片上——似乎两个人在同一瞬间都看到了地狱的入口。我买了其中的一张并把它拿给迪格比·汉德看。"是的，"他说，"我已经看过了，你把这寄回去给你的老朋友们看吗？"

"不，"我说，"但我可能会把它当作纪念品带回家。它是某种象征——

---

① 爱德华·史泰钦（Edward Steichen，1879—1973），世界知名的摄影大师，被誉为 20 世纪最杰出的人像摄影家和时尚摄影之父。——译者

中国佬在他们自己的家乡被砍掉了脑袋,而我们在这里的军营里去娱乐厅玩,吃着蛙腿和牛排,喝着啤酒。你要知道,这是他们的国家。"

"那又怎么样?"迪格比问。

我没有回答。

下士穆迪·汉劳(Moody Henlaw)走了过来。我给他看照片。"嘿,"他说,"我已经看过了。"他在军队里已经干了 9 年,先后两次服役,在两次股役之间还曾在俄克拉荷马州的某县担任过代理警长,人们很自然地都称呼他"警长"。

他从我手里拿过照片又看了一会儿。"这不是人干的,"他说,"我过去在俄克拉荷马的时候,记得有一次,有一个小伙子——毕格·雷德(Big Red)①——他杀死了他的老婆和岳父以及另外一个小伙子。他们家庭有一些矛盾。他们是居住在居留地的印第安人。这倒好,他彻底解决了家庭矛盾,然后他就来找我并向我自首了。这是我做过的最轻松的该死的拘捕。法庭文件中有许多有关我和毕格·雷德以及雷德的老婆和其他所有人的闲言碎语。他们审判了毕格·雷德并认定他有罪——他们所能做的也不过如此——他们说要处死他。联邦政府审判了他,因为他居住的居留地属于联邦政府的监护区,联邦政府必须在居留地处决他,这是法律的规定,所以整件事被移交给美国联邦执法官执行。那个时候,我们在俄克拉荷马州必须执行死刑时都是用绞刑——没有像这里的中国佬这样砍掉脑袋的。

"糟糕的是,联邦执法官是位新手——恰好在那个月刚被任命的——他从未听说过绞刑的事。所以,他向警长办公室打电话求助。而我们对绞刑也是一无所知。当然,我们都干过私刑和诸如此类的事,但是这次是合法的绞刑。所以,联邦执法官从得克萨斯州找来了一名专门从事这一行的家伙来完成这项工作。这名得州人签订了合同在印第安人居留地建造绞刑架,等等。他完成了这项任务。他是一位非常灵巧的木匠。当他来给我们演示如何系绞索的绳圈时,你才会知道他的确熟悉这一行的原因。但是他喜欢喝酒,这就惹出麻烦了。联邦执法官让我们警长办公室所有的人都去绞刑

---

① 此名疑为假托名,本书采取音译。——译者

现场充当警卫，以防止印第安人闹事。结果他根本不需要警卫，什么事情都没有发生。

"我们把毕格·雷德送上了绞刑架——没有出现麻烦，雷德温顺如羔羊——这位得州刽子手把绳子套进他的脖子。这时，我们发现这位得州人喝多了。可是，我们对此却无能为力。他犯了一会儿酒瘾——该死的好长的一会儿——又调整了一会儿什么的，直到最后联邦执法官发了火，说道：'看在上帝的份上，快干完吧！'这时得州人说：'你们这些俄克拉荷马的家伙总是要行动。好，往后站，执法官，让你看看一个得州佬是怎样行动的。'

"然后，他并没有像事先说好的那样拉动启动活板门的扳柄，而只是拉动绳子踢松了毕格·雷德站立的木板。雷德人往下掉——当然，他的手被绑着，头被袋子蒙着——结果他只是被吊在那儿，只有一半身体穿过了活板门。法庭的命令是说，要吊着他的脖子直至死亡，但是联邦执法官是一个极富同情心的人，他看到所发生的情况，可以听到可怜的雷德透不过气而发出的喘息声。于是他说：'去他的法庭命令。'他掏出手枪结束了雷德的痛苦。我想如果这样的事情发生在中国这里，中国佬一定会让那个人一直吊在那里忍受痛苦直到饿死。如果我们要在俄克拉荷马把毕格·雷德的脑袋砍下来，就像他们在天津通常做的那样，他们就会很快把我们从办公室里赶出来，你连喊叫一声都来不及。"

"千真万确，"迪格比·汉德说，"但是如果你问我，警长，从长远来看他们并没有什么不同。只是中国佬在老城做的这些事似乎要比你们这些家伙在俄克拉荷马做得更干净利索。"

"我们是执法人员，"警长说，"我们拿钱做事。"

"好，如果他们给你一把大刀而不是绳子，你会不会那样做？"迪格比问。

"我想，"警长说，"当一个人宣誓的时候，他就期待着去做他的工作。"

"那种砍刀，"他又看了一眼照片，继续说道，"肯定不是白人用的家伙。我仔细观察过 1924 年来到卡尔·格雷博格哨所的俄国骑兵佩带的刀。你应该记得他们，迪格比，你也在那里。无论如何我仔细观察过他们俄国人，我当时对自己说：'我敢说，当他们挥舞着大刀冲上来时，你们这些家伙不会愿意和中国佬在同一个队伍里。'我对自己说：'中国人挥舞他们的大刀可能已经有几个世纪了,已经很熟练了,但是你们俄国人还不懂得如何挥刀。'这就是我要说的。"

"他们确实用在了我们曾经提供米饭给他们吃的那一小群中国佬身上了,"迪格比说,"我看见过那些挂在围栏杆上的孩子的头颅照片。不要和我说那些俄国人不懂得如何使用大刀。我见过证据。"

"《圣经》中说,"警长说,"'以刀剑杀人者,必死于刀剑之下。'我可不想这个国家的俄国士兵都看不到了。"

1928年初,东北的军阀、华北的实际统治者、陆军大元帅张作霖,从他控制的京城向南看,注意到蒋介石将军正在逼近,蒋是国民党军队的司令和中国最具优势的政党——国民党——强有力的右翼。在黑牛城事件发生后的四年间,蒋巩固了他对中国南方的控制,现在正以不规则的方式向北挺进,要与张作霖决一雌雄。

张作霖清点了军队的人数,断定蒋的军队实力要强于自己,于是他决定不在北京冒险决战,不仅要把军队撤出这所城市,还要全部撤出华北,退回到他原来所在的长城以外地区以逃脱困境。

当他撤离时,他征用了京奉铁路的全部车辆,以至于蒋除非自备车辆,否则无法追上乘坐列车的奉系军队。所有车辆,从豪华的卧铺车到普通的旅客车厢、守车、货车厢、火车机车、调车机车,等等,都用火车头拖拉着,每天沿铁路从北京通过天津,运载张的蓝衣部队返回满洲。我们常常站在天津东站的天桥上,目睹人流跟随着缓慢往来的火车穿过车站离城市而去。从那以后,每当黄昏看到火车驶离,我总会回想起我们站在天桥上的时光。对我来说,那象征着孤独。当撤离结束时,在铁路周围六七百英里内甚至连一辆手摇轨道车都没剩下。张作霖走后在北京仅留下少量驻守军队,以拖延国民党的先头部队。

1928年6月8日,大撤退结束,大元帅张作霖的个人历史也告一段落。作为一名优秀的领导者,张作霖要跟在后撤部队的后面,以确保一切都有条不紊地进行,所以他一直等到乘坐最后一班火车才离开北京。在去奉天途中,远在所谓长城安全之区范围内,他的火车遭到地雷爆炸,他被炸死。他的儿子少帅张学良接管了他的权力。所有的人都说是日本人炸死了老张,但没有人可以证明。

约瑟夫·史迪威(Joseph W. Stilwell)那时还是少校，是第十五步兵团关于中国政治、经济和军事等各方面事务的专家。按照步兵团的惯例，每月都有一次在娱乐厅集合听取史迪威少校有关中国形势的简要报告。他是一个才识过人、聪明敏锐的演讲者，他对华北乱局的分析令人印象深刻。

"警长"穆迪·汉劳发表关于大砍刀和俄克拉荷马处决的一番谈论两天后，和往常一样，步兵团在娱乐厅集合听形势报告。在讲台上和史迪威坐在一起的是当时的步兵团指挥官艾萨克·纽厄尔(Isaac Newell)上校。

史迪威少校告诉我们，北京、天津和山海关之间的一大片楔形区域中如何存在着一个真空地带。张作霖的军队已经撤离，张也死了。蒋介石的军队还没有足够的兵力抵达这里恢复秩序。无法无天的状态再次笼罩这个地区，就像 1924 年那段日子一样。所以，看来好像又需要第十五步兵团设置路障和派遣警戒哨所了。不见一列火车的空荡荡的京奉铁路导致了一个很特别的难题：电话线和电报线都被拆毁了。除非你就在天津附近地区，否则不知道发生了什么。某位有野心的中国将军确信，可以在内地凑到足够的矿山煤车和一两台铁路机车，组成运兵列车直接杀向天津，开设大本营，宣布自己是华北的统治者。问题就在于是否能获得承认。美国政府承认中国国民党政府，但也承认张作霖事实上的统治地位。的确，实际上是承认出现在那个位置上的人，而不是偏袒一方。假如一个军阀进入天津并宣布拥有权，他可能立刻会被承认。一支象征性的军队就会获得成功，因为所有的东北人都已经离开了。但是，如果蒋介石和他的国民党到达天津，准备与这个假设的军阀一决胜负——那么该怎么办？选择支持一方，还是两者都反对？史迪威带有嘲弄的语气说道，这些都还处在外交权衡之中，上天甘霖缓缓降下，还难以看到收获如何。不管怎样，驻在中国的美国军队现在还不打算为蒋介石打仗。

史迪威的演讲到此结束，纽厄尔上校站了起来。他高高的个子，头发灰白，仪态庄重，在历任驻华军队指挥官中，他可能是在中国时期步兵团最受爱戴的。他有一个小怪癖，就是用牛皮纸自己卷烟。我们常常因此开他的玩笑。

他和史迪威一样善于演讲。他感谢史迪威对形势的概括,然后又从现实的角度谈到了这个问题。天津东站这个大型铁路枢纽被认为是局势的焦点。如果是乘火车而来,那里就是终点。天津的各国军队需要马上知道,何时到达、运来的都是些什么、意图何为。

Major Newton W. Speece

左1:第十五步兵团少校牛顿·斯皮思

于是,为了让各国部队指挥官都能在同一时间知道发生了什么,就要组建一个国际监视哨站驻守在东站。哨站的规模很小,它的任务主要是监视和报告。在英租界的戈登堂设立一个国际指挥中心,专门架设电话线连接天津东站的国际监视哨站。这个监视哨站不会挑起事端,选择战斗或炫耀武力,哨站的专职指挥官按照字母顺序由各国军官轮换担任。所以,一名美国军官将会指挥第一支分队,接下去是英国人,然后是法国人、意大利人,最后是日本人。

纽厄尔上校说,这个国际监视哨站将证明,所有占领天津的国家在这件事情上都利害攸关。哨站将竖起五面旗帜,人员将会穿不同的军装持有不同的武器。哨站将显示出各国的团结一致,哨站的成员将要通过专门的挑选。他们将配备真枪实弹。

专门挑选,我猜应该是 E 连。这个步兵团牵头的连队奉命选派一名下士和两名二等兵作为美国派出人员参加第一支国际支队。那个时候，所有事情都采取轮流制，E连在步兵团名单上按照字母顺序排在首位，每有什么事情总是第一个介入。于是，1924年黑牛城事件的英雄、老值班中士和代替正职军士长职务的代理军士长、正在短期休病假的卡尔·格雷博格，奉命指派一名下士和两名二等兵组建执勤小队。卡尔翻阅了执勤表。"警长"穆迪·汉劳是下一名要执行哨兵勤务的下士，迪格比·汉德和我是将要执行哨兵勤务的二等兵。卡尔·格雷博格告诉了"警长"，"警长"告诉了我们。

"来吧，伙计们。带着全部行装，步枪、刺刀、钢盔、衬衫和领带。这是子弹。出发。"

于是，经过挑选的小分队组成了。大家乘坐人力车去东站，"警长"的车打头领路。我们后边还有两辆人力车拉着我们的寝具、斯普林菲尔德步枪和背包。除了步行以外这是我们去那里的唯一方式，因为第十五步兵团的机动车只有总指挥官的卡迪拉克、两辆团部使用的道奇越野车，还有三辆不能跑的白色卡车。而服务公司的饲料骡车对于我们目前的任务来说似乎太笨重了。

因为我们的人力车夫跑得快，精力又充沛，所以我们提前到达了天津东站。当我们到达车站时，一名美国中尉以及英国、法国、意大利和日本等国各一名军官已经到了那里。他们和车站官员一起为国际监视哨站准备好了宿舍和餐厅，当我们从人力车上下来时一切都已准备就绪。

我们都不太熟悉我们的那名中尉，因为他大部分时间是在北京的语言学校。他沉着脸对"警长"说："你们早该到了。"他指给我们看了他和其他军官决定作为哨站的地方，那是一个位于仓库的一头、装有棚顶的室外装卸平台。他们用粉笔标示出了架设将由英国人提供的机枪的位置，也标示出了堆放沙袋的地点和竖起五国旗帜的位置。在车站里有一个专供我们使用的厕所，还有一个专用电话间。我们无论去哪里，都会有一群中国旁观者跟着我们。到处是乞丐。日本军官向他们大声喊了句什么，他们就都消失不见了。"我想学说这句话，"迪格比·汉德很钦佩日本人表示愤怒的语句。"这不过是一句东方的咒骂而已，""警长"说，"白人不会用那种说法表达恶意。"

两名威尔士边境团的英国机枪手来了，他们抬着机枪，肩上背着行李袋。这是一挺外表很破旧的马克沁303式水冷机枪,安装在三脚架上。两名枪手腰间枪套里都插着一支450式韦伯利左轮手枪。他们把马克沁机枪架设在适合他们与中尉方便使用的位置。这时,国际警戒哨站的其他成员也陆续到来,两名携带着小手枪和长步枪、穿着奇怪的半陆军半海军军服的意大利海军陆战队员;两名留着胡须的法国炮兵,背着勒贝尔卡宾枪;两名日本步兵拖着几乎和他们一般高的有坂步枪。我们都戴着钢盔,只有日本人戴着船形帽。

各国军官以友好随意的方式分别介绍了各自分队的组成情况,然后这些军官开始讨论哪一面国旗应该插在旗架中央的位置。最后决定还是采用按字母排序的方法:第一天美国国旗插在中央,英国第二天,以此类推。日本军官——一名少校(无论发生任何事情,每次日本派出的人员一定是级别最高)——强烈抗议这种按照字母排序的方法,使得日本总是被排在最后。但是,英国、法国和意大利的中尉再加上我们中尉一起朝他大喊了起来。"这是解决这种问题的唯一办法,""警长"说道,"大声点,有理不在声高。这种事情不用任何解释。我们过去在俄克拉荷马州解决印第安人事务时就用这样的办法。这种办法在东方也有效。"

我们从车站候车厅搬来一些长凳,把它们围绕着马克沁机枪摆放成半圆型,形成国际分队的中心。我们坐在凳子上执勤,美国人坐在一条凳子上,英国人坐在旁边的一条,以此类推,当然是按字母顺序。

军官们最后草草商定,然后留下我们的中尉负责指挥,相互敬礼后四散而去。"好,"迪格比·汉德说,"现在我们做什么,'警长'? 就坐着吗?"

"我想是的,""警长"说,"除非中尉突然想起他要做什么事。坐着有问题吗?"

"没问题,"迪格比说,"只是我现在明白一条金鱼的感觉了。"在我们围坐的半圆周围,所有中国人都聚集到一起,面无表情地盯着我们,实际上这几乎没有什么可奇怪的。车站里和车站周围再没有什么好看的,所以他们聚在一起盯着我们。

我们的中尉送走了其他军官后回到我们这里,他看着我们咬了咬嘴唇。最后他说:"这简直是一项愚蠢的任务。我认为这项任务的可行性没有得到恰当的评估。而我想，在这里除了坐着会无事可做。很明显，没有岗位需要巡视。这种情况下，也不需要警戒。一旦铁路沿线有事情发生，你在这里能看到，在其他地方也一样能看到，我想这就是问题症结所在。你们这些家伙可以在这里吸烟，我去车站用电话报告一下。汉德下士，你来负责，如果发生什么事马上告诉我。"

这里实在太无聊了。意大利人和法国人好像能彼此听懂，他们开始讨论他们觉得非常好笑的事情。日本人则根本不与别人交谈。我试着和威尔士边境团的人开始谈几句："你们这些家伙还要在中国待多长时间？""什么？"当其中一个人终于明白我是在和他说话时，他反问道。我重复了一遍问题。他看着他的同伴，他的同伴耸耸肩。"我不知道，"他说。"这里一片平和休闲，"迪格比·汉德说，"可我的腿都僵硬了。这里一切如常，'警长'，我是说我能不能站起来活动一下腿脚？"

"我想还可以，""警长"说，"不过不要走太远。中尉随时可能回来，如果他发现你不在这儿的话，他会骂人的。这家伙骂人可是件很糟糕的事。迪格比，去到站台的那头儿，看看是否有火车过来。你可以趁机一边执行任务一边放松腿脚。"

"谢谢你，'警长'，"迪格比说，"我就知道您总是把弟兄的福利放在心上。"他穿过围观的中国人，缓步走下平台，消失在一些大箱子的后面。这些大箱子挡住了我们的视线，使我们无法看到铁轨。他跑着回来了。"天啊，"他说，"火车来了！这是你见过的最糟糕的情况。"

甚至于日本人也看出有事情发生了。国际警戒哨站的成员们一起站了起来，跑到站台的边上，朝下面的铁路看。中尉打完电话回来了。"到底发生什么了？"他问道。"铁路上开过来一种怪物，长官。""警长"说。"胡说。"中尉一边说着一边从我们中间挤过去看了一眼。

的确是一个怪物，一种我们第一次见到的怪物。一列平板货车径直朝我们开了过来，货车上架设着一门大约3英寸口径的速射舰载炮，炮口似乎直对着我们的咽喉。在它后面是两节货车车厢，车身覆盖着装甲，车顶和两侧炮塔上架设着机枪。接着开过来的是火车机车，车身罩满了装甲，乃至只能从机车的烟囱才辨认得出来。机车后面跟着两节同样安有炮塔的装甲货车。一节平板车厢也架设着一门炮跟在最后面。这列怪物看上去就像一艘怪异的、奇形怪状的驱逐舰。

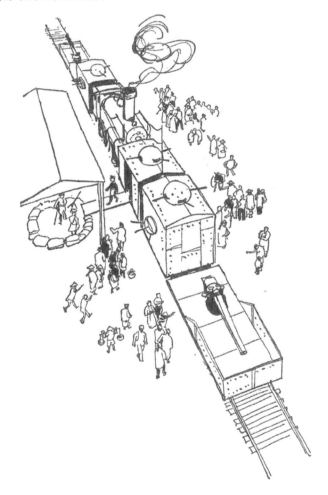

　　车厢和机车上涂着长长的灰、黄、棕三色波浪线作为伪装。其中一节货车车厢——很明显是指挥车——还画上了大幅的漫画。按照顺序首先是一系列国旗——英国、法国、美国、日本、俄国、意大利，在这些国旗上面画着一条黄色的斜线，象征中国在各国之上。第二组漫画画的是一名高大的中国士兵挥舞着步枪和刺刀追逐一群矮小的身穿外国军服的士兵，这象征着中国在驱除外敌。最后一幅漫画画的是一名高大的中国平民躺在地上，鲜血从许多骇人的伤口流出,吸食他的鲜血的是日本人、欧洲人和美国人,这象征着中国所遭受的迫害。在指挥车的旗杆上,中国国民党的旗帜随风飘扬。

列车的装甲上弹痕累累,但是没有被打穿。"是的,长官,""警长"说,"这真的是一个怪物。"

装甲列车与指挥车并排停在我们的站台上。我们能看到车厢瞭望孔里有许多双眼睛在盯着我们。我们的中尉拍了拍一名威尔士边境团士兵的肩膀:"去给指挥部打个电话,告诉他们一列国民党的装甲列车开进了天津东站。保持电话畅通,等我进一步的报告。快一点。""是的,长官。"边境团士兵说着,跑着去了。

这个时候,许多中国人已经聚集过来围看这个怪物,一些人甚至站到了我们的凳子上。指挥车的一扇门打开了,一块跳板被推了出来,搭在了指挥车和站台之间。一名军官大步走了过来。他穿着绿色的军装,黄色的马裤两侧带有从上到下的红色条纹,肥大的黑色皮靴长度及膝,镶着银色穗带的军便帽。他的肩章上佩着金银少校标志。他扎着一条黑色的武装带,左边悬挂着马刀,右边挂着驳壳枪。他抽着一支雪茄烟,是一个俄国人。

他冲着人群用中文喊着,要人们给他让路、散开,从他的列车周围滚开。而得到的唯一反应就是一阵冷漠的寂静。"嘿,'警长',"迪格比·汉德说,"那个家伙不就是在黑牛城村与比尔·塔特尔要砍要杀的那个该死的俄国佬吗?你记不记得,那时我们在卡尔·格雷博格警戒哨所。"

"很像。""警长"说,"可是那时他有马,他又是从哪里弄来这辆铁罐火车呢?"

俄国军官转身大声吼叫着走进了指挥车。从指挥车里出来五名士兵,也都是俄国人,又矮又瘦,浑身脏得令人难以置信。他们都穿着脏兮兮的绿军装、破旧不堪的皮靴、戴着平顶帽。就像他们的指挥官一样,他们都配带着驳壳枪,每人也都带着一把沉重的中国砍刀,可怕的大刀,而不是军刀。

"他们都带着同样的装备,迪格比,""警长"说,"原来是张作霖的精锐部队。只是我不明白他们这次挂的是国民党的旗帜。上次我们看见他们时,他们还在另一个阵营里。"

少校再次向人群发出了更具威胁性的命令,他的手下拔出了他们的大刀。中国人大声抱怨着,但还是向后倒退离开了他和他的那些武士。那些站在我们凳子上的人也下来退到一边去了。

我们的中尉冲着俄国人走过去。"挥舞这些刀干什么?"他愤怒地问,"你说英语吗?你应该明白,这个地区属于国际哨站负责警戒。"

"我注意到了,"少校边说着边打量着我们,"是的,我说英语。我无意冒犯。我的火车需要加煤、加水,所以我停在这里安排这些事。我将和国民党签署全面协议。"他笑着说:"我想我没有见过你,中尉,正如你所说的,四年前我带着我的骑兵通过这个'地区'。我相信那是一名上尉,一个非常和蔼可亲的主人。但是现在,轮到我做主人了。先生,我可以邀请你到我的火车上喝杯茶讨论一下形势吗?你将会发现我的私人座驾装备精良。而且,它也很安全。"他用军刀敲了敲装甲板,笑了起来。

"好吧,"我们的中尉说,"我很乐意和你喝茶。你应该明白,我已经报告了你们到这里的消息。如果你心怀不轨,我们会向你的火车开火,让法军炮兵把你们的火车炸出铁轨。"

"好的,"少校说,"我对法国炮兵心怀敬意。只是为了显示我们之间不存在任何不信任,我和你喝茶时将留一名人质给你们。他会说英语,是一位很重要的人,而且和你一样是一名中尉。"

他用俄语发出命令,命令被传到装甲车里,一名中尉走了出来。这名中尉与少校一样,金发飘飘、体格健壮,但是没有携带武器。"中尉比尔斯基(Bilski),"少校介绍道,"他将会和你的人在一起。来吧,先生。"他有礼貌地将中尉迎进他的车里。

比尔斯基中尉笑着坐在我们的凳子上说:"我想我喜欢美国香烟。""警长"不抽烟,所以我给了他一支。"非常感谢。"比尔斯基中尉说。

"可恶的美国节目总是这样,"一名威尔士边境团士兵说,"不管怎样,他们究竟让我们在这里干什么?"两个法国士兵和两个意大利水兵盯着在装甲列车门口的俄国哨兵,试图用某种中间语言和他们交谈。很明显他们的交谈内容有点下流,因为双方不断地大笑并做着手势。两个日本人则彼此小声嘟囔着,其中一个还在小本子上记着什么。

"哎,""警长"友善地对比尔斯基中尉说,"我估计你们总是乘坐这个怪物会有很大的风险。像你就必须争夺通道,明白我的意思吗?"

"我不明白。"比尔斯基中尉说着,又吸了一口香烟。

"他的意思是说,"迪格比·汉德说道,"你们这些家伙起初怎么得到的这列火车? 又怎么插着国民党的旗帜? 你们这些家伙不是国民党,对吧?"

"偷的火车,"比尔斯基说,"偷的旗帜。这些他妈的都是偷的。现在我们要回家。"

"家在哪里?"迪格比问。

"奉天。"

"战争结束了,啊?"

"结束? 没有结束。战争永不停息,总会有战争。"

"看法不错,"迪格比说,"告诉我们你们怎么偷的火车。"

"中国人喝多了,"比尔斯基说,"我们又是射击又是刀砍。现在我们要回奉天了。已经五年没有看到奉天了。"

"没有地方能比得上家乡。""警长"说。

"奉天不是家乡,哈尔科夫(Kharkov)才是。但是,也不再是了。"

"你们怎样处理女人。""警长"问。

"我们看见就带上。"比尔斯基摇着手说,"很多人得了病,我也病了。我们带的生病的女人太多了。"

"你最好尽快打针治疗。"迪格比说。

"我听说,""警长"说,"这种性病在俄罗斯不很严重。他们几乎对它一无所知。他们希望性病都跑到中国佬那去了。"

"我不明白。"比尔斯基中尉说。

"俄国人竟然不知道要命的梅毒。唔,可怜的家伙!"高个子的威尔士团士兵哼着鼻子说道。

比尔斯基中尉直盯着他的脸。"侮辱我?"他厉声问道。

"不,他不是侮辱你,中尉,""警长"冷静地说,"这只是一个无知的人做出的无知的评价。"他转向那个士兵:"闭上你的嘴,除非让你先说。"

"我高兴的时候我当然要说,美国佬。"威尔士团的士兵说。

"如果你敢这样的话,我一定会把你的黄牙踩掉。""警长"说。

看来我们在天津东站的装货站台上似乎要有一场真正的战斗了,一名美国下士和一名英国二等兵之间的战斗。旁观者是另一名英国二等兵和两名美国、两名法国、两名意大利、两名日本二等兵,还有五名白俄卫兵和他们的军官比尔斯基中尉,以及所有聚集在站台上的中国百姓。"警长"个头高大,威尔士团士兵也是。这将会是一场精彩的战斗,每个人都乐于观赏。

但是,战斗没有发生。我们的中尉从装甲列车上走了下来,俄国少校陪伴着他。他们低声说着话。少校和比尔斯基还有他们的卫兵返回了车厢里,踏板被收了回去,门关上了。有人发出了某种信号,装甲列车咔嚓咔嚓地沿着铁轨前行。我们看着中尉。

"一切正常,"他说,"确切点说,在这荒唐的国家里任何事看似都正常。这列火车是他们的战利品。他们仅仅是路过。他们在旁边的调车场加完煤和水就会继续前进。这与我们无关。我们在这场战争中保持中立。我去打电话报告,你们休息吧。"他说着便离开了。

威尔士团士兵对"警长"说:"现在我要和你较量一番,家伙。"

"我们只能以后再打了,""警长"遗憾地说,"我不能在执勤的时候打架。下周一晚上在你们的英军俱乐部(Union Jack Club)外面怎么样。"

"我们那些冷血的宪兵会阻止的,"威尔士士兵说,"在你们的士官俱乐部怎么样?"

"好吧。""警长"说。他们握手言定。

我们小队第二天就从国际警戒哨站撤离了,由另外一队代替。不久我们听到了更多关于白俄装甲列车的事情。我们是在许多白俄聚居的"蓝色大院"听到他们的消息的。格斯·克里茨在皮毛远途贸易被战争中断后回到了"蓝色大院"。他和波丽娅住在她母亲那里。迪格比和我去拜访他。我们问克里茨他是否听说过关于装甲列车的事情。"我确实听到过几乎所有关于他们的事。"他说。

列车上有两个俄国人在天津逃离了,另外一个在大沽也逃下车。他们躲避在"蓝色大院",克里茨从他们那里听说了有关列车的所有故事。

"那真是令人难以置信,"克里茨说,"真是令人难以置信。"

张作霖留下他的奉天骑兵在北京掩护撤退。他们掩护得很好,但是任务完成后他们没有办法返回奉天，除非他们骑着马从北京一直走到奉天，这也是他们的少校准备这样做的。直到他听说国民党的装甲列车恰好抵达北京，他决定把列车抢过来作为自己的交通工具。来自南方的驾驶机车的中国人对北京火车站不太熟悉，俄国人很容易就通过扳动开关和指挥信号，将缓缓驶入的火车引入一条铁路岔道的尽头。然后，这些俄国人由他们的少校出面讲话，装扮作欢迎队伍，是从奉天军队叛逃的持不同政见者，用酒、女人和歌唱把中国人从装甲车里哄骗了出来。那是一天晚上，只有他们一列火车孤零零地停在车站里。张作霖早已把其他车辆席卷一空。当中国人一走出列车，俄国人就扑上去用大刀将他们全部解决了。大刀不会发出任何声响。

于是，俄国人占有了火车。他们中的一些人以前曾在铁路工作，知道如何开动火车。他们赶忙离开了北京。为了安全起见，他们仍旧让国民党的旗帜在机车的旗杆上飘扬。

他们并没有直接通过京奉铁路快速直达满洲，而是从北京走扇形迂回而行，企图找到奉军留下的钱财，他们可以一起带走。没有任何人可以阻挡他们。通讯线路已被切断，也没有任何其他车辆在铁路上。他们靠乡村为生。任何时候他们想要任何东西，只要停在中国人的村庄附近，把他们的大炮对准村庄，就可以得到。食物、煤、酒、女人——他们看到的和想要的任何东西都可以得到。"就像老昆特里尔（Quantrill）①在美国内战时一样。"迪格比·汉德用赞叹的语气说。

最后，他们的少校决定在铁路还畅通的时候返回满洲。蒋介石这时肯定已经知道他的火车丢失了，正打算采取行动。有趣归有趣，抢劫毫无抵抗能力的小村庄虽然有趣，但是时光正在流逝。

于是，这列装甲列车沿着京奉铁路直奔满洲。当它停在天津东站补充煤和水时，正好我们的国际警戒哨站盯上了他们。

---

① 威廉·昆特里尔（William Clarke Quantrill，1837—1865），美国内战时期南方联盟游击队指挥官。内战爆发之前，曾经是一名赌徒，多次因谋杀、盗窃、偷取马匹而遭到起诉。1861年内战爆发后，他带领一伙南部联盟的游击队在密苏里州和堪萨斯州一带洗劫农场及报复支持联邦军队的社区。——译者

两个俄国士兵在他们的少校和我们的中尉谈话时悄悄开了小差,而那时我们也正在和他们的比尔斯基中尉聊天。他们逃到了"蓝色大院",那里有他们的朋友和亲戚。第三个俄国士兵在大沽开小差逃了出来,步行走到天津,也找到了"蓝色大院"。他身受枪伤,憔悴不堪。

途经大沽的铁路离船舶停泊区很近,海河从那里流入海湾形成了大沽沙洲,吃水深的船舶必须在那里抛锚。而吃水浅的小船,只要需要就可以直接通过大沽沙洲沿着海河直达天津。一艘小船在驶过大沽沙洲时出了故障,正无奈地停在码头。这是一艘国民党的炮艇,当被偷来的装甲列车沿着铁路驶过时,炮艇的速射炮在这些白俄几乎还不知道炮火从哪里打来时就击中了装甲火车头,把平板货车上的大炮轰了下来,把货车厢也打得千疮百孔。一艘国民党的运输船从大沽沙洲运来了士兵,他们在炮艇停止射击后肃清了一切需要肃清之敌。

过了一周左右,一些照片从大沽送到天津。我们步兵团的摄影师获得了底片,他洗出了照片拿来出售。我买的其中一张非常清晰,显示的是一根电话线杆上挂着人头。在电线杆的顶端——荣耀的位置,我认为那是白俄少校的头颅,仍然戴着挂着金穗的帽子。

我把照片拿回军营给迪格比·汉德看。"是的,"他说,"我已经看过了。"我们正站在1925年村民赠送给第十五步兵团的牌坊跟前,"警长"穆迪·汉劳走了过来,我把照片给他看。"是的,"他说,"我已经看过了。"他的脸颊上还有一片红肿,这是他与威尔士边境团士兵打斗时被对方打中的。那场打斗双方打了个平手,打完后两个人在士官俱乐部大醉了一场。

"我已经看过了,"他说,"但是让我再看一下。"他拿着照片研究了一会儿。"你知道的,迪格比,我们在黑牛城村看到他们这些俄国佬,我们也看到了那些被他们枭首的小中国佬。我们在天津东站又一次看到俄国佬。现在他们的头就像那些小中国佬的头一样挂在了电线杆子上。但是我搞不清的是,迪格比,所有这些打打杀杀到底是为了什么。"

10. 海军登陆

1928年夏天,离"装甲列车事件"发生已经有一段时间,北京、天津到山海关一线形成了所谓的北方联盟（Northern Coalition）。这个联盟是由大元帅孙传芳、张宗昌和张学良三巨头组成，其中张学良是已故军阀张作霖的儿子，也是统治整个东北地区的继承人。建立北方联盟的目的是为了阻止蒋介石企图实现把全中国置于国民党统治之下的目标。双方的大部队都已部署完毕。驻在中国的外国列强的外交使节们都悲观地预感到最终会爆发全面战争，于是决定最好的办法是加强各自在中国的军事力量，并且越快越好。显然，中国的国民党领袖蒋介石绝不是随便说说而已。

于是，英国、法国和意大利都向中国派遣了更多的军队，日本和美国也是同样。

日本派出的军队比其他任何国家都要多，并组成了后来在第二次世界大战中很有名的关东军。美国派出了海军陆战队第四旅，一共四千人，由斯梅德利·巴特勒（Smedley Butler）准将率领，驻扎在天津及其周边地区。很快，在华北的外国驻军，从北京到沿海地区，就增加到大约一万两千人。这些外国军队分散驻防，当然也完全是各自指挥，但是他们形成了一股有效的力量。

不论是在娱乐厅里，在营房食堂的饭桌上，还是在行军训练中，或是在兵营外的酒吧里喝啤酒的时候，我们这些第十五步兵团的人都在谈论着海军陆战队以及他们什么时候到来。我们大多数人都没有见过海军陆战队员。但是有一个下士名叫福兹（Fautz），他说他曾经作为一名海军陆战队员在海上四处巡航，服役了整整四年。我们向他提出了很多问题。他为自己懂得一些有关世界和下锚泊船等方面的知识而十分得意。"海军陆战队中的一等兵，"他说道，"要比这个草包部队中的少尉懂的知识还要多得多。要说军官，我们这里的一个中校都抵不上海军陆战队的一个新任少尉。"

"见鬼了，"小个子卡尔霍恩·肖说，"福兹，你要知道，你这话里有很大成分是胡说八道。他们是在安纳波利斯（Annapolis）海军军校或西点军校考试不及格退学，然后等到他们所在的班毕业了，再从中选拔海军中尉。这些人也不是特别优秀，他们就是可笑的等外品。我有一个叔叔，他是海军陆战队的操炮军士，他向我讲过所有有关他们那些该死的军官的事情。这就是我为什么加入步兵团的原因。"

"那,你叔叔要是那样讲的话,他应该被送交军事法庭的,"福兹说,"首先一点,他在说谎。那些操炮军士都具有集体精神。他们是不会这样到处讲他们的军官的。"

卡尔霍恩·肖说:"他们才不会呢。"

这些谈话以及其他一些类似的谈话,使得我们对海军陆战队的好奇心越来越大。当有消息说海军陆战队第二天晚上要在天津的码头登陆的时候,尤其是我们这些没有执勤任务的人,都发誓要去那里看一看。可是,到了第二天晚上,就在我们要去的时候,好像是从天津城内传来了警报,三营被留在营房做好战斗准备,二营接到命令必须要在晚上 10 点熄灯前回到营房。我们也受到了警告,如果去码头观看海军陆战队登陆的话,我们的行为必须要规矩一些,不要出现任何暴力行为。

迪格比·汉德、马丁·劳德和我决定前去观看,我们三个人自认为可以遵守这些禁令。下午 5 点刚一开饭,我们就马上吃完晚饭,然后坐上人力车直奔码头。那些海军陆战队是从停泊在大沽口的运兵船登陆,换乘驳船沿海河来到租界码头的。当时,京奉铁路仍然还没有火车开行。

码头像往常一样,人来人往。一艘日本的驱逐舰也像往常一样,停泊在可调头泊位的下方。从舰上到岸边搭着跳板,跳板旁边有四名日本水兵把守。当我们经过他们的时候,迪格比·汉德向他们挥挥手,礼貌地同他们打招呼。但是,这四个日本兵站在那里却一动不动,一声不响。"日本水兵的生活看来是太不幸了,"马丁·劳德说,"我想,他们吃着海草,穿着和服趴在船底,随时准备着高呼'天皇万岁'。"

我们看到我们步兵团的几名军官站在码头一个有利的位置上,我们跟在他们的后面,想听听他们在说些什么。他们正在讨论着海军陆战队的事。他们从不同的角度议论那些海军。最后,来自司令部的一名军官说:"如果你们问我的话,我想他们只是一帮用于宣传的废物。"其他那些军官似乎都表示同意。

一艘拖船先拖拽着三艘载着海军陆战队员的驳船来到码头,驳船撞击着码头的混凝土堤岸,发出咣当咣当的声音。绳索扔到岸上,在系船桩上系紧。驳船上挤满了年轻的美国士兵,身着橄榄绿色军装,浑身脏兮兮的,蓬头垢面。每个人都头戴钢盔,背着一个马蹄形背包,肩上扛着一支上了刺刀的斯普林菲尔德步枪,背着一条塞满了闪闪发光的0.30—06弹夹的子弹带,另外还有一条备用子弹带。"弟兄们,这些家伙真是全副武装啊,"迪格比·汉德说,"这使我想起了我们在黑牛城时的情景,当时我们的子弹带里装的都是木头塞子。"

三艘驳船上的海军陆战队员一下子都拥到了岸上,没有谁能阻挡他们。驳船都平行着停靠在混凝土坡道边,他们只能跳上岸来。中国百姓都小心翼翼地站在远处看着他们。即使是我们这些第十五步兵团的人,也要后退以让出他们要冒险跳下的地方。这些驳船以前都是运煤的,因此他们从船舱里面出来时,浑身都沾满了煤灰。上岸的海军陆战队员们,抬着机枪、斯托克司式迫击炮和27毫米榴弹炮。他们的动作迅速、有效,看上去显得很轻松,确实是一支训练有素的部队。他们抬出沙袋,用了10分钟的工夫,就朝向天津城的方向垒起了一道马蹄形路障,把他们占用的那段码头整个封锁了起来,路障上面摆满了各种武器。

马丁·劳德说:"也许应该有人告诉他们,战争还没有真正爆发呢。"

我们往前靠近了一些,以便能仔细看看他们。我们那天穿的是平常上街穿的衣服,翻领军上衣、白衬衫、黑领带、带有黑漆皮鸭舌的潘兴帽,上衣翻领上的"胜任"徽章闪闪发光。我们的裤子都经过熨烫,皮带和鞋子擦得锃亮。此外,我们都手持一柄短手杖。

这些海军陆战队员穿的军上衣是第一次世界大战时期的样式,高领、黑纽扣。他们的裤腿绑在帆布绑腿里,一直绑到脚面的绑腿带,有一半都破了,松了下来,结果绑腿带胡乱地缠绕在小腿上。他们的军服在乘坐驳船沿河上溯时,沾了很多煤灰。他们的军官穿的军装,在款式和颜色上同士兵的没有什么两样,只是布料高级一些罢了。这些军官同士兵一样,也戴着钢盔。他们同士兵不同的地方是穿着皮靴,腰里系着军用武装带,领章也不同。他们大多数人都是连级军官。一个中校指挥整个登陆行动,他看来对自己要做的事情十分清楚。美国海军登陆的整个过程,使我联想到马戏团乘车到达表演现场时的情景。第一眼看上去好像混乱一团,但实际上并非如此。他们的每一个步骤都计划得十分周密,而且执行得既有效又完美。

就连我们团几个爱挑剔的军官也开始对他们表示钦佩。

我们在那里来回溜达仔细看看，最后摸了摸榴弹炮的炮座。负责操作榴弹炮的下士用很吃惊的眼神看着我们，然后向我们立正敬礼。"晚上好，长官。"他说。迪格比·汉德向他回了一个礼。"晚上好，下士，"他说，"你做得很不错，我会报告你们中校的。"

"谢谢您，长官。"这个水兵说道。

我们沿着路障的外侧走着，对于站在路障内侧的海军陆战队员们来讲，这有点像检阅，他们过去从来没有听说过第十五步兵团。有些水兵向我们敬礼，有些则没有。迪格比·汉德的做法太过分了，他对一个正在查看一堆军用品的中士说："喂，水兵，当你看到军官经过的时候，难道不知道应该向军官敬礼吗？"中士一时不知说什么好，只是睁大眼睛看着我们，然后把手举到头上靠近钢盔，说道："对不起，长官，我没有看见你们，实在是太忙了。一定改正，长官。""这样才对。"迪格比·汉德说道。

为了防止这些陆战队员发现他们是在向步兵团的士兵敬礼，我们又跟在我们团那几个军官的后面。"这可恶的真相不会告诉水兵的，"一名上尉说道，"他们在这里登岸根本用不着作战。他们的任务就是登陆，然后再整队离开。不过，每一次登陆都得比以往显得更血腥。他们带来了自己的记者。知道吗，过不了多久，美国的报纸上就会写满这样的故事：海军陆战队是怎样凭借百分之一的取胜机会，以义和团动乱时代的方式从中国人手中夺占天津城的。"

天渐渐黑了下来，陆战队员们点上了电石气灯，以增加码头上已有电灯照明的亮度，继续加快登陆行动。又有几条驳船出现了，运来了坦克、卡车和大炮。尽管那些坦克在当时只能算作小型坦克，但它们也重得像铅块一样，以至于海军陆战队员们在卸下坦克的时候，竟然把码头边上那根巨大的木制吊杆都折断了，中国的码头工人就是用这个吊杆把沉重的货物吊上岸的。陆战队员们一边抱怨着，一边又找来了一些木跳板，架在驳船与码头坡道之间，然后很容易就把坦克和卡车开到了岸上。

海军陆战队登陆之前，曾派了一支先遣队到了天津，这支先遣队由几名军官组成，任务是保证有足够的住房供这四千名陆战队员住宿。先遣队分别与第十五步兵团的军官、驻天津的外交领事团、天津本地商人以及地方官员进行交涉之后，租下了衙门、仓库、院落、洋行、旅馆以及其他一些空闲的建筑，或者可以迅速腾空且上面有棚顶的空场。先遣队还在码头上选定了登陆和装卸武器军需的地点，并实地勘察了经过天津的街道前往陆战队员各宿营地点的路线。他们的工作非常出色。一切都被他们安排得井井有条，他们的时间表都精确到分了。这些军官当然知道这里没有发生任何战争，但是他们只是非常高兴在一个外国大城市进行一次大规模的登陆演习，而且全身心地投入这次行动。

我们对第四旅携带的军事装备的数量都大为吃惊，包括坦克、野战炮、卡车、民用汽车、大堆的军用物品，最主要的是他们还带来了 20 架飞机。我们第十五步兵团只有拉草料的骡子车。与斯梅德利·巴特勒的海军陆战队相比，我们就像是美国内战时期的军队，高举旗帜、扛着火枪、英勇无畏，这就是我们所拥有的一切。我们回到军营又谈起这件事，心情变得更加郁闷。我们也应该有新式的卡车、坦克、大炮和飞机。我们团里的军官也有点儿生气。有一件事情非常清楚，那就是斯梅德利·巴特勒的军衔比约瑟夫·卡斯特纳的军衔要高，这就意味着，如果爆发战争的话，第十五步兵团就要在海军陆战队的指挥下作战。巴特勒将军世界闻名，他曾经在 1900 年因抗击义和团赢得美国国会颁发的荣誉勋章，他在第一次世界大战中也获得过许多荣誉。他一直认为应当大声地、明确地——实际上他也总是没完没了地——表达自己的观点。

正如我们团的军官们所预料的那样，美国的报刊真的使用大量篇幅，刊登了美国海军陆战队在天津登陆的消息。有些报纸甚至还提到了第十五步兵团在他们之前已经驻扎在天津，而且已经有好多年了。然而，海军的形象更加光彩夺目，报刊上总有他们的消息，显然他们才是救世主。也许是吧，至少战争没有爆发。

驻扎天津的美国海军陆战队盾徽

由于第一批登陆的海军陆战队员在码头上向迪格比·汉德、马丁·劳德和我敬了礼,于是,巴特勒将军的人错把第十五步兵团的士兵当成军官并在大街上向他们敬礼的传言,终于传到了巴特勒将军本人的耳朵里。他听说后大发雷霆并颁布命令,不仅做了一番详细的解释,还多有斥责和威吓的话。正因为如此,所以现在就连我们步兵团的一个少校在大街上遇到海军陆战队的人,也别指望这些海军向他敬礼了。后来,已稍微冷静下来的巴特勒将军重新分析了当时的情况。只要我们第十五步兵团的人穿美军草绿色衬衫,裹着螺旋式的绑腿,还戴着军帽,就不会有人把他错当成军官。可是,一旦他穿上带金纽扣的军上衣、熨烫得笔挺的便裤、白衬衫和黑领带,再戴上黑漆皮鸭舌潘兴帽,那么,除非你有一副好眼力,否则很难看出他还是个士兵。这样,巴特勒将军便提出,既然这群可恶的步兵能够打扮得这样帅,他的海军陆战队也可以办到。于是,他又颁布命令,要尽快将海军陆战队的战斗装改换成第十五步兵团的步兵们所穿的军服式样,也就是说,他们也要穿翻领上衣,军服上的纽扣也要亮、亮、亮。而且,一旦军服迅速从美国运来,他手下的士兵就会穿上海军蓝的军装。那时,他就可以在美国军队面前露两手了。

据说,当时天津所有的裁缝都被强迫参加把海军陆战队的高领军服改为翻领军服的工作。修改的结果相当不令人满意,因为没有足够的布料用来把高领上衣改成合适的翻领。裁缝改成的翻领军服总是太短,许多改过的军服样式明显显得滑稽可笑。天津没有那种镀金的海军服纽扣,所以,巴特勒命令海军士兵们把他们军装上的纽扣的黑漆皮全部刮掉,露出里面的金属,再把金属磨亮。士兵们照着他的话做了,磨光后的纽扣就像留有污点的古币。我们的钢盔抛光后还涂上了一层树脂清漆,而且还在上面镶上了金光闪闪的"Can-Do"（胜任）两个字。海军陆战队员们也不得不刮掉钢盔上那模仿成沙子的伪装层，然后打磨光，再涂上一层清漆。此外，他们还要在钢盔上钻几个眼儿，安上闪闪发光的锚和地球的标志。他们对这些一样都不喜欢，但是他们还得照着做。

接着，就是有关我们的斯普林菲尔德步枪的事了。年复一年，第十五步兵团的战士们一直经常保养他们的斯普林菲尔德枪的枪托表面，打磨、擦拭、磨光并涂抹亚麻籽油，直到把木制枪托搞得像法国枪械大师制造的最讲究的步枪那样漂亮。但是，这些枪托只是在检阅时才使用。我们平常训练、行军、演习和打靶时用的都是普通的、未经过精心打磨的、用结实的胡桃木制作的枪托。

当然，斯普林菲尔德就是斯普林菲尔德，它是目前设计出来的最精确，可能也是外形最好看的军用肩扛武器。可是，如果再为它装上经过精心打磨的、有好看木纹的枪托的话，那么当然就会比只有粗糙的枪托，而且还向外渗润滑油的步枪漂亮多了。

斯梅德利·巴特勒将军到达天津的第二天，前来拜访卡斯特纳准将的时候，我们E连被集合起来组成一支卫队并接受他的检阅。我们在兵营围墙的外面、总司令部正前面的大街上列队站好，当巴特勒同他的副官从他那辆卡迪拉克走出来的时候，我们都举枪向他致敬，我们的上尉也举起军刀向他敬了一个非常潇洒的军礼（步兵团所有军官和军士长在执勤的时候都佩戴军刀）。巴特勒将军也向上尉回了礼，上下打量了一番，对他说："上尉，请允许我检阅你的连队。""很高兴接受您的检阅，长官。"上尉答道。然后，他转向我们大声命令道："持枪立正！分列队形！准备接受检阅！"他以为，巴特勒将军只是顺着队列走一下，匆匆看看而已，我们其实也是这样以为的。但是，当巴特勒走到仪仗队面前时，他真的检查起来。迪格比·汉德是我们当中个子最高的一个，他站在第一班第一排的排头位置。当巴特勒在他面前停下来的时候，迪格比啪的一声举起他的枪，等待检查，又拉回枪栓，等着巴特勒从他面前走过。然而，将军突然从他手中把斯普林菲尔德枪夺了过去，迪格比没有料到，身体明显打了一个趔趄。将军把枪转来转去，仔细看看枪的后膛，又从上到下看了一番枪管，然后几乎是把枪扔回给迪格比。

那天,巴特勒将军穿了一套黑色军服,军服上挂着金穗带,戴着雪白的手套。当他检查完我们的步枪后,他的手套依然是雪白的。天津的空气干燥,所以枪上从来不用涂油,涂上油倒容易沾上尘土。在此之前,曾有许多军官到我们这里来视察,他们大多数都是西点军校的毕业生,这些军官会很内行地猛一下把枪从接受检查的士兵手中准确地抓过去,然后转动步枪,再突然推一下,检查扳机护圈或瞄准器上有没有细小的灰尘,枪膛内有没有微小的污迹。然后,再把枪猛地一下扔回给接受检查的士兵,震得胳膊几乎都要折了。然而,巴特勒将军做得是最标准的。当巴特勒检查完毕时,他的手套依然像刚开始时那样白,这使我们感到很高兴,上尉也是如此。

我们的斯普林菲尔德步枪的枪托吸引了巴特勒将军的注意力。他把约翰·沃尔什那支漂亮的"上岗专用枪"拿在手上握了一会儿,用戴着手套的手指尖擦擦枪的前护木,然后看着约翰问道:"用的是亚麻籽油?""是的,长官,"约翰答道,"要很用力地擦。"我们的上尉的手紧紧攥着他那把军刀的刀柄,手上的关节看上去就像是要被他攥裂了似的,但他什么话也没说。巴特勒将军也没再说什么,只是点了点头,好像很赞赏约翰·沃尔什的补充。

就在那个晚上,第四旅所有使用斯普林菲尔德步枪的海军陆战队员全部投入擦拭枪托,先用一块骨头磨蹭枪托,然后再涂上亚麻籽油,而且旁边还有人不停地提醒他们:"不要舍不得花力气。"战士们十分恼火,我们的斯普林菲尔德步枪在使用上究竟出了什么问题? 这些枪不过就是武器,也不是珠宝。只要枪膛干净,枪栓拉得开就行了,其他的事情难道还有必要吗? 连里的军官们在这一点上也有同感,因此,看来很有必要做些解释。于是很快就有了这样的说法:巴特勒将军检阅第十五步兵团的仪仗队,对仪仗队员那漂亮的枪托印象很深,于是他决定他的海军陆战队员的枪托也要像步兵团的枪托一样漂亮。一个步兵能够做到的事情,海军陆战队员要胜过他们两倍。这一解释更加激怒了海军陆战队员们。他们自认为,只有他们才绝对是能在野战条件下生存、渴望战斗的坚强的作战部队。为了与外表上带有女人味并缺乏力量的部队进行竞争,而去打磨擦亮枪托,这个主意令他们感到厌恶。然而,当时海军陆战队第四旅的战士都清楚,巴特勒将军下达的命令绝非儿戏,每字每句都要执行。于是,天津亚麻籽油的价格一时暴涨。

也就是两三周的时间,海军陆战队员们就都穿上了翻领并带闪亮纽扣的军上衣,钢盔也经过了磨光,涂上了草绿色的清漆。但是,枪托这件事确实难住了他们。第十五步兵团这样保养他们的枪托已经有 16 年的经验了,而且经验证明,每支步枪必须配有两副枪托,一副用于训练,上面因长期刮碰磨损而痕迹斑斑;另一副经过精心擦拭,又用沾了亚麻籽油的破布悉心包裹着,只是在检阅和上岗执勤时使用。如果斯梅德利·巴特勒也命令他的部队每支斯普林菲尔德步枪配备两副枪托的话,那么,即使是美国海军陆战队中他的那些最忠实的崇拜者,也会认为他有些莫名其妙了。

在海军陆战队全部登陆并驻扎下来之后,便逐渐形成了一个既成事实——而且还因此彼此产生了怨恨——在服装、训练和军队仪表的时尚等方面,他们要同第十五步兵团长期展开竞争。这样一来就造成了明显的现实:这两支部队之间再不会建立什么友好的关系。在海军陆战队长期显赫的军事生涯中,无论在其他任何地方登陆——无论是蒙特祖马(Montezuma)的神殿,还是的黎波里的海岸①——他们一登陆就可以称王称霸,因为无论是在前者的神殿还是后者的海岸,都没有任何军队能够在任何方面可与他们相媲美。在那些地方,等待陆战队的只有他们的敌人,一到目的地就会立即投入战斗,以完成作战任务。

然而,在天津这个既复杂又令人迷惑和富有魅力的中国大都市,已经驻扎着一支部队,而且已经驻扎了很长时间了。实际上,这支部队已经是天津的常住者,与戈登堂、跑马场或是横滨正金银行一样,成了这个城市的一个组成部分,一个特色。在很大程度上,由于这些海军陆战队在天津登陆以后就没有任何仗可打,所以他们没有别的事情可做,只能擦拭步枪、训练,以便力争看上去与令他们讨厌的步兵团士兵一样整洁利落。步兵团士兵则整天在衙门和货栈周围闲逛,看着海军陆战队员们辛苦地工作。确实,海军陆战队有坦克,也有卡车拖拽大炮,还有 20 架飞机停在天津城外的跑道上。他们是一支有效的战斗力量,将作为一支伟大的先锋作战部队出现在第二次世

---

① 这是美国海军陆战队军歌的第一句歌词,前半句是指美墨战争中的查普特提战役(Battle of Chapultepec),后半句指的是第一次伯伯里战争(First Barbary War)。——译者

界大战的战场上，但是在天津，他们无仗可打。当他们倒马桶的时候，当他们奉命在大街上训练的时候，当他们从停泊在海河的驳船上卸下武器弹药的时候，总会有一个穿着整齐优雅、佩戴着"Can-Do"臂章的步兵团的士兵站在旁边看着他们。有时，他们甚至不是站着，而是坐在人力车里看着他们。

美国海军陆战队在天津

两支部队之间没有任何友情。最初，双方也做出过努力促进友好往来。我们曾经三三两两地邀请他们到我们的食堂来吃饭。但是，由于我们的食堂比他们的食堂的饮食要好得多，对于他们来说，来我们这里吃饭就像是苏格兰皇家卫队的布鲁斯·弗格森享受的待遇一样，于是，他们开始讨厌自己的食堂，总盼望着到我们这里来吃饭。最后，我们步兵团不得不颁发命令，不许再邀请海军陆战队员到我们的食堂来吃饭了。但是，并没有补充命令，禁止我们与海军陆战队员一起吃饭，也完全没有那个必要。他们是一个自助餐厅式的大食堂，大家拿着餐具排队等候，每个人都会得到满满的一铲子炖菜或豆子。我们在连队的食堂，是坐在铺着桌布的餐桌前，等着食堂雇用的苦力为我们端上用中国式的餐具盛着的饭菜。而且我们吃的饭菜，起码是自从安东·弗里奇斯担任伙食军士长以来，可以说不比法国远洋班轮上的菜肴逊色。

海军陆战队员们成群结伙地到我们兵营周围的那些小酒吧里喝酒。这些温馨、舒适的小酒吧已经为我们第十五步兵团的士兵们服务了16年了，而且对守信用的顾客可以赊账。天晓得，我们喝酒的时候可能也说一些粗话，或大声喧哗，但是我们已经习惯于——至少我们中的大多数人是这样——享受啤酒、杜松子酒、红酒和伏特加酒本身给我们带来的享受。我们认为，打架会破坏晚上静静地享用美酒的气氛，而海军陆战队却不是这样。他们刚刚摆脱禁酒的国家，就好像每个人都要立即投身喝酒的任务中，誓将中国的酒都喝光。然而，这是根本做不到的，许多第十五步兵团的人过去都曾试过，但都失败了。

这些海军陆战队员进入我们这里的小酒吧就会闹腾一番，他们一般都是十几个人成群结队，看见什么点什么，大呼小叫的，酒刚一上桌就洒得满地都是，然后就会找茬儿打架，要么他们之间打架，要么同我们的人打架。当然，他们也免不了与店家因价钱大吵一番。经营这些酒吧的老板有些是尊贵的中国人，有些是白俄女人，有些是日本人，还有一些是欧洲人。例如一对瑞士老夫妻就在这里开了一家"日内瓦咖啡酒吧"。最初，这些酒吧老板对于突然来了这么多顾客都非常欢迎，但是终于有一天，他们开始商量如何堵住酒吧的门口了。

我们步兵团的宪兵数量很少，他们的主要任务是在营房门口站岗，给来访者指路，以及检查苦力们离开美国兵营时可能携带的包裹。有两个宪兵每天晚上快到午夜的时候要到各酒吧转一圈，提醒那些喜欢饮酒作乐的人，查铺的时间就要到了，而这就是宪兵们所承担的全部任务。有时，他们会拘押一个喝醉酒的士兵，不过，这样的事情一个月也就发生一两次罢了。而海军陆战队则把他们的宪兵一队队地派到天津的大街上，他们的确需要这样做。这些宪兵队大多数被派到我们的营房附近转来转去，其他的宪兵队则一直在法租界的妓院区执勤。这些宪兵队都是全天执勤，别忘了，他们有四千人驻在天津。

以往，我们可以在营房周围的酒吧平静安全地自在逍遥，可是现在，那里再也没有平静了，甚至连一点儿安全感都没有了。那里只有一群群的海军陆战队士兵，恨不能把我们酒吧的酒都喝干，然后就和我们打架，或者他们之间已经打起来了，再加上他们的宪兵队挥动着警棍，吹着口哨。"上帝呀，"小个子卡尔霍恩·肖说道，"我宁愿让那些奉天骑兵在这个城市里横行霸道，也不愿意看着这些畜生在这里这么猖獗。"

这种状况不能再继续下去，也的确没有继续下去。维多利亚道上的一家冰激凌店里发生了一场争斗，竟然导致事情发展到危急关头。那天正好是发军饷的日子，海军陆战队和第十五步兵团的一些士兵都聚到了那家冰激凌店。先是相互之间辱骂对方某人的妻子或女友，接着双方突然大打出手，并涌到大街上打起了群架。一时间，好像大部分中心街区都陷入混战，至少附近所有的军人都参与了殴斗。斯梅德利·巴特勒向他的军队发出了集合令，双方的宪兵队都把各自的人召回自己的营房。事情虽然还没有结束，但却是在向好的方向发展，好的甚至连我们自己都不敢相信了。巴特勒将军等他的人都回到海军陆战队的兵营后，登上营房的一个拳击台，然后说道："伙计们，你们不准他们侮辱我们的女人，这值得赞扬，但是你们的报复行动已经使无辜的人受到了伤害。为了保证这场冲突能够结束，我要你们在这里集合，并一直待在这里，直到明天早晨接到命令出去训练。现在，我就去和步兵团的指挥官商量出一个合适的解决方法，保证再也不会有类似情况发生。如果他们再出现这样的事情，我会亲自带着你们去消灭第十五步兵团。"

毫无疑问，任何人都不会怀疑他能消灭第十五步兵团，因为他指挥着四千人，而步兵团指挥官的手下只有不到九百人。

不管怎样，双方随后还是达成了一致的意见，第十五步兵团营房周围地区禁止海军陆战队员进入，而且这一禁令要全面地执行。但是，设立禁区并非意味着会导致海军陆战队对第十五步兵团的报复。天津是我们的城市，我们仍然可以想去哪儿就去哪儿。酒馆儿和妓院如雨后春笋般在海军陆战队驻地附近出现，而且就像我们所想象的，他们的生意的确非常兴隆。禁止跨入的界线设立以后，我们再也看不到成群的海军陆战队员了。和平重新降临我们营房周围的街道，对于我们来说，这就足够了。现在，我们可以在维多利亚道上行走，再不必为保卫自己的生命而战斗了。

巴特勒将军总是好消息的标志，而此时中国的局势也确实很好。他在美国驻天津领事馆召开了他的第一次记者招待会，向所有的美国和外国记者发表谈话，内容涉及华北的局势。据说——也许是虚构的，但听起来却像是真的一样——巴特勒将军在记者会上说："我们来到这里是为了保护外国在中国的利益，而且时刻准备着为此而战。如果我们不得不开战的话，我可以向你们保证，这里的大街小巷将会血流成河。"据说，当时美国驻天津总领事、后来曾任美国驻华大使的克拉伦斯·高斯（Clarence Gauss）不得不使出他全身的外交才能——这方面他是个能力极强的人——来说服新闻记者答应删去将军的这段话。

从那以后，除了海军陆战队同第十五步兵团发生的那场冲突以外，天津再没有发生过任何争斗。双方只是在篮球场、棒球场和拳击场上进行过温和的运动之争，还在足球场上进行过一次比赛。海军陆战队赢得了全部的比赛。

在北京、天津到山海关这个地区，也没有发生过任何战争。蒋介石在摆脱了与共产党的关系，同时解除了与他的两位苏联顾问加仑(Galen)和鲍罗庭(Borodin)之间的联系之后，将少帅张学良和其他东北军将领都争取到他的一边。所有人都宣布要效忠于南京，即当时蒋的首都，同时也爆发了针对中国共产党的零星战役。中国红军当时只是一支打游击战的农民武装。蒋介石的国军步步紧逼，到处围剿他们。在1934—1935年间，红军在毛泽东的领导下，开始了向西北地区的长征，并在陕西省一片荒芜的土地上建立了根据地。1936年，蒋介石与张学良在西安会面，张学良绑架了蒋介石，并扣押他直到他同意结束对付共产党的内战，转而推动反对早已通过战争占领了满洲地区的日本人的斗争。此时，时间已晚，日本人已经选定了他们的傀儡，这就是中国清朝末代皇帝溥仪。

日本人与中国国民党之间的战争在1937年7月7日正式爆发。此后不到一年，第十五步兵团就接到了回国的命令，因为在天津的状况已经难以维持下去了。步兵团目睹了军阀之间长达二十五年的争斗，如今结束了。中国真正痛苦的时代开始了。

二、秦皇岛

1. 昔日的营地生活

在1926年，第十五步兵团觉得需要一个配备有永久性设施和靶场的正式的夏季营地，以便在天津的简直无法忍受的炎热季节使用。一个位于北直隶湾，距离秦皇岛海滨三英里的地方被选中了。从秦皇岛沿铁路到天津的距离为80英里，到长城的起点山海关为25英里。这处营地的选定得到了开滦矿务局的支持。开滦矿务局当时是一家英比中大联合公司,在唐山挖掘煤炭向海外出口,公司拥有自己的铁路、自己的运煤船队、自己的警察,几乎是一个独立王国。赫伯特·胡佛(Herbert Hoover)在义和团暴乱后曾经协助该公司做规划和开发。秦皇岛码头是开滦矿务局王冠上独有的宝石。它能够停泊深水船舶,是开滦矿务局运煤船队的母港,也是美国船只运送第十五步兵团官兵到达或离开中国的码头。在军阀最易于发动战争的整个夏天,与码头咫尺之隔的地方有一营美国士兵驻扎,这让开滦矿务局高兴不已。(冬季海湾冰冻,军阀们也斗志全无。)于是,步兵团便欣然获得了在开滦矿务局沿海沙地上建立营地的权利。

在这之前,步兵团有一个营地在南大寺,但是那里的河滩与秦皇岛的海滩无法相比,也缺乏理想夏季营地的其他必要条件,所以移到秦皇岛建立营地受到所有人的欢迎。营地建成了拥有 30 个靶位的靶场,射击线有 200、300、500、600 和 1000 码,还有用于手枪和斯托克迫击炮以及 27 毫米榴弹炮打靶的辅助靶场,以及用于勃朗宁重机枪的专用靶场。

营地铺设了连队街,街道中间是砖砌的步行道,连队食堂大厅是木制建筑。营地竖起了一根旗杆,在它的旁边是作为司令部的一座木房子。军官俱乐部——一座漂亮的石头建筑——是军官区的中心。宿舍区的建筑则是部分用木材、部分用帆布和高粱秸编织的席建造而成。营地全部都是沙地,当晚上月亮从海湾升起,一时照得海湾一片金黄。

从营地向北,你能看到中国的长城,长城从山海关离海登陆开始向西伸延长达 1500 英里,形如巨蛇蜿蜒在燕山山脉上。秦皇岛围有城墙,那是第十五步兵团营地的边界。京奉线的秦皇岛车站整洁美观,干干净净,非常安静。沿着海湾分布着三三两两的小渔村。马丁·劳德和我时常在傍晚爬上沙丘四处眺望。我们感到很奇怪,这片如此美好的土地,若干世纪以来竟被一次次的战争强加蹂躏。

我们这些士兵住在金字塔形的军用帆布大帐篷里。帐篷用一根木杆撑起,顶上是可开闭的通风口,四边可以卷起,整座帐篷固定在窄条的木架子上。我们睡在行军床上,每张床都有床垫、枕头、床单、枕套和蚊帐。连队苦力每天早晨把床叠起,并使帐篷保持整洁有序。

一座值班帐篷用于军士长做文案工作并作为连队指挥官办公室;一座后勤帐篷供后勤中士和连队技师睡觉,同时存放弹药;还有一座理发帐篷配备两把理发椅,每天早晨连队成员在那里理发。一名学徒先打上肥皂,两位理发匠再用剃刀剃发。他们能在很短时间内为全连的人剃发,剪发则只能在下午。

有四座帐篷专供苦力住宿,包括一号和二号使役、理发匠、食堂苦力以及班级苦力等。如同我们回到天津兵营的惯例,在这里的夏季营地,食堂苦力负责做饭和帮厨;班级苦力负责擦鞋、擦拭纽扣,为我们的水壶装满凉开水和负责营地周围的杂务,诸如运送物品、清扫连队街道。我们所要做的就是吃饭、游泳以及在靶场射击,晚上在营地后面的詹博恩·查理(Jawbone Charlie)棚里喝啤酒。我们大约一周有一次轮班站岗。起床号在早晨4点30分吹响,晚上9点熄灯。营地活动中午通常会停止,几乎每天下午去游泳前都要午休。

早在1902年,当时第十五步兵团从菲律宾调回加利福尼亚州的蒙特雷(Monterey),一位名叫汤森·惠伦(Townsend Whelen)的年轻中尉被派来步兵团服役。他对步枪射击很有自己的独到想法,他把他的想法应用到了第十五步兵团的射击训练中。他自己也是部队中数一数二的射手,他的建议被采纳了。那个时候,步兵使用的武器是点30—40口径的卡拉格步枪(Krag),一种5发栓式手动弹仓步枪,它替代了单发的点45口径后装式斯普林菲尔德步枪,而后者则是替换了第十五步兵团在美国内战时使用的点57口径前膛式斯普林菲尔德步枪。那时,这种点30—40口径卡拉格步枪从未能用于远距离射击,直到汤森·惠伦开始充分开发了这种功能。起初,射击1000码以外目标的想法似乎是可笑的,但是对惠伦来说并不是这样的。他认为,这只是准确地校正准星、准确地风向调整和正确的握枪以及扣扳机等问题,卡拉格步枪完全能够胜任。于是,他把他的想法严格运用在蒙特雷第十五步兵团精选出来的由他指挥的步兵班的训练中,后来他们轻而易举地获得了在新泽西州的西格特(Sea Girt)举行的全国比赛的冠军,射击千码也不再是军官们的臆想了。

这样一来,第十五步兵团变成了惠伦口中的"了不起的射击团"。这也就一直成为在秦皇岛游逛、清闲的夏季日子里屈指可数要干的事情:步枪射击。艾萨克·纽厄尔上校是我在第十五步兵团服役期间的团指挥官,他特别坚持步枪射击训练。"当一名步兵进入战斗,"他在数次关于这个问题的演讲中都指出,"他所能携带的一个进攻的工具,一个防御的工具,就是他的斯普林菲尔德步枪。每一名步兵的能力,最终的检验标准就是他对武器的掌握能力。如果他不能击中目标,他就不是一名合格的战士。无论对他自己,对他的战友,对他的长官,都称不上是好的战士。最好的办法就是他不要去那里。但是,一名步兵能够做到指哪打哪,令出枪响毙敌,那他就能使自己获得安全,使战友得到保护,使长官心悦诚服。"

秦皇岛营地的生活规则是很宽松的。训练服是指定的服装,轻柔水洗的蓝色或褐色粗斜纹布装,你可以随意混穿或搭配穿。你可以戴宽边毡帽、训练帽、船形帽或者光头。"Maskee 军装。"军士们总是这样说。Maskee 是任何语言中最神奇的词,它的意思大致是"随意"。

早晨4点半,起床号吹响。每个士兵都有自己的洗脸盆,连队苦力会把冒着热气的热水桶放在帐篷前的洗手台上。年轻人们穿着白色短裤睡意未消地涌了出来,手里拿着脸盆,还有毛巾和牙刷。此前在晨曦中还空无一人的连队街,一下子挤满了皮肤晒得黝黑的青年人,一边打着哈欠一边洗浴。理发匠紧张地忙碌着,守在他们的理发椅旁等人理发。他们必须在早饭前为整个连队的人剃头。

夏季营地的早餐比天津兵营还要丰富,牛排和鸡蛋、火腿和鸡蛋、培根和鸡蛋、烤饼和鸡蛋、烤面包、果酱,有时还有炸鸡。而且每天都有大盘炸土豆和大罐的咖啡。我们用碗喝咖啡,就像中国人喝茶那样。然后就会组成不同的分队,有的去射击位,有的去靶坑拉靶。当我们出发时太阳几乎还没有升起来。去射击位的人要带着他们的斯普林菲尔德步枪、通条、射击服和记分册以及子弹和子弹带。去靶坑的一组则除了水壶之外什么也不带。

靶坑仅仅是从名字上的称呼。在射击方向大约 300 码外有一座木台，位于一堵 8 英尺高的石墙后面，石墙面对射击场一面堆积着沙子，沙子上有草皮覆盖。靶坑组的成员待在子弹不可能穿透的石墙后面很安全，他们坐在凳子上，上下拉拽靶子，记录射击成绩并将靶子上的弹孔用纸贴上，同时向外观望着北直隶湾。靶子安在像窗户框的框子里，也像窗户一样可以上下活动，后面的靶子与前面的靶子相互对称。靶子是用 6 英尺见方的厚纸贴在厚厚的麻布上，再钉在窄边的木框上。这些靶子只能使用不长的一段时间，优秀的射手会不断射中靶心直到弹孔贴纸无法再往上粘为止，差的射手会击中木框，将框架击裂，最终导致支撑不住。两个人举着靶子的两边，一起上下推拉靶子，然后分别完成记录成绩和粘贴弹孔。负责靶坑的军官吹哨指挥，举红旗的卫兵监视着海湾。当有中国渔船驶到靶坑的后面时，哨子吹响，红旗摇动，靶子随之降下，这时就会停止射击，直到渔船驶出靶场范围。

在靶坑的工作很是惬意。我们首先去靶房取当天用的靶子，圆心靶用于慢射，人形靶用于速射。我们将靶子带到靶坑安装在架子上，军官检查后打电话给射击位说一切准备就绪，然后等射击位那边同样准备停当，就会下达命令"举靶"，我们几乎同时将靶子举向平台的上方，30 个靶子突然一起出现，每个靶子都位于固定在铺有草皮的护堤上的识别数字上方。在射击位那边，也会下达命令"开始射击"。斯普林菲尔德步枪开始噼啪作响。

点 30‑06 步枪子弹伴随着刺耳的爆炸声离开带有强烈后坐力的枪口，尖叫着穿过靶场，射向用纸和粗麻布做成的靶子。当子弹射中靶子时发出砰的一声巨响，好像击中了一个动物或人。有时候，差的射手会击中路堤裸露的石头，子弹会反弹到空中，那种尖厉的噪音无法用文字描述，但听上去像受伤的报丧女妖(banshee)①。

坐在那里看着子弹射入靶子很有意思。当然你无法实际看到子弹，但是你能看到弹孔出现。慢射时，"砰砰"声中间有很长的停顿；而速射时，"砰砰"声既快又有节奏。你总是能分辨出射击能手或神枪手的射击。他的第

---

① 报丧女妖(banshee)，爱尔兰民间传说中通过哀嚎警告家中将有人死亡的女妖。——译者

一发可能打到靶边空白处,距离靶心 1 英尺。你在弹孔贴上黑色标示,把靶子举上去,并在相应的手动盘记下射击成绩,然后坐下等待。当步枪手回到射击位——可能有 600 或 1000 码远——翻阅记分本和校正瞄准器,会有一段间隔。然后,砰的一声,下一枪就会精确命中黑心。在速射时,只有一组十发射完后才会进行标靶,你可以通过弹孔的分布来分辨出高手或神枪手。一个真正的神枪手能够把他的弹着点控制在很小的范围内,一顶宽边毡帽就可以覆盖;而糟糕的射手弹着点四散,一顶撑开的小帐篷都无法覆盖。

有一次,比尔·塔特尔任靶坑指挥官,他就站在马丁·劳德和我的旁边观看射击。这是 500 码速射,射手卧姿在 60 秒内打完 10 发。他开始用一个五发弹夹射击,当第一轮子弹打光后必须重新装填弹夹。他无法决定他的靶子的停留时间,因为靶子按照靶坑指挥官发出的信号升起,60 秒过后还是依照指挥官发出的信号降下。在靶子升起前,靶坑的令旗要猛地摇动 3 秒,这是给所有在射击线上的射手们发出的警示。

我们绝不会知道那个早晨我们的靶子 500 码外的射手是谁。但是,他开始的五发弹着点形成了一个漂亮的、紧凑的圆形,只是刚好位于人形靶黑心的下方。每一发只能得四分。比尔认真地看着靶子上子弹穿过的地方。"他的瞄准器设定的有些低了,"比尔说,"等他装上新弹夹,把靶子悄悄向下调 5 英寸,让我们助他打几发靶心。"于是,在射手装弹的短暂间隔,我们把靶子下移了一点。当然,这在射击线那边是完全感觉不到的,但是他接下去的五枪"砰砰砰"全都直中黑靶心。"纽厄尔上校如果知道我所做的这些,一定会把我送上军事法庭的。"比尔温和又小心翼翼地说道。

早晨 8 点半左右,苦力们会从连队食堂给我们提来满篮子的食物,靶场上和靶坑里的人们都开始午餐和午休。那时,我们常常已经饿得半死,因为我们是 5 点钟吃的早餐。我们就像贪吃的饿狼把苦力们送来的东西全都吃进肚子里。一些连队食堂的伙食军士们借着早午餐的时机来打发他的残羹冷炙,他们知道人们会把摆在他们面前的任何东西都一起吃掉。因此也就有了一些极端的例子,当连队食堂经费正好减少时,人们可能会只得到两片面包夹着一片抹着蛋黄酱的蔬菜做成的三明治。怨声载道,令人心碎,可三明治还是会马上吃进肚子里。然而在 E 连,这种情况从未发生过。我们的伙食军士先是弗里奇斯,他的继任者是加托卡(Gatowka),他们都是外国出生的人,弗里奇斯来自德国,加托卡来自芬兰。他们都来自农业社会,那里的人们黎明前就要起床去地里干活,那里的人们一天通常要吃五次饭。两个人都完全赞同吃早午餐,即使这对他们而言意味着额外的工作。弗里奇斯认为这应该有更多的花样:炸面圈、馅饼、蛋糕、果馅饼,等等。加托卡觉得应该更实惠:大量的炸鱼和黄油面包是他的特色。两个人都认为茶是早晨最理想的饮料,红茶,冒着热气,不加糖。8点半或9点哨声响起,我们这些在靶坑的人就会快速冲向海边用海湾的水洗净脏乎乎的手,然后跑回来领到大大的一份美食,弗里奇斯的蛋糕和果馅饼,或者是加托卡的炸鱼,还有满满的一杯滚烫的茶。

有一次,后来在二战中以"弯背船(Swayback Maru)"而成名的美国巡洋舰"马布尔黑德号"(Marblehead)的一些水兵和我们共用靶坑。"马布尔黑德号"停靠在开滦矿务局的码头,舰长决定给他的水兵们多一些实弹练习的机会。他们乘坐漂亮的汽艇在我们营地的下方海滩上岸,我们把靶场交给他们几天,直到军舰上的全部成员都获得射击训练的机会。在靶坑里,我们站在他们旁边向他们演示如何操作靶子,在射击位那边教他们怎么使用斯普林菲尔德步枪。像往常一样,早晨8点半,我们的食堂苦力送来了午餐。那天加托卡是伙食军士,午餐是炸鱼和玉米面包。鱼是仅仅一两个小时前由每天在海湾捕鱼的中国渔民从海里打捞来的。回到食堂,加托卡自言自语:"我想那些该死的水兵也要吃。"他又额外送来了面包和鱼。我们的苦力走到射击位,把食物同样地送给我们的士兵和海军水兵。"怎么搞的?"坐在迪格比·汉德和我旁边的海军士官惊讶地问道。"日常的早上加餐,"迪格比解释说,"拿上吃吧。在这里就要吃,不要只是坐在那里看着。"

"加餐?"海军士官说,"你的意思是他们给你们送过来的。"

"是的,长官,你看到他们了,不是吗?"迪格比说,"陆军的事情和在海上是不一样的。你看到了,他们让我们在这儿的第十五步兵团操练得如此辛苦,所以他们给我们加餐以保持我们的体力。"

"操练,见鬼,"海军士官说,"我看到你们所做的就是无所事事、吃饭和被伺候着。"

"我们报名参军,军人的工作才是我们所要做的,"迪格比说,"我们还专门找了一个家伙为我们修剪脚趾甲,你知道吗。"

"我毫不怀疑,小伙子,我估计你们也要专门找人为你们刷牙。"

"我们一直在努力,长官,我们一直在努力。"

那天下午,在射击位上,士官看着迪格比·汉德应海军的要求展示无依托立射的一两个要点。6英尺2英寸的高个子站在那里,把步枪的背带紧紧缠在左胳膊上,枪托压在右肩上,双脚分开,步枪放低,身体一直保持柔韧的固定姿势,以最快的速度扣动扳机连发五枪,击中200码外的靶心。"这就是加餐给我们带来的结果,"迪格比对那位费了九牛二虎之力才射中靶子的边缘,离射中靶心还相差很远的海军士官解释道,"晚上还有加餐和啤酒。"

"别忘了无所事事和衣食住行都让人伺候。"海军嘲讽道。

"我从未忘记,"迪格比说,"要不是我不得不来给你们这些泥鸭子演示如何射击的话,我在这儿每天下午都会有三个小时的午休。"

秦皇岛的夏季营地到9月末结束,然后返回天津军营。留下守卫营地度过漫长的西伯利亚式冬天的是由21名士兵、1名军士、3名下士和1名中尉组成的小分队。两个食堂糊上焦油纸抵御寒冬作为营房,行军床和鞋柜代替了餐桌。安装了很大的烧煤取暖炉。每个人都发了皮帽子、羊皮大衣和毛毡套鞋。一切准备工作都是为了保证温暖舒适和食宿无忧,以便用最少的人力守卫营地、装备和储备物资。中尉住在军官街旁边的石房子里,夏季时石房子供指挥官使用。那是一座不平常的建筑，里面有卫生间、浴缸、壁炉，等等。

在秋季结冰和下雪之前，那里有一段细雨连绵的时期，有数量多得惊人的迁徙水禽在那个地区停留。卡斯特纳将军的主要爱好除了远足就是打猎，他觉得自己要在天津的司令部里度过这个无聊的秋天，于是考虑候鸟们是否已经开始飞抵秦皇岛营地旁边的湿地。

他的一名副官奉命到连队查看一下是否有营地冬季执勤分队的人恰好在军营里。正好在E连有一名分队成员二等兵祖戈尔斯基（Zorgaleski），他是来天津拔牙，正要乘坐晚上的火车离开。

副官找到祖戈尔斯基，告诉他穿上规范的军装向将军报告水禽的情况。"天啊，长官，"祖戈尔斯基说，"我对打猎一窍不通。我们整天忙着钉东西，平常只是下下棋什么的。我不知道该说什么好。"

"好了，马上想一些过来告诉将军。"副官严厉地说了一句，然后就走了。

祖戈尔斯基慢慢地穿上他的军服，手一直在发抖。"我一点也不知道那些该死的鸟。"他一直嘟囔着。

马丁·劳德很同情他："听我说，伙计，非常简单。你就告诉将军雪雁飞来了，还有很多黑雁和它们在一起。告诉将军在营地以东的那片棋盘林里到处是山鹬。告诉他河边沼泽里有杓鹬，还有斑背潜鸭。给他讲些诸如此类的东西，这是他想要听的。"

"是呀，但是天哪，马丁，假如他去了那里看不到这些，他会枪毙我的。"

"哎，那里总应该有一些鸭子。那里一直有的。如果那里没有黑雁或杓鹬，你可以告诉他它们飞走了。"

"但是我分不清黑雁和走鹃。"

"你当然分不清，但是将军知道。"

指挥室打来电话："祖戈尔斯基，马上去向将军报告。"

"天哪，"祖戈尔斯基说，"快点帮我把鸟的名字写下来，好不好，马丁？"

马丁帮他写了。"只要告诉将军，是在副官告诉你需要什么才匆匆记下来的就行。"

"你觉得他会相信我？"

"他当然会相信你。你有一张很值得信赖的脸。现在跑步去那里,注意你的举止。"

祖戈尔斯基去了,半个小时后他回来了。

"好了,怎么样?"马丁问他。

"一切还好,我想。"

"一切还好是什么意思?"

"好了,将军今晚将会和我乘坐同一班火车去营地,他想要我到那里后给他当向导。你写下的诸如山鹬之类的勾起了他的兴趣。"

"嗯,"劳德说,"这是你的热情迸发的结果。祝你好运,祖戈尔,现在你是将军的持枪者。"

"我宁愿不是,我的上帝。"

他走后,我说:"看看你,马丁,为什么你让他告诉将军那里有山鹬? 你平生从未见过一只山鹬,这你知道的。"

"我也从未看见过黑雁和斑背潜鸭,"劳德说,"但是有森林的地方就应该有山鹬。既然这样,但愿那里会有。今晚我要为祖戈尔斯基做一会儿小小的祈祷。"

大约过了一个星期,我们的连队指挥官收到一份来自将军办公室的公报。马丁·劳德在内务值班时看到了那份公报,他趁机在深夜所有人还都在睡觉时偷偷看了上尉的函件。

公报说:"总指挥官命令我通知你,他认为二等兵奥莱格·祖戈尔斯基(Oleg Zorgaleski)具备一等兵的才干,他命令立刻予以提升。将军很高兴地欣赏二等兵祖戈尔斯基在军事上的表现以及他敏锐的观察力,特别是在有关候鸟的迁徙地方面。将军期望一等兵祖戈尔斯基在将军下一次前往第十五步兵团秦皇岛营地打猎时能担任警卫。"

"那儿的树林里一定真的到处是山鹬。"马丁·劳德说。

2. 午夜爬行者

1927 年 7 月初的一个早上,四个睡在我前面帐篷的士兵醒来发现鞋子丢了。他们认为这是在开玩笑,但他们没有笑。他们先是愤怒地彼此指责,然后一致同意住在其他帐篷的人也应有责任,于是他们决定立刻挨个帐篷彻底搜查。

很快,我的帐篷中那美好的清晨懒洋洋的气氛就被突然闯进来的四个邻居打破了。他们开始翻找我们的行军背袋,随意乱扔我们的东西,查看我们的行军床下。这四个浑身晒成古铜色、肌肉发达的年轻人,仅仅穿着短裤。"怎么回事?"马丁·劳德问道。"有人偷了我们的鞋子,"其中一个人愤怒地说道,"我们找到他,一定砍掉他的脑袋。"他们又闯进旁边的帐篷,不一会儿,他们就把整个 E 连搞得一片混乱。

沿着连队街,我们都能听到其他被冒犯的帐篷居民的诅咒和尖叫。马丁·劳德、迪格比·汉德、小个子卡尔霍恩·肖和我一起到帐篷外面看看发生了什么。人们开始拳脚相加。所有这些都是以前从未出现过的,因为夏季营地通常就是一片田园诗般的景象。E 连的成员希望以他们习惯的方式起床,用新鲜冰凉的水沐浴,由连队的理发匠剃头,吃上一大份牛排加鸡蛋的早餐,然后去靶场按照步兵教程的要点练习射击。训练完成后,士兵们便赶忙跑到海边,在海湾清澈的海水中洗个澡;回到营地,他们会享受一顿丰盛的炸鸡午餐,然后睡个午觉。最后到了晚上,他们会散步去詹博恩·查理的棚子里喝上一通清爽的德国啤酒。

然而那个早晨,情况很快变得很糟,以至于消瘦强壮的军士长特纳不得不发出了警告。他军服袖子上有六道斜杠①,还有他在一次世界大战期间获得的两枚负伤臂章(wound stripe)。他沿着连队街大步走着,用在军队历史上军士长惯用的严厉腔调训斥着:"这儿究竟发生了什么鬼名堂?"因为当时每个人都很困惑,所以解释了半天才让特纳明白是四双鞋子丢失了。"好吧,"特纳说,"每个人都回到自己的帐篷里,除了你、你、你和你。"他随意指定了四个人。"现在,我们将对这个连队的每双鞋子进行实际检查,当我们查明真相时,我会宰了那个偷鞋的小子。"

我们回到自己的帐篷里。特纳和他的检查员像一阵飓风一样走进每座

---

① 斜杠(hash mark)是美军军服左袖上表示士兵服役年数的军役袖章,每杠表示服役三年或四年。——译者

帐篷,把帐篷里的所有鞋子都扔到连队街上。然后,特纳让连队里的每个人都从一大堆鞋里挑出自己的鞋子。我们每个人的衣服都有编号,这个编号也印在我们鞋舌的里侧,所以确认鞋的主人不是很难。但是,当所有人都认领了鞋子,结果却表明,有十二双鞋子丢失了,而不仅仅是四双。

"收拾好你们的帐篷去吃早饭,"特纳用袖子擦了擦脸说,"我必须把这种情况上报连队指挥官。"

E连的指挥官是西点军校的毕业生,一位精明能干的中尉,他有一个绰号叫"菲利克斯猫"(Felix the Cat)①(他是第十五步兵团众多在二战后变为将军的军官之一)。当连队的人员在吃早餐和神秘地窃窃私语时,"菲利克斯猫"和特纳则坐在军官帐篷里调查情况。他们推测是哪个士兵偷的,还是某个军营苦力偷的,或者某个营地外面的中国人偷的。情况逐渐明朗。"菲利克斯猫"和特纳认定士兵是最大的嫌疑犯。离发薪日还有八天,某个缺钱的士兵,甚至是士官,很有可能偷了鞋子想私下和詹博恩·查理换啤酒喝。实际上,他很有可能在昨晚之前就已经干了,因为没有人知道鞋子丢失的确切时间。

于是,早餐还没有结束,军士长特纳就来到我们的食堂,又随意挑选了另外三个士兵和我出来执行任务。我们的任务就是陪同"菲利克斯猫"去詹博恩·查理的棚子里去搜查鞋子。詹博恩·查理的棚子是用席子和木杆搭起的棚屋,里面摆着桌子和凳子,正好位于营地后面。棚子的后面有一个当作库房的单坡顶小棚子,查理用来堆放啤酒箱和冰镇啤酒。里面还铺着一个草垫子供他睡觉。

"我这里没有用鞋子换啤酒喝的,"面对"菲利克斯猫"的询问,查理愤怒地说,"你检查吧。"

"这正是我们想干的。""菲利克斯猫"说。这时,他注意到在小棚子后面有用沙子和席子覆盖的土堆。"那是什么?"他问道。

"是冰。"查理说。他走过去掀起一片席子,露出看上去像是泥块的东西。"看,是冰。"他说。在华北这一地区,冰是冬天从池塘切割出来,然后堆

---

① 菲利克斯猫(Felix the Cat)是美国20世纪前期最受欢迎的动画角色。——译者

放成大冰堆,用一层层的沙子、稻草和席子苦盖贮存。如果从一开始就把大量的冰堆放在一起,这个冰堆就可以一直保存度过整个夏天。随着夏天一天天过去,冰块也渐渐地变成了一堆泥。

在棚子里什么也没有找到,"菲利克斯猫"也就放弃了。不过,他还是警告查理,任何用鞋子或其他可兑换的军队用品换啤酒的交易,都将意味着查理与营地之间的任何啤酒生意从此终结。查理神情严肃地点头表示同意。然后,他把我们带回到桌子旁,摆上五瓶上好的冰镇施巴滕啤酒(Spatenbräu),说道:"免费。"这是在营地生活期间,我和其他士兵第一次和一位军官一起喝酒。

"菲利克斯猫"不会因为丢了几双鞋子就降低连队的效率或干扰到训练计划。那天早晨,他随后就打电报给天津步兵团指挥部,请求再送一批鞋子来。然后,他让我们这些有多余鞋子的人把鞋子给丢失鞋子的人穿。仅仅比计划日程晚了两小时,他就带领连队前往靶场,以班为单位,开始步兵主要射击科目训练。

然而,我们那天下午没有午休。为了惩戒我们丢了鞋子,"菲利克斯猫"命令我们在午餐后穿上香港卡其布军装,让士官带领我们进行了两个小时的密集队形操练。我们在松软的沙地上分班右转、右转分班之类的,而营里其他连队正准备在凉爽的帐篷中睡觉,他们激烈反对我们的士官发出的暴怒的吼声,却又显得无可奈何。

那天晚上再没有人去查理的棚子。"菲利克斯猫"认定窃贼可能再次光临,他在连队街道的每一个街口都安排了一名哨兵,然后命令其余的人待在帐篷里直到明天早晨起床号响起。我们将帐篷的下边缘系到低檐上以便让空气吹进来。我们上床睡觉时,总是把鞋子放在行军床下。那天晚上一开始极度无聊,我们在烛光下玩牌,或只是躺在床上瞎聊。我们一个接一个都睡着了。熄灯号后一两个小时,传来一声枪响,紧接着哭喊声好像从地狱中传来。E连全体冲出帐篷,56名年轻人都穿着白色短裤,有的人还抓着步枪。这完全不像军人的样子,但是,特纳中士很快纠正了这一混乱局面。在他的命令下,我们集合,排队立正站好。

"菲利克斯猫"从军官宿舍跑来。大约半小时后,我们才明白发生了什么。一名站在连队街一头的哨兵看到有东西在黑暗中鬼鬼祟祟移动,他发出警告却没有回应,于是他开了枪。他射中了一条狗,一条我们称之为"掘墓者"的大型华北杂种狗,因为它们喜欢挖新的坟墓。点30—06的斯普林菲尔德步枪子弹射中了狗的肺,这只动物垂死的挣扎听上去就像是来自地狱的哀嚎。

"菲利克斯猫"夸奖了哨兵。"干得好,"他说,"这正是派你在这里站岗的目的。'掘墓者'并没有偷鞋子,但是看到发生这些后,那个真正的窃贼再要觊觎这个连队的话,就要三思而行了。中士,派几个人去把狗掩埋了。其他的人返回你们的帐篷待在那里,今晚我们有保持警惕的哨兵值勤。"

第二天早晨起床号吹响时,新的一帮士兵——一共 12 个人——醒来后发现他们的鞋子又丢失了。"菲利克斯猫"足足花了十五到二十分钟才控制住自己的情绪。当我们在连队街都集合站好队后,他对特纳中士说:"现在已经很清楚了,不是吗?""当我们在那条狗身上浪费时间的时候,我们的朋友从后面溜进来偷走了更多的鞋子。每当我想起那一声枪响后 E 连自己所引起的混乱,我就几乎无法入睡。"

那天早晨我们出发去靶场时,一些人没有穿鞋子,因为我们已经没有多余的鞋子了。这些没有鞋穿的家伙刚开始抱怨纷纷,但是后来觉得赤脚走路也不错,温暖的沙子让他们的脚感觉很舒适。我们去靶场路上,所经过的连队知道我们丢了鞋子都一个劲地嘲笑我们。他们最喜欢用的带刺的话就是称我们为"考克塞大军"(Coxey's Army)①。

那天天空万里无云,向北远眺可以看到 25 英里外的长城,更近一点可以看到开滦矿务局的码头,一直延伸到秦皇岛城外的海湾。空气中传来响亮的凄凉号子声,这是一群沿着海岸拉网捕鱼的渔民,离靶场大约一英里。渔民们一天拉网两次,一次是在上午晚些时候,另一次是在午夜后。他们高喊号子是祈求海神让他们网网丰收。

渔民的号子声一定是不知什么缘故使"菲利克斯猫"产生了一种感觉。

---

① "考克塞大军"(Coxey's Army)是指 1894 年由俄亥俄州商人雅各伯·考克塞(Jacob Coxey)领导的美国失业工人一次抗议性的游行示威。这次失业工人进军华盛顿的抗议游行以其领导人考克塞的名字而流传。——译者

大约下午1点钟，正当我们开始午睡时，他显然认定了那些渔民很有可能就是偷我们鞋子的人。渔民们居住在海岸边一片小棚屋里，离靶场很远，"菲利克斯猫"肯定认为，他们这么穷困肯定会偷些东西。无论如何，他决定要采取突然行动去搜查那片村庄。

他还决定要尽可能地使这次搜查给人留下深刻印象——搞成一次温和的化装行动。他选中了我所在的班，并命令我们穿上去执行正式警卫任务时应穿的军装。这意味着香港卡其布军装要被熨烫得裤线笔挺，纽扣和领花打磨到光亮如宝石，帽舌和鞋子擦拭到如同稀有金属般发光。但是我们不能带枪，因为我们不想冒险惹怒中国当局。虽然没有枪，我们会用我们考究的军装吓唬村民。

"菲利克斯猫"穿着他那身洁净无瑕的卡其布军装，闪闪发光的靴子和闪闪发光的武装带，找来E连1号侍役"大吉姆"（Big Jim），让他陪同做翻译。"大吉姆"大约50岁重200磅。他身穿蓝色长袍、头戴黑色无边帽、脚穿军鞋。连队的其他所有苦力都不得不支付好处费给"大吉姆"以保住他们的工作。除了英语，"大吉姆"还会说俄语和德语，前者是从住在天津的俄国人那里学来的，后者是从义和团暴乱后驻扎在天津的德国军队那里学的，因为"大吉姆"曾经为他们工作过。

天气暖和又美好，我们就像操练队一样迈着每分钟128步的步幅，沿着海边潮湿坚实的沙路走向渔村。在几个世纪前，也正是在这条路上，伟大的大汗忽必烈和成吉思汗的游牧部落从关外雷霆般席卷而下。当我们到达村庄时，"菲利克斯猫"做了一个手势，我们的下士大声喊出了不一样的军事口号："全体，立正！稍息！"

"大吉姆"对"菲利克斯猫"说："这是一些无知的人，中尉先生。他们不懂这些玩意儿。"

渔民们从他们的小屋门口盯着我们看。男人们穿着白色宽腿裤，头剃得很干净；女人们穿着蓝色宽腿裤之类的，小孩们光着身子。所有人都不赤脚而穿着拖鞋。村子里大概住着五六十人。

"告诉这些人我们是作为美国营地的代表来向大家问好的，并在周围顺便看看。""菲利克斯猫"对"大吉姆"说。

村民显得紧张不安起来。"他们很愚蠢,中尉先生,""大吉姆"说,"他们对这些无动于衷。"

"不管怎样也要讲给他们听,该死的。""菲利克斯猫"厉声说道。

于是,"大吉姆"向那些渔民抱怨了一通,渔民也向他抱怨了一通。最后,"大吉姆"说:"中尉先生,他们说他们今天出去捕鱼的时候,美国的子弹几乎打中了渔船。"

"告诉他们,让船离靶场后面远一点,"中尉说,"不管怎样他们应该明白事理。"

村民发出了更多的抱怨。"他们说你们射中了一条狗,这非常糟糕。""大吉姆"说。

"告诉他们,""菲利克斯猫"说,"如果他们不让他们的狗远离我们的营地,我将把所有的狗全部射杀。"

"他们说狗非常有用,"在经过更多的交谈后,"大吉姆"说道,"这些人的中国话说得非常糟糕,中尉先生,非常难懂。"

"你做得很好,""菲利克斯猫"说,"不管怎样,我们怎么才能把话题从那个愚蠢的狗身上移开? 那个大锅里煮的是什么? 臭气熏天。"

尽管有渔民表示抗议,"大吉姆"还是走过去看了看旁边那个煤灶上的铁锅。

"这是狗肉,中尉先生。"他说道。他转过身去对着渔民说了几句,他们激烈地大声回应着他。

"你把狗射杀了,他们把它挖了出来。他们更喜欢吃狗肉,比鱼好吃。所以,他们现在正在煮狗肉。他们准备吃一顿丰盛晚餐,每个人都来吃。但是,他们现在怕你们也过来吃狗肉。"

"告诉他们我们来的目的远非如此。再告诉他们,我认为他们除了挖出了狗,还偷走了我们的鞋。告诉他们我们要搜查他们的棚屋。"

"大吉姆"和他们讲了,随之气愤的抱怨引起一片尖叫。为首的渔民冲着"菲利克斯猫"愤愤地说了一通。"他说那是他的房子,不会让你们搜查。""大吉姆"解释说。

"告诉他,胆敢阻止,我看看,"中尉说,"来吧,你们这些人,我搜查的时候把他们赶开。"

于是，我们非常尴尬地像橄榄球队防守线一样守在主要棚屋的门口，"菲利克斯猫"小心翼翼地从被当作门的油腻麻袋布下钻了进去。我们挥动着拳头迫使那些愤怒的渔民走开。伴随着渔民们的哀嚎和大声喊叫，"菲利克斯猫"搜查了一间又一间棚屋，很快他就厌倦了。"除了破衣服什么也没有，"他说，"只有成堆的破布。狗皮在最大的那间，味道糟糕透顶。我他妈真不知道为什么要申请来中国服役。集合。我们走。"

那个夜里，远在营地一头宿营的 H 连机枪小组的 8 双鞋子被偷了，7 件卡其布衬衫也不见了。第二天上午，代理暂时离开营地的少校、临时担任营指挥官的上尉，认为应该介入和接管这件事了。作为一名新晋上尉，他赢得了"马大哈"（Scatterbrain）这样一个绰号。他让全营的人在他周围围成半圆，然后说出了他的看法。他说："某个人——也许我应该说是孩子——或是一帮人，已经掠走了这个营地的 32 双鞋子和 7 件衬衣，天知道还有其他什么东西。这样的事情应该马上制止。它将会被制止，哪怕你们这帮家伙必须一天二十四小时都把鞋穿在脚上，把其余的鞋都绑在你们那愚蠢的脖子上。我可不想因为营指挥官的鞋子被偷而结束我的军队生涯。连队指挥官已经传达了我刚才发布的命令。我过去认为这里是很不错的集体，也常常为此自豪，但是现在我猜你们都需要保姆和奶妈照顾。这种状况将会发生改变。现在，连队指挥官们，解散你们的队伍。"

"菲利克斯猫"带着 E 连回到他的帐篷。他让我们围着他排成半圆，他对"马大哈"所说的表示赞同。"菲利克斯猫"说的时候，更多的是表示悔恨而不是恼火。他说连队的不良记录就是他的不良记录，他就这个问题谈了一会儿之后，又给我们传达了营指挥官的命令。除了夜里在连队街设立岗哨外，将会在每个连队帐篷的后面派两个哨兵。除了这些措施之外，每个班的帐篷内，整夜人人都要轮流在帐篷内值班。所有以前夜里丢在床下或随意扔在帐篷地上的鞋子、衬衫和其他衣物等，都要收到背袋里，背袋要牢牢地绑在帐篷的柱子上。军士要负责执行这些命令。在食堂、后勤帐篷和军官帐篷也会专门设置岗哨。我们将成为荷枪实弹的营地。我们将不会再有足够的睡眠，也不会再丢失更多的鞋子。"菲利克斯猫"采取的所有这些额外安全措施,都是以极其秘密的方式进行的。营指挥官想要营地看上去就像通常晚上一样的懒散和粗心大意。他想要窃贼感到再次行窃很安全。总之,他想要诱捕窃贼,如果有人陷入这个陷阱,他就会遭殃。

第一天夜里,在新的安全措施下没有任何事情发生,早晨没有鞋子或衬衣丢失,第二天夜里也是如此。第三天夜里,另外一只被挑选出来的"掘墓者"在营地周围徘徊,所有情节照旧,一名 G 连的哨兵看见并开枪打伤了它,这只狗疼得在帐篷间边叫边跑。士兵们都涌到连队街上,军士长喊道:"别开枪。"军官们也从军官街跑了过来。一名机枪连的哨兵用他的自动手枪两发点射杀死了"掘墓者"。这天早晨,G 连报告丢失了 3 双鞋子。

"马大哈"严厉惩处 G 连相关责任人。丢失鞋子的人看来违反了他关于把鞋放进背袋和将背袋绑在帐篷柱子上的命令;连队的军士长也违背了他的命令,没有监督士兵们的行为。"马大哈"对连队军官们所说的是要保密。有传闻说,步兵团指挥官将从天津来亲自负责此事。

同一天,"马大哈"发布了一道新的命令:任何再射杀一只"掘墓者"的人将受到军事审判。这个命令的根据是,他越来越相信窃贼有意把狗放入营地,然后在哨兵射杀狗时相对安全的措施放松了,他趁人不注意进行偷窃。"马大哈"把下面这一条补充到他的命令中:"通常被称为'掘墓者'的中国杂种狗,夜晚在本营地出现就意味着窃贼要再一次作案。哨兵和警卫们看到这个畜生出现时不要开枪,但是要悄悄地示警和加倍警惕。"

又过了几夜,一切平安无事。到了后来,紧张气氛大大地放松了,以至哨兵在连队街上走来走去巡逻时,在帐篷里的士兵就像"掘墓者"那样发出犬吠和低吼声。一天晚上,当我在午夜 2 点轮班站岗时,发现有东西在帐篷后面的地面上移动。那晚正好是皎洁月光穿过云层,柔和地照在大地上。渔民们像往常一样在海湾里吼着凄厉的号子。我看到的那个东西看上去隐约就像是一条浑身疙疙瘩瘩的鳄鱼在长满荆棘的沙地上蠕动。我认定它一定是一只狗。但它不是一只狗,因为一只真正的狗——如大型的"掘墓者"——此时会快跑、站住、闻闻东西,然后会突然跑开,跳进荒芜的沙滩里跑掉。因为我不知道还该做些什么,于是小声地发出两声咩咩的羊叫,悄悄地报了警。随着我发出的声音,那个在荆棘丛中的东西像蛇一样地移动,而且好像盯着我看。我大喊："值岗下士！"

听到我的报警，值岗下士们已经顺着连队街跑了过来，那个东西站了起来企图跑进荆棘丛，但是他的一支脚踢到埋在沙地里的帐篷桩上，身体一歪，整个被绊倒，重重摔在地上，惊恐地发出像小猫似的喵喵声。

正在查岗的"菲利克斯猫"从黑暗中冲了过来，猛地扑向那个东西。哨兵们和我也围了上去，在手电筒的照射下，"菲利克斯猫"抓住了那个家伙的脚并提了起来。

这是一个中国人，留着辫子的中国男人——瘦小、年轻，长着一张令人厌恶的麻子脸，浑身一丝不挂。他把油涂在身上然后在沙地里打滚，使得全身沾满了沙子，以至看上去就像一个用沙子做的人。两个粗麻袋，也是涂上油再沾上沙子，绑在脖子上，挂在身后。在其中一个麻袋里有两双鞋子。他在我们的枪口下非常驯服地站着。

"菲利克斯猫"竟自拍打着他的军装，企图弄掉粘在上面的污物，却毫无效果。经过一番考虑，他命令把囚犯关在岗哨帐篷里，由两名哨兵看管直到天亮。

第二天早晨，当营部军官们召开听证会时，我协助看管囚犯。他是一个可爱的小家伙。我们给了他一盆水以及肥皂和毛巾，他就用力擦洗掉身上的油渍和沙子。我们还给了他一些旧的军用工作服穿，他穿上后显得非常整洁，而且当他重新编好自己的辫子后显得有点女孩子气。早餐他吃了很多，煮得很嫩的鸡蛋、火腿、烤面包还有整整一夸脱热咖啡。我们问他的姓名，但是没有人能听懂他的回答，甚至"大吉姆"也听不懂，于是在记录上他被称作"张三"（Chang Doe），"菲利克斯猫"想出来的双关语，因为在华北，张的发音为 Johng①。

第十五步兵团对那些为步兵团工作的中国人拥有或至少声称拥有准裁判权，所以，由此引申，营部军官们认为同样的权利适用于张三的案子。他的罪行属于军事性质，不归中国民政当局管辖，尽管这有些模糊不清。

---

① 在西方法律或正式文件中，一般将无名之人写作 John Deo，即中国人常说的张三、李四。英文将"张"姓写作 Chang，读作 Johng，与 John 很接近，所以他们把不知其姓名者称作 Chang Doe。——译者

"张三"穿上新衣服显得很高兴,早餐也吃得很饱,不时地大笑和傻笑,对军官们提的所有问题一律回答"是"。"大吉姆"做他的翻译。

"是他偷了所有的鞋子吗?"

傻笑,"是的"。

"他偷了多少双鞋子?"

傻笑,傻笑。很多次,超过他双手的手指头数。

这时,"大吉姆"说:"长官先生们,这个人头脑不太正常。净是傻笑。"

"不要插嘴,大吉姆,""菲利克斯猫"说,"你只管翻译。问他是否利用狗来帮助他到营地偷窃。"

"大吉姆"把这个问题说给"张三"听,"张三"大笑了起来。"他说,""大吉姆"说,"狗非常好吃。他很高兴你们射杀了狗。他是疯子,长官先生们,就像我刚才说的。"

"问问他鞋子在哪里。""菲利克斯猫"说。

"大吉姆"问了,"张三"傻笑。"他把鞋子藏在他父亲家里。""大吉姆"说。

这时,营指挥官插进话来。"派一队人,中尉,"他对"菲利克斯猫"说,"我们马上去这个家伙的父亲家把鞋子拿回来。"

于是,我们组成一排人,张三带着我们去他的父亲家。他父亲家远离海边,离营地和靶场也很远,在开滦矿务局铁路沿线人工种植的树林深处。种植的树木笔直,一行行纵横交错,整片树林如"棋盘"一般,一等兵祖戈尔斯基就是在这片树林里引导卡斯特纳将军成功地猎获了山鹬。张三父亲的房子是用树枝、泥巴、席子以及木棍建成的小棚屋。张三的父亲坐在屋前的凳子上。他很像他的儿子,除了稀疏的白胡须。他正在一小堆火上炒花生做午饭。

父亲微笑着向我们鞠躬,当"大吉姆"告诉他我们来干什么的时候,他就哭了起来。我们还没有来得及拦住他,他就捡起一根棍子向张三的头上打去,张三也开始哭泣。"老父亲说这个混账儿子给他丢脸,""大吉姆"说,"他问你们是否喜欢吃花生,他可以炒一些给你们吃。他一点也不知道鞋子的事。"

"菲利克斯猫"谢绝了吃花生的邀请,要求马上带我们去找鞋子。"张三"带着我们走出树林来到开滦矿务局铁道下面的一个混凝土涵洞。他在那里用泥垒起了一层层架子,架子上摆放着鞋子,整齐地按照大小排列着,每双鞋子都擦得闪亮。一盒鞋油放在一个架子上,显然是"张三"某次在营地偷来的。衬衣也在那里,很仔细地叠好放在另外的一个架子上。

"他是一个傻孩子,""大吉姆"说,"他在玩商店游戏,但是他的父亲不知道这些。"

第二天,召开军事法庭会议,"张三"因偷窃军事物资被判处在第二营的夏季营地内和营地周围从事 30 天苦工。这就意味着,当他在岗哨帐篷睡觉时,三名哨兵必须整夜轮流监视着他。当他拿着扫帚和铁锹清扫垃圾时,一名哨兵必须荷枪实弹地整天跟着他。执勤中士还得想着给他找活干。就像我说的那样,这个囚犯是一个可爱的小家伙,我们所有人都变得非常喜欢他。他很愿意把鞋子以及其他东西擦亮,一天总是至少给他的警卫擦两次鞋子。他的父亲被允许每天晚上用餐时间来探望他,并与他一起吃晚餐。

当我们结束营地训练返回天津时,父子都想要和我们一起到天津,但是被"菲利克斯猫"拒绝了。这是一个相当感人的告别。我们给了张三和他的父亲一双旧军鞋和一件旧衬衣,也给了张三一盒新鞋油。父子在我们离开时都落下了眼泪。

3. 长城

一个夏天,秦皇岛营地训练本可能是从一次整排的旅行考察开始,很快却缩减成一个五人项目。这次考察的任务是从另一侧看看中国长城是什么样子。这是牧师的主意。他很注意我们度过闲暇时间的方式:躺在床上无所事事,躺在沙滩上晒太阳,酗酒或者是胡思乱想。对他来说,年轻人这样虚度时间是很愚蠢的。

于是,为了改变我们单调无聊的生活,他提出组织一些观光旅行,所有游览地点中,首选当然就是长城。长城始于山海关,蜿蜒穿过热河山脉。京奉铁路连接着山海关和秦皇岛,所以交通问题非常容易解决。牧师认为,年轻人都很乐意旅行。他向我们的连指挥官提出他的主意,他说他愿意游说连队成员同意他组织一次考察旅行。他希望组织一次成功的考察旅行,为今后组织这样的旅行树立一个范例。"你可以去问问他们。"我们的上尉说。

有一天,当我们在海湾游完泳成群结队向回走时,牧师向我们提出了他的想法。"等等,等等。"他说着伸出双臂拦住了我们。他指向长城,山上一条紫色的长线。"那就是中国的长城,"他说,"假如一个人在月亮上用肉眼看这个地球,他能看到的唯一的人造物就是长城。"

我们在沙地上移动着脚步,不知道为什么牧师挑选这个特殊的时间来讲一通这样特殊的话。"仅仅从这里看过去就会让你浮想联翩。"我们看了过去,但是无动于衷。我们意识到长城的存在已经有一两个月了,但是还没有形成任何一定结论。它就在那里,我们在这里,这似乎就是全部。"现在,"牧师说,"如果给你提供一次直接去真正好好欣赏一下它的机会,你有什么想法?它已经有 2156 年的年龄。它是地球上最伟大的人工建筑。你们会有什么可说的?"没有人出声。

"我已经计划好了这样一次旅行,"牧师说,"我想要你们中的一些人跟随我。你可以从这里看到长城这边的面貌,但是我想做的事是从长城另一边看它的面貌。另一边是你要登山才能到达的,另一边真正壮丽的景色是值得付出的。我们将乘坐火车到山海关,然后爬到山的另一边,真正地好好观察一下这个令人惊叹的古物。这是你一生中可能不再会有的机会。下面是详细的计划:我们的第一次旅行人员要限制在小规模,可以说是去探路。然后,在出现的问题解决之后,我觉得整个连队没有理由不去。现在,那些想要参加第一次旅行的人,去你们的军士长那儿报名。他和我将会仔细研究报名名单,看一下我们认为能组织多少人参加第一次旅行。你们的连指挥官对这个主意很感兴趣,自然我也是。把你的名字报给你们的军士长,我将让幸运的家伙尽快知道具体计划的全部内容。"

第二天当他来看报名单时,发现只有 5 个人报名参加:下士爱德华·布鲁奇(Edward Brutschi)、一等兵迪格比·汉德、一等兵罗伯特·康茨、一等兵卡尔霍恩·肖和也是一等兵的我自己。牧师非常失望,但是努力掩饰着他的情绪。"好的,"他说,"不错。在这里第一次尝试任何新的事物总会遇到挫折。我没有命令任何人,我只是邀请你们参加。但是,这种事情将会受到欢迎。我相信会这样。你们这些人是先驱者，我喜欢这种开拓精神。这表明你们想要去，表明你们不愿终日赖在床上无所事事，想做一些事情。我们将在周六早晨7点离开营地，一小时后在秦皇岛乘坐火车。我会和你们的连指挥官商量免除你们的检阅，另外还要请假一天。我将在周六早晨7点在旗杆下与你们会面，小伙子们，我保证你们将度过有趣又有益的一天。"

周六早晨7点钟，我们都来到旗杆下。刚刚洗过澡又剃了头，所有衣服都同样洗过和熨过，香港卡其布衬衫、便裤，黑色的领带塞在第二个纽扣处，整洁的遮阳宽边毡帽上装饰着蓝色步兵线徽和第十五步兵团自豪的标志：龙形徽章上镌刻着步兵团的箴言"胜任"。

我们站在沙地上，尽量使鞋子发亮，等待着牧师。牧师没有来，值日官出现了。"牧师病了，"布鲁奇下士向他敬礼，他还完礼后说道，"但是，他说他对你们绝对有信心，布鲁奇，他希望没有他，你们也能继续进行。他说他完全信任你，所以你知道该怎么做。这是牧师给你们的火车票费。"

"是，长官。"布鲁奇说罢，值日官就走了。然后，布鲁奇对我们说："我不知道我们是否还应该去。"布鲁奇生于波兰，他说中西部英语带有一点波兰口音。除了母语波兰语外他还会说俄语。在第十五步兵团服役的五年间，他还学会了说一些中国话。

"我们当然要去，"迪格比·汉德气愤地说，"布鲁奇，在有人来说不能去之前，我们开始出发吧。你已经取得了牧师和值日官的许可，那还需要什么？"

"好的，"布鲁奇说，"我想就这样吧。我们排成两排，出发。"

我们离开营地顺着与海滩平行的一条路走下去。我们可以看到一艘巨大的绿色远洋邮轮停泊在秦皇岛的开滦矿务局码头。我们都知道她，她是印度女王号，从温哥华出发，在亚洲航线停泊。大部分旅客下船后坐火车去北京游览天坛和紫禁城。

在秦皇岛，我们买了京奉线到山海关的一等座客票。我们把票揣进口袋四处闲逛，等着火车进站。一个小时后，我们发现火车晚点五个小时。"现在，"布鲁奇说，"我们可以回到售票窗口退票，或者我们登上那列正准备出发的煤车去山海关。车站服务员说我们可以乘坐煤车而不用等客车。"

肖想去售票口退票，把他的钱拿回来，但是我们几个觉得坐煤车应该不错，我们否决了他的意见。他来中国仅仅五个月，他的观点无足轻重。

我们顺着梯子爬上了大约是机车后面第三节的一节空货车厢，然后跳了进去。车厢里到处是煤灰，我们生怕弄脏了我们的军服。布鲁奇招呼来附近的一个苦力，掏钱让他给我们搞来几张通常用来在货车上苫盖货物的高粱席子。苦力给我们拿来的这些席子非常干净齐整，大约 8 英尺长、6 英尺宽。我们把几张席子钉在车厢内壁上，另外几张铺在下面。我们给自己搭建了一处可以坐在那里的安全角落。

一个小贩过来卖给我们几瓶日本啤酒。我们喝着口味温和的啤酒，开始冲着中国司机喊叫催促他开动煤车，我们不想在那里待一整天。那时，中国的司闸司机和扳道工都穿着黑色长袍，戴着如倒扣过来的沙拉碗一般的草帽。他们大声地吹着笛子、挥舞着旗子，但是他们的行动似乎没有任何效果。他们在向我们喊着什么，布鲁奇翻译过来大致意思是："等更多的人来了车就快开了。"我们不知道这意味着什么，但是几分钟后，一群白种人出现在轨道上。那是三个男人、四个女人和三个孩子，其中一个女人抬头看见了在煤车里的我们（我们站成一排靠在高粱席子上，向下看着他们），她困惑地问我们："你们是，你们是，你们是干什么的？"

来自阿拉斯加的一等兵迪格比·汉德回答说："我们是士兵，太太，从美国来的。我们能帮你什么？"

她说："我想不用。"她和她的同伴们走开了一点，在商量着什么。"他们是加拿大人，"康茨说，"印度女王号下来的游客，他们可能也想去长城，只是不知道怎么去那里。"

这时，其中一个男人离开他们，再次走到我们车厢跟前，他用手遮挡着刺眼的阳光，抬头看着我们说："你们是负责这列火车的？ 警卫或者是别的什么？"

"不是，先生。"布鲁奇说，他已经有五年没有和从北美来的白人说过话了。"我们只是乘客。我们去山海关看长城。"

"啊，这也正是我们想去的，"那位旅客说，"我们有票。但是，这应该不是一列旅客乘坐的客车吧？ 当然不应仅仅是一列煤车。"

"客车晚点了，先生，"布鲁奇解释说，"晚点四到五个小时。所以我们才坐上了这列货车。它还有几分钟就要开了。我想你们可以和我们一起乘坐。这里有足够的空间。"

"这太不合常规了。"游客说着，又回去和他的同伴们商量了。

这时，更多身穿黑色长袍的扳道工出现了，尖厉急促的哨声响了起来，旗子也挥舞起来，前面的机车开始拉响汽笛，显然列车很快就要开动了。

加拿大人果断地做出了决定。他们全体向我们的煤车赶来，一个接一个地顺着铁梯子爬上了车。有的女人既老又胖，但是她们迅速地爬上货车，其动作敏捷不亚于我们年轻人。他们占据了我们用高粱席围起的角落，把我们挤了出去。"太简陋了，"其中一个妇女说，"但好在铁路想得还算周到，放些愚蠢的席子在这里。我原本以为我们得一路上站着呢。"

"这是我们的席子，"布鲁奇嘟囔着，"但是我想你们不用客气。"他和我们一起退到车厢的另一头，嘴里低声诅咒着。我们相互挤着站在车厢的中间，尽量远离可能会沾到我们身上的满是煤灰的四壁。

"如果我们想去厕所该怎么办？"小个子肖焦急地耳语说。"你只能憋着，"布鲁奇说，"不要再喝啤酒了。这些人真该死。为什么不待在他们的船上。"

这时，煤车的检票员顺着站台走了过来。他穿着绿色制服，熟练地跃身跳进车里，开始若无其事地给车票打孔，好像我们就坐在购票订座的豪华车厢里一样。加拿大人怒气冲冲地向他抱怨，但是他除了格外用力地给他们的票打上孔外，对这些毫不在意。他为他们和我们检过票后，跳下车厢跑向前面某个地方。两分钟后，再没有哨音响起也没有旗帜摇动，煤车突然猛烈地摇晃着开动起来，我们踏上了前往山海关的旅程。

25英里的路程花费了我们将近一个小时。那些加拿大人要么舒服地靠在有席子遮盖的车厢内壁上，要么舒服地蜷伏在铺着席子的地板上。我们这些在布鲁奇领导下的人则在车厢中间摇摇晃晃，前仰后合，彼此轻轻抓着，以防蹭到满是煤灰的车厢四壁。风景的确十分壮丽——山脉、海景、草木——但是我们只顾着避免弄脏我们的军服而无暇顾及这些。加拿大人高兴地说个没完，他们因为这次新奇的乘车方式而变得很是快乐。可是，小个子肖却说:"我一点也不想坐这该死的煤车,布鲁奇,都是你强迫我坐的。"布鲁奇下士说:"闭嘴。"而迪格比·汉德说:"小子,如果你发誓不再抱怨,到了山海关我请你喝第一瓶啤酒。"

我们安全地到达了山海关火车站,一路上我们的军服一直保持整洁,但是不知怎么,途中我们全然没有注意到火车是如何穿过长城的。我们等加拿大人先下了火车,希望以后不会再见到他们。"现在,"布鲁奇说,"我们去酒吧或者餐馆或者什么的,喝点啤酒制定一个作战行动计划。返程火车下午5点钟到达。现在才10点钟,所以实际上我们有一整天的时间。"

他把宽边毡帽推到后脑壳上,手放在屁股上,向四周看了看。"那里,"他指着一条宽宽的街道,"一定是一条通往山上去的道路。再过去那边是商店什么的,该死的,看上去像是一家旅馆。我们去那里喝杯啤酒,看看那该死的长城,肯定有40英尺高。"

"我想那就是长城了,"迪格比·汉德说,"我认为那是山的一部分,好像是从山里长出来的。"

"是的,可是那上面有房子什么的,"小个子肖说,"我打赌,如果你有一辆卡车,你可以开到顶上,还可以一直在上面开。"

"那不是房子,"康茨说,"那是雉堞状的护墙。牧师说的,我记下来了。"

"噢,拜托,布鲁奇,"汉德说,"让我们去喝点啤酒吧。我们有一整天时间看长城哪。"

山海关的居民对我们的兴趣还不如对咯咯叫着沿街蹦跳的一群鸡兴趣大。在我们看来,山海关是一个极为混乱的地方,长城周围一派破乱不堪的景象,城墙的残砖碎瓦都被用来建造这个城市。所有一切都是灰色的:灰色的石头、灰色的砖、灰色的瓦。牧师告诉我们,长城是这个城市存在的唯一原因。如果长城不是发端于此,城市就不会存在。这个城市的名字的意思就是"山和海之间的大门"。"长城",还引用牧师的话说,后来我发现他是引用的《大英百科全书》,"是中国最早的地上建筑遗址,世界最伟大的建筑之一"。

但是,正如迪格比·汉德所说的,我们有一天的时间观看长城,于是布鲁奇下士带着我们去了他刚才说的那家旅馆,我们进去后找到桌子就坐下来点啤酒喝。

一个身穿白大褂的旅馆男侍者给我们提供服务,然后店主走了过来。他是一个土耳其人。

"暴徒,"他说,"只能喝点啤酒,暴徒,我会叫巡捕来。上一次是水兵。他们打碎了我的盘子。该死的宽边帽。我恨透了。士兵没一个好的,士兵更坏。我的上帝,只能喝点啤酒,暴徒,然后请出去。我警告你们这些杂种。我警告你们。"

"来一些煎鸡蛋怎么样?"迪格比·汉德说,"我饿坏了。给我们做点鸡蛋如何?"

"不行,我的上帝,"土耳其人说,"我不会煎鸡蛋。"

这时,布鲁奇下士开始用俄语和他交谈,这种语言比英语更容易让土耳其人听懂。布鲁奇向他保证,我们都是有教养的年轻人,不会像水手那样打碎他的盘子,我们有钱会支付我们要的所有食物,但是我们从火车下来非常饿,想要些煎鸡蛋。土耳其人疑心重重,但是最后还是吩咐侍者去给我们弄。过了一会儿,就给我们端来了一大盘煎鸡蛋,好多的鸡蛋。土耳其人还给了我们一大碗苏打饼干和鸡蛋一起吃。

正当我们吃鸡蛋时,那些加拿大人进来了。他们在城市里游逛时迷路了,到旅馆来问路。与他们一起的孩子看到我们吃鸡蛋,就开始纠缠大人,哭着喊饿。当加拿大人坐在空余的桌子旁开始厉声向他要菜单时,土耳其人眼中开始闪光。

"快点吃完,"布鲁奇说,"我们离开这里。"

我们回到山海关的街上漫无目的地闲逛。"这个城一点也不像天津,"迪格比·汉德说,"首先一条是一个乞丐都没有。"

"我们在哪里?"小个子肖问。

"伙计,你在中国,"康茨说,"你忘了吗?"

"我不这么认为,"肖说,"我怀疑我不在。我怀疑我们在另外的地方。我们穿过了长城,不是吗? 或者绕过,或者从下面穿过,或者什么的? 长城不是分界线吗,还是什么? 我怀疑我们已经不在中国。"

"他是对的,"康茨说,"我已经忘了。我们不在中国了,我们在满洲——

一个全新的世界。但是,看上去没有什么区别。"

一个穿着蓝色长袍的满洲人向我们走来。"他是一个皮条客,"康茨说,"在任何地方我都能分辨出他们。"

"美国兵?"满洲人问,"从秦皇岛军营来? 太好了。这里有可爱的姑娘在漂亮的房子里,俄国妞,干净。非常棒。"

"不,"布鲁奇说,"今天不行。"

"也有朝鲜姑娘。"满洲人说。

"嗯嗯。"布鲁奇说。

"日本姑娘。"满洲人说。

"不。"布鲁奇说。

"呀,现在等等,布鲁奇。"小个子肖反对道。

"不!"布鲁奇说,"我们来这里是看长城的。不能干别的。现在闭嘴。"

满洲人说:"看长城最好是从山顶上看。请你们走这条路。有登山的毛驴。来,我领你们看。"

"真见鬼,布鲁奇!"小个子肖喊了起来,"我们不能去看看那些日本姑娘吗? 只是看看? 这就是我的全部意思,布鲁奇。"

"不,"布鲁奇重申,"我们是来看长城的,这就是全部。现在闭嘴。"他又对满洲人说:"我们不需要向导。"

"好的,"满洲人说,"这条街通往去山顶的路。驴子就在驴圈里,欢迎来山海关。"

"好的,"布鲁奇说,"来吧,伙计们。"他在前面走了。

"见鬼,"肖说,"这一点也不好玩。我宁愿回营地,你比主日学校老师还厉害,布鲁奇。"

"我说,你这个家伙,"迪格比·汉德说,"你怎么总是一味地抱怨发牢骚,你到底怎么了? 我们都很开心,你就不能吗。来一次大度一点的,别像一个让人讨厌的被宠坏的美国大兵。"

"好吧,只是看一下日本姑娘,无伤大雅,"肖说,"该死的破长城,谁在乎呢?"

"我说,伙计,"布鲁奇说,"我们回到营地,牧师一定会问我们各种各样的问题，我们看到了什么，诸如此类的，连指挥官也会问的。好，假如我们说：'噢，我们只看到了日本妓女'，这看上去不好吧？"

"我才不关心他们怎么看呢。这就是我想要干的。"

"嗯，你不能干，"康茨说，"别再说了。"

我们走的这条街道通向一处好像是马厩的地方，就像山海关所有的建筑一样，用灰色的石头、灰色的砖、灰色的瓦搭盖而成。而且，它也和这里所有其他东西一样，已经存在好多个世纪——或许和长城一样古老。真的，它有可能曾经为那位强大的秦始皇存放过战马。这位以他的名字为中国命名的皇帝①，焚毁了所有的书籍，又颁令重新撰写，在公元前228年下令修建长城，从此永远确定了中国的边界。现在，当我们走进马厩时，看到了里面拴着的蒙古小毛驴。

"这些家伙可以把你驮上山顶？"罗伯特·康茨问道。因为他来自密苏里，那里的骡子长得高大强壮，而这些毛驴仅仅到他的腰部，它们的腿还没有他的手腕粗，而山又非常陡峭，你必须后仰着头才能完全看到整个山峰。

"我宁愿走路，"迪格比·汉德说，"我许多天没有爬山了，我正想锻炼一下小腿。如果你们这些家伙想骑着这些久经训练的毛驴上山，给它们备上鞍子。我和你们比赛，赌啤酒的。"

布鲁奇下士在马厩和赶驴的男孩商讨雇驴的价钱。"上下山一趟要一墨元，听上去有点太贵。你们这些家伙想骑驴还是想走路。"

"我走路，我已经说过了，"汉德说，"我觉得走路要比让这头牲畜拖着脚走更好些。"

"嗯，我不，"肖说，"我骑驴。我要那头灰色的，布鲁奇。"

康茨和我也决定骑驴，布鲁奇说他要和迪格比·汉德一起走。

长城沿着山脉的一侧以惊人的突兀笔直而上，但旁边的山路曲折蜿蜒使旅行者或牲畜不至筋疲力尽。即便如此，它还是极为陡峭，路面上的车辙已经存在了两千多年。长城的建造者当初把石头堆砌到山的一侧时发生了

---

① 中国的西文名 China 的来源，有一种说法是由秦朝"秦"的译音 Ch'in 演化而来。这种说法最早是 17 世纪由罗马传教士提出来的，在欧美著述中广为引用。——译者

什么只能靠我们想象了,但是它必须为以后建造的 1500 英里的长城能否坚固打下基础。

　　蒙古毛驴备有铺着棉垫的木制鞍子。这些鞍子表面非常平,完全不适合人体结构。刚刚坐上去还没有动弹就感到很难受,当毛驴开始沿着满是车辙、铁一般坚硬的山路向上爬的时候就变得折磨人了。没有马镫可以把脚放上去,没有缰绳可以抓住。一个人坐在上面要抓紧鞍子的边缘,身体要大幅前倾以避免滑落下来和向后滚下山去。每一头小驴都由一个驴夫牵着,每走一步毛驴和驴夫似乎都是竭尽全力。向上攀爬走到第三个拐弯处,有一座看上去像宝塔的小巧的石头茶馆。"那里有啤酒,"布鲁奇说,"最后一个到达的要付全部账。"

　　这是我们攀登这条可怕山路的第一段赛程。迪格比·汉德赢了,很容易就赢了所有的人。他有 6.2 英尺高,瘦得如同一根拖把杆,看上去一点也不像登山者。但是,他的身子向前伸直到他山鹬似的鼻子尖几乎碰到前面陡峭的路面;他上下迈动他那瘦长的双腿,如同推动活塞一般。和他比赛,蒙古毛驴毫无胜算。到达第一个茶馆的比赛就让我们付出了代价,我骑的毛驴没有累坏,反而是我筋疲力尽了。当我们到达宝塔茶馆时,我付钱给了我的驴夫,告诉他牵着他的毛驴回马厩。康茨做出了同样的决定,因此小个子肖成为旅程中唯一骑驴的人。

在第一个茶馆,一个年纪很大、和蔼可亲的满洲人卖给我们大连啤酒喝。啤酒冰凉可口。在那里,我们坐在石头台阶上开始四处看。一切尽收眼底:长城、山脉、城市、海湾,广阔无垠。

"我不想喝这里的啤酒,"小个子肖说,"为什么喝这个? 我想喝汽水。"

布鲁奇——茶馆比赛的失败者——从满洲人那里给他拿了一些汽水,我们其他几个人把肖打开的啤酒分了。一直盯着来路的康茨说:"我们的朋友来了。"我们朝着他指的方向看去,加拿大人过来了,从马厩骑着驴上来了。"快喝完,"布鲁奇说,"我们走。"

我们又开始往上爬,山路更陡了,山顶看上去好像遥不可及。终于康茨说:"我们干嘛要这么干? 我们没有必要爬这座山。我赞成肖的意见:'我才不关心该死的长城。'我宁愿回到山海关陪那些日本姑娘而不是爬这该死的这么陡峭的山。"

布鲁奇下士耐心地说:"牧师要我们来这里看长城是什么样子。如果他没有得病,就会和我们一起来,他现在在这里的话,我们就会像现在这样爬这座山。而且,如果牧师在这里,我们也不会说到日本姑娘。你应该明白,康茨。"

"是的,但是他不在这里,布鲁奇。这不一样。"

"没有不一样,康茨。我得到的命令是执行任务,就像他在一样。"

"我不懂你的话。"康茨说。

小个子肖在他的鞍子上扭来扭去说:"嗯,我明白。布鲁奇就是一个主日学校的老教师,就像我在山海关所说的,但是没有人听我的。牧师让我们从另一侧来看长城是什么样子。现在,我们就在另一侧,可是它和从前面一侧看没有什么区别,除了看上去长城好像更长了。我们到了山顶该干什么,布鲁奇,这是我想知道的。"

布鲁奇自己似乎也不是很确定："嗯,我们可以四下看看,寺庙和诸如此类的。"

"寺庙!"肖说。

"别抱怨,赶紧走,"迪格比·汉德说,"加拿大人赶上我们了。不要被别人说一群老女人、男人和孩子爬山打败了穿着'胜任'制服的人。快点,伙计,快马加鞭,不要输给他们。"

我们路过第二个茶馆时没有停留,看来加拿大人真的赶上来了。他们所有人都骑着驴,一群人决心很大;他们离我们只有两个转弯了。他们说话的声音传了上来,我们能听见他们的不满声、抱怨声,但是听不清说什么。

甚至小个子肖都觉得隐隐之中荣誉问题是至关重要的。我们尽可能地加快步伐,设法加大我们和加拿大人之间的距离。但是,这样一来我们花了很大力气。"我不明白他们这些老家伙是怎么做到的,"康茨说,"但是我想他们或许来自山地,已经习惯登山了。看看走在头一个的那位。由于她穿着裙子什么的,你甚至看不出她是骑着毛驴。她看上去就像是乘坐着某种椅子上山。"

我们到达了山顶。浑身大汗四肢酸痛,香港卡其布衬衣已经湿透,但是我们做到了,以领先15分钟的战绩打败了加拿大人。路的尽头是一座用石头和瓦修建的建筑,像寺庙一样的很乱的地方,石头阶梯、石头栏杆、瓦顶、高高低低的石头地面以及石雕的魔怪、狮子和狗。你可以站在这些石头走廊上远望长城在热河山脉之中蜿蜒起伏,总是选在最高峰跨越而过。

在一处更偏僻的走廊,我们看到了一些桌子和椅子,断定又是一处茶馆。一名侍者出现了,我们点了啤酒,还是大连啤酒,清凉可口。迪格比·汉德说:"我饿坏了。问问那家伙,布鲁奇,是否能给我们做一些鸡蛋。"

"噢,不,"小个子肖说,"我再也不愿意吃该死的鸡蛋了。我们不能整天吃鸡蛋。我们早餐是鸡蛋,我们到那家旅馆还是鸡蛋。我不能再吃鸡蛋了,布鲁奇,我不吃。"

"我喜欢鸡蛋,"汉德说,"任何时候都愿意吃。"

布鲁奇对肖说:"我要点别的吃,伙计。"他对侍者说了几句,侍者点头离去。"点了什么?"肖疑惑地问道。

"沙丁鱼罐头。"布鲁奇说。

正当我们喝啤酒吃鸡蛋，肖吃他的沙丁鱼时，加拿大人又来到我们跟前。

其中一个女人说："每次我们看到这些士兵，他们都在喝啤酒吃鸡蛋。难道他们在美国军队里就不吃点别的吗？"

加拿大孩子走到我们的桌子旁，眼馋地看着我们的食物。"拜托，"布鲁奇对我们嘟囔着，"吃完，我们走。"

我们选择了一条远离城墙建筑的小路，在雪松林中弯弯曲曲，最后被长城阻断戛然而止。我们坐在石头长椅上，长城的阴影笼罩着我们。

"嗯，"康茨说，"这是什么？这就是我们所做的全部？"

"我想是的，"布鲁奇说，"除非你想走得更多看得更多。"

"嗯，我不想，"肖说，"我已经看到了这该死的长城，除了那些日本姑娘其他再不想看了。"他捡起一块石头碎片开始在长城上刻。"住手。"布鲁奇生气地说。

"哼，我没有毁害任何东西，"肖说，"我只是把我的名字刻上。瞧，'肖1928'。好多好多年后有人到这里来，他们将会知道我在哪一年曾来到过。这墙不那么结实。我想我可以挖一大块下来。"他用锋利的石片凿刻了一会儿，就凿下来一片砂石。

他的做法被纷纷仿效。我们所有人——甚至是布鲁奇下士，都捡起石头碎片开始在墙上刻字。挺有意思。

当我们结束时，已经在墙面上刻了一大片字。

这时，迪格比·汉德说："看，布鲁奇，这里到不了任何地方。我们已经爬上了山，看到了长城，所有牧师说的事情我们都做了。但是，这个时候我们的心中有一点儿快感吗？怎么说，布鲁奇？让我们下山去看看那些日本姑娘。我们没有多少时间就要离开了。"

"这是我一直想说的。"小个子肖说。

"我也有点想说。"康茨说。

"嗯，我不知道，"布鲁奇说，"但是我想也是的。我想我们已经在上面看得够多的了。"

我们打起了精神,从石凳上跳了起来。"带路,布鲁奇下士,"来自阿肯色的迪格比·汉德说,"带路吧。"

布鲁奇在前面,我们走了不远就遇到了那些加拿大人中的一个,一个加拿大男士。他穿着宽大的运动裤,脖子上挂着一架照相机。

"你就是我要找的人,"他说,"你们这些小伙子走得这么快,我都跟不上你们了。我很郑重地请问你,你是下士,是领导人吗?"

"是的,先生。"布鲁斯疑惑地说道。

"好,你看,"加拿大人说,"我想在茶馆里中国警察已经注意到你们了,不是吗?"

"警察?"布鲁奇说,"我们没有见过任何警察。"

"噢,他也许在你们离开茶馆后上的山。跟上你们这些家伙比跟上一群山羊都难。不管怎样,他说有报告说发现了土匪,要我们最好尽快返回山海关。也没什么大不了的,你明白。只是不确切的报告。可是,嗯嗯,我们的那些女士认为,如果有你们这些小伙子一起陪同我们下山会感觉更安全。你们知道女人们就这样,这些发现土匪的报告把她们吓坏了。我请求你们的帮助。你们也正要离开,不是吗? 好小伙子们,和我们一起走吧。也不是什么正式的保护,这你们明白。但是,女士们会感觉更安全。当然,我并不是很相信这些关于土匪的传言。我曾在维米岭(Vimy Ridge)①参加过战斗。可是,你们知道女人们就这样。"

"好吧,但是我们没有带枪,什么也没带。"布鲁奇说。

"噢,我们知道这些,下士! 我们知道这是一个,啊啊……缺陷。但是,只要和美国士兵在一起,你要知道,这会给女士们很大的激励。"

"好的,我想也是的,"布鲁奇说,"牧师从未说起过有土匪,但是我想这没有问题。"

"太好了!"加拿大人说,"我不知道该怎么感谢你们。可能的话,在山海关请你们喝啤酒吧。"

---

① 维米岭(Vimy Ridge)是法国阿拉斯市以北维米镇附近的山岭。第一次世界大战期间,那里发生过一次著名的战役,史称维米岭战役。维米岭战役是加拿大参加的最著名的战役之一。——译者

"噢，你大可不必如此客气。"布鲁奇说。

于是，我们护送加拿大人下山，紧张地四处张望提防着土匪，总之这段路程比上山还要累。小个子肖骑着他那匹脚步稳健的蒙古毛驴走在一队人的中间，布鲁奇、汉德、康茨和我徒步吃力地走下那好像没有尽头的石砌山路。新的肌肉群必须加紧活动，新的疼痛也开始出现。肖变得和那些加拿大人非常友好，特别是和女士们。"可爱的活泼的小家伙，不是吗？"当我走在宽腿裤男士骑的驴子旁，一下滑倒在路上时，他对我说。"是的，他是，"我说，"这一整天他都是我们这伙人的活力之源。"

"我羡慕你们这些小伙子，"加拿大人说，"你们年轻。就拿长城来说，年代如此古老。但是我要说，这该死的长城，任何时候都能让我青春焕发。"

"是的，先生。"我说。

一路上以及随后的时间里，我们没有遇到任何土匪，尽管那个时期在满洲真的有许多土匪在活动。在我们等候回秦皇岛的火车时，加拿大人坚持在土耳其人旅馆买啤酒给我们。我们说，我们真的不需要。而且这的确是真心话，我们真正需要的是想去看日本姑娘。可是，加拿大人把我们围了起来，坚持要给我们买啤酒。我们无法脱身。

其中一位女士，把土耳其旅馆老板拉到一边耳语了几句。当火车进站时，她说："我要给你们这些男孩子一份惊喜。带回去路上吃。"她交给布鲁奇一个纸袋。

当我们坐上客车的座位后，他打开了纸袋，里面是十几个煮老了的鸡蛋。

4. 猎獾

又是一个夏天，我所在的班凭借娴熟的枪法赢得了代表 E 连参加争夺年度步兵杯冠军的资格。我们被正式命名为 E 连首席步兵参赛班。我们第二营结束了在秦皇岛的夏季训练回到天津。第三营进驻营地，他们每个连都选定了参赛班，二营的参赛班被派去与他们竞争奖杯。当时，京奉线由于军阀战争的干扰没有火车通行，我们便乘坐小型近海轮船"格瑟号"（Gerthe）前去秦皇岛营地。"格瑟号"的方向舵出了毛病，我们不是一直前行，而是一路摇摇晃晃地穿过北直隶湾。我们到达营地大概是在 8 月初,而直到 6 周后我们才返回天津,因为只有那时才有船可以送我们回去。

在营地的第一周,我们班和其他班都为夺杯竞赛进行训练。训练和比赛都在靶场进行。由训练有素的士兵进行射击操练是很值得看的美妙事情。我们第一个完成训练后,坐在靶场一边的沙丘上观看其他班训练。很少有当地人看过参赛班的训练。我甚至不知道是否还会有步兵进行这种训练,昔日中国的那个时代已经过去这么久了,武器已经发生了很大的变化。

步兵杯竞赛结束,我们得了第二名,此后我们有差不多 5 周的时间完全无事可做。第三营等待船只返回天津,我们当然也要等待。我们和 I 连驻扎在一起,有我们班自己的帐篷。我们在 I 连的食堂吃饭,由 I 连的理发匠剃头,我们的床由 I 连的苦力负责整理,鞋子也是他们给擦。但是,这样的关系很快结束了,那里再没有地方容纳我们了,我们已经结束了我们的夏季训练。I 连所能做的就是想方设法消磨时间,等待运输船到达。I 连的指挥官没有必要让我们和他的人一起训练,所以我们有一个多月的时间除了吃饭和睡觉以外无所事事。作为士兵,我们喜欢这样。班里的五个人,包括中士,都充分享受这段时光。他们说,他们正在把争夺奖杯竞赛中耗费掉的精力补充回来。他们早晨起来吃完早餐后,又回到他们的床上,从 I 连的空帐篷里偷杂志看。此时,I 连的人们都出去进行漫无目的的远途行军或者更无目标的野外训练。

马丁·劳德、迪格比·汉德和我更是天生闲不下来。我们便四处乱逛。我们沿着海滩走到离营地 15 英里的避暑胜地北戴河,看看那些住在小别墅里的白人传教士家庭,然后再坐着货运列车返回营地。我们尝试着走到秦皇岛禁区的边上,被驻守禁区大门的宪兵命令离开。我们在秦皇岛城外一家供应船员的"合记"(Hop Kee)杂货店喝啤酒。如果第三营走一条路,我们就走另外一条。我们去内地的中国人的小村庄,每个村庄都安全地躲在美观的石墙后面。当时,马丁·劳德已经可以很熟练地讲东北话了,他的衣袖上佩戴着掌控一切的步兵团徽章,用中国话说就是备受尊崇的"龙"。

迪格比·汉德提议我们应该去打猎。"去哪儿呢?"他问道,"当时祖戈尔斯基领着卡斯特纳将军去的地方在哪儿,他们乱射打山鹬,而祖戈尔斯基也获得了升为一等兵的机会。"

"噢，那是在开滦矿务局种植的固沙防护地带，"马丁·劳德说，"张三和他的父亲住在那。我们也曾去过那里好多次，没有看见过任何东西。将军肯定已经把那里的野物都打干净了。"

"好吧，我渴望去猎点什么，"迪格比说，"绝不仅仅是鸟。野兽，大型动物，这是我特别想猎到的。"

"这里附近没有大型动物，"马丁·劳德说，"忽必烈在 1270 年除夕之夜杀死了最后一只老虎。另外，你怎么弄到枪支？"

"后勤中士可能会借给我们一支斯普林菲尔德步枪。"我们对他的说法真的不以为然。I 连的后勤中士甚至不会将一支破拐杖借给他跛脚的祖母。

当这段重要的谈话进行时，我们正在离营地大约 6 英里远的地方，懒洋洋地躺在一片看上去就像修整完好的花园似的乡下小山丘上。一条小溪在山丘下潺潺流过，几头牛在稀疏的树下吃草。我们从詹博恩·查理棚子里买了一些啤酒和沙丁鱼。"让我们大吃一顿野餐吧。"马丁·劳德说着，打开了一瓶啤酒。

这时，我们看见了一个中国猎手。他是非常年轻的猎手，大概十五六岁，带着一支超长的火器。他没有看见我们。他像猎犬一样奔跑，不时停下来观察。一只野兔从草丛中跳了出来，跳跃着跑了大约 50 英尺，然后停下来向后看着猎手。小伙子把他那古怪的武器举到肩头，瞄准、开火，被后坐力冲击后退了一两步，然后透过烟雾察看他的猎物。一只非常小的野兔被打死在草地上。迪格比·汉德、马丁·劳德和我为之喝彩。

我们走下山丘祝贺这位好猎手，他为自己的胜利大笑起来，甚至有些手舞足蹈。我们和他一起察看了那只被打死的野兔，他未免有些得意扬扬。马丁·劳德发现，他和少年之间能够听懂对方所说的一句句的汉语。我对那只野兔非常感兴趣，因为之前我从没有见过中国兔子。而迪格比·汉德被猎手的武器吸引住了。"请他让我看一下它，马丁。"他不断地说着。当年轻人明白他的要求时，很高兴地把枪给了他，迪格比发出了一声难以置信的吼叫。"这和我的祖父在内战中携带的该死的枪一模一样，"他几乎大喊了起来，"我的意思是同样的型号。"

马丁和我一起嘲笑他。

"看这里，"迪格比说，"看这里，如果你们不相信我。"他指着枪机板，那里一清二楚镌刻着"库克兄弟，乔治亚州阿森斯"，日期是"1862 年"，还有一串数字。而且，在击铁后面的枪机板上刻着南部邦联的旗帜。

"我看到它了，别说我不知道这把枪，"迪格比说，"我的祖父在内战中使用的武器是一样的，战争结束后他把他的武器带回了家。他是骑兵，但是当时马不够了，他们就让他当步兵，发给他一支库克步枪。当我还是个孩子的时候，我用他的枪打过好多次。他一直说这是迄今制造出的最好的武器。"接着，迪格比开始拿着这把老古董似的邦联来复枪操练起来，年轻的中国猎手一边笑着一边鼓掌。

"来吧，迪格比，让我们也看一看。"马丁·劳德说道。

迪格比不情愿地把枪交给他。我们举起它掂掂重量，瞄瞄准，试着拉拉扳机，露出一副欣赏又垂涎的表情，停下手来。这是邦联军队使用的 I 级步兵来复枪，点 58 的口径，33 英寸的枪管，三个铜箍把枪管固定在同样长的枪托上。它是按照埃菲尔德（Enfield）式步枪模型制造的，枪托位于枪管正下方有一个嵌入式的推弹杆。两个瞄准器是固定的，前面的准星同时还用作刺刀插座。当然，这是一支单发前膛枪，击铁力量足够大可以用来发射钉子。让人惊讶的是这支枪外形依然完好,虽然枪托被划过,金属零件有磨损的地方,但是仍然还和当年在库克兄弟兵工厂时一样好用。

和我们使用的1903手动栓式枪机的斯普林菲尔德步枪比起来,不可否认这支枪笨拙了很多,但同样不可否认的是,这支枪具备结实耐用的魅力,以及格外引人注目的很实用的、不愚蠢的外观。我看着刚刚被杀死的小兔子。库克兄弟步枪早已不再使用了,用这种步枪作战的战争也结束很久了,被这种枪杀死的士兵也早已离去,但是就在这里,这支枪依然像以前那样充满活力,依然渴望像以前那样再杀死些生物。

"我告诉你们,它们是无坚不摧的家伙。"迪格比说。

马丁·劳德询问年轻的中国人从哪里得到的这支枪?"家里祖辈传下来的。"男孩说,他很自豪能拥有让美国兵感兴趣的东西。"家中祖上从船上的一个人手中得到的。是那种有帆的船。家里只有长子允许用这支老枪打猎。我是家中长子。"

迪格比·汉德仔细看了看死去的兔子。"这个兔子不是被小枪弹杀死的,"他说,"问问这家伙他用的是什么样的枪弹,从哪里得到的。"

马丁问了那个年轻人。"是一种混合药子弹,"他最后说道,"大概是做鞭炮的制造的子弹。但是很明显,这位做鞭炮的在秦皇岛出售火药和火帽。"猎手认真地听着,不断点头表示同意。虽然他不懂英语,但对某种事有共同兴趣的人往往意气相投,使他完全可以理解其中的大意。他的腰上挂着一个铜火药瓶和一个小袋子。他打开小袋子,给迪格比看里面装的东西。那是猎鸟用的子弹,大概是BB型的。"天哪!"迪格比说,"他用这把枪当鸟枪,他会毁了枪膛的。"然后,他从男孩手里一把抓过步枪从枪口往里看。"他可能还没有毁了它,"他承认说,"我还是能看到枪膛里的阴阳膛线的。但是就这样吧,马丁。我想在这里用这把枪当场打上一枪。我曾用祖父的枪射杀过麝鼠——差点儿把它打成碎片了——我的狩猎天才很少再施展过。问问小伙子是否有大子弹——你知道的,正规的,点58口径的。"

马丁问了男孩,男孩明白了他说的意思,但是摇了摇头:"都没有了。时间太长了。"

"好,那么他能有一个子弹模子吗?"

马丁再次询问年轻人,他也明白了。他从袋子里拿出一个小的手工模子。

"问问他,能把模子借给我们一段时间来制造一些子弹吗。"

年轻人似乎预见到这些。"他说可以,"马丁说,"只要你教他舞枪,当然他的意思是按照邦联的武器操练手册。"

"教给他!"迪格比说,"我会让他成为路易斯安那老虎队(Louisiana Tigers)时代以来最好的独角操练队。"

马丁·劳德和我躺在草地上喝着啤酒,看着迪格比教年轻的中国猎手怎样操练步枪,那是在博勒加尔、杰克逊和李的时代①就有的操练。

我们与年轻人达成了约定,并送给他两包烟作为保证,约好明天在同一地点见面,他带来他的枪、弹药瓶和火帽,我们将带来一些合适的点 58 口径子弹。

我们回到营地,迪格比带着那个珍贵的子弹模子。我们必须要做的就是找一些铅,融化它,倒入模子里。嘿! 小子弹造成了。

难处就在于找铅。当我们踌躇地求到 I 连的后勤中士时,他告诉我们如果非想要的话就自己去挖吧;当然,他那里一点也没有。这时,迪格比·汉德突然想起了什么,他在他的背袋里翻了一阵,找出了一个有牛作助手的中国神灵的小雕像,这位神负责执行生育仪式,奇怪的是,其形象却是一个心满意足的中国未婚少女。"我在日本租界买的,"他解释道,"但是我有点担心能否把它带回家。我们把它熔化掉。即便不是铅做的,也极有可能是含有铅的。感觉好重的。"他把雕像扔给马丁·劳德。"北京制作的,"劳德一边说一边翻看着它,"在一处庙里有一个真人大小的同样的雕像。我看到一些女游客一直看着它。她们非常有意思,说这位神象征着某种献身精神。"

"好,我们就让它献身做子弹吧,"迪格比说,"来吧,我们找一个煎锅来。"

我们来到 I 连的厨房,逼着独自在那里的食堂苦力让我们拿走了一个小

---

① 博勒加尔、杰克逊和李都是 19 世纪 60 年代美国南北战争时期南方著名的军事将领。——译者

煎锅。接着，我们到詹博恩·查理棚子拿了些啤酒，就去了开滦矿务局的铁路线。我们沿着铁路捡了一些小煤块，然后来到"张三"为偷来的鞋子建立贮藏间的混凝土涵洞里。我们在那里用石头搭了一个炉灶，在里面点着了火，迪格比把煎锅放在火上，用马丁的童子军刀把雕像切碎，把碎块放在锅里。我们弯下腰朝点着的煤吹气以加大送风量。当煎锅底部被烧红时，雕像的碎块开始熔化在一起。我们把所有的手帕都掏出来裹住迪格比的手指，他拿起煎锅努力将熔化的神像倒进模子里。他太紧张了，以至一次次的失败，但最后他终于造出了完美的子弹。我们高兴地叫了起来，每人喝了一瓶啤酒以示庆祝。然后，我们回到军营，归还了煎锅，等着吃晚餐。我们那天走了大约 20 英里，非常饥饿，早餐后除了一些沙丁鱼没有吃过任何东西。

晚上，我们躺在我们班帐篷里的床上，开始讨论去哪里打猎，打些什么。迪格比坚持我们要找一些比兔子更大更凶猛的动物。这时，我想到了些什么。我曾经听说过一个地方，那里有一种动物我一直想去看看。那个地方是一片墓地，那种动物就栖身在坟墓中间。

这是我们连的理发匠告诉我的，当时正值初夏，E 连正驻在营地。我坐在理发椅上理发，顺手翻阅一份《原野与河流》，其中有一篇关于在印度打猎的插图文章，有一幅插图是一只蜜獾，一种生活在印度和非洲的像獾一样的动物。正在给我理发的理发匠正好从我的肩头看到杂志，他看见蜜獾的图片，不屑地说："哈！太小了，中国的更大。"

"你的意思是说中国有蜜獾？"我问道。

"中国当然有。而且很大很大，不像这个这么小。很大也很坏，非常坏。"

"它们怎么坏？"

"吃死人。一直住在坟地。很坏。我们叫它'盗墓贼'。"

"噢，你的意思是说在渔村周围游荡的那些狗。"

"不！我们把狗叫作'掘墓者'，这个我们叫'盗墓贼'。不一样，明白吗？"他用汉语说得很慢，但是我觉得没有什么不同。

"这附近有没有？"我问。

"营地里？哈哈！营地里不会有。只在坟地里有。它们一直生活在坟地里。吃死人,非常坏。"

"啊,附近有没有坟地?"

"有的,有一片秦皇岛人使用的很大的坟地,有很多年历史了。就在那边。"说着他用剪子大致指了指。

于是,我那天晚上躺在床上,想起了这件事。我告诉迪格比·汉德和马丁·劳德:"我们去秦皇岛墓地吧,迪格比可以猎杀'盗墓贼'。"我给他们解释了什么是盗墓贼,他们都想去。

"可是墓地在哪里呢?"迪格比说着,两手还来回抛着子弹。

"那个带枪的小家伙应该知道。"我说。

"我做助猎人,"马丁说,"我把墓地所有的蜜獾都朝你赶,迪格比,你可以射击最大的一只。"

第二天早晨,我们在那个年轻猎手射杀野兔的小山丘上与他碰面。他就像猴子一样快乐,坚持按照邦联军事手册的要求给我们操练了十分钟。"你做得非常好,小伙子,"迪格比说,"但是省点儿劲。马丁,问问他墓地在哪儿。"

马丁问了他,并简单地把我们的计划告诉了他。年轻猎手的脸上出现了奇怪的表情。他没有摇头,但是说了一番话,听上去像是警告。

"他说那些死人中有鬼魂游荡。"马丁说。

我们随身带着背袋,从詹博恩·查理的棚子装了几瓶啤酒、几罐沙丁鱼罐头以及一盒饼干。迪格比拿出一瓶啤酒并把它打开。"告诉他,"他说,"这个瓶子里的灵魂比墓地里的灵魂更可怕。让他带路,马丁,什么也不要怕。等一下!告诉他把枪给我。在我解决'盗墓贼'之前,我需要装弹和锁定。"

年轻人把老步枪递给迪格比,站在一边评价他的技术。迪格比从一个曾经依靠熟练技术为生的人那里学过前膛枪装弹技术,他给我们演示了装弹的效率。

弹药瓶的喷嘴处有一个量度装置以确保装药量正确。迪格比眯起眼睛看着标度,将其设置为 4 打兰(dram)①。"就像你装 12 号猎枪一样。"他解释说。他把火药倒入枪管,然后拿出子弹放在枪口一小块油布上。接着,他拿起推弹杆,用杯状一端顶住子弹头,干脆利落地一推,把子弹送入枪膛后部,牢牢顶住位于缺口处的火药上。他从男孩带的小金属盒里拿出一个火帽,将它固定在枪的火门上,再把扳机设在半击发状态。"好了,"他说,"已经装好弹。前面领路,年轻后生,睁大眼睛看着这场好戏吧。"

墓地位于沙丘的另一边,要越过一些军阀曾经用于作战的堑壕。那里远离麦田和牧场,坐落在一片松软的土地上。我现在回想起来应当是黄土或者很像黄土。一道土墙环绕墓地,这道土墙在我们看到时大概有两英尺高,但是以前一定更高,当时已经逐渐风化了。这个地区的中国人用木制棺材盛殓死人,他们把棺材放在地上用土掩埋,每座坟墓都形成了齐腰高的长形土堆。不知什么原因,墓地所在的地方很少下雨,天上的云彩沿着山脉向南飘,再沿着海岸线向东飘,这也许就是当年将这片地方选作墓地的原因吧。

墓地存在的历史很久远,非常久远。秦皇岛最早设立城镇是在大约公元前200到前300年,墓地在当时以及随后的岁月里都是必不可少的。这片墓地占地大约有20英亩,一道很早期的土墙遗迹依稀可见。已经逐渐变平的土堆表明是非常古老的坟墓;还没有变得很平的土堆,上面仍然可以见到碎木头,表明坟墓还不太古老。世世代代以来,在这片无雨的荒地上,新棺材埋在旧棺材已经腐烂的土堆上,新土堆建在已经塌陷的旧土堆上,一个世纪接着一个世纪,整个墓地已经变成了一座低矮的小山。这个地方有一种独有的气味。"这里有鬼魂。"年轻的猎手说。"对于他们来说,这是个好地方。"迪格比·汉德说。

我们没有发现任何植物或动物。那里只有坍塌的土墙、早年土墙的遗迹,以及一座座土坟,每座坟墓——就像一条僵死的蚕——下都掩埋着死者。"真有点吓人。"迪格比说。

那一天,我们是墓地里仅有的几个人,没有任何葬礼举行。新的坟丘分

---

① 打兰(dram),药衡单位,1打兰相当于1.771克。——译者

布在远处界墙的周围,并且有迹象表明正在计划扩展界墙,很可能是为下一个或两个世纪的死者留出空间。在墓地的中间,很明显形成了坟山,一群群扁平的、单独的坟丘,几乎形成了坟山的山巅。看来,数百年间好像没有一个逝者被埋葬在墓地的正中央。我们看到一座新坟正好埋在土墙外,掩埋棺材的土还是新挖的泥土的颜色。坟的四周到处撒着车轮状的小纸片,每一个纸片中间都有一个孔。这样做的意图是,如果有鬼魂想要烦扰死者,它首先必须要穿过每张小纸钱上的小洞,送葬的逝者亲人希望,即便那些鬼魂费尽心血也无法做到。

我不大愿意一直去那墓地中央很突出像座山丘的地方,但是我还是向迪格比和马丁·劳德指出,如果獾确实生活在这个地方,它们很有可能在远离道路的墓地中央挖洞,因为没有人还愿意冒险去那个怪异的山头。如果这里有一群獾,如果它们以吃中国人尸体的肉为生,如果它们住在洞里,那么它们可以挖洞的唯一地方就是在坟丘下。于是,我尽可能强作欢颜地说:"我们去墓地中央好好找找看吧。"

年轻的中国猎手一副很忧虑的样子,极力劝阻我们。"那是个不好的地方,不好的地方。"他对马丁·劳德说。"我们知道,"马丁说,"告诉你,你能为我们在墓地边缘四周找到'盗墓贼'的话,我们就不去墓地中央了。在四周找找'盗墓贼'的踪迹吧,为什么不呢?"

年轻猎手几乎像马一样大叫了一声,嘲笑我们是睁眼瞎。"到处都有踪迹。"他指着一个没有办法辨别出只有一年还是已经有十年历史的坟丘说道。这座坟丘埋葬的木棺材至少有一端上面覆盖的土已经被动物的爪子刨没了,裸露的棺材上也被咬出了一个洞,好像是大型啮齿动物干的。

"他所说的迹象是对的,"迪格比说,"就没有一只四处游逛的动物留下的踪迹一直通到墓地中央吗?"

很难分辨出是动物留下的踪迹还是黄沙土本身制造出的古怪的微小痕迹,也许只是一阵风吹过去造成的结果。地面上的黄土就像海面一样很不稳定。

"沿着这条踪迹走,"马丁·劳德说,"我们顺着这里搞清楚,然后就出去吧。这该死的地方让我很不舒服。"

于是,马丁、迪格比和我沿着一条微小的踪迹往前探寻,而年轻的中国猎手落在后面迟迟不前。这条踪迹沿着平缓的、凹凸不平的上坡一直通向坟山的顶上。

我们没有到达坟山的最高点,就在差不多半路上发现了那个"盗墓食尸鬼"。它正坐在自己在坟丘之间挖的洞口前,那些坟丘年代非常久远以至塌陷得几乎与地面一样平了。当我们看见它时,它正在清洁自己,像狗一样用前爪梳理那乱蓬蓬的皮毛。

马丁·劳德首先发现了它。"在那儿!"他对迪格比耳语道。"那儿!"他用手指着。那只动物还在努力地清理自己的皮毛。迪格比翘起身子把内战时的步枪举到肩头,瞄向目标。他瞄准了好长时间,然后突然放下了武器。"我不能再在这个地方增加更多的死亡了。"他说道。然后他做了以前我从未见他做过的动作,他画了一个十字。

当我们回到初次遇到年轻猎手的那个像花园一样的地方时,精神重新振作起来。我们坐在山坡上和他分享啤酒、饼干和沙丁鱼。

迪格比说:"我还要在这里瞄准射击一个东西。马丁,50码开外,放上一个啤酒瓶。我要看看我的瞄准射击是否依然精准。"

马丁把酒瓶放在迪格比指定的地方,迪格比采取和他使用正规的点30-06斯普林菲尔德步枪同样的射击姿势。一声巨响,一股黑烟腾起,酒瓶应声而碎。

我始终没有完全搞清"盗墓贼"是什么样子。它的个头介于獾和狼獾之间,上半身是一种特殊的灰色而下半身是黑色。当然,它的皮毛乱蓬蓬,但是我想这不是它天生的样子。从外表上看,它似乎不是非常凶残的动物。而且,在它孤独生活的地方,周围也没有什么是非常凶残的。

三、熄灯号

1. 列兵普林斯

4 月的一个早晨，8 点钟，我们在军营里排成一个巨大的马蹄形队形和那些退伍的同伴告别，他们在我们面前进行最后一次列队转圈。他们转了两圈，然后肩并肩走出了军营的大门，去往数里之外的天津东站。在那里，他们将坐车去秦皇岛，美国运兵舰"合众国格兰特号"（U. S. Grant）正在那里等着把他们送回美国。他们的军旅生涯即将结束，他们将在抵达旧金山要塞（Presidio of San Francisco）①时退伍。当他们离开居住了几乎三年之久的军营时，中国人聚集在军营门口放起了鞭炮——一种送别的致敬方式。行进的军人们发出一阵欢呼。

那天下午 5 点钟，我们又在军营里排成马蹄形队形，这次是迎接那些代替早晨离去的老兵们到来的新兵。两批士兵的火车在天津与秦皇岛之间的京奉铁路上交错而过，我们的老兵们将占据这些新兵在"格兰特号"上的床位，而这些新兵也将占据军营里老兵们放弃的床位。中国人也再一次聚集在军营门口放鞭炮欢迎新来者。新兵们像一群受到惊吓的动物纷纷躲避。

当老兵们早晨离开时，他们军装闪亮、平整，纽扣闪闪发光，就像随时可以参加正式阅兵的部队。而走进军营的新兵们衣冠不整，浑身脏兮兮的，像一群流浪汉。120 名老兵离开军营，130 名新兵走进军营代替他们的位置。我们这些老手挑剔地盯着这些新兵，想知道哪个将会被安排到我们班里。

他们松松垮垮地走进我们的军营，受到在天津东站接他们并带他们穿过天津租界街道的几位军士的训诫。他们两次走到我们的马蹄形欢迎队伍中间，然后立定站好并被挑选分配，一些去这个连，一些去那个连。显然，弥

---

① 旧金山要塞（Presidio of San Francisco），位于旧金山市的西北角，占地近 1500 英亩，是 18 世纪时控制湾区的军事重地。现在已经辟为公园。——译者

漫整个天津的令人讨厌的气味使他们的鼻子遭受痛苦,从遥远的戈壁沙漠刮来的沙尘使他们眼睛感到不适。我们把他们叫出来取笑和戏弄。他们都很年轻,都显出一副没精打采的样子,只有少数几个冲我们喊了起来。

有11个人被安排到我们连,其中一个列兵普林斯分到我所在的班。他体格魁伟,头发浓密,胳膊、腿和躯干坚实粗壮,外表看上去如大树一般。他脸部的表情就好像榆树皮一样。在布鲁奇搭乘"格兰特号"回家期间代理下士的资深一等兵马丁·劳德,帮助他安顿了下来。劳德指给他哪个是他的床铺、鞋柜和储物柜,告诉他澡堂和食堂在哪里。

"放下你的行李去洗个澡,"劳德告诉他,"刮胡子、梳头,戴上领带。过几分钟他们就要去喂你们这些新来的家伙,热猪肉三明治和足够的肉汤米饭,你们吃过轮船上的饭后会喜欢的。"

"我不饿。"普林斯说。

"噢,你应该饿了,"劳德反驳说,"你们从早晨下了'格兰特号'以后就没有吃任何东西了。"

"我不饿。"他重复道。

劳德耸耸肩。"没有人强迫你吃。"他说。

为了找话说,我问这位新来的:"旅行怎么样? 你晕船严重吗?"

"你什么意思?"

"噢,呕吐之类的——这你知道的。"

他想了想。"我从未出现过那样的事。"他最后说道。

新兵虽然分配到各班,但是还要单独进行新兵训练——我们称之为"不够格一族"(bolo brigade)。一些人要么先前受过训练,要么经过一周左右的学习,很快脱离了"不够格一族",可以指派正规执勤任务了。但是,列兵普林斯经过了整整一个月的新兵训练,以至于到最后,那个每天都冲着他叫喊的军士都非常怀疑他能否适合承担最简单的士兵任务。

"他仍然分不清左右。"代理下士劳德抱怨道,他正在训练新兵并同时努力争取获得下士军衔。"我见过许多笨拙的壮汉,但是这个家伙把他们都比下去了。你可以骂他,你可以冲他大喊大叫,你可以跪下来求他,但仍然是无济于事。"

分配给训练新兵的一个月时间结束了,然而,不管是否合格,列兵普林斯按照我们驻军的常规还是成了我们中的一员。他把我们班的实力一下子拉到了从未有过的低水平,马丁·劳德的下士军衔也因此被推迟授予,因为连指挥官豪泽(Hauser)上尉断定,既然我们班的表现不佳,那么就表明劳德显然缺乏一名军士所必需的能力。普林斯在训练中笨拙得令人难以置信,甚至在他穿上定做的军装后,看上去也显得不是那么整洁。他的头发在乘船前来中国的路途中长得非常长,以至在他刚到天津时看上过去就像个野人,可是经过连里的理发匠把头发剪掉后,不知怎么,他看上去显得更加糟糕。军队里发的衬衣不可能有适合他的,因为他的脖子与胳膊不成比例,胳膊与躯干不成比例。连里的裁缝专门为他重新缝制了几件衬衫,算是勉强适合他穿。即便如此,按照劳德的说法,衬衫穿在普林斯身上就像是小帐篷。

连队里的其他人都会讲述很多关于在国内时我们家的房子、家庭、我们的学校生活以及其他熟悉的事情。在我们的谈论中,其中一个反复出现的主题就是起初为什么要当兵。我们谈这个问题时都非常坦诚，有的是因为家庭矛盾，有的是因为女孩问题，有的是因为学校问题，但更多的不是因为生活中出了什么问题，而纯粹是躁动导致的精力过剩驱使年轻人从事这种没有希望的事情。但是，至于普林斯，虽然我们给了他很多次机会，他却从未讲过为什么参加第十五步兵团。按照在美国的征兵中士们介绍，第十五步兵团美妙的兵营属于一种美国海外军团，驻扎在一片有着花砖墙和镶宝石宝塔的土地上，留着辫子的杏仁眼男人穿着女式长袍、喝茶、吃米饭、吸食鸦片、挥舞着砍头刀。事实上，普林斯根本很少谈起任何事情，总好像是一块包裹着忧郁的裹尸布。在闲暇时间，他不是躺在床上就是阴沉着脸一声不吭地坐在娱乐室里。他没有收到过任何信件，也从未写过任何信件。他从不看书或杂志，从不打台球或下棋，从不和我们一起去酒吧，或者一起去天津美丽的公园散步。马丁·劳德据此恼怒地评价：普林斯没有嗅觉，没有味觉，没有感觉，没有知觉。

在所有不擅长的事情中，普林斯最不擅长的就是如何使用当时被称作"步兵武器女王"的斯普林菲尔德步枪。通常情况下，在经过足够时间的训练也受够了教官的大声喊叫之后，一个新兵可以学会许多持枪姿势，枪上右肩或左肩、举枪致敬、持枪立正和步枪操练中其他一些应当做的动作。但是，普林斯是个例外，与他的同伴一起做复杂的步枪翻转动作总是超出了他的能力。大约两个月后，很明显普林斯无法成为一名战士，豪泽上尉不再让他执行日常勤务，无视后勤中士愤怒的抗议，把他永久性地分派到后勤库房。在后勤库房，普林斯就做一些整理帐篷桩和水壶之类的事情。大部分时间，他仍然是坐着。他毫不在意。不管如何，他最讨厌的是训练。

7月，我们去夏季营地打靶。如果你成为步枪射击能手，你的津贴会涨到每月5美元；如果你成为一等射手，你的津贴会涨到3美元；如果你成为二等射手，你的津贴不会提高，但是你会因熟练掌握步枪射击而得到一枚奖章。每个连指挥官的目标就是希望看到他的连队百分之百达标。当然，他希望夏季训练结束时他的连最好拥有更多的射击能手和一等射手，但是他最大的愿望就是向人夸耀全连没有不达标的，即没有打不上靶的人。

在实弹打靶之前，我们先要没完没了地进行瞄准和扣扳机练习。身体的站立姿势正规得就像一个芭蕾舞演员那样,双脚站立要有一定的角度,腕部要以某种方式倾斜,肘部要保持适度的弯曲。同时,步枪的背带必须绕在手臂上做极其细微的调整,步枪准星的调整要精确到微米。射击者必须学会在扣动扳机前屏住呼吸,甚至在心理上也要做好准备。我们被告知,"你必须学会爱护你的枪支,就像爱护你的宝贝女孩"。

我们两个人结成一对,一个人训练另一个人,然后反过来另一个人再训练你。我们彼此激励,彼此纠正,彼此大声训斥,有时候甚至动起了拳头。主导我们的想法就是尽可能达到最好的状态,力求打中靶心,而且我们都全身心地投入训练。马丁·劳德和普林斯结成一对。除了校级军官外,步兵团里的每一个人都必须有射击记录,于是豪泽上尉决定,如果有人能够教会普林斯射击,劳德当是首选。劳德是连里最好的射手。豪泽上尉告诉劳德,如果他能指导普林斯步枪打靶取得合格,他豪泽将当场提拔劳德为下士。劳德有些犹疑不决地答道:"遵命,长官。"然后就开始去执行了。

在演习训练结束时段,豪泽上尉问劳德普林斯合格的机会有多大。

"我不知道,长官,"劳德说,"他的进步不是很大。他只是像猪一样趴在那里。他不清楚步枪背带的用法,他声称必须闭上一只眼睛看靶。他说射击服上的护肘使他的胳膊变得不灵活。他不明白为什么不能采取他想用的坐姿而必须是书上要求的姿势。而且,他从来也听不进去我所说的要测算风速,并要按此调整准星。"

"好吧,明天我们开始实弹射击,"豪泽上尉说,"他也要和每个人一样参加。让我们期盼奇迹发生吧。"

我们连被分派到最糟糕的头 10 个靶位。因此,我们中的十个人作为第一组,站在射击线的位置,把装满真子弹的弹夹压进枪膛。以前,用沙袋支撑射击时只是需要"瞄准"。当步枪垫在沙袋上射击时,即使最笨的家伙也不会脱靶。劳德在 1 号靶,普林斯在 2 号靶,开始他们是在 200 码线上站姿射击。每个人都有一本小的记录簿,打完每一枪都要记录在上面。记录簿的每一页上都印着一个微型靶图,他要把他每一枪打中的位置在靶上标出来。这样,他就会保留一个长期记录,说明他的射击结果如何归类,他要想射中靶心需要用多大的风力修正量和射角。

在射击线上，每一对射手后面都摆放着一张桌子，第三人坐在那里记下他们正式的记录——这一阶段他们的训练记录。我坐在劳德和普林斯的后面。劳德的第一枪打了4环，这意味着子弹击中了靶心上方的空白处。普林斯的第一枪打中了靶坑前面的护墙，升起一股飞尘。没有人说话，因为这完全是意料之中的。我记下了劳德4环，普林斯0环。第二枪，劳德还是4环。

"把你的准星放低点，劳德，"豪泽上尉说，"开始直中靶心吧。"

普林斯又打了一枪。这次没有尘土飞起，于是我们知道他一定是击中了靶上的什么地方或者是完全打飞了。

"报靶，普林斯。"豪泽上尉说。报靶就是射击者高声报出他认为子弹击中的地方，主要根据他开枪那一刻报出的校正瞄准的结果。

"正是我报出的要射击的地方。"普林斯说。

"不能这样报靶，"豪泽上尉说，"再报一次。准确一点，就像教给你的那样。"

"正是我报的，打中靶心黑点。"普林斯倔强地说。

豪泽上尉开始忍不住加大了嗓门，但是随后普林斯的靶子滑了过来，上面用白色靶标做的标记，这一枪正中靶心。豪泽长出了一口气。"就保持这样瞄准，一切会好的。"他说。

普林斯就这样做了。他结束了一连串的十发射击，打中了九次靶心，加上他第一枪很糟糕的脱靶，总共获得了45环。劳德总共获得了42环。

当我们向后移到300码线时，我们相互议论，普林斯就是一个天生不用瞄准就能射中200码的怪胎，但是当我们向后移到500和600码线时，你真的只能是"举枪和扣扳机"了，他就不会打得这么准了。但是，他做到了。他那么多次打中靶心，以至于看他射击变得很单调了。当那天射击结束时，他的射击记录不仅是我们连甚至是整个营里最高的。

劳德尽管再次有了获得下士军衔的希望，不过他仍然和所有人一样对普林斯的表现表示不解。"我真的搞不明白，"他说，"他也没有校正准星什么的，只是持枪高一点或低一点，左一点或右一点。这就是他们所谓的风偏修正法（Kentucky windage），就像过去老式燧发松鼠猎枪一样。他一天一次记录簿也没用过，他说把射击成绩记下来没有什么意义。"

不管是否运用了风偏修正法，普林斯证明了自己是一个杰出的步枪射手，每个人都承认这一点。我们设法用简单的方式对他表示祝贺，他则用一贯的呆滞、傻傻的目光盯着我们说："我只是把它们打向我想打的地方。我第一次根本不知道应该打到那个黑点。"

"是的，但是你以前肯定经常打枪，是吗？"

"没有，"他说，"我妈妈从不让身边放有枪支。"

接下来几天我们继续进行射击并做了正式记录，普林斯当然成为了步枪射击能手。他的记录是 350 枪命中 330 枪，是那个夏天整个第十五步兵团最好的成绩。他被提名和劳德以及步兵团的其他十几名射击能手组成步枪射击队，将在同一靶场挑战来自北京美国使馆卫队的海军陆战队员，争夺华北地区的冠军。每个人都相信，这一次有普林斯参加，第十五步兵团的步枪队一定会打败陆战队员步枪队，虽然以前几年我们多次被他们打败。

我们的连队返回了天津，留下普林斯和劳德与步兵团步枪队一起训练。三周后，就在射击大赛即将开始举行的那天，一些医疗队的人把普林斯送回天津，并送他到军营医院进行紧急手术。那天早晨他拒绝起床，当步枪射击队的上尉问他时，他说："我的肚子感到很疼。"火车经过 8 小时从秦皇岛赶到天津，那天夜里他死在手术台上。他的阑尾穿孔了。

第二天，劳德从秦皇岛回来，第十五步兵团步枪队和往常一样输给了海军陆战队步枪队。豪泽上尉上前询问劳德关于普林斯的事。"军医说他肯定已经疼了好几天了，难道他从没有喊过疼？"

"他从未说过一个字，长官，"劳德说，"他从没有说过任何事，直到比赛的那天早晨，当时他已经不能下床了。那个家伙从来没有任何神经感觉，这也是为什么他能有如此好的枪法的原因。他甚至感觉不到枪支的撞击，当你感觉不到这些时你也就感觉不到任何事情。"

在军营操场举行的普林斯葬礼上，随军牧师做了祈祷，我们八个人组成的礼枪队，为他鸣枪三响，乐手吹响了葬礼的号声。然后，他的棺木暂存在殡仪馆，等候轮船把他的遗体运回美国。

豪泽上尉在普林斯的入伍登记表上找到了他母亲的名字和住址，于是给普林斯的母亲发了一封电报。然后，他决定做一个普林斯的遗物包也给他的母亲寄过去。他要我们这些曾经的普林斯同班战友贡献出我们能够找到的东西放进遗物包。没有人能献出任何东西，因为我们没有关于他的任何东西——没有一张他的照片（我们常常一起照相），没有一件纪念品，任何东西都没有。豪泽上尉检查了普林斯的鞋柜和储物柜，除了军队发的很少的一些衣服外什么都没有，没有一封信件，没有一张照片。其他人都有在各处搞到的中国小物件，也都存有一本分类剪贴簿类的东西，但是普林斯都没有。他可以说是一无所有。

豪泽上尉想到普林斯在秦皇岛靶场赢得的步枪射击能手奖章，但是因为他已经死亡没有再颁发给他。豪泽从后勤中士那里拿到了一个，并写了一份详细的颁发命令与奖章放到一起。

"那么现在，"他对我们这些与普林斯同班的人说道，"我想要你们每个人都坐下来写几句话给这个小子的母亲。你可以说你们是他的朋友，喜欢他，和他在一起很高兴，诸如此类的话。你们可以讲述一些关于他的小趣事让他的母亲高兴。你们要快点写完，因为我想把这个包裹连同他的奖章今天寄出去，我也想把你们的信一起放在包裹里。"

我们尝试着写了起来。开始，我们很为难。没有任何事情可以写——没有任何有关我们压根不喜欢的这个家伙的趣事可以记下来。当我们其他人一起出去玩的时候，他一脸忧郁地躺在床上。然后，我们就像许多人在这种情况下采取的方法一样，编造了一些关于普林斯的事情，但是当我们把这些写在纸上后，却发现看上去实在太假了，我们无法说服自己把这些寄出去。

最后，马丁·劳德想到了一个主意。"我们来一份圆形签名信，"他说，"我以前在别的地方见到过。"他拿出一张纸，在中间写道：

他是我们见过的最棒的步枪射手。

"现在，"他说，"我们所有人在周围转圈签下我们的名字，上尉可以把它寄出去。这就是圆形签名信。"

我们非常不情愿这样做，因为作为一名军人，我们讨厌在任何事上签名,即便是这样一件简单有益的事情。我们把签名信拿给上尉,告诉他这是我们所能做的最好的事情了。

他看看那张纸,看看我们,然后说:"我不能把这样愚蠢的东西寄给他的母亲。"然后,他的面孔一下子皱了起来,显出一副奇怪的样子,就像孩子们快要哭时的表情。他似乎意识到,这是我们所能想出来的最佳的做法了,同时他好像被纸上大片的空白所触动,想到对于那个死去的男孩而言,再也没有比这更好的悼念方式了。于是他说:"好吧,我把这个也寄走吧,在里面包上射击能手奖章。"

他包上了奖章,却始终没有寄走。那天稍晚的时候收到一封电报,是回复他发给普林斯的母亲告知她儿子死讯的电报的。电报来自普林斯家乡的红十字会。电报上说,普林斯的母亲在他参军前一个月就死了,也没有在世的任何亲属。不知怎么——也许出于某种原因——虽然他的母亲已经去世,但普林斯还是把她的名字填在了入伍登记表上了。普林斯的尸体最后埋葬在旧金山要塞的军人墓地里,那里离码头只有几英里,而就在几个月前,他从那里登船前往中国。

2. 老家伙

第十五步兵团总是以一种适当的方式庆祝 5 月 4 日。5 月 4 日是这支部队成立纪念日。这要回溯到 1861 年 5 月 4 日那一天,亚伯拉罕·林肯把这支军队改编成美军一支正规部队。在天津,5 月 4 日这一天是从步兵团举行阅兵式和检阅开始的。阅兵在兵营操场上进行,操场上搭建了看台,台上是观看阅兵的军官眷属和当地的百姓。阅兵式和检阅结束之后,我们围成一个中空的方阵,稍息站在那里,按照惯例聆听步兵团指挥官发表讲话。在一次建团纪念日,卡斯特纳准将决定亲自向大家发表演讲,而不是把这个差事交给上校。他当时确实发表了演讲,花了大约三十分钟大讲性病的祸患,看台上的听众——大多数是女性——都认为他的这个话题极为不妥。与卡斯特纳不同,上校发表演讲通常是那种鼓舞士气的讲话,目的是激励我们做出更大的努力。

演讲结束之后,一位资深参谋宣读了《第十五步兵团史》,这份历史记录

美国兵营与第十五步兵团军乐队

最初从夏伊洛开始编写，到了天津这一阶段内容减少了。但是，那位参谋官指出，这份"团史"还需要继续写下去，因为未来当下一次大的战争爆发，还会有更大的光荣和更伟大的事情等待着我们这支部队。他说的很对。比如，在1942年，第十五步兵团作为第三师的一部分在北非登陆，并参加了随后在意大利、法国和德国的战役。步兵团的人员中，一共有16个人赢得过国会荣誉勋章。

所有的讲话结束了，讲话的内容也都被大家忘记了。接着，开始在操场举行运动会，有许多比赛项目，百码跑、撑竿跳、跳高、接力赛和障碍赛跑等。运动会结束后，人们已经是气喘吁吁、疲惫不堪，于是，部队全体坐下来享用节日大餐。下午，要以步兵团军官们的名义，给团指挥官的妻子献花。晚上，要为步兵团的军官和女士们举办晚宴和舞会。而士兵和他们的朋友或妻子——如果结婚了的话——则可以到营房马路对面的基督教青年会参加不怎么热闹的招待会。我们很少有人到那里去消遣，而是宁愿到附近的酒吧转一转。

我加入第十五步兵团后经历的第一个"建团日"，阅兵式、接受检阅、聆听演讲和"步兵团史"我都和大家一起参加，但是，由于无论是障碍赛跑、跳高、撑竿跳，还是百码赛跑，我都没有什么能力，所以，只能和其他大约七百五十人一样，充当运动比赛的观众。在阅兵和检阅的时候，我就发现看台上有一小群人单独坐在一起。他们穿着早已过时的军装，有几个人还穿着第一次世界大战以前就已经不再穿的蓝色步兵服。我问布鲁奇下士，这些人到底是些什么人。

"那些家伙？"他轻蔑地说，"他们都是些'老家伙'。我们每次阅兵他们都到场来看。他们没有别的事情可做。"

"哦，可他们到底是干什么的？他们是怎么到这里来的？"

"他们和其他所有人一样，也是坐船到这里来的。别这么傻了。"

我又问了其他一些人，最后终于弄清楚了，这些"老家伙"（实际上，"老家伙"是那些肆无忌惮的步兵给他们起的一个不雅的外号）是一群退伍军人，他们选择退伍以后在华北这灯红酒绿之地度过余生，而不是回到美国。他们拥有一个属于自己的排他的俱乐部，他们在俱乐部里下跳棋、玩扑克牌、打台球、读报纸，还在那里吃饭喝酒。他们中有些人是单身，有些人有自己的女人。他们的女人取决于这些老家伙的喜好，可能是中国人，也有可能是日本人、朝鲜人、德国人或是白俄，至少还有一个是法国人。他们的女人大多数是中国人，而且有些还格外年轻。这些老家伙的退伍金若在美国只能算是微薄的收入，但是如果换成中国的货币就至少增加了三倍半，因此这些老家伙和他们的女人能生活得很好。如果这些老兵生病了，可以到兵营医院就诊。他们还可以在营房小卖部以低价购买刮胡刀片、肥皂和香烟等。

这个俱乐部大约是在1915年由几名从第十五步兵团退伍，决定留在天津不回美国的老兵成立的。当时，这些老兵都已经有了自己的女人，这是他们要留在天津的一个原因。同时，他们决定建立一个不准他们的女人进入，只供他们自己聚会的场所，在这个地方，他们可以过一会儿当美国人的瘾。尽管他们每个人的经济能力都有限，但是，他们把资金凑到一起，就有能力开办俱乐部了。许多年过去了，随着加入俱乐部的人数不断增长，到1927年，俱乐部已经发展成一个安乐之所了。

按说，这些老家伙真的做成功了，他们也清楚这一点。但是，他们的俱乐部也是一个封闭的组织。卡斯特纳将军接管了驻华北美国陆军的指挥权以后,有一天,对这些老家伙做了分析,发现了他们吸收俱乐部成员的秘密,于是决定制止这种做法。

他们发展俱乐部成员的方法是这样的:一个老家伙认识了一个已经回到美国的下士,服役二十七年以上,表现良好,再混两三年就可以有三十年军龄,然后可以退役。这个老家伙会给这名下士写一封信,讲述在天津过退休生活如何快乐,如果在美国的年老下士受到了诱惑,他就会申请调换到第十五步兵团。一般来说,在第十五步兵团中总会有两三个下士,他们既恨第十五步兵团又讨厌中国,于是双方就会安排对调。不愿意在这里服役的年轻下士就能回到美国,而老家伙就可以顶替他在第十五步兵团的职位。到第十五步兵团后,他还要再无所事事地混完最后两三年。在此期间,他要哄骗一个上士或军士长,要在自己服役的最后一天退役。这样一来,这个老家伙在退役的时候就可以拿到最高或接近最高的退伍金,而且整个部队还要列队让他检阅,团指挥官还会握着他的手,跟他说上两句失去他这样的人是部队的极大损失之类的话。然后,这个退伍老兵就可以收拾起行李,再也不用听营房的起床号和熄灯号了。他会搬到早已选好的简陋房子里,和他早已挑选好的女人住在一起,成为"老家伙俱乐部"的一员。

卡斯特纳将军对此的看法是,这个看来被潜在的老家伙们所赞赏的退役制度,一直在用衰老体弱、已经糊里糊涂的人来补充驻华美国陆军的军士梯队,而卡斯特纳将军想要的是那些年轻、有活力、又聪明的年轻人。于是,他发布了一道命令:美国驻华陆军不再接受35岁以上的补充兵员,在中国服役满9年的军人必须要回国。至于那些老家伙,他根本就不理会他们。这些人心里也十分清楚,尽管他们见到卡斯特纳的时候仍然要向他敬礼,但是他们在敬礼的时候,也总要设法让他感觉到他们同时也在骂他。和许多老家伙年龄差不多的卡斯特纳也清楚这一点,他采取的报复手段是,不管他什么时候在大街上遇上他们,总是把他们叫到他的卡迪拉克的旁边,大声地训斥他们不当的仪表风纪或行为举止。然后,卡斯特纳继续走他的路,老家伙们依然是我行我素,双方谁也不会考虑平息他们之间的矛盾。

老家伙们总是拒绝第十五步兵团的人与他们套近乎,不愿意让步兵团年轻的士兵们到他们俱乐部的酒吧里吵闹,他们不想让任何人用挑逗的眼神看他们的女人。他们那个神秘的俱乐部，我只进去过一次，而文学是我进入那个俱乐部的魔法钥匙。

"天津书店"在当时可以称得上是世界大型书店之一，什么语言的书都可以在那里找到。我的第一本乔伊斯的《尤利西斯》就是1924年1月在天津书店买到的，而且是巴黎莎士比亚书屋出版的那个有名的"第四版"。当时，那本书在纽约遭到焚毁，在福克斯通（Folkstone）遭到没收后，在所有英语国家普遍遭到查禁。可是，天津却没有查禁这本书。我在书店买这本书的时候，看到一位矮墩墩、很壮实，身穿一身干净整齐的蓝哔叽西装，已过中年的人。他想要一本书，但又无法确定那本书的书名。尽管接待他的店员会讲多种语言，但好像还是弄不清他说的是什么。

"书中描写的是一位贵族和一位女士，我就知道这么多。"穿蓝哔叽西装的人说道。我在旁边灵机一动，对店员说："我想他说的是《查泰莱夫人的情人》（Lady Chatterley's Lover）。"店员耸了耸肩，然后递给他一本书。这本书的原版是意大利语，当然，店员给他拿的是英文版，但是，这是英文第一版，该版有大量的印刷错误。作者劳伦斯又改写过两次，才使自己感到满意。这本书也不是穿蓝哔叽西装那个人要找的书，但是他从前向后翻看了几页之后，就决定买下来。我们俩把书夹在腋下，一起走出了天津书店。

"今天晚上我吃牛排的时候就有书读了，"他说，"感谢你给我的帮助。"

"你是在这里做生意的吗？"我问道。

"哦，不是，我不是生意人。我是上士乔治·史密斯（George Smith），现在已经退伍了。我就是你们这帮年轻的家伙所说的老家伙。"

我不知说什么好，只是说了一句："啊，是的，当然。"当我们分手的时候，只是互相客气了几句，那天我们之间确实没有建立任何友谊。但是，几个月之后，我又在天津书店碰见了上士乔治·史密斯。我刚刚买了休斯曼斯（Huysmans）的《格格不入》（Against the Grain），史密斯就来到我的面前，就好像我们已经是多年的朋友一样。他说："那本《查泰莱夫人的情人》真不错，我喜欢那本书的写法。我认为它对孩子们不太合适，但是对一个见多识广的老家伙……嘿，挺有趣的。我已经读了三遍了。我在军队的时候没有多少时间读书，但现在我有充裕的时间了。基督教青年会图书馆里的书多少有点女孩子味。你认为他们会从这里购买更多像查泰莱夫人这样的书吗？"

"他们会成批购进的。"我这样告诉他。我说这话是有根据的，因为我曾经多次看见他们从这里买书。我把他领到一张桌子前，那儿有一本弗兰克·哈里斯(Frank Harris)的《生活与爱情》(*Life and Loves*)。他翻看了一会儿——他有快速阅读的技巧——然后啪的一声合上书说："我买了。"当中国店员告诉他书的价格时，他甚至连犹豫一下都没有。

我第三次遇见他是在一周以后，地点就在"老家伙俱乐部"的外面。"嘿！"他说，"我一直在找你。我想和你讨论哈里斯那本书。嘿，有几处写得简直太好了，真棒！进来，躲开尘土和臭味，喝杯啤酒。"

"我想我们这些人在你们这个俱乐部是不受欢迎的。"我指着自己穿的军服说道。

"老朋友，"他回答，"只要你是同乔治·史密斯上士在一起，无论你在这个该死的城市的任何地方，你都会受欢迎的。快进来，掸掉身上的灰尘。"

于是，我们走进了"老家伙俱乐部"。一号侍者是个中国人，我们进去后他马上跑了过来，手里拿着一本又大又破旧的账簿——这是"老家伙俱乐部"的来访客人登记簿。上士史密斯用工整的草书签上了我们俩的名字。"给我们拿点儿啤酒来，快点儿。"他对那个一号侍者厉声说道。

俱乐部里被老家伙们称作休息室的地方还挺漂亮。地上铺着地毯，墙壁上黑色的柱子之间镶嵌着黄色的竹子。屋里都是很深的靠背扶手椅，配有金黄色的皮革椅垫。墙上的壁龛里摆放着小小的中国神像。一架中国式屏风的后面立着一个报架。每把椅子旁边都摆放着一张涂了漆的矮凳，上面放着一个烟灰缸。远处的墙上有一幅真人一样大小的照片，照片上是一个站立着的裸体女孩儿，她的头发披到肩上，胳膊垂及臀部。很难说出她到底是哪国人。

有三四个老家伙坐在他们那心爱的椅子上，他们喜爱的饮料就摆在旁边的矮凳上。他们以不很友好的目光盯着我，并用责备的目光看着史密斯。除了那张真人大小的照片以外，这里所有的一切，都让我想起了我在英国军官俱乐部里看到的木偶戏《潘趣》（Punch）①的卡通画，年老的上校和将军们郁郁寡欢地坐在那里喝着威士忌和苏打水，对闯进去的人皱着眉头，一言不发。

史密斯挨个给我介绍："这位是军士长……那位是技术军士……这位是上士……"他们都身着便装，穿着外衣，打着领带。每个人都站起身来敷衍地同我握了握手，然后马上就又坐下了。他们讨厌——也不刻意掩饰——别人打扰他们既定的聚会时间。他们当中有些人的年龄比我想象的要大，我们阅兵那天，我曾在远处看到他们几个人单独坐在一起。实际上，其中的一个上士让我马上就想起了乔纳森·斯威夫特的长生不死的斯特勒尔布勒格人②，他的前额上那块明显的乌黑的斑记，甚至都有英国先令那么大。

休息室里的竹子、黑色柱子和木头都显现出柔和、深色的光泽。木制品只有经过用光滑的软布日复一日、年复一年地擦拭，才会出现这样的光泽，给人一种永恒的感觉。

上士史密斯向我解释说，俱乐部实行严格的军事化管理。你不可能指望这些老兵采用其他的方式。一名军士长负责俱乐部的一般管理，专管雇用和解雇中国侍仆。一名财务中士经管俱乐部的账目。俱乐部的成员在这里吃饭喝酒都要签一张欠款单，每月与财务中士结一次账。有些人甚至委托财务中士每月底把他们的退伍金取出来，扣除他们在俱乐部的消费之后，再把剩余的钱帮他们存到银行。经管伙食的中士要负责购买食品，并在厨师烹制时负责监督。还有一名医生（医疗队退役的老兵），俱乐部成员的身体出现什么小毛病，就会找他看。俱乐部唯一缺少的是牧师，但是他们当中有些人是教徒，可以自己读《圣经》。

正如我上面说的，俱乐部的主要房间就是休息室。他们的餐厅就如同军队的食堂，卫生间在最前面。有些俱乐部成员不愿意与别人同居，而是宁愿选择住在俱乐部里。俱乐部的住宿区在二层，是一排既简陋又一模一样

---

① 英国著名的传统木偶剧《潘趣与朱迪》（Punch & Judy），主人公潘趣先生以鹰鼻、驼背、红鼻头的形象在英国家喻户晓。——译者

② 这里是指英国作家乔纳森·斯威夫特的名著《格列佛游记》里描写的"长生不死人"斯特勒尔勒格格。——译者

的房间，房间彼此之间用屏风隔开，每个房间都有窗户、整洁的军用床、摆放在墙角的储物柜、洗脸盆以及污水罐。

他们还雇了一名裁缝，为他们做便服，并缝补他们那些心爱的旧军装。还有一名理发匠每天专门为他们刮脸，并在需要时为他们理发。他们当中一旦有人去世——这种情况很少出现——他们要在第十五步兵团的营房为死者举行一个军事葬礼，要行持枪礼、吹丧礼号以示哀悼，还要请牧师为死者祈祷。除非亡者在美国的亲属要求把尸体运回国，否则，就埋葬在马场道的墓地，义和团动乱时期阵亡的许多美国人都埋在了那里。

老家伙们的退伍金平均每月大约是400元。一些平时比较节俭的人，死后会给他们在美国的远房亲戚留下多达1000美元的遗产。

如果他们与女人同居了，他们的女人通常每月会得到100元维持他们简陋的家——沿着俱乐部那条街一处院落中有两三个房间的公寓。这每月百十来元钱表明生活是很富裕的。在那个时代，有人认为天津一个普通的苦力一年的收入总共还不到18美元。有些老家伙非常喜爱他们的女人，以至于他们真的安了家，成了与菜篮子为伍的"已婚老男人"。有些人甚至举行婚礼仪式，还有的甚至生儿育女。

当俱乐部刚刚成立的时候，他们最早找的女人都是妓院从良的妓女。随着时间的推移，找女人几乎成了最经济实惠的选择女子同居的方法。如要找个女人，他们只要在大量候选人中挑来选去就行。而老实说，那些候选人也都是由当时已经与老家伙姘居的那些女人的亲戚们提供的。

所有的老家伙都十分擅长回忆往事，甚至有些上瘾。在休息室里，他们一边被侍仆们小心地伺候着，一边没完没了地说着，狂热地回忆着他们曾经服役过的部队和曾经参加过的战役。他们非常看不起我们这些第十五步兵团的年轻人，认为我们可值得回忆的从军往事只有三五年，而他们则是一生。

这些老家伙非常喜欢吃，俱乐部的食堂可以同天津的任何一家饭店相媲美。他们年老的胃口喜欢喝汤，俱乐部食堂烹制的口味细腻的汤，只有华北的大厨房才能做得出来。他们也喜欢吃米饭，因为这对于他们这些没有牙的人来说常常更容易咀嚼。此外，他们也喜欢吃鱼，喜欢来自澳大利亚的牛肉，来自河北省的猪肉、鸡肉、鸭肉和田鸡腿，来自新西兰的小羊肉和来自斯堪的纳维亚的培根肉。至于黄油、咖啡和糖，他们都是从第十五步兵团的杂货店购买的。俱乐部的食堂中士还经常亲手为他们烤制面包，是一种硬皮面包，蘸着汤很好吃。这个手艺是他年轻时在巴黎学会的。

老家伙们从不纳税。除了自己，他们不尊重任何权威。然而，在军队服役一生的经历告诉他们，人们需要权威就像每个人需要保持清洁一样。于是，他们自己组成了一个功能并不十分明确的军事法庭。在老家伙这个圈子以外的人，根本就搞不清楚这个军事法庭是如何运作的。但是，一旦他们俱乐部的某个成员行为出了轨，违反了他们制定的规则，他们就会以某种方式引起美国领事馆对他的注意，把这个年老的违规者遣送回国。

史密斯上士几次邀请我到他居住的地方去喝酒和讨论他读的书籍。他居住的是一处三居室的公寓房，位于一座砖砌公寓楼的四层。这所公寓楼俗称"国际之家"，因为楼里居住着不同种族的形形色色的家庭。史密斯居住的三间房，他和他的女人各占一间，余下的那间作为厨房、餐厅兼多功能室。这间房带有阳台，站在阳台上就可以俯瞰整个城市，看得最清楚的就是飘扬在第十五步兵团营房水塔顶上的美国国旗。

他的女人是个满族女子，个头儿挺高。我第一次去他家拜访时，她穿着一件印花旗袍，正在一个小煤炉子上制作肉丝炒面。无论当时还是以后，我每次去他家，她从没说过一句话。但只要我们一进门，她就会给我们拧一条热毛巾，让我们擦脸。当史密斯坐下来，打开一瓶苏玳葡萄酒（Sauterne）后，她就会站在他身后为他按摩颈部和两侧的肩胛，而且给史密斯按摩完之后，还走到我的身后为我按摩。

"她还会画画。"这是我第一次去他家的时候史密斯告诉我的。当时，他从一个柜橱里拿出一幅大约 10 英寸宽、10 英尺长的画轴。欣赏传统的中国画要从右向左，随着画轴的逐渐打开，画中讲述的故事也随之呈现。开始画的是一条河的河口，架在炮台上的大炮正向海上的战舰开火。"大沽口，"史密斯说，"你知道吗，在海河的河口，这些炮台上的大炮都被摧毁了。这幅画画的是义和团事件发生时炮台向我们开火。"随着他慢慢展开画卷，接下去画的是外国军队沿着海河前进并在天津与义和团作战，然后包围了北京。

"这一切都是我讲给她听，然后她画的，"史密斯说，"她那时还没有出生。你知道，我参加了那场独特的战斗，那假定是我，举旗的那个家伙。"

我回到美国以后就退伍了。史密斯和我断断续续又通了几年的信。我收到他的最后一封信是在1937年，他在信中告诉我：有传言说，"为了避免发生意外"，第十五步兵团不久就要撤离中国。日本人一天比一天狂妄自大，在天津的美国平民得到忠告，要他们离开中国。他说，有些老家伙准备离开，但大多数也包括他自己，认为应该在中国坚持到底。日本人所能做的最糟糕的事情无非就是把他们扣留起来。不管怎么说，谁怕那些可恶的日本人啊？

1938年，第十五步兵团结束了他们在华北长达二十六年的驻防，回到了美国。随后不久，日本军队占领了天津。

史密斯的简历：1872年出生，1893年入伍。1900年，参加与义和团作战（那是他第一次到天津）；1916年，参加在墨西哥讨伐维拉（Villa）的战役；1917—1918年，在杰弗逊军营训练为第一次世界大战征募的新兵；1920年，以在职中士的身份回到天津第十五步兵团；1923年，以上士的身份在天津退役；去世年代不详。

附：

美军第十五步兵团任职军官花名册（1927 年 3 月）

当时的军衔	姓名	中译名	当时任职	最高军衔	生卒	备注
上校	Isaac Newell	艾萨克·纽厄尔	团长	上校		1930 年退役
中校	George Catlett Marshall	马歇尔	参谋长、副团长	五星上将	1880—1959	1939 年任美国陆军参谋长；1945 年退役。后出任美国国务卿和国防部长，以提出"马歇尔计划"而闻名。1953 年获诺贝尔和平奖。
少校	Joseph W. Stilwell	约瑟夫·史迪威	二营营长、代理参谋长	四星上将	1883—1946	1942 年晋升中将。先后担任中国战区参谋长，中缅印战区美军总司令、东南亚盟军司令部副司令、中国驻印军司令等，后晋升为四星上将。
同上	Edwin F. Harding	埃德温·哈丁	未任职	少将		
同上	Jens A. Deo	詹斯·迪奥	三营营长	少将		

当时的军衔	姓名	中译名	当时任职	最高军衔	生卒	备注
上尉	Edwin Patrick	埃德温·帕特里克	军训官	少将	1945年在菲律宾阵亡	
同上	Robert O. Poage	罗伯特·波格	副官		二战前死亡	
同上	G. A. Anderson	安德森	副官	上校		
同上	William Bill Tuttle	威廉·比尔·塔特尔	代理连长	上校	已亡	
同上	Frank B. Hayne	弗兰克·海恩	G连连长	上校		
同上	Frank J. Pearson	弗兰克·皮尔逊	K连连长	上校		
同上	Jos. V. Coughlin	乔斯·库格林	F连连长	上校	已亡	
同上	Leslie R. Forney	莱斯利·福尼	H连连长	上校		
同上	John S. Schwab	约翰·施瓦布	未任职	上尉	二战前死亡	
同上	A. S. Champeny	钱珀尼	L连连长	准将		
同上	Harold B. Crowell	哈罗德·克罗韦尔	后勤官	上校		
同上	Leigh I. Harvey	利·哈维	E连连长	少校		1931年退役
同上	Will H. Evans	威尔·埃文斯	未任职	上尉		1929年退役
同上	C. M. Willingham	威林厄姆	I连连长	上校		

当时的军衔	姓名	中译名	当时任职	最高军衔	生卒	备注
同上	R. J. Williamson	威廉森	M连连长	上校	已亡	
同上	S. L. Buracker	博莱克尔	未任职	上校	已亡	
中尉	Henry A. Barber	亨利·巴伯	未任职	准将		
同上	S. C. Roberson	罗伯逊	G连连长	少校		二战前退役
同上	Robert M. Burrowes	罗伯特·伯罗斯	E连连长	中尉	1928 年亡于中国	
同上	Morris B. De Pass	莫里斯·德帕斯	二营副官	上校		
同上	John E. McCammon	约翰·麦克尔蒙	代理连长	上校		
同上	T. H. Christian	克里斯钦	F连连长	少校	二战前亡故	
同上	Joel D. Pomerene	乔尔·波默林	团部连职官	上校	已亡	
同上	Forrest B. Cookson	福雷斯特·库克森	M连连长	上校		
同上	Dwight L. Adams	德怀特·亚当斯	M连连长	中尉	1935 年亡故	
同上	E. H. Snodgrass	斯诺德格拉斯	代理连长	上校		
同上	Thomas R. Howard	托马斯·霍华德	F连连长	上校		
同上	Fred. M. Harris	弗雷德·哈里斯	K连连长	准将		
同上	C. M. McQuarrie	麦夸里	I连连长	准将		
同上	George H. Maloney	乔治·马洛尼	K连连长	中校	二战前亡故	

当时的军衔	姓名	中译名	当时任职	最高军衔	生卒	备注
少尉	James R. Pierce	詹姆斯·皮尔斯	三营副官	少将		
同上	L. L. Hilliard	希利亚德	H连连长	中校		二战初退役
同上	Damon M. Gunn	达蒙·冈恩	I连连长	上校		
同上	Eugene W. Ridings	尤金·赖丁斯	G连连长	少将		
同上	T. S. Timberman	廷伯曼	L连连长	少将		
同上	Louis J. Storck	路易斯·斯托克	H连连长	上校	二战阵亡	
同上	Joseph W. Boone	约瑟夫·布恩	L连连长	上校		
上尉（牧师）	Luther D. Miller	卢瑟·米勒	牧师	少将		首席随军牧师

1927年3月之前任职军官名录

当时的军衔	姓名	中译名	当时任职	最高军衔	生卒	备注
少校	Matthew Bunker Ridgway	李奇微		四星上将	1895—1993	二战期间率领美军参加西西里岛、诺曼底登陆战役。朝鲜战争中接替麦克阿瑟任"联合国军"总司令、远东美军总司令；1951年晋升上将。
上尉	L. L. Williams	威廉姆斯		三星中将		
少校	Dennis E. McCumiff	丹尼斯·麦康尼夫		准将	已亡	

当时的军衔	姓名	中译名	当时任职	最高军衔	生卒	备注
上尉	Donald W. Brann	唐纳德·布兰恩		少将	已亡	
中尉	Frederick B. Butler	弗雷德里克·巴特勒		准将		
同上	Philip E. Gallagher	菲利普·加拉格尔		少将		
同上	George Honnen	乔治·霍南		少将		
上尉	Horace O. Cushman	霍勒斯·库什曼		准将		
同上	Paul Steele	保罗·斯蒂尔		上校		

1927年3月之后任职军官名录

当时的军衔	姓名	中译名	当时任职	最高军衔	生卒	备注
中尉	Reuben E. Jenkins	鲁本·詹金斯		三星中将		
少尉	Hayden L. Boatner	海登·博特纳		少将		
上尉	John R. Deane	约翰·迪恩		少将		二战期间任驻莫斯科军事代表团团长
同上	John C. Whitcomb	约翰·惠特科姆		上校		
中校	Joseph M. Cummins	约瑟夫·卡明斯		少将	已亡	

附录:译名表

（以中译名首字拼音为序）

人名

阿迪斯	Charles Addis
阿金特	Argent
阿诺德·布赖森	Arnold Bryson
阿普琳	Aplin
爱德华·布鲁奇	Edward Brutschi
埃勒特	Ellert
艾林波	Friedrich Eulenberg
艾萨克·纽厄尔	Isaac Newell
艾什	Ash
艾约瑟	Joseph Edkins
安德森	Anderson
安德逊	W. C. C. Anderson
安东·弗里奇斯	Anton Frerichs
安格联	Francis Aglen
安森	A. Anson
奥尔古德	Allgood
奥格登	Ogden
奥莱格·祖戈尔斯基	Oleg Zorgaleski
奥麦利	O'Malley
奥斯本	Osborn
巴兰德	Herr Von Brandt

巴士达	Comte de Bastard
巴夏礼	Harry Smith Parkes
柏亨利	Henry Blodget
包令	John Bowring
鲍尔比	Bowlby
鲍里斯查克	Borischak
鲍罗庭	Borodin
比尔斯基	Bilski
比托	Beato
毕格尔	Bigel
卞	Pean
宾登	Bindon
宾威廉	William Chalmers Burns
波丽娅	Polya
伯罗斯	Burrowes
伯斯勒姆	Burslem
博目哩	Bromley
博伊尔	Boyle
卜鲁斯	Frederick William Adolphus Bruce
布迪	Boodey
布恩	Boon
布尔布隆	Alphonse de Bourboulon
布朗	R. M. Brown
布勒克	Bullock
布雷顿	W. Brerton
布里格迪尔	Brigadier
布里明·沃特	Brimming Water
布鲁克	Brooke
布鲁斯	Bruce

布鲁斯齐	Brutschi
布罗克	Broke
查尔斯·芬尼	Charles G. Finney
查尔斯·戈登	Charles Gordon
查尔斯·金斯利	Charles Kingsley
查老亚	Cha-low-ya
查普林	Chaplin
陈国瑞	Cheng Kuo Hsuai
陈和恩	Chee-hee-en
崇厚	Tsung-how
达布尼	Dabney
达利	Daly
达麦生	Ed. Thomassin
大卫·伦尼	David Field Rennie
达文波	Arthur Davenport
丹尼	Denny
德昂得古	D' Hendecourt
德庇时	John Davis
德丰布朗	De Fontblanc
德辅廊	Frank B. Turner
德诺曼	de Norman
德塞萨	de Saisset
狄更森	J. Dickinson
狄金生	W. W. Dickinson
狄考文	Calvin Wilson Mateer
迪格比·汉德	Digby Hand
迪尤	Dew
蒂伯	Tipper
丁家立	Charles Tenney

丁韪良	William Alexander Martin
丁心培	Ting Hsin Pei
杜赫德	Du Halde
多尼	Watts Doney
额尔金	Earl of Elgin and Kincardine
厄克特	Urquhart
恩格诺	Encarnaceo
恩斯金	Enskin
法查德	Fachard
菲尔波茨	Philpots
菲利普·加拉格尔	Philip E. Gallagher
菲普斯	Phipps
肥冯	Fat Feng
费舍尔	R. E. Fisher
费士来	George Henry Fitz－Roy
丰大业	M. Foucanier
冯子村	Feng Chi Tsen
弗莱明	Fleming
弗雷德里克·尼科尔森	Fredrick Nicolson
弗雷德里克五世	Frederick V.
弗雷泽	Dr. Frazer
弗利	Foley
福罗曼	Foreman
福兹	Fautz
富礼赐	Forrest
甘博士	Percy Horace Kent
甘霖	George Thomas Candlin
高	Gow
高林	G. W. Collins

戈弗雷	Godfrey
戈万	Govan
哥士奇	Michel Alexandre kleiskousky
格拉索尔	Grassel
格兰特	C. Grant
格雷	Gray
格雷厄姆	Graham
格雷戈里	Gregory
格里菲思	J. S. Griffith
格斯·克里茨	Gus Krites
葛罗	Jean Baptiste Louis Gros
葛雅各	James Gilmour
古伯察	Abbé Huc
桂良	Kweiliang
哈尔平	Halpin
哈考特	Harcourt
哈克特	Hackett
海达里	Hedley
韩德森	James Henderson
韩荫士	J. Hinds
汉纳根	Constantin von Hanneken
豪泽	Hauser
郝韪廉	William Nelthorpe Hall
贺布	James Hope
赫德	Robert Hart
赫尔·弗兰岑巴赫	Herr Franzenbach
赫立德	Lavington Hart
黑格	Hague
亨德森	Henderson

亨肖	Henshaw
恒福	Hang-fuh
恒祺	Hang-ki
胡恩悌	Hu Ngen Ti
胡俊安	Hu Jung An
胡子恩	Hu Tzu Ngen
花教士	Hodge
华尔	Ward
霍尔	Hall
霍尔特	Holt
霍华德	Howard Dobbs
霍姆	Home
吉本	Gibon
吉必勋	John Gibson
吉普里奇	Gipperich
加尔布雷思	Galbraith
加伦	Galen
加托卡	Gatowka
贾治海德	Jughead
金达	Claude Kinder
金能亨	Cunningham
金兆贵	Chin Chao Kuei
卡尔·格雷博格	Karl Grahlberg
卡尔霍恩·肖	Calhoun Shaw
卡梅伦	Cameron
卡特	Carter
柯蒂斯	Curtis
柯克尔	E. L. Cockell
柯里	Currie

科里诺	Collineau
科林·坎贝尔	Colin Campbell
克拉克	G. W. Clarke
克拉伦斯·高斯	Clarence Gauss
克莱门茨	Clements
克劳斯考斯凯	Kleoskousky
克里洛奇	Crealoch
克里斯蒂	Christie
克里斯托弗·克拉多克	Christopher Craddock
克灵顿	Hope Grant
克鲁克香克	Cruickshank
克罗夫顿	R. A. Crofton
克罗森特	Crosset
克森士	Edmund Cousins
拉里维埃	La Rivière
赖维克	Wrhviac
兰德尔丝	Landels
兰普瑞	Lamprey
蓝柏	W. H. Lambuth
劳伦斯·奥利芬	Laurence Oliphant
乐(善)	Lao
雷夫斯	Reeves
雷诺	Lenon
李连臣	Li Lien Ch'en
李牧师	N. S. Li
李泰国	Horatio Nelson Lay
李万古	Li Wan Ku
李阳昌	Li Yang-chang
里高尔特	Rigult

541

里斯库姆	Liscum
理查德	Richard
理一视	Jonathan Lees
利伯曼	Lieberhman
利玛窦	Matthieu Ricci
莉齐	Lizzie
列卫廉	William Bradford Reed
林德	A. de Linde
刘图亚	Liu Tu Ya
娄森	J. Robinson
禄福礼	Harry Fulford
路博施	Fredrich Charle Roberts
罗伯特·纳皮尔	Robert Napier
罗伯特·康茨	Robert Counts
罗亨利	Loch
罗杰·凯斯	Roger Keyes
罗杰斯	Rogers
罗斯	Ross
罗约翰	John Ross
洛金	Loking
马埃	Mahé
马丁·劳德	Martin Lord
马戛尔尼	George Macartney
马根济	Kenneth Mackenzie
马可波罗	Marco Polo
马奇	March
马提诺夫	Martinoff
马图林	Maturin
玛利亚·朱利安娜	Maria Juliana

麦格雷戈	Macgregor
麦吉	M'Ghee
麦金太尔	MacIntyre
麦克利恩	Maclean
麦克利弗迪	M'Cleverty
麦克斯·穆勒	Max Muller
麦莲	Robert Milligan MacLane
梅勒	C. Mellor
梅理士	C. R. Mills
梅瑞特斯	Meritens
美理登	Baron de Meritens
孟斗班	Charles Cousin Montauban
孟甘	James Mongan
孟振生	Joseph Martial Mouly
咪哆士	John Armstrong Taylor Meadows
米勒·格雷厄姆	Miller Graham
宓吉	Alexander Michie
明恩溥	Arthur Smith
缪尔	Muir
摩斯	Moyse
莫恩	J. Maughan
莫尔斯	Moulls
莫菲特	Moffitt
莫里森	Morrison
默滕斯	de Mertens
穆迪·汉劳	Moody Henlaw
穆尔	Moore
穆麟	Muh-leen
穆萨姆	Moorsom

543

纳森	Nathan
纳温斯	Navins
内森·贝德福德·福雷斯特	Nathan Bedford Forrest
尼尔	Neale
纽曼·霍尔	Newman Hall
诺克斯	Knox
帕克	Parker
帕特尔	Pattle
派克	Peck
裴令汉	A. W. Harvey Bellingham
裴启立	Petchely
裴式楷	Robert Bredon
皮切洛夫	M. Pechroff
匹克	Pyke
璞鼎查	Henry Pottinger
濮兰德	J. O. P. Bland
普拉特	T. Platt
普里切特	Pritchett
普罗宾	Probyn
普提雅廷	Euphimius Vasillievitch Poutiatine
耆礼	Chili
钱伯斯	Chambers
乔斯林	Hon. N. Jocelyn
乔治·西恩	George Thin
乔治·吉尔菲兰	George Gilfillan
乔治·卡特利特·马歇尔	George Catlett Marshall
乔治·史密斯	George Smith
庆隆	Ching-lung
热里埃	Jerrier

瑞麟	Jui-lin
萨顿	Sutton
桑德斯	Saunders
山嘉利	C. A. Stanley
圣·克莱尔	St. Clair
胜保	Shung-pow
施密茨	Schmidtz
史迪威	Joseph W. Stilwell
史密斯	A. J. M. Smith
司图诺	James Stewart
斯蒂芬森	Stephenson
斯科特	Scott
斯梅德利·巴特勒	Smedley Butler
斯珀吉翁	Spurgeon
斯普林格德	Splingaard
斯塔塞	Dr. Stacey
斯塔塞夫	A. D. Startseff
斯塔维利	Staveley
斯塔西	Stacey
斯坦福德	Stamford
斯坦曼	Stamman
斯特劳本齐	Straubenzee
孙赉	Lai Sun
索尔	Soul
索马里兹	Saumarez
詹姆斯·泰勒	James D. Taylor
泰勒	Taylor
坦普尔	Temple
汤姆森	Thomson

汤普森	W. D. Thompson
汤若望	Jean Adam Schall von Bell
唐纳德	Donald
特尔弗	Telfer
特纳克	B. B. Turnock
托马斯	Thomas
王思泰	Wang Ssü T'ai
王逸华	Wang Yi Hua
威利	Willie
威廉·比尔·塔特尔	William Bill Tuttle
威廉森	Williamson
威廉斯	Williams
威廉·马克里希	William McLeish
卫廉士	Wells Williams
魏守信	Wei Sho-hsin
威妥玛	Thomas Francis Wade
温德姆	Wyndham
温菲尔德	Wingfield
文书田	Geo. Owen
文祥	Wan-see-ang
沃克	Walker
沃克尔	H. W. Walker
沃勒	E. Waller
吴仲方	Un-chung-fung
西马縻各厘	Michael Seymour
西摩尔	Edward Seymour
希利尔	Guy Hillier
希思科特	Heathcote
肖	Shaw

休莫	Hulme
休姆	S. Hulme
修	Hsiu
雅妥玛	Adkins
亚伯拉罕·林肯	Abraham Lincon
伊弗雷姆·哈勒姆	Ephraim Hallam
伊格纳提夫	Nicolai Pavlovitch Ignatieff
伊齐基尔	Ezekiel
义理迩	Harry Hillier
殷森德	John Innocent
余晴波	Yü Ch'ing Po
约翰·科普	John Cope
约翰·米歇尔	John Michel
约翰·沃尔什	John Walsh
约瑟夫·卡斯特纳	Joseph Castner
詹博恩·查理	Jawbone Charlie
詹姆斯·瓦茨	James Watts
张诚	Jean Francois Gerbillon
张持三	Chang Ch'ih San
张少宣	Chang Shao Hsüan
赵起隆	Chao Chi Lung
朱尔典	John Jordan
朱华三	Chu Hua San
朱天泉	Chu Tien Chüan
朱宗尧	Chu Tsung Yao
左萃川	Tso Tsui Ch'uan
左克成	Tso K'o Ch'eng

地名

阿肯色州	Arkansas
阿勒奥珀格斯山	Areopagus
埃普索姆当斯	Epsom Downs
奥尔德伯里	Oldbury
奥尔德姆	Oldham
奥克伍德	Oakwood Hall
白河	Peiho
宝山镇	Pow-shun
北仓	Pei Tsang
北塘河	Peh tang Ho
北洋大学	Pei Yang University
伯明翰	Birmingham
博尔顿	Bolton
不伦瑞克	Brunswick
布拉德福德	Bradford
布里斯托	Bristol
仓上	Ts'ang Shang
查令十字	Charing Cross
查令十字庙	Charing Cross Temple
赤柱	Stanley
达德利	Dudley
大车行	Tê chê hang
大沽	Taku
杜斯伯里	Dewsbury
格恩西	Guernsey

格拉斯哥	Glasgow
葛沽	Koku
宫北教堂	Kung Pei Chapel
贡院	Hall of Literary Examinations
古北口	Ku Pei K'ou
鼓楼北	Drum Tower North(Ku Lou Pei)
哈德斯菲尔德	Huddersfield
哈利法克斯	Halifax
哈特尔浦	Hartlepool
海德公园	Hyde Park
海光寺	Temple of the Oceanic Influences
海神庙	Oceanic Temple
韩家庄	Han Chia
汉口	Han-kow
汉利	Hanley
豪恩斯洛	Hounslow
河东	Ho Tung
河西务	Hoo-see-woo
赫斯特	Hurst
横滨正金银行	Yokohama Specie Bank
九江	Ku-kiang
克罗斯利	Crossley
狼山镇	Lun-Shan
朗顿	Longton
乐陵	Lao Ling
李家楼	Li Chia Lou
里士满	Richmond
利斯	Lees
利物浦	Liverpool

利兹	Leeds
梁公府	Lee-ang-kung-foo
龙王庙	Devil's temple
伦敦	London
罗米利	Romiley
罗奇代尔	Rochdale
马场道	Race Course Road
马拉科夫	Malakoff
马让塔	Magenta
曼彻斯特	Manchester
梅尔夫	Merv
咪哆士道	Meadows Road
密苏里	Missouri
棉阿坦岛	Miatan Islands
那慕尔	Namur
南下街	Nan Hsia Chieh
娘娘宫	Niang Niang Kung
聂家庄	Nieh Chia
宁波庙（四明公所）	Ningpo Joss House
牛顿希思	Newton Heath
纽卡斯尔	Newcastle
诺丁汉	Nottingham
坡集刘家	Po Chi Liu Chia
朴茨茅斯	Portsmouth
恰克图	Chiachta
邱县	Chiu Hsien
热河	Je Ho
任丘	Jenchiu
撒马尔罕	Samarkand

塞勒姆	Salem
三刘家村	San Liu Chia
森德兰	Sunderland
圣艾夫斯	St. Ives
圣殿闩	Temple Bar
施鲁斯伯里	Shrewsbury
水月庵	Temple of the Moon
斯泰利布里奇	Stalybridge
斯托克波特	Stockport
索尔弗利诺	Soleferino
索斯波尔	Southpool
特鲁罗	Truro
铁道街	Rue de Chemin de Fer
突厥斯坦	Turkestan
王官刘家	Wang Kuan Liu Chia
维多利亚城	Victoria
伍尔弗汉普顿	Wolverhampton
武定	Wuting
武官屯	Wu Kuan T'un
小神庙	Hsiao Shen Miao
谢菲尔德	Sheffield
胥各庄	Tsu Kuo Chang
学正衙门	Literary Chancellor
扬子江	Yang-tse-kiang
杨盘	Yang P'an
英租界扩展界	British Extra Concession
张家湾	Chang-kia-wan
兆浦	Chao-Pu
赵家庙	Chao Chia Miao

镇江府	Chin-kiang-foo
舟山	Chusan
朱家寨	Chu Chia Tsai
紫竹林	Tzü Chu Lin

其他译名

阿尔及利亚人号	Algerine
阿姆斯特朗炮	Armstrong gun
艾登号	Aden
安立甘教堂	All Saints Church
安佩里厄斯号	Imperieuse
澳洲人号	Australian
巴里炮兵团	Barry's Battery
白星号	White Star
班特姆号	Bantam
鸨号	Bustard
波希米亚俱乐部	Bohemian Club
参孙号	Sampson
称霸号	Impérieuse
词儿集	Tzü Erh Chi
达尔豪西号	Dalhousie
大沽驳船公司	Taku Tug and Lighter Co.
大英轮船公司	Peninsular and Oriental Steam Co.
道格拉斯·弗雷泽洋行	Douglas Frazer & Co.
德赖达斯特公司	Drs. Drysdust and Co.
德斯伯勒炮兵团	Desborough's Battery
地可味而铁路	Decauville Railway
电灯房	Electric Light Works
东方皇后号	Queen of the East
东局子	Eastern Arsenal
菲利浦·摩尔洋行	Philips & Moore

费恩骑兵团	Fane's Horse
愤怒号	Furious
负鼠号	Opossum
复仇女神号	Fury
高林洋行	G. W. Collins and Co.
戈壁阳光	Gobi Sun
戈登堂	Gordon Hall
格林纳达号	Grenada
汉斯湾	Hands
合众堂	Union Church
河东	Ho Tung
红隼号	Kestrel
华北日报(字林西报)	North China Daily News
皇家东肯特郡团	Buffs
火箭号	Fusée
迦太基号	Carthage
教务杂志	Missionary Recorder
戒酒堂	Temple of Temperance
紧急号	Urgent
凯特·胡珀号	Kate Hooper
科尔斯特里姆近卫团	Coldstream Guards
科罗曼德尔号	Coromandel
库珀号	Cooper
兰心剧院	Lyceum Theatre
列文号	Leven
猎纸赛	paper hunt
林赛洋行	Lindsay & Co.
卢迪亚纳团	Loodiannah Regiment
鸬鹚号	Cormorant

伦敦会	London Mission
马吉西恩号	Magicienne
毛里求斯号	Mauritius
美国公理会	A. B. C. F. M. Mission
美以美会	Episcopal Methodist Mission of America
咪哆士洋行	Meadows & Co.
米尔沃德炮兵团	Milward's Battery
内地会	China Inland Mission
菩萨会	Joss Pigeon
浦那城号	City of Poonah
普罗宾骑兵团	Probyn's Horse
旗昌洋行	Messrs. Russel and Co.
强力号	Force
轻骑兵号	Zouave
丘鹬号	Woodcock
烧酒鞭笞	Samshu pigeon
神学院	Training Institute
圣安德鲁舞会	St. Andrew's Ball
圣道堂	Methodist New Connexion
守恶节	Shaoa-e-tsee
斯莱尼号	Slaney
斯纳珀号	Snap
斯特灵炮兵团	Stirling's Battery
苏格兰皇家卫队	Royal Scots Guards
玩笑者号	Banterer
威尔士边境团	Welsh Border Regiment
威廉·匹尔爵士号	Sir William Peel
威妮弗蕾德号	Winifred
维多利亚花园	Victoria Park

文学辩论社	Literary and Debating Society
吸烟自由音乐会	Smoking Concerts
香港记录报	Hong Kong Register
小丑号	Clown
巡游者号	Cruiser
亚克托安号	Actaeon
亚美利加号	Amerika
英国妇女援助会	Ladies' Auxiliary Society
婴幼塔	Baby Tower
中国时报	Chinese Times
忠诚号	Staunch
周汉揭帖	Chou Han Sheets

后　记

本来,在"天津通史编译丛书"的计划中,这本资料集是较早被列入计划的,各位译者也早就着手翻译。可是,由于种种原因,拖延至今才完成出版。当然,主要是我作为主编的拖拉,导致工作的一度中断,所以我要向参与此项目的翻译者表达诚挚的歉意。

这本资料集原计划二十多万字,可是在实际翻译、编辑过程中不断补充,最终到了现在这样的规模。在本书选取的五种资料中,四种都译自原书最早的版本。威廉·马克里希的两篇演讲词,虽然当年均由天津印字馆印刷成单行本,但已很难找到。《中国商埠居留记》讲演稿是在荷兰雷登大学图书馆找到的,《一名老居民的天津记忆》讲演稿则是马克里希的后辈提供的。

这里要特别感谢威廉·马克里希的重外孙克里森·索普·林德(Christen Thorpe de Linde)先生,为我们提供了他保存的曾外公演讲稿的复印件,并附有他自己所做的演讲涉及的近五十个人的人名录。还要感谢丹麦哥本哈根大学李来福(Leif Littrup)教授。他的热心协助,使得我们得以从居住在巴黎的克里森·索普·林德先生那里得到这份宝贵的资料,并惠允我们翻译发表。

由此又引出了当年常居天津的外国人联姻的一段佳话。1893 年 9月,时任北洋水师学堂教习的威廉·马克里希的小女儿玛格丽特·玛丽恩·马克里希(Margaret Marion McLeish),嫁给了当时担任清帝国铁路公司总工程师的丹麦人林德(Albert de Linde)。婚礼先后在安立甘教堂和丹麦驻津领事馆举行。

1895 年,他们的儿子克里斯琴·艾伯特·林德(Christian Albert de Linde)在天津出生。1914 年,克里斯琴从英国哈罗公学毕业,正值第一次世界大战爆发,他参加英军,直至 1948 年以上校军衔退役,此后一直在香港和印度任职。他的儿子克里森·索普·林德 1930 年出生于香港,先后毕业于哈罗公学和剑桥大学,曾在印度、尼日利亚、塞拉利昂工作。1970—1977 年,他在香港大学语言中心教书,1977—1995 年,在巴黎的英国学院(隶属于伦敦大学)任高级讲师,如今退休居住在巴黎。

上述这些与本书内容没有直接的关系,却让我们真切感受到清末民初那段历史的现实穿越。

我们要感谢美国中美交流咨询公司的吴量福先生,协助我们妥善解决了版权事宜。要感谢天津人民出版社韩玉霞主任和杨轶编辑,同以往一样,他们对这一项目的热情支持和认真负责、严格规范的编辑,使本书得以高质量地提供给读者。

本书的翻译者为成淑君、周鑫、李小娟、庞玉洁和任吉东,任吉东和刘海岩做了补译和校对工作,刘海岩对全书做了最后的审校、定稿。

本书内容非常丰富,涉及不同历史时期、不同领域,而且原书出版跨越两个世纪,这些都使得翻译的难度大大增加。尽管我们经过了反复的校订,但是谬误可能还会不少,望读者不吝指正,我们将不胜感激。

刘海岩

2016 年 12 月 14 日

天津人民出版社
天津通史项目系列丛书

天津通史编译丛书

租界生活：一个英国人在天津的童年(1918—1936)

　　　　　　　　（英）布莱恩·鲍尔著　2007 年　　32.00 元

天津租界史(插图本)　　（英）雷穆森著　2009 年　　62.00 元

小洋鬼子：一个英国家族在华生活史

　　　　　　　　（加拿大）戴斯蒙德·鲍尔著　2010 年　　40.00 元

近代天津日侨回忆录　　（日）藤江真文等著　2014 年　118.00 元

天津工人,1900—1949　　（美）贺萧著　2016 年　　80.00 元

近代外国人记述的天津　　刘海岩主编　2017 年　200.00 元

中国之梦：一个犹太女孩在天津的成长(1929—1948)

　（美）伊莎贝尔·齐默尔曼·梅纳德著　2018 年　　76.00 元

天津通史专题研究丛书

近代天津的慈善与社会救济　　任云兰著　2007 年　　46.00 元

近代天津金融业研究(1861—1936)　龚关著　2007 年　　46.00 元

近代天津日本侨民研究　　万鲁建著　2010 年　　43.00 元

天津文学史(4 卷)　　王之望　闫立飞主编　2011 年　280.00 元

天津宗教史　　李新建　濮文起主编　2013 年　　98.00 元

天津康科迪娅俱乐部——历史与文化百年

　　　　　　　　　　　王敏主编　2014 年　　62.00 元

中国近代化学工业的奠基者"永久黄"团体研究

赵津、李健英著 2014 年 98.00 元

天津通史资料丛书

"永久黄"团体档案汇编——久大精盐公司专辑(2 卷)

赵津主编 2010 年 108.00 元

"永久黄"团体档案汇编——永利化学工业公司专辑(3 卷)

赵津主编 2010 年 228.00 元

明实录天津史料汇编(2 卷)

万新平 于铁丘主编 2012 年 180.00 元

清实录天津史料汇编(5 卷)

万新平 于铁丘主编 2014 年 450.00 元